성서 그리고 역사
THE
BIBLICAL WORLD

장-피에르 이즈부츠 | 이상원 옮김
서문 브루스 칠턴

황소자리

감수 및 자문위원

배리 J. 베이첼(Barry J. Beitzel)
트리니티 복음주의 신학 스쿨(디어필드, 일리노이)
구약성서 및 셈어 전공 교수

브루스 칠턴(Bruce Chilton)
바드 칼리지(Bard College) 종교학 전공 교수 겸
고급 신학 연구소 상임 이사, 성 요한 교회 목사

에릭 H. 클라인(Eric H. Cline)
조지 워싱턴 대학교 고대 셈어문학과 학과장

제이콥 뉴스너(Jacob Neusner)
바드 칼리지 역사 및 유대교 신학 전공 교수 겸
고급 신학 연구소 연구 위원

F.E. 피터스(F.E. Peters)
뉴욕 대학교 중동 및 이슬람학 전공 교수

CONTENTS

1쪽 그림 10세기 스페인 예술가가 그린 〈느부갓네살의 꿈〉.
모사라베(8~15세기 이슬람 지배 하의 스페인에서 개종하지 않았던 그리스도교도) 성경에 수록돼 있다.
4쪽 사진 사해 근처, 척박한 돌투성이 땅에서 자라난 푸른 아카시아 나무.

서문

성경에는 계속하여 지명이 등장한다. 개개의 텍스트가 탄생한 곳, 그리고 글쓴이들이 염원하는 곳이다. 성경의 각권은 특정 지역의 지리와 문화를 배경으로 하며, 책이 만들어진 시대적·지리적 상황을 직간접적으로 드러낸다.

하지만 성경을 읽는 사람이 그 아래 깔린 상황과 조건을 상상하기란 쉽지 않다. 아브라함은 어째서 고향 메소포타미아를 떠나 반(半)유목 생활을 시작했을까? 모세는 어떻게 이집트 노예들을 설득해 젖과 꿀이 흐르는 땅을 찾아 탈출하도록 만들었을까? 성경의 서사를 온전히 이해하려면 각 시대의 정치적 상황에 더해 성서 속 세계가 지닌 아름다움과 위험, 자연의 특징까지도 알아야 한다.

이 책은 바로 이를 위해 필요한 지도, 사진, 시대 요약, 문화예술품 등을 한데 모아놓았다. 지리적·시대적 맥락을 알고 있는 텍스트는 그 의미나 어조, 감정적 흐름이 확실히 다가오게 마련이다. 성경의 경우에는 더욱 그렇다. 성경의 땅에 대한 깊은 애착은 민족적 비극으로도 줄어들지 않았다.

B.C.E. 587년, 바빌로니아 유수로 이스라엘이 와해의 기로에 섰을 때 성경은 비로소 온전한 모습을 드러냈다. 이스라엘인들은 잃어버린 땅에 대한 기억을 간직했고 그곳으로 돌아갈 꿈을 키웠다. 신이 인류 역사의 흐름을 바꾸어 이스라엘인들에게 고향 땅을 되돌려주고 창조 이래 최고의 번영을 안겨주기를 열망했던 것이다.

그리스도교는 이러한 열망으로부터 탄생했다. 이스라엘 영토에서 시작된 이야기는 지중해 세계 전체로 뻗어나간다. 신약성서는 로마 제국이 어떻게 하여 자신이 처형했던 신의 아들을 결국 숭배하게 되었는지 보여준다.

성경의 세계가 이스라엘 영토 안에 머무르지 않았던 것처럼 성경 텍스트의 감동은 구약 및 신약 시대에 그치지 않는다. 이 때문에 이 책은 비잔틴과 이슬람 시대의 기록까지도 담고 있다. 예루살렘 서쪽과 동쪽의 사람들이 성경을 통해 어떻게 삶의 의미를 설명하고 희망을 표현했는지, 그리고 더 나아가 인류 존재의 미래와 도전을 어떻게 파악했는지 드러내기 위해서 말이다.

브루스 칠턴

◀ **록소르 근처 나일 강물이 석양빛에 물들어 있다.**

저자 머리말

서구 문명의 발전에 성경만큼 커다란 영향을 미친 책은 없다. 성경은 유대교와 그리스도교의 근간을 이루며 이슬람교에서도 성스러운 책으로 인정받는다. 하지만 성경은 다른 한편 훌륭한 지리역사서이기도 하다. 고대 근동, 특히 이집트와 이스라엘에서 시리아와 메소포타미아(현재의 이라크)에 이르는 초승달 형태 지역, 학자들이 비옥한 초승달 지대라 부르는 곳이 주된 배경이다. 이 지역 중심부에는 시리아 사막과 지중해 사이에 끼인 가늘고 긴 땅이 있다. 가나안, 이스라엘, 유대, 팔레스타인으로 이름이 바뀌어온 땅이다. 이집트와 메소포타미아를 연결하는 상업로의 병목 부분인 이 길쭉한 곳이 바로 유대교와 그리스도교 모두가 뿌리로 삼는 성지 팔레스타인이다.

성경은 단일한 형태로 이어지는 이야기가 아니다. 시, 산문, 노래, 기도, 법률 등 다양한 텍스트 두루마리를 모아 엮었기 때문이다. 성경(Bible)의 어원이 된 'biblica'는 두루마리를 뜻하는 그리스어이다. 또 성경(Bible)이라는 개념 자체도 유대인과 그리스도교인에게는 서로 다른 의미다.

유대교 성경은 다음 세 부분으로 나뉜다.

● 율법서(토라) 혹은 모세 5경: 〈창세기〉〈출애굽기〉〈레위기〉〈민수기〉〈신명기〉로 이루어진다.

● 예언서(네빔): 전기 예언서(〈여호수아서〉〈판관기〉〈사무엘서〉〈열왕기〉)와 후기 예언서(〈이사야서〉〈예레미아서〉〈에제키엘서〉 그리고 소(小)예언자 12인의 예언서)로 이루어진다.

● 성문서(케투빔): 〈시편〉〈잠언〉〈전도서〉〈욥기〉〈다니엘서〉〈역대기〉 등.

토라, 네빔, 케투빔이라는 히브리어 명칭의 머리글자를 따서 만든 약어 타나크(Tanakh)는 유대교 성경을 뜻한다. 일부 학자들은 〈신명기〉가 예언서로 분류되어야 한다고 주장한다. 계약신학의 관점에서 이스라엘 역사를 보고 있다는 이유에서다. 이들 학자들은 〈신명기〉가 B.C.E. 7세기 요시아 왕 시대에 편집되었고 바빌론 유수(B.C.E. 586~537년) 시기 혹은 그 직후에나 완성되었다고 본다. 〈역대기〉〈에즈라서〉〈느헤미야서〉를 포함하는 역사서들은 서로 다른 시각에서 같은 시대를 바라보고 있으며 이는 페르시아 시대까지 이어진다(B.C.E. 537~332년). 〈역대기〉는 B.C.E. 450년에서 435년 사이에 씌어졌다는 견해가 일반적이다.

◀ 밤이 다가오면서 불을 밝힌 이스라엘 예루살렘의 다윗 성 박물관.

여기 더해 기원전 300년에서 기원후 1세기 후반에 이르는 동안 유대인 저자들이 쓴 종교 저작 13편도 있다. 여러 가지 이유로 유대교 성경에 포함되지 못한 이 저작들은 외경(外經)이라고 불리는데 경구, 시, 기도문, 역사 기록을 포함한다. 이들은 유대교 성경의 그리스어 번역본인 70인 역본에는 들어 있었다. 이후 그리스도교인들은 70인 역을 받아들여 구약이라 불렀고 주된 경전인 신약과 대비시켰다. 신약성서는 네 복음서(마태오, 마르코, 루카, 요한)와 〈사도행전〉, 서간서, 묵시록으로 이루어진다.

성경을 이해하려면 개개의 문헌이 어떻게 등장했는지 알 필요가 있다. 제아무리 보수적인 학자라 해도 성경이 하룻밤 사이에 탄생했다고는 말하지 못한다. 여러 시대를 망라하는 이야기가 구전이나 개인 기록을 통해 전해졌던 것이다. 17세기 이후 학자들은 언어, 문체, 신학적 관점 등을 분석함으로써 성경의 갈래를 규명하고 재구성하는 작업을 벌여왔다.

그 한 예로 모세 5경은 고대의 편집자들이 다양한 출처에서 얻은 문서들을 이어붙인 것이라는 이론이 있다. 문서가설(Documentary Hypothesis)이라고 불리는 이 이론에 따르면 주된 출처는 네 가지라고 한다. 주장의 진위는 알 수 없다 해도 이 이론은 다양한 텍스트를 매끈하게 하나로 엮어낸 고대 필경사들의 능력을 충분히 인정한다는 의미를 가진다.

신약성서의 출처를 분석하기 위해서도 문체와 형태에 대한 연구가 이루어졌다. 마르코, 마태오, 루카의 세 복음서가 서로 다른 시기와 장소에서 탄생했음에도 불구하고 매우 유사하다는 점은 일찍부터 지적되었다. 이는 '이중 출처 가설' 즉 〈마르코 복음〉과 후세에 전해지지 못한 Q 복음서를 원천으로 삼아 〈마태오 복음〉과 〈루카 복음〉이 만들어졌다는 이론을 낳았다. 아직 논란이 이어지는 가설들이기는 하지만 앞으로 이 책의 본문에서는 이들 여러 출처가 언급될 것이다.

성경의 내용을 고대 근동의 역사와 연결하자면 먼저 과연 성경이 역사 기록물로 인정받을 수 있을까 하는 질문에 답해야 한다. 성경이 가진 도덕적·종교적 중요성, 즉 일상생활의 도덕적 가치를 밝히는 등대로서의 역할에 의문을 제기할 사람은 없으리라. 하지만 성경이 믿을 만한 사료인지의 여부는 학문적 논쟁거리이다. 성경 고고학자들은 성경의 역사적 가치를 인정하는 측과 사적 신빙성, 특히 청동기 후기와 철기 초기 시대에 의문을 제기하는 측으로 양분되어 있다. 양측의 논쟁은 해당 시대의 성지에서 발굴된 고고학 유물이 상대적으로 적다는 데 기인한다. 이처럼 유물이 부족한 이유는 이스라엘 농경 사회의 높은 문맹률, 문화적 발전 수준의 미비, 잦은 전쟁 때문이다. 균형잡힌 시각을 제공하기 위해 이 책은 서로 다른 다양한 관점을 모두 포함했으며 최종 판단은 독자에게 맡기기로 한다.

성경을 둘러싼 또 다른 논점은 성경에 등장하는 사건들의 순서나 연대 기록이 정확한가 하는 것이다. 이에 대해서도 합의가 이루어지지 않은 상황이다. 이집트나 아시리아 왕들의 계보를 통해 연대를 정리하려는 시도가 여러 번 있었지만 몇백 년씩이나 시대가 어긋나곤 했다.

성경의 연대 기록을 확립할 때 기준이 되는 것이 이스라엘 부족의 가나안 정착 시기이다. 여러 이론이 서로 다른 연대를 주장하고 있지만 이 책은 철기시대 초기, 즉 B.C.E. 1200년경에 이스라엘인들이 정착했다는 견해에 따랐다. 그 근거 중 하나는 비돔(Pithom)과 비-라암셋(Pi-Rameses)이라는 도시 건설을 다룬 〈출애굽기〉의 내용이다(이들 도시는 이집트 파라오 세티 1세(B.C.E. 1290~1279년)와 세티 2세(B.C.E. 1279~1213년) 치세에 세워졌다). 일단 이스라엘인들의 정착 시기가 정해지면 이를 바탕으로 뒤이은 사건들의 연대 기록이 정리된다. 〈창세기〉에서 〈묵시록〉까지 등장하는 인물들의 역사적 실재성이 의문을 낳고 있다는 점을 감안하여 이 책에서는 사울에서부터 시작되는 이스라엘 지도자들의 통치 기간에 대해서만 구체적인 연대를 표시하도록 한다. 별도의 표기가 없을 경우 왕이나 황제 등 정치 지도자들 옆에 제시된 연대는 통치기를 의미한다. 이집트 파라오의 경우에는 내셔널 지오그래픽의 표준 연보를 따랐다.

이 책에 나오는 성경 구절은 구약과 신약 모두 1989년판 《신 개정 표준 성경(New Revised Standard Version)》에서 인용한 것이다. 이슬람 경전인 《코란》에서 인용한 구절도 많다. 《코란》은 성경보다 훨씬 늦은 C.E. 7세기경에 만들어졌지만 성경에 등장하는 인물이나 사건에 대한 아랍 측 시각을 보여준다는 점에서 흥미로운 자료이다. 《코란》의 인용 구절은 무하마드 자프룰라 칸(Muhammad Zafrulla Kahn)의 영어 번역판(1970)에서 가져왔다. 그 외에 수메르, 바빌로니아, 우가리트, 이집트, 기타 근동 문헌의 인용은 제임스 프릿처드(James B. Pritchard)의 전집 《고대 근동(The Ancient Near East)》(1958)을 출처로 삼았다.

이 책의 연대 표기는 종교적 색채를 피하기 위해 B.C.(예수 탄생 이전)가 아닌 B.C.E.(서력 기원전)을, A.D.(예수 탄생 이후)가 아닌 C.E.(서력 기원후)를 사용했다.

《코란》을 인용할 때에는 최근의 경향을 따라 이슬람 이름을 서구 독자들에게 익숙한 형태로 바꾸었다. 알라는 신으로, 이브라힘은 아브라함으로, 무사는 모세로, 이사는 예수로 바뀐 것이다. 독자들이 텍스트를 좀더 친숙하게 받아들일 수 있도록 하기 위함이다.

그럼 이제 성경 속의 세계 탐험을 시작해보자.

장-피에르 이즈부츠
캘리포니아 산타 바버라 필딩 대학원

책의 구성

이 책은 가나안(이스라엘), 메소포타미아, 시리아, 이집트, 그리고 지중해 동부 지역을 캔버스로 하여 성경의 주요 이야기들을 그려낸다. 문명의 시작에서 이슬람 세력의 정복에 이르는 역사가 개관되는데 특히 비옥한 초승달 지대, 그중에서도 팔레스타인에서 일어난 사건에 초점을 맞추었다. 각 장마다 해당 시기의 성경 내용을 요약한 후 이를 지리학, 고고학, 문헌학의 최신 연구 성과와 비교한다. 본문 중간에 끼워넣은 보충설명 부분은 결혼, 출산, 의식주 생활, 교역, 언어, 예술, 장례 풍속 등 일상의 측면을 주로 다루고 있다.

지리적 특성, 고고학 발굴지, 유물 등을 담은 사진 자료도 350장 이상 제시하였다. 각 절의 시작 부분에는 해당 시대를 한눈에 파악할 수 있도록 시대 요약선을 두었고 각 장의 끝에는 해당 지역의 역사적·문화적·정치적 발전상을 보여주는 시대 요약 비교표를 넣었다.

이 책에는 내셔널 지오그래픽이 제작한 멋진 지도가 50개 이상 들어 있다. 그리고 마지막에는 십자군 원정 시대부터 19세기까지 만들어진 팔레스타인과 예루살렘 고(古)지도들이 제시된다. 팔레스타인은 종교적·역사적 중요성 때문에 아마도 세상에서 지도가 가장 많은 지역일 것이다. 성경 시대부터 지금까지 거의 변하지 않은 곳도 많다.

208쪽에 실린 지도를 60퍼센트 축소 제시하였다.

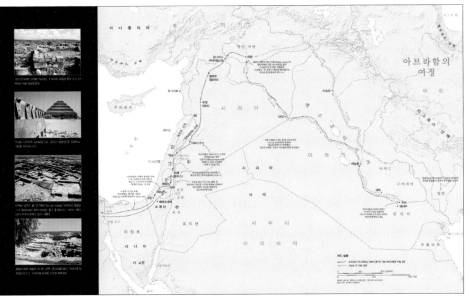

지도

각 장에 소개된 사건을 한눈에 보여주는 지도들은 내셔널 지오그래픽에서 특별히 제작한 것이다. 장마다 등장하는 두 쪽짜리 큰 지도에는 주요 도시, 지역, 무역로가 표시되고 옆에는 주요 지역을 찍은 사진들이 등장한다.

시대 개관

각 장은 시대적 특징과 주요 사건을 개관하는 내용으로 시작된다. 이들 특징과 사건은 뒤쪽에서 상세히 설명된다. 아래쪽의 시대 요약선은 그 시대의 가장 중요한 사건을 강조해 보여준다. 본문 밖에 따로 표시한 성경이나 다른 문헌의 인용 구절은 그 장의 핵심 내용에 해당한다.

보충설명

주민들의 삶이 어떠했는지 보여주는 부분이다. 농경, 교역, 의식주 생활, 출산과 장례 풍속, 건축 등 고대인의 일상을 엿볼 수 있다.

1장

아브라함 이전의 세계

유대교, 그리스도교, 이슬람교라는 세 종교는 모두 초승달 모양의 같은 지역에서 탄생했다. 오늘날 우리는 그 땅을 서구 문명의 발상지라 여긴다. 유프라테스와 티그리스강이 합쳐지는 남부 메소포타미아로부터 가나안 충적평야 지대를 거쳐 풍요로운 나일강 삼각주에 이르는 이 지역, 즉 비옥한 초승달 지대는 유대교와 그리스도교, 이슬람교 경전 속 이야기들이 펼쳐지는 배경이다. 오늘날 이 초승달 지대는 동쪽으로는 이라크와 이란, 북쪽으로는 터키와 시리아, 중심부로는 레바논, 이스라엘, 요르단, 남쪽으로는 이집트에 걸쳐 있다.

이곳의 심장부에서 우리는 인류 삶의 극적인 변화를 처음으로 목격하게 된다. 수천 년 동안 동물을 사냥해 먹고 살던 인류가 B.C.E. 1만 년경, 중기 석기시대가 끝나면서 보다 생산적인 생존 방식을 택하게 되었던 것이다. 작물 재배와 가축 사육이 이루어졌다. 이는 원시적 정착 생활로 이어졌고 인류 문명의 첫 도시들이 등장하는 토대가 되었다.

네게브 지방의 에인 아브닷(Ein Avdat) 협곡을 흐르는 와디 신(Wadi Zin) 강.
빗물과 지하수로 유지되는 강이다.

성경의 땅

고대 메소포타미아를 적셔준 유프라테스 강가에서 이라크 야자수들이 미풍에 흔들리고 있다.

비옥한 초승달 지대라고 알려진 풍요로운 땅의 고유한 형태와 특징을 결정지은 요인은 두 가지였다. 하나는 강과 지류들이 흘러가는 방향이었고, 다른 하나는 바람을 가로막아 수분을 가두고 비가 내리도록 한 높은 산이었다. 초승달 지대의 북쪽을 보면 이란 서부의 자그로스 산맥과 터키 남서부의 타우루스 산맥이 1,800미터 높이로 솟아 있다. 터키 동쪽의 아라라트 산은 무려 5,137미터나 된다. 성경 속 노아의 방주가 바로 이 산에서 멈추었다는 것이 수긍이 간다.

이들 높은 산맥 바로 아래가 메소포타미아라는 충적 평야이다. 그리스어로 메소포타미아는 '두 강 사이의 땅'을 뜻한다. 두 강, 유프라테스와 티그리스가 공급하는 물 덕분에 이 땅에서 인류 문명이 발전할 수 있었다. 메소포타미아 북쪽에서 초승달은 남쪽으로 구부러지며 지중해와 시리아 사막 사이에 끼인 좁은 땅으로 이어진다. 이 좁은 땅의 북쪽은 고대 시리아-다마스쿠스의 영토이고 남쪽은 〈창세기〉에서 가나안이라 불린 이스라엘이다. 시리아 사막과 아라비아 사막이 지중해에 근접하는 탓에 초승달이라는 특징적인 형태

B.C.E. 300000년경
갈릴리해 근처에
현생 인류가 거주함

B.C.E. 40000년경
고대 이스라엘에서 석기가 사용됨

B.C.E. 15000~8500년경
고대 서아시아에서
수렵채집 생활이 시작됨

B.C.E. 12000년경
비옥한 초승달 지대에
다양한 야생 곡물이 서식함

하느님께서 "땅에서 푸른 움이 돋아나라! 땅 위에 낟알을 내는 풀과 씨 있는 온갖 과일 나무가 돋아나라!" 하시자 그대로 되었다. 이리하여 땅에는 푸른 움이 돋아났다. 낟알을 내는 온갖 풀과 씨 있는 온갖 과일 나무가 돋아났다. 하느님께서 보시니 참 좋았다. | 창세기 1:11~12 |

가 나타난 것이다.

이 좁고 긴 땅은 서아시아에서 나타나는 지리적 극단성의 축소판이라 할 만하다. 비블로스와 두로에서 시나이 반도에 이르는 해안지역은 가파른 절벽이거나 바위투성이, 혹은 모래 언덕이어서 배를 댈 수 있는 곳이 거의 없다. 가나안 사람이나 이후의 이스라엘인들이 항해와 거리가 멀었던 데는 이유가 있었던 셈이다. 내륙으로 들어가면 중심 부분에 석회암 고원이 솟았는데 요르단강 계곡이 이를 깊게 갈라놓았다. 이 함몰 지대는 터키에서 시리아의 오론테스 계곡과 레바논의 베카 계곡을 거쳐 사해와 아카바(Aqaba) 만까지 이어지는 대(大)지구대(Great Rift Valley)의 일부분이다. 요르단강 양쪽에 늘어선 고대 유대 고원과 요르단 고원은 소중한 물이 시리아 사막으로 흘러나가지 못하도록 막는 방파제 역할을 한다. 또한 습기를 머금고 지중해에서 불어오는 바람을 가로막아 가나안의 비옥한 계곡에 빗방울이 떨어지게 만들기도 한다. 바냐스(Banyas), 단(Dan), 하스바니(Hazbani)라는 작은 시내 세 개에서 발원한 요르단강은 갈릴리해를 통과해 남쪽으로 320여 킬로미터를 흘러 세상에서 제일 낮은 호수, 사해로 들어간다. 사해는 해수면보다 394미터가 낮다.

초승달 지역의 남서쪽 끝단에는 나일강을 따라 비옥한 토지가 가늘게 이어진 이집트가 있다. 지구에서 제일 긴 나일강은 중부 아프리카와 에티오피아의 거대한 호수에서 발원해 지중해 해안의 나일강 삼각주에서 연꽃처럼 활짝 펼쳐진다.

고대 이스라엘의 지형은 농업보다는 유목에 더욱 적합했다. 유목민들은 작은 공동체를 이루어 가축을 이끌고 목초지를 찾아 옮겨다녔다. 이들 유목민이 특히 마음에 들어한 지역 중 하나가 해안과 갈릴리강 사이에 좁고 길게 펼쳐진 이즈르엘(Jezreel) 계곡이었다. 성경에서 에스드렐론(Esdraelon)이라 불리기도 하는 이즈르엘 계곡에는 기손(Kishon)과 하롯(Harod)이라는 두 강이 흘렀고 샘도 많았다. 팔레스타인을 통틀어 가장 크고 가장 비옥한 이 땅을 둘러싸고 가나안인과 이스라엘인이 경쟁을 벌인 끝에 결국 이스라엘이 약속의 땅에 정착한다. 이즈르엘은 동과 서, 메소포타미아 시장과 이집트의 부유한 고객 사이를 연결하는 교역로의 교차점이기도 했다. 자연스레 이곳에서는 헤아릴 수 없이 많은 전쟁이 벌어졌다. 구약 시대의 전차 싸움에서부터 20세기의 최신 무기 전투에 이르기까지 말이다.

초기 역사

어디나 마찬가지겠지만 이 지역에 인류가 등장한 것은 먹을 것을 찾기 위해서였다. 자녀를 돌보기 위해 남은 몇몇을 제외하고는 모두가 평야와 숲, 늪지를 헤매며 활이나 칼로 사냥을 했다. 동물의 고기는 식량이 되었고 털가죽과 뼈는 옷이나 도구를 만들 재료였다. 사냥감은 사슴, 가젤, 들소, 멧돼지, 철새에 이르기까지 다양했다. 아몬드, 도토리, 피

B.C.E. 7세기경에 만들어진 이 토상은 가나안 풍요의 여신을 형상화한 것으로 추정된다. 이스라엘의 옛 도시 텔 두웨이르(Tell Duweir) 근처에서 발굴되었다.

B.C.E. 10000년경	**B.C.E. 9000년경**	**B.C.E. 8000~7700년경**	**B.C.E. 8000~7500년경**
빙하기와 중기 석기시대가 끝남	팔레스타인에 마을 형태가 출현함	비옥한 초승달 지대에서 밀과 보리가 재배됨	양, 소, 염소가 사육됨

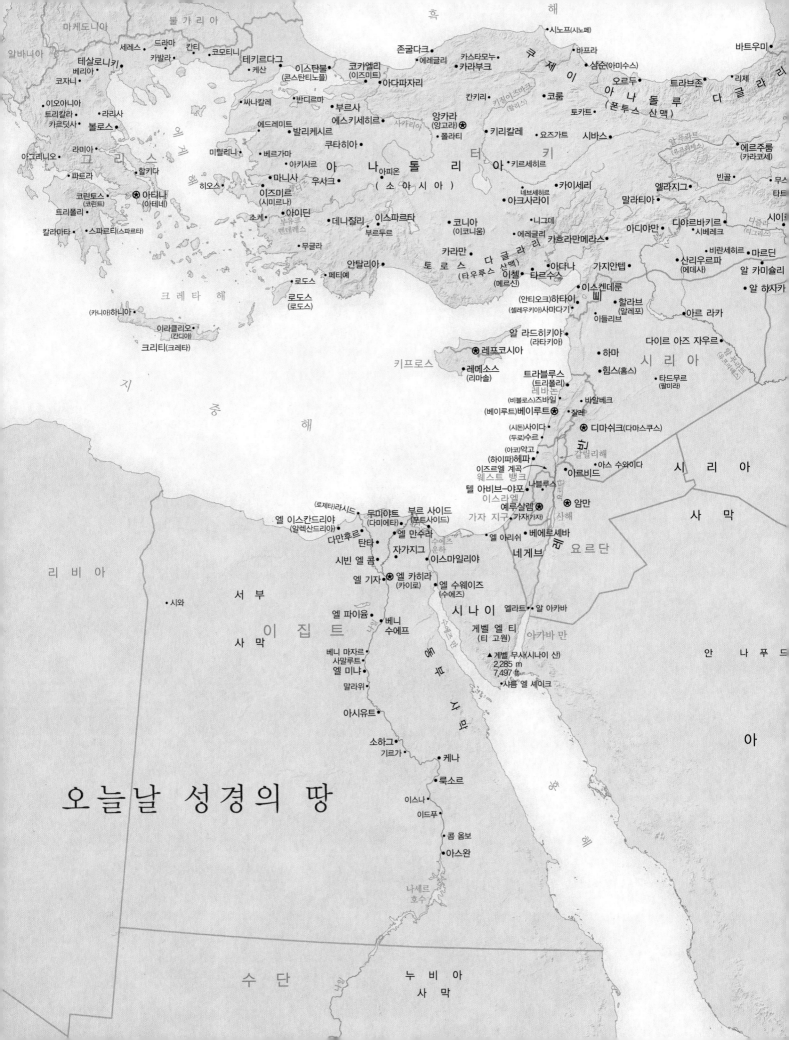

오늘날 성경의 땅

카프카스
리시 ⊛
(리스) • 루스타비 샤키 러시아 산맥
망가제비르
간카 • 고이차이 • 숨카이트 • 아르티옴
(바쿠)바키⊛
아제르바이잔 투르크메니스탄
⊛ 예레반
아르메니아
아라라트 산 • 스테파나케르트 카스피 해
▲ 5,137 m 아제르바이잔
16,854 ft 다르야체에 오루미예
마쿠 낙시반
티스 • 란카란
크보이
오루미예 아르다빌 •
(우르미아) 다르야체에 오루미예
• 마라게 • 타브리즈 (우르미아 호수)
레 슈 테 예 고르간 •
• 라슈트 아몰 바볼 사리
잔얀 알 보 르 즈 • 샤루드
우실(모술) 카즈빈 • (엘부르즈 산맥)
아르빌 카라즈 • ⊛ 테헤란
아스 술라이마니야 레이 • 셈난
바라민
카르쿠크 • 사난다즈 하마단 • 콤(쿰)
쿠 하 예 (에크바타나)
케르만샤 • 말라예르 • 카샨
라마디 바쿠바 보루제르드 • • 아라크
알 팔루자 일람 (자 그 로 스 코라마바드
⊛ 바그다드 산 맥) 나자파바드 • • 에스파한
이 란
데즈풀 (이스파한)
라 • 알 힐라 • 알 쿠트 마스제드 솔레이만 • 콤셰
• 아드 디와니야 • 알 아마라 • 야즈드
나자프 아바즈
안 나시리야 (아와즈)
(나시리야)
코람샤르 • 시라즈
안 바스라 아바단
(바스라) 카제룬 •
반다레
부셰르
⊛ 알 쿠웨이트
쿠웨이트 (쿠웨이트) 페 르 시 아
만
아 바레인
알 마나마
(마나마)
⊛ 아드 다우하
카타르 (도하)
⊛ 아르 리야드
(리야드)
아랍에미리트
우 디 아 라 비 아

지도 설명
⊛ 수도
• 중요한 도시
• 그밖의 도시
▲ 봉우리

0   100   200   300 킬로미터
0   100   200   300 마일
현재의 배수로, 해안선과 국경선을 기준으로 표시하였다.

터키와 이란 국경에 위치한 아라라트 산은 5,137미터 높이의 화산이다. 〈창세기〉에 따르면 대홍수 이후 노아의 방주가 여기 멈춰섰다고 한다.

광활한 시리아 사막 위에 홀로 솟은 야자수는 샘의 위치를 알려 준다.

이스라엘에서 가장 비옥한 이즈르엘 계곡에서는 매년 꽃양귀비가 지천으로 피어나 봄의 시작을 알린다.

이라크 남부 습지에 지어진 이 집들의 갈대진흙 지붕은 B.C.E. 7~8세기 아시리아의 부조에 나타나는 형태와 완전히 똑같다.

야훼 하느님께서는 그를 에덴동산에서 내쫓으셨다. 그리고 땅을 갈아 농사를 짓게 하셨다.
하느님은 동쪽에 거룹들을 세우시고 돌아가는 불 칼을 장치하여
생명나무에 이르는 길목을 지키게 하셨다. | 창세기 3:23~24 |

스타치오 등 야생 과일이나 곡물도 함께 찾아다니는 수렵채집 생활이었다. 길고 추운 겨울에는 먹을 것을 찾기가 힘들었다. 이렇게 수천 년 동안 인류는 상대적으로 강수량이 많고 먹을 것이 풍부한 비옥한 초승달 지대 이곳저곳을 작은 무리 형태로 떠돌아다녔다.

선사시대 인류가 정확히 언제부터 사냥에서 작물 재배와 가축 사육으로 돌아섰는지는 아무도 모른다. B.C.E. 10000년경인 중기 석기시대 말엽이었으리라 추정할 뿐이다.

이 변화는 급작스러운 개혁이 아니었다. 사냥꾼 무리는 가나안과 메소포타미아 충적 평야에서 저절로 자란 야생밀이나 보리에 조금씩 더 의존하게 되었으리라. 그리고 시간이 흐르면서 땅을 갈고 씨 뿌리는 과정을 통해 작물을 재배하는 방법을 발견했을 것이다. 이 과정에서 에머밀과 외알밀 등 껍질이 딱딱한 밀과 보리가 재배 작물로 자리잡았다. 이 곡물을 맷돌로 갈아두면 언제든 물과 섞어 반죽한 후 구워먹을 수 있었다.

농경은 사냥보다 훨씬 유리한 생존 방법이었다. 믿을 만한 식량 공급원이 확보됨으로써 사람들은 미지의 땅으로 이동하는 부담과 위험을 벗어나 정착할 수 있었다. 작물 수확에 여유가 생기면서 양, 염소, 소 같은 동물도 먹이게 되었다. 길들인 동물, 가축이 등장한 것이다. 가축은 젖, 고기, 털가죽을 제공하는 존재였고 경작도 도왔다. 사냥에 의존하지 않게 되면서 인류는

자신과 가족의 운명에 더 큰 통제력을 발휘할 수 있었다.

물론 작물 경작에도 불안한 면은 있었다. 경작을 하려면 비가 내려줘야 하는데 이 지

아슈르나시르팔(Ashurnasirpal) 왕이 태양신 샤마슈(Shamash)를 찬미하는 모습을 담은 이 아시리아 부조에도 등장하듯 생명나무는 중요한 상징이다.

역의 강우량은 아주 적었다. 기후학자들은 지난 1만 년 동안 이 지역의 기후가 거의 변화하지 않았다고 생각한다.

오늘날 팔레스타인 서쪽과 메소포타미아의 북쪽 고지대에서는 서풍이 높은 산맥에 가로막히는 겨울과 초봄에만 비가 내린다. 그나마 이 축복받은 지역을 벗어나고 나면 강, 샘, 오아시스에 의존해 경작을 해

야 했다.

그리하여 강과 샘을 중심으로 서서히 선사 인류의 정착이 이루어졌다. 고대 팔레스타인에서 발견된 가장 오래된 정착지는 B.C.E. 9000년경의 것이다.

마을이 생겨나자 농부들은 도구와 씨앗, 가축을 나눠 쓸 수 있었고 여자들도 자녀 양육을 서로 도울 수 있었다. 이러한 마을이 수백 개로 늘어나면서 공동체의 유대감이 형성되었다.

에덴이라 불린 곳

천지창조 여섯째 날 신은 '당신의 모습을 따라 남자와 여자로' 사람을 지어냈다(창세기 1:27). 최초의 두 인간은 아담과 이브였다. 이어 신은 에덴이라는 곳에 동산을 마련해 '보기 좋고 맛있는 열매를 맺는 온갖 나무를 그 땅에서 돋아나게' 한 뒤 '빚어 만든 사람을 그리로 데려다가 살게 했다'(창세기 2:8~9). 수메르의 울창한 숲을 연상시키는 이 동산에서 강 하나가 흘러나와 동산을 적신 다음 비손, 기혼, 티그리스와 유프라테스라는 네 줄기로 갈라졌다(창세기 2:10~14). 티그리스와 유프라테스는 잘 알려진 강이지만 비손과 기혼 강은 수수께끼로 남아 있다. 와

디 바틴이라는 고대의 말라붙은 강바닥에서 위성 촬영을 통해 비손 강의 흔적을 발견했다는 주장이 나오기도 했다. 바빌론의 니푸르 궁전에서 발견된 설형문자 점토판의 기록도 이 주장을 뒷받침한다. 다른 한편 에덴은 딜문(Dilmun)이라는 수메르 전설 속 유토피아라는 주장도 있다. 딜문은 오늘날의 바레인 지방이라고 한다. 정확한 위치가 어디든, 성경 속에 묘사된 에덴은 척박한 시리아 사막과는 전혀 다른 곳이다.

애석하게도 최초의 인류는 그 낙원에 오래 머물지 못했다. 아담과 이브가 뱀의 꼬임에 넘어가 '선과 악을 알게 하는 나

무'의 금지된 열매를 따먹은 것이다. 결국 두 사람은 에덴에서 쫓겨나 '땅을 갈아 농사를 지으며'(창세기 3:23) 먹고살아야만 했다. 인류가 농경에 의존하여 살게 되는 순간이었다. 메소포타미아 신화에서는 생명의 상징인 나무가 자주 등장한다. 아담과 이브를 죄에 빠뜨린 뱀의 모습은 메소포타미아의《길가메시 서사시》에서 영생의 식물을 훔치는 뱀을 연상시킨다. 성경은 에덴 이야기를 통해 인류가 신의 완벽한 세상에서 쫓겨난 존재에 불과하다는 점을 강조하고 있다.

1530년경 크라나흐(Lucas Cranach the Elder)가 그린 아담과 이브.

문명의 시작

요르단강 계곡의 서안에 위치한 예리고는 세계에서 가장 오래된 도시이다. 이곳에 인류가 거주한 역사는 B.C.E. 9000년으로 거슬러 올라간다.

예루살렘에서 북동쪽으로 24킬로미터 떨어진 곳, 텔 에스 술탄(Tell es-Sultan)이라는 언덕 위에 자리잡은 고대 예리고는 초기의 인류 거주지 중에서 가장 인상적인 곳이리라. 그 역사는 B.C.E. 9000년까지 올라간다. 고고학자들이 토기 이전 신석기시대(Pre-Pottery Neolithic Period, B.C.E. 8500~5500)라 부르는 시기이다. 고대 예리고는 넓이가 303평방킬로미터에 달했던 것 같다. 커다란 샘이 여러 개 있는 덕분이었다. 그중 하나인 엘리사의 샘(Fountain of Elisha)은 오늘날의 예리고 농부들에게도 매일같이 4,000리터의 물을 공급해준다. 1950년대에 집중적인 발굴 조사를 실시한 영국 고고학자 케니언(Kathleen Kenyon)은 갈대가 아닌, 진흙 벽돌로 지어진 둥근 집을 발견했다. 이는 햇빛에 구워낸 최초의 벽돌이다. 주민이 1,000명 이상 거주했던 것으로 보이는 이 도시는 놀랍게도 돌담과 도랑에 둘러싸인 형태였고 지름 9미터의 탑까지 솟아 있었다. 안쪽으로 돌계단이 난 이 탑은 주변을 관찰하는 일이나 종교 의식에 사용되었을 것으로 추측된다.

케니언은 또한 예리고 안쪽과 주변부에서 낫 조각을 많이 발견했

B.C.E. 9000년경
예리고(여리고, Jericho)에 최초로
인류가 정착함

B.C.E. 7000년경
정착지 아인 가잘(Ain Ghazal)이
번성함

B.C.E. 5000년경
금속 도구가 등장함.
메소포타미아에서 구리가 사용됨

B.C.E. 5000년경
진흙 도기가 일반화됨

> 아벨은 양을 치는 목자가 되었고 카인은 밭을 가는 농부가 되었다.
> 때가 되어 카인은 땅에서 난 곡식을 야훼께 예물로 드렸고
> 아벨은 양 떼 가운데서 맏배의 기름기를 드렸다. | 창세기 4:2~3 |

다. 이는 예리고 주민들이 보리, 아마, 외알밀, 에머밀 등의 작물을 경작하는 농부였음을 의미한다. 화살촉이 발견된 것을 보면 사냥도 겸했을 것이다.

예리고는 석기시대 동안 번성하다가 천재지변을 맞았다. 지진이 일어났던 것으로 보이는데, 그후 도시는 버려졌고 B.C.E. 4000년경에 이르러서야 다시 세워지게 된다.

예리고 사람들은 식량을 담아 보관할 그릇을 다양한 형태로 마련하였다. 돌이나 구운 석회석, 석고 등이 그릇의 원료가 되었다. B.C.E. 6000년대에는 진흙으로 모양을 만들어 구워내는 기술이 널리 퍼졌다. 진흙 도기는 생산 비용이 상대적으로 낮았다. 더군다나 구워낸 후에는 아주 오래도록 쓸 수 있었다. 도기 제작은 특별한 장인이 맡았고 곧 지역마다 도기 제작 및 장식에서 특색이 나타나기 시작했다. 도기는 잘 깨지지만 그 깨진 조각은 세월이 흘러도 변하지 않는다. 이 때문에 고고학 발굴에서 도기 조각은 아주 중요하다. 고고학자들이 해당 발굴층의 연대를 추정할 수 있도록 해주는 것이다.

예리고는 신석기시대 인류가 거주한 최초, 최대의 흔적으로 한때 인정받았다. 하지만 이후 요르단의 암만 근처에서 예리고 세 배 넓이인 아인 가잘(Ain Ghazal)이 발견되었다. 연대는 B.C.E. 7200년경으로 약간 늦다. 아인 가잘의 주민들은 작물을 경작했고 개, 소, 돼지 등 가축을 길렀다. 가장 놀라운 점은 예리고의 진흙 벽돌 오두막과 달리 돌로 사각형 주택을 지었다는 것이었다. 집 안의 공간은 벽으로 구획되었는데 겨울철의 습기와 여름철의 열기를 막기 위해 벽에 회반죽을 칠해두었다. 나

중에는 바닥에도 회반죽 칠을 했다. 이러한 가옥 형태는 이후 수천 년 동안 이 지역에서 그대로 유지되었다.

예리고에서 동쪽으로 몇 천 킬로미터 떨어진 메소포타미아 지역에서도 비슷한 문명이 발견되었다. 메소포타미아 남부의 유적지 텔 엘 우바이드(Tel el Ubaid)의 이름을 딴 우바이드 문명이 그것이다. 이곳의 도기에는 갈색 혹은 검은 색으로 우아한 기하학 무늬가 그려져 있다. 손잡이나 주둥이가 달리기도 한다. 마을 형태는 한층 더 발전되었다. 무질서하게 가옥이 늘어선 이전 유적들과 달리 우바이드는 진흙 벽돌로 지은 집들이 공동 마당을 중심으로 무리지은 모습이었다. 가옥들 사이에는 좁은 골목길이 나 있다. 창고로 사용되었으리라 추측되는 대형 구조물도 곳곳에 자리잡았다. 주거지 중심부에는 작은 언덕이 서 있는데 학자들은 이것이 마을 수호신을 기리는 사당이었으리라 짐작한다. 짐작이 맞는다면 이는 신앙 체계, 즉 인간의 운명이 강력한 외부 존재의 의지에 따라 좌우된다는 믿음이 공유되고 있었음을 의미한다. 정착지 중심부에 이렇듯 신성한 언덕을 세우는 것은 남부 메소포타미아 지역에 공통적으로 나타난 현상이다.

정착지의 성장

이후 2,000년이 흐르는 동안 농경 기술은 발전을 거듭했고 작물 수확량이 늘어나면서 정착지 규모도 확대되었다. 여분의 수확량이 확보되자 농경이 아닌 수공업에 종사하는 사람들이 나타났다. 도기, 농기구를 비롯한 각종 도구,

이라크 우르크(Uruk) 근처에서 발견된 우르크 후기 시대의 석회석 황소. B.C.E. 3300~3100년에 제작된 것으로 추정된다.

B.C.E. 5200~3500년경	B.C.E. 5000년경	B.C.E. 5000년경	B.C.E. 4500~3300년경
메소포타미아에서 우바이드(Ubaid) 문명이 번영함	에리두(Eridu)에 신전이 세워짐	에리두에서 시체가 매장됨	장인 계급이 출현함

직물을 생산하거나 수확한 농산물을 처리하는 특수 계층이 형성된 것이다. 이런 분화는 공동체의 삶을 한층 복잡하게 했다. 오래지 않아 주민들은 거래의 기준을 세우기 시작했고 분쟁을 해결하기 위해 대표자가 필요하다는 점을 깨달았다. 지도자가 선출되었고 마을이 커지면서 지도자의 권력과 영향력도 함께 커졌다. 다음 천년 사이에 도시국가의 토대가 닦였다. 왕이 신관 역할을 겸해 수호신을 모시는 도시국가 말이다.

인류 발전의 이 초기 단계에서 마을이나 중심부의 신전은 대체로 소박한 모습이었다. 하지만 에리두(Eridu)의 신전은 예외적으로 정교한 형태이다. 에리두는 세계 최초의 도시 문명으로 여겨진다. 본래 에리

예리고의 담장

예리고는 세계에서 가장 오래된 도시인 동시에 고도가 가장 낮은 도시이다. 해수면보다 258미터나 낮은 탓에 주민들은 B.C.E. 7000년대 말까지 계속 보호 담장을 세워야 했다. 담장은 점차 높아져 6미터에 이르렀고 여기에 지름 9미터의 탑까지 등장했다. 이 탑은 주변 관찰이나 종교 의식에 사용되었을 것으로 추측된다.

두는 유프라테스강이 바다와 만나는 곳에 위치했지만 수천 년이 흐르는 사이에 침전물이 쌓이면서 페르시아 만과의 거리가 점점 멀어졌다. 에리두의 현재 지명은 이라크의 아부 샤라인(Abu Shahrain)으로 우르(Ur)에서 남서쪽으로 19킬로미터 떨어져 있다. 에리두는 수많은 농민과 어민들이 갈대와 진흙 벽돌로 집을 짓고 사는 터전이었다. 에리두의 한쪽 끝에는 인류 역사상 최초의 기념비적 구조물이 세워졌다. 계단 위의 신전이 그것으로, 맑은 물과 지혜를 상징하는 수메르 엔키(Enki) 신에게 바쳐졌다. 신전 안에서는 제물로 보이는 물고기와 작은 동물의 뼈가 발굴되었다. 에리두 신전은 열두 차례 이상 파괴되었다 재건되기를 반복했다. 1946년에 이 지역

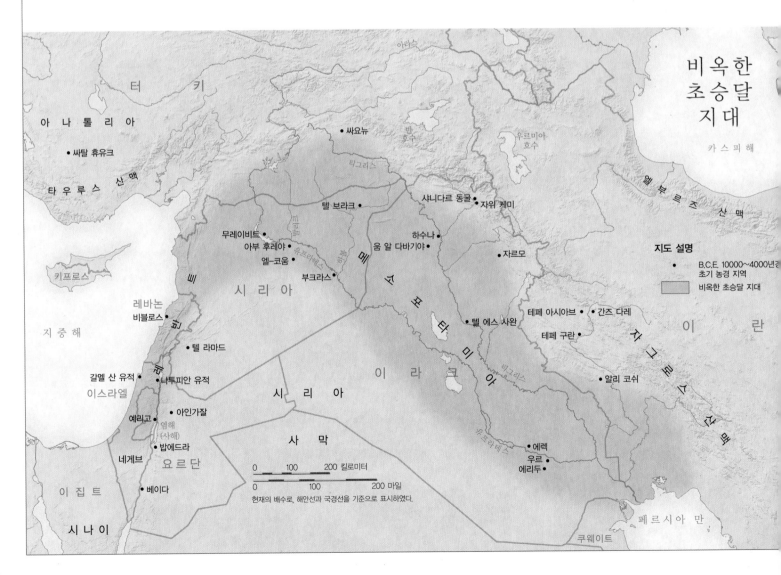

비옥한 초승달 지대

지도 설명

● B.C.E. 10000~4000년경 초기 농경 지역
▨ 비옥한 초승달 지대

현재의 배수로, 해안선과 국경선을 기준으로 표시하였다.

세월이 켜켜이 쌓인 곳

고대 서아시아의 거주지들은 지진, 가뭄, 전쟁 등으로 파괴되거나 버려졌다가 재건되기를 반복했다. 새로운 거주자들은 앞 시대의 잔재 위에 다시 진흙 벽돌이나 돌로 건물을 지었다. 이렇게 수세기가 흐르면서 텔(아랍어로는 tell, 히브리어로는 tel)이라는 고고학의 보고가 형성되었다.

텔을 파내려가면 켜켜이 쌓인 빵처럼 각 시대가 차례로 나타난다. 이들 층을 분석하고 연구하는 분야를 층위학(層位學)이라고 한다. 고고학자들은 숫자를 사용해 각 층을 구별하고, 컴퓨터 그래픽으로 3차원 그래프를 그려낸다. 예리고는 21개가 넘는 층위를 가진 것으로 유명하다. 지진, 폭풍 등 자연적인 영향으로 여러 시대의 유물이 뒤섞이기 때문에 각 층위를 구별해내는 작업은 자주 난관에 부딪힌다.

층위학에서 도기는 대단히 중요한 역할을 한다. B.C.E. 6000년경 이후로 도기 제작은 숙련된 장인의 몫이었고 그 결과 도기를 굽는 방법이나 장식 방법, 도기의 형태 등은 지역별로 뚜렷한 특성을 나타내게 되었다. 색깔, 재료, 장식, 테두리나 손잡이의 모양 등을 기준으로 도기 유형을 판별하는 일은 고고학자에게 꼭 필요한 능력이다. 도기 조각을 기준으로 층위의 연대나 문화를 밝힐 수 있기 때문이다. 도기는 쉽게 깨지는 물건이지만 그 깨진 조각은 수천 년이 지나도 그대로 남는다.

깨진 도기 조각은 매우 유용해 물 푸는 국자나 곡식의 양을 재는 도구가 되기도 했다. 성경에는 욥이 피부의 상처를 도기 조각으로 긁어내는 장면도 등장한다. 도기 조각은 또한 메모를 하거나 메시지를

전하는 도구로도 사용되었다(글이나 그림이 있는 도기 조각을 도편(陶片)이라 부른다).

1960년대 후반, 이집트의 사카라(Saqqara) 발굴 당시 고고학자들은 B.C.E. 650~400년에 하(下)이집트의 민간 문자가 적힌 귀중한 도편들을 찾아냈다. 그 내용은 어느 서기(書記)가 꿈에서 본 예언을 적어놓은 것으로 밝혀졌다.

예루살렘과 헤브론 사이 언덕에 위치한 국가가 바빌론의 침입을 받았을 때, 유대인 정찰들은 도기 조각에 히브리어로 글을 써서 라기시(라기스, Lachish)의 지휘자들에게 전달했다. 이렇게 발굴 층위에서 나타나는 도기 조각은 고고학적으로 중요한 존재이다. 동전이 등장해 시대 구분이 훨씬 쉬워지는 페르시아 시기가 오기 전까지는 도기 조각이 유일한 고고학적 표지가 되는 경우가 많다.

고고학자들이 텔 발굴 현장에서 각 층위에 표지를 놓아두었다(위). 도기 조각, 특히 기록이 남은 도기 조각은 각 층위의 시대를 밝히는 데 결정적인 역할을 한다(아래).

발굴을 시작한 고고학자 사파르(Faud Safar) 는 첫 신전이 B.C.E. 5000년 이전에 세워 졌으리라 추정했다.

사파르와 동료 고고학자 로이드(Seton Lloyd)는 신전 근처에서 거대한 묘지도 발견 했다. 진흙 벽돌로 만든 묘에는 도기, 음식, 보석, 기타 수공품이 가득했다. 아마도 에 리두의 귀족들을 위한 묘지였으리라. 6,500 년 전에 살다간 이들의 인골은 보존 상태가 아주 좋았다. 남자와 여자, 아이들은 반듯 이 누운 자세였고 생전에 쓰던 물건들과 함 께 묻힌 듯했다. 어린 소년과 함께 묻힌 개 는 입에 뼈다귀를 물고 있었다.

B.C.E. 2100년경의 《수메르 왕 명부*The Sumerian King List*》라는 책을 보면 최초의 도시국가로 에리두가 등장한다. '왕의 혈통

예리고의 가옥 아래에서는 회반죽을 칠한 해골이 자주 발 견된다. 남은 가족들은 망자가 자신을 보호해주리라 믿었 던 모양이다. 사진의 해골은 B.C.E. 7200년경의 것으로 추정된다.

이 하늘에서 내려온 후 에리두에 처음 자리 를 잡았다. 알룰림(Alulim)이 에리두 왕이 되 어 2만 8,800년을 다스렸다.'라는 내용이 다. 이후 수백 년 동안 에리두는 엔키 신 숭 배의 중심지였다.

에리두가 누린 부의 원천은 다른 마을 공 동체에 팔 수 있는 여분의 작물이었다. 구 리, 조개껍질, 흑요석(黑曜石) 등의 귀한 자 원과 식량을 교환하기 위한 교역로가 생겨 났다. 흑요석은 화산 지대, 특히 터키 남동 부에서 나는 천연 유리로 칼이나 각종 도구 를 만드는 재료였다. 우루크(Uruk), 라가시, 키시(Kish), 니푸르(Nippur), 우르 등 다른 도 시들도 나타나기 시작했다.

이들 부유한 공동체는 그보다 형편이 못 한 다른 공동체의 질시를 받았다. 깨끗한

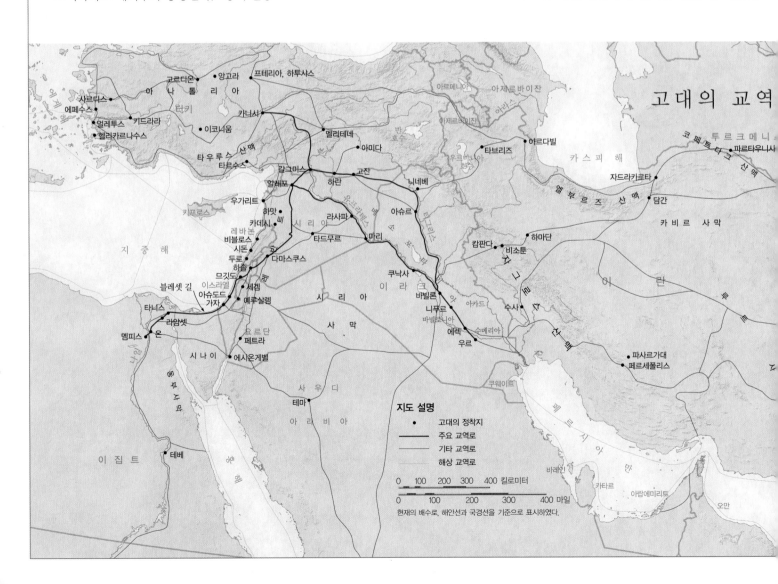

고대의 교역

지도 설명

- 고대의 정착지
— 주요 교역로
— 기타 교역로
— 해상 교역로

0 100 200 300 400 킬로미터
0 100 200 300 400 마일

현재의 배수로, 해안선과 국경선을 기준으로 표시하였다.

물, 교역로, 비옥한 농경지를 둘러싸고 다툼이 벌어졌다. 이 과정에서 군인이라는 또 다른 직업군이 나타났다. 약탈을 막기 위해 마을은 높은 담을 쌓는 등 자구책을 강구했다. 그 덕에 주민들은 상대적으로 더 안전한 담장 안으로 들어와 살게 되었다.

방어벽이 메소포타미아 남부에서만 등장한 것은 아니다. 가나안의 네게브 사막에 있는 고대 거주지 아라드(Arad)의 돌벽이 좋은 예이다. 궁사들이 넓은 범위에 활을 쏠 수 있도록 반원형 구조까지 갖춘 이 돌벽은 중세 성벽을 연상시킨다. 이러한 아라드 돌벽의 특징은 이집트 제5왕조 시대의 무덤 벽화를 통해 확인된 것이다. 성채와 비슷한 구조 때문에 아라드는 왕의 거주지였으리라 추정된다. 메소포타미아의 초기 도시국

장례 풍속

선사시대의 가나안과 메소포타미아에서는 죽은 가족의 머리를 가옥 아래 묻는 풍속이 있었다. 망자의 영혼이 가족을 지켜주리라 믿었던 것 같다. 뼈만 남은 해골 위에 진흙을 붙여 얼굴을 되살리기도 했다. 석기에서 청동기로 넘어가는 과도기에는 새로운 풍속이 등장했다. 시신을 일단 매장했다가 뼈만 남으면 이를 집 모양의 도기 유골단지에 넣는 것이었다. 이 풍속은 신약시대까지도 지속되었다.

가에서 나타나듯 이곳에는 궁전, 행정기관, 빗물을 모으는 거대한 저수 시설이 갖춰져 있다. 이스라엘의 이즈르엘(Jezreel) 계곡 중심부의 므깃도(메기도, Megiddo)에서도 비슷한 흔적이 나타난다. 석기에서 청동기로 넘어가는 과도기(B.C.E. 4500~3150년), 이곳에서도 우바이드 문명이 그랬듯 진흙 벽돌 가옥이 격자형으로 무리지어 세워지고 신전도 만들어졌다.

에리두, 아라드, 므깃도와 같은 원시적 도시 형태는 수백 년에 걸쳐 이루어졌다. B.C.E. 3000년대가 시작되면 부유한 공동체들은 그 규모로나 체계성으로나 진정한 도시의 면모를 갖추게 된다.

초기 교역

석기에서 청동기로 넘어가는 과도기의 주된 교역품은 구리와 터키석(이집트), 향과 상아(아라비아와 인도), 포도주(가나안과 에게 해 인근), 목재(레바논), 곡물(메소포타미아와 시리아), 홍옥수(紅玉髓)라는 보석과 흑요석(터키 중부)이었다. 기준화폐 역할을 한 것은 은이었다.

수메르에서 교역은 십진법에 바탕한 수학을 발전시켰다. 문자도 등장했다. 교역에 필요한 복잡한 계산을 하기 위해 아카드인들은 주판을 발명했다. 바빌로니아인들은 60진법을 사용한 수메르 수치표(數値表)를 만들었다. 60진법 체계는 한 시간을 60분으로, 1분을 60초로 나누는 오늘날의 시간 개념에 자취를 남기고 있다.

고대 바빌론(B.C.E. 1900~1200)의 석판들을 보면 메소포타미아에서 교역이 얼마나 융성했는지 잘 드러난다. 교역을 위해 시리아 사막을 가로지르는 지름길이 생겨났다. 이집트는 '블레셋(필리스틴)의 길', 즉 지중해 동쪽 해안을 따라 비블로스(Byblos)와 우가리트(Ugarit)까지 올라갔다가 내륙으로 꺾어 알레포(Allepo), 하란(Harran), 마리(Mari) 등지로 이어지는 길을 통해 레반트(지중해 동쪽 지역)와 교역했다. 마리에서부터 유프라테스강을 따라 이어지는 교역로는 니푸르, 우루크, 우르 같은 수메르 도시국가와 연결되었다. 당시 페르시아 만과 인접했던 우르는 인더스강 계곡과의 교역 중심지였다. 또 다른 교역로는 티그리스강 북쪽으로 이어져 하란과 아슈르(Ashur), 하마단(Hamadan)을 연결했다가 박트리아를 향해 뻗어가 동양의 시장까지 이르렀다.

도시국가의 성립

이라크에서 우르의 붉은 지구라트가 일부 복원된 모습. 이는 달의 신 난나(Nanna)에게 바쳐진 신전으로 추측된다.

B.C.E. 3300~2600년 사이 메소포타미아 남부에서 가장 도시화된 지역은 수메르였다. 수메르의 도시 문명은 진정 인류 문명의 토대라 할 만하다. 문자, 바퀴 달린 운송 수단, 법률, 문학, 기념비적 건축물, 예술품 등이 모두 등장한 것이다.

수메르의 찬란한 문명 역시 농경으로 얻은 부를 바탕으로 탄생했다. 나일강과 달리 유프라테스와 티그리스는 일정한 주기로 범람하지 않았다. 한 해 풍성한 수확을 주고 나면 다음 해에는 메말라버리는 땅이었다. B.C.E. 3000년대가 끝나가면서 수메르 농부들은 두

강 유역의 충적 토양에 물을 공급하는 방법을 개발했다. 수로를 파서 강물이 흘러가도록 만든 것이다.

야심찬, 그리고 노동집약적인 이런 관개 체계는 몇몇 농부들만의 힘으로는 이룰 수 없었다. 사전 계획, 장비, 자원 그리고 조직이 필요했다. 이를 위해 수메르인들은 농민 협력체를 만들었고 B.C.E. 3000년 이후에는 수메르 평야 전체에 관개 체계를 갖추었다. 수메르의 포도밭과 과수원은 어찌나 풍요로웠는지 에덴동산이 따로 없을 정도였다.

B.C.E. 3500년경	B.C.E. 3200년경	B.C.E. 3000년경	B.C.E. 2900년경
수메르 농민들이 정교한 관개 시스템을 개발함	우루크에 계층화된 사회 구조가 나타남	구리와 주석을 섞어 청동을 제작함	수메르 대홍수

> 그의 나라는 시날 지방인 바벨과 에렉과 아깟과 갈네에서 시작되었다.
> 그는 그 지방을 떠나 아시리아로 나와서 니느웨와 르호봇 성과 갈라를 세우고,
> 니느웨와 갈라 사이에 레센이라는 아주 큰 성을 세웠다. | 창세기 10:10~12 |

이렇게 부가 축적되면서 농작물 시장이 발달했고 곧 도시국가가 생겨났다. 한 왕이 수천 평방킬로미터의 영토를 다스리는 이러한 도시국가들은 관료 체제를 갖추고 공동체의 일을 처리했다. 전문 관료 집단이 일반 대중과 통치자 사이를 연결하는 위계적 체제가 형성된 것이다.

우루크의 등장

B.C.E. 3000년에서 2700년경까지 우루크는 수메르의 지배적인 도시국가였다. 성경에는 에렉(창세기 10:10)이라는 이름으로 등장한다. 《수메르 왕 명부》를 보면 엔메르카르(Enmerkar)라는 전설 속의 왕이 우루크를 세웠고 그 아들인 길가메시가 도시의 방어벽을 쌓았다고 나온다. B.C.E. 2100년에 처음 기록된 《길가메시 서사시》의 시인은 '오늘날 그 벽을 보라. 위쪽에 띠를 두른 외벽은 구리처럼 빛나고 안쪽 벽의 아름다움도 비할 곳이 없도다.' 라고 읊었다. 이 벽은 전설로만 남아 있다가 1912년 독일 발굴팀이 이라크 바그다드 남동쪽 240킬로미터 지점에서 우루크 유적을 발굴하면서 모습을 드러냈다. 이라크라는 국가 명칭이 우루크에서 유래했다는 견해도 있다. 발굴 결과 《길가메시 서사시》 작가의 묘사는 과장이 아니었다. 고대 도시를 둘러싼 벽은 8킬로미터 이상 뻗어 있었고 전성기 때 우루크 영토는 1,000평방킬로미터를 넘어섰다. 당시 수메르 최대의 도시국가였던 것이다.

도시 중심부에는 아름다운 신전들이 지어졌다. 그중 하나인 백색 신전

(White Temple)은 120미터 높이의 언덕 위에 서 있다. 이 언덕은 수메르의 특징적인 건축물 지구라트로 추측된다. 지구라트란 위로 갈수록 넓이가 좁아지는 사각형 계단식 피라미드이다. 우루크에서는 지구라트를 먼저 만들고 그 위에 신전을 지었다. 지구라트는 의식을 행하는 신관 그리고 특권계층이 하늘에 보다 가까이 위치하도록 하기 위한 장치였으리라.

메소포타미아 문명은 초기부터 미지의 초자연적 존재에 대한 공동체의 믿음과 밀접히 관련되어 있었다. 사람들은 그 존재가 대지의 온갖 상황을 통제하지만 다른 한편 제물 헌납과 같은 종교적 의식에 의해 마음이 누그러지기도 한다고 여겼다. 수메르의 종교적 관행은 일차적으로 농경을 위한 것이었다. 가뭄, 홍수, 기후 변화 등은 작황에 영향을 미쳤고 도시국가의 경제를 파탄에 빠뜨릴 수 있었다. 농경을 더 잘 알고 통제하기 위해 수메르인들은 신전을 지어 농경의 핵심 요소인 해, 달, 물, 대지, 풍요 등을 관장하는 신들을 모셨다.

메소포타미아에는 도시마다 수호신이 있었다. 우루크에서는 풍요, 사랑, 전쟁을 관장하는 이난나(Inanna) 여신, 그리고 하늘과 천체를 맡는 안(An) 신이 가장 중요했다. 백색 신전 지구라트는 안 신을 숭배하는 곳이었다. 이난나와 안 등이 등장하는 신화는 여러 서사시의 중심이 되었고 〈창세기〉를 비롯한 이후 기록에 영향을 미쳤다.

메소포타미아 신들의 모습은 작은 조각상으로 남았다. 초기 형상은 성기가 강조

니푸르의 이난나(Inanna) 신전에서 발견된 남녀 석고상. B.C.E. 2600년의 것으로 추정된다.

B.C.E. 2280년경
아카드 제국이 융성함

B.C.E. 2150년경
아카드 제국이 몰락함

B.C.E. 2100년경
《길가메시 서사시》가 기록됨

B.C.E. 2000년경
아모리인들이 우르를 정복하고
수도 바빌론을 건설함

된 원시적인 모습이지만 점차 정교해진다. 우루크에서 발굴된 우루크 여인 두상(Warka Head)은 B.C.E. 3100년경의 것으로 추정되는 석회석 조각인데 움푹 들어간 눈이며 눈썹, 머리 위의 가발이 무척 아름답다. 안타깝게도 몸 부분은 유실되어버린 이 조각상은 우루크 신전 안에 세워졌던 것으로 보인다.

신전에는 신의 형상을 한 조각상뿐 아니라 신을 숭배하는 사람들의 조각상들도 있었다. 아마도 신들이 늘 숭배자에 둘러싸이도록 한 것이었으리라. 메소포타미아 지역 곳곳의 발굴 현장에서 발견된 숭배자의 조각을 보면 술 장식이 달린 치마나 가운을 입고 두 손을 모은 모습이다. 수메르에서는 손을 모으는 것이 숭배의 표시였던 것 같다. 눈은 아주 큰

텔 엘 우바이드에서 발견된 초기 왕조 시대(B.C.E. 2900~2350년)의 부조. 수메르 농장에서 우유를 짜 보관하는 모습을 담았다.

데 따로 색깔을 넣어 더욱 과장하기도 한다. 남자들은 예외 없이 길고 멋진 턱수염을 길렀다. 오래된 조각상은 B.C.E. 2900년까지 올라간다.

우루크 문화가 퍼져나가면서 이난나, 안, 우투와 같은 신들은 수메르 전역에서 추앙받게 되었다. B.C.E. 2000년 이후 바

니네베에서 발견된 B.C.E. 7세기의 아시리아 석판. 《길가메시 서사시》가 새겨졌으며 노아 이야기와 비슷한 대홍수 이야기도 등장한다.

빌론이 수메르의 부를 차지했을 때도 이 신들은 이름만 바뀌어 숭배되었다. 마치 로마인들이 그리스 신화를 받아들였던 것처럼 말이다. 이난나는 바빌론의 이슈타르((Ishutar)가 되고 우투는 샤마슈(Shamash)가 되었다.

수메르의 신 숭배는 티그리스와 유프라테스강의 예측 불가능한 변화 때문이었으리라 여겨진다. 언제 강 수위가 높아져 관개 체계가 망가질지 아무도 모를 일이었다. 이렇게 보면 대홍수 이야기가 메소포타미아 역사 초기부터 반복되었던 것도 무리는 아니다.

우르의 초기 왕조 시대

1922년, 영국 고고학자인 울리(Sir Leonard Wooley)는 이라크의 바스라 북쪽 텔 엘 무카이야르(Tell al Muqayyar)를 발굴하고 있었다. 도기 조각과 쓰레기가 뒤섞인 층을 파내려가던 인부들은 2.4미터 깊이에서 편평

대홍수 전설

〈창세기〉에 따르면 신은 '사람의 죄악'과 '마음속의 못된 생각'을 탄식하며(창세기 6:5) 대홍수로 인간을 쓸어내버리기로 결정한다. 하지만 노아와 그 가족만은 마음에 들었다. 신은 노아에게 상세한 지시를 내려 물에 뜰 방주를 제작하도록 한다. 방향키나 돛에 대한 언급이 없는 것으로 보아 방주는 항해 장비가 전혀 없는, 단순한 배였던 것 같다. 하지만 노아가 만든 방주는 목숨이 있는 온갖 동물의 암컷과 수컷을 태울 만큼 컸다(창세기 6:19).

성경의 대홍수 이야기는 수메르나 바빌로니아 전설과 아주 비슷하다. B.C.E. 1000년대의 아트라하시스(Atrahasis) 서사시가 그 예다. 여기서는 마미(Mami) 여신이 진흙으로 빚어낸 인간이라는 존재가 신들이 참기 어려울 정도로 소란을 피운 탓에 대지와 공기의 신인 엔릴(Enlil)이 대홍수를 일으켰다고 되어 있다. 다행히 주인공 아트라하시스는 엔키(Enki) 신의 도움을 받아 배를 만들고 거기 자기 재산과

함께 가축 및 가금류를 실었다고 한다.

니네베의 아슈르바니팔(Ashurbanipal) 왕 궁전에서 발견된 석판에도 대홍수 전설이 새겨져 있다. 길가메시 왕과 불사의 존재 우트나피쉬팀(Utnapishtim)이 등장하는 이 전설을 보면 '비옥한 땅에서 인구가 불어났고 세상은 날뛰는 황소처럼 울부짖게 되어' 신들이 시끄러운 인간을 몰아내기로 결정했다고 한다. 하지만 에아(Ea) 신은 우트나피쉬팀을 살려내기로 하고 배를 한 척 짓도록 한다. 에아 신은 '배의 폭과 길이를 똑같이 하고 갑판 위에는 지붕을 씌워라. 모든 생명체의 씨앗을 배에 태워라.'라고 명령했다. 이 부분은 노아가 받았던 다음과 같은 지시와 유사하다. '너는 전나무로 배 한 척을 만들어라.(…) 그 배는 이렇게 만들도록 하여라. 길이는 삼백 자, 너비는 오십 자, 높이는 삼십 자로 하고, 배에 지붕을 만들어 한 자 치켜올려 덮고(…) 목숨이 있는 온갖 동물도 암컷과 수컷으로 한 쌍씩 배에 데리고 들어가라.'(창세기 6:14~19)

이들 이야기의 유사성으로 미루어, 〈창세기〉는 고대 메소포타미아의 여러 전설들과 영향을 주고받으며 구전된 것으로 보인다.

사이프러스 고원에 위치한 키코스(Kykkos) 수도원의 12세기 모자이크. 대홍수와 노아의 방주가 표현되었다.

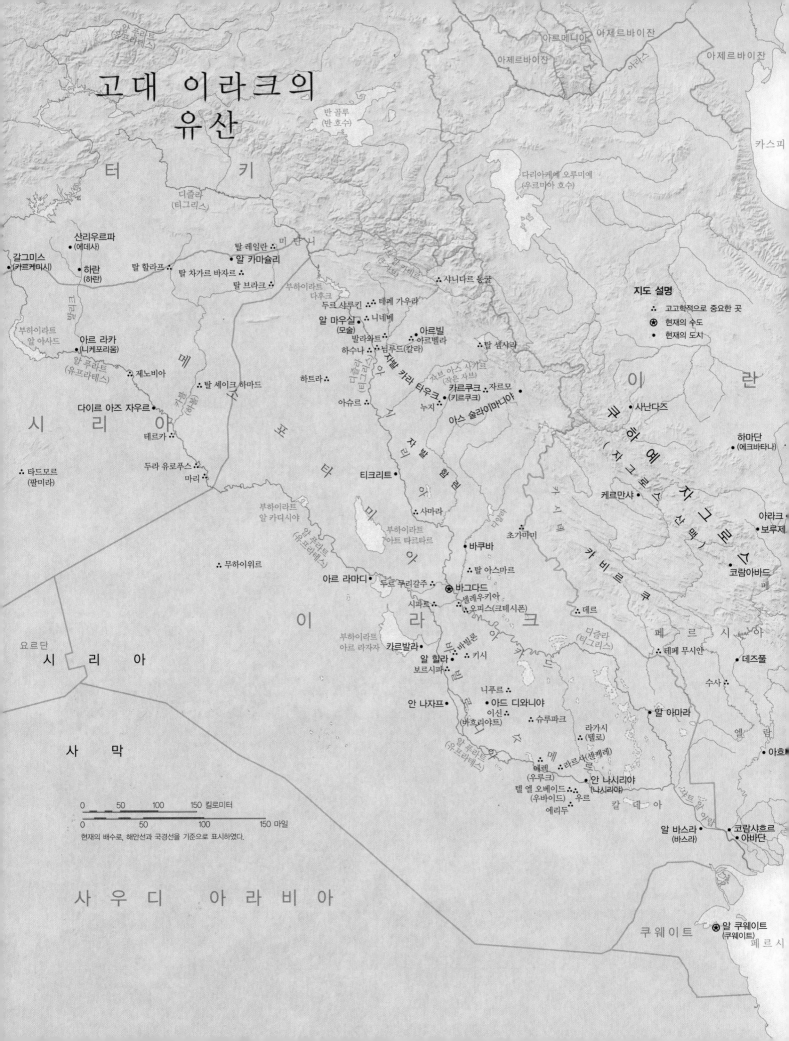

고대 이라크의
유산

터   키

반 골루
(반 호수)

다리아케예 오루미에
(우르미아 호수)

아르메니아

아제르바이잔

아제르바이잔

카스피

디즐라
(티그리스)

샨리우르파
(에데사)

갈그미스
(카르케미시)

하란
(하란)

탈 할라프

탈 레일란

알 카마슐리

탈 차가르 바자르

탈 브라크

미탄니

샤니다르 동굴

지도 설명

∴ 고고학적으로 중요한 곳
⊛ 현재의 수도
● 현재의 도시

아르 라카
(니케포리움)

두르 샤루킨

테페 가우라

알 마우실
(모술)

니네베

발라와트

아르빌

야르벨라

탈 셈샤라

하수나

님루드(칼라)

자발 키라 타우크

카르쿠크
(키르쿠크)

자르모

아스 술라이마니야

이란

사난다즈

하마단
(에크바타나)

제노비아

탈 세이크 하마드

하트라

아슈르

누지

케르만샤

아라크

보루제

다이르 아즈 자우르

테르카

무하이위르

티크리트

사마라

초가마미

코람아바드

메

타드모르
(팔미라)

시리아

두라 유로푸스

마리

아르 라마디

두르 쿠리갈주

바쿠바

탈 아스마르

바그다드

셀레우키아

오피스(크테시폰)

데르

테페 무시안

데즈풀

부하이라트
알 카디시야

요르단

시리아

부하이라트
아트 타르타르

시파르

데르

데즈풀

수사

알 아마라

카르발라

바빌론

키시

아드 디와니야

엘람

니푸르

이신
(바흐리야트)

슈루파크

라가시
(텔로)

아흐

알 바스라
(바스라)

코람샤흐르

아바단

안 나자프

알 힐라

보르시파

에렌
(우루크)

라르사(센케레)

안 나시리야
(나시리야)

텔 엘 오베이드
(우바이드)

우르

에리두

칼데 아

사   막

사   우   디   아   라   비   아

쿠   웨   이   트

알 쿠웨이트
(쿠웨이트)

페르시

0   50   100   150 킬로미터

0   50   100   150 마일

현재의 배수로, 해안선과 국경선을 기준으로 표시하였다.

> 이후 일곱 낮 일곱 밤 동안 물이 대지를 휩쓸었다. (…)
> 우투(Utu) 신이 나서서 하늘과 땅에 빛을 비추었다.
>
> | 수메르의 대홍수 신화 |

하고 깨끗한 진흙층을 발견했다. 큰물이 나 갑자기 만들어졌다가 묻혀버렸다고 볼 수 밖에 없는 진흙층이었다. 울리는 이것이 성 경에 기록된 최초의 대재앙, 대홍수의 물리 적 증거라고 주장했고 엄청난 파문을 불러 일으켰다.

하지만 메소포타미아 곳곳에서 발굴이 이어지면서 크고 작은 홍수의 흔적들이 연 달아 드러났다. '두 강 사이의 땅' 메소포타 미아는 헤아릴 수 없이 많은 홍수에 시달렸 던 것이다. B.C.E. 3000~2900년 사이에 일 어난 홍수는 특히 피해가 커서 수메르 신화 에 기록되기도 했다. 《수메르 왕 명부》는 이 홍수 이전에 통치한 왕과 이후에 통치한 왕 을 구분하고 있다.

이 홍수는 인구 밀집 지역을 덮치지는 않 았지만 경쟁하는 도시국가들 사이의 세력 판도를 바꿔놓았다. 그때까지 가장 강력했 던 우루크가 서서히 우르에 밀리기 시작한 것이다. 《수메르 왕 명부》는 '에렉(우루크)이 큰물을 겪은 이후 왕의 혈통은 우르로 옮겨 갔다'고 기록한다. 우르는 우루크만큼 오래 된 도시로, 역사는 우바이드 시대까지 거슬 러 올라간다. 오늘날 우르는 유프라테스강 에서 16킬로미터 떨어진 메마른 사막 지대 이다. 하지만 우르의 전성기 당시 강은 훨 씬 가까이에서 흘렀고 평야는 비옥하고 풍 요로웠다. B.C.E. 2750년, 우르는 메소포타 미아 남부에서 가장 강력한 세력이 되었고 멀리 이집트까지 연결된 교역로의 중심지 로서 위치를 확고히 했다. B.C.E. 2560년에 우르의 새로운 통치자가 된 메사네파다

(Mesannepadda, B.C.E. 2560~2525년)는 수메 르 전역에서 권력을 휘둘렀다.

우르는 독보적인 문화 중심지였다. 텔 엘 무카이야르 발굴 당시 울리는 74명이 묻힌 왕가 묘지를 찾아냈다. 그중 68명이 여자였 다. 시신은 장례식 행렬이라도 벌이듯 줄지 어 누워 있었다. 한 무덤에서는 '황금으로 장식된 청금석 손잡이가 달린 황금 단검'이 나왔고 다른 무덤에서는 정교한 머리 장식,

수메르 문자

B.C.E. 3500년 이후 수메르 상인들은 부드러운 점토 판에 교역 내용을 기록하기 시작했다. 작은 기호들로 교역물의 유형과 양을 나타냈다. 이 기호에서 원시적 그림문자가 생겨났고 이어 교역물, 숫자, 가격을 의 미하는 약식 부호가 등장했다. 사람들은 이들 부호를 연결하여 복잡한 정보를 전달할 수 있다는 사실을 깨 달았다. 행동을 나타내는 부호에는 대상을 나타내는 부호가 연결되어 문장과 같은 단위를 이루었다. 매일 같이 사용된 끝에 이들 부호는 600개로 정리되어 '설형문자'라고 알려졌다. 설형문자라는 이름은 부 드러운 점토 위에 부호를 눌러쓰면서 쐐기 모양 선이 그려진 데서 유래했다. 설형문자와 그 문법은 아카 드, 히타이트, 엘람을 포함해 메소포타미아 전역으로 퍼져나갔다.

금으로 장식된 하프, 아름다운 잔과 그릇이 발견되었다. 울리는 이 무덤의 주인공이 아 바기(Abargi) 왕과 푸아비(Puabi) 왕비일 것 으로 추정했다. 나머지 사람들은 사후에도 주인을 모시기 위해 함께 묻힌 시종, 시녀, 병사, 신하로 보인다.

우르에는 아름다운 건물도 많았다. 가장 인상적인 건축물은 달의 신 난나를 위해 세 워진 24미터 높이의 지구라트였다. 일부 복 원된 이 지구라트는 지금도 텔 엘 무카이야 르 발굴지 근처에 서 있다. 수메르 건축가 들의 솜씨는 신전 건축에 그치지 않았다. 왕가 무덤에는 3,000년 후 로마 건축에서나 다시 나타나는 아치 형태가 있다. 붉은 석 회석, 조개껍질, 청금석으로 양 측면에 그 림을 그린 나무 블록, 일명 우르 스탠다드 (Standard of Ur)를 보면 바퀴 달린 전차가 등 장한다. 딱딱한 나무 바퀴가 달린(바퀴살은 B.C.E. 1800년이 되어야 등장한다) 기묘한 모습 이지만 엄청난 발명임에는 분명하다. 수메 르인들은 오늘날까지 이어지는 탈것 문화 의 핵심 요소를 발명했던 것이다.

하지만 수메르 문명의 최대 공헌은 역시 문자 발명이다. 인류가 기록을 시작한 때는 여분의 농작물이 교역된 B.C.E. 3300년경 이었으리라. 상인들은 누가 무엇을 얼마나 구입했는지 기록하기 위해 부드러운 점토 판에 작은 표시를 남겼다. 세월이 흐르면서 이 그림문자는 설형문자라고 하는 글자 형 태로 발전했다.

설형문자가 고대 선조들의 귀중한 기록 으로 남은 것은 점토판의 내구성 때문이었

우르 왕가의 보물

B.C.E. 2600~2400년경

마주보는 두 마리 염소가 표현된 장식판. 우르의 푸아비 왕비 무덤에서 나왔으며 조개껍질과 청금석으로 만들어졌다.

황금과 청금석으로 된 황소 머리는 현악기 울림통의 일부이다. 우르의 푸아비 왕비 무덤에서 발견되었다.

정교한 무늬가 새겨진 황금 투구는 우르의 메스칼람둑(Meskalamdug) 왕 무덤에서 나왔다.

청금석 날개와 황금 사자머리를 한 독수리. 마리에서 발견되었다.

우르 왕가 묘지에서 발굴된 보물은 초기 왕조 시대 수메르 상류층의 생활을 엿보게 한다. 여자의 장신구는 화려한 장식과 빼어난 수공 솜씨를 자랑한다. 홍옥수와 청금석, 황금 구슬을 엮어낸 목걸이도 있고 푸아비 왕비로 추정되는 해골은 황금 나뭇잎이 보석 꽃과 어우러진 머리 장식을 쓴 상태였다. 수메르 사회에서 귀족 여자들은 귀한 대접을 받았다. 교육도 받았고 재산도 보유할 수 있었다. 울리는 조개껍질, 뼈, 청금석, 붉은 석회석으로 만든 게임판을 발견했는데 이는 수메르인들의 취미 생활을 보여준다. 서양장기와 비슷한 이 게임은 고대 서아시아에 널리 퍼져 있었다.

푸아비 왕비 무덤에 함께 묻혔던 여자들은 황금 잎사귀, 청금석, 홍옥수로 만든 화려한 왕관, 목걸이, 귀걸이를 걸고 있다.

바벨탑

〈창 세기〉에는 인간이 하늘까지 닿을 만큼 높은 탑을 짓기로 결정했던 이야기가 나온다(창세기 11:3~4). 하지만 탑이 완성되기 전, 신은 인간들 사이에 혼란을 야기해버렸다. 갑자기 모두들 서로 다른 말로 지껄이기 시작한 것이다. 탑의 이름인 바벨은 히브리어로 '혼란을 낳다'라는 단어 'bala'에서 유래했다고 한다. '신의 문(門)'을 뜻하는 아카드어 'bab-ili'에서 유래했다는 학설도 있다.

메소포타미아 남부의 도시들은 사실 너나할 것 없이 지구라트, 즉 계단형 피라미드를 높이 세우고 신전을 지었다. 하늘에 더 가까이 다가가기 위해서였다. 영국 고고학자 울리가 1922년, 이라크 남쪽 텔 엘 무카이야르를 발굴하면서 발견해 현재 일부 복원된 지구라트 또한 마찬가지이다.

이 지구라트는 B.C.E. 2112~2095년에 우르를 통치한 우르 남무(Ur-Nammu) 왕이 건설하였고 바빌론의 마지막 왕인 나보니두스(Nabonidus, B.C.E. 555~539년)가 규모를 한층 더 크게 만들었다. 계단으로 연결된 3층 구조의 지구라트 위에 달의 신 난나에게 바치는 신전을 짓고 지구라트 안쪽에는 신전 부속 시설, 보물창고, 신관들의 주거 공간 등이 자리잡았다.

다른 곳에서와 마찬가지로 우르의 지구라트도 진흙 벽돌과 역청으로 만들어졌다. 시날(Sinar), 즉 바빌론에서 일어난 사건을 설명하는 다음의 〈창세기〉 구절은 건축 방법을 보여준다. '사람들은 의논하였다. "어서 벽돌을 빚어 불에 단단히 구워내자." 이리하여 사람들은 돌 대신 벽돌을 쓰고, 흙 대신 역청을 쓰게 되었다. 또 사람들은 의논하였다. "어서 도시를 세우고 꼭대기가 하늘에 닿는 탑을 쌓자."'(창세기 11:3~4)

네덜란드 화가 브뤼겔(Pieter Brueghel the Elder)이 그린 바벨탑 건축 장면.

다. 파피루스 두루마리에 남긴 기록은 불이나 물에 닿으면 사라진다. 하지만 점토판은 불에 타면 오히려 더 튼튼해진다. 3,000년 동안 사용된 설형문자는 메소포타미아의 역사를 들여다보게 해주는 귀중한 통로다.

아카드 제국

정치적 문화적으로 우르가 압도적인 지위를 차지하기는 했지만 11개 도시국가들의 경쟁은 계속되었다. 우르, 키시, 우루크 사이의 경쟁은 특히 치열했다. 하지만 이러한 내부 갈등은 북쪽의 아카드인이 침입하면서 단번에 끝나고 만다. 아카드인들은 언어를 기준으로 하여 셈족으로 분류된다. 이 언어는 이후 히브리어, 아람어, 아시리아어, 시리아어로 이어지게 된다.

아카드 군대는 훗날 유명세를 떨치게 될 사르곤(Sargon of Akkad, B.C.E. 2334~2279년) 대왕이 통솔하고 있었다. 반목 관계였던 도시국가들은 사르곤의 정예 부대 앞에 상대가 되지 못했다. 설상가상으로 멀리까지 뻗어나간 관개 시설에서 물이 지나치게 증발하면서 염도가 높아져 작물 수확량도 급감했다. 마리 왕국을 정복한 사르곤 대왕은 우루크, 라가시, 에리두, 우르를 곧 수중에 넣었다. 그리고 도시국가들을 하나로 묶음으로써 이 지역 최초의 통일 국가가 형성된다. B.C.E. 2280년 즈음에 아카드 제국은 터키 남부의 타우루스 산맥에서 서쪽으로는 레바논, 동쪽으로는 페르시아 만까지 확대되었다.

사르곤 대왕의 손자 나람 신(Naram Sin,

B.C.E. 2254~2218년)은 제국을 유지하기 위해 힘든 싸움을 벌였다. 사르곤 대왕 사망 후 일부 도시국가들이 봉기했고 국경에서는 이민족들까지 침입했던 것이다. 고대 메소포타미아에서 '민족'이란 선조와 문화,

뿔 달린 관을 쓴 아카드의 나람 신 왕이 정복한 적들을 밟고 서 있다. 이 분홍빛 사암 판석은 이란의 수사에서 발견되었으며 B.C.E. 2250년의 것으로 추정된다.

언어를 공유하지만 정치적, 지리적 연결은 희박한 무리를 뜻한다. 구티(Gutian)족을 상대로 한 나람 신의 원정은 처음에는 성공적이었다. 파리 루브르 박물관에 전시된 거대한 석회암 판석 부조를 보면 별의 신들로부터 보호받는 왕이 산꼭대기에 올라 룰루비(Lullubi)족 격퇴를 기뻐하는 모습이 새겨져 있다. 룰루비는 이라크와 이란 국경 지대에 살았던 무리이다.

이 판석 부조는 나람 신의 수많은 승리 중 하나를 기록했을 뿐이다. 나람 신 재위 말기인 B.C.E. 2218년까지도 아카드 영토는 아시리아, 시리아 그리고 터키 중심부를 포함했다. 이러한 정복 경로는 주요 교역로를 그대로 따라간 것이었다.

아카드 시대는 B.C.E. 2150년경에 끝나고 만다. 나람 신의 아들인 샤르-칼리-샤리(Shar-kali-sharri)가 구티족에게 메소포타미아 남부 주요 지역을 빼앗긴 것이다. 사르곤 대왕이 세웠던 중앙집권 체제가 와해되었다. 구티족은 현지 대표자에게 통치권을 주고 조공을 받았다. 라가시를 다스린 야심가 총독 구데아(Gudea)는 라가시 전역의 요충지마다 자기 조각상을 세우라고 명령했다. 검은 섬록암으로 만든 이 조각상들은 오늘날 런던, 뉴욕 등 주요 박물관에 소장되어 있다.

지역 총독의 권력이 서서히 커지면서 B.C.E. 21세기 초가 되자 수메르 땅은 대부분 다시 주민들의 손에 넘어갔다. 우르의 우르 남무(Ur-Nammu) 왕은 짧게나마 과거의 영광을 재현하여 우르 제3왕조(B.C.E. 2113~2006년경)라고도 불린다. 하지만 아모리인을 포함해 무서운 침략자들이 곧 등장했다. 이러한 상황에서 아브라함의 이야기가 시작된다.

나일의 땅

이집트 아스완 근처의 나일강 위를 삼각돛배가 미끄러져 가고 있다.

메소포타미아에서 수메르 문명이 융성하고 있을 때 고대 이집트에서도 비슷한 발전이 있었다. 이곳 문명 역시 강을 따라 시작되었다. 하지만 유프라테스나 티그리스강과 달리 나일강은 매년 주기적으로 범람하여 주변을 비옥한 토지로 만들어주었다. 수메르인들처럼 관개 체계를 고안할 필요는 없었다. 나일강이 모든 걸 다 알아서 해주었기 때문이다. 이집트인들은 자신의 풍요로운 대지를 케멧(kemet), 즉 '검은 땅' 이라 불렀다.

기후학자들에 따르면 신석기시대 이전, 이집트는 지금보다 훨씬 푸르렀다고 한다. 고대인들이 바위에 남긴 그림은 마지막 빙하기의 영향을 벗어난 B.C.E. 8000년대에 사하라 사막이 목초지였음을 알려준다. 얼음이 녹고 해수면이 높아지며 기온이 상승했다. 무려 15도까지 상승했다고 보는 견해도 있다. 그러자 사막이 이집트 북부의 늪지나 평원을 잠식하기 시작했다. 나일강이 아니었다면 이집트 전체가 사막으로 변해 아프리카 북부에서 아라비아 반도까지 거대한 모래 언덕만 이어졌을지도 모른다. 하지만 그리스 역사가 헤로도토스의 말대로 이집트는 '나일강의 선물' 이었다. 아프리카 고원

B.C.E. 4000년경
이집트에서
농경 정착이 시작됨

B.C.E. 3100년경
상하(上下) 이집트가 통일됨

B.C.E. 3000년경
시신 보전을 위한
미라 처리 기술이 발전함

B.C.E. 2700년경
이집트 상형문자가 등장함

> 이집트에 대해 한 번도 들어보지 못한 사람이라 해도
> 보통의 관찰력만 가졌다면 이집트가 혜택받은 땅,
> 나일강의 선물임을 알아차리리라. | 헤로도토스, 《역사》 |

에서부터 흘러내려오는 나일강이 없었다면 이집트 문명도 출현할 수 없었다.

메소포타미아의 유프라테스강 유역에 인간 정착지들이 나타나던 B.C.E. 4000년대, 나일강 계곡에서도 주목할 만한 변화가 일어났다. 당시 이곳에 살던 사람들은 양과 염소를 이끌고 이동하는 유목민이었다. 나일강 서쪽 파이윰(Faiyum)과 카이로 북쪽 지역에서 창 조각이 발굴되었다. 이는 사냥과 수렵에 종사하는 지역 주민이 상당수 존재했다는 의미이다. 다른 곳에서는 에머밀과 보리가 발견되어 농경 공동체의 발전을 증명해주었다. 곡물 종자는 아마도 메소포타미아에서 건너왔던 것 같다.

신석기시대 후기를 거치면서 메소포타미아 문명과 에게 문명 사이의 교역은 계속 늘어났다. 이집트 광산에서 채취해 나일 강변의 여러 마을에서 제련, 가공한 구리는 인기 있는 교역품이었다. 이들 선사시대의 마을은 진흙 벽돌로 지은 가옥과 작업장이 모인 형태인데 에리두의 경우처럼 중심부에 신전이 마련되기도 했다. 시간이 갈수록 공동체의 규모는 커졌고 대표자가 생겨났다. B.C.E. 3300년이면 공동체들이 합쳐지면서 두 왕국이 모습을 드러낸다.

첫 번째 왕국 하(下)이집트는 지중해에서 카이로 근교까지를 포함했다. 수백 년 동안 나일강이 비옥한 충적 토양을 쌓아놓은 나일강 삼각주 지역이다. 푸른 초원에 대추야자나무가 그늘을 드리우는 이곳은 가나안이나 시리아에서까지 유목민들이 가뭄을 피해 찾아오는 땅이었다. 이집트를 침략한 힉소스(Hyksos)족의 수도 아바리스(Avaris), 훗날 라메시드 왕조의 수도 타니스(Tanis)는 바로 이 지역에 위치한다. 이스라엘인들이 비돔(페르 아툼, Per Atum)과 라암셋(라므세스, 람세스, Ramesses)이라는 두 도시를 건설한 곳으로 성경에 등장하는 고센 지방 역시 이 지역이다.

두 번째 왕국은 상(上)이집트라 불렸다. 나일강 유역의 비옥한 땅을 따라 끈처럼 가늘게 이어졌는데, 급류를 지나 누비아 그리고 오늘날 수단의 수도인 카르툼(Khartoum) 북쪽을 아우르는 땅이었다. 나일강이라는 젖줄 외에는 온통 척박한 이곳에 파라오들은 아비도스(Abydos), 테베(Thebe), 아부심벨(Abu Simbel)을 비롯해 기념비적 건축물을 세우게 된다.

왕국의 통일

B.C.E. 3세기의 이집트 역사가 마네토(Manetho)는 B.C.E. 3100년 즈음, 그러니까 수메르에서 우루크가 발흥하던 시기에 메네스라는 왕이(아마도 나르메르 왕일 것이다) 두 이집트를 통일했다고 썼다. 고대 도시 콤 엘 아흐마르(Kom el Ahmar) 근처에서 발견된 나르메르 팔레트(Narmer palette)라는 의식용 석판에 통일을 찬양하는 장면이 있다. 석판의 한 면에는 상이집트 왕의 하얀 관(hedjet)을 쓴 나르메르 왕이, 다른 면에는 하이집트 왕의 붉은 관(deshret)을 쓴 나르메르 왕이 새겨졌다. 훗날의 파라오들은 두 가지가 합

B.C.E. 3000년경으로 추정되는 나르메르 팔레트. 상이집트와 하이집트를 통일한 나르메르 왕의 모습을 담은 토기이다.

B.C.E. 2630년경
사카라에 계단식 피라미드가 건설됨

B.C.E. 2575년경
제4왕조와 함께
고(古)왕국 시대가 개막함

B.C.E. 2575~2450년경
쿠푸, 카프레, 멘카우레의
거대 피라미드가 건설됨

B.C.E. 2150년경
이집트 고(古)왕국 시대가 끝남

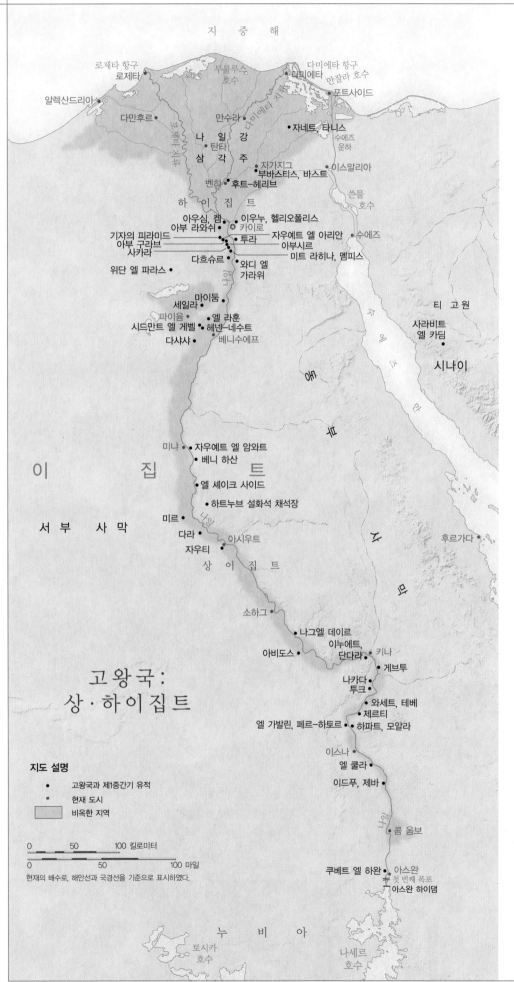

지 중 해

로제타 항구
로제타
알렉산드리아
다만후르
만수라
자네트, 타니스
탄타
나 일 강
삼 각 주
자가지그
부바스티스, 바스트
벤하
후트-헤리브
하 이 집 트
아우심, 켐
아부 라와쉬
이우누, 헬리오폴리스
카이로
아부 구라브
투라
자우예트 엘 아리안
사카라
아부시르
다흐슈르
미트 라히나, 멤피스
위단 엘 파라스
와디 엘 가라위
마이둠
세일라
파이윰
엘 라훈
시드만트 엘 게벨
헤넨-네수트
다샤샤
베니수에프

이 집 트

미냐
자우예트 엘 암와트
베니 하산
엘 셰이크 사이드
하트누브 설화석 채석장
미르
다라
자우티
아시우트
상 이 집 트
서 부 사 막
소하그
나그 엘 데이르
이누에트, 단다라
아비도스
키나
게브투
나카다
투크
와세트, 테베
제르티
엘 가발린, 페르-하토르
하파트, 모알라
이스나
엘 쿨라
이드푸, 제바
콤 옴보
쿠베트 엘 하완
아스완
첫 번째 폭포
아스완 하이댐

다미에타 항구
다미에타
만잘라 호수
포트사이드
수에즈 운하
이스말리아
쓴물 호수
수에즈
티 고 원
사라비트 엘 카딤
시나이
후르가다

고왕국:
상·하이집트

지도 설명

- 고왕국과 제1중간기 유적
- 현재 도시
- 비옥한 지역

0   50   100 킬로미터
0   50   100 마일
현재의 배수로, 해안선과 국경선을 기준으로 표시하였다.

누 비 아
토시카 호수
나세르 호수

처진 모습의 왕관(pschent)을 사용했다.

나르메르는 이후 3,000년 동안 31개 왕조에 걸쳐 이어질 이집트 초기 왕조시대(B.C.E. 3100~2575년경)의 막을 열었다. 파라오라 불린 이집트 왕들은 태양신 레의 후손으로 여겨져 신처럼 존경받았다.

나르메르의 아들 아하는 카이로에서 멀지 않은 멤피스에 수도를 건설하며 통일 왕국의 기틀을 확고히 했다. 헤로도토스에 따르면 나르메르가 직접 나일강 댐 건설 지점을 정해주며 아들의 수도 건설을 지원했다고 한다. 멤피스를 중심으로 한 이집트 문

조세르 왕의 채색 석회석 조각상. 사카라에서 발견되었으며 고대 왕국의 전신 조각상으로는 가장 오래된 것으로 추정된다.

사카라에 있는 조세르의 계단형 피라미드는 전체가 돌로 이루어진, 현존 최고(最古)의 건축물이다. 이것으로부터 왕족의 장례 신전으로 피라미드를 짓는 일이 관례가 되었다.

화는 곧 건축, 문학, 조각, 과학, 의학 등의 분야에서 수메르 도시국가들과 어깨를 나란히 할 정도로 발전했다. 이집트는 구리와 터키석을 팔고 대신 목재, 황금, 각종 화학 물질을 사들였다. 사자(死者) 숭배의 핵심인 장례 신전에 필요한 물품들이었다.

기념비적 건축물

이집트 고(古)왕국에서 가장 먼저 등장한 장례 신전 중 하나는 아직도 사카라에 남아 있다. 사카라는 멤피스의 왕족을 위한 묘지였다. 이곳에서 제3왕조의 조세르(Djoser) 왕은 현존하는 최고(最古)의 대규모 계획 건축 사업을 시작했다. 파라오가 죽은 후에도 여러 종교 축제를 통해 숭배받을 수 있는

장례 신전을 만든다는 목표였다. 왕이 그렇듯 장례 신전도 세월의 흐름에 굴하지 않아야 했다. 그리하여 진흙 벽돌이 아닌 돌이 재료로 사용되었다.

조세르는 임호텝(Imhotep)이라는 건축가

성경 속의 길이 단위

성경에는 중요한 건물이나 물건의 길이가 자주 언급된다. 노아의 방주와 솔로몬 신전은 모두 큐빗(cubit, 팔꿈치에서 가운뎃손가락 끝까지의 길이)을 단위로 한다. 신은 노아에게 길이 300큐빗, 폭 50큐빗, 높이 30큐빗의 방주를 만들라 했고(창세기 6:14~19) 솔로몬 신전은 길이 60큐빗에 높이 30큐빗이라 설명된다(열왕기 상 6:1). 1큐빗은 대략 45센티미터이다. 이외에 손가락 폭(2센티미터), 손바닥(7.5센티미터), 뼘(23센티미터) 같은 단위도 등장한다.

에게 이 야심찬 작업을 맡겼다. 역사상 처음으로 건축가의 이름이 밝혀진 경우이다. 임호텝은 군주를 실망시키지 않았다. 사카라를 건축하면서 임호텝은 세로로 홈이 파이고 머리는 연잎이나 파피루스 잎으로 장식된 기둥, 조각된 장식 벽, 가짜 문, 대리석과 석회석이 깔린 회랑 등 새로운 요소들을 여럿 고안해냈다. 이들은 훗날 그리스와 로마 건축에서 재현된다.

임호텝 설계의 백미는 거대한 계단식 피라미드였다. 전성기 때 피라미드의 높이는 55미터에 달했다. 석회석을 점점 작은 크기로 깎아 쌓음으로써 그 엄청난 높이가 나올 수 있었다. 피라미드 안쪽 깊숙한 곳에는 파라오의 묘실이 자리잡았다.

모든 것을 만든 후 프타(Ptah)는 휴식을 취했다.
그는 신의 형상을 만들고 도시를 세웠으며 왕국을 건설해 그 신전에 신이 모셔지도록 했다.

| 멤피스의 창조신화 |

조세르가 자기 무덤을 피라미드 형태로 만든 이유는 명확하지 않다. 피라미드가 조세르 통치기 이집트 사회의 위계 구조를 상징한다는 설도 있고 천문 관측이나 태양 광선의 반사(태양신 레는 이집트에서 가장 위대한 신이었다)와 연결시키는 설도 있다. 이집트의 피라미드가 메소포타미아의 지구라트와 관련이 있다는 주장도 나왔다.

사카라 피라미드는 파라오의 전통이자 이집트 문화의 가장 유명한 상징이 되었다. 뒤이어 등장한 피라미드들은 네 면을 더 매끈하게 만들기 위해 석회석 판을 씌웠다. 도굴을 피하기 위해 파라오의 석관이 놓인 묘실로 이어지는 통로는 좁은 데다가 미로 형태였다. 왕족이나 충신들을 위해 작은 피라미드나 무덤을 근처에 만들기도 했다. 규모가 가장 거대한 쿠푸(Khufu, B.C.E. 2589~2566)와 카프레(Khafre, B.C.E. 2558~2532)의 피라미드가 카이로 근처 기자에 지금도 서 있다.

거대한 장례 신전을 건축하는 일은 파라오의 신경과 재력을 함께 소모시켰다. 중(中)왕국(B.C.E. 1975~1640년경)과 신(新)왕국(B.C.E. 1539~1075년경) 동안에는 피라미드를 짓는 대신 테베 서쪽 산에 동굴 무덤을 파는 경우가 많았다. 건축가들은 카르낙(Karnak)의 아문 대신전(Temple of Amun)과 같은 신전 건축으로 관심을 돌렸다.

페피 2세(Pepi II, B.C.E. 2278~2184년경) 이후 구왕국이 종말을 맞을 무렵 이집트는 거대 피라미드 건설의 부담, 국제 교역의 침체, 흉작 등으로 쇠약해졌다. 중앙정부의 세력이 무너졌고, 귀족들은 고향의 영지로 돌아갔다. B.C.E. 1975년 무렵, 제11대 왕조가 시작될 무렵에야 파라오는 다시 세력을 회복했고 중왕국 시대가 열렸다. 이스라엘 족장의 우두머리가 이집트 국경을 향해 길을 떠난 것은 그 직후였다.

사카라 배치도
1. 안크 마호르(Ankh-mahor) 무덤
2. 메레루카(Mereruka) 무덤
3. 테티(Teti) 피라미드
4. 우세르카프(Userkaf) 피라미드
5. 조세르(Djoser) 계단식 피라미드
6. 남쪽의 큰 안뜰(Great South Court)
7. 헵세드 중정(Heb-Sed Court)
8. 남쪽 무덤
9. 우나스(Unas) 피라미드
10. 우나스의 둑길
11. 성 예레미아 수도원
12. 세켐케트(Sekhemkhet) 피라미드
13. 프타호텝(Ptah-Hotep)과 아크티호텝(Akhti-Hotep)의 석실 분묘
14. 철학자들의 환상열석 (Philosophers' Circle)
15. 세라피스(Serapis) 신전
16. 티(Ti)의 석실 분묘
17. 사카라 입장권 판매소

사카라 이집트

0 200 400 미터
0 400 800 피트

이집트	메소포타미아	가나안
B.C.E. 6000년경 신석기 거주지에서 천 직조가 이루어짐.	B.C.E. 8000년경 비옥한 초승달 지역에서 밀과 보리가 재배됨.	B.C.E. 9000년경 가나안과 그 인근에 원시 마을이 출현함.

B.C.E. 4000년경 이집트의
농경 정착이 시작됨.

B.C.E. 3100년경 상하(上下)
이집트가 통일됨.

B.C.E. 2700년경 이집트 상형문자가
등장함.

B.C.E. 2630년경 사카라에
계단식 피라미드가 건설됨.

B.C.E. 2575년경 파라오 스네프루(Snefru)의
지휘 아래 남부(누비아)와
서부(리비아) 탐사가 이루어짐.

B.C.E. 2550년경 기자에
거대 피라미드가 건설됨.

B.C.E. 2175년경 파라오 페피 2세의
90년 치세가 끝나면서
고이집트 시대가 막을 내림.

B.C.E. 5200년경 우바이드(Ubaid)
문명이 등장함.

B.C.E. 5000년경 금속 도구가 등장하고
진흙 도기가 일반화됨.

B.C.E. 3500년경 수메르 농민들이
정교한 관개 시스템을 개발함.

B.C.E. 3300년경 교역 내용을
점토판에 기록함.

B.C.E. 3200년경 계층화된 사회 구조의
도시국가 우루크가 등장함.

B.C.E. 2280년경 아카드 제국이 융성함.

B.C.E. 2000년경 아모리인들이 우르를
정복하고 수도 바빌론을 건설함.

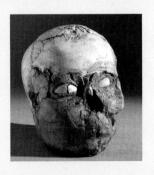

B.C.E. 7500년경 시리아에서
가축이 사육됨.

B.C.E. 7200년경 아인 가잘(Ain
Ghazal)에서 정착 생활이 이루어짐.

B.C.E. 6000년경 흑요석 교역이
동방 전역으로 확산됨.

B.C.E. 3000년경 가나안 북부에서
므깃도가 강력한 도시국가로 부상함.

B.C.E. 3000년경 페니키아인들이
시리아 해안에 정착함.

B.C.E. 3000년경 지중해와
인근 지역에서 주판이 사용됨.

B.C.E. 2500년경 셈족이
팔레스타인 해안을 따라 정착함.

B.C.E. 2675년경 레바논이 이집트와
수메르에 삼나무 목재를 수출함.

B.C.E. 2300년경 페피 1세가 이끄는
이집트 군이 가나안을 침공함.

B.C.E. 2000년경 히타이트족이
아나톨리아(터키) 지역으로 이주함.

2장

아브라함의 여정

모세 5경(토라)의 첫 책인 〈창세기〉는 대지와 인간이 창조되는
것으로 시작된다. 이어 에덴동산에서 악마가 아담과 이브를 꾀
어 선악과를 따먹게 하는 이야기가 등장하고 신이 자기 창조물
에게 대홍수를 내리는 사건도 나온다. 다음으로는 아브라함,
이삭, 야곱 등 족장들의 삶이 소개된다. 신이 아브라함과 맺은
계약을 통해 선택된 민족, 즉 이스라엘의 선조들이다. 계약에
서 신은 아브라함이 '위대한 나라'를 얻을 것이고 약속의 땅에
가게 될 것이라고 확언한다.

아브라함은 조상 대대로 믿은 신들을 버리고 참된 신 한 분만을
섬기겠다고 맹세를 한다. 당시의 비옥한 초승달 지역에서 유일
신이란 완전히 새로운 개념이었는데도 말이다. 신의 인도를 받
아 아브라함은 비옥한 초승달 지역을 가로질러 약속의 땅으로
향한다. 가나안에서 끝이 나는 이 여행의 과정은 〈창세기〉에 상
세히 다뤄져 있다. 이 장에서는 아브라함 이야기에 초점을 맞추
면서 최근의 고고학적 성과를 소개한다.

이스라엘의 베에르셰바(Beersheba)에서 멀지 않은
네게브 지방 어느 산지에서 베두인 양치기가 양 떼를 지키고 있다.

아브라함의 가계(家系)

마리 왕궁 안으로 이어지는 계단. 시리아 텔 하리리 근처에 있던 이 왕궁은 B.C.E. 1790년 무렵 바빌론의 함무라비 왕이 파괴하였다.

〈창세기〉는 당시의 위대한 문명들을 배경으로 하여 이스라엘 민족의 탄생과 성장 이야기를 다루고 있다. 그리고 〈창세기〉는 유대교 성경의 기본, 즉 선택받은 민족을 이끌고 구원하는 것은 모두 우주의 창조자이자 도덕과 사회정의의 수호자인 신이라는 개념을 제공하는 책이기도 하다.

〈창세기〉 시작 부분에는 지상의 모든 생명체를 포괄하는 대규모의 이야기가 나오지만 이는 곧 몇몇 족장의 생애 이야기로 좁혀진다. 이스라엘 열두 부족의 선조가 되는 족장들이다. 창조, 대홍수라는 재앙, 바벨탑 사건 등을 기술하던 〈창세기〉는 첫 번째 족장인 아브라함에 이르면 한 가문의 역사에 초점을 맞춘다.

아브라함의 가족

〈창세기〉는 아브라함(처음에는 아브람이라 불린다)을 신이 대홍수에서 구해낸 노아의 후손으로 데라(Terah)의 아들이라고 소개한다. 이어 아브라함의 형제인 나홀(나호르, Nahor)과 하란(Haran), 나홀의 아내인 밀가(Milga), 나홀과 밀가의 아들 롯(Lot), 아브라함의 아내 사라

B.C.E. 2250년경
초기 청동기시대의 정착지들이
쇠락하기 시작함

B.C.E. 2100년경
아모리인들이
메소포타미아 남부로 이주함

B.C.E. 2000년경
가나안에 도시 중심지들이
다시 출현함

B.C.E. 2000년경
이집트에서 씨앗 파종 장치와
관개용수를 끌어올리는 방아두레박이 사용됨

> 네 고향과 친척과 아비의 집을 떠나 내가 장차 보여줄 땅으로 가거라.
> 나는 너를 큰 민족이 되게 하리라. | 창세기 12:1~2 |

(Sarah, 처음에는 사래라 불린다)가 소개된다. 하지만 하란은 '갈대아(칼데아, Chaldea)인들의 땅인 우르에서 아버지 데라보다 먼저 죽고 만다.'(창세기 11:28)

여기 등장하는 우르가 1920년대에 고고학자 울리가 발굴한 바로 그 우르일까? 과거의 학자들은 갈대아는 데라가 훗날에 가족들을 데려갈 하란 근처 지역의 민족이라 주장하며 이를 부인했다. 하지만 최근에는 B.C.E. 5~6세기의 성경 기록자들이 성경 속의 부족 이름을 시대 순서에 맞게 정확히 기록하지 않았다는 주장이 더욱 힘을 얻고 있다. 그렇다면 성경 기록자들이 아브라함 가족을 문명의 요람인 수메르의 우르 출신으로 보았을 가능성도 배제할 수 없다.

하지만 데라가 무엇을 하며 먹고 살았는지는 수수께끼이다. 그는 귀족이었을까, 장사꾼이었을까? 국제 교역에 종사했을까? 아브라함이 유목을 선택한 것으로 미루어 아버지 데라 역시 유목민 출신이었다고 보아도 될까? 도시화된 우르에서 살던 가족이 물을 찾아 떠도는 유목 생활에 금방 적응하기는 어렵지 않았을까? 아브라함이 대대로 물려받은 메소포타미아 신앙을 버리고 유일신의 말씀을 따르게 된 이유는 무엇일까?

최근 몇십 년 동안 이루어진 고고학적 성과가 이들 질문에 일부 답을 던져준다. 물론 아브라함이 실존 인물이었다는 증거는 없다. 하지만 성경에 등장하는 아브라함의 삶이 우리가 알아낸 당시의 삶과 근접하다는 점은 밝혀졌다.

우가리트 문서

마리(Mari) 왕궁 및 고대 도시 우가리트(Ugarit) 궁터에서 발견된 고대 문서는 과거 이 지역의 일상생활에 대해 많은 것을 알려주었다. 마리는 시리아와 이라크 국경에서 북쪽으로 48킬로미터 떨어진 텔 하리리(Tell Hariri) 근처 유프라테스강 유역에 자리잡은 곳이었다. 중간 위치였던 덕분에 마리는 이란과 시리아 지역의 부족 왕국 간 상품수송, 더 나아가 북쪽과 남쪽, 이집트와 바빌론 사이의 교역에서 중요한 역할을 했다. 곡물 수확의 신인 다간(Dagan)을 모시는 마리는 B.C.E. 18세기에 짐리림(Zimri-Lim) 왕의 수도로서 전성기를 보냈다. 하지만 B.C.E. 1760년, 마리를 함락시킨 바빌로니아의 함무라비 왕은 방이 300개에 달하는 거대한 짐리림 왕궁을 파괴하도록 명령한다. 모래바람에 덮여버린 왕궁 폐허는 20세기 프랑스 고고학자들에 의해 다시 모습을 드러냈다. 그리고 폐허 깊숙한 곳에서 2,000개가 넘는 점토판 문서가 발견되었다. 짐리림 왕국의 경제, 문화, 정치에 대해 그리고 앞선 시대의 역사에 대해 설형문자로 상세히 기록한 이 점토판 문서는 아직도 겨우 25퍼센트 정도 해독되었을 뿐이다. 앞선 시대의 역사는 200년 전까지 거슬러 올라가는데 이는 바로 아브라함이 하란으로 이주하던 때, 즉 B.C.E. 2000~1800년이 된다.

한편 1929년부터 발굴이 시작된 우가리트에서도 고대의 기록이 나왔다. 시리아의 지중해 연안 라스 샴라(Ra's Shamrah) 인근이다. 프랑스 고고학자 세페르(Claude

이라크의 텔로(과거에는 기르수Girsu) 근처에서 발견된 B.C.E. 2140년경의 섬록암 조각상. 일명 '숄을 걸친 여인'으로 불리는 이 조각상은 구데아의 공주를 모델로 삼았으리라 추측된다.

B.C.E. 1975년경
이집트 중(中)왕국 시대가 시작됨

B.C.E. 1950년경
마리에서 거대 신전과 궁전 건축이 시작됨

B.C.E. 1950년경
우르가 쇠락함

B.C.E. 1900년경
엘람인들이 페르시아에서 메소포타미아 남부로 이주함

Schaeffer)가 찾아낸 8평방킬로미터 넓이의 거대한 2층 왕궁은 왕의 거주지인 동시에 행정 중심 기관이었다. 근처에서 점토판이 가득 들어찬 창고도 나왔다. 놀랍게도 당시 통용되던 아카드 설형문자가 아닌 우가리트 설형문자로 기록한 점토판이 많았다. 서른 글자로 이루어진 우가리트 문자는 북(北) 셈 문자(North Semitic alphabet, 발달한 자모체계를 갖춘 인류 최초의 문자)와 유사한 점이 많으며 훗날 히브리 알파벳의 한 기원이 되었던 것으로 추측된다.

이들 고대 기록을 보면 가나안과 주변 지역의 종교적 믿음과 관행이 드러난다. 아브라함과 이후 족장들, 이집트에서 돌아와 가나안에 정착한 이스라엘인들의 선조가 어떤 문화적 종교적 상황에 놓여 있었는지도

마리의 통치자 에비 일(Ebih-II)의 조각상. 마리의 이슈타르 신전에서 발견되었으며 B.C.E. 2400년경의 것으로 추정된다.

알 수 있다.

자, 그러면 데라와 같은 도시 출신 가장

이 유목민의 삶을 선택한 이유는 무엇이었을까? 마리의 점토판 기록을 보면 아브라함 시대의 정착 생활과 유목 생활은 우리 생각처럼 그렇게 큰 차이가 나지 않는다. 농경과 유목의 경계가 모호했던 것이다. 사람들은 상황에 맞춰 적응하며 살았다. 예를 들어 유목민이었던 아브라함의 아들 이삭(이사악)이 '그 땅에 씨를 뿌려 그 해에 수확을 100배나 올렸'라는 구절도 등장한다(창세기 26:12). 일부 학자들은 데라가 B.C.E. 2100년 이후 메소포타미아 남부로 이주하기 시작해 결국 지역 전체를 장악한 아모리족의 후손이라고 생각한다. 셈족에서 갈라진 아모리족은 본래 유목민이었지만 나중에는 수메르 농경 문명에 적응했다. 마리 점토판 기록에는 '데라' '나호르' '스룩(Serug)'

터키의 하란 마을에서 양치기들이 가축을 지키고 있다. 돌과 벽돌로 지은 벌집형 가옥으로 유명한 곳이다.

'하란' 등 〈창세기〉에 나오는 아모리족 이름들이 등장한다.

데라가 가족을 이끌고 미지의 세계인 북쪽 하란으로 옮겨간 이유는 무엇이었을까? 여기서도 고고학적 분석이 유용하다. 당시 아모리족 이주민의 삶은 불안했다. 우르의 통치 권력이 와해되고 남부 메소포타미아는 권력 싸움에 휘말렸다. B.C.E. 1900년경에는 페르시아에서 엘람인들까지 몰려왔다. 우르에 살던 일가가 혼란을 피해 안정된 곳으로 떠날 요소는 충분했던 셈이다.

데라가 북쪽 하란 시로 떠났다고 하는 〈창세기〉(11:31)의 설명은 설득력이 있다. 우르의 남쪽은 바다이고 동쪽은 무서운 엘람족의 영토였으며 서쪽에는 사막뿐이었기 때문이다. 비옥한 초승달 지역을 가로지르는 교역로는 북쪽으로 뻗어 있었다. 하란은 사르곤 왕 시대에 생겨난 북쪽의 수메르 교역 중심지 가운데 하나였다.

하란으로의 여행

데라 일가는 우르를 떠난 지 한 달쯤 지나 마리에 도착했을 것이다. 당시 마리는 곡물, 올리브기름, 도기, 레바논 목재 등이 모여드는 교역의 중심지이자 다간, 이슈타르, 샤마슈 등 수메르 신들 숭배의 중심지로 전성기를 누리고 있었다. 데라 일가는 유프라테스강의 지류인 발리크(Balikh) 강을 따라 다시 400킬로미터를 여행해 하란으로 향했으리라.

하란은 아카드어로 교차로라는 뜻이다. 이름 그대로 하란은 메소포타미아 대로와 갈그미스(카르케미시, Carchemish)에서 아미다(Amida)와 니네베로 이어지는 길이 교차하는 지점이었다. 주민들은 아카드 방언을 사용하고 수메르의 여러 신을 숭배하는 아

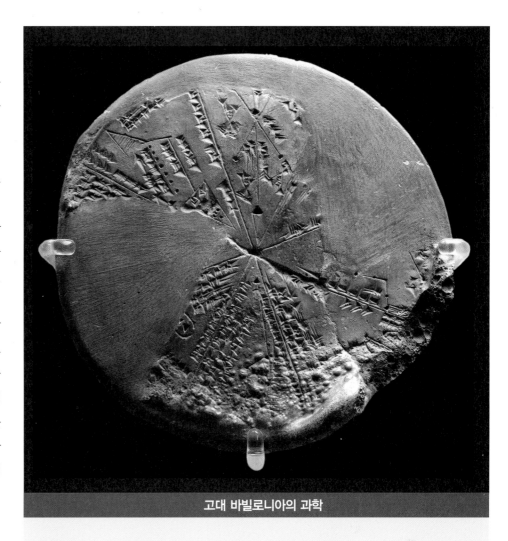

고대 바빌로니아의 과학

B.C.E. 20세기와 19세기, 도시국가들의 동맹이 깨지고 갈등이 커지는 시기에도 우르의 과학과 문학은 융성했다. 고대 수메르 텍스트가 아카드어로 번역되었고 아모리족이 셈어를 소개했다. 왕조 시대와 왕조 이전 시대의 신과 영웅을 주인공으로 하는 신화와 시가 정리, 기록되었다.

수학, 의학, 천문학 등 과학도 발전했다. 금성 관측 기록이나 별자리 일람표를 담은 점토판이 발견되었다. 영국 대영박물관에 소장된 다른 점토판에는 기하학 문제들이 새겨져 있다. 당시 천문 관측은 순수 과학의 영역이었다. 천문학이 본격적으로 중요성을 인정받은 것은 B.C.E.

1000년 이후였다. B.C.E. 500년이면 바빌로니아 과학자들이 해와 달, 행성과 주요 천체의 위치를 정확하게 예측할 수 있었다.

바빌로니아 과학자와 장인들은 그 이전의 수메르 시대 과학에서 이어받은 것이 많다. 우르의 왕묘를 보면 로마 건축보다 3,000년이나 앞선 시점이었는데도 완벽한 아치형을 구현하고 있다. 수메르의 또 다른 위대한 발명품은 바퀴이다. B.C.E. 2600년경 우르의 왕묘에서 발견되어 소위 '우르 스탠다드'라 불리는 그림에 바퀴 달린 전차가 등장하는 것이다.

아시리아 니네베에서 발견된 바빌로니아의 천체도. 여덟 부분으로 나누어 별자리를 체계적으로 설명한 설형문자 기록이다.

모리족이었다. 삼나무 숲이 우거진 하란 땅은 다른 도시가 부러워할 만큼 비옥했다. 데라 일가는 하란에 정착했다. 기후가 온화했고 목초지도 푸르렀다. 그리고 어느 날 데라는 잠에서 깨어나지 못했다.

데라의 죽음은 가족의 모든 것을 바꾸어 놓았다. 메소포타미아에서 아버지는 집안의 우두머리로 가족, 하인, 노예의 운명을 결정했다. 어디에 천막을 칠 것인지, 가축 무리를 어디로 끌고가 풀을 먹일 것인지는 가장의 마음이었다. 상인들을 상대하고 이웃한 유목 무리와 관계를 맺는 것도 마찬가지였다. 이제 그 모든 책임이 아브라함에게 떨어졌다. 성경에는 아브라함이 마음의 혼란을 느낀 후 하란은 운명의 땅이 아니라는 신의 속삭임을 들었다고 나온다. 그는 남쪽의 가나안 땅으로, 강물이 흐르고 풀은 더 신선하고 촉촉한 그곳으로 가야 했다. "네 고향과 친척과 아비의 집을 떠나 내가 장차 보여줄 땅으로 가거라. 나는 너를 큰 민족이 되게 하리라. 너에게 복을 주어 네 이름을 떨치게 하리라."라고 신이 말했기 때문이다(창세기 12:1~2). 아브라함과 신의 계약, 신성한 약속의 땅, 큰 민족, 풍요로움은 〈창세기〉 이야기를 관통하는 개념들이다.

가나안의 엘

아브라함은 말 없이 신의 목소리에 따랐다. 분부대로 길을 떠난 것이다. 하지만 어떻게 신의 목소리를 알아들었을까? 신이 직접 자신을 드러낸 것은 처음이었는데 말이다. 〈창세기〉의 이 부분에서 신은 엘 혹은 엘로힘이라 불린다(〈출애굽기〉에서 모세 앞에 야훼로 나타나기까지는 계속 그렇다)는 점에서 그 답을 찾을 수 있을지 모른다.

우가리트 문서를 보면 아브라함의 엘은

마리 왕궁에서 발견된 B.C.E. 1800년경의 채색 판 일부. 시종 두 명이 희생 제물로 보이는 황소를 끌고 가고 있다.

시리아에서(그리고 아마도 가나안에서도) 숭배된 여러 신들 중 하나였다. 우가리트 신화에서 엘은 신들의 우두머리로서 창조의 아버지이다. 이슬람교 창시 전의 아라비아에서 이교의 신 알라(Allah)가 그랬던 것처럼 말이다. 당시 가나안 다신교에서 가장 두드러지는 신 바알도 엘보다는 한 단계 아래였다.

이렇게 보면 아브라함이 엘에게 순종한 것이 그리 대단한 사건이 아닌지도 모른다. 당시 평범한 메소포타미아 가정들처럼 아브라함의 집에도 여러 신상이 놓여 있었으리라. 하지만 엘은 그것을 다 불태우라고 하지 않았다. 그때까지는 자신이 유일신 야훼라고 알리지 않은 셈이다. 다만 인간과 직접 접촉한다는 점에서 독특할 뿐이었다. 물론 이 행동만으로도 그 신이 다른 어떤 신과도 비교되지 않는 존재임이 드러났지만 말이다.

데라의 후손 모두가 아브라함을 따라 가나안으로 이주한 것은 아니었다. '고향과 친척을 떠나라는' 〈창세기〉 12:1) 말에 따라 아

브라함은 아내와 조카 롯, 하인과 가축만 이끌고 남쪽으로 떠났다. 다른 사람들은 하란에 남았다. 성경에 기록된 이후의 이야기를 보면 아브라함의 손자인 야곱이 아내를 얻기 위해 하란으로 되돌아가는 내용이 나온다.

〈창세기〉는 아브라함이 가나안으로 가는 여정을 언급하지 않는다. 다만 세겜(Shechem)이라는 곳에 멈춰 쉬었다고 나올 뿐이다. 아마도 아브라함은 대상들이 오가는 주(主)교역로, 즉 훗날 '왕의 대로(King's Highway)'라 불리며 알레포(Aleppo), 에블라(Ebla), 다마스쿠스(Damascus)를 지나는 길을 선택했으리라. 다마스쿠스에서 길은 트랜스요르단 고원(Transjordan Plateau)으로 향하다가 서쪽으로 꺾어져 세겜에 이른다. 사막에 익숙한 남자와 동물에게는 괜찮은 경로이다. 하지만 난생 처음 여행을 하는 사람이라면 요르단강과 목초지가 펼쳐진 북쪽 우회로를 선택해 단(Dan)과 하솔(하조르, Hazor)을 통과했을 것이다.

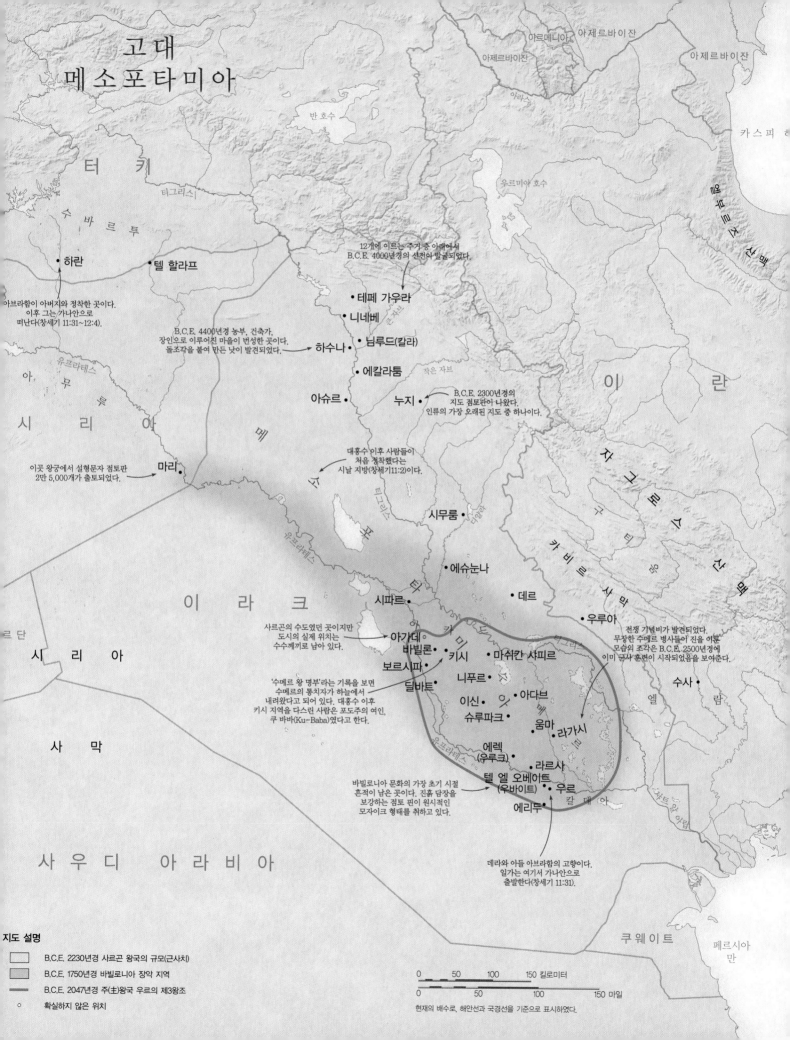

가나안 입성

의식용 가면과 도기 바퀴가 가나안인들의 근거지 하솔에서 발굴된 모습. B.C.E. 15세기의 것으로 추정된다.

아브라함이 찾아간 B.C.E. 1850년경의 가나안 땅은 오랜 침묵에서 막 깨어난 상태였다. 청동기 초기(B.C.E. 3150~2200년)에 늘어나던 정착민은 B.C.E. 2250년 이후 급감했다. 이유는 분명치 않지만 가뭄이 오래 지속된 탓이었으리라 추정된다. 남서쪽의 이웃 국가 이집트가 겪은 정치적 불안, 이른바 제1중간기(First Intermediate Period, B.C.E. 2125~1975년)의 영향도 있었다. 국제 교역량이 급감하면서 가나안의 경제가 크게 흔들렸던 것이다. 주민들이 유목 생활로 되돌아가면서 정착지들은 버려졌다. 그러다가 B.C.E. 1938년,

이집트의 아메넴헤트(Amenemhet) 1세가 권좌에 올라 영토를 다시 통일해나가기 시작하자 상황이 돌변했다. 이집트 국가 경제는 급속히 회복되었고 제12왕조 내내 번영했다. 이집트 전역의 신전과 궁전에 필요한 물품이 늘어났고 시리아, 레반트, 메소포타미아와의 교역이 활성화되었다. 무역로에 자리잡은 가나안 마을들도 활기를 되찾았다.

하지만 이러한 경제 부흥은 지역 간 대립도 격화시켰다. 부유한 가나안 마을들은 약탈꾼을 막기 위해 방비를 강화해야 했다. 아브라

B.C.E. 2100년경
우르 남무가 우르의 제3왕조를 엶

B.C.E. 1960년경
이집트가 누비아를 침략하여
나일강 두 번째 급류까지 영토를 넓힘

B.C.E. 1950년경
이집트 군이 가나안을 침공함

B.C.E. 1938년경
아메넴헤트(Amenemhet) 1세 치하에서
이집트 경제가 크게 발전함

그때 그 땅에는 가나안 사람들이 살고 있었다.
야훼께서 아브라함에게 나타나시어
"내가 이 땅을 네 자손에게 주리라." 하셨다. | 창세기 12:6~7 |

함이 처음으로 마주쳤을 가나안 정착지 하솔도 예외는 아니었다. 갈릴리해에서 북쪽으로 16킬로미터 떨어진 하솔은 넓이 800평방킬로미터로, 오늘날의 기준으로도 큰 도시였다. B.C.E. 19세기 중반의 인구는 2만 명 정도였다. 주민들은 근처 나할 하솔(Nahal Hazor)의 샘에서 물을 얻었다. 〈여호수아서〉에는 하솔이 '여러 왕국의 종주국'이었다고 나와 있다(여호수아 11:10). B.C.E. 17세기 마리의 점토 문서나 B.C.E. 19세기 이집트의 마법 혹은 저주 관련 문서에 하솔의 이름이 등장하는 것은 우연이 아니다.

하솔 시로 들어가는 길은 거대한 출입문 하나뿐이었다. 출입문 주위의 방어 체계는 몇 세기에 걸쳐 지속적으로 보완 강화되었다. 하솔은 훗날 여호수아가 갈릴리해 북쪽을 공략했을 때 파괴한 곳이기도 하다. 고대 하솔의 잔해는 1875년에 처음 발견되었지만 1955~1958년, 그리고 다시 1968년에 이루어진 이스라엘 고고학자 야딘(Yigael Yadin)의 발굴 때까지는 제대로 모습을 드러내지 못했다. 발굴은 지금까지 이어지고 있다.

성경 내용에 따르면 아브라함은 하솔에 머물지 않았다. 첫 번째 목적지가 세겜이었던 탓이다. 낯선 땅을 여행하는 게 조심스러웠던 아브라함은 해안가 정착지를 피해 드문드문 목초지가 있을 뿐인 사마리아 고원 지대에서 휴식을 취했다.

하솔과 마찬가지로 세겜도 번성하는 곳이었다. 아브라함은 그곳에 잠시 멈춰 제단을 쌓아 엘에게 바쳤다. 신은 그 보답으로 다시 나타나 "내가 이 땅을 네 자손

에게 주리라."(창세기 12:7)라고 말하며 약속을 재확인했다. 고대 세겜의 유적은 키르바트 발라타(Khirbat Balatah)에서 발굴되었다. 세겜의 동남쪽은 오늘날 나블루스(Nablus)라 불린다. 그리심(게리짐, Gerizim) 산과 에발(Ebal) 산 사이에 펼쳐진 전략적 요충지인 이곳에는 거대한 신전 터가 남아 있다. B.C.E. 13세기에 가나안 풍요의 신 바알에게 바쳐진 신전이다.

B.C.E. 19세기 중반 무렵 세겜은 하솔과 달리 요새화되지 않은 상태였다. 세겜에서 가장 눈에 띄는 것은 세누스레트(Senusret) 3세의 군사 원정에 참여했던 소브쿠(Sobkkhu)라는 전사를 기리는 이집트의 석조 기념비이다. 아브라함이 가나안에 머물 때에도 세누스레트 3세의 통치는 계속되고 있었다(B.C.E. 1836~1818년).

세누스레트 3세는 이집트의 영토를 남쪽 누비아까지 확대시켰을 뿐 아니라 동쪽으로 진군해 가나안과 시리아에 대한 정치적 영향력을 확인했다. 기념비를 보면 군사 원정 당시 이집트 군이 세겜을 포위했다고 되어 있다. 이것이 실제 전투와 정복으로 이어졌는지, 그저 세력 과시로 끝났는지는 알 수 없다. 하지만 이후 파라오들은 주기적으로 테베의 궁을 떠나 가나안으로 행군하여 위상을 과시하곤 했다.

아브라함의 여행은 세겜에서 끝나지 않았다. 그는 남쪽으로 더 내려가 베델(Bethel)과 헤브론(Hebron) 쪽으로 갔다. 그곳 유대 고원(Judean

이집트 12왕조의 아메넴헤트(Amenemhet) 3세가 수호 여신 네크베트(Nekhbet)의 도움을 받아 적을 물리치는 모습을 담은 가슴받이 장식.

B.C.E. 1918년경
이집트 세누스레트(Senusret) 1세가 즉위함

B.C.E. 1900년경
아시리아가 서아시아 전역에 걸쳐 교역 거점을 마련함

B.C.E. 1876년경
이집트 아메넴헤트 2세가 즉위함

B.C.E. 1800년경
유대인들의 이집트 이주가 시작됨

가나안의 땅

아 브라함의 가나안은 요르단강과 지중해 사이의 좁고 기름진 계곡과 건조한 고원이다. 그곳은 메소포타미아의 고바빌로니아 제국과 이집트의 제12, 13왕조를 연결하는 땅이기도 했다. 따라서 테베와 바빌론 사이를 오가는 상단에게 물건과 품을 파는 것이 가나안 경제의 중심을 이룬 건 당연한 일이었다.

당시의 이집트 기록을 보면 가나안을 레테누(Retenu), 가나안의 유목민을 아비루(Abiru) 혹은 하비루(Habiru)라 불렀다. '모래땅의 거주자' 혹은 '이주민' 이라는 뜻의 이들 단어가 '헤브루' 로 이어졌다는 주장도 나온다. 가나안 땅이라는 단어는 B.C.E. 16세기의 설형문자 기록에서부터 등장한다. 하지만 B.C.E. 1500년까지 가나안에는 정착민이 거의 없었다. 정착지 대부분은 해안가에 자리잡았기 때문이다.

가나안의 주요 도시는 북쪽의 하솔, 이즈르엘 계곡의 므깃도, 북쪽 요르단 계곡의 벳산(벤산, Beth Shan), 그리고 해안의 소고(Socoh), 아벡(Aphek), 욥바(Joppa)였다. 유목민은 하솔에서 세겜, 아이, 베델로 이어지는 고지대에 주로 머물렀다.

벳산의 고대 성채 아래로 요르단강 계곡과 트랜스요르단 고원이 뻗어 있다.

Hills)에 목초지가 있었다. 여행길에 큰 도시가 나올 때마다 아브라함은 제단을 쌓고 엘을 찬양했다. 겨울철에는 가축을 네게브 근처로 데려가 겨울비를 맞고 자라난 목초를 먹였다. 산지와 네게브 사이를 오가는 장면이 성경에서 반복적으로 등장하는데 이는 고대 가나안 유목민들의 계절적 이동을 반영하고 있다. 더운 여름에는 헤브론 남쪽 고원이나 북쪽으로 더 올라간 베델과 세겜 사이 고지대를 찾아가고, 겨울이면 남쪽 네게브로 내려오는 것이다.

아브라함의 이집트 체류

그러던 중 '그 지방에 심한 흉년이 들어 아브라함은 이집트에 몸 붙여 살려고 옮겨갔다'(창세기 12:10). 가축을 잃지 않으려면 다른 유목 민족을 따라 국경 너머로 피난하는 것 외에 다른 방법이 없었다. 이집트의 나일강 삼각주에는 물과 목초가 풍부했기 때문이다.

카이로 남쪽 320킬로미터 지점의 베니하산 마을 근처 무덤에는 이러한 피난 행렬의 생생한 기록이 남아 있다. 1890년, 영국 발굴단이 찾아낸 이 지역 관리 크눔호텝(Khnumhotep) 2세의 무덤이다. 그곳에는 습지에서의 사냥 장면, 풍작 들판을 바라보는 장면, 연회장으로 떠나는 장면 등 당시 이집트 귀족의 생활을 보여주는 채색 벽화가 가득했다. 상형문자는 크눔호텝이 상·하이집트의 왕 누브카우레(Nubkaure), 즉 아메넴헤트 2세(B.C.E. 1876~1842년)의 임명을 받아 부임했다고 설명한다.

채색 벽화에는 전혀 다른 장면도 등장한다. 가축 무리를 이끄는 사람들이 길게 줄지어 움직이고 있다. 우아한 차림으로 유연하게 움직이는 이집트인과는 영 딴판이다. 피부는 밝은 빛이고 투박한 털옷을 걸쳤다.

나는 옥수수의 신을
사랑했다.
나일이 자비를 구하는
황금 계곡이라면 어디서나
곡식이 자라도록 했다.
아무도 굶거나 목마르지
않았고 모두 만족했다.
내가 내리는 명령은
다 현명하다며 칭송했다.

| 파라오 아메넴헤트의 가르침 |

족장의 모습

아브라함 시대에 셈족 족장은 어떤 외모였을까? 이 구리상이 단서를 던져준다. 두꺼운 눈꺼풀, 두드러진 코와 입술, 잘 정리된 턱수염 등의 사실적인 요소로 미뤄볼 때 이 주조상은 구체적인 사람을 모델로 삼은 것 같다. 헬레니즘 사실주의에 근접하긴 했지만 B.C.E. 2000년대 장인의 작품이다.

여자들은 머리카락이 어깨까지 내려오고 남자들은 뾰족한 턱수염을 길렀다. 이집트인들에게 무언가 어려운 청이라도 하듯 기죽은 모습이다.

상형문자는 이들을 아비루(Abiru), 즉 '모래땅의 거주자'라고 기록했다. 아비루 혹은 하비루(Habiru)라는 단어는 이집트와 아카드 기록에서 자주 등장하는데 바로 여기서 '헤브루(Hebrew)'라는 단어가 나왔다는 주장도 있다.

어떻든 벽화 속의 이 사람들이 굶주림을 피해 이집트 영토로 들어온 유목민이라는 점만은 분명해 보인다. 아비루들은 이집트 국경 관리인에게 입국을 허락해 달라고 사정하고 있다. 무리의 우두머리는 아비새(Abishai)라는 인물이다. 수백 년 후에 씌인 〈사무엘상〉을 보면 '아비새, 스루야(Zeruiah)의 아들'이라는 언급이 나오긴 하지만 벽화로 그려진 아비새는 아브라함 부족과 아무 관계없는 인물이다.

가나안에서 온 셈족이 이집트 관리에게 임시 피난을 간청하는 벽화 장면은 여러 가지 의문을 낳는다. 크눔호텝처럼 직위 높은 인물의 무덤 벽화에 이런 장면이 들어간 이유는 무엇일까? 아마도 그의 임무 중에 이집트 국경 관리소 몇 곳에 대한 관리 감독이 포함돼 있었으리라. 나일강 삼각주로 피난 온 외부 종족에게 임시 입국 허가를 내주는 것도 그의 권한이었다.

이 벽화는 그가 권력뿐 아니라 위기에 처한 유목민을 외면하지 않는 자비로움까지 갖춘 인물임을 보여주려는 의도로 해석된다. 벽화 속의 한 이집트 관리는 통과증으로 보이는 두루마리 문서를 손에 쥐고 있다.

동쪽 출신의 피난민들은 이집트 고위 관리의 호의에 기댈 수밖에 없었다. 그래서인지 성경에는 '아브라함이 이집트에 들어갔

고대 우가리트 유적은 1929년, 시리아의 지중해 항구 라스 샴라에서 처음 발굴되었다.

이집트 사카라의 조세르(B.C.E. 2650~2631년경) 피라미드. 계단형 피라미드이다.

네게브 남부의 텔 에스 세바(Tell es-Seba) 근처에서 발굴된 고대 베에르셰바 유적지에서는 철기 중기(B.C.E. 1000~900년)의 주거지 흔적도 함께 나왔다.

갈릴리 북부 하솔의 가나안 신전. 이스라엘인들이 가나안에 정착하던 B.C.E. 13세기에 파괴된 것으로 추측된다.

아 나 톨 리 아

헷

타 우 루 스 산 맥

갈그미
(카르케미)

알레포
(할라브)

우가리트

하맛
(하마)

키프로스

레바논

레바논 산맥

인티레바논 산맥

다마스쿠스

하솔

키네렛 바다
(갈릴리 해)

이스라엘

지
중
해

세겜
(나블루스)

아브라함은 다마스쿠스 근교 호바(Hobah)에서 그돌라오멜(Kedorlaome)을 격퇴하고 롯을 구출한다 (창세기 14:15~17).

약속의 땅에 들어선 아브라함이 제단을 쌓은 곳이다(창세기 12:6~7).

아브라함은 막벨라 동굴을 사서 아내 사라의 묘지로 삼는다. 훗날 그 역시 거기 안장된다 (창세기 23:19, 25:10).

벧엘

아이

헤브론

부족을 둘로 나누기로 했을 때 롯은 물이 넉넉한 요르단 평야를 선택하고, 아브라함은 가나안 중앙부에 남는다(창세기 13).

암몬

사해

모압

극심한 기근을 피해 아브라함은 일가를 이끌고 이집트로 이주한다(창세기 12:10~20).

그랄

베에르셰바

네 게 브

에 돔

수에즈 운하

쓴물 호수

요 르 단

이 집 트

시 나 이

수에즈 만

티 고원

아카바만

홍해

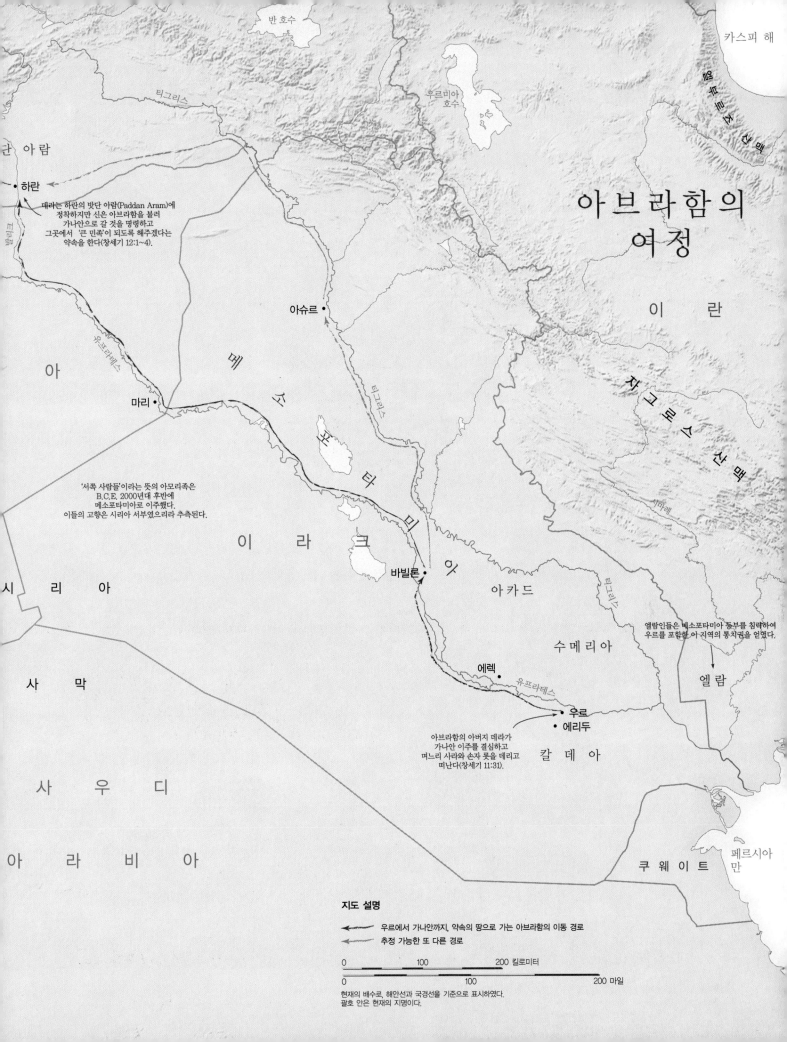

카스피 해

반 호수

우르미아 호수

아브라함의
여정

티그리스

간 아람

• 하란

데라는 하란의 밧단 아람(Paddan Aram)에
정착하지만 신은 아브라함을 불러
가나안으로 갈 것을 명령하고
그곳에서 '큰 민족'이 되도록 해주겠다는
약속을 한다(창세기 12:1~4).

유프라테스

아

아슈르 •

메

소

포

타

미

아

마리 •

이

란

자

그

로

스

산

맥

'서쪽 사람들'이라는 뜻의 아모리족은
B.C.E. 2000년대 후반에
메소포타미아로 이주했다.
이들의 고향은 시리아 서부였으리라 추측된다.

이

라

크

시 리 아

바빌론 •

아카드

엘람인들은 메소포타미아 동부를 침략하여
우르를 포함한 아 지역의 통치권을 얻었다.

수 메 리 아

티그리스

엘람

사 막

에렉 •

유프라테스

엘람

우르 •

• 에리두

사 우 디

아브라함의 아버지 데라가
가나안 이주를 결심하고
며느리 사라와 손자 롯을 데리고
떠난다(창세기 11:31).

칼 데 아

아 라 비 아

페르시아
만

쿠웨이트

지도 설명

우르에서 가나안까지, 약속의 땅으로 가는 아브라함의 이동 경로

추정 가능한 또 다른 경로

| 0 | | 100 | | 200 킬로미터 |

| 0 | | 100 | | 200 마일 |

현재의 배수로, 해안선과 국경선을 기준으로 표시하였다.
괄호 안은 현재의 지명이다.

기근의 고통

성경에는 기근이 자주 등장한다. 〈창세기〉에만 이 단어가 무려 스물네 차례나 나올 정도이다. 이집트 문서의 기록에 따르면 기근은 드물지 않게 일어나는 재앙으로 사회 혼란이나 대규모 이주 사태로 이어지곤 했다.

가나안 농업을 좌우하는 강수량이 흉작의 주된 요인이었지만 바람, 우박, 병충해 등도 문제였다. 바위투성이 땅이나 푸석한 흙에 농사를 지어야 하는 상황도 불리했다.

경작 곡물에 대한 의존도가 높았던 탓에 흉작의 영향은 즉각적이었다. 이집트 역시 늘 상황이 좋지는 못했다. 고고학자들은 아브라함이 피난갔던 시기의 이집트 역시 극심한 가뭄에 시달렸다는 증거를

찾아냈다. 기후학자들은 고왕국 시대 나일 강의 낮은 범람 수위를 가뭄과 연결시키고 있다.

B.C.E. 1200년 이후 철기 농기구가 일반화되면서 농부들은 땅을 더 깊게 팔 수 있었고 수확량도 늘어났다. 하지만 불규칙한 강우량 문제는 여전했다.

〈창세기〉에서 기근은 신이 사악하거나 불충한 인간을 벌주는 도구로 나오기도 한다. 훗날의 예언자들도 기근을 위협 수단으로 사용했다(예레미야 14:15).

이집트 고왕국의 제5대 왕조(B.C.E. 2450~2325년경) 때 만들어진 이 부조는 사막에서 굶어죽어가는 베두인족을 묘사하고 있다.

다. 이집트인들이 보기에 그의 아내는 정말 아름다웠다. 이집트 왕의 신하들은 그를 보고 왕 앞에 나아가 아름다운 여인이 나타났다고 아뢰었다.' 라는 구절이 나온다(창세기 12:14~15).

파라오 역시 사라의 아름다움에 반하게 된다. 아브라함은 이를 예견하고 미리 아내에게 "나를 오라버니라고 부르시오. 그러면 내가 당신 덕으로 죽음을 면하고 대접도 받을 것이오."(창세기 12:12~13)라고 말해둔다. 사라와 이집트 파라오의 관계가 이어져 아브라함은 가축과 노예까지 하사받았다.

하지만 남의 아내를 취한 파라오는 이집트에 역병이 도는 벌을 받게 된다. 이는 〈출애굽기〉에 등장할 대재앙을 미리 보여준 것이라고도 할 수 있다. 사정을 알게 된 파라오는 아브라함을 불러 "왜 네 아내라고 하지 않았느냐?"(창세기 12:18)라고 추궁한다. 아브라함이 무어라 대답했는지는 알 수 없다. 다행히 파라오의 분노는 곧 가라앉았고 아브라함 부부는 무사히 이집트를 떠나게 된다.

그들은 파라오가 내린 재물과 노예까지 고스란히 챙겼는데 노예 중 한 명이었던 젊은 여자는 곧 성경 이야기의 주요 인물로 부상한다.

그리하여 아브라함은 나일강 삼각주를 떠났다. 훗날 증손자인 요셉이 그 땅으로 돌아가 두 번째 권력자가 되리라고는 꿈에도 모르는 채였다.

셈족이 이집트 입국 허가를 요청하는 장면. 아메넴헤트 2세의 신하가 묻힌 베니 하산 무덤 벽화의 사본이다.

아브라함 시대의 이집트

아브라함이 살았던 시대에 이집트는 메소포타미아보다 더 큰 영향력을 가나안에 발휘했다. 이집트 중왕국은 정치경제적으로 쇠퇴하는 상황이었지만 여전히 가나안과는 비할 수 없을 정도로 발전된 문명이었다. 검은 화강암으로 만든 제12왕조 세누스레트(Senusret) 3세 석상이 보여주듯 이집트의 예술 수준은 대단했다.

아브라함이 이집트로 향한 B.C.E. 1830년 무렵에 만들어진 이 석상은 두꺼운 눈꺼풀, 우울한 표정, 굳게 다문 입술 등이 권력의 피로감을 보여주는 듯하다. 고왕국 시대의 형식화된 묘사와는 극명하게 대조되는 모습이다.

이 시기의 또 다른 걸작은 관리 안크레쿠(Ankhrekhu)의 석상이다. 얼굴 모습은 아주 사실적이지만 머리카락, 손, 옷자락은 현대의 작품처럼 멋스럽다.

세누스레트 3세는 거대한 장례 신전을 포기하고 경제와 인프라에 관심을 집중한 제12왕조의 파라오들을 대표한다. 그는 파이윰 분지와 나일강을 연결하는 바르 유세프(Bahr Yusef) 수로를 파고 나일강 첫 번째 급류의 우회 수로를 넓히는 등 농경을 위한 사업을 벌였다. 또한 이집트의 영토를 남쪽으로 확장하고 시리아를 원정하기도 했다. 시리아 원정 당시 그는 아브라함이 첫 번째 제단을 세운 세겜을 지나갔다.

세누스레트 3세(B.C.E. 1836~1818년경)의 검은 석상(왼쪽)은 같은 시기에 만들어진 관리 안크레쿠의 규암 석상과 매우 대조적인 모습이다.

사라와 하갈

롯이 차지했던 이스라엘 북부의 비옥한 땅에 요르단강이 흘러가고 있다.

〈창 세기〉 13장에서 아브라함은 가나안의 베델로 돌아온다. 파라오의 선물 덕분에 그는 부자가 된 상태였다(창세기 13:2). 가족과 가축은 몇 배로 불어나 우물과 목초지가 부족할 판이었다. 아브라함은 부족을 둘로 나누어 하나는 자기가 맡고 다른 하나는 조카인 롯에게 맡기기로 결정한다. 롯은 자신이 살 지역을 고르러 나섰다. 땅 고르는 눈이 있었던 그는 사해로 이어지는 요르단 평야를 골라 소돔이라는 곳에 정착한다. 아브라함은 본래 천막을 쳤던 고원 지대로 되돌아갔다.

하지만 롯의 운명은 순탄하지 못했다. 트랜스요르단의 비옥한 땅을 네 나라의 왕이 침략한 것이다. 소돔은 함락되고 롯은 포로로 잡혀갔다. 친척 한 사람이 아브라함에게 도망쳐 가서 조카의 구명을 간청했다. 아브라함은 즉각 노예들과 훈련받은 병사 300여 명을 모아 단(Dan) 근처에서 밤에 적을 급습했다. 그리고 조카 롯과 재물, 부녀자를 포함해 모든 사람들을 구해냈다(창세기 14:16).

소식을 들은 그 지역의 통치자, 살렘(예루살렘일 가능성이 높다)의 왕 겸 사제 멜기세덱이 아브라함에게 복을 빌어준다. 그는 엘 엘리

B.C.E. 1900년경
설형문자가 둥근 형태로 바뀌며
600자 가량으로 정리됨

B.C.E. 1894년경
수무 아붐(Sumu-Abum)이 바벨을 중심지로
새로운 왕조를 개국함.
바빌로니아 시대의 개막

B.C.E. 1850년경
이집트인들이 파이윰 등지에서
관개 사업을 벌임

B.C.E. 1842년경
이집트 아메넴헤트(Amenemhet) 2세
통치 시대가 끝남

그리고는 그를 밖으로 데리고 나가시어 말씀하셨다.
"하늘을 쳐다보아라. 셀 수 있거든 저 별들을 세어보아라.
네 자손이 저렇게 많이 불어날 것이다." | 창세기 15:5 |

온(El Elyon), 즉 '지극히 높은 신'의 축복을 구한다고 나오는데(창세기 14:19) 지극히 높은 신이란 가나안의 엘 신을 부르는 통상적 표현이었다.

이어 성경은 아브라함이 헤브론으로 돌아갔다고 설명한다. 헤브론은 가나안에서 가장 오래된 지역 중 하나로 해발 900미터 높이에 포도밭과 올리브 나무가 그림처럼 펼쳐진 곳이었다. '헤브론'이란 친구를 뜻하는 히브리어 'haver'에서 나왔다. 성경에서 아브라함은 종종 '신의 친구'라고 언급된다. 흥미롭게도 헤브론의 아랍어 지명인 '알 칼릴(Al Khalil)' 역시 같은 의미이다. 고고학자들은 헤브론 정착지의 역사가 B.C.E. 19~18세기까지 거슬러 올라간다는 사실을 발견했다. 아브라함 일가가 이 지역의 비옥한 고지대에 정착한 바로 그 시기이다.

아브라함과 사라에게는 아이가 없었다. 아브라함은 고민에 싸였다. 아들 없이 죽는다면 신이 약속한 큰 민족이 어떻게 나타난다는 말인가? 메소포타미아에서는 이런 상황일 때 몇 가지 해결책이 있었다. 첫 번째는 이혼이었다. 함무라비 법전 138조를 위시한 고대 문서에도 언급된 방법이다. 절차는 간단했다. 아내가 친정에서 가져온 지참금에 위자료만 얹어주면 끝이었다. 두 번째 방법은 아내의 여자 노예 한 명을 대리모로 만드는 것이었다. 바빌로니아뿐 아니라 수메르에서도 이 관행은 이미 확립된 상태였다. B.C.E. 19세기 아시리아의 결혼 계약을 보면 2년 내에 신부가 임신을 하지 못할 경우 여자 노예를 사서 아이를 낳도록 해야 한다는 조항이 들어 있다. 〈창세기〉에서도 사라가 먼저 이 방법을 제안해 노예 중 한 명을 고르게 된다. 그 노예가 하갈이었다.

하갈이 대리모로 선택된 일은 세계 3대 종교의 이후 역사에 큰 영향을 미치게 된다. 하갈은 유대인이 아니라 사라가 이집트 왕에게서 받은 이집트 노예였던 것이다. 〈창세기〉에도 이 점이 언급된다(창세기 16:1). 아브라함이 동의하자 사라는 하갈을 남편의 천막으로 데려간다. 이때 하갈은 히브리어로 'ishshâ'라 불리웠는데, 여기에는 '아내'와 '정부'의 의미가 동시에 포함되어 있었다.

아이를 가진 하갈은 아브라함 부족의 미래가 자신에게 달려 있다는 사실을 깨닫고 '안주인을 업신여긴다'(창세기 16:4). B.C.E. 18세기의 함무라비 법전은 이런 상황에 대한 해결책도 마련해두었다(146조). 아이를 가진 노예가 안주인과 동등한 대접을 요구하는 경우, 그 노예를 팔 수는 없었다. 대신 '노예의 표시'를 찍고 원하는 대접을 해주라는 것이었다.

〈창세기〉에서는 이때 신이 개입한다(하갈의 삶에 신은 두 번 개입하는데 이것이 첫 번째이고 두 번째는 훗날 하갈 모자의 목숨을 구할 때이다). '수르(Shur)로 가는 길가' 아마도 베에르셰바(Beersheba)와 이집트 국경 사이 어딘가의 오아시스에서 하갈에게 천사를 보낸 것이다. 천사는 하갈에게 주인집으로 되돌아가라면서 신이 하갈의 울부짖음을 들어주셔서 곧 이스마엘이라는 아들을 낳을 것이라고 말해준다(창세기 16:11). 이스마엘이란 'El(신)'과 'shama'(듣다)를 결합 축약한 형태로 '신이 내 소리를 듣다'라는 의미가 된다. 또한 천사는 하갈의 '자손을 아무도 셀 수 없을 만큼 많이 불어나게'(창세기 16:10) 해주겠다는 신의 약속도 전했다. 신은 얼마 후 사라가 낳은 아들 이삭(이사악, Isaac)에게도 같

이란의 수사에서 나온 B.C.E. 8세기의 부조. 상류층 여인이 하녀의 시중을 받고 있다.

B.C.E. 1822년경
수메르의 마지막 왕 림신(Rim-Sin)이 통치함

B.C.E. 1800년경
아시리아가 원거리 통신을 위해 봉화를 사용함

B.C.E. 1800년경
가나안 정착지의 요새화가 시작됨

B.C.E. 1763년경
함무라비의 바빌로니아 왕국이 시작됨

성경의 다처제

구 약성경을 보면 여러 아내를 거느린 남편 이야기가 곳곳에 나온다. 그 첫 번째는 카인의 후손인 라멕(Lamech)이다. 그는 '두 아내를 데리고 살았는데, 한 아내의 이름은 아다요, 또 한 아내의 이름은 실라였다'(창세기 4:19).

다처제는 다른 무엇보다 부족의 기본 자산인 가축 무리를 유지하기에 충분한 자녀를 얻기 위함이었다. 농부의 경우에도 농사를 도울 자녀 수에 따라 작황이 좌우되곤 했다.

당시에는 산모나 유아 모두 사망률이 높았다. 산모는 출산 중에 죽는 경우가 많았고 유아들은 얼마 살지도 못한 채 병에 걸리곤 했다. 따라서 다처제는 일가가 안전하게 유지되기 위한 방법이었다.

아내가 불임이라면 아브라함이 가문을 잇기 위해 하갈을 두 번째 아내로 맞은 것처럼 남편이 하녀나 노예를 취해 아이를 낳았다.

하지만 무한정 여러 아내를 둘 수 있는 것은 아니었다. 결혼을 하려면 신부 집에 신부 값을 치러야 했기 때문이다. 결국 아내의 수는 남자의 재력에 달려 있었다.

다처제 관행은 군주 시대에도 이어져 다윗과 솔로몬 왕은 동맹 강화의 일환으로 여러 외국인 아내를 맞아들였다. 솔로몬의 후궁이 무려 700명이고 그 외에 수청 드는 여자도 300명이나 된다는 성경의 기록(열왕기 상 11::3)은 과장이 섞인 것으로 보이지만 말이다.

다처제는 바빌론 유수 이후에 쇠퇴했고 일부일처제가 규범으로 자리잡았다.

프랑스 화가 콩스탕(Benjamin Jean Joseph Constant, 1845~1902)의 작품 〈모로코의 왕궁〉. 서구인들이 고대의 다처제를 어떻게 상상했는지 보여준다.

은 약속을 하였으므로 이때부터 경쟁이 시작된 셈이었다.

하갈은 집으로 돌아왔고 아들을 낳았다. 아브라함은 아들에게 이스마엘이라는 이름을 지어주었다. 몇 년이 지나 이스마엘은 아브라함이 자랑스러워할 만한 훌륭한 모습으로 성장했다.

이스마엘이 13세가 되었을 때 신은 다시 아브라함 앞에 나타나 그를 '많은 민족의 조상'으로 삼겠다는 계약을 확인한다. 그리고 계약의 표시로 아브라함과 이스마엘을 비롯한 집안의 남자 모두가 할례를 받으라고 명령한다. 이후 유대 집안에서 태어난 모든 남자는 생후 8일째에 할례를 받아야 했다. 이어 신은 또 다른 약속을 했다. 아브라함 부부가 아들을 낳게 된다는 것이다.

이 말을 들은 아브라함은 땅에 얼굴을 대고 엎드려 있으면서도 속으로는 우스워서 "나이 백 살에 어떻게 아들을 보겠는가?"라고 실소한다(창세기 17:17). 이 장면은 우가리트의 아캇 이야기(Epic of Aqhat)를 연상

아미스톰루(Aammistomru) 왕이 아무루(Amurru) 왕의 딸 벤테시나(Benteshina)와 이혼했음을 알리는 우가리트의 점토판 기록. B.C.E. 1250년경으로 추정된다.

시킨다. 아들도 후계자도 없는 연로한 왕 다넬이 아내의 임신을 간곡히 기원하자 비와 천둥의 신 바알이 가나안의 가장 높은 신 엘에게 다넬을 도와달라고 부탁했고 이에 엘은 "다넬이 아내에게 입을 맞추고 포옹하면 아이를 가지리라."라고 말해주었다는 내용이다. 다넬의 아내는 아캇이라는 아들을 낳는데 아캇은 활을 쥐자마자 활쏘기의 명수가 된다.

신이 아들을 낳게 해주겠다고 약속한 직후 아브라함은 헤브론 근처의 광대하고 기름진 계곡인 마므레(Mamre)에서 나무 아래 앉아 졸고 있다가 낯선 이방인 세 사람을 보게 된다. 아브라함은 친절하게 이방인을 맞아들여 나무 그늘에 쉬게 하고 물과 빵조각을 가져오겠다고 하더니 갓 잡은 송아지 고

기, 달콤한 케이크, 우유로 융숭하게 대접한다. 충분히 먹고 쉰 손님들은 사라가 아브라함의 아들을 낳을 것이라 예언했다. 이번에는 사라가 웃음을 참지 못하면서 "내가 이렇게 늙었고 내 남편도 다 늙었는데, 이제 무슨 낙을 다시 보랴!"라고 중얼거렸다. 그러자 "신이 무슨 일인들 못 하겠느냐?"라는 소리가 울려왔다(창세기 18:12~14).

과연 사라는 임신하여 아들을 낳았다. 아브라함은 이 아들에게 이삭이라는 이름을 지어준다. '웃는 사람'이라는 의미였다.

그러자 한 가지 문제가 생겼다. 이스마엘과 이삭 중 어느 아들이 아버지 뒤를 이어 족장이 되어야 할까? 하갈은 아브라함의 첫 아들이자 13세나 된 이스마엘이 당연히 뒤를 이어야 한다고 여겼고 사라는 첫 부인의

아들인 이삭이 더 큰 권리를 가진다고 주장했다.

메소포타미아 부족에서 자주 일어나는 이러한 분쟁을 해결하기 위해 함무라비 법전에는 분명한 조항이 마련되어 있다. 노예 소생이라 해도 아버지로부터 '내 자식'이라는 말은 들은 자식이라면 정실 소생과 동등한 대접을 받으며 상속에서도 동등하다는 것이다(170조). 하갈의 아들, 이스마엘은 태어나자마자 아브라함에게서 이름을 받았고 이는 정당한 후계자로 인정받았다는 의미였다. 하지만 함무라비 법전은 첫째 아내의 첫 자식이 특별 대접을 받을 수 있다는 점도 인정한다.

성경에 따르면 이 역시 신의 뜻이었다. 신은 "이스마엘을 생각하고 하는 네 말도

베두인족 모자(母子)가 모래폭풍을 피해 천막으로 돌아가고 있다. 하갈과 이스마엘의 모습도 이러했으리라.

빵 굽기

상수리 나무그늘에 앉아 있던 아브라함에게 낯선 세 사람이 다가온다. 그리고 이들은 아브라함과 사라 사이에 아들 이삭이 탄생할 것을 알려준다.

아브라함은 친절하게 세 손님을 대접한다. 물과 빵조각을 주겠다고 천막으로 데려가서는 갓 구운 빵, 우유, 금방 잡은 송아지 고기로 이루어진 호사스러운 식사를 내놓은 것이다. 성경에는 그가 사라에게 '고운 밀가루 서 말을 내다가 반죽하여 케이크를 만들라고' 이르는 장면이 상세하게 기록되어 있다(창세기 18:6).

아브라함의 말은 가나안의 빵 굽는 방법을 정확하게 표현해준다. 우선 곡물의 낟알을 고른다. 맷돌에 갈아 가루로 만들고 물을 섞는다. 여기에 상한 빵에서 얻은 이스트를 넣기도 한다.

이렇게 반죽이 만들어지면 둥글고 납작한 모양으로 만든다. 굽는 시간을 줄이기 위해서이다. 구운 흙이나 돌로 만든 간단한 오븐에 반죽을 넣고 석탄이나 장작으로 불을 땐다.

이러한 빵 굽기 방법은 신약 시대까지도 가나안에서 일반적이었다. 물론 도시나 큰 마을에서는 직업 제빵사들이 빵을 구워 팔기도 하였다.

이집트 고대 빵집의 전형적 평면도. 빵 굽는 방법은 수천 년이 흐르도록 거의 변하지 않았다.

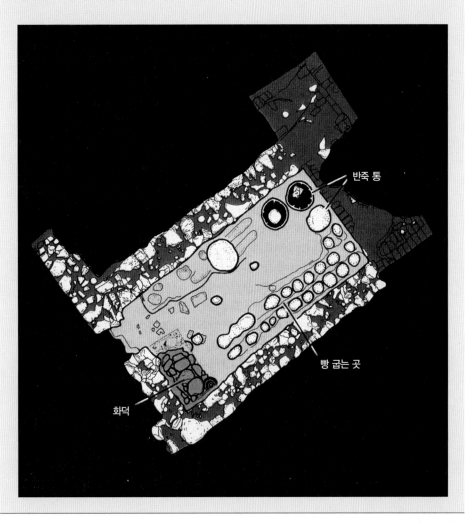

반죽 통

빵 굽는 곳

화덕

들어주리라."라고 말했다. '신이 듣다' 라는 이스마엘 이름의 의미가 드러나는 말씀이다. 그리고 "그에게서 열두 영도자가 나서 큰 민족이 일어나게 하겠다. 하지만 나의 계약은 사라가 내년 이맘 때 너에게 낳아줄 이삭에게 세워주는 것이다."라고 덧붙였다(창세기 17:20~21).

아들을 낳은 사라는 아브라함에게 "저 계집종과 아들을 내쫓아주십시오."라고 요구했다(창세기 21:10). 대리모와 아이를 내보내려면 정당한 보상을 해줘야 했다. 함무라비 법전보다 200년쯤 앞서는 리피트 이쉬타르(Lipit-Ishtar) 법전을 보면 '아내가 아이를 못 낳고 거리의 매춘부가 아이를 낳아주었다면 그 매춘부에게 곡식, 기름, 옷을 주어야 한다.' 라고 되어 있다. 하지만 아브라함은 그저 물과 빵만 주고는 하갈 모자를 내보냈다(창세기 21:14).

얼마 가지 않아 하갈은 길을 잃었다. 베에르셰바 남쪽 네게브 지방을 며칠 동안 헤매던 모자는 결국 덤불 근처에 쓰러졌다. 자식이 죽는 모습을 차마 볼 수 없었던 하갈은 근처 나무 그늘 아래 아들을 누이고 엎드려 통곡했다. 신은 이를 불쌍히 여겨 천사를 보내고 "걱정하지 마라. 어서 가서 아이를 안아 일으켜주어라. 내가 그를 큰 민족이 되게 하리라."라고 말했다(창세기 21:17~18). 신이 하갈의 눈을 열어주자 가까운 곳에 샘이 보였다. 모자는 달려가 물을 마셨다. 이렇게 살아난 이스마엘은 '자라서 사막에서 살며 활을 쏘는 사냥꾼이 되었다. 그는 바란(Paran) 사막에서 살았다' (창세기 21:20~21). 바란은 시나이 반도의 북동쪽 지역으로 중심부에 카데스바르네아(Kadesh-Barnea) 오

이스라엘 남부 네게브의 절벽 풍경. 하갈이 헤매고 다니던 풍경도 이러했으리라.

하느님께서 당신의 천사를 시켜 하늘에서 하갈을 불러 이르셨다.
"어서 가서 아이를 안아 일으켜주어라. 내가 그를 큰 민족이 되게 하리라." | 창세기 21:17~18 |

아시스가 있다. 카데스에서 이집트 국경의 펠루시움(Pelusium, 현재의 텔 엘 파라마)까지는 지중해 무역로를 따라 걸으면 7일 거리이다. 하갈은 아들이 장성하자 그곳에 가서 이집트 땅의 며느릿감을 골라 맞아들였다(창세기 21:21).

아브라함에서 갈라져 나간 이슬람 계보

'내가 너를 큰 민족이 되게 하리라.' 바로 이 말에서 유대교, 그리스도교, 이슬람교 전통이 갈려나간다. 물론 각 종교의 독자적인 경전이 완성되려면 수백 년이 더 흘러야 했지만 말이다. 세 종교 모두 아브라함을 영적인 아버지로 본다. 〈창세기〉는 아브라함 이후 이삭, 야곱, 이스라엘의 열두 부족 이야기를 해나간다. 한참 세월이 흐른 후 이슬람 경전은 이스마엘의 계보를 추적하며 이스마엘이 이삭보다 먼저 출생하였으므로 정당한 후계자이고 따라서 진정한 신의 가호를 받는다고 주장한다.

실제로 〈창세기〉는 이스마엘이 여러 아랍 부족의 선조라고 설명한다. 이스마엘의 아들들 이름은 '맏아들 느바욧, 케달, 아드브엘, 밉삼, 미스마, 두마, 마싸, 하닷, 데마, 여툴, 나비스, 케드마'이다(창세기 25:13~15). 이중에는 아시리아의 아랍 부족에게서 나타나거나 이슬람 기록에 등장하는 이름이 여럿이다. 예를 들어 느바욧은 아랍 이름 나바트(Nabat)로 로마시대에는 나바트 사람(Nabataean)들로 등장한다. 또 케달은 케다리트(Qedarite)인들의 선조가 되며 데마는 아라비아 북서쪽의 거대한 오아시스 타이마(Tayma)와 연결된다. 게다가 훗날 이삭의 손자 요셉을 이집트로 데려가는 것은 이스마엘 상인들, 즉 이스마엘의 자손이다.

이슬람 전통은 하갈의 이야기에서도 나

고대 베에르셰바 담장 바깥의 우물이 부분적으로 복원된 모습. 아브라함 시대 우물의 모습을 보여준다.

우물의 중요성

가나안처럼 물이 귀한 곳에서는 우물이 아주 귀중한 자원이었다. 사철 내내 사람과 동물에게 안정적으로 물을 공급하고 농사를 지을 수 있도록 해주었기 때문이다. 이를 위해서는 지속적인 관리가 필요했다. 물을 배급하는 경우도 많았다. 우물 물 사용권은 양보할 수 없는 권리였다. 〈창세기〉(29:2~3)에 등장하는 족장 라반은 우물을 돌로 막아두었다. 우물 장소를 비밀에 붙이는 일도 있었다. 아브라함은 지역 족장에게 암양 일곱 마리를 주고서야 우물을 사용하게 된다. 한편 마을 우물은 사회생활의 중심지이기도 했다. 여자들은 물을 받으러 모여 소문을 전해 듣고 퍼뜨렸다.

타난다. 《코란》 저자들은 아브라함(이브라힘)이 하갈(하자르)과 어린 아들 이스마엘(이슈마일)과 함께 사막으로 들어가 트랜스요르단 고원 너머 아라비아 반도의 히자즈 (Hijaz) 지역으로 향했다고 기록한다. 사막에서 곧 물이 떨어진다. 아브라함은 하갈 모자를 두고 혼자 우물을 찾으러 간다. 하갈역시 물을 찾아 앗 사파(As Safa) 산맥에서 알 마르와(Al Marwa) 고원까지 돌아다닌다. 하갈이 앞뒤로 일곱 번 뛰자(이슬람교도들은 하지 때 메카에서 이를 기념하는 의식을 행한다) 갑자기 땅에서 물이 솟아오른다. 잠잠 (Zam-Zam)이라는 이 우물이 바로 메카의 시작점이다. 신은 아브라함과 이스마엘에게 '순례자를 위한 집'을 짓도록 명령한다 (코란 2:125). 이 신성한 장소 카바(Ka'bah)는 지금도 메카 중심부에 서 있다.

아브라함 이야기처럼 조금씩 다르기는 하지만 겹치는 내용은 성경과 《코란》에서 계속 나타난다. 성경과 달리 《코란》은 시대 순으로 이어지지 않는다. 그리하여 이브라힘, 유수프(요셉), 무사(모세), 이사(예수) 같은 등장인물들이 반복적으로 등장한다.

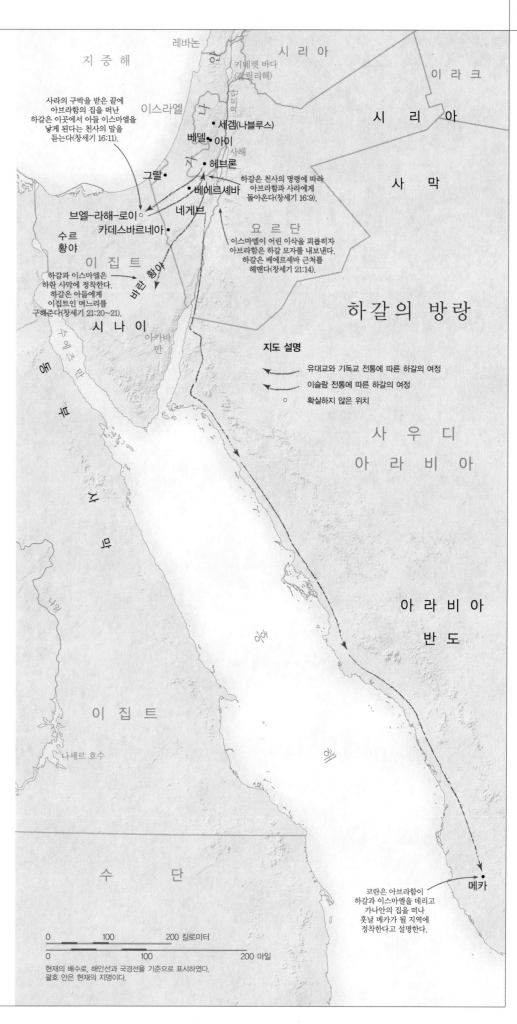

사라의 구박을 받은 끝에 아브라함의 집을 떠난 하갈은 이곳에서 아들 이스마엘을 낳게 된다는 천사의 말을 듣는다(창세기 16:11).

하갈은 천사의 명령에 따라 아브라함과 사라에게 돌아온다(창세기 16:9).

이스마엘이 어린 이삭을 괴롭히자 아브라함은 하갈 모자를 내보낸다. 하갈은 베에르셰바 근처를 헤맨다(창세기 21:14).

하갈과 이스마엘은 하란 사막에 정착한다. 하갈은 아들에게 이집트인 며느리를 구해준다(창세기 21:20~21).

하갈의 방랑

지도 설명

유대교와 기독교 전통에 따른 하갈의 여정

이슬람 전통에 따른 하갈의 여정

○ 확실하지 않은 위치

코란은 아브라함이 하갈과 이스마엘을 데리고 가나안의 집을 떠나 훗날 메카가 될 지역에 정착한다고 설명한다.

0 100 200 킬로미터
0 100 200 마일

현재의 배수로, 해안선과 국경선을 기준으로 표시하였다.
괄호 안은 현재의 지명이다.

마지막 시험

엔게디('En-gedi') 근처의 나무 등걸이 염도 22~30퍼센트에 달하는 사해의 소금을 갑옷처럼 입고 있다.

사라와 하갈이 비극적인 갈등을 겪던 시기에 다른 중대한 사건도 일어난다. 아브라함의 조카 롯이 정착했던 평야의 주민들이 극도로 타락해 결국 파멸을 맞았던 것이다. 이들 도시의 죄악에 대해 〈창세기〉는 상세히 설명하지 않은 채 그저 '신은 소돔과 고모라에서 들려오는 저 아우성을 차마 들을 수 없다고 한탄했다'고 전한다(창세기 18:20). 아브라함은 조카 롯의 도시를 구하고 싶어 신과 담판을 벌인다. 그리고 소돔 성에 죄 없는 사람이 열 명만 되어도 멸하지 않겠다는 약속을 받아낸다.

하지만 신이 보낸 두 천사를 소돔 남자들이 공격하면서 도시의 비극적 운명은 결정되고 말았다. 아브라함을 위해 천사들은 롯과 그 가족만은 구하려 한다. 롯과 아내, 두 딸은 평야를 내달려 소알(Zoar)을 향해 도망친다. 절대 뒤를 돌아보아서는 안 된다고 했지만 신이 하늘에서 불과 유황을 쏟아붓자 호기심을 참지 못한 롯의 아내가 뒤를 보고 말았다. 그러고는 곧 소금기둥으로 변해버렸다.

소돔과 고모라는 과연 어디에 위치했을까? 학자들 사이에서는 아직도 의견이 분분하다. '역청 수렁'(창세기 14:10)이라는 표현으로 보

B.C.E. 1800년경
바빌로니아인들이
음력 달력을 받아들임

B.C.E. 1790년경
아나톨리아에서
히타이트족이 융성함

B.C.E. 1782년경
이집트로 이주하는
셈족이 늘어남

B.C.E. 1770년경
바빌론이 지역 내 최대 도시로 성장함

야훼께서 손수 하늘에서 유황불을 소돔과 고모라에 퍼부으시어 거기에 있는 도시들과 사람과 땅에 돋아난 푸성귀까지 모조리 태워버리셨다. 그런데 롯의 아내는 뒤를 돌아다보다가 그만 소금기둥이 되어버렸다. | 창세기 19:24~26 |

면 사해 남쪽 끝단, B.C.E. 1900~2100년에 지진으로 파괴된 곳일 가능성이 높다. 당시 이곳에는 정말로 끓는 타르가 비처럼 쏟아졌을 것이다. 다른 한편 소돔과 고모라는 사해 연안의 정착지 밥에드라(Bab edh-Dhra)와 누메이라(Tell Numeira)라는 주장도 있다. 둘 다 1970년대에 하버드의 발굴팀이 찾아낸 곳이다. 소금기둥으로 굳어버린 롯의 아내 이야기는 오늘날에도 그 지역에서 볼 수 있는 소금 말뚝을 보면서 영감을 얻은 것일지 모른다. 소돔의 기억은 하르 세돔(Har Sedom)이라 불리는 근처의 소금 산 명칭에도 남아 있다.

다시 성경 이야기로 돌아가보자. 아브라함은 남쪽으로 더 내려가 베에르셰바에 도달하고 가족과 정착하기로 한다. 사막에서 우물과 샘은 귀중한 자원이었으므로 아브라함이 목마른 양과 염소 떼를 몰고 왔다는 소식은 곧 지역 통치자, 아비멜렉(Abimelech)에게 전해진다. 아브라함은 협상을 벌여 암양 일곱 마리를 바치고 그 대가로 우물을 쓰게 된다. '칠(七)의 우물' 혹은 '맹세의 우물'이라는 의미를 가진 베에르셰바는 바로 이 이야기에서 비롯된 명칭이라고 한다.

고대 베에르셰바는 이스라엘 네게브 중심 도시인 현재의 베에르셰바에서 동쪽으로 5킬로미터 떨어진 텔 세바(Tel Sheva)에서 1969년 발굴되었다. 고고학자 아하로니(Yohanan Aharoni)에 따르면 이곳에서 정착 생활이 시작된 시기는 B.C.E. 3000년대라고 한다. 오늘날 볼 수 있는 발굴 유적은 B.C.E. 12세기 말, 즉 아브라함 도착 시점으로부터 600여 년 후의 것이다. 하지만 기둥 세 개가 선 멋진 입구 근처에서 아브라함 시기까

베에르셰바에서 발견된 가나안의 제단. 뿔이 난 듯한 이런 형태의 제단은 B.C.E. 9~10세기에 널리 사용되었다.

지 거슬러 올라가는 옛 담장이 발견되었다.

이곳 베에르셰바에서 아브라함은 천막을 치고 생애 말년을 평화롭게 보내기로 했다. 하지만 상황은 뜻대로 되지 않았다. 신은 아브라함에게 혹독한 시험을 내렸던 것이다. 이는 〈창세기〉에서 가장 극적인 사건이라 할 만하다. 아브라함은 '사랑하는 외아들 이삭'을 데리고 북쪽의 모리아 땅으로 가서 '번제물로 바치라'는 신의 지시를 받는다(창세기 22:2). 모리아는 베에르셰바에서 사흘 거리라고만 나올 뿐 어디인지 설명이 없다. 이는 〈역대기〉 하권(3:1)에 등장하는 예루살렘 시내의 모리아 산일 수도 있다. 이슬람 일부 종파에서는 모리아가 예루살렘의 성전 산(Temple Mount), 그중에서도 바위의 돔(Dome of the Rock)이라고 믿는다.

아버지 아브라함과 길을 떠나게 된 아들 이삭은 곧 어디에 무엇을 하러 가는지 궁금해했다. 성경에서는 아브라함이 차마 진실을 말하지 못한다. 하지만 《코란》에서는 아브라함이 "아들아, 너를 희생양으로 바치라는 꿈을 꾸었구나."라고 말하고 이삭은 "아버지, 그대로 행하소서."라고 대답한다(코란 37:102). 번제물 공양 준비를 마친 아브라함은 제단을 쌓고 아들을 묶어 장작 위에 올렸다. 칼을 꺼내 아들의 심장을 겨눠 내리치려는 순간 천사가 외친다. "아브라함아, 그 아이에게 손을 대지 말라. 네가 얼마나 신을 공경하는지 알았다."(창세기 22:11~12)

〈창세기〉의 이 사건은 어떤 의미

B.C.E. 1760년경
함무라비가 이끄는
바빌로니아 군이 마리를 정복함

B.C.E. 1755년경
이집트의 제12왕조 종말

B.C.E. 1739년경
메소포타미아 남부가
경제적으로 몰락함

B.C.E. 1630년경
이집트 중왕국이 끝나고
두 번째 중간기가 시작됨

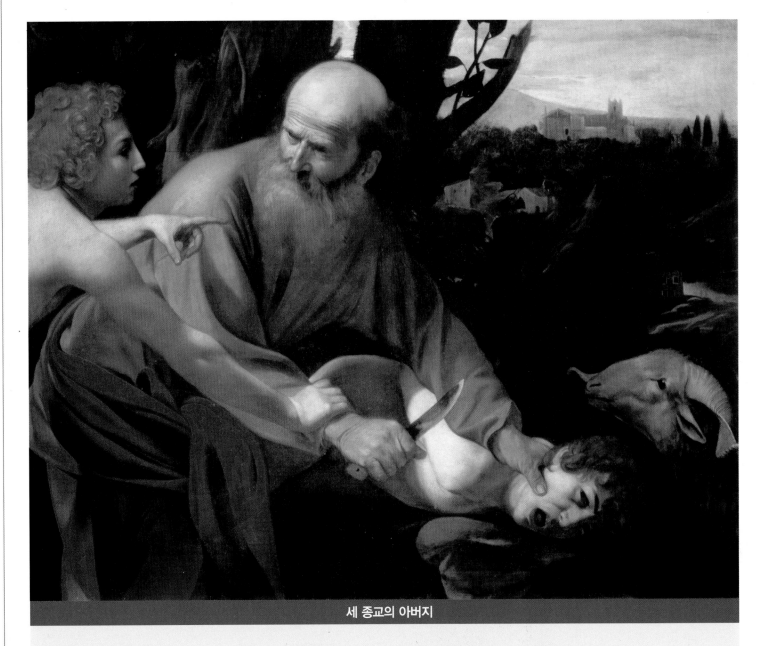

세 종교의 아버지

아브라함은 유대교, 그리스도교, 이
슬람교 모두에서 일신교의 토대를
닦은 인물로 존경받는다. 유대교도들은
아브라함이 신과 최초로 계약을 맺었고
이스라엘 민족의 선조로서 큰 나라를 이
루게 해주었다고 생각한다.

그리스도교도들은 아브라함이 기꺼이
아들을 제물로 바치려 했다는 점을 강조
하며 이는 신이 아들 예수를 인류의 죄 때
문에 희생시키는 것과 연결된다고 여긴
다. 자기를 불태우는 데 쓰일 장작을 메고

모리아 산을 오르는 이삭은 십자가를 메
고 갈보리 언덕에 오르는 예수의 이미지
로 이어진다.

이슬람교도들은 아브라함이 최초의 이
슬람교도이자 위대한 예언자라고 믿는다.
이슬람이란 '아브라함의 종교'라는 의미
이다(코란 2:135). 이슬람교와 유대교 둘
다 아브라함의 모리아 산 사건을 기념한
다. 유대교에서는 신년제(Rosh Hashana)
때 쇼파(shofar)라는 양뿔 피리를 부는데
이는 신이 이삭 대신 양을 보내 제물로 삼

게 했음을 기념하는 것이다.

이슬람교에서는 아이드 알 아드하(Eid
al Adha) 축제 때 소나 양을 잡는다. 하지
순례 기간의 끝 무렵으로 이때 잡은 희생
물의 고기는 3분의 1만 먹고 나머지는 친
구에게 선물하거나 가난한 사람에게 보내
는 것이 전통이다.

아브라함 이야기의 절정 장면을 담은 〈이삭의 희생〉.
이탈리아 화가 카라바조(Michelangelo Merisi da
Caravaggio, 1573~1610)의 1591년 작품이다.

> 이런 일들이 있은 뒤에 하느님께서 아브라함을 시험해보시려고 "아브라함아!" 하고 부르셨다. "사랑하는 네 외아들 이삭을 데리고 모리야 땅으로 가거라. 거기에서 내가 일러주는 산에 올라가, 그를 번제물로 나에게 바쳐라." | 창세기 22:1~2 |

일까? 아브라함의 신은 왜 아브라함이 자신보다 더 사랑하는 유일한 존재인 아들을 죽이라고 요구했을까? 무수한 성경학자들이 '이삭의 결박'('아케다(Akedah)'라고도 부른다) 사건에 대해 고민해왔다. 〈창세기〉에서 이는 아브라함의 절대적 신앙을 시험하는 방법이었다.

그리스도교도들은 여기서 신의 외아들 예수가 십자가에 희생되는 사건의 전조를 찾기도 한다. 유대교 랍비 헤르츠(J. H. Hertz)를 비롯해 일부에서는 이 사건이 인간을 제물로 바치는 고대 전통에 대한 거부를 뜻한다고 본다. 이 견해에 따른다면 인간에게 무관심한 바빌로니아나 가나안의 고고한 신들과 달리 유대의 신은 인간의 삶에 적극적으로 개입하는 셈이다.

이어 아브라함의 신은 자신만을 숭배하라고 요구한다. 유일신 개념은 이후 성경을 관통하는 주제가 된다. 아브라함의 자손들은 엘 신을 숭배하면서도 다른 신들도 얼마든지 함께 숭배할 수 있다고 여겼기 때문이다. 훗날의 이스라엘인들도 야훼에게 존경을 표한 뒤 곧 다른 신에게 달려가곤 했다. 혹시라도 다른 신이 질투하여 농사를 망치지나 않을까 두려웠기 때문이다. 예언자들이 살았던 시대에도 아브라함의 신만을 숭배하여 부족의 운명을 위험하게

가나안의 신들

시리아 해안의 우가리트 왕궁에서 발견된 점토판을 보면 족장 시대 가나안의 신들에 대해 알 수 있다. 이스라엘이 가나안을 정복한 이후 유일신 엘(El)을 섬기는 유대 전통은 가나안의 다신교와 충돌하게 된다. 가나안에서 가장 높은 신은 바알(Baal)이었다. 메소포타미아의 고유 신 바알은 '대지의 신' 혹은 '비와 이슬의 신'으로서 농사와 직접 관련되어 있다. 바빌로니아의 어머니 여신 이슈타르도 농경과 관련해 중요했다. 농부들은 풍작을 기원하며 이슈타르 신전을 찾아 신전 매춘부와 관계를 맺곤 했다. 수메르에서는 이난나라고 불린 이슈타르는 성애(性愛)의 여신이기도 했고 일부에서는 매춘부의 수호신으로 받들었다. 이슈타르는 금성과 연결된다. 금성을 의미하는 영어 단어 'Venus'는 로마 사랑의 여신에서 기원했다.

대영 박물관에는 '밤의 여왕'이라 불리는 구운 점토판이 소장되어 있는데 이는 이슈타르 혹은 그 경쟁자이자 자매인 지하 세계의 여왕 에레슈키갈(Ereshkigal)일 것으로 추측된다. B.C.E. 18세기 전반, 함무라비 치세 동안 만들어진 이 점토판의 여신은 신의 상징인 뿔 달린 모자를 쓰고 손에는 정의의 막대기와 고리를 들고 있다. 점토판 이름에 '밤'이 들어간 것은 여신 양쪽에 보이는 부엉이들, 그리고 뒤쪽의 검은 칠 때문이리라. 벌거벗은 모습을 보면 이슈타르일 가능성이 높다.

가나안인들은 노래를 부르고 동물이나 곡물을 바치면서 신을 찬양했다. 가뭄으로 제물이 없을 때면 첫 아이를 바치기도 했다. 〈창세기〉에서 아브라함이 이삭을 제물로 바치려다 만류되는 이야기는 엘이 그런 끔찍한 관행을 더이상 용납하지 않겠다는 메시지였는지도 모른다.

바빌로니아 여신을 표현한 점토판 부조 '밤의 여왕'. 함무라비 치세인 B.C.E. 1792~1750년에 만들어진 것으로 추정된다.

만들 필요는 없다고 생각하는 이스라엘인들이 대다수였다.

이삭 결박 사건은 결국 아브라함이 양을 바치고 베에르셰바에 돌아오는 것으로 끝난다. 그리고 일가는 기후가 더 온화한 헤브론으로 돌아간다. 사라가 죽었을 때 아브라함은 헤브론에 가족 묘지를 마련하기로 하고 적당한 장소를 찾아낸다. 막벨라(Machpelah)라는 동굴이었다. 〈창세기〉 23장을 보면 아브라함이 묘를 쓰기 위해 동굴

주인인 히타이트인 에브론과 흥정하는 장면이 나온다. 아브라함은 상대가 요구하는 대로 값을 치르고 곧 사라를 동굴에 안장했다.

아브라함은 이후 크투라(Keturah)라는 아내를 두어 여러 자식을 얻었다. 두 번째 아내의 자식들에게도 생전에 살림 밑천을 나누어주었지만 혹시라도 이삭의 상속권에 문제가 생기지 않도록 이들은 멀리 동쪽으로 보내버렸다(창세기 25:5~6).

아브라함은 '백발이 되도록 천수를 누리다가 세상을 떠났다'(창세기 25:8). 그리고 막벨라 동굴의 사라 옆에 안장된다. 훗날 아브라함의 아들 이삭과 그 아내 레베카, 손자 야곱과 그 아내 레아까지도 모두 죽은 후 막벨라 동굴에 들어감으로써 부족의 가족 묘지가 만들어진다.

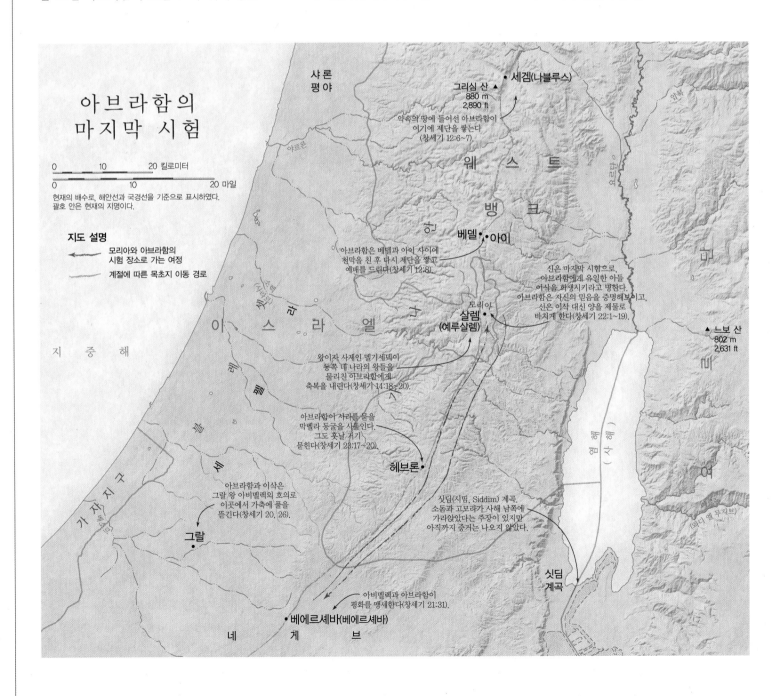

iareth. enoch. matusale. lamech. noe. sem. cham. τ iafeth;

이 묘지는 아직도 보존되어 있다. 아브라함과 관련된 극히 드문 고고학 유적 중 하나이며 유대교에서는 가장 오래된 성지이다. 수백 년 동안 신성시되던 이곳에 B.C.E. 1세기, 헤로데가 거대한 사당을 세우기도 하였다. 여러 부속 시설이 덧붙은 이 사당은 오늘날까지 기본 형태를 유지하고 있다. 넓이는 65미터×35미터로 담장에는 예루살렘 제2성전 담장에서 볼 수 있는 헬레니즘 양식의 벽기둥 장식이 되어 있다. 이 정교한 석공술은 성전 산의 헤로데 광장 담장에서도 발견된다.

비잔틴제국 시절 그리스도교 교회였던 사당은 이슬람 정복 후에 모스크가 되었다. 9세기의 파티마(Fatimid) 왕조는 북동쪽 담에 새로운 입구를 뚫고 아브라함과 사라 무덤에 돔 지붕을 덮은 후 순례객용 숙소를 지었다. 십자군 전쟁이 일어나면서 이곳은 다시 교회로 사용되었다. 살라흐 알 딘(Salah al-Din)은 헤브론을 되찾은 후 십자군이 세운 기둥을 이슬람 사원 설교단을 짓는 데 썼다. 모스크가 된 동굴은 아직까지도 이슬람의 소유이다. 그리고 유대교, 그리스도교, 이슬람교 모두가 숭배하는 장소로 남아 있다. 동굴은 아랍어로 '신의 친구였던 사람의 묘' 라는 의미의 하람 엘 칼릴(Haram el Khalil)이라 불린다.

예루살렘에도 아브라함을 기리는 유적이 있다. 헤브론과 연결된 도로의 예루살렘 초입에 선 자파게이트(Jaffa Gate)에 다음과 같은 《코란》 구절이 새겨진 것이다. '신은 없고 오로지 알라뿐이다. 그리고 아브라함은 알라의 사랑을 받는 존재이다.'

〈창세기〉의 아브라함

〈창세기〉는 인류 역사가 자연 법칙이나 사

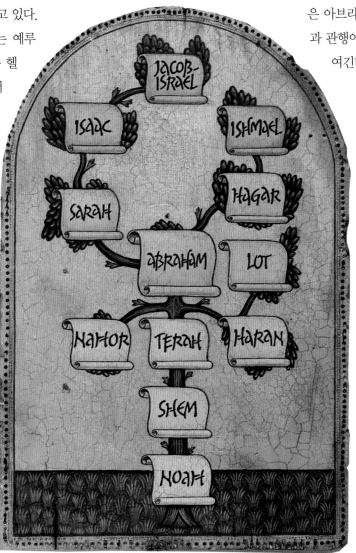

노아에서 시작해 사라와 하갈의 후손으로 갈라진 아브라함의 가계도 그림.

회경제적 진화가 아닌 신의 의지에 따라 전개된다는 세계관을 보여준다. 좋은 일은 신의 힘이 발휘됨으로써 생기고 나쁜 일은 인간의 잘못에 대해 신이 노여워한 결과이다. 이런 맥락에서 보면 아브라함은 핵심적인 인물이 아닐 수 없다. 아브라함 이전까지

인간은 냉혹한 신들의 처벌만을 경험했던 것이다. 하지만 아브라함의 신은 하란에서 모습을 보인 후 계속 천사를 보내 길을 인도해주는 존재이다.

아브라함 이야기의 실재성은 여전히 역사학계의 논쟁거리다. 물론 대부분 학자들은 아브라함의 존재 자체보다 종교적 믿음과 관행이 변화되었다는 점을 더 중요하게 여긴다.

아브라함의 시대를 주도하던 메소포타미아 문명과 이집트 문명은 여러 신을 모셨다. 이기적인 그 신들은 계속 달래주지 않으면 농사를 비롯해 인간 삶에 어떤 앙갚음을 할지 몰랐다.

하지만 〈창세기〉의 아브라함은 여러 신이 아닌 단 하나의 신, 모든 것의 창조자인 만능의 신이 대지와 하늘을 관장한다고 주장하는 것이다. 물론 엘이라는 이 신이 가나안의 엘 신 숭배에서 나오기는 했다. 그러나 자신에게 충성스러운 인간에게는 무한히 자비를 베풀고 안전한 삶을 보장하고야 마는, 도덕적으로 정의로운 신이라는 점에서 이전의 어느 신과도 다른 모습이다.

지적 수준이 높았던 수메르나 이집트가 아닌, 떠돌이 유목민 집단에서 유일신 개념이 탄생한 이유는 어디 있을까? 정처 없이 떠도는 삶이 우주를 새로운 눈으로 바라보기에는 더 적합했던 것일까? 아니면 상대적으로 원시적인, 따라서 종교적 권위를 내세울 중앙집권 세력조차 없었던 가나안이 유일신 개념이 나타나기에 더 적절했던 것일까?

가나안 전역의 거주지에서 이교 신들에 대한 숭배가 여전했던 현상도 같은 이유로 설명될 수 있으리라.

아브라함의 자손들 또한 얠뿐 아니라 농경과 밀접히 연결되는 다른 신들을 함께 숭배하고 싶은 유혹에 시달리게 된다. 하지만 아브라함 이야기의 메시지는 분명하다. 신은 '너는 내 앞을 떠나지 말고 흠 없이 살아라. 네 후손을 많이 불어나게 하리라.'(창세기 17:1~4)라고, 또 '세

헤브론에 있는 족장들의 무덤, 일명 막벨라 동굴을 그린 19세기의 깔개.

상 사람들이 네 덕을 입을 것이다.'(창세기 12:3)라고 한 것이다. 오늘날 이슬람교도, 그리스도교도, 유대교도들이 모두 아브라함을 신앙의 아버지로 삼고 있다는 사실을 보면 〈창세기〉의 예언은 이루어진 셈이다.

이집트	메소포타미아	가나안
B.C.E. 2125년경 제1중간기가 시작됨.	B.C.E. 2100년경 아모리인들이 남부 메소포타미아로 이주함.	B.C.E. 2000년경 도시 중심지가 다시 나타남.
B.C.E. 2000년경 파종 장치가 사용됨. 방아두레박이라는 도구 또한 농업용수를 끌어올리는 데 유용하게 사용됨.	B.C.E. 1950년경 마리에서 거대한 신전과 왕궁 건설이 시작됨.	
		B.C.E. 1950년경 이집트 군이 가나안을 침공함.
B.C.E. 1975년경 중왕국이 시작됨.	B.C.E. 1900년경 아시리아인들이 중동 전역에 걸쳐 무역 거점을 마련함.	B.C.E. 1900년경 하솔이 선두 도시국가로 부상함.
B.C.E. 1991년경 아메넴헤트 치하에서 급속한 경제 성장이 이루어짐.	B.C.E. 1800년경 바빌로니아에서 음력 달력이 만들어짐.	B.C.E. 1800년경 유대 부족의 이집트 이주가 시작됨.
B.C.E. 1836년경 세누스레트 3세가 파라오가 되어 이집트 영토를 확장함.		
B.C.E. 1755년경 강력했던 제12대 왕조가 끝남.		B.C.E. 1800년경 청동기 사용이 일반화됨.
B.C.E. 1630년경 중왕국이 끝나고 제2중간기가 시작됨.	B.C.E. 1792~1750년경 함무라비 치세.	B.C.E. 1800년경 이집트 문서에 예루살렘 등 가나안 도시국가가 등장함.

학자들은 아브라함이 청동기 중기 시대의 초반, 다시 말해 B.C.E. 2000~1750년에 살았던 것으로 추정한다.

3장

이집트의 요셉

요셉 이야기가 시작되면서 〈창세기〉의 배경은 이집트 수도의 화려한 저택으로 갑자기 바뀐다. 베에르세바에 있는 야곱의 지저분한 천막과 파라오의 신하가 사는 우아하고 향기로운 집은 극명한 대조를 이룬다. 성경 속 사건의 분위기도 완전히 달라진다. 그 전까지 양치기와 그 가족이 주로 등장했던 것과 달리 당시 최고로 발전했던 문명의 권력 핵심부로 들어간 요셉이 국가의 2인자 자리까지 오르는 상황이 펼쳐지는 것이다.

이 이야기는 결국 아브라함, 이삭, 야곱 일가가 이집트에서 새로운 자신을 발견한다는 점을 보여주기 위한 것이다. 나일강 삼각주 고센 지역에서 노예생활의 시련을 겪으면서 힘과 능력을 키워 이후 가나안에서 나라를 세울 수 있도록 말이다. 요셉 이야기는 〈창세기〉의 결말 부분이며 아브라함의 자손을 다루는 태고의 역사와 이스라엘 건국의 역사를 연결하는 지점이기도 하다.

이집트에서 가장 비옥한 지역인 나일강 삼각주.
창세기는 파라오가 이곳에 야곱 일가를 정착시켰다고 기록하였다.

야곱의 아이들

야곱이 신부를 찾으러 갔던 터키 하란 마을에 한 소녀가 서 있다.

일부 학자들은 요셉 이야기가 〈창세기〉 구전 과정에서 만들어진 소설이라고 여긴다. 극적인 전환과 위기가 덧붙으며 다듬어진 결과물이라는 것이다. 하지만 믿음과 야망, 형제간의 사랑과 질투, 낯선 땅에 뿌리를 내리기 위한 투쟁 등 이야기를 관통하는 주제는 앞선 이야기들과 그리 다르지 않다. 갖은 어려움을 겪은 끝에 요셉은 형과 화해하고 이스라엘 역사를 여는 대단원에 이르게 된다.

요셉의 이집트 생활로 들어가기 전에 가나안의 아브라함 일가가 놓인 상황부터 짚고 넘어가도록 하자. 이제 아브라함과 사라는 세상을 떠났다. 그 아들 이삭이 가문의 우두머리이자 신과 아브라함의 계약을 이어받은 상속자이다. 아브라함은 죽기 전에 충직한 하인을 하란으로 보내 이삭의 신붓감을 찾도록 했다. 이렇게 하지 않으면 이삭이 가나안 같은 지역 출신과 결혼할 수밖에 없었기 때문이다. 하란에서 찾아온 레베카는 이삭과 결혼했지만 여러 해가 흘러도 아이가 생기지 않았다. 걱정이 된 이삭은 신에게 기도를 올렸고 에사오와 야곱이라는 쌍둥이를 얻었다. 붉은 몸에 털투성이로 태어난 에

B.C.E. 1850년경
히타이트인들이
가나안 전역에 퍼지게 됨

B.C.E. 1755~1630년경
이집트 제12왕조 파라오들이 사카라에
진흙 벽돌 피라미드를 건설함

B.C.E. 1740년경
메소포타미아와 아시아 남부의
교역 관계가 끝남

B.C.E. 1740년경
메소포타미아 남부의
도시들이 버려짐

달이 차서 몸을 풀고 보니 쌍둥이였다. 선둥이는 살결이 붉은 데다가 온몸이 털투성이였다.
그래서 이름을 에사오라 하였다. 후둥이는 에사오의 발꿈치를 잡고 나왔다.
그래서 그의 이름을 야곱이라 했다. | 창세기 25:24~26 |

사오는 몇 초 차이로 맏아들이 되었다. 형의 발꿈치를 잡고서야 어미 몸에서 빠져나올 수 있을 정도로 허약했던 둘째 야곱은 작고 털도 없었다. 야곱이란 이름은 발꿈치를 뜻하는 히브리어 에케브(ekev)에서 나온 것이다.

에사오는 건강한 근육질 청년으로 자라 날쌘 사냥꾼이 되어 들에서 살았고 야곱은 성질이 차분하여 천막에 머물러 살았다(창세기 25:27). 아버지 이삭은 에사오를 더 사랑했고 어머니 레베카는 야곱을 더 사랑하였다.

이스마엘과 이삭의 경쟁 관계를 재현하는 듯 보이는 이 쌍둥이에게도 상속권 문제가 등장했다. 레베카는 심지어 임신했을 때부터 뱃속의 아이들이 싸우는 것을 느꼈을 정도였다. 쌍둥이가 10대로 성장하자 이 문제는 한층 첨예해졌다.

어느 날 야곱이 맛있는 죽을 끓이는 동안 에사오가 사냥을 나갔다가 빈손으로 돌아왔다. 허기진 에사오가 야곱에게 "그 붉은 죽 좀 먹자."라고 하였다(창세기 25:30). 여기서 붉은 죽을 뜻하는 에돔(edom)이라는 단어는 에사오의 별명이자 장차 그가 살게 될 땅 이름이다. 야곱은 거래를 제안한다. 상속권을 팔면 죽을 주겠다고 한 것이다. 에사오는 배고파 죽을 지경인데 상속권 따위가 무슨 소용이 있느냐고 하였다(창세기 25:32). 에사오는 상속권을 넘기고 죽을 배불리 먹은 후에야 자신이 얼마나 경솔한 행동을 했는지 깨달았고 풀죽은 모습으로 그 자리를 떠났다.

물론 이런 계약은 이삭의 눈앞에서는 이루어질 수 없었다. 상속권자를 결정해 가문의 우두머리로 세우는

일은 전적으로 아버지의 권한이었기 때문이다. 다만 이 사건의 핵심은 야곱이 속임수를 썼다는 데 있다. 속임수라는 주제는 야곱과 요셉 이야기에서 반복되어 등장한다.

시간이 흘렀다. 기근이 들어 이삭 가족은 수십 년 전 아브라함이 잠시 살았던 그랄(Gerar) 지역, 아비멜렉의 땅으로 가게 된다. 이삭은 아브라함이 베에르셰바로 되돌아가기 전에 파두었던 우물을 복구했다. 또 아버지가 했듯 제단을 쌓아 신을 찬미했다. 에사오는 히타이트족(아나톨리아, 즉 오늘날 터키 지역 출신의 셈족이다) 여자와 결혼한다. 이삭과 레베카는 며느리를 마음에 들어하지 않았다.

하지만 이삭은 점점 나이를 먹어가는 상황이었다. 쌍둥이가 태어날 때 벌써 예순 살이었던 것이다. 눈이 거의 안 보이는 상태로 자리보전을 하게 된 이삭은 상속권과 신의 계약을 이어받을 아들을 선택해야 했다. 이삭의 생각에 상속권자는 당연히 에사오였다. 황소처럼 튼튼하고 솜씨 좋은 사냥꾼이 아닌가. 이삭은 에사오를 불러 사슴을 잡아 음식을 해오라고 일렀다. "내가 그것을 먹고 죽기 전에 정성을 쏟아 너에게 복을 빌어주리라."(창세기 27:4)라고도 덧붙였다.

에사오는 들뜬 마음에 얼굴이 상기된 채 사냥을 떠났다.

그 대화를 엿들은 레베카는 서둘러 야곱에게 염소 두 마리를 잡게 하고 남편이 좋아하는 요리를 만들었다. 그리고 야곱에게 에사오의 땀 냄새 밴 옷을 입히

데이르 엘-메디네(Deir el-Medineh)에서 발견된 도기 조각 그림. 이집트에서는 드물게 발견되는 도기 조각 그림으로 신왕국 제19왕조(B.C.E. 1292~1190년) 시대의 것이다.

B.C.E. 1738년경
라르사(Larsa)의 킴 수엔(Kim Suen)이 신을 자처한 최후의 메소포타미아 왕으로 집권함

B.C.E. 1720년경
셈 이주민들이 멤피스를 약탈함

B.C.E. 1630년경
이집트의 제2중간기가 시작됨

B.C.E. 1600년경
가나안에서 알파벳 문자가 사용됨

고 손과 목에는 염소 털가죽을 두르게 한 뒤 요리를 들려 이삭을 들여보냈다. 이삭은 어떻게 그토록 빨리 사냥을 해왔는지 묻는다. 야곱은 "아버님의 신께서 짐승을 금방 만나게 해주셨습니다."라고 대답했다 (창세기 27:20). 이삭은 털투성이 손을 만져보고 에사오의 땀 냄새를 맡은 뒤 "네가 틀림없는 내 아들 에사오냐?"라고 재차 확인했고 야곱은 "예, 그렇습니다."라고 받는다 (창세기 27:24). 요리는 맛이 좋았다. 이삭은 야곱에게 축복을 빌어주었다. 이제 신의 계약을 이어받고 큰 나라를 이룰 사람은 야곱이 되었다.

이삭이 축복을 끝내고 야곱이 물러나자 마자 에사오가 서둘러 들어왔다. 늙은 아버지는 속은 것을 알고 충격에 빠졌다. 하지만 이미 엎질러진 물이었다. 한번 부여한 상속권을 되돌릴 수는 없었기 때문이다. 분노한 에사오는 사기꾼 동생을 죽여버릴 작정으로 뛰쳐나왔다. 그때는 레베카가 야곱을 하란으로 피신시킨 후였다. 하란에서 며느릿감을 찾기 위해 보낸다며 이삭의 허락까지 받아서 말이다. 또다시 히타이트인 며느리를 본다는 것은 이삭에게도 견디기 힘든 일이었던 것이다 (창세기 27:46).

하란의 야곱

그리하여 야곱은 하란으로 떠났다. 그는 밧단 아람(Paddan Aram, '아람의 길'이라는 뜻이다)을 따라 갔는데 이는 할아버지 아브라함이 지나갔던 바로 그 길이었다. 헤브론, 살렘(예루살렘), 아이를 거쳐 북으로 이어지는 장장 1,300여 킬로미터나 되는 여정이었다. 루즈(Luz)라는 마을에 닿았을 때 야곱은 꿈에서 하늘까지 닿는 계단을 보았다(창세기 28:12). 그 꼭대기에는 신이 서서 아브라함의 후손이 강대한 나라를 이루도록 하겠다는 약속을 확인해주었다.

다음날 아침 야곱은 그 성스러운 곳에 제단을 쌓았다. 그리고 마을 이름을 '신의 집'이라는 뜻의 베델(Beth-el)로 바꾸었다. 야곱은 다시 여행을 계속해 세겜, 이즈르

하늘까지 닿는 계단

야곱이 꿈에서 본 하늘까지 닿는 계단(창세기 28:10~22)은 고대 기록에서 종종 등장하는 소재이다. 바벨 사람들이 거대한 탑을 세운 이유도 하늘까지 닿는 계단을 만들기 위해서라고 나온다. 수메르 신화에도 이런 계단이 나타나며 이는 수메르인과 바빌로니아인들이 지구라트라는 계단식 피라미드를 세우게 되는 동기를 제공했다. 이 개념은 아시리아 시대까지 이어져 네르갈(Nergal)과 에레슈키갈(Ereshkigal) 이야기를 보면 지하세계의 여왕을 모시는 신하가 신들의 연회에서 음식 접시를 가져오기 위해 '하늘까지 닿는 긴 계단'을 오르는 장면이 나온다.

야곱은 천사들이 계단을 오르내리며 인간과 신 사이에 메시지를 전달하는 모습을 본다(히브리어로 천사를 뜻하는 'malak'은 '메신저'라는 의미이다). 같은 시기 아카드와 이집트 기록에도 비슷한 얘기가 등장한다. 고왕국 시대의 어느 피

라미드 문서에는 '이제 신의 계단이 내게 왔으면, 세스의 계단이 내려와 내가 타고 하늘로 올라갔으면.'이라고 적혀 있다.

훗날 랍비 신학자들은 야곱의 계단이 메시아 재림까지 이스라엘이 겪을 길고 고통스러운 여행을 비유한 것이라 해석하였다. 유대교 성서 주석서인 《미드라시 Midrash》에서는 야곱의 계단이 평생 천사들에 둘러싸여 사는 인간을 나타낸다고 본다. 야곱의 계단이 예루살렘 모리아 산, 훗날 제1성전이 들어서 대지와 하늘을 연결하는 성소가 되는 그곳에 있다고 설명하는 경우도 있다. 여기서 야곱의 계단은 우리가 사는 물리적 세상과 신이 있는 천상의 세상을 연결하는 존재가 된다.

우르 제3왕조 시대(B.C.E. 2113~2006년경)에 우르 남무 왕이 우르에 세운 지구라트의 진흙벽돌 계단을 재현한 모습.

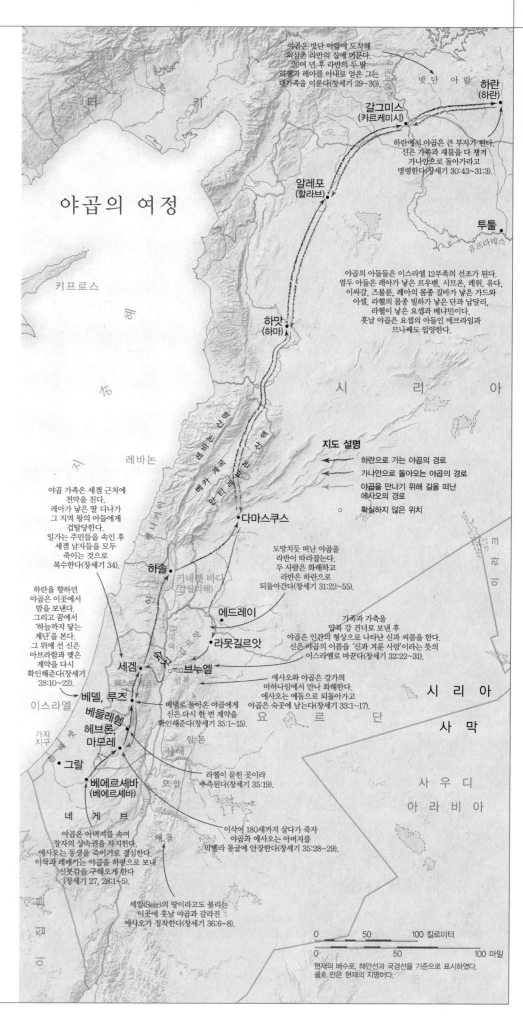

엘 계곡, 므깃도, 하솔, 다마스쿠스, 알레포, 갈그미스를 거쳐 마침내 하란에 도착했다.

그곳에는 아브라함의 아버지인 데라의 자손들이 많이 살고 있었다. 곧장 마을 우물가로 간 야곱은 라헬이라는 예쁜 처녀를 만났다. 알고 보니 라헬은 야곱의 외삼촌 라반의 딸이었다(창세기 29:1). 야곱은 라헬과 결혼하고 싶었지만 라반은 신부 값으로 7년 동안 일을 하라고 했다.

선택의 여지가 없었다. 메소포타미아에서 신랑 가족이 신부 아버지에게 치러야 할 신부 값은 대략 40세겔(shekel)이었다. 신부 아버지는 신랑이 죽거나 이혼하는 등의 사태에 대비해 이 돈을 맡아 보관했다. 이 돈을 한몫에 내지 못하는 신랑은 미래의 장인을 위해 신부 값만큼의 노동을 제공해야 했다. 양치기의 한해 품삯이 10세겔 정도였으니 4년이면 신부 값이 해결되는 셈이었다. 라헬은 아주 예쁜 처녀였고 게다가 에사오를 피해 도망온 처지인 야곱에게는 다른 방법도 없었다. 라반은 상황을 잘 이용하는 인물이었고 누이 레베카와 이삭의 결혼에서도 중재 역할을 맡았던 만큼 경험도 풍부했다.

야곱이 약속대로 7년 동안 일을 하고 나자 라반은 계략을 세웠다. 작은딸 라헬이 혼인을 하고 나면 큰딸 레아를 시집보내기는 힘들 판이었다. 큰딸부터 결혼시키는 것이 전통이었으니 말이다. 레아는 라헬처럼 예쁘지 않았다. 〈창세기〉 29장 17절을 보면 레아는 눈매가 부드러웠지만 라헬은 몸매도 아름답고 용모도 예쁘다고 되어 있다.

혼인 날짜가 잡혔다. 날이 저문 후 라반은 라헬 대신 레아를 신방에 들여보냈다. 야곱은 어둠 속에서 첫날밤을 보냈다. 상속권을 얻기 위해 아버지를 속였던 야곱이 이

야곱의 여정

야곱은 빗단 아람에 도착해 외삼촌 라반의 집에 머문다. 20여 년 후 라반의 두 딸 라헬과 레아를 아내로 얻은 그는 대가족을 이룬다(창세기 29~30).

하란에서 야곱은 큰 부자가 된다. 신은 가족과 재물을 다 챙겨 가나안으로 돌아가라고 명령한다(창세기 30:43~31:3).

야곱의 아들들은 이스라엘 12부족의 선조가 된다. 열두 아들은 레아가 낳은 르우벤, 시므온, 레위, 유다, 이싸갈, 즈불룬, 레아의 몸종 질바가 낳은 가드와 아셀, 라헬의 몸종 빌하가 낳은 단과 납달리, 라헬이 낳은 요셉과 베냐민이다. 훗날 야곱은 요셉의 아들인 에브라임과 므나쎄도 입양한다.

지도 설명

← 하란으로 가는 야곱의 경로
← 가나안으로 돌아오는 야곱의 경로
← 야곱을 만나기 위해 길을 떠난 에사오의 경로
○ 확실하지 않은 위치

야곱 가족은 세겜 근처에 천막을 친다. 레아가 낳은 딸 디나가 그 지역 왕의 아들에게 겁탈당한다. 일가는 주민들을 속인 후 세겜 남자들을 모두 죽이는 것으로 복수한다(창세기 34).

하란을 향하던 야곱은 이곳에서 밤을 보낸다. 그리고 꿈에서 '하늘까지 닿는 계단'을 본다. 그 위에 선 신은 아브라함과 맺은 계약을 다시 확인해준다(창세기 28:10~22).

도망치듯 떠난 야곱을 라반이 따라잡는다. 두 사람은 화해하고 라반은 하란으로 되돌아간다(창세기 31:22~55).

가족과 가축을 얍복 강 건너로 보낸 후 야곱은 인간의 형상으로 나타난 신과 씨름을 한다. 신은 야곱의 이름을 '신과 겨룬 사람'이라는 뜻의 이스라엘로 바꾼다(창세기 32:22~31).

에사오와 야곱은 강가의 마하나임에서 만나 화해한다. 에사오는 에돔으로 되돌아가고 야곱은 숙곳에 남는다(창세기 33:1~17).

베델로 돌아온 야곱에게 신은 다시 한 번 계약을 확인해준다(창세기 35:1~15).

라헬이 묻힌 곳이라 추측된다(창세기 35:19).

이삭이 180세까지 살다가 죽자 야곱과 에사오는 아버지를 막벨라 동굴에 안장한다(창세기 35:28~29).

야곱은 아버지를 속여 장자의 상속권을 차지한다. 에사오는 동생을 죽이기로 결심한다. 이삭과 레베카는 야곱을 하란으로 보내 신붓감을 구해오게 한다(창세기 27, 28:1~5).

세일(Seir)의 땅이라고도 불리는 이곳에 훗날 야곱과 갈라진 에사오가 정착한다(창세기 36:6~8).

터키
키프로스
지중해
시리아
레바논
키네렛 바다 (갈릴리해)
이스라엘
가자 지구
네게브
시나이
요르단
시리아 사막
사우디 아라비아
암몬
모압
에돔

하란(하란)
갈그미스(카르케미시)
알레포(할라브)
투톨
유프라테스
하맛(하마)
다마스쿠스
하솔
에드레이
라못길르앗
세겜
브누엘
숙곳
베델, 루즈
베들레헴
헤브론, 마므레
그랄
베에르셰바(베에르셰바)

0   50   100 킬로미터
0   50   100 마일

현재의 배수로, 해안선과 국경선을 기준으로 표시하였다. 괄호 안은 현재의 지명이다.

제 장인의 속임수에 넘어간 것이다.

아침이 밝았을 때 야곱은 옆에 누운 레아를 보고 화들짝 놀란다. 장인에게 달려갔지만 라반은 눈도 깜짝 않고 "우리 고장에서는 작은딸을 큰딸보다 먼저 시집보내는 법이 없네."라고 응수하였다(창세기 29:26). 그러면서 야곱이 여전히 라헬에게 관심이 있다면 또다시 7년을 일하라고 덧붙였다. "초례 기간 한 주일만 채우면 작은딸도 주지. 그 대신 또 7년 동안 내 일을 해주어야 하네."(창세기 29:26~27)

초례 기간 한 주일이란 신랑신부가 일체의 노동에서 해방되는 신혼 기간을 말한다. 신혼 부부는 아무런 방해 없이 천막에서 둘만의 시간을 보내면서 임신 가능성을 높이

이스라엘 북부 항구도시 아크레(Acre)에서 발견된 소녀상 손잡이의 청동 거울. 청동기 후기(B.C.E. 1550~1200년)에 만들어진 것으로 추정된다.

고 혼인 관계를 확실히 하는 것이다. 야곱은 한 주일 동안 충실히 의무를 다하고 마침내 라헬까지 얻는다. 그리고 다음 7년 동안 다시 라반의 가축을 돌보는 양치기로 일했다.

〈창세기〉에는 야곱이 라헬을 열렬히 사랑한 반면 첫 아내 레아에게는 무심했다고 나온다. 그리고 신은 '차별대우 받는 레아의 태를 열어주셨고 라헬은 아기를 잉태하지 못하였다'(창세기 29:31). 라헬과의 사이에서 아이가 태어나기를 원했던 야곱에게는 형벌이었다. 결국 야곱에게 자식을 낳아준 것은 레아, 그리고 레아와 라헬의 몸종들이었다. 후자의 경우는 대리모 하갈의 모습을 연상시킨다. 이렇게 태어난 아들들은

사해와 아카바 만 사이에 위치한 아라바(Wadi al ʿArabah) 건곡(乾谷).

미래 이스라엘 열두 부족의 선조가 되었다. 레아는 르우벤, 시므온, 레위, 유다, 이싸갈, 즈불룬을 낳았다. 라헬의 몸종 빌하는 단과 납달리를, 레아의 몸종 질바는 가드와 아셀을 낳았다. 사라가 그랬듯 라헬도 늦은 나이에 마침내 아들을 낳았다.

이리하여 이후 펼쳐질 〈창세기〉 이야기의 주인공 요셉이 등장한다. 라헬의 아들 요셉은 레아가 야곱에게 박대받았듯 형제들의 구박을 받게 된다.

가나안 귀향

야곱과 가족이 가나안으로 되돌아갈 때가 되었다. 라반은 사위에게 제몫을 주지 않으려 했지만 야곱은 꾀를 내 결국 많은 가축과 노예를 갖게 되었다(창세기 31). 이제 야곱은 가나안으로 돌아갈 작정이었다. 떠나올 때와는 다른 길이었다. 유프라테스강을 건너 다마스쿠스로 갔다가 길르앗으로 향한 것이다. 이렇게 하여 훗날 에돔이라 불릴 지역, 사해 남동쪽의 사막을 지나가게 되었다. 성경에서 에돔인들의 선조로 나오는 에사오가 사는 곳이었다.

야곱은 쌍둥이 형과 화해하고 싶은 마음이 간절했다. 야곱 일행은 요르단강의 지류인 얍복(야뽁, Jabbok) 강으로 다가갔다. 에사오가 무리 400명을 거느린 채 다가오고 있다는 소식이 전해졌다. 야곱은 서둘러 아내와 노예, 가축을 안전한 곳으로 피난시키고 천막에 혼자 남았다. 그때 수수께끼의 인물이 나타나 야곱과 날이 밝도록 씨름을 했다. 그것은 바로 천사였다. 천사는 야곱의 이름을 '신과 겨룬 사람' 이라는 뜻의 이스라엘로 바꾸고 야곱이 계약의 상속자임을 확인해준다(창세기 32:28).

이 사건은 천사들이 오르내리는 계단을 보았던 야곱의 꿈과 연결된다. 천사는 야곱

요셉의 옷

'이스라엘은 요셉을 다른 어느 아들보다도 더 사랑하여 긴 옷을 지어 입혔다' 라고 〈창세기〉(37:3)는 설명한다. 야곱이 요셉에게 준 긴 옷은 여러 색깔 혹은 줄무늬 외투라고 해석되어왔다.

베니 하산에 있는 이집트 벽화를 보면 셈 유목민들은 모두 장식 술 달린 알록달록한 옷을 입고 있다. 하지만 'passim' 이라는 히브리 단어의 정확한 번역은 '여러 색깔 줄무늬' 가 아닌, '긴 천 조각 웃옷' 이다. 요셉의 옷은 천의 좋은 부분을 잘라 만든 긴 소매 형태였던 것이다. 당시 양치기들은 소매 없는 아마포 옷을 입고 그 위에 털가죽 외투를 걸쳐 밤의 한기와 비를 피하곤 했다. 요셉의 옷은 몸 전체를 감싸는 형태, 즉 부유한 권력자나 입을 수 있는 종류라는 점에서 특별하다. 형제들이 요셉을 마른 구덩이에 던지기 전에 먼저 '옷부터 벗겼다는' 〈창세기〉(37:23) 구절도 이를 확인해준다.

이집트에서 발견된 긴 소매 마직 옷. 전체 형태가 보존된 옷으로는 가장 오래된 것 중 하나로 무려 1500년 동안 지속된 의복 형태를 보여준다.

이 하란에 머물며 이스라엘 열두 부족의 선조를 낳은 것이 신의 축복임을 알려준 것이다. 더 나아가 가나안 초입의 얍복 강에서 벌어진 씨름은 훗날 이집트를 탈출한 유대인들이 요르단 강가에서 겪게 될 고난의 전조가 된다.

야곱과 에사오가 마침내 만나게 되자 야곱의 걱정은 기우였음이 드러난다. 에사오는 동생을 껴안고 눈물을 흘리며 반가워했다(창세기 33:4).

야곱은 가나안 땅에 들어섰다. 그리고 숙곳(수꼿, Succoth) 마을 근처에 집과 가축 우리를 지었다(창세기 33:17). 이 마을은 얍복 강 북쪽, 요르단강 동쪽의 텔 데이르 알라(Tell Deir 'Alla) 부근이었으리라 추측된다. 야곱 가족은 사막을 통과하는 긴 여행으로 지친 상태였고 라헬은 둘째 아이까지 가진 몸이었다. 몇 주 후 라헬은 살렘 외곽 베들레헴 근처에서 야곱의 열두 번째 아들 베냐민을 낳지만 난산 끝에 죽음을 맞았

다. 라헬의 무덤에 비를 세우고 다시 길을 떠난 야곱은 헤브론에서 죽기 직전의 아버지 이삭을 만난다. 야곱과 에사오는 막벨라 가족 무덤에 아버지를 안장한다(창세기 35:29).

형제의 갈등

〈창세기〉 37장이 시작될 때 야곱의 아들들은 이미 장성한 상태이다. 이들은 농사를 짓고 아버지의 양, 염소, 소들을 돌보았다.

〈야곱이 요셉의 피 묻은 옷을 받다〉. 스페인 화가 벨라스케스(Diego Rodriguez de Silva Velazquez 1599~1660)의 1630년 작품.

야곱은 요셉의 옷을 금방 알아보고 외쳤다.
"내 아들의 옷이다. 들짐승이 잡아먹었구나. 요셉이 짐승들의 밥이 되다니!"
야곱은 아들을 생각하며 날이 가도 달이 가도 울기만 했다.
아들 딸들이 모두 위로했지만 그는 "아니다, 나는 지하로 내 아들한테 울면서 내려가겠다."라고
중얼거릴 뿐이었다. | 창세기 37:33~35 |

계절에 따라 목축지를 옮겨야 했으므로 야곱의 아들들은 규칙적으로 두 계곡 사이를 오갔다.

야곱은 사랑하는 아내 라헬이 낳은 아들 요셉을 가장 사랑하여 소매 달린 긴 옷을 입힐 정도였다. 낡아빠진 소매 없는 옷을 걸치게 마련인 양치기 가족에서 이는 대단한 호사였다. 손위 이복 형들이 요셉을 질투하며 버릇을 가르치겠다고 작정했던 것도 무리가 아니다. 형제들은 기회를 노렸다.

설상가상으로 요셉은 아주 기이한 꿈을 꾸기 시작한다. 그리고 형제들에게 꿈 이야기를 털어놓는다. "내가 꾼 꿈 이야기를 들어봐요. 우리가 밭에서 곡식 단을 묶었는데 갑자기 내 단이 일어서겠지요. 형님들 단은 내 단을 둘러서서 절하더이다." 형들은 요셉이 자기들보다 높아질지 모른다는 생각에 그를 한층 더 미워하였다(창세기 37:6~8).

하지만 요셉은 이를 전혀 눈치채지 못했다. 그리하여 형들이 아버지의 지시로 가축 떼를 몰고 북쪽의 세겜 근처 목초지에 가게 되었을 때 따라가겠다고 나섰다. 양치기들이 향한 곳은 32킬로미터 떨어진 도단(Dothan)이었다.

도단은 이즈르엘 계곡을 거쳐 에스드렐론(에스드라엘론, Esdraelon)으로 이어지는 대로상에 자리잡은 큰 도시였다. 에스드렐론에서 길은 해안으로 꺾여져 그 유명한 교역로 블레셋 길이 된다. 세겜에서 북쪽으로 24킬로미터, 므깃도에서는 동남쪽으로 인접한 도단은 1950년대 초반, 텔 도타(Tel Dotha)에서 발굴되었다. 튼튼한 담장에 둘러싸인 100평방킬로미터 넓이의 유적을 보면 무역로의 요충지로서 이곳이 누린 영화를 짐작할 수 있다.

요셉의 형제들은 요셉이 나타나자 "꿈쟁이가 오는구나."라고 중얼거렸다(창세기 37:19). 아버지 야곱과 멀리 떨어진 기회를

가나안의 화폐

〈창세기〉는 요셉이 은 20세겔에 팔렸다고 기록한다. B.C.E. 1000년대의 이집트 기록이나 함무라비 법전을 보면 이는 남자 어른 노예의 평균 가격으로 대략 2년치 품삯에 해당했다. 가나안 대부분 지역에서 이집트 은이 화폐로 사용되었다. 다만 북쪽에서는 바빌로니아 화폐가 점점 많이 통용되었다. 동전은 아직 등장하지 않았다. 상인들은 도기 저울추를 기준으로 은괴나 반지 등을 달아 값을 치렀다. 팔레스타인에서 발견된 고대의 저울은 B.C.E. 3000년 이전까지 거슬러 올라간다.

타서 형들은 요셉의 옷을 벗기고 마른 구덩이에 처넣은 후 어떻게 할지 의논했다. 때마침 미디안(Midian) 출신 상인 무리가 길을 지나갔다. 이집트로 가는 상인들이었다. 튼튼한 가나안 사내들은 이집트 귀족에게 노예로 인기가 좋았다. 유다가 형제들에게 말하였다. "요셉을 저 이스마엘 사람들에게 팔아버리고 우리는 손을 대지 말자."(창세기 37:26)

미디안은 아카바 만 동쪽 지역의 지명이자 부족 이름이다. 오늘날의 요르단 남쪽이다. 이스마엘 사람이란 이스마엘의 후손이라는 뜻이다. 미디안 사람이나 이스마엘 사람이나 모두 아랍 부족을 의미한다. 하갈의 아들 이스마엘이 이집트로 도망쳤던 과거의 일을 떠올린다면 그 후손이 요셉을 노예로 삼아 이집트로 데려가게 된 것에서 〈창세기〉의 정의관을 엿볼 수 있다.

요셉의 형들은 아버지에게 어떻게 상황을 설명할지 고민하다가 결국 야생동물의 공격을 당한 것으로 위장하기로 하고 염소를 잡아 그 피를 요셉의 옷에 묻힌다. 슬픔에 빠진 야곱은 죽은 아들을 뒤따라 지하로 내려가겠다고 울부짖는다(창세기 37:35).

요셉의 여정

낙타를 탄 상인 무리가 이른 아침에 이집트 기자 피라미드 앞을 지나고 있다.

요셉은 미디안 상인 무리를 따라 비틀거리며 걸었다. 상인들은 낙타로 향고무, 유향, 몰약을 운반하는 이국적인 모습이었다 (창세기 37:25). 실제로 이집트에서는 아라비아 남부와 아프리카에서 온 이런 물품이 아주 인기였다. 하지만 낙타를 사용했다는 언급은 고고학적 증거와 맞지 않는다. B.C.E. 1200년까지는 이 지역에서 낙타가 길들여지지 않았기 때문이다. 낙타가 장거리 운송에 사용된 것은 다윗 왕국 시대 이후이다. 따라서 요셉을 끌고 간 상인들은 당나귀를 이용했을 것이다. 〈창세기〉에 낙타가 등장한 것은 머나먼 이집트까지 가는 험한 여정에서 낙타가 동원되지 않는 상황은 상상조차 못했던 B.C.E. 6~5세기의 '모세 5경' 필경사들이 만든 오류이다.

아랍 상인들은 주요 교역 물품인 향료 외에 노예도 자주 거래하였다. 고대의 다른 선진 문명들과 마찬가지로 이집트에서도 거대한 건축물을 짓고 유지하는 일은 노예의 몫이었기 때문이다. 평균 이상의 능력을 보인 노예는 귀족의 영지를 관리하기도 했다.

이집트 노예들은 주로 전쟁에서 잡힌 군인이나 민간인이었다. 제4왕조 초기(B.C.E. 2575~2450년경)의 파라오 스네프루는 누비아와의

B.C.E. 1800년경
메소포타미아 북부에서 아시리아 왕국이
세력을 잡음

B.C.E. 1715년경
티그리스와 고슬(코스르, Khosr) 강이
합쳐지는 곳에 니네베가 세워짐

B.C.E. 1700년경
바빌로니아에서 풍차가 사용됨

B.C.E. 1650년경
바빌로니아인들이
금성 출현 사실을 기록함

요셉은 신께서 돌보아주셨으므로 앞길이 열려 이집트 주인집의 한식구처럼 되었다.
주인은 신께서 그를 돌보아주시는 것을 알았다.
그의 손이 닿는 것은 무엇이든지 신께서 잘되게 해주셨던 것이다. | 창세기 39:2~3 |

전쟁에서 이긴 후 노예 7,000명과 소 20만 마리를 가져왔다는 기록이 있을 정도이다. 하지만 요셉이 끌려간 시절의 이집트는 한참 동안 전쟁을 하지 않은 상태였으므로 노예 시장에 의존하고 있었다.

아랍 상인들은 이집트로 향했다. 이들이 길르앗에서 왔다는 〈창세기〉 기록을 보면 여러 해 전 야곱이 지나간 길을 따라왔을 가능성이 높다. 마리에서 카트나(Qatna)와 다마스쿠스를 거치고 트랜스요르단 고원을 지나 이즈르엘 계곡 저지대를 통해 가나안을 지나는 '왕의 대로'는 당시 상인들의 주된 경로였다. 왕의 대로는 사해 아카바 만의 항구로 연결되었고 여기서 배편으로 상이집트에 교역품을 보낼 수 있었다.

요셉을 넘겨받은 이스마엘 상인들은 블레셋 길이라는 해안 무역로를 택했던 것 같다. 이 길은 하이집트로 이어졌다. 도단을 지난 이 무역로는 지중해를 따라 아슈켈론(Ashkelon)에 닿았다. 요셉 이야기가 펼쳐질 즈음 아슈켈론은 이미 큰 도시였다. B.C.E. 18세기의 이집트 기록에서도 번화한 항구로 소개된다. 아슈켈론에서 길은 가자 지역을 거쳐 시나이 반도 경계까지 이른다.

오늘날의 지중해 해안도로는 고대의 교역로와 아주 비슷하다. 가자 시에서 칸 유니스(Khan Yunis)를 거쳐 시나이 초입의 라파까지 이어지니 말이다. 시나이 반도 남쪽이 높은 봉우리와 깊은 협곡투성이인 것과 달리 북쪽은 모래 언덕과 염성소택(salt marsh)뿐인 황량한 땅이다. 사막을 걷는 데 익숙하지 않은 요셉과 같은 젊은이에게는 힘든 행군이었을 것이다. 하루나 이틀이 지난 후 상인 무리는 당시 이미 오아시스였던 와디 엘 아리쉬(Wadi el 'Arish)를 건넜으리라. 그곳에는 이집트 병사들이 배치된 전초기지가 자리잡고 있었다.

와디 엘 아리쉬에서 상인들은 다시 사막 길을 145킬로미터 더 가서 이집트 국경에 다다른다. 이틀 거리마다 오아시스가 자리잡아 물주머니를 채울 수 있는 맞춤한 길이었다. 이 길은 훗날 이집트 신왕조의 부대가 가나안, 시리아, 히타이트를 침략할 때 이용되어 악명을 떨치게 된다. 이런 길의 관리는 지역 통치자가 맡았다. B.C.E. 1270년 쿱반(Kubban)에 세워진 돌기둥을 보면 이집트의 관리가 파라오에게 다음과 같이 보고하는 내용이 새겨져 있다. '상인 무리의 절반만 무사히 도착했습니다. 나머지는 당나귀와 함께 갈증으로 사망했습니다. 물 부대를 채울 만큼 물이 충분하지 않았기 때문입니다.'

해안 길에서 다음으로 나오는 곳은 오늘날 플러시아(Flusya)라 불리는 작은 어항이었다. 여기서부터 베두인족의 작은 마을 비르 엘 압드(Bir el 'Abd)까지는 이틀 길이었다. 나일 삼각주 경계에 위치하는 비르 엘 압드는 '노예의 우물'이라는 뜻인데 그 이름에 걸맞게 오늘날까지도 마을 내 우물 관리가 삼엄하다. 모래 언덕만 늘어서 있던 황량한 풍경은 이 마을에서부터 푸르른 목초지에 키 작은 야자수가 늘어선 모습으로 바뀐다.

다시 이틀을 더 걸어 요셉 일행은 이집트의 유서 깊은 국경 도시 페레문(Peremun)에 도착했을 것이다. '아문이 만든 도시'라는 뜻으로 훗날 펠루시움(Pelusium)이라 불린 곳이다. 텔 엘 파라마(Tel el Farama) 근처에서 이 도시의 유적이 발굴되었다. 페레문에서 상인들은 은이나 향료를 비용으로

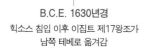

빚진 부부가 자식들을 노예로 넘겼다는 내용의 설형문자 기록이 담긴 메소포타미아의 진흙 발자국.

요셉을 끌고 가던 상인들은 교역할 물품도 가져갔을 것이다. 사진은 물품을 창고에 쌓는 일꾼들이 새겨진 제18왕조 무덤의 석회석 부조.

요셉을 데려간 상인들은 낙타가 아닌 당나귀를 탔으리라 여겨진다. 아비도스에서 나온 제1왕조의 리비아 팔레트에 새겨진 당나귀들.

요셉 이야기에서 농경은 중요한 역할을 한다. 제18왕조의 멘나(Mennah) 무덤 벽화에서 당시 이집트의 농경 방식을 볼 수 있다.

상인들은 요셉과 같은 노예도 이집트로 데려갔다. 전쟁 또한 노예를 구하는 방법이었다. 메디네트 하부(Medinet Habu)의 람세스 3세 신전에 새겨진 리비아인 전쟁 포로들.

요셉의 여정

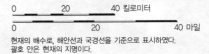

지도 설명

← 가축 방목지 이동 경로
← 이집트로 들어가는 요셉의 여정
← 요셉의 가족들이 야곱을 안장하기 위해
이집트로 떠나 가나안으로 돌아온 경로
— 역사적인 교역로
• 역사적인 도시
• 현재의 도시
▫ 흥미로운 지점

0   20   40 킬로미터
0   20   40 마일

현재의 배수로, 해안선과 국경선을 기준으로 표시하였다.
괄호 안은 현재의 지명이다.

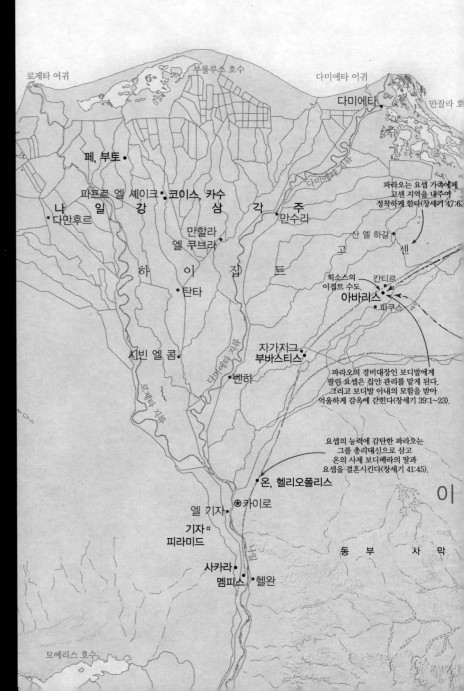

로제타 어귀   부룰루스 호수   다미에타 어귀   다미에타   만잘라 호

페, 부토•

파프콘 엘 셰이크• 코이스, 카수   삼 각 주   만수라•
나   일   강   산 엘 하갈•
•다만후르   고   셴
              만할라
              엘 쿠브라•
              하   이 집 트
                    •탄타   힉소스의
                                          이집트 수도.   칸티르•
              신빈 엘 콤•   아바리스
                                          •파쿠스
                          자가지그•
                          부바스티스

파라오는 요셉 가족에게 고센 지역을 내주어 정착하게 한다(창세기 47:6).

파라오의 경비대장인 보디발에게 팔린 요셉은 집안 관리를 맡게 된다. 그리고 보디발 아내의 모함을 받아 억울하게 감옥에 갇힌다(창세기 39:1~23).

요셉의 능력에 감탄한 파라오는 그를 총리대신으로 삼고 온의 사제 보디베라의 딸과 요셉을 결혼시킨다(창세기 41:45).

온, 헬리오폴리스•

엘 기자•   ⊛카이로
기자▫
피라미드

동 부 사 막

사카라•
멤피스• •헬완

모에리스 호수

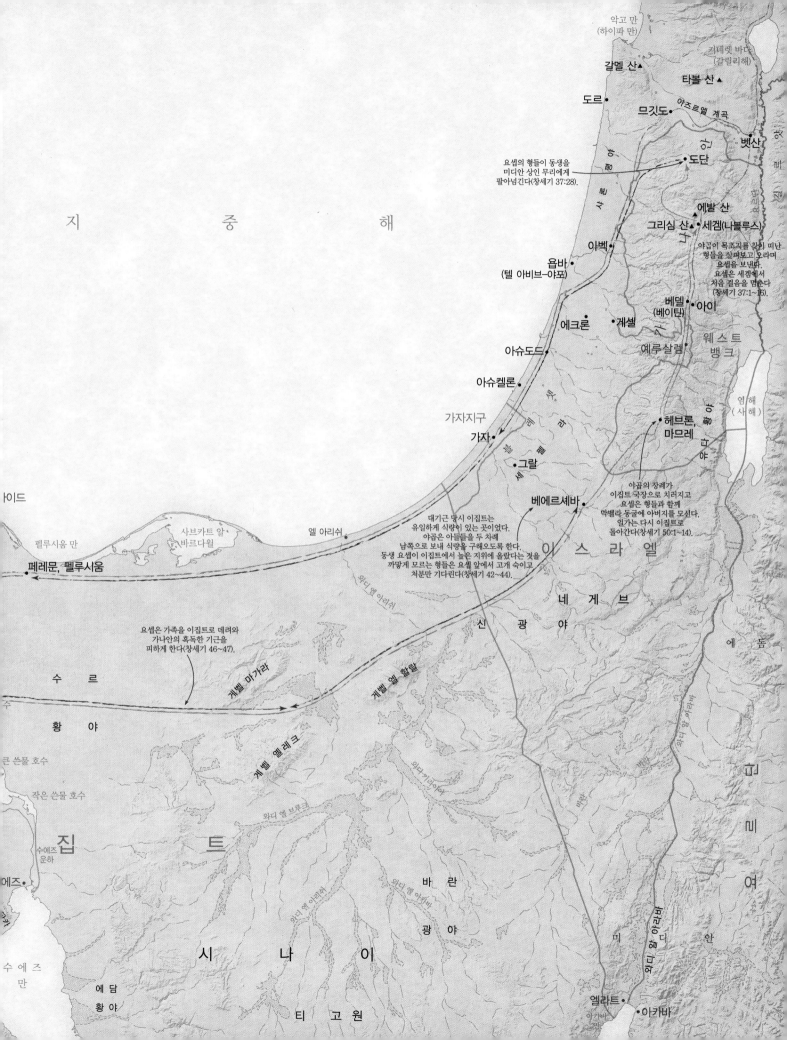

지 중 해

악고 만
(하이파 만)

키네렛 바다
(갈릴리해)

갈멜 산 ▲

타볼 산 ▲

도르 •

므깃도 •

야즈르엘 계곡

벳산 •

요셉의 형들이 동생을
미디안 상인 무리에게
팔아넘긴다(창세기 37:28).

도단 •

에발 산 ▲

그리심 산 ▲

세겜(나블루스) •

아벡 •

야곱이 목초지를 찾아 떠난
형들을 살펴보고 오라며
요셉을 보낸다.
요셉은 세겜에서
처음 걸음을 멈춘다
(창세기 37:1~16).

욥바 •
(텔 아비브-야포)

베델 •
(베이틴)

• 아이

에크론 •

• 게셀

웨스트
뱅크

아슈도드 •

예루살렘 •

아슈켈론 •

염 해
(사해)

가자지구

• 헤브론,
마르레

가자 •

• 그랄

야곱의 장례가
이집트 국장으로 치러지고
요셉은 형들과 함께
막벨라 동굴에 아버지를 모신다.
일가는 다시 이집트로
돌아간다(창세기 50:1~14).

베에르셰바 •

이 스 라 엘

대기근 당시 이집트는
유일하게 식량이 있는 곳이었다.
야곱은 아들들을 두 차례
남쪽으로 보내 식량을 구해오도록 한다.
동생 요셉이 이집트에서 높은 지위에 올랐다는 것을
까맣게 모르는 형들은 요셉 앞에서 고개 숙이고
처분만 기다린다(창세기 42~44).

네 게 브

이드 •

엘 아리쉬 •

페레문, 펠루시움 •

사브카트 알
바르다윌

펠루시움 만

와디 엘 아리쉬

신 광 야

에 돔

요셉은 가족을 이집트로 데려와
가나안의 혹독한 기근을
피하게 한다(창세기 46~47).

게벨 마가라

게벨 엘 할랄

수 르
황 야

큰 쓴물 호수

게벨 엘레크

작은 쓴물 호수

와디 엘 브루크

집

트

미 디 안

수에즈
운하

에즈 •

바란
광 야

시 나 이

수 에 즈
만

에 담
황 야

티 고 원

엘라트 •

• 아카바

내면서 입국 수속을 밟아야 했다.

요셉이 이집트에 들어서다

요셉이 처음 보게 된 이집트는 어떤 모습이었을까? 학자들은 이 시기를 B.C.E. 17세기 중반, 이집트 상하 왕국의 통일이 다시 한 번 깨지던 때로 추정한다. 이집트 북쪽에서는 지역 통치자들이 힘을 키워갔다. 이러한 균열 상황의 원인은 분명하지 않다. 나일강 범람 수위가 계속해서 낮아진 바람에 수확량이 대폭 감소했을 수도 있다. 제13왕조(B.C.E. 1755~1630년경) 통치자들의 사카라 피라미드는 진흙 벽돌에 얇은 석회석 판을 대었을 뿐인 초라한 모습이다. 예를 들어 B.C.E. 1747년경에 지어진 켄제르(Khendjer)의 피라미드는 그로부터 800년도 더 전에 세워진 쿠푸나 카프레의 웅장한 기자 피라미드와 비교도 되지 못할 정도이다. 지역

군벌의 압력에 밀린 끝에 국가 권력의 중심은 북쪽의 새로운 수도 아바리스(Avaris)로 이동했다. 아바리스는 나일강의 한 지류에 자리잡은 도시이다.

이집트 중앙권력이 와해되면서 동쪽의 가나안, 시리아, 아나톨리아에서 이주해 들어오는 인구가 폭발적으로 늘어났다. B.C.E. 1991년경 《네퍼티의 예언 The Prophecy of Neferti》이라는 책을 쓴 저자는 '밀려들어오는 아시아인들이 토지를 차지하고 있다. 성벽도 경비대도 부족해 이주민을 막을 방법이 없다.'라는 불만 어린 기록을 남겨두었다.

이집트의 제2중간기(B.C.E. 1630~1520년경)가 시작되던 그 즈음, 이집트 국경은 가난한 이민자들로 북새통이었다. 일단 이집트로 들어선 사람들은 늘 싼 일꾼을 필요로 하던 나일강 삼각주의 비옥한 농경지로 향

했다. 이런 상황이었으니 이스마엘 상인들이 데려온 노예 요셉을 보고 이상하게 여길 사람은 없었다.

〈창세기〉에는 요셉이 어느 도시로 끌려 갔는지 분명하게 나오지 않는다. 그저 파라오의 신하인 경호대장 이집트 사람 보디발(Potiphar)의 집에서 일하게 되었다고 할 뿐이다(창세기 37:36). 다행히 들판이나 광산에서의 혹독한 노동은 비껴난 셈이었다.

보디발의 집에서 요셉은 이주민으로 싼 값에 노동력을 제공하는 셈족 사람들도 여럿 만났으리라. B.C.E. 18세기 테베의 어느 상류층 집안 기록을 보면 하인이 80명에 달하는데 그중에는 셈족 이름을 가진 하인이 40명 이상이다. 천짜기나 실잣기를 담당하는 아카바, 하임미, 므나헴 같은 이름의 여자 하인들도 있다. 이집트인 주인들이 낯선 이름을 발음하기는 어려웠으므로 가나안이

보디발의 아내는 노예로 들어온 요셉의 잘생긴 모습에 마음을 빼앗겼다. 〈창세기〉는 요셉이 '아주 깨끗하고 잘생긴 사나이'였다고 묘사한다(39:6). 보디발의 아내는 요셉을 유혹하지만 끝내 거절당하자 요셉이 자신을 욕보이려 했다고 주장한다. 보디발은 아내의 말만 믿고 죄 없는 요셉을 감옥으로 보낸다.

성경에는 보디발의 아내 이름이 나오지 않지만 《코란》에는 줄라이카(Zulaikha)라고 기록되었고, 이후 랍비 서적엔 젤리카(Zelikah)로 수용되었다. 《코란》의 내용을 소개하면 다음과 같다. 요셉처럼 잘생긴 청년이 하인으로 있는 탓에 온갖 소문이

나돌게 되자 줄라이카는 직접 여자들을 초대했다. 그리고 다들 음식을 먹는 와중에 요셉을 들어오게 했다. 여자들은 넋이 나가 '나이프에 자기 손을 베이면서 세상 사람이라고는 믿어지지 않는 완벽한 얼굴, 고귀한 천사의 모습에 감탄했다'고 한다(코란 12:31~32). 12세기의 랍비 서적인 《세페르 하 야스하르 Sefer ha-Yashar》를 보면 여자들은 오렌지 껍질 대신 자기 손가락 껍질을 벗길 판이었고 젤리카는 의기양양하여 "매일같이 이런 사람을 봐야 하는 나 같은 상황이면 여러분은 어떻게 하겠어요?"라고 말하는 장면이 나온다.

보디발의 아내 줄라이카가 요셉을 유혹하는 장면이 담긴 15세기 아프가니스탄의 이슬람 그림.

힉 소 스 의
중 심 부

지 중 해

로제타
어귀
로제타
부룰루스
다미에타
어귀
다이에타
만잘라 호수
디오스폴리스
인페리오르
(텔 엘-발라문)
콤 엘-콜숨 포트사이드
펠루시움 만
나 일 강 삼 각 주
만수라
블레셋 길
만할라 엘 쿠브라
멘데스 산 엘 하갈 타니스 텔 헤부아 펠루시움
(텔 엘-루브) 다프나이 텔 엘-헤르
텔 엘-긴 (콤 다파나) 텔 엘-보르그
탄타 고 센 실레
비-람세스 나바샤, 이메트
아바리스 (텔 파라운)
파쿠스
시빈 엘 콤 자가지크 비돔 숙곳
부바스티스 (텔 엘-라타바) (텔 엘-마스쿠타) 이스마일리야
벤하 와디 엘 투밀라트 팀사 호수 수르의 길
집 트 텔 엘-사하바
오 이 나 시 아 반 도
지도 설명 큰 쓴물 호수
역사적인 여행 경로 레온토폴리스 작은 쓴물 호수
역사적인 장소 믹돌
현재의 도시 게벨 아부 하사
온, 헬리오폴리스 게벨 무르 수에즈
확실하지 않은 위치 운하
0 20 40 킬로미터 카이로
0 20 40 마일
현재의 배수로, 해안선과 국경선을 기준으로 표시하였다. 동 부 사 막
괄호 안은 현재의 지명이다. 수에즈
사카라 수에즈
멤피스 헬완 만

힉소스의 수수께끼

B.C.E. 1630년경 나일강 삼각주를 장악하고 제15왕조로서 한 세기를 지속했던 외지의 통치자, 힉소스는 대체 누구일까? 학사들은 히타이트, 헝가리, 아리아, 시리아, 가나안 등 다양한 추측을 내놓았다. B.C.E. 16세기 아바리스에서 출토된 도기 장식에서 미노아의 영향이 나타난다는 점을 근거로 크레타나 미케네에서 온 그리스인들이었다고 주장하는 학자도 있다. 여러 이주 민족의 집합체였을 것으로 보이기는 하지만 가나안의 뿌리도 분명히 나타난다. 다섯 왕의 이름만 보아도 그렇다. 그중 한 명은 심지어 야곱을 기린다는 의미의 야콥-헤르(Yakob-hcr)라 불렸다.

힉소스가 가나안과 연결된 핏줄이었다면 요셉이 힉소스 통치권에서 높은 지위에 올라갔다는 가설이 한층 더 힘을 얻게 된다. 물론 반론도 있다. 힉소스 왕들의 이름은 이집트식으로 바뀐 것이라는 주장이다. 힉소스가 히타이트인이었다고 보는 이들은 서아시아에 철제 병거와 합성 활을 소개한 것이 히타이트인이라는 점을 강조한다. B.C.E. 19세기부터 가나안에 히타이트인들이 널리 퍼져 살았다는 점은 〈창세기〉를 통해서도 확인된다. 아브라함은 히타이트인 에브론에게서 막벨라 동굴을 사들였고(창세기 23:10) 에사오는 히타이트 여자 둘을 아내로 맞았던 것이다(창세기 26:34).

나 시리아 출신 하인들은 곧 이집트 이름으로 불리게 되었다.

고대 민족들이 대부분 그렇지만 이집트 인들도 이웃 야만 민족의 문화를 배우려 들지 않았다. 동쪽 지역의 민족은 모두 아시아인이었다. 부족 국가 출신이라면 '사막 사람들' 이라 불렸다. B.C.E. 14세기의 노랫말을 보면 '그들의 말소리는 갈라져 있고 성정 또한 그렇네. 피부색은 기묘하지. 먹는 음식도 다들 다르다네.' 라는 내용이 나온다. 외국어를 배우려는 이집트인이 거의 없었기 때문에 요셉과 같은 노예나 이주민 일꾼들은 이집트어를 익혀야 했다.

〈창세기〉에 등장하는 요셉의 주인은 어디에 살았을까? 보디발이라는 이름은 신왕조 때까지의 그 어느 기록에도 등장하지 않는다. 반면 경호대장이라는 직책은 충분히 존재했을 만하다. 보디발이 파라오와 가까웠다고 하니 이집트 정규군 장교라기보다는 친위 경호대 총괄이었을 가능성이 높다. 보디발의 집도 파라오의 궁과 가까웠으리라.

요셉의 주인 보디발이 어디에 살고 있었을까 하는 문제는 퍽 중요하다. 당시 이집트는 훗날의 역사에 중대한 영향을 미칠 정도의 정치적 격동기에 처해 있었기 때문이다.

힉소스 시대

B.C.E. 3세기의 이집트 역사가 마네토(Manetho)의 기록이나 고고학 발굴 결과를

보면 당시 이집트 일부 지역에서 셈족 이주민들이 점차 세력을 잡아 본래의 통치자를 밀어내고 세력을 얻었던 것을 알 수 있다. B.C.E. 1720년에는 이들 셈족 권력자들이 고대의 수도 멤피스를 점령하는 일까지 벌어졌다. 이집트 귀족들은 이러한 쿠데타에 충격을 받았고 테베로 물러나 제17왕조를

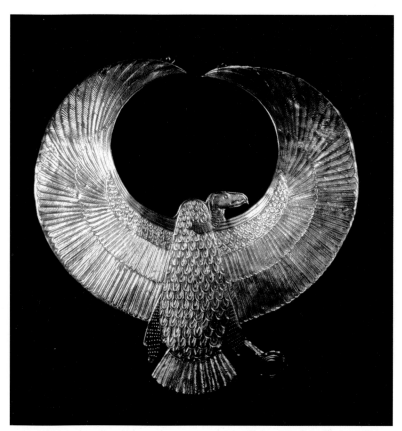
투탕카멘(B.C.E. 1332~1322년경) 무덤에서 발견된 독수리 목걸이. 요셉이 파라오에게서 받은 목걸이도 이와 비슷했을 것이다.

열었다. 이집트 북부는 이제 완전히 외국인 족장들 손에 넘어간 셈이었고 그 우두머리는 파라오를 자청했다. 마네토는 이러한 셈족 권력자를 '사막의 왕자' 라는 뜻으로 힉소스라 불렀다. 그 첫 번째 왕인 세시(Sheshi)는 제15대 왕조(B.C.E. 1630~1520년경)의 창시자이다.

〈창세기〉의 설명을 보면 요셉 이야기의 무대는 남쪽 테베의 이집트 왕궁이라기보

다는 북쪽의 힉소스 파라오 궁정이었을 가능성이 높다. 힉소스는 이집트의 북쪽 수도였던 아바리스(Avaris)를 중심지로 삼았다. 아바리스는 텔 엘 다브아(Tel el Dab'a) 지역에서 발굴되었지만 계속 범람이 일어난 곳이라 유적은 거의 없다시피 하다. 이 지역을 집중 발굴한 오스트리아 고고학자 비탁(Manfred Bietak)은 힉소스 시대의 아바리스가 3평방킬로미터에 달했을 것으로 추정한다. 그는 텔 엘 답에서 60미터 너비의 진흙 벽돌 궁전 발굴 작업을 벌이고 있다. B.C.E. 16세기의 유적이다. 이 발굴이 성공한다면 나일강 삼각주에서 발견된 최대 규모의 힉소스 궁전 유적이 될 것이다. 아바리스는 멤피스나 테베에 비하면 작은 도시였지만 신전이나 주택의 화려함은 가나안 양치기 출신 요셉의 혼을 빼놓기에 충분했을 것이다.

요셉은 자신이 처한 상황에서 최선을 다했다. 부지런하고 재주 많은 그는 주인 보디발의 눈에 들어 집안의 관리인이 되었고 주인의 모든 일을 맡아 했다(창세기 39:4). 게다가 요셉은 아주 깨끗하고 잘생긴 사나이였다(창세기 39:6). 요셉에게 마음을 빼앗긴 보디발의 아내는 계속 요셉을 유혹했다.

어느 날 보디발의 아내는 더이상 자신을 주체하지 못하고 요셉의 옷을 움켜잡은 채 침실로 들어가자고 애원했다. 요셉은 뿌리치고 밖으로 뛰쳐나갔다. 요셉의 옷을 쥐고서 있던 보디발의 아내는 온 집안 사람들을

파라오는 요셉에게 이렇게 말했다. "내가 꿈을 하나 꾸었는데 아무도 풀 사람이 없다.
그러던 중에 네가 꿈 이야기를 듣기만 하면 풀어낸다는 말을 들었다."
요셉이 파라오에게 대답하였다. "저에게 무슨 그런 힘이 있겠습니까?
폐하께 복된 말씀을 일러주실 이는 하느님뿐이십니다." | 창세기 41:15~16 |

부르며 "저 유대 놈이 나에게 달려들어 강간하려고 했다. 그래서 내가 고함을 질렀더니 옷을 버려둔 채 뛰쳐나갔다."라고 고함을 쳤다(창세기 39:15). 보디발은 아내의 말만 믿고 요셉을 감옥에 처넣었다.

이런 종류의 이야기는 이집트만큼이나 역사가 길다. 여기서도 우리는 성서가 여러 지역에서 전승된 이야기를 바탕으로 삼았다는 점을 확인할 수 있다. 도르비니 파피루스(Papyrus D'Orbiney)에 기록된 두 형제 이야기도 요셉 이야기와 유사하다. 바타라는 청년이 형 아누비스와 함께 들판에서 일을 하고 있었다. 씨앗을 다 뿌리고 나자 형은 바타에게 집에 가서 씨앗을 더 가져오라고 했다. 마침 집에서는 형수가 몸단장을 마친 참이었다. 형수는 힘센 시동생을 늘 사모해왔다면서 유혹한다.

충직한 바타는 어떻게 그럴 수 있느냐며 두 번 다시 그런 말을 하지 말라고 단번에 거절한다. 형수는 시동생이 남편에게 고자질할까봐 불안에 휩싸인다. 살 궁리를 하던 형수는 갈기갈기 찢어진 누더기 옷을 걸친 채 쓰러져 있다가 남편에게 시동생이 자신을 욕보이려 했다고 말한다. 바타는 결백을 주장하지만 아무 소용없었다.

파라오의 꿈

요셉은 왕의 죄수들을 가두는 감옥에 갇혔다(창세기 39:20). 그나마 대접이 나은 곳이었다. 곧 파라오의 측근 두 명이 감옥에 들어왔다. 술잔을 올리는 시종장과 빵을 굽는 시종장이었다.

요셉은 감옥에서도 모범을 보여 상당한 자유를 얻었다. 어느 날 그는 파라오의 두 시종장이 근심에 빠진 모습을 보았다. 생생한 꿈을 꾸었는데 해몽이 되지 않는다는 것이었다.

이집트인에게 해몽이 안 되는 꿈은 큰 고민거리였다. 꿈이란 신들이 인간의 미래를 살짝 보여주는 것으로 여겨졌다. 그래서 해몽은 왕에서부터 서민에 이르기까지 모두 관심 있는 문제이자 중요한 학문 분야였다. 이집트에서만 수백 권의 해몽 서적이 집필

이집트인들의 음식

〈창세기〉는 요셉이 거대한 곡물 창고를 지었다고 설명한다. 당시 이집트는 인근 지역 최대의 곡물 생산지였다. 주된 작물은 에머밀과 보리로 각각 빵과 맥주의 원료였다. 이집트 노동자들은 빵과 맥주를 주식으로 하고 여기에 렌즈콩, 강낭콩, 양배추 그리고 가끔 생선을 먹었다. 고기는 아주 부유한 사람들이나 먹었는데 닭고기와 쇠고기가 일반적이었다.

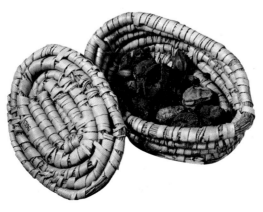

되었다. 꿈에서 본 장면은 좋은 징조거나 나쁜 징조, 둘 중 하나였다. 걱정거리가 있을 때 사람들은 좋아하는 신을 모신 신전에 가서 잠을 자기도 했다. 꿈속에서 해결책이 나타나기를 기대하는 것이다. 꿈이란 토막나고 비현실적이어서 그 감춰진 의미를 알아내려면 해독이 필요했다.

케티(Kheti) 왕이 아들을 위해 쓴 책《메리카레를 위한 교훈Teachings for Merikare》을 보면 꿈은 표면적 의미와 정반대로 생각하라고 되어 있다. 밥을 먹고 술을 마시는 등의 평범한 행동은 오히려 아주 크고 심각한 일을 예고하는 것이었다. 소 떼를 몰고 집에 돌아왔다면 이는 가족의 영혼을 지키게 된다는 길몽이었다. 하지만 거울에 자기를 비춰보는 꿈은 죽음이 임박했다는 의미였다.

그러니 파라오의 두 시종장이 근심에 빠진 것도 당연했다. 해몽에 능한 이는 대개 고위층이었고 그런 사람이 감옥 안에 있을 리 없었다. 하지만 요셉은 "꿈을 푸는 것은 하느님만이 하실 수 있는 일이 아니겠습니까?"라고 말하면서 자기에게 이야기해달라고 청하였다. 먼저 술잔을 올리는 시종장이 꿈 이야기를 들려주었다. "포도나무에 가지가 셋 뻗어 있고 내 손에는 파라오의 잔이 들려 있었소. 나는 포도를 따서 그 잔에다 짜넣었지."(창세기 40:10~11)

요셉이 해몽을 했다. "가지 셋은 사흘을 말하는 것입니다. 앞으로 사흘이 되면 파라

오께서는 당신을 불러내어 복직시킬 것입니다." 술잔을 올리는 시종장은 기쁜 얼굴로 고개를 끄덕였다. 요셉이 덧붙였다. "당신이 잘되시는 날 제게 친절을 좀 베풀어주십시오. 파라오에게 내 이야기를 하여 이곳을 벗어나게 해주십시오."(창세기 40:12~14)

이제 빵을 굽는 시종장 차례였다. 그는 꿈에서 과자 바구니 세 개를 머리에 얹고 있었는데 새들이 과자를 먹었다고 했다. 요셉의 해몽은 좋지 못했다. "앞으로 사흘 후 파라오는 당신을 불러내어 나무에 목매달 것입니다"(창세기 40:19).

사흘이 흘렀다. 잠에서 깨어난 파라오는 술잔 올리는 시종장을 용서하고 복직시키기로 결정했다. 그리고 빵 굽는 시종장은 교수형에 처했다.

길몽과 흉몽을 설명해놓은 람세스 2세(B.C.E. 1279~1213년경) 때의 파피루스.

요셉은 술잔 올리는 시종장이 자신을 위해 손을 써주리라 기대했지만 아무 소식이 없었다. 2년이 흘렀다. 요셉은 감옥에서 서서히 시들어갔다.

그러던 어느 날 파라오가 꿈을 꾸었다. 나일 강가에 서 있는데 토실토실 살찌고 잘생긴 암소 일곱 마리가 강에서 나와 갈대풀을 뜯었다. 뒤이어 여위고 볼품없는 암소 일곱 마리가 나오더니 살찌고 잘생긴 소들을 잡아먹는 것이었다(창세기 41:1~4).

파라오는 곧 해몽가와 마법사들을 불렀지만 아무도 해몽을 하지 못했다. 그 순간 술잔 올리는 시종장이 과거 일을 기억해내고 "감옥에 함께 갇혀 있던 젊은 유대 사람 하나가 제 꿈을 제대로 풀이해주었습니다."(창세기 41:9~12)라고 말했다. 곧 요셉이 불려왔다. 요셉은 "잘생긴 암소 일곱 마리는 일곱 해를 말합니다. 이 일곱 해 동안 온 이집트에 대풍이 들겠습니다. 그 이후에는 흉년이 일곱 해 계속될 것입니다."(창세기

고무, 향유, 몰약

이집트인들은 사자(死者) 숭배를 위해 온갖 방법을 고안했다. 그 의식에는 목재, 대리석, 화강암, 수많은 귀금속과 보석 등 이집트에서 구할 수 없는 것들이 필요했다. 사체를 미라 처리하기 위해서도 천연 탄산소다를 비롯한 이국의 화학 제품과 향료가 사용되었다. 이스마엘 상인들이 이집트로 가져간 고무, 향유, 몰약 역시 이집트의 신전이나 부유층에게 환영받는 사치품이었다.

향유는 남부 아라비아에서 의료용으로 쓰이는 발삼나무의 수지이다. 성서에 따르면 세바(Sheba) 여왕이 팔레스타인에 이 나무를 들여왔다고 한다.

몰약은 아라비아와 아프리카의 홍해 해안에서 자라는 가시관목의 수지이다. 기름에 섞어 향수로 사용하거나 신전에서 향으로 쓰인다. 로마 시대의 팔레스타인에서는 매장 전에 사체를 정화하는 데 몰약 섞은 기름이 사용되었다. 몰약에는 접착 기능이 있어 사체를 천으로 싸기 직전의 마지막 단계에만 썼다고 한다. 이집트 상류층은 집안에서 향기가 나도록 하기 위해 몰약을 사용했고 신전에서는 다양한 향을 태웠다.

핫셉수트 여왕(B.C.E. 1473~1458년경)의 장례 신전에는 '신의 나라에서 나는 향기로운 목재들, 몰약, 신선한 몰약나무, 각종 향 등을 그 이전 어느 때에도 볼 수 없었을 정도로 많이 배에 싣기 위해' 이루어진 푼트(Punt, 소말리아로 추측된다) 원정 기록이 새겨져 있다.

수백 년 전의 상인들이 운반했던 것과 같은 각양각색의 외국 향신료들이 이집트 아스완의 시장에서 손님을 기다리고 있다.

41:26~30)라고 설명했다.

요셉의 해몽은 흉작과 기근이라는 이집트 사회의 고질적인 문제를 드러낸 것이었다. 힉소스 통치 이전의 이집트 또한 계속되는 흉작으로 법률과 질서 그리고 왕조까지 무너져내린 상황이었다. 기근 예언은 경제적 고난뿐 아니라 정치적 위기까지도 의미했다.

다행히 요셉에게는 그 재난에 대한 대비책이 있었다. "슬기롭고 지혜로운 사람을 뽑아 세우고 앞으로 올 좋은 세월 동안 온갖 식량을 모아두도록 하십시오"(창세기 41:33~35).

파라오는 젊은 요셉을 한참 바라보더니 말했다. "나의 왕궁을 네 수하에 두겠다. 내 백성은 다 네가 시키는 대로 따를 것이다. 내가 너보다 높다는 것은 이 자리에 앉아 있다는 사실뿐이다"(창세기 41:40). 파라오는 즉각 요셉을 총리대신 자리에 앉혔다. 파라오 다음 가는 지위였다.

총리대신 요셉

그리하여 가나안의 일개 족장 아들이었던 요셉은 당대 최고 제국의 2인자가 되었다. 학자들은 그 신빙성에 의문을 제기한다. 이집트 문헌을 아무리 뒤져도 아시아 노예가 총리대신 자리에 오른 기록은 없다는 것이다.

총리대신 자리는 여러 해 동안 신하로 일한 사람, 충성심이 확인된 사람에게만 주어지는 법이었다. 근본도 모르는 이방인에게 그런 권력을 주는 것은 고대 이집트의 어느 면으로 보든 설득력이 없다는 것이다. 따라서 요셉이 권력을 쥔 이야기는 꾸며낸 신화, 즉 신이 선택한 민족이 이집트의 다신교에 비해 도덕적으로 얼마나 우월한지를 보여주기 위한 장치에 불과하다는 견해가

신왕국 제18왕조 때 테베 서쪽에 세워진 네바문(Nebamun)의 무덤 벽화. 파라오의 수수께끼 같은 꿈을 묘사했다.

많다. 여러 해 동안 노예생활이라는 시험을 거친 후 결국 영원히 이어지는 민족으로 남게 될 이스라엘과 먼지로 사라져버릴 이집트를 대비시키는 것이다.

하지만 요셉 이야기에는 이집트 역사나 문화에 대한 지식이 분명히 드러나기도 한다. 우선 '7년'이라는 구체적인 기간은 여러 이집트 문서에 나타난다. 사카라의 계단식 피라미드를 지은 왕 조세르(B.C.E. 27세기)의 칙령을 보면 '나일강이 7년 동안이나 범람하지 않은 탓에 온 왕궁이 악에 물들었다. 곡식이 부족하고 과일은 말라비틀어지고 말았다. 먹을 것이 없다.'라는 구절이 나온다. 이 문서는 B.C.E. 2세기경 프톨레마이오스 시대에 작성된 것이지만 7년의 기근이라는 언급은 주목할 만하다.

요셉을 총리대신으로 임명하는 방식도 우리가 아는 역사와 일맥상통한다. 〈창세기〉는 '(파라오가) 손에서 옥새 반지를 빼어 요셉의 손에 끼우고 고운 모시옷을 입혀준 다음 목에 금목걸이를 걸어주었다.'라고 설명한다(41:42). 카이로의 이집트 박물관과 뉴

욕의 메트로폴리탄 미술관에는 눈부시게 아름다운 이집트 관리들의 목걸이가 소장되어 있다. 장석(長石), 홍옥수, 청금석으로 만든 원통형 구슬을 잇고 가운데에는 황금매 머리 두 개를 끼운 이들 목걸이는 성스러운 권력을 상징한다. 파라오의 옥새 반지는 요셉의 명령에 권위를 부여하는 도구인 만큼 중요하게 언급되어 있다.

하지만 〈창세기〉에서 그 무엇보다도 인상적인 내용은 파라오가 요셉을 '자기 것에 버금가는 병거에 태웠다'는 부분이다(41:43). 물론 식량 보관 상황을 감독하기 위해 왕국 전체를 돌아다녀야 하는 요셉에게 병거는 꼭 필요했다. 하지만 힉소스족이 침범해오기 전까지 이집트에는 말이 없었다. 당연히 말이 끄는 병거도 있을 수 없었다. 살 달린 바퀴에 말 두 마리가 끄는 병거는 힉소스족이 전해준 문물이었다. 그러니 요셉 이야기에 병거가 등장한다는 것은 요셉 시대와 힉소스의 이집트 통치 시대가 겹친다는 의미가 된다. 그리고 새로운 힉소스 권력층이 자기들과 마찬가지로 동방 출신인 아시아

병거(전차)의 비밀

힉 소스 군이 이집트 군을 물리칠 수 있었던 비결은 바로 말이 끄는 병거였다. 말 두 마리가 끄는 가벼운 병거는 B.C.E. 1000년대 중반의 전장에 대혁명을 가져왔다.

바퀴 달린 마차는 그 이전 시대 수메르인들도 사용했지만 살이 달린 바퀴가 등장하면서 눈부시게 빠르고 미세 조종이 가능한 병거가 만들어졌다. 힉소스의 사막 병거는 이집트 군에게 화살이나 포탄으로 공격할 기회를 주지 않고 재빠르게 움직였다.

병거는 히타이트인들이 아나톨리아(오늘날의 터키) 지방에서 개발해 이웃 국가에 전한 것으로 추정된다. 병거를 언급한 최초의 기록은 B.C.E. 18세기에 나타난다. 히타이트 아니타 텍스트(Hittite Anitta text)에는 말 40마리가 끄는 병거 그림이 등장한다.

테베로 피신한 이집트 왕가는 병거 제작에 착수한다. 그리고 결국 이집트 병거를 사용해 힉소스 침략자들을 물리친다. 출애굽 이야기를 보면 이집트인들이 만든 병거의 모습이 묘사된다. 이집트의 기록도 남아 있는데 람세스 2세가 병거 수천 대를 동원해 히타이트 군과 맞섰다는 카데시(Qadesh) 전투 설명이 그 예이다. 당시 전투는 무승부로 끝났고 람세스 2세와 히타이트의 하투실리스(Hattusilis) 3세는 인류 역사 최초의 평화 회담을 성사시켰다고 한다.

B.C.E. 2000년대와 1000년대 메소포타미아의 네 바퀴 병거의 테라코타 모형.

청년의 패기를 높이 사는 일은 충분히 가능해 보인다.

요셉 이야기에서 당시 이집트의 현실과 맞닿았다고 판단되는 또 다른 부분은 파라오가 요셉에게 이집트 이름을 지어주었다는 내용이다. 이집트로 이주한 아시아인들 대부분이 겪었던 일이다. 이후 요셉은 사브낫바네아(Zaphenath-paneah)라 불리게 된다(창세기 41:45). 이는 '숨은 뜻을 해독한 사람'이라는 의미라고 한다. 더 나아가 파라오는 요셉을 온(On)이라는 곳의 사제 딸과 결혼시킨다. 이는 대단히 현명한 행동이었다. 힉소스 시대의 이집트에서 사제는 막강한 정치적 권력을 행사했다. 요셉을 사제 가문의 일원으로 만듦으로써 파라오는 관료들이 요셉에 대해 가질지 모르는 불만을 사전에 차단한 셈이었다.

왕국의 총리대신이 된 요셉의 업무는 대단히 많았을 것이다. 투트모스 3세의 총리대신이었던 레크미레(Rekhmire)의 일과 기록을 보면 감독관 수백 명의 상황 보고를 받고 영토의 물 공급을 담당할 관리들을 파견하며 각 지역과 마을 대표의 이야기를 듣고 나일강 수위 상승까지 확인한다고 되어 있다. 그리고 파라오에게 최종 보고를 해야 했다.

성경은 요셉이 아주 유능한 관료였다고 설명한다. 이집트 땅에서 7년 동안 생산된 각종 많은 식량을 거두어들여 여러 도시에 갈무리했던 것이다(창세기 41:48). 지역 관리들은 다투고 경쟁하는 일을 젖혀두고 요셉을 돕는 데 전심전력했던 모양이다. 큰 도시마다 벌집 모양의 곡물창고를 짓고 곡식으로 가득 채워두었다. 이집트 각지의 묘를 보면 이러한 곡물창고가 축소형으로 재현되어 있다.

온은 이후 헬리오폴리스라 불리게 되는

곳으로 카이로 북쪽 8킬로미터 거리, 마타리예(Matariyeh) 근처이다. 태양 신 아툼 숭배의 중심지로 이집트 고왕국과 중왕국 시대에는 중요한 도시였다. 나일강 삼각주의 꼭지점에 위치한 덕분에 온은 곡물 집산지 역할을 했다. '사자의 서'를 보면 온이 '빵을 몇 배로 불리는 장소'라고 묘사된다. 호루스 신이 빵 일곱 개로 많은 사람을 먹였다는 고대 전설을 바탕으로 한 표현이다. 여기서 일곱 개는 레 신의 영혼 일곱 개를 상징한다.

요셉은 온에서 북쪽으로 가면 곡물 수확 상황을, 서쪽 나일강 너머의 파이윰 벌판 쪽으로 가면 대추야자, 무화과 등 과일의 수확 상황을 점검할 수 있었다.

오늘날 파이윰 벌판은 그때와 다름없이 푸르고 비옥하다. 그 지역의 물길을 따라가다 보면 바르 유세프(Bahr Yusef), 즉 요셉의 운하가 아직까지 남아 있는 모습을 확인할 수 있다.

영국 화가 타데마(Sir Lawrence Alma-Tadema)의 작품 〈파라오의 총리대신 요셉〉. 직책에 맞게 차려입은 요셉의 모습이 나타난다.

야곱 일가의 이집트 이주

〈창세기〉는 기근이 들자 온 세상의 상인들이 이집트로 몰려들었다고 기록한다.

이집트 통치자에게는 백성을 먹여살리는 것이 첫 번째 임무였다. B.C.E. 2390년경, 이집트 제12지역을 통치했던 헨쿠(Henku)는 '세라스테스(Cerastes) 산 인근의 배고픈 주민 모두에게 내가 빵을 먹였다.'라고 자랑스럽게 기록했다. 파라오가 백성을 먹일 수 있는지 여부는 나일강 범람에 좌우되었다. 범람 규모가 너무 크면 씨앗이 제대로 싹트지 못했고 규모가 너무 작으면 침적토가 부족해 수확이 좋지 못했다. 매년 왕과 백성 모두가 나일강이 알맞게 범람하길 간절히 기도했다. B.C.E. 1000년대 후반에 등장한 노래는

이 점을 잘 보여준다. '오, 나일강이여, 너를 환영하노라. 너는 밀과 보리를 키워 우리의 신전을 영원하게 만드는구나. 네가 움직임을 멈춘다면 존재하는 모든 것이 괴로움에 빠지리.'

7년이 지나자 나일강은 범람하지 않았고 침적토도 쌓이지 않았다. 온 이집트 땅이 굶주렸고 백성들은 파라오에게 양식을 달라고 호소하였다(창세기 41:55). 이집트뿐 아니라 메소포타미아와 가나안 전체가 흉작이었다. 〈창세기〉는 '온 세상에 기근이 들지 않은 나라가 없었다.'고 기록한다(41:54). 특히 요셉의 고향 가나안이 가장 어

B.C.E. 1600년경
아리아어를 구사하는 미탄니(Mitanni)족이
메소포타미아 북부를 지배함

B.C.E. 1600년경
가나안에서 다양한 모습의
유리 제품이 만들어짐

B.C.E. 1600년경
이집트 남부에서
미케네 문명이 출현함

B.C.E. 1550년경
청동기 중기가 끝남

이집트 땅에서 7년이나 풍년이 들어 흥청댔지만, 그런 세월이 다 지나자
요셉이 말한 대로 7년 동안 흉년이 계속되어 온 세상에 기근이 들지 않은 나라가 없었다.
그러나 온 이집트 땅에는 양식이 있었다. | 창세기 41:53~54 |

려웠다. 가나안은 강이 아니라 비에 의존하는 땅이었으므로 7년 동안 가뭄이 들자 최악의 상황에 빠졌다. 양치기와 농민들은 짐을 꾸려 이집트로 가는 것 외에 방법이 없었다. '온 세상 사람들이 곡식을 사기 위해 이집트로 가서 요셉에게 몰려들었다'(창세기 41:57).

야곱도 아들들을 불러 "이집트엔 곡식이 있다더라. 그러니 내려가 곡식을 사오너라. 어떻게든지 살아야지 이러고 있다가 그냥 죽을 수야 없지 않느냐?"라고 말했다(창세기 42:2). 형제들은 해안 길을 따라 페레문에 이르는 먼 여행길을 준비했다. 야곱이 사랑하는 아내 라헬로부터 낳은 두 번째 아들, 베냐민만은 집에 남았다. 애지중지하는 막내아들까지 떠나보낼 수는 없었기 때문이다.

이집트까지 가는 데 거의 한 달이 걸렸다. 지중해 해안을 따라 이집트로 이어지는 블레셋 길은 피난민으로 가득 찼다. 비블로스나 다마스쿠스처럼 더 멀리서부터 온 사람들도 많았다. 이집트 국경 검문소 앞에는 긴 줄이 생겨났다. B.C.E. 13세기, 국경 담당 관리 이네나(Inena)가 쓴 편지를 보면 당시 상황이 묘사되어 있다. '에돔의 베두인족들이 메르-네프타호텝-히르-마트(Mer-ne-Ptah Hotep-hir-Maat) 성채를 이제 막 통과했다. 사람과 가축을 살리기 위해 통과를 허용하지 않을 수 없었다.'

힘든 여행 끝에 요셉의 형들은 마침내 동생 앞에 모습을 드러냈다(창세기 42:6). 형들은 화려한 옷을 차려입은 총리대신 요셉을 알아보지 못했지만 요셉은 바로 형들을 알아보았다. 형들이 인사를 하고 식량을 요청

하자 요셉은 "너희들은 간첩이지? 이 땅의 허점을 살피러 왔지?"라고 일부러 다그쳤다. 형들은 펄쩍 뛰며 대답했다. "저희는 열두 형제입니다. 가나안에 사는 한 아버지의 아들들입니다. 막내 동생은 지금 아버지와 함께 있고 다른 동생 하나는 없어졌습니다." 요셉은 다시 호통을 쳤다. "거짓말! 너희를 시험해봐야겠다. 너희 막내 동생을 이리로 데려오너라. 그러지 않는다면 파라오가 살아계시는 한, 여기에서 절대로 나갈 수 없다!"(창세기 42:9~15). 형제들은 감옥에 갇혔다. 요셉은 계획을 세우면서 사흘이나 그들을 가두어놓았다.

다시 형들이 불려오자 요셉은 타협안을 제시한다. "너희 가운데서 한 사람만 감옥에 남겨두고 나머지는 너희 집안 식구들이 굶어죽지 않도록 곡식을 가지고 가거라. 그리고 너희 막내 동생 베냐민을 나에게로 데려오너라. 그렇게 하여 너희 말이 참말이라는 것이 밝혀지면 너희는 죽음을 면할 것이다"(창세기 42:20). 요셉은 시므온을 가리켰고 곧 병사들이 그를 묶었다.

시므온을 놓아두고 집으로 돌아간 형제들은 야곱에게 베냐민을 이집트로 데려가지 않으면 시므온이 죽게 된다는 청천벽력 같은 소식을 전한다. 야곱은 절망에 빠져 아들들을 원망하며 "베냐민에게 지난번 야곱 같은 일이 일어나지 않으리라는 걸 어떻게 믿겠느냐?"라고 슬퍼한다(코란 12:65).

세누스레트 1세(B.C.E. 1918~1875년경)의 고위 관리였던 멘투워세르(Mentuwoser)가 파라오의 장례 연회를 주재하는 모습이 새겨진 석판.

B.C.E. 1550년경
히타이트가 시리아의
알레포(Aleppo)를 차지함

B.C.E. 1502년경
미탄니와 히타이트가 이집트의 시리아 및
가나안 국경을 위협함

B.C.E. 1500년경
수금과 기타 등 여러 악기가
히타이트의 종교 무용에 사용됨

B.C.E. 1473~1458년경
이집트의 핫셉수트 여왕 통치

열두 부족의 기원

성경에 따르면 고대 이스라엘은 혈연으로 묶인 열두 부족의 연합체로 발전되었다고 한다. 각 부족은 자율적으로 지냈지만 새 목초지를 찾아야 한다든지, 공동 우물을 관리한다든지, 침략자로부터 자신을 방어해야 한다든지 하는 문제가 발생하면 족장이나 셰이크(sheikh)의 결정에 따랐다.

약속의 땅에 정착한 열두 부족은 모두 야곱의 아들이나 손자들 후손이다. 야곱은 이름을 이스라엘로 바꾸었고 이 때문에 열두 부족은 '이스라엘인' 이라 불리게 된다. 야곱과 첫 부인 레아의 아들인 르우벤, 시므온, 유다, 이싸갈, 즈불룬은 그

이름을 딴 부족의 선조가 된다. 야곱이 레아의 몸종 질바 사이에 낳은 두 아들 가드와 아셀도 마찬가지이다. 야곱의 두 번째 부인 라헬이 낳은 두 아들 요셉과 베냐민의 경우 베냐민의 후손이 한 부족을 이루고 요셉의 두 아들 므나쎄와 에브라임이 각기 다른 부족으로 이어졌다. 마지막으로 단과 납달리 부족은 야곱과 라헬의 몸종 빌하 사이에 낳은 두 아들에게서 나왔다.

1705년의 네덜란드 채색 동판화. 계약궤를 보관한 신전을 중심으로 열두 부족의 천막이 늘어선 모습을 그렸다.

염소 모양 금 손잡이가 달린 은잔. B.C.E. 1200년경의 유물로 1909년, 부바스티스에서 발굴되었다.

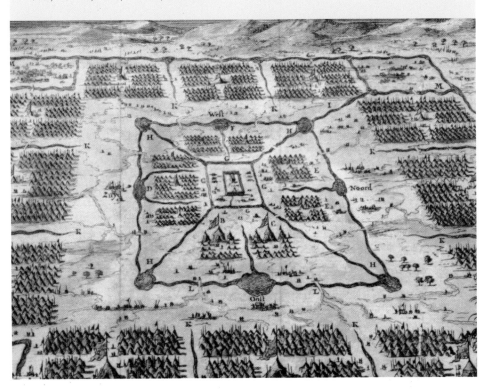

하지만 기근은 여전했고 야곱은 결국 베냐민까지 포함해 아들들을 이집트로 보낼 수밖에 없었다. 시므온의 몸값이 비싸질 것으로 예상한 야곱은 아들들에게 "이 땅에서 난 가장 좋은 소출을 가방에 담고, 또 그 어른에게 드릴 선물로 유향과 꿀을 얼마쯤,

그리고 향고무, 몰약, 피스타치오 열매, 아몬드를 가지고 가거라." 하고 당부한다(창세기 43:11).

요셉이 자신의 정체를 밝히다

요셉은 자기가 도단에서 끌려왔던 일을 잊

지 않고 있었다. 그는 형들도 그만큼의 고통과 배신감을 경험토록 하겠다고 작정했다. 베냐민까지 포함해 형제들이 돌아오자 요셉은 집으로 초대해 좋은 음식과 포도주로 극진한 대접을 했다. 총리대신이 그렇게 환대하는 이유를 알지 못한 채 형제들은 다음날 다시 가나안으로 떠났다. 당나귀 등에는 곡식이 넘치도록 실렸다. 게다가 식량값으로 지불했던 돈까지 되돌아와 있었다. 형제들은 어리둥절했다. 하지만 베냐민의 짐 속에 요셉이 은잔을 감춰놓았다는 것은 꿈에도 몰랐다.

국경 근처에 이르렀을 때 요셉의 청지기가 뒤따라와서는 총리대신이 아끼는 은잔이 없어졌다고 말했다. 형제들의 짐을 뒤지자 베냐민의 짐 속에서 그 은잔이 나왔다. 막내 동생은 당장 압송되었다. 형들은 낙담하여 뒤따라갔다. 요셉에게 탄원할 작정이었던 것이다.

유다가 요셉을 찾아왔다. 과거 요셉의 목숨을 구해주고 대신 노예로 팔아버렸던 바로 그 형이었다. 그는 "우리가 내 주께

고 센 지 역

지도 설명
〜 역사적인 여행 경로
● 역사적인 장소
● 현재의 도시
○ 확실하지 않은 위치

부룰루스 호수
다미에타 어귀
다미에타 •
나일강 삼각주
만수라 •
만잘라 호수
지 중 해
포트사이드 •
산 엘 하갈 •
타니스 •
페레문, 펠루시움
펠루시움 만
블레셋 길
(호루스 길)
만잘라 엘
쿠브라 •
고
센
수에즈
운하
• 탄타
비-람세스
아바리스 •
칸티르
파쿠스 •
이스마일리야
수르의 길
서빈 엘 콤 •
자가지그
부바스티스 •
비돔
○ 숙곳 •
팀사 호수
• 벤하
이
집
트
와디 엘 투밀라트
0   20   40 킬로미터
0   20   40 마일
현재의 배수로, 해안선과 국경선을 기준으로 표시하였다.
괄호 안은 현재의 지명이다.
큰 쓴물 호수
작은 쓴물 호수
막돌 •
수에즈
운하
온, 헬리오폴리스 •
⊛ 카이로

무슨 말을 하오리이까? 어떻게 우리의 정직함을 보이리이까?"라고 물었다. 요셉은 "잔이 그 손에서 발견된 자만 내 종이 되고 너희는 평안히 너희 아버지께로 도로 갈 것이니라."라고 답했다(창세기 44:16~17). 그러자 유다는 "아버지의 생명과 아이의 생명이 서로 하나로 묶여 있거늘 이제 내가 주의 종 우리 아버지에게 돌아갈 때에 아이가 우리와 함께 가지 아니하면 아버지가 아이의 없음을 보고 죽을 것입니다."라고 설명하였다(창세기 44:30~31). 유다는 베냐민 대신 자신이 노예가 되겠다고까지 하였다.

형들의 얼굴에 떠오른 고통스러운 표정을 보자 요셉은 더이상 연극을 계속할 수 없었다. 하인들을 물리친 후 그는 형들에게 정체를 밝혔다.

"내가 형님들이 이집트로 팔아넘긴 아우 요셉입니다. 그러나 이제는 그 일로 괴로워할 것도 얼굴을 붉힐 것도 없습니다. 하느님께서 우리의 목숨을 살리시려고 나를 형님들보다 앞서 보내신 것입니다.

지체 말고 어서 아버지께로 가서 아들 요셉의 말을 전하십시오. 하느님께서 요셉을 온 이집트의 주인으로 삼으셨다고 말입니다.

그리고 다시 제게로 오십시오.

양과 소와 모든 재산을 가지고 고센 땅에 사시면서 저와 가까이 계실 수 있습니다. 자식들, 그 자식의 자식들까지 아쉬운 것 없도록 해드리겠습니다."

| 창세기 45:4~11 |

고센의 목초지

요셉이 가족을 고센에 정착하도록 한 것(창세기 45:9~11)은 수긍이 가는 선택이다. 고센(제12왕조 파피루스에서는 코셈Qosem이라 불린다)은 나일 삼각주의 북동쪽 와디 엘 투밀라트(Wadi el Tumilat) 근처, 나일강의 동쪽 수로와 쓴물 호수(Bitter Lake) 사이에 펼쳐진 땅이다. 관개가 잘된 이곳은 좋은 목초지였다.

요셉 시대에 존재했던 나일 수로는 대부분 사라졌지만 오늘날까지도 고센은 이집트에서 가장 비옥한 곳 중 하나이다. 가족이 자기와 '가까이 계실 수 있도록' 한다는 요셉의 말로 미루어보면 그 역시 힉소스의 수도이자 나일강 삼각주 동쪽의 중심지인 아바리스에 살았을 가능성이 높다. 〈출애굽기〉는 요셉의 후손인 이스라엘들이 노예 신세로 전락해버린 고센에서 이야기를 시작한다.

야곱 일가의 이집트 정착

그리하여 아브라함, 이삭, 야곱 일가가 이집트로 옮겨왔다. 요셉의 약속대로 일가는 고센 평야의 보석 같은 목초지에 정착했다. 요셉은 '병거를 타고 고센으로 가서 아버지 이스라엘을 맞으며 그의 목을 껴안고 얼마 동안 울었다'(창세기 46:29). 파라오의 허락을 받아 요셉 일가는 '이집트의 가장 좋은 땅, 라암셋'을 얻었다(창세기 47:11). 라암셋이라는 도시가 요셉 시대로부터 400년 후에야 건설되었다는 점을 고려하면 시대가 안 맞기는 하지만 어떻든 일가의 정착지는 힉소스 수도인 아바리스와 가까운 나일 삼각주 동쪽 지역이 되었다. 요셉이 '저와 가까이 계실 수 있도록' 한다고 말했으니 그역시 아바리스로 이주했을 가능성이 높다. 아바리스가 국경 근처이니 식량을 구하러 찾아오는 외국 사절들을 맞이하기도 좋았을 것이다.

오늘날 칸티르(Qantir) 외곽에 위치한 아바리스 평야는 곡창지대이다. 유적은 거의 없다. 가치 있는 것은 모조리 카이로의 이

야곱의 미라 처리

이집트의 종교는 장례의식을 중심으로 발전했다. 특히 사후 존재를 위해 사체를 미라 처리하는 과정이 중요했다. 미라 처리는 돈 많은 이집트인들이 영혼과 육체, 즉 카(ka)와 바(ba)를 온전히 보존하기 위한 방법이었다. 육체의 겉모습을 그대로 남겨두어야 영혼이 육체를 알아보고 다시 돌아올 수 있다고 믿은 것이다.

미라 처리를 위해서는 우선 부패의 원인이 되는 온몸의 물기를 제거했다. 이집트 미라 제작자들은 나트론이라는 염(鹽)화합물을 사용했는데 이는 탄산나트륨, 중탄산나트륨, 염화나트륨, 황산나트륨이 섞인 것으로 나일강에서 얻을 수 있었다. 쉽게 부패하는 장기는 꺼내어 항아리에 넣었다. 항아리 뚜껑은 장기를 보호하는 신의 형상이었다. 학자들은 이러한 미라 처리의식이 건조한 사막 모래에 매장된 사체의 자연 건조 과정을 지켜본 경험에서 생겨난 것이라 추정한다.

성서에 등장하는 인물 중에서 미라 처리가 된 경우는 야곱과 요셉뿐이다. 보통 이집트의 미라 처리에는 70일이 걸렸지만 야곱의 경우는 40일 만에 끝났다고 한다 (창세기 50:2). 헤브론의 막벨라 동굴로 옮겨가는 동안만 사체를 보존하는 것이 목적이었기 때문이다.

죽은 이의 수호신인 아누비스가 제18왕조(B.C.E. 1539~1292년경)의 관리 센누템(Sennutem) 미라 위로 몸을 구부리고 있다.

집트 박물관으로 옮겨졌기 때문이다. 세월이 흐르면서 아바리스의 존재 이유이다시피 했던 나일 수로는 흙으로 메워졌고 왕실도 자리를 옮겨야 했다.

고고학자 비탁에 따르면 제21왕조(B.C.E. 1075~945년경)의 수도 타니스(Tanis)는 바로 이 시기에 건설되었다고 한다. 요셉이라는 이름이 이미 기억 속으로 희미해진 후였다.

야곱은 요셉과 가족에 둘러싸여 행복한

금과 은으로 틀을 만들고 홍옥수와 청금석으로 채운 세누스레트 2세(B.C.E. 1842~1837년경) 시대의 풍뎅이 목걸이.

만년을 보내며 이집트에서 17년을 살다 죽었다. 요셉은 이집트식 장례를 준비해 아버지 시신을 향료와 약품으로 처리한 후 가나안으로 모시고 갔다. 그리고 야곱이 바라던 대로 아버지 이삭, 할아버지 아브라함이 있는 막벨라 동굴에 장사지냈다.

이집트	메소포타미아	가나안
B.C.E. 1640년경 유목민 힉소스가 북쪽을 점령하면서 중왕국이 끝남. B.C.E. 1630년경 제17왕조가 테베로 옮겨감. 북쪽에서는 힉소스가 아바리스에 수도를 세움. B.C.E. 1600년경 고양이를 길들여 키움. B.C.E. 1600년경 인체 각 부분의 기능을 정확히 서술한 의학서가 만들어짐.  B.C.E. 1530년경 파라오 아모세(Ahmose)가 힉소스를 이집트 땅에서 몰아냄. B.C.E. 1520년경 힉소스 제15왕조가 막을 내림.	B.C.E. 1700년경 니네베 코르사바드(Khorsabad)의 아시리아 궁전에서 자물쇠가 사용됨.  B.C.E. 1650년경 바빌로니아인들이 금성 출현을 기록함. B.C.E. 1600년경 아리아어를 구사하는 미탄니(Mitanni)족이 메소포타미아 북부를 지배함. B.C.E. 1595년경 히타이트인들이 바빌론을 점령함으로써 첫 번째 바빌로니아 제국이 끝남. B.C.E. 1500년경 수금과 기타 등 여러 악기가 히타이트의 종교 무용에 사용됨.	B.C.E. 1750년경 히타이트족이 가나안에 널리 퍼짐. B.C.E. 1600년경 페니키아에서 유리가 다양한 형태로 가공됨. B.C.E. 1530년경 힉소스가 가나안 남부에 임시 거점을 만듦.  B.C.E. 1500년경 미탄니 왕국이 시리아 북쪽을 지배함으로써 제국이 지중해에서 메소포타미아 북부까지 확장됨. B.C.E. 1648년경 투트모스 3세가 므깃도 근방에서 가나안과 시리아 연합 부대를 격퇴함.

학자들은 요셉의 이집트 체류가 제2중간기(B.C.E. 1630~1520년경),
더 정확히 말하면 북쪽에서 힉소스 제15왕조가 통치했던 시기였다고 추정한다.

출애굽

신의 계약이 아브라함, 이삭, 야곱을 거쳐 전해 내려갔다는 점을 보여주는 것이 〈창세기〉의 핵심이라면 〈출애굽기〉는 그 계약의 실현에 초점을 맞춘다. 고센 땅에 정착했던 야곱의 자손들은 노예로 신분이 격하되어 파라오의 광산에서 일하게 된다. 새로 태어난 남자아이는 죽임을 당한다. 유대 부족은 가장 강력한 제국의 손아귀에 붙잡힌 채 멸종될 위기에 처한 것이다. 이집트 탈출의 핵심은 이런 속박으로부터의 해방이다. 유대교와 그리스도교의 후손들은 앞으로도 출애굽 이야기를 신의 은총을 보여주는 산 증거로 간직할 것이다.

하지만 성서는 그 은총이 대가를 요구한다는 점을 강조한다. 신은 이스라엘인들에게 계약의 조항을 지키라고 요구한다. 이 조항은 율법으로 정리되어 모세 5경의 나머지 부분을 이루게 된다. 탄생, 결혼, 교역, 가족 관계, 사회 정의 등 삶의 모든 영역이 포괄된다. 이집트 탈출은 결국 아브라함의 믿음이 유대교라는 국가적 믿음으로 확대되는 순간을 상징한다.

모세가 십계명을 받았다고 하는 시나이 산 정상.
등반했던 이들이 자기 이름을 새겨놓았다.

유대 부족들의 노예생활

이집트 룩소르의 신전으로 이어지는 행렬로(Processional way)에 신왕국의 권위를 상징하는 스핑크스들이 늘어서 있다.

〈출애굽기〉가 시작될 때 야곱의 자식들은 고센 땅에서 100여 년 가까이 평화롭게 살고 있다. 요셉 이야기가 힉소스의 세시(Shesh) 왕이나 야쿱-헤르(Yakub-her) 왕 시대라는 설이 맞는다면 요셉 후손들은 가나안 이름을 가진 키안(Khyan)과 아페피(Apepi) 왕을 모셨을 것이다. 실제로 카르낙의 기둥에 새겨진 기록은 아페피를 '레테누의 왕자'라 쓰고 있다. 레테누란 가나안과 시리아를 의미한다. 이들 힉소스 왕 각각의 재위 기간은 정확히 알려져 있지 않다. 다만 아바리스 제15왕조가 B.C.E. 1630~1520년경에 이집트를 통치했다고 추정할 뿐이다.

야곱의 자손들은 '자식을 많이 낳고 번성하여 온 땅에 가득 찰 만큼 무섭게 불어났다'(출애굽기 1:7). 풍요로운 고센 땅에 자리잡았으므로 가축도 많이 늘었을 것이다. 이집트식 농경법을 익혀 나일강이 범람한 후 질산염으로 비옥해진 토양에 곡물을 재배했을 수도 있다. 근처 호수에서 물고기를 잡고 풀숲에서는 오리와 거위를 사냥했는지도 모른다. 요셉이 말했듯 '이집트 사람들은 목자라면 꺼려서 가까이하지 않았던 만큼'(창세기 46:34) 야곱 자손들은 의도적으로 이

B.C.E. 1550년경
이집트가 가나안에
계속 영향력을 발휘함

B.C.E. 1539~1292년경
이집트의 제18왕조가
강력한 신왕국의 토대를 닦음

B.C.E. 1532년경
제18왕조의 첫 번째 파라오
아모세(Ahmose)가 힉소스인들을
성공적으로 몰아냄

B.C.E. 1530년경
힉소스 왕실이 가나안으로 도망침

얼마 뒤에 요셉이 죽고 그의 동기들과 그 시대 사람들도 다 죽었으나 이스라엘 백성은
자식을 많이 낳고 번성하여 온 땅에 가득 찰 만큼 무섭게 불어났다. | 출애굽기 1:6~7 |

집트인처럼 살고자 했을 것이다.

고센은 지상낙원이었다. 〈창세기〉 끝 부분에서 파라오도 고센이 이집트의 '가장 좋은 땅'이라고 말한 바 있다(47:6). 제19왕조(B.C.E. 1292~1190년경) 시대에 파이 베스라는 학생이 교사 아메네모펫에게 쓴 파피루스 글에서도 고센의 풍요가 나타난다. '물은 고기로 넘치고 늪에는 새들이 가득하네. 목초지에는 탐스러운 풀이 자라고 들판의 과일은 꿀맛이지. 이곳에 살 수 있는 이들은 모두 기뻐하네.' 고왕국의 벽화를 보면 파이 베스와 같은 청소년들이 풀숲에서 뛰어노는 모습이 묘사되어 있다.

하지만 힉소스 통치는 곧 위협을 받게 된다. 남쪽의 테베로 피신한 제17왕조가 이집트 재통일의 꿈을 포기하지 않았기 때문이다. B.C.E. 1570년경, 파라오 타오(Ta'o) 2세가 이끄는 함대는 나일강을 따라 출항했다. 아시아 출신의 힉소스를 상대로 구이집트를 되찾으려는 해방 전쟁이 막을 올린 것이다. 하지만 타오 2세는 이 전쟁으로 장렬한 최후를 맞았던 듯하다. 1881년에 데이르 엘-바흐리(Deir el-Bahri) 근처 무덤에서 찾아낸 그의 미라를 검사한 결과 머리에 칼을 맞은 흔적이 발견된 것이다. 타오 2세의 아들 카모세(Kamose)가 뒤를 이어 전쟁을 계속했다. 이 전쟁은 장장 60년을 끌었고 나일강 주변의 평화로운 땅에 대혼란을 몰고 왔다.

조국을 살리기 위한 전쟁이 다 그렇듯 승리자는 영웅으로 추대되었다. 첫 번째 영웅은 테베 전투선의 선장 아모세이다. 아스완 인근 엘 카브(El Kab)에 있는 그의 묘를 보면 제18왕조의 세 왕, 아모세(B.C.E. 1539~1514년경), 아멘호텝 1세(B.C.E. 1514~1493년경), 투트모스 1세(B.C.E. 1493~?)를 연이어 모시고 싸웠다는 내용이 상형문자로 자랑

스럽게 기록되어 있다. 테베의 창병들이 나일강 삼각주 깊숙이 파고들어가자 힉소스 군은 격렬히 저항했다고 한다. 아모세 묘에는 '아바리스의 파 제쿠(pa djeku) 운하 물 위에서도 싸움이 벌어졌다. 나는 적을 붙잡아 그 손을 잘랐다.'라는 구절도 나온다. 이집트 군은 쓰러뜨린 적의 수를 세기 위해 손을 자르는 관행이 있었던 것이다.

파라오 아모세의 군대가 조금씩 북쪽으로 진격해오자 유대 부족들은 공포에 사로잡혔다. 선조 세대였다면 그저 천막을 거둬 가나안으로 돌아가면 되었으리라. 하지만 이제 유대인들은 더이상 사막의 유목민이 아닌, 정착 농민이자 어민이었던 것이다. 이들은 고센에 머물며 사태의 추이를 지켜보았다. 결국 힉소스가 패배하였다. 치열한 전투 끝에 뜨거운 모래사막 위로 수천 명의 사상자가 나뒹굴었다. 이집트는 당당히 승리를 거두었다.

힉소스 왕실은 보물을 챙겨 동쪽의 가나안으로 피신하였다. 파라오 아모세는 수도 아바리스에 입성한 후 군사들에게 약탈을 허용하였다. 전투선 선장 아모세는 '나는 남자 하나와 여자 셋을 붙잡았고 왕께서는 이들을 내 노예로 내리셨다.'라고 기록했다. 1999년, 고고학자 비탁이 텔 엘 다바 근처에서 아바리스로 추정되는 건물군을 찾아냈을 때 드러난 불탄 대지층은 파라오 아모세 군대의 광란을 증명해주었다.

파라오는 거기서 멈추지 않았다. 힉소스가 피신한 것을 알고 뒤를 쫓기로 한 것이다. 그 참에 이집트에 대한 이 민족의 위협을 뿌리뽑을 작정이었다. 가나안에 도착한 힉소스 군은 샤루헨(Sharuhen)에 방어선을 쳤다. 샤루헨은

이집트 젊은이들이 다리 위에서 창 시합을 벌이는 그림. 사카라의 석회석 부조로 이집트 고왕국 제5왕조 시대, B.C.E. 2450년경의 것이다.

B.C.E. 1514~1493년경
아멘호텝 1세 시기에 이집트 영토가
리비아까지 확장됨

B.C.E. 1500년경
이집트 제국이 누비아에서 오늘날의
시리아까지 확장됨

B.C.E. 1473년경
핫셉수트 여왕의 궁정 건축가 세넨무트가
여왕의 장례 제전 작업에 착수함

B.C.E. 1468년경
투트모스 3세가 가나안에서
히타이트인들을 격퇴함

신왕국의 영광

네게브 남쪽의 도시 텔 알 파라로 추정된다. 파라오는 샤루헨을 포위 공격해 파괴한 후에야 이집트로 물러갔고 곧 누비아 공격을 준비하기 시작했다.

이는 새로운 유형의 파라오가 등장했음을 뜻한다. 제18왕조(B.C.E. 1539~1292년경)와 제19왕조(B.C.E. 1292~1190년경)의 파라오들은 이민족 지배의 치욕을 두 번 다시 되풀이하지 않겠다고 맹세한 전사였다. 아모세와 그 뒤를 이은 파라오들은 직업 군인을 키웠고 상이집트의 동쪽 국경과 누비아 접경에 요새를 건설했다. 또한 가나안, 에돔, 모압, 시리아 등을 가신 국가로 삼아 총독이 다스리게 함으로써 완충지대를 확보했다. 신이집트의 시대, 신왕국의 이집트 제국 시대가 막을 올린 것이다.

나일강 삼각주에서는 힉소스 점령의 자취가 철저히 지워졌다. 힉소스 정권의 협력자들이 처형되었고 공공건물에 붙어 있던 힉소스 왕실 문양은 제18왕조의 상징으로 대체되었다.

힉소스가 떠난 뒤 유대 부족들에게는 무슨 일이 일어났을까? 이집트는 이들을 아시아인들이라는 이류 계급으로 분류해 권력 있는 지위에 오르지 못하도록 했을 것이다. 그리하여 유대 부족은 끊임없는 의혹의 시선을 받으며 농경과 목축에 종사했으리라.

이집트 제19왕조

아바리스 함락 후 65년이 지났을 때 투트모스 3세(B.C.E. 1479~1425년경)는 다시금 동쪽 국경이 불안하다는 보고를 받는다. 여러 부족 왕국들, 특히 미탄니와 히타이트(오늘날의 터키와 시리아 지방에 있던 왕국이다)가 이집트의 완충지대인 시리아와 가나안에 압박을 가하기 시작한 것이다. 카르낙의 비석 기록에 따르면 투트모스 3세는 즉각 가나안

신왕국(B.C.E. 1539~1075년) 동안 테베 시의 모습은 완전히 바뀌었다. 전리품이 들어오면서 새로운 건설이 여기저기서 이뤄진 것이다. 가장 야심찬 프로젝트는 투트모스 2세의 아내이자 공동 통치자였던 핫셉수트 왕비(B.C.E. 1473~1458년경)가 주도한 핫셉수트 장례 신전 건설이었다. 궁정 건축가이자 왕비의 자문관이었던 세넨무트(Senenmut)가 설계하여 데이르 엘-바흐리(Deir el-Bahri) 근처 절벽에 지어진 이 장례 신전은 바위 속 깊숙한 곳에 묘를 넣고 그 바깥에 거대한 3층 구조물을 세운 모습이

다. 이 엄청난 사업과 함께 나일강 반대편 카르낙에서는 아문 신전을 건설하는 일도 진행되었다. 이집트 신왕국에서 아문은 첫째 가는 신이었던 것이다. 투트모스 3세는 제국의 경계를 넓히는 원정이 '영혼의 아버지 아문-레의 명령에 따른 것'이라고 하였다. 카르낙 아문 대신전은 곧 세속의 권력을 꿈꾸는 사제 집단의 근거지로 변모한다.

세넨무트가 설계한 핫셉수트 왕비의 거대한 장례 신전이 룩소르 근처 석회암 절벽에서 일부 복원된 모습.

으로 출정해 B.C.E. 1468년, 가나안의 유서 깊은 신전이자 성채인 므깃도에서 히타이트인들과 맞선다. '전투 복장을 갖추고 순금 전차에 오른' 파라오와 휘하 군대는 성채를 집중 공략한다. B.C.E. 1460년경에 새겨진 카르낙의 연대기를 보면 '왕께서는 사막 사람들을 무수히 생포하시었다!'고 나와 있다. 이후 제19왕조와 제20왕조의 파라오들은 거의 예외 없이 동쪽의 가나안과 시리아로 출정해 가신 국가에게 이집트의 힘을 과시했다.

하지만 B.C.E. 1353년, 아멘호텝 4세가 왕위에 오르면서 이집트의 그 모든 부와 영광은 사라졌다. 새 파라오는 전통적으로 숭배하던 이집트 신들을 버리고 태양신 아텐만을 따르라는 충격적인 명령을 내렸다. 자기 이름도 아케나텐으로 바꾸고 수도를 테베에서 이집트 중부의 새 도시 아케타텐('아텐의 지평'이라는 뜻)으로 옮겼다. 아케타텐은 오늘날의 텔 엘 아마르나이다. 그곳에서 그는 왕비 네페르티와 함께 이집트를 통치했다.

파라오가 종교 행사에만 매달리면서 동쪽 가신 국가에 대한 이집트의 통제력은 약화되었다. 히타이트는 다시금 이집트 완충지대를 습격해 약탈했다. 가나안과 시리아에 주둔한 소규모 이집트 전함은 이를 막기에 역부족이었다. 예루살렘의 이집트 총독 압디헤바(Abdiheba)는 '왕이시여, 범죄자들을 처단할 수 있도록 궁사를 보내주십시오. 이민족들이 폐하의 도시를 차지하고 있나이다.'라는 편지를 보냈다. 하지만 아케나텐은 대외 정책에 관심이 전혀 없었다. B.C.E. 1336년에 그가 사망하자 왕실은 곧 아마르나를 버리고 멤피스로 옮겨갔다. 그곳에서 투탄카텐이라는 소년왕이 파라오 자리에 올랐다. 그는 곧 이름을 투탄카문('살아 있는 아문 신'이라는 뜻)이라 바꾸었다. 과거에 아문 신을 모시던 신관들이 복권되었다.

제19왕조(B.C.E. 1292~1190년경)는 대규모 군사 작전만이 동쪽에서 이집트의 세력을 회복시킬 수 있다는 점을 깨닫는다. 세티 1세(B.C.E. 1290~1279년경)는 취약한 동

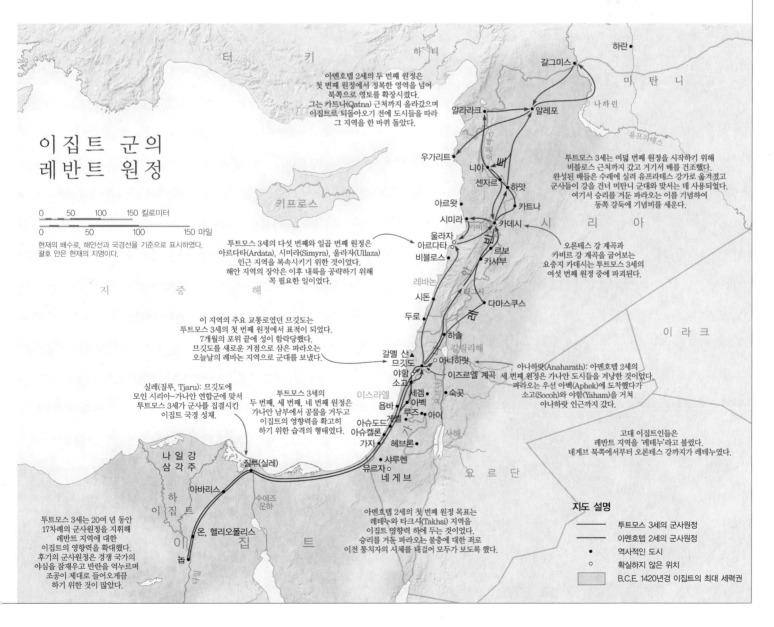

이집트 군의 레반트 원정

현재의 배수로, 해안선과 국경선을 기준으로 표시하였다. 괄호 안은 현재의 지명이다.

0 50 100 150 킬로미터
0 50 100 150 마일

아멘호텝 2세의 두 번째 원정은 첫 번째 원정에서 정복한 영역을 넘어 북쪽으로 영토를 확장시켰다. 그는 카트나(Qatna) 근처까지 올라갔으며 이집트로 되돌아오기 전에 도시들을 따라 그 지역을 한 바퀴 돌았다.

투트모스 3세는 여덟 번째 원정을 시작하기 위해 비블로스 근처까지 갔고 거기서 배를 건조했다. 완성된 배들은 수레에 실려 유프라테스 강가로 옮겨졌고 군사들이 강을 건너 미탄니 군대와 맞서는 데 사용되었다. 여기서 승리를 거둔 파라오는 이를 기념하여 동쪽 강둑에 기념비를 세운다.

투트모스 3세의 다섯 번째와 일곱 번째 원정은 아르다타(Ardata), 시미라(Simyra), 올라자(Ullaza) 인근 지역을 복속시키기 위한 것이었다. 해안 지역의 장악은 이후 내륙을 공략하기 위해 꼭 필요한 일이었다.

오론테스 강 계곡과 카비르 강 계곡을 굽어보는 요충지 카데시는 투트모스 3세의 여섯 번째 원정 중에 파괴된다.

이 지역의 주요 교통로였던 므깃도는 투트모스 3세의 첫 번째 원정에서 표적이 되었다. 7개월의 포위 끝에 성이 함락당했다. 므깃도를 새로운 거점으로 삼은 파라오는 오늘날의 레바논 지역으로 군대를 보냈다.

아나하랏(Anaharath): 아멘호텝 2세의 세 번째 원정은 가나안 도시들을 겨냥한 것이었다. 파라오는 우선 아벡(Aphek)에 도착했다가 소고(Socoh)와 야함(Yaham)을 거쳐 아나하랏 인근까지 갔다.

실레(질루, Tjaru): 므깃도에 모인 시리아-가나안 연합군에 맞서 투트모스 3세가 군사를 집결시킨 이집트 국경 성채.

투트모스 3세의 두 번째, 세 번째, 네 번째 원정은 가나안 남부에서 공물을 거두고 이집트의 영향력을 확고히 하기 위한 습격의 형태였다.

고대 이집트인들은 레반트 지역을 '레테누'라고 불렀다. 네게브 북쪽에서부터 오론테스 강까지가 레테누였다.

투트모스 3세는 20여 년 동안 17차례의 군사원정을 지휘해 레반트 지역에 대한 이집트의 영향력을 확대했다. 후기의 군사원정은 경쟁 국가의 야심을 잠재우고 반란을 억누르며 조공이 제대로 들어오게끔 하기 위한 것이 많았다.

아멘호텝 2세의 첫 번째 원정 목표는 레테누와 타크시(Takhsi) 지역을 이집트 영향력 하에 두는 것이었다. 승리를 거둔 파라오는 불충에 대한 죄로 이전 통치자의 시체를 내걸어 모두가 보도록 했다.

지도 설명

— 투트모스 3세의 군사원정
— 아멘호텝 2세의 군사원정
• 역사적인 도시
○ 확실하지 않은 위치
▨ B.C.E. 1420년경 이집트의 최대 세력권

지명: 하티, 터키, 키, 하란, 갈그미스, 미탄니, 나하린, 알라라크, 알레포, 유프라테스, 우가리트, 니아, 센자르, 하맛, 아르왓, 카트나, 시미라, 카데시, 시리아, 울라자, 아르다타, 르보, 비블로스, 카샤부, 레바논, 시돈, 다마스쿠스, 두로, 하슬, 갈릴리해, 갈멜 산, 므깃도, 아나하랏, 야함, 이즈르엘 계곡, 소고, 이스라엘, 세겜, 숙곳, 욥바, 아벡, 루즈, 아이, 아슈도드, 게셀, 아슈켈론, 헤브론, 가자, 샤루헨, 유르자, 네게브, 요르단, 이라크, 지중해, 키프로스, 나일 강 삼각주, 아바리스, 질루(실레), 수에즈 운하, 하이집트, 온, 헬리오폴리스, 놉

왕가의 계보

500년에 이르는 신왕국 통치 기간(B.C.E. 1539~1075년) 동안 고대 이집트는 권력과 부의 전성기를 누렸다. 두 번 다시 외세의 괴롭힘을 당하지 않겠다고 맹세한 파라오들은 가나안, 에돔, 모압, 시리아 등을 가신 국가로 삼아 완충 지대를 마련했다. 또한 여러 통치자들이 이집트 전역에서 대규모 건축 사업을 벌였고 왕들의 계곡에 자신들의 무덤을 마련했다.

② 아멘호텝 1세
(B.C.E. 1514~1493년경)

아모세의 누비아 정벌을 이어갔으며 이집트 국경을 리비아까지 넓혔다. 그의 미라는 1881년에 발견되었다.

③ 투트모스 3세
(B.C.E. 1479~1425년경)

17차례나 레반트 원정을 한 '이집트의 나폴레옹'이다. 누비아에서 시리아에 이르는 이집트의 세력권을 확고히 했다.

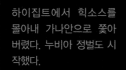

하이집트에서 힉소스를 몰아내 가나안으로 쫓아버렸다. 누비아 정벌도 시작했다.

① 아모세
(B.C.E. 1539~1514년경)

투트모스 2세의 왕비이자 아들 투트모스 3세의 섭정으로 실질적인 파라오 역할을 했다. 거대한 장례신전을 건설했다.

④ 핫셉수트 왕비
(B.C.E. 1473~1458년경)

6 투탄카문
(B.C.E. 1332~1322년경)

아문과 다른 신들에 대한 숭배를 되살린 인물이다. 부장품이 가득한 그의 무덤은 1922년, 하워드 카터가 발견했다.

8 람세스 2세
(B.C.E. 1279~1213년경)

신왕국의 가장 위대한 왕으로 B.C.E. 1274년, 카데시 전투에서 히타이트의 공격을 막아냈으며 재위 기간 동안 수많은 건축물을 남겼다.

태양신 아텐만을 숭배하라고 명령했다. 궁도 테베에서 아마르나 근처의 새도시로 옮겼다.

5 아케나텐
(B.C.E. 1353~1336년경)

가나안과 시리아에 대한 통제권을 회복하고 카르낙에 거대한 다주식 광장을 건설했다. 이스라엘인들을 노예로 삼은 파라오라 추측된다.

7 세티 1세
(B.C.E. 1290~1279년경)

쪽 국경 근처에 새로운 군사 요새를 건설하기로 한다. 최적지는 나일강 삼각주 동쪽, 예전에 힉소스 왕들이 선택했던 바로 그곳이었다. 하지만 힉소스의 수도 아바리스는 이미 폐허가 된 상태였다.

세티 1세는 새로운 요새 도시 건설을 시작한다. 이 도시는 훗날 비-람세스-메리-이멘(Pi-Ramses-Meri-Imen, '아문이 총애하는 람세스의 집'이라는 뜻)이라 불리게 되며 성경에는 라암셋(라므세스)으로 등장한다. 유물이 단 한 점도 남아 있지 않지만 아마도 비-람세스는 카이로 북쪽 112킬로미터, 파쿠스(Faqus) 시 바로 북쪽의 칸티르(Qantir) 부근 언덕이었으리라 추정된다.

요새 건설에서 대두된 한 가지 문제가 바로 노동력이었다. 누가 그 엄청난 건설 작업을 맡는단 말인가? 파라오는 비-람세스에 새로 지은 궁전의 발코니에 서서 주변을 둘러보았다. 아시아 출신들이 살고 있는 고센 평야가 보였다. 이집트인들은 고센의 아시아인들이 어디 출신이지, 법적 지위가 어떤지 모를 것이었다. 힉소스 왕조가 내주었던 증명서 따위는 아바리스와 고센 지역의 힉소스 건물을 파괴할 때 다 사라졌을 테니 걱정할 필요도 없었다.

성경은 이 시기를 '요셉을 모르는 새로운 왕이 이집트를 다스리던 때'라고 설명한다. 여기서 새로운 왕은 아마도 세티 1세였을 것이다. 파라오는 "보아라, 이스라엘 백성이 이렇듯 무섭게 불어나니 큰일이다."라고 말한다(출애굽기 1:8~9). 이는 물론 과장된 표현이다. 하지만 가나안에서 온 이주민이 나일강 삼각주에 모여드는 것은 이미 오래된 일이었다. 파라오는 이 외국인 노동자들

을 비-람세스 건설 공사에 투입하자는 생각을 해냈다. 공사 감독을 두어 인력을 관리하면 될 것이었다(출애굽기 1:10~11).

B.C.E. 1279년, 세티의 세 번째 자식인 람세스 2세가 권좌에 올라 장장 67년에 이르는 통치를 시작한다. 이집트 그리고 성경 속 세계에 엄청난 영향을 미친 파라오였다. 람세스 2세는 아버지보다 한층 원대한 계획을 세웠다. 그의 눈에는 새로운 수도 비-람세스가 너무 작았다. 그리하여 가족과 왕조

의 수호신에게 바치는 두 번째 도시 비돔(페르 아툼, Per-Atum) 건설에 착수한다. 〈출애굽기〉의 설명을 보자. '그들은 파라오의 곡식을 저장해둘 도성 비돔과 라므세스를 세웠다. 이집트인들은 이스라엘 백성을 혹독하게 부리며 흙을 이겨 벽돌을 만드는 고된 일을 시켰다'(출애굽기 1:11~14).

역청과 송진을 바른 파피루스 바구니 안에 담긴 아이가 강물에 띄워 보내진 것이 바로 이때였다.

람세스의 보물 도시에 관한 수수께끼

라므세스(비-람세스-메리-이멘)와 비돔(페르-아툼)이라는 두 도시는 고대의 여러 기록에 등장하지만 그 정확한 위치는 여전히 수수께끼로 남아 있다. 고고학자 비탁은 카이로 북쪽 112킬로미터 거리의 텔 엘 다바 근처 칸티르 마을이 비-람세스라고 주장했다. 이 주장이 맞는다면 비돔은 수에즈 운하의 카사신(Qassasin) 마을 남쪽 텔 엘 마스쿠타 근처라는 주장이 힘을 얻게 된다. 칸티르 마을과 텔 엘 마스쿠타 사이 거리는 채 32킬로미터가 안 되기 때문이다. 비-람세스의 유적은 거의 남아 있지 않다. 이곳에서는

수천 년 전의 선조들이 그랬듯 오늘날에도 농부들이 소를 끌며 밭을 갈 뿐이다. 비탁은 파라오 시아문(Siamun)(B.C.E. 978~960년경)이 타니스를 재건하여 제21왕조(B.C.E. 1075~945년경)의 새 수도로 삼으면서 비-람세스가 사라지게 되었다고 생각한다. 출애굽 시대까지 완성되지 못한 비-람세스는 결국 근처의 새로운 도시 건설 현장에 필요한 재료로 이용되고 말았던 것이다.

나일강 삼각주의 칸티르 마을 근처의 구릉 지대. 고고학자들은 이곳에 비-람세스가 있었다고 생각한다.

카르낙의 거대한 다주식(多柱式) 광장. 람세스 1세(B.C.E. 1292~1290년경)가 짓기 시작한 이 홀에는 한때 134개나 되는 기둥이 서 있었다.

수수께끼의 인물 모세

고대의 이집트 사원 유적으로 둘러싸인 나일 삼각주의 강물에서 어린이들이 놀고 있다.

모 세는 유대 신앙에서 대단히 중요한 인물이다. 역사와 율법 그리고 유대 민족의 정체성을 한 몸으로 드러내는 이러한 인물은 다시 없기 때문이다. 그는 신과 소통하며 율법을 전해준 사람이며, 그리스도교와 이슬람교에서도 숭배의 대상이다. 그리스도 교도들은 모세가 계약궤를 받았을 뿐 아니라 훗날 예수에게 많은 가르침을 남겨준 존재라는 점을 중시한다. 이슬람교도들은 신의 율법을 전한 존재로 모세(무사)를 기린다. 《코란》에는 무사에 대한 이야기가 다른 어떤 예언자보다도 많이 등장한다.

모세는 과연 누구인가? 〈출애굽기〉의 핵심 인물인 모세는 수수께끼의 존재로 학문적 연구와 논쟁의 대상이 되어왔다. 모세 이야기가 펼쳐지는 시대의 이집트를 다룬 자료는 꽤 많지만 모세를 언급하는 경우는 없다. 〈출애굽기〉의 내용 중에는 모순되는 것도 있다. 예를 들어 모세는 유대인이지만 파라오 궁정에서 이집트 왕자로 교육받는다. 응석받이로 자랐으면서도 홀로 시나이 사막을 지나갈 만한 능력을 지녔다. 이는 튼튼한 베두인 청년에게도 어려운 일이었는데 말이다. 모세는 고센의 이스라엘인들과 친척관계지만 이

B.C.E. 1600년경
알파벳 문자가 미노아의
상형문자를 대체함

B.C.E. 1550년경
미케네인들이 지중해 전역에서
교역 활동을 함

B.C.E. 1500경
카시트(Kassite)인들이 바빌론을 통치하며
그 문화를 받아들임

B.C.E. 1500년경
철제 무기와 도구가
서아시아 전역에서 사용됨

> 신께서 떨기 가운데서 "모세야, 모세야." 하고 부르셨다. 그가 대답하였다. "예, 말씀하십시오."
> 신께서는 "이리로 가까이 오지 마라. 네가 서 있는 곳은 거룩한 땅이니
> 네 발에서 신을 벗어라." 하시었다. | 출애굽기 3:4~5 |

방인 취급을 받는다. 그리하여 이집트에서, 또 사막을 가로지르는 먼 여행에서 유대인들은 끊임없이 그를 의심하고 괴롭힌다. 부유한 환경에서 자라났지만 모세는 미디안 사막에서 케니트(겐, Kenite)족 아내 십보라(시뽀라, Zipporah)와 함께 양치기로 살면서 정작 진정한 행복을 느낀다.

이 때문에 모세는 고센 및 미디안 부족들의 전설 그리고 이후 이스라엘의 경험이 뒤섞여 만들어진 인물이라고 보는 학자들이 많다. 심지어 〈출애굽기〉 이야기 자체가 B.C.E. 7~6세기 솜씨 좋은 필경사들의 창작품이라는 주장도 나온다. 하지만 〈출애굽기〉에 등장하는 실제 지명과 인명들은 이집트 문서 및 오늘날의 고고학 발견 결과와 일치한다. 이를 기준점으로 삼아 우리는 이 흥미진진한 이스라엘 해방기를 재구성해보려 한다.

이집트의 모세

모세 이야기의 시작 부분은 고대 설화의 전형이라 할 만하다. 파라오가 유대 노예들의 높은 출산율에 불안을 느끼고 사내아이를 낳으면 모두 강물에 집어넣어 버리라고 명령한 것이다(출애굽기 1:22).

이 시기에 암람(Amram)이라는 유대 노예가 자기 부족의 처녀와 결혼한다. 성경은 이들이 레위 부족 출신이라고 설명함으로써 모세가 레위 혈통임을 분명히 한다. 야곱과 레아의 셋째 아들인 레위는 야곱과 함께 고센으로 이주했고 게르손(Gershon), 크핫(Kohath), 므라리

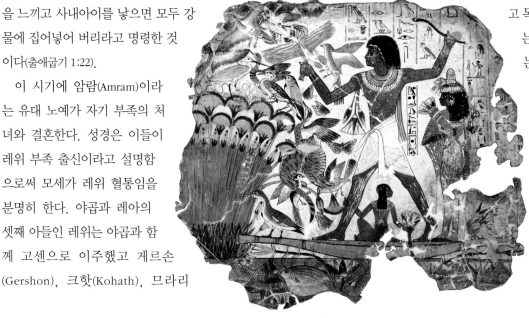

테베 서쪽의 어느 무덤에서 발견된 사냥 그림. 신왕국 제18왕조 때인 B.C.E. 1356년 경에 그려진 것으로 추정된다.

(Merari)라는 세 아들을 두었다. 여러 해가 지나 모세가 시나이 산에서 율법을 받을 때 게르손과 므라리의 후손들은 사제 계급으로 신전에서 일하고 있다. 아론과 함께 크핫의 자손이었던 모세는 자기 친족을 선택해 사제의 명예를 부여했던 것이다.

시집간 유대 처녀 요게벳(Jochebed)은 곧 임신해 아들을 낳는다. 기쁨도 잠시, 파라오가 아들을 찾아내 죽일지 모른다는 불안에 휩싸인 요게벳은 남몰래 석 달 동안 키운 뒤 파피루스 바구니에 역청과 송진을 바른 후(출애굽기 2:3) 아이를 눕힌다. 당시 이집트에서는 배를 만들 때도 이렇게 파피루스 대를 묶고 방수용으로 역청을 바르곤 했다. 요게벳은 마지막으로 아들의 모습을 바라본 뒤 조심스럽게 나일 강물에 띄워 보냈다.

요게벳 부부에게는 모세보다 손위인 딸도 하나 있었다. 그 이름은 나오지 않지만 훗날 파라오의 전차 부대가 홍해를 건너다가 휩쓸려버리자 돌연 나타나 찬양의 노래를 지은 미리암이 그 딸이리라 추측된다. 어머니가 시킨 대로 누이는 강둑에 앉아 어린 동생을 지켜보았다. 그때 파라오의 딸이 시녀들을 데리고 목욕하러 강으로 내려왔다. 떠내려가는 바구니를 보고 건져오게 한 공주는 우는 아이를 보고 불쌍히 여기며 "틀림없이 유대인의 아기다."라고 말한다(출애굽기 2:5~6). 미리암은 바로 그쪽으로 달려가 "제가 아기에게 젖을 물릴 유대인 유모를 하나 데려다 드릴까요?"라고 묻는다. 그러라는 허락을 얻은

B.C.E. 1500년경
우가리트가 지중해 동쪽의
교역을 통제함

B.C.E. 1450년경
미케네인들이 크레타를 장악하고
미노아 문명이 종말을 맞음

B.C.E. 1400년경
히타이트가 파괴한 예리고 시가
재건되어 번영함

B.C.E. 1353~1336년경
아케나텐(아멘호텝 4세)이 이집트를 통치하며
수도를 테베에서 아마르나로 옮김

미리암은 어머니를 불러온다. 그리하여 다시 만난 모자는 모세가 젖을 떼고 교육을 받기 시작할 때까지 함께 지낸다. 그 이후 모세는 궁으로 들어가 공주의 아들로서 자라게 된다(출애굽기 2:10).

모세 이야기의 서막은 몇 가지 의문을 갖게 한다. 새 도시 건설을 서두르던 파라오는 어째서 노예의 아들들을 죽여 없애려 했을까? 혹독한 노역을 시키면서 자연스럽게 노예 수를 줄여나가면 되지 않았을까? 이에

연꽃 모양의 푸르른 나일 삼각주와 광대한 시나이 반도 사막이 한눈에 드러나는 나사(NASA) 항공 사진.

대해서는 두 가지 대답이 가능하다. 첫째, 유대 아이들의 학살은 이후 일어날 열 번째 재앙, 즉 이집트인의 첫 자녀가 죽게 되는 재앙을 정당화하기 위해 필요하다. 둘째, 모세 5경에 자주 나타나듯 이 역시 메소포타미아와 이집트의 설화 모티프를 차용한 것으로 해석할 수 있다. 파피루스 바구니에 담긴 모세 이야기는 아카드 왕국의 시조 사르곤 1세가 어린시절에 가까스로 목숨을 건진 이야기와 흡사하다.

바빌로니아 구전 전설에 따르면 사르곤 1세(B.C.E. 2334~2279년)는 외국 공주인 에니투의 몸에서 태어났는데 생명의 위협을 받

게 된다. 에니투는 갈대 바구니에 아들을 넣고 역청으로 틈을 막아 강물에 띄워 보낸다. 바구니는 물을 긷는 사람이었던 아키에게 발견되어 사르곤 1세는 아키의 아들로 성장한다. 히타이트 신화인 '카네시(Kanesh) 여왕과 잘파(Zalpha) 이야기'에서도 비슷한 상황이 등장한다. 여왕은 자신이 낳은 아들 서른 명을 각기 바구니에 넣고 강물에 띄워 신들에게 보낸다. 모세 이야기가 이런 구전 전설의 소재를 가져온 것은 모세가 다른 영웅들과 마찬가지로 어린시절부터 신의 보호를 받았다는 점을 보여주기 위함이다.

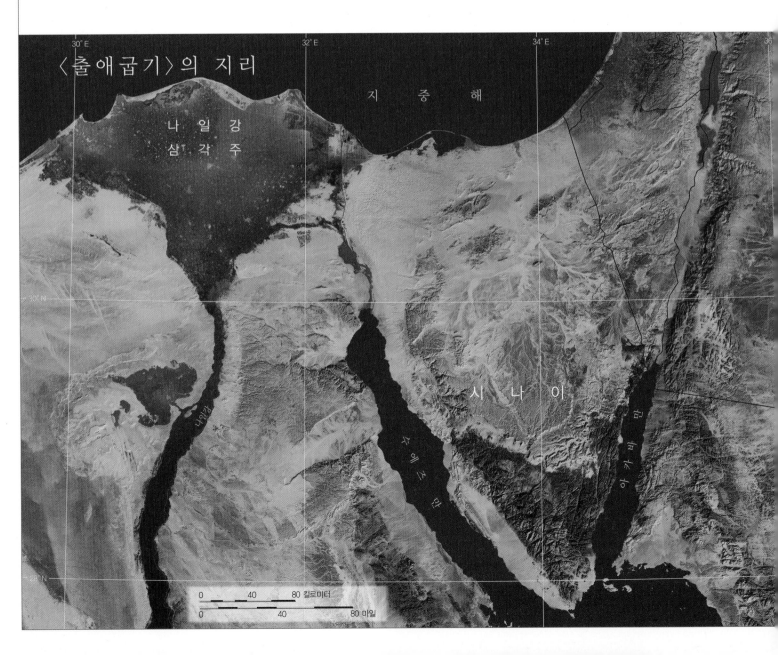

〈출애굽기〉의 지리

지 중 해

나 일 강
삼 각 주

나일강

수 에 즈 만

시 나 이

아 카 바 만

0   40   80 킬로미터
0   40   80 마일

영국 화가 알마 타데마(Sir Lawrence Alma-Tadema)가 그린 〈모세를 발견하다〉. 1904년의 아스완 댐 준공을 기념하여 만든 작품이다.

모세, 공사 감독관을 죽이다

〈출애굽기〉는 모세의 젊은 시절에 대해 별로 언급하지 않는다. 하지만 파라오의 궁에서 자라난 왕자라면 철저한 교육을 받았으리라. 이집트에는 장차 나라를 통치할 이들을 훈육하는 문헌이 아주 많다. B.C.E. 1000년경, 신관 문체로 파피루스에 적힌 '아메네모페트의 교훈(Instructions of Amenemopet)'을 보면(이 문서는 현재 대영박물관에 보관되어 있다) '억압받는 이들을 괴롭히거나 힘없는 이들을 짓누르지 않도록 하라'는 언급이 나온다.

모세는 이런 교훈을 듣고 가슴에 새겼을 것이다. 〈출애굽기〉를 보면 모세가 건설 현장에서 유대 노예들의 고역을 목격하는 장면이 등장한다. 당시 공사 현장에는 노예들이 잠시라도 게으름을 피우면 채찍을 휘두르는 감독관들이 아주 많았다. 이는 이집트

〈출애굽기〉는 모세라는 이름이 '강에서 건져낸 사람'을 뜻한다고 설명한다. 하지만 이집트 학자들은 고대 이집트에서 모세가 흔한 이름이었다고 지적한다. 이집트어에서 ms(w)로 표기되는 이 이름은 '-의 아들' '-의 소생'이라는 의미이다. 예를 들어 파라오 투트모스는 '투트의 아들'을 뜻한다. 수세기 동안 이 이집트 이름이 그대로 기록되었다는 점을 근거로 삼아 모세가 역사적 실존 인물이었다고 주장하는 학자들도 있다.

모세는 일이 탄로났음을 알고 두려워하였다.
파라오는 이 소식을 전해듣고 모세를 죽이려고 하였다.
모세는 파라오의 손을 피하여 미디안 땅으로 달아나 그곳 우물가에 앉아 있었다.

| 출애굽기 2:14~15 |

관리 레크미레(Rekhmire) 무덤의 벽화를 통해서도 확인할 수 있다. 모세는 노예를 마구 때리고 있는 감독관을 보고 몹시 화가 나서는 아무도 보지 않는 틈에 그 이집트인을 죽여 모래 속에 묻어버린다(출애굽기 2:12). 다음날, 다시 공사 현장에 나간 모세는 유대 노예 둘이 서로 싸우는 광경을 보고 달려가 "왜 동족끼리 때리는 건가?"라고 물었다. 그러자 한 남자가 "누가 당신을 우리의 우두머리로 삼아 우리를 재판하라 했단 말이오? 당신은 이집트인을 죽였듯 나도 죽일 작정이오?"라고 대들었다(출애굽기 2:11~14).

유대 노예의 이러한 반응은 모세의 동포애를 전혀 인정하지 않는 것이어서 관심을 끈다. 유대인들이 보기에 모세는 그저 또한 명의 지배 계급, 멋지게 차려입은 이집트 귀족에 불과했다. 여기서 우리는 모세 이야기에 계속 등장하는 이방인이라는 주제를 발견한다. 모세는 존경을 받고 숭배의 대상이 되기도 했지만 그 어느 부족의 일원으로 인정받지도, 친족의 사랑을 받지도 못하는 것이다.

유대 노예의 말에서 드러나는 또 다른 사실은 모세가 감독관을 죽인 일이 만천하에 드러났다는 것이다. 파라오도 그 소식을 전해듣고 모세를 죽이려고 했다(출애굽기 2:15). 모세는 시나이 황야로 도망쳤다.

모세와 이드로의 만남

성경은 3만 2,000평방킬로미터 넓이의 시

누비아와 아시아 포로를 묘사한 신왕국(B.C.E. 1539~1075년경) 시대의 샌들 바닥 그림.

나이 반도를 '크고 무서운 땅'이라 묘사한다. 깊은 균열과 거대한 산맥 등 황량한 풍경은 그 자체로 사람을 압도한다. 우물은 그때나 지금이나 극히 드물다. 하지만 모세는 무사히 시나이를 지나 아카바 만 동쪽의 미디안, 즉 오늘날의 요르단 남부로 들어간다.

그리고 여기서 다시 우물이 만남의 장소로 등장한다. 먼 길을 오느라 지친 모세가 우물가에 앉아 물을 마시고 있는데 처녀 일곱이 나타난 것이다. 가축에게 먹일 물을 뜨러 온 미디안 사제 이드로(Jethro)의

딸들이었다(출애굽기 2:16). 그때 거친 목동들이 나타나 처녀들을 괴롭혔다. 모세는 나서서 처녀들을 보호해주었고 처녀들은 아버지에게 달려가 그 이야기를 전했다. 이드로는 모세를 집으로 불러와 환대하고 딸 십보라를 아내로 준다. 십보라가 아들을 낳자 모세는 게르솜(Gershom)이라는 이름을 지어주었다. '이방인'이라는 뜻이다. 비-람세스에서의 공허한 화려함은 먼 기억이 되었다. 모세는 가족과 함께 행복을 누렸다.

여기까지의 이야기는 B.C.E. 1,000년대의 이집트인들에게 아주 익숙한 종류이다. B.C.E. 1800년부터 B.C.E. 1000년 이후까지 수많은 파피루스 문서와 도기 조각판에 기록된 시누헤(Sinuhe) 이야기만 보아도 그렇다.

파라오 아메넴헤트 1세(B.C.E. 1938~1908년)의 사망 이후 이집트가 혼란에 휩싸였을 때 시누헤라는 청년이 벌을 받을 상황에 놓였다(어떤 죄를 지었는지는 언급되지 않는다). 그는 왕궁을 탈출해 동쪽으로 떠났다. 가나안을 지나 시리아로 간 시누헤는 비블로스 근처, 암미-엔시(Ammi-enshi)라는 족장이 다스리는 지역에 들어갔다. 족장은 그를 환대하고 딸과 결혼시켰다. 그는 그곳에서 오래 살며 자녀들을 키웠다.

물론 차이점도 있다. 시누헤는 가나안을 지날 때 잘 알려진 교역로를 택했다. 우물이나 여인숙을 이용할 수 있도록 말이다. 반면 〈출애굽기〉의 모세는 지상에서 가장

척박한 사막 지대를 가로지른다. 물주머니, 당나귀, 오아시스 위치에 대한 정확한 지식이 없다면 이는 자살이나 다름없는 행동이다. 파라오의 경호 부대 사령관을 지내기는 했지만 모세가 몇 주, 몇 달씩 사막에서 홀로 생존하는 법을 익혔을 것 같지는 않다. 왕자로 귀하게 자란 모세가 대체 어떻게 시나이 반도를 가로질러 미디안까지 갈 수 있었을까? 이후 이집트를 탈출한 유대인들이 사막의 열기와 식량 부족, 물 부족으로 끔찍한 고통을 당할 때에 모세가 사막 생존법을 가르치는 장면은 전혀 나오지 않는다. 알 수 없는 일이다. 사실이 어떻든 〈출애굽기〉에 따르면 모세는 혼자서 그 엄청난 여행을 해낸 것이다.

미디안과 모세

앞서 살펴보았듯 이집트의 모세와 미디안의 모세를 연결하기 위해 성경은 여러 가지 이야기를 섞어넣은 것 같다. 모세가 애초부터 미디안 출신이라는 파격적인 설도 나왔다. 이미 언급했지만 이집트 제18왕조와 제19왕조의 파라오들은 가신 국가들로 완충 지대를 유지하며 외적의 침략에 대비했다. 총독은 그 지역의 언어와 관습을 잘 아는 족장으로, 매년 조공을 걷어 이집트에 보냈다. 한편으로 그는 반역을 꾀하기에 가장 적합한 인물이기도 했다. 이 때문에 이집트는 총독이 충성심을 유지하도록 다양한 전략을 썼다.

그중 하나가 총독의 맏아들을 파라오 궁정에 불러 교육하는 것이었다. 이집트 언어, 문학, 건축, 예술 등을 익히게 한다는 점에서 혜택의 측면도 있었다. 이 과정에서 젊은이들은 이집트의 관습과 세계관에 익숙한, 믿을 만한 미래의 총독으로 키워졌다. 또한 맏아들을 비-람세스에 보낸 가신 국가의 총독은 긴장하지 않을 수 없었다. 반역 등의 문제가 발생하면 파라오는 가장 먼저 궁에 데려다놓은 자기 아들을 죽일 것이 뻔했으니 말이다.

모세 역시 미디안 족장의 아들로 이집트에 볼모 겸 유학생으로 보내진 것은 아닐까. 그렇다면 모세가 미디안으로 가는 길을 훤히 알았으리라. 감독관을 죽인 뒤 모세가 도망쳐야 했던 이유도 설명이 된다. 살인은

전통 머리 장식을 쓴 요르단 마다바(Madaba)의 베두인 여자. 머리 장식의 금화는 자기가 지참금으로 가져온 것이다.

신께서 말씀하셨다. "이스라엘 백성의 아우성 소리가 들려온다.
이제 내가 너를 파라오에게 보낼 터이니
내 백성 이스라엘인들을 이집트에서 건져내어라." | 출애굽기 3:7~10 |

가신 국가 총독의 아들 입장에서는 더더욱 처벌을 면하기 어려운 중죄였을 것이다.

이러한 주장을 뒷받침하기라도 하듯 성경에는 미디안 사람들이 몇 가지 특별한 역할을 담당한 것으로 설명된다. 〈창세기〉에 따르면 미디안 부족은 아브라함이 사라가 죽은 후 결혼한 두 번째 부인 크투라의 아들에서 이어진 후손이다(창세기 25:1~2). 이후 〈민수기〉에서는 예언자 발람이 미디안인들을 켄족이라 부른다(민수기 24:21). 이는 아랍어에서 구리 세공인을 뜻하는 단어 'qain'에서 나왔다. 다시 말해 미디안족은 근처 산맥에서 많이 나는 구리를 가공하는 재주로 유명했던 것이다. 그리고 바로 이 때문에 미디안족은 이집트 제국에 아주 중요한 존재였다.

이 주장의 핵심은 미디안족이 야곱 부족과 마찬가지로 아브라함의 후손이라는 데 있다. 그렇다면 이들은 계속 아브라함의 엘을 숭배했을 것이다. 모세가 비-람세스의 유대인 노예들에게 동포애를 느낀 이유도 여기서 설명된다. 물론 유대인의 관습이나 노래, 기도 등은 미디안 사람들과 달랐을지 모르지만 말이다.

신이 나타나다

그러던 어느 날 모세는 시나이 반도 남쪽 협곡으로 가축을 몰고 갔다. 그곳 시나이 산기슭에서 그는 이상한 광경을 목격했다. 떨기에서 불꽃이 이는데도 떨기가 타지 않는 것이었다. 이어 신은 모세를 부르며 "내 백성이 이집트에서 고생하는 것을 똑똑히

보았고 억압을 받으며 괴로워 울부짖는 소리를 들었다."라고 말한다(출애굽기 3:1~7). 《코란》에도 같은 이야기가 등장한다. "이제 너와 네 형제는 내 말을 파라오에게 가서 전하라. 너희들은 신의 사도이니 이스라엘의 자식들을 더이상 괴롭히지 말고 보내라고 말이다!"(코란, 수라 20:42~43, 47) 이런 지시를 받게 된 모세는 혼란을 느낀다. 유대 노예들이 자기를 지도자로 인정할 것인가? 파라오는 그의 말을 들어주기나 할까? 모세

이집트의 공사 감독관

테베 근처에 있는 이집트 고위 관리 레크미레 (Rekhmire) 무덤의 벽화를 보면 공사 감독관들이 흰 피부의 셈족을 부리는 모습이 나타난다. '나는 아비루(Abiru)인들에게 빵과 맥주 등 필요한 것들을 제공했지만 게으름을 피우지 못하도록 회초리도 손에서 놓지 않았다.'라는 기록도 있다. 일부 학자들이 히브리(hebrew)의 어원으로 보기도 하는 아비루라는 단어가 여기서는 노예를 뜻하고 있다. 고대 이집트, 특히 신이집트에서 거대 건설 프로젝트는 수천 명 노예들의 힘으로 이뤄지는 것이 관행이었다. 노예는 가나안, 가자, 에돔, 시리아 등의 이웃 국가에서 끌려온 젊은이들이었다.

는 누구의 권위를 내세워야 하는 것일까? 신은 "나는 곧 나다. '나다.' 하고 말씀하시는 그분이 너를 보내셨다고 하라."고 대답한다(출애굽기 3:13~14).

'나는 곧 나다'는 히브리어로 'Ehyeh asher ehyeh'가 된다. 이때부터 모세와 이스라엘 백성은 아브라함의 신 엘을 히브리어 자음 네 글자인 'YHWH' 즉 야훼라 부르게 된다. 이는 무슨 뜻일까? 일부 학자들은 'Yahweh-Asher-Yahweh(존재하는 모든 것을 존재하게 하는 자)'의 약어라고 주장한다. 혹은 이것이 그저 신의 위대함에 대한 탄성이라는 주장도 있다. 신의 권능은 인간의 언어로는 나타낼 수 없으므로 이러한 추상적인 약어로 대신한다는 것이다.

신이 모세 앞에 나타남으로써 〈출애굽기〉의 이야기는 한층 힘을 얻는다. 야훼라는 신은 먼 곳에서 그저 지켜보는 존재가 아니라 유대인 부족의 운명에 깊은 관심을 보이는 존재이다. 고센에서의 오랜 침묵기는 끝났다. 야훼는 이스라엘의 자손들이 무사히 이집트를 탈출해 가나안 땅에 정착할 때까지 계속 마음을 쓸 것이었다.

모세는 마지못해 신의 지시에 따르기로 한다. 모세가 자신은 말재주가 부족하다고 걱정하자 신은 "레위 사람인 네 형 아론이 있지 않느냐? 내가 알기에 그는 말을 썩 잘하는 사람이다."라고 말했다(출애굽기 4:14). 이렇게 하여 아론에서부터 신을 위해 봉사하는 레위 부족의 전통이 시작된다.

성 캐더린 수도원

성 캐더린 수도원은 오늘날에도 여전히 시나이 산기슭에서 그 위용을 자랑하고 있다. C.E. 337년, 로마 황제 콘스탄티누스의 어머니 헬레나 왕비는 신이 모세 앞에 나타났던 떨기나무 근처에 교회를 세우라는 결정을 내렸다. 수도사들 무리가 그곳에 정착했다. 이후 600년이 흐르면서 이곳은 그리스정교 의식을 따르면서도 독자성을 주장하는 학풍의 중심지로 발전했다.

사막의 도적 떼가 작은 교회를 자주 침입하자 유스티니아누스 황제는 교회 주변에 튼튼한 담장을 둘러치도록 했다. 수도사와 경비원 200명이 살 수 있도록 주거 공간도 확장했다.

이 수도원의 도서관은 귀중한 성상화와 초기의 성경 사본을 차곡차곡 모아들여 지금은 바티칸 도서관 다음 가는 규모를 자랑한다.

이곳은 유대교도, 그리스도교도, 이슬람교도 모두에게 성지이다. 이슬람 군이 시나이 산을 정복한 후 예언자 무함마드가 수도원을 방문해 이곳이 영원히 이슬람의 보호 아래 있을 것이라 선포했다고 한다. 덕분에 수도원은 긴 역사 동안 파괴를 피할 수 있었다. 무함마드의 선포문 사본은 아직도 보관되어 있다.

11세기에 이슬람 성직자들은 교회 맞은편에 모스크를 짓기도 하였다. 오늘날에는 그리스정교 수도사들 몇 명만 남아 수도원을 지키고 있다.

성 캐더린 수도원은 콘스탄티누스 대제 시절부터 중단 없이 인간이 거주해온 유일한 건축물이다.

열 가지 재앙

2004년 11월 17일, 카이로 근처 기자 피라미드들을 뒤덮은 메뚜기 떼. 성경의 여덟 번째 재앙을 연상시키는 광경이다.

모세는 형 아론과 함께 이집트로 돌아가 파라오 앞에 섰다. 그리고 이스라엘인들이 신을 찬미하는 축제를 벌일 수 있도록 휴가를 주어 광야에 내보내달라고 요청했다. 파라오는 "야훼가 누군데 내가 그의 말을 듣고 이스라엘인을 내보내겠느냐? 나는 야훼를 알지도 못하거니와, 이스라엘인을 내보낸다는 것은 당치도 않은 말이다."라며 거절하였다(출애굽기 5:1~2).

모세의 요청은 오히려 역효과만 불러왔다. 화가 난 파라오가 작업 감독관들에게 "이제부터 흙 벽돌을 만드는 데 쓸 짚을 대주지 마라. 저희들이 돌아다니며 짚을 모아오게 하여라. 그렇다고 생산량을 줄여서도 안 된다. 지금까지 생산하던 것만큼 만들어내게 하여야 한다. 저들이 게으름을 피우고 있다."라고 명령한 것이다(출애굽기 5:7~8).

유대 노예들은 모세가 괜히 나서 서툴게 일을 벌이다가 더 큰 대가를 치르게 된 것을 원망했다. 모세는 이를 신의 탓으로 돌리며 '당신의 백성을 건져줄 기미도 보이지 않는다'고 한탄했다(출애굽기 5:23). 야훼는 그 상황이 의도된 결과라고 답한다. '자신이 손을 들

B.C.E. 1400년경
두로(Tyre), 비블로스,
시돈이 페니키아 교역의 중심지로 번성함

B.C.E. 1350년경
히타이트의 수피룰리우마(Suppiluliuma)
1세가 시리아를 정복하여 미탄니의 세력에
종지부를 찍음

B.C.E. 1332~1322년경
이집트의 투탄카문 치세

B.C.E. 1300년경
히타이트 왕국이 메소포타미아 북부에서
아나톨리아까지 영토를 확장함

신께서 모세에게 이르셨다. "너는 하늘을 향하여 팔을 쳐들어라.
그리하면 우박이 이집트 땅에 쏟아지리라.
이집트 땅의 사람과 가축과 모든 풀 위에 쏟아지리라." | 출애굽기 9:22 |

어 이집트를 치는 것을 보고서야'(출애굽기 7:5) 이집트인들이 야훼의 분노를 알게 된다는 설명이다.

그리고 신은 파라오의 마음을 바꾸기 위해 온 이집트 땅에 재앙을 내린다. 나일강은 피로 변해 물고기가 죽고 물도 마실 수 없게 되었다. 개구리 수천 마리가 땅을 뒤덮더니 이어 등에와 파리 떼가 사람과 동물 가릴 것 없이 달려들어 괴롭혔다. 우박이 쏟아져 농사를 망쳤다. 남은 것은 모두 메뚜기들이 먹어치웠다.

얼핏 보기에 이 재앙들은 우연한 것으로 보인다. 하지만 잘 살펴보면 그 순서에 설득력이 있다. 나일강물이 피처럼 붉어지는 것(출애굽기 7:17~21)은 오늘날에도 나타나는 현상이다. 과학자들은 그 원인으로 아비시니아 지역 호수에서 생긴 침전물, 혹은 녹조와 박테리아에서 나오는 독성을 꼽는다. 과거에도 이런 일이 종종 일어났던 모양이다. 힉소스 시대의 파피루스 기록인 '이퓨어(Ipuwer)의 훈계'(현재 네덜란드의 라이든(Leiden) 박물관에 소장되어 있다)를 보면 나일강이 '피로 변하는 현상'을 포함해 몇 가지 자연 재해가 기술되어 있다.

죽은 물고기가 썩어가면서 강물을 마실 수 없게 되면 강가에 살던 동물들은 깨끗한 물을 찾아 떠나버린다. 이집트를 뒤덮은 개구리 떼(출애굽기 8:5~6)는 여기서 기인한 결과이다. 또한 강둑에 쌓인 죽은 물고기 덕분에 박테리아와 파리가 과잉 번식하게 된 것이다. 다섯 번째 재앙인 가축들의 역병(출애굽기 9:3~6)은 동물 시체를 빨아먹은 파리와 등에가 옮긴 탄저균 때문이라는 것이 학자들의 추측이다. 여섯 번째 재앙에서 병은 사람들에게까지 퍼지고 종기가 곪아터지게 된다(출애굽기 9:9~11). 이 역시 탄저균 감염으로 인한 피부 손상으로 해석 가능하다.

다음으로 벌어진 재앙들은 우박에서 시작된다(출애굽기 9:22~25). 우기의 악천후는 이집트에 종종 찾아온다. 2004년 2월에도 겨울 폭풍이 몰아닥쳐 요르단과 이스라엘에 눈이 60센티미터나 쌓였고 예루살렘 성전 산의 돌벽 일부가 무너지기도 하였다.

우박과 비가 평소보다 많이 내리면 곤충이 대량 번식할 수 있다. 〈출애굽기〉에 여덟 번째 재앙으로 등장하는 메뚜기 떼(10:12~15)도 마찬가지이다. 사막 메뚜기는 중동, 특히 수단에 많은 곤충이다. 거대한 무리를 짓고 다니며 단시간에 농경지를 초토화시킨다. 〈내셔널 지오그래픽〉 1915년 12월호에는 예루살렘 주재 미국 부영사 위팅(John Whiting)이 무려 8개월이나 팔레스타인을 휩쓸었던 메뚜기 떼에 대해 설명한 기사가 실려 있다. 이 메뚜기들은 먹성이 얼마나 좋은지 작은 곤충들까지 공격했다고 한다.

메뚜기는 신이 '바람의 방향을 바꾸어 아주 강한 서풍이 불도록' 했을 때에야 사라졌다. 그리고 다음 재앙이 찾아왔다. 어둠이 온 땅을 덮은 것(출애굽기 10:21~22)이다. 이는 아마 오늘날까지도 북아프리카에서 맹위를 떨치는 모래폭풍 캄신(Khamsin)으로 추측된다. 북서쪽에서 시작해 사하라를 지나오는 이 모래폭풍은 리비아, 이집트, 아라비아 반도까지 휩쓰는데 그 온도가 섭씨 38도에 이른다. 어마어마한 모래와 먼지 입자들이 날리면 말 그대로 낮이 밤으로 바뀌게 된다. 캄신이란 아랍어로 50을 뜻한다. 이 무서운 사하라의 모래 폭풍이 매년 50일씩이나 일어난다는 데서 기인한 명칭이다.

하지만 파라오가 마침내 굴복한 것은 마

적을 죽이기 직전에 머리채를 휘어잡은 람세스 2세(B.C.E. 1279~1213년)의 모습이 그려진 신왕국 석회암 채색 부조.

B.C.E. 1292년경
람세스 1세의 통치와 함께
이집트 제19왕조가 시작됨

B.C.E. 1290~1279년경
이집트의 세티 1세 치세

B.C.E. 1285년경
아닷니라리 1세(Adadnirari)의 통치와 함께
아시리아 제국이 시작됨

B.C.E. 1279년경
이집트의 람세스 2세가 즉위함

저희들이 돌아다니며 짚을 모아오게 하여라

이스라엘 백성을 놓아달라는 모세의 요청에 화가 난 파라오는 작업 감독관들에게 "이제부터 흙 벽돌을 만드는 데 쓸 짚을 대주지 마라. 저희들이 돌아다니며 짚을 모아오게 하여라. 그렇다고 생산량을 줄여서도 안 된다. 지금까지 생산하던 것만큼 만들어내게 하여야 한다."라고 명령한다(출애굽기 5:7~8).

고고학자들에 따르면 짚은 이집트의 진흙 벽돌을 굳히는 재료였다. 몇몇 사원을 제외하고는 이집트에서는 모든 가옥, 공공건물, 심지어는 파라오의 왕궁까지도 이 진흙 벽돌로 지어졌다. 때로 벽돌에는 왕의 문장이 찍히기도 했다. 람세스 2세의 문장이 찍힌 벽돌은 현재 시카고 동방학 연구소에 소장되어 있다.

벽돌 제작은 더럽고 힘든 노동이었다. 짚을 모아 자르고 손이나 틀로 벽돌 모양을 만든 뒤 말리기까지 3주가 걸렸다. 만들어진 벽돌은 노예들이 건설 현장으로 날랐다. 이집트 각지의 묘에는 이런 작업 과정을 보여주는 작은 조각들이 있다.

불에 굽지 않은 진흙 벽돌의 수명은 30년에서 50년 정도라고 한다. 고대 서아시아의 거주지가 이전 건축물 위에 계속 새로 지어졌던 이유, 정착지가 세월이 흐르면서 흙더미로 변해버린 이유는 바로 여기에 있다.

제18왕조의 투트모스 3세와 아멘호텝 2세 때 고위 관리를 지낸 레크미레의 무덤에서 발견된 벽화에 벽돌 제작 과정이 그려져 있다.

지막 재앙에 이르러서였다. 야훼가 이집트의 모든 맏이를 다 죽이기로 작정한 것이다(출애굽기 11:4~5). 이는 최후의 일격인 동시에 예전에 파라오가 유대 아이를 죽인 것에 대한 보복이기도 하였다.

유대인들이 화를 입지 않도록 신은 모세와 아론에게 유대 가족들은 각각 '흠 없는 한 살짜리 숫양'을 잡아 '그 피를 집의 좌우 문설주와 문의 상인방에 바르고' 고기는 '그날 밤에 불에 구워 온 식구가 함께 먹으라'고 일러준다(출애굽기 12:6~11). 이 만찬이 최초의 과월절이 되었고 이후 신이 이스라엘 백성을 구해낸 것을 기념해 매년 치르는 명절로 자리잡았다.

자정이 되자 열 번째 재앙이 닥쳤다.

한밤중에 야훼께서
이집트 땅에 있는 모든 맏이들을
모조리 쳐 죽이셨다.
왕위에 오를 파라오의 맏아들을 비롯하여
땅굴에 갇힌 포로의 맏아들과 짐승의 맏배에 이르기까지
모두 쳐 죽이셨다.
파라오와 그의 신하와 백성이
한밤중에 전부 일어났다.
이집트에서는 곡성이 터졌다.
초상나지 않은 집은
한 집도 없었던 것이다.

| 출애굽기 12:29~30 |

이로부터 3,000년 이상이 지난 1995년 5월, 카이로 아메리칸 대학 발굴팀이 룩소르 왕의 계곡에서 거대한 지하 무덤을 발견했다. 이집트를 통틀어 가장 큰 규모의 지하 무덤이었다. 벽에 새겨진 이름과 문양을 분석한 학자들은 그것이 파라오 람세스 2세의 가족 무덤이라는 결론을 내렸다. 총 50개의

미라가 발견되었는데 모두 파라오의 아들이었다. 람세스 2세는 아들 52명을 두었다고 한다.

미라 중에는 아버지보다 먼저 죽은 왕세자 맏아들 아모네르케페세프도 있었다. 그렇다면 궁금해진다. 어쩌면 이 아들이 열 번째 재앙에서 희생된 것은 아니었을까? 아니, 이 왕세자의 때이른 죽음이 맏이의 몰살이라는 이야기의 소재가 된 것은 아닐까?

어찌 되었든 맏아들의 죽음은 파라오에게 견디기 힘든 일이었다. 그는 모세와 아론을 불러 "너와 이스라엘 백성은 어서 내 나라에서 떠나라. 너희가 요구한 대로 양도 소도 모두 끌고 가거라."라고 말했다(출애굽기 12:31~32). 모세의 인도로 이스라엘인들

은 마침내 이집트를 떠났다. 일행은 비-람세스에서 숙곳을 거쳐 광야 접경에 있는 에담에 이른다(출애굽 12:37; 13:20).

숙곳은 이스라엘인들이 건설한 두 번째 도시인 비돔(페르-아툼)으로 추정된다. 그 위치는 나일 삼각주의 남동쪽, 오늘날의 텔 엘 라타바 마을인 것 같다. 비-람세스의 노예들을 모아 떠난 모세는 비돔에 가서 그곳 노예들도 해방시킬 작정이었으리라. 비돔은 텔 엘 라타바 마을 근처라 해도 숙곳은 좀더 동쪽, 오늘날의 텔 엘 마스쿠타 근처라고 주장하는 학자들도 있다. 텔 엘 라타바와 텔 엘 마스쿠타는 모두 시나이를 향해

사마리아인들이 나블루스(Nablus) 시 인근 성지인 그리심(Gerizim) 산에서 유월절 전야에 양 제물을 바치고 있다.

서아프리카 말리에서 모래 폭풍 캄신을 피해 양치기가 가축을 마을 쪽으로 몰고 있다.

이집트 탈출

다미에타

만잘라

포트사이드

펠루시움 만

열 가지 재앙
피의 재앙 – 출애굽기 7:14~24
개구리의 재앙 – 출애굽기 8:1~15
등에의 재앙 – 출애굽기 8:16~19
파리의 재앙 – 출애굽기 8:20~32
가축의 재앙 – 출애굽기 9:1~7
종기의 재앙 – 출애굽기 9:8~12
우박의 재앙 – 출애굽기 9:13~35
메뚜기의 재앙 – 출애굽기 10:1~20
어둠의 재앙 – 출애굽기 10:21~29
맏이의 재앙 – 출애굽기 11:1~12:30

다미에타 지류

만수라

펠루시움

한때 환대 받으며 풍요로운 고센 땅에
정착했던 이스라엘인들은
이전의 관계를 모르는 파라오가 왕위에 오르면서
노예 신세로 전락하고 만다
(창세기 47:27, 출애굽기 1:6~10).

블레셋 길

수에즈
운하

산 엘 하갈 ●●타니스

엘 칸 아라

이집트 군이 관할하는 교역로이다.
이 길을 선택하면 이집트 군과 충돌할 가능성이 높고
결국 백성들이 이집트로 되돌아가게 되지 않을까 염려한 신은
남쪽 길로 방향을 잡게 하였다(출애굽기 13:17).

나　일　강　삼　각　주
고　센

비-람세스는
이스라엘 노예들의 노동력을 통해
지어진 곡식 저장 도시이다.

탄타

칸티르

비-람세스
아바리스●

엘 발라

이스라엘인들은
광야 접경에 있는 에담에 진을 쳤다.
야훼께서는 낮에는 구름기둥으로,
밤에는 불기둥으로 앞서가며 길을 인도하셨다
(출애굽기 13:20~21).

히소스 이집트의 수도였으며
이후 파라오들이 재건하였다.

파쿠스

이스라엘 노예들이
파라오를 위해 지은
곡식 저장 도시이다(출애굽기 1:11).

가자지구
부바스티스●

비돔

숙곳

이스마일리야

에담

팀사 호수

수르의 길

수에즈
운하

와디 엘 투밀라트

벤하

파라오에게서 놓여난 이스라엘인들은
숙곳에서 처음으로 멈춰 쉰다.
일행은 남자만 60만 명이었고
여기에 여자와 아이들이
더해졌다(출애굽기12:37).

칸사

아부 술탄

큰 쓴물 호수

바다를 건너다
이스라엘인들이 뒤따르는 이집트 군을 피해
기적적으로 건넌 물의 이름은 70인 역(譯) 구약성서에서는 홍해로,
히브리 텍스트에서는 '갈대의 바다'로 기록되었다.
영어 번역본들은 대부분 70인 역을 토대로 삼고 있다.
나일강 삼각주 동쪽의 강과 호수들은 파피루스가 잘 자라는 곳으로
'갈대의 바다'라 불리기에 손색이 없다.

파이드

파나라

작은 쓴물 호수

샤바야

기네이파

믹돔

온, 헬리오폴리스

⊛ 카이로

기자

기자
피라미드

기자의 피라미드는 세계 7대 불가사의 중
유일하게 현존하는 유적이다.
대(大)피라미드는 쿠푸 왕에 의해 만들어졌으며,
2.5톤 무게의 벽돌 230만 개가 사용되었다.

동　부　사　막

게 벨 아타카

엘 샬루파

티사야

마디야

수르(Shur) 황야에서
사흘을 보낸 후 모세는
이스라엘인들을 마라(Marah)로
인도했다(출애굽기 15:22).

사카라●
멤피스●

수에즈

부르 타우피크

엘 샤트

아다비야

마라
(모세의 샘물)

서　부　사　막

지도 설명
　　이스라엘 민족의 이동 경로
　　역사적인 여행 경로
　●　역사적인 장소
　●　현재의 도시
　○　확실하지 않은 위치
　□　흥미로운 지점

0　　10　　20 킬로미터
0　　10　　20 마일

현재의 배수로, 해안선과 국경선을 기준으로 표시하였다.
괄호 안은 현재의 지명이다.

마라의 물은 써서 마실 수가 없어
야훼가 시키는 대로
모세가 나뭇가지를 던져 붕은
단물이 되었다(출애굽기 15:23).

수 에 즈
만

시　나　이

에담
황야

> 모세가 백성들에게 소리쳤다. "두려워하지 마라.
> 움직이지 말고 오늘 야훼께서 너희를 어떻게 구원하시는가 보아라.
> 너희가 오늘 눈앞에 보는 이집트인들을 다시는 보지 않게 되리라.
> 야훼께서 너희를 위하여 싸워주실 터이다." | 출애굽 14:13~14 |

동쪽으로 뻗은 마른 하천 와디 엘 투밀라트를 따라 위치한다. 북쪽의 팀사(Timsah) 호수(혹은 악어 호수)와 남쪽의 쓴물 호수(Bitter Lake) 사이이다. 이 지역은 신이 그 위대한 힘을 드러낸 곳으로서 중요하다.

한편 비-람세스의 파라오는 생각이 바뀐다. '이스라엘 노예를 보내주다니 무슨 짓을 한 거지?'라고 중얼거리며 파라오는 특별히 선발된 병거 600대에 이집트의 모든 병거까지 총동원하라고 명령한다(출애굽기 14:7). 이집트 군은 홍해 근처에서 노망치는 노예들을 따라잡았다(출애굽기 14:9). 유대인들은 곧 공포와 절망에 사로잡히고 "우리가 이럴 것이라 말하지 않았는가?"라고 울며 모세를 비난했다(출애굽기 14:12). 야훼와 모세는 기적의 해결책을 내놓는다.

> 모세가 팔을 바다로 뻗치자,
> 야훼께서는 밤새도록 거센 바람을 일으켜
> 바닷물을 뒤로 밀어붙여 바다를 말리셨다.
> 바다가 갈라지자
> 이스라엘 백성은 바다 가운데로 마른 땅을 밟고 걸어갔다.
> 물은 그들 좌우에서 벽이 되어주었다.
> | 출애굽기 14:21~22 |

파라오의 군대는 바짝 뒤따라온 상태였다. 마지막 유대 노예가 건너가자마자 모세는 팔을 뻗어 바다를 다시 닫았다. 이집트 군은 다 수장되고 말았다. 《코란》에는 파라오가 울며 후회하는 장면도 나온다. "이제

쓴물 호수 주변의 모래땅에 자란 덤불. 이스라엘인들은 이런 모래땅을 건너 이집트를 탈출했을 것이다.

야 이스라엘 백성들이 믿는 신이 유일한 신임을 알겠다"(코란, 유누스 10:90).

이렇게 물을 건너는 엄청난 기적에 근거는 있을까? 오늘날 학자들은 파라오 군대가 파멸한 장소가 실은 홍해가 아니었다는 데 의견의 일치를 보고 있다. 킹 제임스 성경에서 홍해로 번역된 히브리어 'Yam Suph'는 '갈대 바다'라는 뜻이다. 홍해 해안에 갈대는 없다. 하지만 쓴물 호수의 습지에서는 지금도 갈대와 덤불이 자라난다.

더군다나 쓴물 호수는 고센에서 시나이로 가는 길목이다. 이스라엘인들은 바로 여기서 모래 바닥을 딛고 건너갔을 가능성이 있다. 그 바닥은 사람은 지날 수 있어도 파라오의 무장 병거는 지탱하지 못했으리라. 바퀴가 모래에 파묻혀 헤어나지 못했을 테니 말이다.

이렇게 기적적으로 물을 건넌 유대인들은 이집트 탈출의 여정을 계속한다. 여행길은 이전과 다름없이 힘들다. 파라오의 추격을 피하자 이번에는 시나이 반도의 거친 황야가 이들을 맞았기 때문이다. 모세는 황야를 가로질러 백성들을 약속의 땅으로 인도한다.

자유를 찾아 떠나다

해발 2,280미터의 시나이 산 정상에 오르면 장엄한 풍경이 펼쳐진다.

바다를 건넌 유대인들은 약속의 땅으로 가기 위해 황야를 지나는 긴 여행을 시작한다. 〈출애굽기〉와 〈민수기〉에는 이들이 지나간 곳이 줄줄이 소개된다. 주로 오아시스가 있는 곳들이다. 하지만 그 위치를 파악하기는 쉽지 않다. 〈출애굽기〉와 〈민수기〉의 기술이 엇갈리는 부분이 많기 때문이다. 학자들 사이의 논쟁도 치열하다.

하지만 모세가 약속의 땅 가나안으로 직행하지 않았다는 데에는 모두들 동의한다. 그랬다면 요셉이 이집트로 끌려왔던 바로 그 길을 택했으리라. 중왕국 시대부터 사용되어 훗날 블레셋의 길이라 알려지게 된 해안 길 말이다. 가나안, 에돔, 시리아의 완충지대로 이집트

군을 보내기 위해 넓게 닦아놓은 이 길은 가나안으로 가는 가장 빠른 통로였다.

투트모스 3세의 군대는 열흘이면 나일 삼각주에서 가나안 접경 가자에 도착할 수 있었다. 유대 노예들에게도 한 달 정도면 충분할 길이었다. 하지만 모세는 백성들을 이 길로 이끌지 않았다.

어째서 해안의 지름길을 택하지 않은 것일까? 〈출애굽기〉에 그 이유가 나와 있다. '신께서는 그들을 곧장 블레셋 땅으로 가는 길로 인도하지 않으셨다. 하느님께서는 이 백성이 닥쳐올 전쟁을 내다보고는 후회가 되어 이집트로 되돌아가지나 않을까 염려하셨던 것이

B.C.E. 1290년경
난공불락이었던 트로이가 함락됨. 미케네의 공격이었던 것으로 추측됨

B.C.E. 1275년경
히타이트 군이 가나안과 시리아를 위협함

B.C.E. 1274년경
람세스 2세가 카데시에서 히타이트와 전투를 벌임

B.C.E. 1259년경
히타이트가 이집트와 평화 조약을 맺음

이스라엘 백성이 이집트 땅에서 나온 지 석 달째 되는 초하룻날,

바로 그날 그들은 시나이 광야에 이르렀다.

그리고 산 앞에 천막을 쳤다. | 출애굽기 19:1~2 |

다'(출애굽기 13:17). 해안 길로 가게 되면 무력 충돌이 발생할 수도 있었다는 뜻이다. 세티 1세 치세부터 이집트 병사들이 길가의 오아시스를 순찰하며 지켰다는 점을 생각하면 충분히 이해가 간다.

하지만 다른 이유도 있을지 모른다. 혹시 모세는 가나안의 위치를 정확히 몰랐던 것이 아닐까? 그리하여 자기가 아는 길, 시나이를 거치는 길을 택한 것이다. 홍해 근처의 남쪽 길은 모세가 머물렀던 미디안으로 이어지게 된다. 사실 약속의 땅이 어디인지는 모세뿐 아니라 유대 노예들 누구도 몰랐으리라. 가나안으로 가는 길을 일러줄 수 있는 유일한 사람은 모세의 장인 이드로였다. 그래서 모세는 이드로를 찾아간 것이다.

약속의 땅으로 가는 길

비-람세스를 떠난 이스라엘인들은 오늘날의 와디 엘 투밀라트 근처 숙곳으로 간다. 그리고 팀사 호수를 돌아 황야의 접경, 에담에 도착한다. 이곳에서 신은 모세를 통해 '믹돌(Migdol)과 바다 사이에 있는 비하히롯(Pi-hahiroth)으로 가서 바알스본(Baal-zephon) 물가에' 천막을 치도록 한다(출애굽기 14:2). 믹돌은 히브리어로 '탑'이라는 뜻이지만 여기서는 아마 시나이 사막을 가로질러 이집트로 들어가는 두 번째 교역로 입구를 방비하는 이집트 성채를 의미했을 것이다. 믹돌 성채의 유적은 수에즈 북쪽 16킬로미터, 아부 하산 근처에서 발견되었다. 그리고 이는 앞에서 소개한 구절의 '바다'가 쓴물 호수라는 점을 다시 한 번 뒷받침해준다.

이 성채에는 당연히 지키는 병사가 많았으리라. 게다가 이집트 병거들까지 뒤따라오는 상황에서 모세는 급히 호수 주변을 돌며 수심이 낮은 곳을 찾아 이스라엘 백성을 안내했을 것이다. 가까스로 추격을 따돌리고 물을 건넌 이들 앞에 나타난 것은 시나이의 황량한 석회암 고원이었다. 모세는 고원을 오르는 대신 오른쪽으로 방향을 돌려 시나이 해안을 따라 내려갔다.

오늘날 이스마일리야에서 샤름 엘 셰이크(Sharm El sheikh)로 이어지는 길은 이스라엘 백성이 갔던 길과 상당 부분 겹친다. 쓴물 호수의 서쪽을 따라가다가 엘 샬루파를 지나고 아흐메드 함디 터널을 통해 수에즈 운하에 이르는 이 길은 카이로와 시나이를 연결해준다. 여기서부터 길은 남쪽으로 굽어 홍해의 푸른 바다를 따라 이어진다.

〈출애굽기〉에 따르면 모세와 이스라엘 백성은 마라 오아시스에 닿을 때까지 사흘 동안 물을 찾지 못한 채 걸어갔다. 마라의 물은 썼지만(출애굽기 15:22~23) 모세가 단물로 바꿔놓는다.

마라는 쓴물 호수에서 40킬로미터 떨어진 우윤 무사(Uyun Musa, 모세의 샘) 마을의 오아시스로 추정된다. 사막 길에 익숙하지 않고 노예생활로 영양 상태도 좋지 못했던 유대 노예들은 하루에 12~15킬로미터를 가는 게 고작이었을 것이고 그렇다면 사흘 동안 우윤 무사 마을보다 더 멀리 가지는 못했다고 보아

19세기 초에 만들어진 백랍 접시. 바구니에서 아기 모세를 꺼내는 장면이 새겨져 있다. 테두리의 히브리어는 〈출애굽기〉 2장 24절의 구절이다.

B.C.E. 1250년경
니네베의 지진으로
이슈타르 신전이 파괴됨

B.C.E. 1213년경
이집트 람세스 2세 사망

B.C.E. 1200년경
히타이트 제국이 멸망함

B.C.E. 1200년경
이집트인들이 아마로 직물을 짜냄

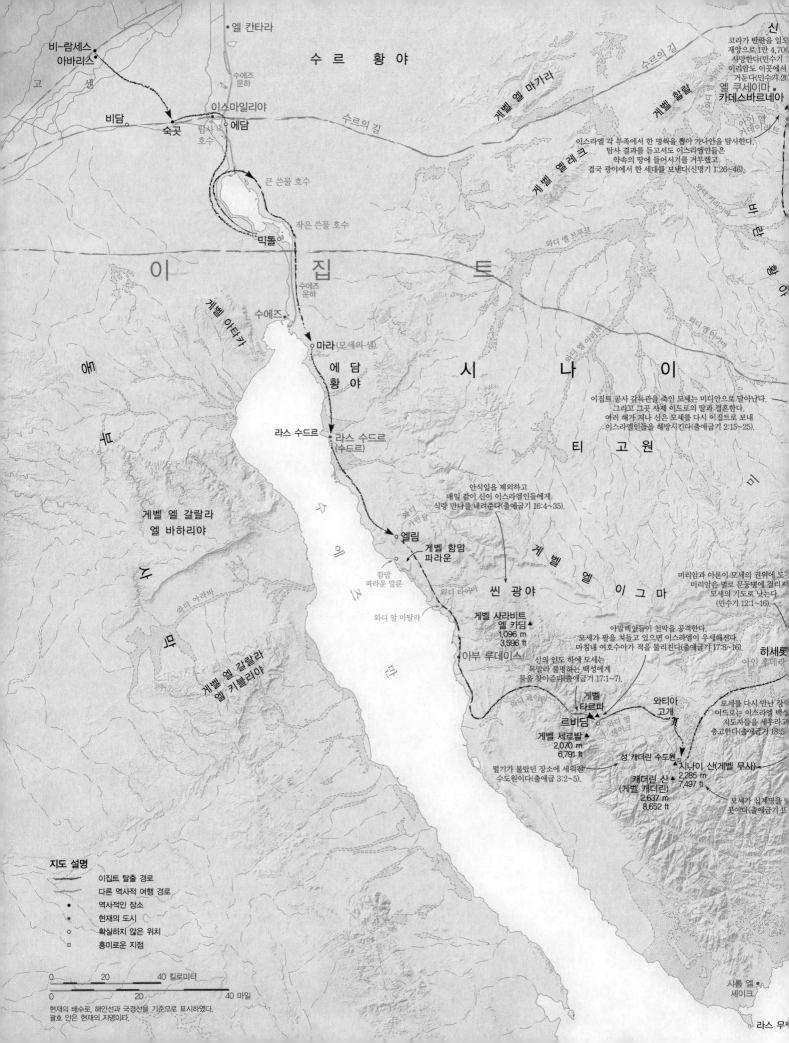

네게브

느보 산 방향

부논
(파이란)

이스라엘

에돔인들에게 그 땅을
통과하게 해달라고
요청했다가 거부당한
이스라엘인들은
빙 둘러갈 수밖에
없었다(민수기 20:14~21).

페트라

요르단

카알
자프르

아론이 사제의 직을
아들 엘르아잘에게 물려주고
세상을 떠난다(민수기 20:22~29).

호르 산
(자발 앤 나브 하룬)
1,734 m.
5,689 ft

엘라트

에시온게벨
아카바

안

사 우 디

아 라 비 아

시나이 반도를
지나다

성경에서 모세가 야훼로부터 율법 판을 받은 곳으로 나오는 시
나이 산(아랍어로는 게벨 무사).

와디 페이란 오아시스의 야자 숲. 모세가 바위를 치자 물이 솟
아나왔다는 르비딤 지역이 이곳으로 추측된다.

우윤 무사(모세의 샘) 오아시스. 일부 학자들은 바로 이곳이 이
스라엘인들이 시나이에서 처음 천막을 쳤던 마라 오아시스라고
생각한다.

엘림과 시나이 산 사이의 씬 황야. 배고픈 이스라엘인들을 위해
신이 메추라기와 만나를 보낸 곳이다.

야 한다. 대추야자가 우거진 이 마을에서는 오늘도 따뜻한 우물물이 솟아오른다. 무기물이 많은 이 물은 나일강 물에 익숙한 사람들 입에 쓰게 느껴졌을 것이다.

사막의 기적

우윤 무사 마을에서 37킬로미터를 더 가면 라스 엘 수드르(Ras El Sudr)가 나온다. 높이 450미터의 바위가 성경의 홍해, 오늘날의 수에즈

미켈란젤로(1475~1564)는 모세를 조각하면서 머리에 뿔을 새겨넣었다. 이는 '광선'을 뜻하는 라틴어 단어 'karan'이 뿔이라고 잘못 번역된 성 제롬 판을 기준으로 삼았기 때문이다.

만 위쪽 푸른 하늘을 향해 솟아오른 곳이다. 이 지역 전설에 따르면 바위는 예언자 무사(모세)의 손에 홍해로 던져진 파라오가 숨이 막혀 몸을 솟구치는 모습이라 한다. 바로 뒤에는 함맘 파라운 말룬(Hammam Fara, 'un Malun, 저주받은 파라오의 목욕)이라는 온천이 있다.

함맘 파라운에서 16킬로미터를 가면 길은 와디 알 마탈라를 통과해 부드러운 석회암 고원인 데벳 엘 케라이로 올라간다. 길 위쪽은 사라비트 엘 카딤, 즉 노예들의 고원이라는 고대 광산이다. 남쪽에는 기자에 거대 피라미드를 건설한 제4왕조의 파라오 쿠푸 시대에 공작석과 터키석을 캐내던 와디 엘 마가라 광산도 있다. 다시 말해 모세의 길은 고대 이집트의 시나이 광산들을 따라가고 있다.

물을 찾기 위한 노력은 계속 이어졌다. 다행히 이스라엘 백성들은 '샘이 열두 개 있고 종려나무가 일흔 그루 서 있는 엘림에 이르러 천막을 칠 수 있었다'(출애굽기 15:27). 엘림은 어디일까? 마라가 비르 마라(Bir Marah)라는 북쪽 오아시스라 주장하는 학자들은 엘림이 바로 우윤 무사라고 생각한다. 이와 달리 사라비트 엘 카딤에서 8킬로미터 떨어진 와디 가란달이라는 작은 숲이 엘림이라고 보는 학자들도 있다. 엘림은 시나이에서 흔히 볼 수 있는 위성류(tamarisk) 덤불을 뜻하는 단어이다. 오늘날에도 시나이에는 대추야자와 위성류 숲이 많아 베두인족의 쉼터 역할을 한다. 여기서 모세는 내륙으로 방향을 잡고 이스라엘 백성

메추라기의 기적

이집트의 빵과 맥주에 익숙해 있던 유대 노예들은 배가 고파지자 모세를 원망한다. 야훼는 '하늘에서 빵을 내려주기로' 약속한다. 그리고 한밤중에 메추라기가 날아들어 천막을 뒤덮는다. 시나이에서 메추라기는 낯선 존재가 아니다. 메추라기를 포함해 여러 종의 새들이 매년 봄, 아프리카에서 시원한 북쪽으로 이동하면서 이곳을 지나가기 때문이다. 긴 비행으로 지친 새들은 좋은 사냥감이었다.

시나이 북쪽에 사는 베두인족은 그물을 사용해 메추라기를 잡는다. 2005년, 이집트 정부는 새를 보호하기 위해 허가증을 가진 사람만 사냥을 하도록 했고 9월 1일 이후에는 사냥을 일체 금지했다. 그러자 베두인족은 메추라기를 사육하기 시작했다.

은 엘림과 시나이 산 사이에 있는 씬(Sin) 광야에 들어선다(출애굽기 16:1). 물주머니는 아직 비지 않았지만 벌써 배고프다는 불만이 나오기 시작한다.

이집트인이 주는 빵과 맥주에 길들여진 유대 노예들은 선조들과 달리 강인한 사막 사람이 아니었던 것이다. 다시 한 번 이스라엘인들은 모세에 반기를 든다. 고기 가마 곁에 앉아 빵을 배불리 먹던 때가 나았다는 원망도 나오지만(출애굽기 16:3) 노예에게 요리한 고기를 먹였을 리 만무했을 상황을 감안하면 과장된 표현이다. 하지만 신은 하늘에서 빵을 내려주기로 약속하였다. 밤에 메추라기가 날아와 천막을 뒤덮더니 아침이 되자 안개가 자욱하였다. 안개가 걷힌 뒤에

> 너는 그들에게, '해거름에 고기를 먹고 아침에 빵을 실컷 먹고 나서야
> 너희는 나 야훼가 너희 하느님임을 알게 되리라.' 하고 일러주어라.
>
> | 출애굽기 16:12 |

보니 광야 지면에 마치 흰 서리가 땅을 덮듯이, 가는 싸라기 같은 것이 덮여 있었다(출애굽기 16:13~14). 이스라엘인들은 그게 무엇인지 몰라 '만나'라 불렀다. 이는 아람어로 '이것이 무엇인가?'라는 뜻이라고 한다. 만나를 모아 반죽하니 빵을 구울 수 있었다.

아와르마(Awarma), 사왈라(Sawalha), 무지에나(Muziena)와 같은 시나이의 베두인 부족들은 수백 년 전부터 만나 현상에 익숙하다. 만나는 작은 벌레가 뽑아낸 위성류의

<이스라엘인들이 만나를 모으다>. 르네상스 시대의 이탈리아 화가 로베르티(Ercole de' Roberti 1450~1496)가 그린 작품이다.

수액으로 달콤하고 끈적거리는 액체이다. 땅에 떨어진 만나는 설탕 대용이나 과자 재료로 사용된다. 방울방울 떨어지는 이 수액이 수많은 이스라엘 백성을 먹일 수 있었는지는 의문이다. 어떻든 만나가 실제로 존재한다는 사실은 <출애굽기>가 당대의 현실에 바탕을 두었다는 점을 확인시킨다.

만나로 힘을 얻은 이스라엘 백성은 씬 광야를 지난다. 모세는 남동쪽으로 방향을 잡아 홍해에서 멀어진다. 여기서 길은 산지로 접어들어 게벨 세르발(Gebel Serbal)과 게벨 타르파(Gebel Tarfa)의 경사로를 나선형으로 통과한 후 와티아(Watia) 고개로 이어진다. 길가에는 베두인족이 헤시 엘 카타틴(필경사들이 감춘 샘)이라 부르는 바위가 서 있다. 베

두인 전설에 따르면 이 필경사들은 바로 모세와 아론이라고 한다.

이스라엘인들은 야훼의 지시에 따라 차근차근 길을 갔고 르비딤(Rephidim)에 이르러 다시 천막을 치고 쉬었다(출애굽기17:1). 르비딤은 오늘날 와디 페이란(Wadi Feiran)이라 불리는 거대한 야자 숲 지대이다. 시나이 산봉우리를 둘러싼 형태인데 지금도 시나이를 통틀어 가장 큰 오아시스가 자리 잡아 가축과 사람들의 목을 축여준다. 성경에 따르면 모세가 바위를 치니 거기서 물이 솟았다고 한다(출애굽기 17:6). 하지만 지역 부족인 아말렉인들이 물을 차지하기 위해 공격해왔다. 치열한 싸움 끝에 결국 이스라엘인들이 승리하였다.

여기서 닷새만 더 가면 시나이 산이 나온다. 모세는 처음에 신의 지시를 받은 장소로 백성들을 인도했다. 산그늘 아래 장인인 이드로가 앉아 기다리고 있다. 모세의 아내 십보라와 두 아들도 함께였다.

이드로 역시 수수께끼의 인물이지만 그가 번제물과 여러 가지 제물을 하느님께 바쳤다는 구절을 보면(출애굽기 18:12) 아마 야훼를 모시는 사제였던 것 같다. 이드로는 모세가 이스라엘 백성을 다스리느라 시달리는 모습을 보고 재판관을 세우라고 충고한다. 모세의 일은 '신 앞에서 사람들을 대표하는 것'이 되어야 한다는 이유 때문이었다(출애굽기 18:19). 이를 통해 이드로는 모세의 또 다른 과업을 도왔다.

십계명

시나이 산은 회색과 분홍색 화강암으로 이루어진 해발 2,280미터 높이의 거친 산이다. 그 정상에 서면 멀리 아카바 만에까지 펼쳐진 사막과 산봉우리들이 멋진 풍경을 이룬다. 성경에서는 모세가 바로 이 산에서 십계명을 받는 것으로 나온다.

바로 내가 너희를 이집트 땅 종살이하던 집에서 이끌어낸 하느님이다.

너희는 내 앞에서 다른 신을 모시지 못한다.

너희는 위로 하늘에 있는 것이나 아래로 땅 위에 있는 것이나, 땅 아래 물 속에 있는 어떤 것이든지 그 모양을 본떠 새긴 우상을 섬기지 못한다.

너희는 하느님의 이름 야훼를 함부로 부르지 못한다.

안식일을 기억하여 거룩하게 지켜라.

엿새 동안 힘써 네 모든 생업에 종사하고 이렛날은 너희 하느님 야훼 앞에서 쉬어라. 그날 너희는 어떤 생업에도 종사하지 못한다.

너희는 부모를 공경하여라.

살인하지 말라.

간음하지 말라.

도둑질하지 말라.

이웃에게 불리한 거짓 증언을 하지 말라.

네 이웃의 집을 탐내지 말라.

네 이웃의 아내나 남종이나 여종이나 소나 나귀 할 것 없이 네 이웃의 소유는 무엇이든지 탐내지 말라.

| 출애굽기 20:2~17 |

아브라함과 엘이 맺었던 계약이 시나이 산 정상에서 구체적인 문서로 정립된 것이

황금 송아지

시나이 산으로 간 모세가 오랫동안 돌아오지 않자 이스라엘인들은 불안해하며 아론에게 "어서 우리를 앞장설 신을 만들어주시오."라고 요청했다(출애굽기 32:1). 아론은 금송아지를 만들어 내놓았고 이스라엘인들은 그 앞에 제물을 바쳤다.
돌아온 모세는 우상숭배에 화가 난 나머지 율법 석판을 깨뜨리고 남자 3,000명을 죽게 한다. 일부 학자들은 힘과 남성성을 상징하는 송아지나 황소가 가나안의 엘과 연결되어 있었다고 본다. 따라서 모세가 없는 틈에 이스라엘인들이 만든 황금 송아지는 야훼의 대체신이 아니라 야훼의 형상이라는 것이다. 몇 세기 후 북이스라엘 왕국의 여로보암(Jeroboam) 1세가 베델과 단의 야훼 신전에 황금 송아지 두 마리를 바친 것도 같은 맥락이다.

다. 이날부터 노예, 벽돌공, 소치기, 목동이 뒤섞인 어수선한 무리가 비로소 한 나라로 거듭났다. 십계명은 서구 문명이 토대로 삼은 도덕규범이며, 신과 인간 사이에 맺어진 전례 없는 공식 계약이다. 인간 행동에 대한 십계명의 규범은 오늘날까지 유대교도, 그리스도교도, 이슬람교도 모두가 지키고 있다.

〈출애굽기〉의 나머지 부분과 〈레위기〉 〈민수기〉 〈신명기〉는 이 율법을 설명하는 데 할애된다. 이후 유대인의 삶을 결정하다시피 하는 이 율법은 일찍이 함무라비 등이 만든 바빌로니아 법과 공통점이 있고 이집트 법과도 통하는 부분이 있다. 고센에서 온 유대인들은 말할 것도 없이 이집트 법에 익숙했을 것이다. 예를 들어 '사자의 서'를 보면 사람은 죽은 후 심판관들 앞에서 '나는 살인을 저지르지 않았습니다. 남에게 눈물이나 고통을 주지 않았습니다. 남의 소를 빼앗지 않았습니다.'라는 식으로 죄가 없다는 고백을 해야 한다는 설명이 나온다.

하지만 이런 공통점을 제외한다면 모세법은 독자성을 지닌다. 이 법은 형식적인 차원을 넘어서 인간의 행동 전체를 규정하기 때문이다. 〈신명기〉를 보면 미래의 이스라엘 재판관과 관리들에게 '정의를 왜곡하지 말고, 편파적이지 말 것'을 요구한다(16:19). 상인들은 공정하고 정확해야 하며 '모자라지 않고 틀림없는 저울추만 가져야 했다'(신명기 25:15). '너희 포도를 속속들이 뒤져 따지 말고 떨어진 과일을 거두지 말라. 가난한 자와 이방인이 먹도록 남겨놓아라.'(레위기 19:10)라는 율법은 억압받는 이들에 대한 동정심을 강조한다. 한때 떠돌이 신세였던 만큼 이스라엘인들은 더더욱 떠도는 사람을 사랑해야 한다는 것이다(신명기 10:19).

모세의 죽음

〈출애굽기〉는 조금 더 계속된다. 시나이 산에서 십계명을 받은 후 이스라엘인들은 또 다른 이집트의 탄광 에시온게벨(Eziongeber)을 향해 출발한다. 이는 오늘날의 엘라트(Elat) 지방이다. 미디안에서 보낸 안내인이 길을 인도한다. 일행은 하세롯(Hazeroth)을 거쳐 카데스바르네아 오아시스로 간다.

하세롯은 아인 후데라(Ain Hudhera) 오아시스로 추정된다. 시나이의 이 지역에서 유일하다시피 한 오아시스이다. 지금도 베두인 원주민의 낙타로만 접근이 가능할 정도로 깊숙이 자리잡은 곳이다. 여기서부터 가나안 초입인 카데스바르네아까지는 겨우 95킬로미터 거리였다.

하지만 모세는 지친 백성이 약속의 땅에 들어가 곧바로 싸울 상태가 아니라는 것을 알고 있었다. 먼저 군대를 조직해야 했다. 사막의 거친 환경에서 단련될 군대 말이다. 가나안 정복은 그 다음에야 가능했다. 그리고 그때에야 긴 여행도 끝날 것이었다.

모세는 그 끝을 보지 못할 운명이었다. 유대인들이 약속의 땅으로 들어서기 전날, 그는 느보(Nebo) 산에 올라 약속의 땅에 마지막 눈길을 던진 뒤 숨을 거뒀다.

모세는 죽을 때 나이 백이십 세였다.
그러나 그의 눈은 정기를 잃지 않았고
그의 정력은 떨어지지 않았었다.
그 후로 이스라엘에는 두 번 다시 모세와 같은 예언자, 야훼와 얼굴을 마주보면서 사귀는 사람은 태어나지 않았다.
모세가 야훼의 사명을 띠고 이집트 땅으로 가서 파라오와 그의 신하들과 그의 온 땅에 행한 것과 같은 온갖 기적과 표적을 행한 사람은 다시 없었다.

출애굽의 시기 규명

성경은 야곱 일가가 이집트의 요셉에게 간 지 정확히 430년 후에 출애굽이 이루어졌다고 기록한다. 요셉 이야기가 힉소스 제15왕조(B.C.E. 1630~1520년경) 때라고 보면 그로부터 430년 후는 람세스 2세 치세(B.C.E. 1279~1213년경)의 중간쯤이 되니 설득력이 있다. 그리하여 출애굽은 B.C.E. 13세기 중반, 그러니까 B.C.E. 1260~1220년 사이에 일어났다고 보는 학자들이 많다. 하지만 이렇게 되면 출애굽으로부터 480년이 지난 때가 솔로몬 치세 네 번째 해라는 〈열왕기〉 언급(열왕기 상 6:1)과는 모순이 생긴다. 솔로몬 치세는 B.C.E. 970~931년으로 보기 때문이다. 솔로몬 재위 4년(B.C.E. 967년)을 기준으로 역산해보면 출애굽은 좀 전 계산보다 더 전인 B.C.E. 1447년 무렵이 된다. 이 차이를 어떻게 설명해야 할까? 이스라엘 열두 부족과 연관되는 12라는 숫자가 선호되는 상황이었던 만큼 〈열왕기〉의 '480년'은 상징적인 의미(12×40)로 봐야 한다는 주장도 있다. 어떻든 〈출애굽기〉에 등장하는 비돔과 라암셋이 모두 람세스 2세 때 건축되었다는 점 그리고 람세스의 후계자 메르넵타(Merneptah)의 전승 기록에 이스라엘이 언급된다는 점을 근거로 하여 출애굽은 B.C.E. 13세기 중반에 이루어졌다고 보는 견해가 아직까지는 대세이다.

테베에서 발견된 메르넵타의 승전 기념 석판. 고대 이집트 유물 중 이스라엘이 언급된 유일한 사례이다.

모세처럼 강한 손으로 그토록 크고 두려운 일을 온 이스라엘 백성의 눈앞에서 이루어 보인 사람은 다시 없었다.

| 신명기 34:7~112 |

모세는 대단한 장례식도 금은보화로 가득 찬 무덤도 갖지 못했다. 그저 '모압 땅의 어느 계곡'에 묻혔고 그 위치는 오늘날까지 아무도 모른다(신명기 34:6). 이 위대한 인물은 끝까지 수수께끼로 남았던 것이다.

파라오의 운명

람세스 2세는 신처럼 숭배받으며 영광스러운 삶을 살았다. 그의 치세 동안 이집트는 매우 부유했다. 이는 람세스 2세가 왕국 전역에 남긴 수많은 사원과 거대한 조각상을 보면 알 수 있다.

가장 유명하고 또 인상적인 유산은 이집트 남부의 아부 심벨 신전이다. 나일강 유역 사암 절벽을 깎아 만든 이 신전의 입구는 높이 20미터에 달하는 람세스 2세 자신의 좌상 네 개로 이루어져 있다.

66년 동안 재위한 람세스 2세는 대부분의 아들을 먼저 떠나보냈고 아내 네페르타리보다도 오래 살다가 B.C.E. 1213년, 90세로 죽었다. 그의 무덤은 왕들의 계곡에 있다. 이 무덤의 위치는 오래 전부터 알려졌고 무덤 입구도 접근이 어렵지 않았다. 왕의 계곡에 있는 다른 무덤과 마찬가지로 람세스 2세의 호화로운 무덤도 도굴되었다. 물이 들고 진흙이 쌓이면서 본래의 그림이나 장식도 대부분 훼손되고 말았다.

무덤이 망가지자 람세스의 관은 다른 곳으로 옮겨졌다. 1881년에야 고고학자들이 데이르 엘 바흐리에서 왕의 미라를 찾아냈다. 미라를 통해 그토록 오래 이집트를 통치한 사람의 정체가 조금 더 드러났다. 람세스 2세는 키가 176센티미터로 당시 평균 신장보다 훨씬 컸다. 관절염이 심해 늙어서는 새우등이 되었던 것 같다.

이집트 미술은 대상을 이상화하기 때문에 람세스 2세의 실제 모습은 알기 어려웠다. 미라는 이 점에서도 도움이 되었다. 그는 당시 이집트인으로서는 드물게 머리카락이 붉었고 광대뼈가 튀어나왔으며 귀가 크고 볼이 좁은 편이었다. 매부리코에 치아는 충치투성이였다. 한때 모세와 대면했던 파라오는 이제 카이로 국립 박물관의 전시

계약궤

계약궤는 이스라엘인들과 야훼 사이의 물리적인 연결 고리이자 '신의 옥좌 받침대'이다. 신이 모세에게 준 석판의 보관 상자인 계약궤는 유대인들이 가장 신성시하는 대상이다. 〈출애굽기〉에 따르면 계약궤는 길이 90센티미터, 너비와 높이가 각각 60센티미터이고 안쪽에 금박을 입혔으며 황금 뚜껑에는 두 천사가 장식되었다고 한다. 옮길 때는 네 귀퉁이의 금고리에 막대 두 개를 끼워 들었다.

이러한 계약궤의 모습은 이집트인들이 종교행사 때 들고 나오는 성물과 비슷하다. 투탄카문의 부장품에서도 고리 달린 궤가 나온 적이 있다.

사막을 헤맬 때 사제들은 계약궤를 들고 앞장섰다. 가나안에 정착한 후에는 여러 신전에 모셔졌고 전장에 나갔다가 블레셋인들에게 빼앗기기도 했다. 예루살렘의 솔로몬 신전에 자리잡았던 계약궤는 B.C.E. 587년, 바빌로니아 왕 느부갓네살이 예루살렘을 점령했을 때 사라졌다. 하지만 계약궤가 비밀 장소에 숨겨졌다는 주장도 많다.

계약궤를 운반했을 것으로 추정되는 수레의 부조. C.E. 3세기, 가버나움(Capernaum) 유대회당의 상인방 조각이다.

모세가 죽은 느보 산에 C.E. 6세기, 교회당이 세워졌다. 사진에 보이는 현대식 건물은 유적을 보호하기 위해 만들어진 것이다.

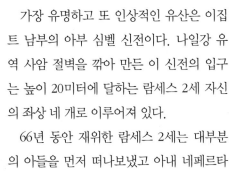

파라오의 병거와 군대를 바다에 처넣으시니 빼어난 장교들이 홍해에 빠지더라.
깊은 바다가 덮치니, 깊은 물 속에 돌처럼 잠기더라. | 출애굽기 15:4~5 |

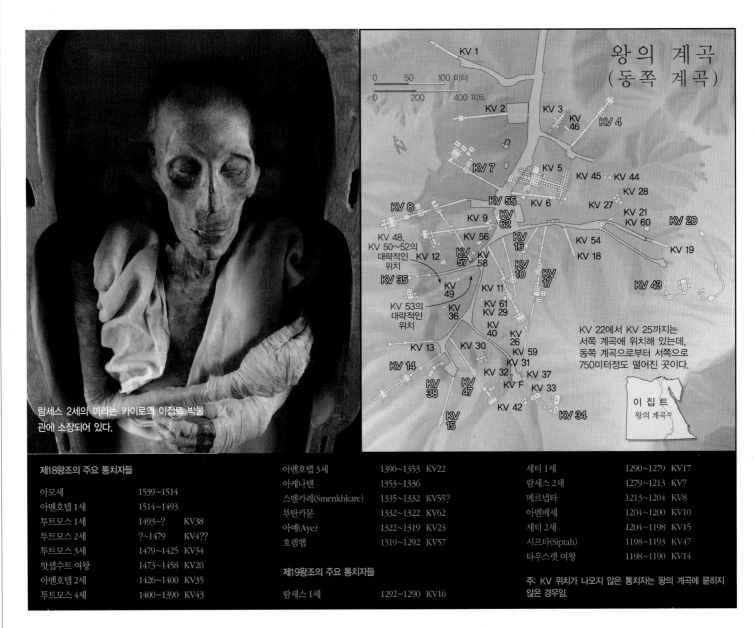

람세스 2세의 미라는 카이로의 이집트 박물관에 소장되어 있다.

제18왕조의 주요 통치자들		
아모세	1539~1514	
아멘호텝 1세	1514~1493	
투트모스 1세	1493~?	KV38
투트모스 2세	?~1479	KV4??
투트모스 3세	1479~1425	KV34
핫셉수트 여왕	1473~1458	KV20
아멘호텝 2세	1426~1400	KV35
투트모스 4세	1400~1390	KV43

아멘호텝 3세	1390~1353	KV22
아케나텐	1353~1336	
스멘카레(Smenkhkare)	1335~1332	KV55?
투탄카문	1332~1322	KV62
아예(Aye)	1322~1319	KV23
호렘헵	1319~1292	KV57

제19왕조의 주요 통치자들

람세스 1세	1292~1290	KV16

세티 1세	1290~1279	KV17
람세스 2세	1279~1213	KV7
메르넵타	1213~1204	KV8
아멘메세	1204~1200	KV10
세티 2세	1204~1198	KV15
시프타(Siptah)	1198~1193	KV47
타우스렛 여왕	1198~1190	KV14

주: KV 위치가 나오지 않은 통치자는 왕의 계곡에 묻히지 않은 경우임.

실에 누워 있다.

출애굽기의 수수께끼

학자들은 출애굽 사건을 뒷받침하는 역사적 증거를 찾기 위해 노력해왔다. 하지만 시나이에서 수많은 발굴 작업이 이루어졌음에도 불구하고 B.C.E. 13세기의 대규모 이주를 증명하는 발견은 나오지 않았다.

이 때문에 출애굽은 이집트 신왕국의 차별정책으로 인한 여러 아시아 노동자들의 점진적인 이주였다는 주장도 나온다. 이집트인들이 힉소스를 몰아낸 사건을 계기로 출애굽 이야기가 만들어졌다는 설도 있다. 힉소스인들이 애초에 가나안 남부에 살았다는 사실이 이 가설을 뒷받침한다.

이집트의 기록을 살펴봐도 성경의 〈출애굽기〉에 해당하는 언급은 나오지 않는다. 이집트 왕들이 패배에 대해 기록하는 경우가 거의 없었다는 점을 고려하면 놀랄 일은 아니다. 어쩌면 람세스 2세의 아들인 파라오 메르넵타(Memeptah)의 전승 기념판이 출애굽을 증명하는지도 모른다. 이 기념판은 B.C.E. 1207년경, 그러니까 유대인들이 가나안에 들어간 후 20~30년이 지났을 때 만들어졌다.

아버지가 그랬듯 메르넵타도 공물이 제때 거둬지도록 군대를 보내 가나안을 평정했다.

전승 기념 석판을 보면 '가나안은 평화로워지고 사악함이 사라졌다. 이스라엘 사람들은 자손이 없어 보기 어렵고 블레셋인들은 이집트의 과부가 되었네.'라고 적혀 있다. 물론 이는 실제 모습이 아니었다. 이집트 군의 약탈을 피해 주민들이 몸을 숨겼을 뿐이다.

하지만 메르넵타의 이 전승 기념 석판은 유대 노예들이 세운 나라 이스라엘을 처음으로 언급했다는 점에서 대단한 가치를 갖게 되었다. 그렇게 짧은 시간 동안 고센 출신 노예들이 이집트 왕실의 석판에 등장할 만한 나라를 세웠다는 것은 진정 놀랄 만한 일이다.

유대 노예들이 떠난 후 비-람세스와 비돔 건설은 중단되었다. 구조물은 무너져내렸고 그 일부는 제3중간기(B.C.E. 1075~715년경)의 파라오들이 세운 새 도시 타니스를 짓기 위한 자재로 쓰이기도 하였다. 람세스 2세가 자신을 위한 사원으로 나일 서쪽 강변에 세운 라메세움(Ramesseum) 신전은 지진으로 파괴되었다. 보는 사람 모두에게 위압감을 주었다는 파라오 람세스 2세의 거대한 조각상은 쓰러져 깨졌고 파편으로만 남았다.

이후 이집트는 두 번 다시 과거의 영광을 누리지 못했다.

이집트	메소포타미아	가나안
B.C.E. 1473년경 핫셉수트가 이집트 최초의 여성 파라오가 되어 장례 제전 건설을 시작함. B.C.E. 1353년경 아케나텐의 통치 시작. 수도가 테베에서 아케타텐(아마르나)으로 옮겨짐. B.C.E. 1322년경 투탄카문 사망. B.C.E. 1279~1213년경 람세스 2세 치세.	B.C.E. 1500년경 메소포타미아 전역에서 닭을 길들여 키움. B.C.E. 1500년경 카시트인들이 바빌론을 통치하고 지역 관습을 받아들임. B.C.E. 1350년경 히타이트의 수피룰리우마 1세가 시리아를 정복하여 미탄니의 세력에 종지부를 찍음. B.C.E. 1300년경 히타이트 영토가 메소포타미아 북부에서 아나톨리아에 이름. B.C.E. 1285년경 메소포타미아 북부에서 아닷니라리(Adadnirari) 1세가 아시리아 제국을 개국함. B.C.E. 1250년경 니네베의 이슈타르 신전이 지진으로 파괴됨.	B.C.E. 1500년경 미탄니와 히타이트가 가나안과 시리아에서 이집트의 영향력을 위협함. B.C.E. 1500~1250년경 유대인들이 이집트에서 노예생활을 함. B.C.E. 1400년경 두로, 비블로스, 시돈이 교역 중심지로 번성함. B.C.E. 1340년경 예루살렘의 이집트 총독이 파라오 아케나텐에게 병력 증강을 요청함.

논쟁이 계속되는 중이지만 대부분의 학자들은 〈출애굽기〉 이야기가 후기 청동기 말엽이라고 본다. B.C.E. 1300~1200년의 시기이다.

5장

가나안 정착

모세 5경의 다섯 번째 책인 〈신명기〉는 '이스라엘'이라는 단어로 끝난다. 그리고 다음 책 〈여호수아서〉의 시작 부분에서 이스라엘인들은 약속의 땅 문턱에 서 있다. 모세의 후계자이자 군 사령관인 여호수아가 새로 훈련받은 이스라엘 군을 이끌고 가나안 땅을 공격하는 것이다. 여호수아는 잠입 작전을 써서 순식간에 가나안 도시들을 점령한다. 몇 년 안에 가나안 중앙부의 고원지대 대부분이 이스라엘 손에 넘어간다.

하지만 고고학자들은 철기시대 초기(B.C.E. 1200~1000년)의 이스라엘 군 원정에 대한 결정적인 증거를 찾지 못했다. 그리하여 실제로는 가나안 정착이 장기간에 걸친 점진적 이주 과정이라는 의견도 나온다. 비옥한 골짜기나 해안가는 가나안인들이 이미 차지한 상태였고 유대 부족은 중앙 고원지대에 정착할 수밖에 없었다. 그리고 부족한 물, 목초지, 경작지를 둘러싸고 부족끼리 갈등을 벌여야 했다. 하지만 더 큰 어려움이 기다리고 있었다. '바다 사람들'이라 통칭되는 약탈의 무리가 몰려온 것이다.

여호수아가 정복한 도시인 하솔의 성채 너머로 갈릴리해가 보인다.

가나안 정복

여호수아와 이스라엘 군이 처음 점령한 예리고의 울창한 올리브나무와 야자 숲이 헐벗은 유대 고원과 대조를 이루고 있다.

〈여호수아서〉는 유대교 성경의 두 번째 부분인 예언서(네빔)의 첫 번째 책이다. 이스라엘 역사를 기술한 책 네 권, 〈여호수아서〉〈판관기〉〈사무엘서〉〈열왕기〉 중 첫 번째이기도 하다. 〈여호수아서〉와 〈판관기〉는 이스라엘인들이 가나안을 정복하고 정착하는 과정을 보여준다. 〈여호수아서〉가 가나안 정착 단계에서의 정복 전쟁을 주로 다룬 반면 〈판관기〉는 가나안 정착 후 인근 도시나 블레셋인 등과 싸운 역사를 기록한다. 끊임없는 침략에 시달리던 유대인들은 어쩔 수 없이 판관이라는 임시 지휘관의 통치를 받아들였고 이로써 이스라엘 군주제의 토대가 놓였다.

〈여호수아서〉와 〈판관기〉의 내용은 문학적, 고고학적 검증의 대상이 되어왔다. 특히 1948년 이스라엘이 건국된 후 이스라엘 고고학자들은 성경에 언급된 지역에서 대대적인 발굴 작업을 벌이며 역사적 증거를 찾고자 했다.

그 결과는 지역에 따라 달랐다. 하솔 같은 곳에서는 초기 철기시대 전쟁의 흔적이 나왔지만 다른 곳에서는 〈여호수아서〉에 기록된 파괴의 흔적이 발견되지 않았다. 대규모 거주지에서 발견된 잔해들

B.C.E. 1244년경
투쿨티-니누르타(Tukulti-Ninurta)가
아시리아의 왕이 됨

B.C.E. 1230년경
이스라엘 군이 하솔을 파괴함

B.C.E. 1207년경
아시리아가 바빌론에게 승리함

B.C.E. 1200년경
메소포타미아 장인들이 철기 제품을 만들고
서아시아 전역에 철기시대가 개막함

> 힘을 내고 용기를 가져라.
> 내가 이 백성의 선조들에게 주겠다고 맹세한 땅을 차지하여
> 이 백성에게 나누어줄 사람은 바로 너다. | 여호수아서 1:6 |

은 블레셋이 가나안을 침략했던 이후 시대의 것이다. 증거를 못 찾은 학자들은 다음과 같은 두 가지 가설을 내놓았다. 하나는 가나안 정복이 여러 세대에 걸쳐 점진적으로 이루어지다가 B.C.E. 10세기의 다윗과 솔로몬 시대에 마침내 완결되었다는 가설이다. 다른 하나는 〈여호수아서〉를 비롯한 〈판관기〉〈사무엘서〉〈열왕기〉 등의 예언서들이 그 신학적 근간인 〈신명기〉(모세5경의 마지막 책)와 함께 기록 편집되었다는 가설이다. 여기에는 대다수의 학자들이 동의한다. 이렇게 보면 〈여호수아서〉는 200여 년에 걸친 고대 이스라엘의 가나안 정착과 관련된 다양한 구전 전통을 한데 모은 것으로 B.C.E. 7세기의 요시야 왕 치세 이후에 정리된 책이 된다.

B.C.E. 7세기의 이스라엘은 유다 왕국으로 쪼그라들어 아시리아의 속국으로 전락한 처지였다. 유대 지식인들은 여호수아 군의 힘을 강조하기 위해 이스라엘 부족의 점진적인 가나안 정착을 영웅담으로 바꾸었는지도 모른다. 〈출애굽기〉에서 여러 구전 이야기를 합치면서 모세라는 인물이 동원되었듯 이번에는 야훼로부터 결정적인 도움을 받는 영웅 여호수아가 등장하는 것이다. 이런 맥락으로 보면 여호수아의 정복 이야기가 청동기 후기나 철기 초기 시대의 고고학적 기록으로 뒷받침되지 못하는 것도 무리가 아니다.

〈여호수아서〉의 크나큰 목적은 이스라엘인들이 여호수아라는 중간 인물을 통해 야훼의 지시를 받고 약속의 땅을 차지할 수 있다는 것, 그리하여 신의 법이 통치하는 사회를 만들어냈다는 것을 보여주는 데 있었다.

예리고의 함락

여호수아는 〈출애굽기〉에서 처음 등장한다. 우물 사용권 때문에 르비딤에서 아말렉인들과 싸움을 벌일 때이다. 모세는 청년 여호수아의 용맹함을 알아보고 그를 부관으로 삼는

다. 다음으로 여호수아가 등장하는 장면은 시나이 산으로 올라갈 때(출애굽기 24:13), 그리고 이동 천막 신전을 지은 후이다. 가나안이 '젖과 꿀이 흐르는 땅' 이라고 보고한 특별 정탐대에도 여호수아가 끼어 있다. 이 정탐대는 가나안 도시들의 방비가 대단하여 정복이 불가능할 것 같다는 부정적인 정보를 가져오게 되지만 말이다.

여호수아가 모세의 후계자로 선택된 것은 그 당시 명석하고도 대담한 군사 지휘관이 다급하게 필요했기 때문이었다. 여호수아는 이스라엘 군대의 약점을 잘 알고 있었다. 사기만 충천했을 뿐 유대인들에게는 도시 정복에 필요한 장거리 합성 활이나 성벽 파괴용 대형 망치 같은 무기가 없었다. 합성 활은 블레셋인들이 도입한 것으로 서로 다른 목재판들을 겹친 후 나무 수액이나 끓인 가죽으로 붙여 만들었는데 탄력성이 좋아 전통 활에 비해 사정거리가 훨씬 길다. 이스라엘 군에게는 B.C.E. 13세기의 튼튼한 갑옷이나 가나안 측이 전투에 동원하는 철제 전차도 없었다. 여호수아는 전면 공격을 벌이거나 육탄전으로 갈 경우 승산이 없다고 판단했다.

〈민수기〉 13장에 기록된 대로 유대인 정탐대는 이즈르엘 계곡과 북쪽의 여타 비옥한 지대의 방어 상태에 압도당했다. 평야지대는 전차가 움직이기에 최적의 조건이었다. 게다가 므깃도, 벳산, 하솔 등의 성채가 고리 형태로 곡창지대를 둘러싸는 형상이었다. 이 때문에 여호수아는 전차 동원에 적합하지 않고 방어도 상대적으로 허술한 중심부를 선택했다. 아브라함이 엘을 찬미하는 첫 제단을 쌓았고 야곱이 천막을 쳤던 세겜 그리고 여러 선조들이 멈춰 쉬어갔던 헤브론이

뼈 손잡이가 달린 짧은 칼과 도끼 날 두 개. 이스라엘인들이 가나안에 정착했으리라 여겨지는 초기 철기시대(B.C.E. 1200~1000년)의 유물이다.

바로 그곳이었다. 여기서도 여호수아는 전면 대결을 피하고 잠입과 책략 전술을 쓰기로 했다.

첫 번째 목표는 예리고였다. 트랜스요르단을 가로질러 여호수아의 최종 목적지인 중심부 고원지대로 이어지는 길목에 자리잡은 도시였으므로 반드시 차지해야 했다. 라합이라는 창녀 집에 숨어 상황을 살핀 정탐대는 예리고 성이 두터운 벽에 둘러싸여 있고 주민들은 성벽 안에 거주하는 것이나 다름없다고 알려왔다. 과연 이스라엘 군이 모습을 드러내자 예리고 주민들은 모두 성벽 안으로 숨었다.

엿새 동안 여호수아 부대는 성벽 주위를 일곱 바퀴씩 돌았다. 행렬 가운데에 선 사제 일곱 명은 신성한 계약궤를 들고 전투 나팔을 불었다. 여호수아는 신의 존재와 힘을 상징하는 계약궤가 병사들의 사기를 높

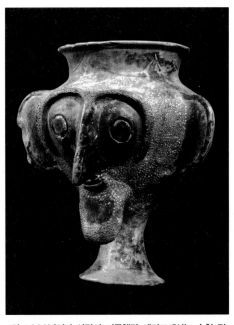

1만 1,000년이나 사람이 거주했던 예리고에서는 수천 점의 유물이 나왔는데 중기 청동기(B.C.E. 1750~1550년)의 이 술잔도 그중 하나이다.

여줄 것이라 생각했던 것이다. 고대 서아시아에서 이런 믿음은 자주 등장한다. 바빌로니아 부조를 보면 군사 지도자의 토템을 가지고 전장에 나오는 것이 메소포타미아의 일반 관행이었음을 알 수 있다. 특히 아시리아에서는 왕조 수호신의 석상이나 상징이 군인들의 머리 위를 지나가도록 하는 관습이 있었다.

이레째 날, 이스라엘인들은 다시 예리고 성벽 주위를 돌았다. 일곱 번째 바퀴를 돈 순간 사제들이 나팔을 힘껏 불었고 여호수아는 모두에게 전투 함성을 내지르게 했다. 그러자 성벽이 무너져내렸다(여호수아서 6:20). 나팔을 한꺼번에 불어 발생하는 음향 충격이 벽에 부딪히면 회반죽 부분이 약해져 무너져내릴 수 있다고 한다. 여호수아의 군대는 일제히 성으로 들어가 남녀노소 가리지 않고, 또한 가축도 종류에 관계없이 모조리 칼로 쳐 죽이는 파괴 행위를 저질렀다(여호수아서 6:21). 군대는 예리

여호수아의 나팔

〈여호수아서〉를 보면 야훼의 지시에 따라 이스라엘인들이 예리고 성을 포위하는 장면이 나온다. 신의 지시는 다음과 같다.

"너희는 엿새 동안 날마다 이 성 주변을 돌아라. 사제 일곱 명은 각기 양뿔 나팔을 들고 궤 앞에 서라. 이렛날에는 사제들이 한참 동안 나팔을 불고 백성은 다 같이 힘껏 고함을 질러라. 그러면 성이 무너져내릴 것이다"(여호수아서 6:3~5).

이스라엘인들의 정착 시기보다 훨씬 이른 때부터 이집트인들은 전장에서 부대의 이동 방향을 전달하는 데 나팔을 사용했다. 나팔은 금이나 청동으로 만들었고 입을 대는 부분은 금이나 은이었다. 투탄카문의 무덤에서도 멋진 나팔이 발굴된 바 있다. 하지만 여호수아의 나팔은 양뿔을

황금 끈으로 장식된 이 각적은 므깃도에서 발굴된 것으로 후기 청동기 1~2기(B.C.E. 1400~1300년) 유물이다.

뜨거운 물에 담가 납작하게 편 뒤 종 모양으로 구부린 것이었다.

쇼파(shofar) 혹은 각적(角笛)이라고도 불리는 이 나팔은 이후 사제들의 도구로 자리잡는다. 〈민수기〉를 보면 초승달이 뜰 때와 축일을 기념하기 위해 각적을 분다는 언급이 나온다.

구전 율법을 처음으로 기록한 랍비 텍스트인 《미슈나Mishnah》에도 예루살렘 제1성전에서 사용된 두 종류의 나팔 이야기가 있다. 아이벡스의 뿔로 만들어 입을 대는 부분에 금을 씌운 나팔은 새해를 기념할 때 불고, 양뿔로 만든 다른 나팔은 단식일에 분다는 것이다. 양뿔 나팔은 성서 시대부터 지금까지 사용되는 유일한 유대 악기이다.

고를 다 태워버렸지만 은과 금, 동제품과 철제품은 신의 금고에 넣었다(여호수아서 6:24).

1868년에 이루어진 워렌의 발굴 덕분에 고대 예리고의 위치는 분명히 밝혀졌다. 예루살렘에서 동쪽으로 32킬로미터, 사해에서 북쪽으로 14킬로미터 떨어진 곳으로 텔 에스-술탄 오아시스 근처이다. 예리고의 우물에는 아직까지도 맑은 물이 고여 있다. 1950년대에 이곳을 발굴한 영국 고고학자 케니언(Kathleen Kenyon)은 1.8미터 두께의 성벽을 발견했다. 도기 사용 이전의 신석기시대(B.C.E. 8500~5500년)에 만들어진 이 엄청난 성벽은 B.C.E. 6000년대에 지진으로 붕괴된 것으로 추정되었다. 그 자리에 소규모 거주지들이 생겨났다가는 사라졌고 때로 흙벽이 세워지기도 했지만 과거의 성벽과는 비교가 되지 못했다. 케니언에 따르면 진흙 성벽은 최소한 열일곱 차례 이상 파괴와 건축을 거듭했다고 한다. 마침내 B.C.E. 2000년경 새로운 거주지가 세워졌다. 주변의 흙벽은 경계 역할을 했을 뿐 적의 공격은 당해내지 못할 수준이었다. 이 벽은 청동기 중기인 B.C.E. 1550년경에 파괴되었다. 여호수아의 진격보다 수세기 앞선 시점이다. 이스라엘이 뿔 나팔과 함성이라는 무기로 무너뜨렸다는 예리고 성벽은 어쩌면 당시까지 전설로 내려오던 고대 성벽 이야기에서 착안한 것인지도 모른다.

아이의 정복

여호수아가 이끄는 이스라엘 군의 다음 목표는 유대 고원이었다. 예리고에서 서쪽으로 뻗은 두 길이 유대 고원으로 이어져 있었다. 1,200미터 높이까지 올라가는 길은 여부스(Jebusite)인들의 요새 예루살렘으로 이어졌다. 경사가 좀더 완만한 두 번째 길은 아이(Ai)로 향했다. 아브라함과 야곱이

요세푸스(Flavius Josephus)가 쓴 《유대인 고대사Antiquities of the Jews》의 삽화로 사용된 푸케(Jean Fouquet, 1420~1480년경)의 그림 〈예리고의 함락〉.

거쳐갔던 도시였다. 방비가 상대적으로 허술한 아이는 예루살렘에서 북쪽으로 19킬로미터 거리였다.

여호수아는 아이를 치기로 하였다. 예리고 승리 이후 자신감이 생긴 그는 적은 병력으로도 도시 함락이 가능하다고 생각했지만 패배를 맛봐야 했다.

신은 새로운 계획을 내려주었다. 밤중에 5,000명 가량을 도시 서쪽으로 보내 매복시키고 날이 밝은 후 주력 부대가 북쪽 성문을 공격하는 척했다. 아이의 군대가 성벽 밖으로 나오자 이스라엘 군대는 도망가는 척하며 상대를 유인했다. 그 틈을 타 매복했던 군대가 진격해 도시를 차지하고 아이 군대를 뒤에서 공격했다. 전형적인 협공 작전이었다. 아이는 파괴되었고 영원한 폐허로 변했다(여호수아서 8:27~28). 하지만 이번에는 신의 허락을 받아 가축과 전리품을 이스라엘이 차지하였다.

아이는 키르바트 앗 탈(Khirbat at Tall) 근처 언덕에 위치했던 것으로 보인다. 미국의 올브라이트(William F. Albright)가 1930년대 후반에 발굴해낸 베델 근처이다. 1920년대의 가스탕(John Gastang), 1930년대 초반의 마켓-크라우제(Judith Marquet-Krause), 1970년대의 캘러웨이(Joseph Callaway) 등 쟁쟁한 고고학자들이 연이어 발굴 작업을 벌였지만 아이가 청동기 초기(B.C.E. 3150~2000년)에 번영했던 도시였음을 발견했을 뿐 B.C.E. 13세기 후반 여호수아가 대대적으로 파괴한 흔적은 찾지 못했다. 이 때문에 여호수아 이야기에 등장하는 아이는 과거의 명성을 반영했을 뿐이라는 주장, 혹은 아이가 베델과 혼동되었다는 주장도 나왔다. 어쩌면 키르바트 앗 탈은 성서 속 아이와 아무런 관계도 없는 엉뚱한 장소인지 모른다.

어떻든 성경에서 아이의 함락은 대단히

성경은 여호수아 군대가 어떻게 예리고 성벽을 무너뜨렸는지 상세히 기록하고 있다. 사진의 예리고 성벽은 중기 청동기시대(B.C.E. 1950~1550)의 것이다.

여호수아는 아이를 정복하기 위해 매복 작전을 쓴다. 아이의 위치는 고대 도시 베델 근처, 키르바트 앗 탈 인근 언덕으로 여겨진다.

여호수아가 아도니세덱 왕 군대를 물리칠 수 있도록 신이 태양을 지지 않게 만들었던 고대 기브온. 현재는 알 지브(Al Jib)라는 작은 마을이다.

푸르른 타볼(Tabor) 산. 판관 드보라가 이즈르엘 전투에서 가나안인들과 맞서기 전에 이스라엘 군을 모은 곳이다.

여호수아와 가나안 정복

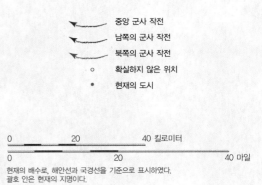

중앙 군사 작전
남쪽의 군사 작전
북쪽의 군사 작전
⚬ 확실하지 않은 위치
● 현재의 도시

0   20   40 킬로미터

0   20   40 마일

현재의 배수로, 해안선과 국경선을 기준으로 표시하였다.
괄호 안은 현재의 지명이다.

지   중   해

이   집   트

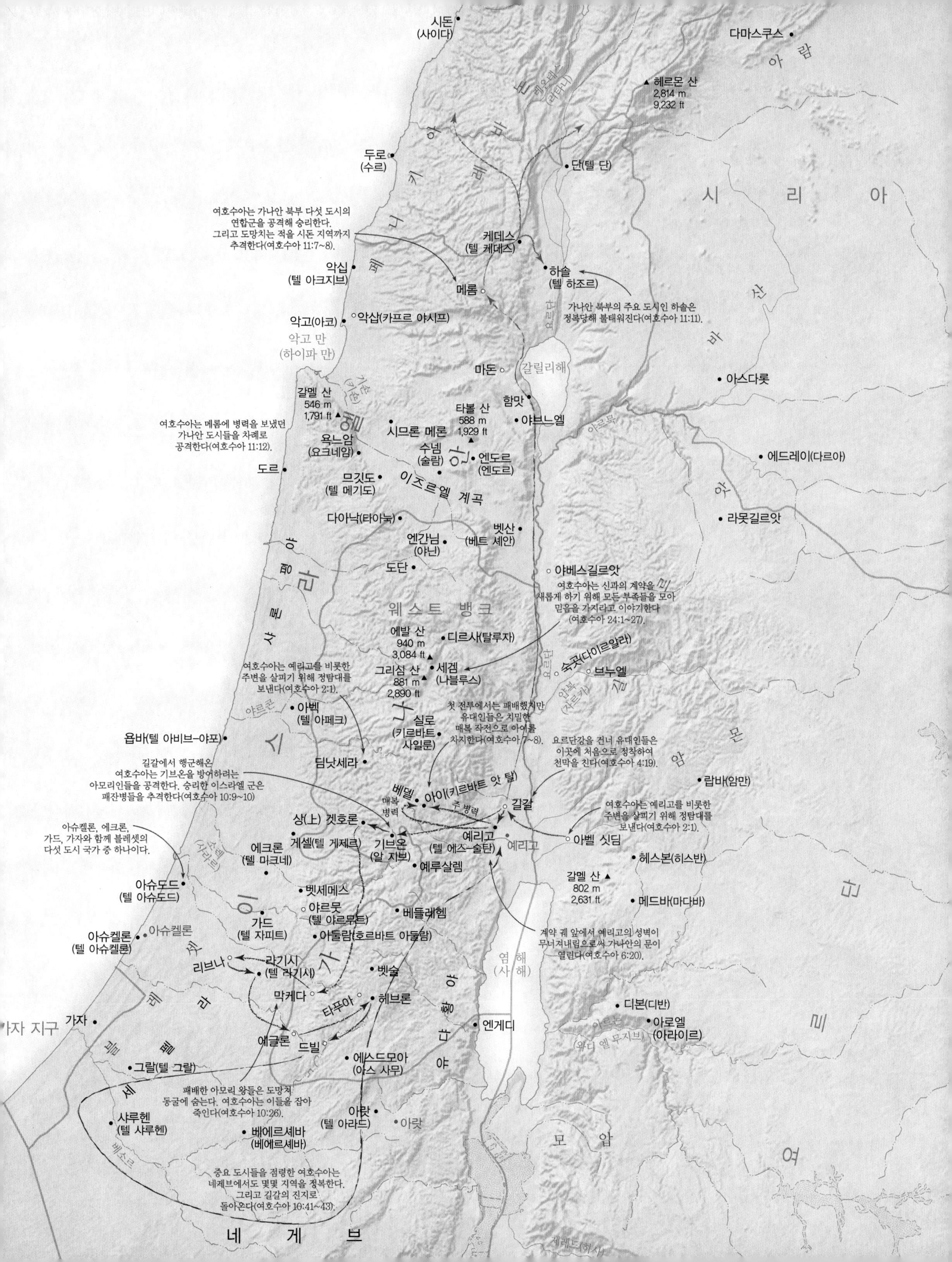

시돈 (사이다)
다마스쿠스
아람
헤르몬 산 2,814 m 9,232 ft
레온테스 (리타니)
두로 (수르)
단(텔 단)
시리아
여호수아는 가나안 북부 다섯 도시의 연합군을 공격해 승리한다. 그리고 도망치는 적을 시돈 지역까지 추격한다(여호수아 11:7~8).
케데스 (텔 케데스)
하솔 (텔 하조르)
악십 (텔 아크지브)
메롬
가나안 북부의 주요 도시인 하솔은 정복당해 불태워진다(여호수아 11:11).
바산
악고(아코)
악삽(카프르 야시프)
악고 만 (하이파 만)
요르단
마돈
갈릴리해
아스다롯
키손
갈멜 산 546 m 1,791 ft
함맛
타볼 산 588 m 1,929 ft
야브느엘
야르묵
여호수아는 메롬에 병력을 보냈던 가나안 도시들을 차례로 공격한다(여호수아 11:12).
시므론 메론
욕느암 (요크네암)
수넴 (술람)
엔도르 (엔도르)
에드레이(다르아)
도르
므깃도 (텔 메기도)
이즈르엘 계곡
다아낙(타아눅)
벳산 (베트 셰안)
라못길르앗
엔간님 (야닌)
도단
야베스길르앗
여호수아는 신과의 계약을 새롭게 하기 위해 모든 부족들을 모아 믿음을 가지라고 이야기한다(여호수아 24:1~27).
웨스트 뱅크
에발 산 940 m 3,084 ft
디르사(탈루자)
그리심 산 881 m 2,890 ft
세겜 (나블루스)
숙곳(다이르알라)
브누엘
얍복 (자르카)
여호수아는 예리고를 비롯한 주변을 살피기 위해 정탐대를 보낸다(여호수아 2:1).
야르콘
아벡 (텔 아페크)
첫 전투에서는 패배했지만 유대인들은 치밀한 매복 작전으로 아이를 차지한다(여호수아 7~8).
실로 (키르바트 사일룬)
욥바(텔 아비브-야포)
요르단강을 건너 유대인들은 이곳에 처음으로 정착하여 천막을 친다(여호수아 4:19).
암몬
딤낫세라
길갈에서 행군해온 여호수아는 기브온을 방어하려는 아모리인들을 공격한다. 승리한 이스라엘 군은 패잔병들을 추격한다(여호수아 10:9~10)
랍바(암만)
베델
아이(키르바트 앗 텔)
매복 병력
주 병력
길갈
여호수아는 예리고를 비롯한 주변을 살피기 위해 정탐대를 보낸다(여호수아 2:1).
상(上) 벳호론
아슈켈론, 에크론, 가드, 가자와 함께 블레셋의 다섯 도시 국가 중 하나이다.
게셀(텔 게제르)
기브온 (알 지브)
예리고 (텔 에스-술탄)
예리고
아벨 싯딤
소렉 (사라르)
에크론 (텔 미크네)
예루살렘
헤스본(히스반)
아슈도드 (텔 아슈도드)
벳세메스
갈멜 산 802 m 2,631 ft
야르뭇 (텔 야르무트)
메드바(마다바)
가드 (텔 자피트)
베들레헴
아슈켈론 (텔 아슈켈론)
아슈켈론
아둘람(호르바트 아둘람)
계약 궤 앞에서 예리고의 성벽이 무너져내림으로써 가나안의 문이 열린다(여호수아 6:20).
리브나
라기시 (텔 라기시)
염해 (사해)
벳술
막게다
타푸아
헤브론
디본(디반)
가자 지구
가자
엔게디
아로엘 (아라이르)
에글론
드빌
아르논 (와디 엘 무지브)
그랄(텔 그랄)
에스드모아 (아스 사무)
패배한 아모리 왕들은 도망쳐 동굴에 숨는다. 여호수아는 이들을 잡아 죽인다(여호수아 10:26).
샤루헨 (텔 샤루헨)
아랏 (텔 아라드)
아랏
베에르셰바 (베에르셰바)
모압
베소르
중요 도시들을 점령한 여호수아는 네게브에서도 몇몇 지역을 정복한다. 그리고 길갈의 진지로 돌아온다(여호수아 10:41~43).
네게브
세레드(하사)

가나안의 곡창지대

감귤과 미모사 향기 풍기는 이즈르엘 계곡은 지금도 가나안에서 가장 비옥한 곳이다. 에스드렐론(Esdraelon)이라는 그리스 이름은 '신이 비옥함을 내려주시길'이라는 의미이다. 이즈르엘 계곡은 북쪽의 갈멜 산맥과 남쪽의 길보아(Gilboa) 산맥에 둘러싸여 해풍에서 보호받는 삼각형 평야이다. 산맥들 때문에 세 손가락을 편 손처럼 보이기도 하는데 가운데 손가락에 해당하는 곳이 하롯(Harod) 계곡이다. 하롯 계곡은 120미터 가량 낮아지면서 벳산 근처의 요르단강 계곡과 연결된다. 이즈르엘 계곡을 가로질러 흐르는 기손 강이 지속적으로 물을 공급해준다. 가나안 시대에 이곳의 주요 작물은 밀, 올리브, 무화과 그리고 포도였다.

북서쪽에서 남동쪽으로 펼쳐진 길이 29킬로미터의 너른 땅, 이즈르엘 계곡에서는 끊임없이 싸움이 벌어졌다. B.C.E. 15세기에 므깃도에서 벌어진 투트모스 3세의 유명한 전투부터 판관 드보라가 타볼 산맥에서 벌인 무력 충돌, 사울과 블레셋인들의 전투에 이르기까지 말이다. 이스라엘의 예후 왕이 유다의 아하지아 왕을 물리친 곳도, 파라오 느고가 요시야 왕을 물리친 곳도 여기이다. 계곡의 주된 성채인 므깃도는 묵시록에 하르 무깃도 혹은 아마겟돈이라는 이름으로 등장해 선과 악이 벌이는 최종 싸움의 전장이 된다.

이즈르엘 계곡과 타볼 산의 오늘날 모습. 고대 가나안에서 가장 비옥했던 지역이다.

중요한 사건으로 설명된다. 그때까지 가나안 주요 도시 사람들은 이스라엘을 업신여겼던 것이다. 하지만 아이의 함락 소식이 전해지면서 상황은 달라졌다. 예루살렘 북서쪽 9킬로미터에 위치한 기브온 주민들은 여호수아에게 평화 조약을 제안하였다. 기브온의 원로들은 유대인들의 약탈을 피하기 위해 책략을 썼다. 누더기 옷을 입고 먼 길을 온 것처럼 행동한 것이다. 사흘이 지난 후에야 여호수아는 기브온인들이 인근에 사는 사람들임을 알았다(여호수아서 9:16). 하지만 이미 평화 조약이 체결된 후였으므로 방법이 없었다.

북쪽 길을 확보한 여호수아는 이제 남쪽으로 관심을 돌렸다. 예루살렘의 아도니세덱(Adonizedek) 왕은 라기시와 헤브론 등 주요 도시들과 군사 동맹을 맺어 유대인에 대항하기로 하였다. 그리고 본보기로 기브온을 공격한다. 기브온인들은 여호수아에게 도움을 청했고 여호수아는 지체 없이 군대를 돌려 적을 물리쳤다. 적은 아얄론(Aijalon) 계곡으로 도망쳤다가 신이 내린 주먹만한 우박의 공격을 받았다.

어둠이 내리자 여호수아는 적의 도주를 우려해 태양이 기브온 위에 머물러 있도록 해달라고 기도했고 그대로 되었다(여호수아 10:12~13). 여호수아의 군대는 남쪽 고원지대를 휩쓸며 아세가(아제카, Azekah), 라기시, 헤브론, 드빌(Debir)을 점령하고 북쪽의 하솔로 향했다.

하솔 정복

교역지로 번성했던 하솔은 이집트와 우가리트 점토판 기록에 자주 등장한다. 갈릴리해 바로 북쪽에 자리잡은 덕분에 하솔은 지중해 연안 블레셋 길과 이어지는 주요 교역로를 장악했다. 파라오 아케나텐의 수도에서 발견된 점토판 외교 문서인 아마르나 문서(Amarna Letter)를 보면 트랜스요르단의 아스다롯(아시타로스, Ashitaroth) 왕이 하솔에게 도시를 세 개나 빼앗겼다며 이집트 왕에게

B.C.E. 1230년경 파괴되었다고 여겨지는 가나안 신전인 비석 사원(Shrine of the Steles)을 재현한 모습. 1955년에 고고학자 야딘이 하솔에서 발견한 유적이다.

하소연하는 내용이 있다. 〈여호수아서〉가 하솔을 '모든 왕국의 종주국'이라 표현한 것도 무리가 아닌 셈이다(여호수아서 11:10). 하솔 왕 야빈(Jabin)은 이스라엘 군에 대항해 동맹을 구성했다(여호수아서 11:1~3). 하지만 여호수아는 연합군을 물리치고 하솔을 불태웠다(여호수아서 11:10~11).

여러 해가 지나 드보라(데보라, Deborah) 판관의 시대에 신이 '하솔을 통치했던 가나안 야빈 왕에게 이스라엘인들을 넘겨주었다.'는 기록이 나온다(판관기 4:2). 이로 미뤄보면 그때까지 야빈 왕이 살아 있었거나 같은 이름의 후계자가 나온 듯하다. 어

떤 상황이든 드보라 판관 시대에 하솔이 '불타 사라진 상태'는 아니었던 셈이다. 1955년, 이스라엘 고고학자 야딘(Yigael Yadin)이 하솔의 운명을 밝혀냈다. 도시 북서쪽에서 온통 그을린 커다란 건물 잔해가 나온 것이다. 야딘은 그 건물이 입니-아두(Ibni-Addu) 왕(바로 이 인물이 성경의 야빈 왕일 가능성이 높다)의 궁전이며 하솔은 B.C.E. 1230년경 이스라엘인들에게 파괴당했다고 주장했다. 이는 학계의 거센 논박을 불러일으켰고 1990년대에 이스라엘 팀이 새로 발굴에 나서게 되었다. 이때 레바논 삼나무로 들보를 댄 왕의 알현실이 발견되었다. 놀랄 만큼 호사스러운 그 방의 벽에는 그때까지도 타다 남은 재가 붙어 있었다.

궁전에서는 가나안 도기 조각, 그리고 이집트와 가나안에서 만든 작은 입상들 조각이 나왔다. 이를 바탕으로 궁전 건축 연대는 후기 청동기, 즉 이스라엘 정착 초기로 추정되었다. 이집트 입상이 파괴되었다는 것은 도시의 정복자가 이집트인이 아니라는 뜻이다. 바다 사람들, 특히 블레셋인들의 특징인 기하학 무늬 도기는 전혀 없었다. 가나안의 이교 숭배를 드러내는 입상들은 의도적으로 깨뜨린 것이 분명했다. 이런 증거를 바탕으로 발굴단은 야딘의 주장과 동일한 결론에 이르렀다. 하지만 당시 이스라엘의 군사 행동을 증명하는 유적이 오로지 하솔뿐이라는 점 때문에 논란은 아직도 가라앉지 않고 있다.

유대인의 정착지

이스라엘의 고대 도시 아브닷(Avdat) 근처에서 일꾼들이 철제 농기구로 굳은 땅을 갈고 있다.

하솔 성채가 무너지고 나자 이제 이스라엘 열두 부족이 각기 어디에 정착할 것인가 하는 중요한 문제가 대두되었다. 가나안은 고센처럼 드넓고 비옥한 땅이 아니었으므로 정착지 배분은 매우 민감한 문제였다. 갈릴리 언덕과 갈멜(카르멜, Carmel) 산, 사마리아 북부는 숲이 울창했지만 중부 고원지대는 무덥고 건조한 데다가 토질도 농사에 맞지 않았다. 물도 중요한 요소였다. 해안 지역은 강수량이 충분했고 이즈르엘 계곡이나 요르단 계곡은 강과 시내에 의지할 수 있었지만 고원은 건지 농법에만 적합할 뿐이었고 목초지도 거의 없었다.

여호수아는 공정하게 일을 처리하려 애썼다. 그는 산악 지대와 네게브 지역, 그리고 세일(Seir)을 향하여 우뚝 선 할락(Halak) 산으로부터 헤르몬(Hermon) 산 아래 레바논 골짜기의 바알가드(Baal-gad)에 이르는 땅을 차지한 후(여호수아 11:16~17) 부족 간 영토 분배에 나섰다. 할락 산은 사해 남쪽 64킬로미터에 위치한 예벨 할락(Jebel Halaq)으로 추정된다. 성경에서 에돔이라 불리는 요르단 남부 지역이다. 바알가드는 하솔 북쪽의 상부 갈릴리 지역인데 오늘날의 키

B.C.E. 1156년경
이집트의 람세스 3세 시대가 끝남

B.C.E. 1150년경
미케네 문명이 쇠락함

B.C.E. 1143년경
느부갓네살(Nebuchadnezzar) 1세가
통치하는 바빌론이 급부상해
엘람인들을 물리침

B.C.E. 1125년경
이스라엘인과 가나안인들이
므깃도 전장에서 만남

여러분이 만일 여러분의 하느님께서 분부하신 계약을 어기고 다른 신들을 따라가
그 앞에 엎드려 예배하면, 신의 분노가 여러분 위에 미칠 것이오.
그리하여 여러분은 신께 받은 이 기름진 땅에서 멸절하고 말 것이오. | 여호수아서 23:16 |

리아트 시모나(Qiryat Shemona)에서 12킬로미터 떨어진 바냐스(Banyas) 강가의 바냐스 마을이라 여겨진다. 이는 훗날 가이사랴 빌립보(Caesarea Philippi)가 되며 예수가 베드로를 교회의 '반석'이라 부른 곳으로 〈마태오 복음〉에 기록되어 유명해진다.

결국 이스라엘 부족들이 얻은 땅은 남쪽의 네게브에서 북쪽 훌라(Hula) 계곡에 이르는 곳이었다. 중간 중간에 여전히 가나안인들이 차지한 땅이 꽤 많기는 했지만 말이다.

모세가 했던 약속을 존중해 여호수아는 르우벤과 가드 부족을 트랜스요르단 평야에 정착시켰다. 아모리 왕 시혼(Sihon)이 소유했던 땅이다(여호수아서 13:15~28). 므나쎄 부족은 수가 많았으므로 둘로 나눠 한쪽에는 얍복 강과 야르묵(Yarmuk) 강 사이에 있는 길르앗 땅의 반을 주었고(여호수아서 13:29~32) 나머지 한쪽에는 세겜과 이즈르엘 계곡 사이 언덕을 주었다. 에브라임 부족은 중심부 고원에, 유다 부족은 예루살렘 남쪽 땅에 자리잡았다. 그 아래쪽의 헤브론은 과거에 모세로부터 땅을 약속받은 갈렙(Caleb)에게 돌아갔다(여호수아서 14~15).

남은 일곱 부족을 위해 여호수아는 일단 남은 땅을 면밀히 조사했다. 그리고 땅을 구획하도록 했다. 베냐민 부족은 예루살렘 북쪽 고원을 받았다(여호수아서 18:11~28). 그 서쪽 옆 해안 평야는 단 부족이 차지했다(여호수아서 19:40~48). 시므온 부족은 남쪽으로 가 베에르셰바 주변 네게브 지역에 정착했다(여호수아서 19:1~9). 북쪽은 다른 네 부족의 몫이었다. 아셀 부족은 갈릴리 서쪽에(여호수아서 19:24~31), 즈불룬 부족은 갈릴리 중부(여호수아서 19:10~16), 납달리 부족은 갈릴리 동쪽으로(여호수아서 19:32~39) 갔다. 이싸갈 부족은 벳산과 이즈르엘 사이 계곡에 살게 되었다(여호수아서 19:17~23).

레위 부족은 땅을 받지 못했다. 대부분 이스라엘 모든 부족을 위해 봉사하는 사제 신분이었기 때문이다. 이들은 각 정착지에 흩어져 살게 되었다. 부족 사이의 갈등과 싸움을 예견한 여호수아는 헤브론, 카데시, 세겜 등 여섯 개 도시를 '피난처'로 정해 우발적 살인을 저지른 이들이 숨을 수 있도록 하였다.

이러한 토지 분할이 모두에게 만족스럽지는 못했다. 어떤 땅은 이스라엘인들의 침입을 못마땅해하는 적들로 둘러싸여 있었다. 르우벤과 가드 부족은 모압과 에돔 왕국의 위협을 받았다. 아셀, 즈불룬, 납달리 부족은 그술(Geshur)과 마아가(Maachah) 왕국에 인접했으며 북쪽으로 간 부족들은 아모리 왕국과 부딪쳐야 하는 상황이었다. 단 부족은 해안 도시들과 고원지대 사이에 끼어 양쪽 모두에서 압박을 받았다. 예루살렘, 벳산, 므깃도와 같은 강력한 도시들 그리고 북쪽의 비옥한 평야는 여전히 가나안인들의 수중에 놓여 있었다.

B.C.E. 1200~1020년의 시기를 다루는 〈판관기〉는 이런 상황 때문에 발생한 문제를 기록해두

동물 머리로 장식된 낫 손잡이. 갈멜 산의 한 동굴에서 발견되었으며 청동기 중기(B.C.E. 1750~1550년)의 것으로 추정된다.

B.C.E. 1115년경
티글랏-필레셀(Tiglath-Pileser) 1세가 아시리아 왕으로 즉위함

B.C.E. 1103년경
페니키아인들이 알파벳을 고안함

B.C.E. 1100년경
이집트인 웬 아몬(Wen-Amon)이 남긴 기록에 레바논 삼나무를 사기 위해 가나안 지나간 이집트 관리가 등장함

B.C.E. 1100년경
메소포타미아 학자들이 의학 진단 교과서를 편찬함

기후와 식생

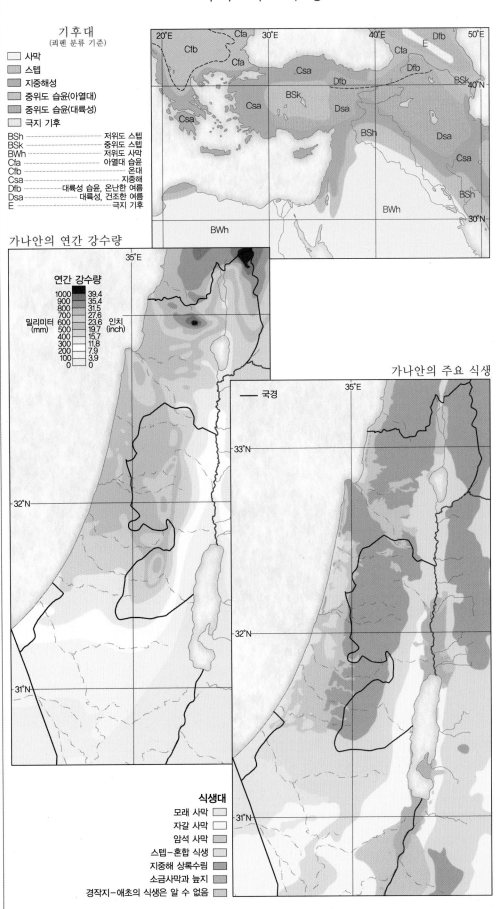

기후대
(쾨펜 분류 기준)

□ 사막
□ 스텝
□ 지중해성
□ 중위도 습윤(아열대)
■ 중위도 습윤(대륙성)
□ 극지 기후

BSh	저위도 스텝
BSk	중위도 스텝
BWh	저위도 사막
Cfa	아열대 습윤
Cfb	온대
Csa	지중해
Dfb	대륙성 습윤, 온난한 여름
Dsa	대륙성, 건조한 여름
E	극지 기후

가나안의 연간 강수량

연간 강수량

밀리미터 (mm)	인치 (inch)
1000	39.4
900	35.4
800	31.5
700	27.6
600	23.6
500	19.7
400	15.7
300	11.8
200	7.9
100	3.9
0	0

가나안의 주요 식생

— 국경

식생대

□ 모래 사막
□ 자갈 사막
□ 암석 사막
□ 스텝-혼합 식생
■ 지중해 상록수림
□ 소금사막과 늪지
□ 경작지-애초의 식생은 알 수 없음

이집트 권력의 쇠락

청동기 말엽까지 가나안(이집트 문헌에는 레테누(Retenu)라는 이름으로 등장한다)은 이집트의 영향 아래 놓여 있었다. 여러 마을이 이집트 왕에게 조공을 바쳤다. B.C.E. 13세기 이후 이집트는 흉작과 기근으로 인한 내정 불안 때문에 쇠약해졌다. 이집트의 세력이 약해지지 않았다면 이스라엘인들의 가나안 정착은 불가능했으리라는 주장도 나온다. 물론 권력 공백은 곧 메워졌다. 동쪽에서 새로 부상한 세력은 아시리아였다.

었다. '판관'이란 공동의 적을 맞았을 때 유대인을 결집시켰던 임시 지도자들을 말한다. 결국 〈판관기〉는 역사 기록이 시작된 B.C.E. 7~6세기 이전 시대, 구전으로 전해진 이스라엘 영웅들에 대한 이야기 모음집이라 할 수 있다. 그리고 이 영웅들은 도무지 상대가 되지 않는 무모한 싸움을 벌이곤 했다. '신께서 유다 부족과 함께 하시었지만 평지에 자리잡은 사람들은 몰아내지 못했다. 이는 그들에게 철병거가 있기 때문이었다.'라는 〈판관기〉(1:19)의 기록에서 나타나듯이 말이다.

이스라엘 정착지의 증거

정복, 이주, 기타 여러 이유로 초기 철기시대(B.C.E. 1200~1000년)에 가나안 북부의 인구가 엄청나게 증가했다는 점은 분명하다. 1991년 가을, 고고학자 제르탈(Adam Zertal)은 여호수아가 므나쎄 부족에게 준 지역을 대상으로 삼았던 12년 동안의 연구를 끝냈다. 이 지역은 동쪽으로는 요르단강, 북쪽으로는 이즈르엘 계곡, 남쪽으로는 세겜에 접한다. 제르탈은 중기 청동기시대(B.C.E. 1750~1550년)까지 거슬러 올라가는 가나안 거주지 115곳의 흔적을 찾아냈다. 하지만 이후 300년이 흐르면서 이 지역 인구는 급감하여 거주지가 39개밖에 남지 않았다. 그러다가 B.C.E. 1200년 이후에는 다시 늘어나 136개에 이르렀다.

한층 흥미로운 점은 새로운 거주지의 위치였다. 이전까지 비옥한 계곡이나 평야에 집중되었던 거주지가 초기 철기시대에는 산지로 이동해 있었다. 산지의 토양은 표층이 테라로사(terra rossa)로 덮인 탓에 경작이 훨씬 힘들었다. 〈여호수아서〉의 설명이 없다 해도 이는 이스라엘들이 힘센 가나안 원주민에게 밀려났다는 사실을 보여준다.

다행히도 철제 농기구가 등장하면서 산지의 거친 농토를 개간하는 일이 조금 쉬워졌다. 철기가 서아시아 전역에 퍼진 것은 B.C.E. 1200년 이후이다. 이 덕분에 이스라엘인들은 푸르른 대지에서 한참 위로 올라간 곳에서도 생계를 이을 수 있었던 것이다.

가나안에서 유대인들이 차지한 영토는 극히 일부에 불과했다. 벳산, 므깃도, 예루살렘 등의 강력한 도시들 그리고 이즈르엘 계곡을 포함한 전략 요충지들은 넘보지도 못했다. 〈판관기〉에 따르면 바로 이들 지역에서 훗날 이스라엘인과 가나안인들 사이의 갈등이 빚어지게 된다.

이런 상황에서도 B.C.E. 12세기 초반이 되면 가나안에서 이스라엘 거주지들의 입지가 확고해지기 시작한다. 이후 몇십 년 동안 유대인들은 주거지를 건설하고 가축을 기르고 곡물을 재배하는 데 전념한다.

가나안의 다신교와 이스라엘의 일신교라는 두 문화가 서로를 경계하면서 공존했던 것이다.

유대인들의 부상

이스라엘인들이 뿌리를 내리면서 독자적 문화의 징후가 나타나기 시작한다. 가장 중요한 것이 고유 언어였다. 그때까지 가나안에는 고유의 언어문화가 없다시피 했다. 바빌로니아의 설형문자를 쓰는 아카드어와 이집트 상형문자(이집트와의 일부 통신문, 특히 아마르나 문서의 경우에는 설형문자가 사용되기도 했다)가 수백 년 동안 사용되었다. 이스라엘인들이 정착한 지 100년이 지

요르단강 지류인 바냐스 강 폭포. 바냐스 마을은 신약 시대가 되면 가이사랴 빌립보라는 이름으로 바뀐다.

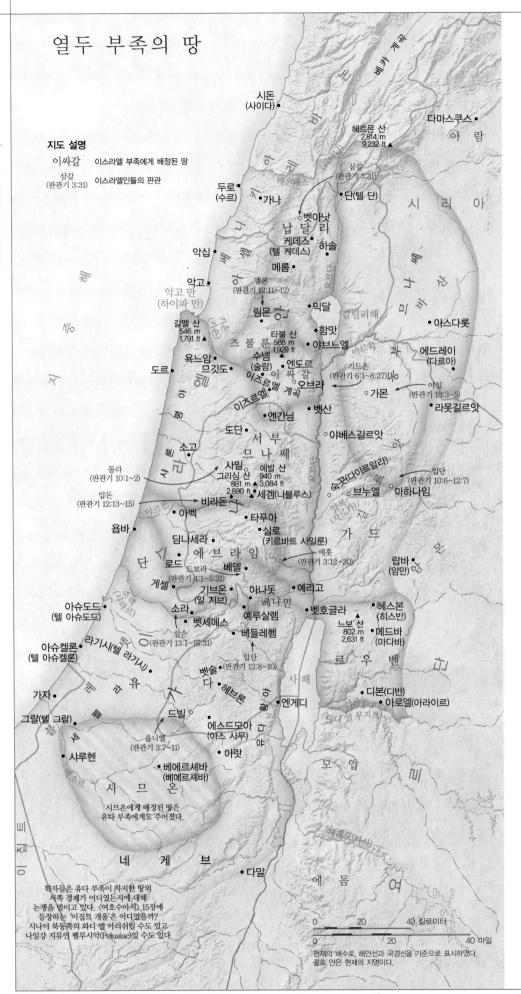

열두 부족의 땅

지도 설명

이싸갈 — 이스라엘 부족에게 배정된 땅
삼갈
(판관기 3:31) — 이스라엘인들의 판관

시돈
(사이다)

다마스쿠스

헤르몬 산
2,814 m
9,232 ft ▲

아람

삼갈
(판관기 3:31)

두로
(수르)

가나

단(텔 단)

시 리 아

벳아낫

납 달 리

케데스
(텔 케데스)

하솔

악십

메롬

악고

엔돈
(판관기 12:11~12)

림몬

믹달

함맛

갈릴리해

아스다롯

갈멜 산
546 m
1,791 ft ▲

타볼 산 588 m
1,929 ft

즈 불 룬

수넴
(술람)

야브느엘

에드레이
(다르아)

도르

욕느암

므깃도

엔도르

이 싸 갈

오브라

기드온
(판관기 6:1~8:27)

야일
(판관기 10:3~5)

이즈르엘 계곡

이즈르엘

가몬

라못길르앗

엔간님

벳산

도단

야베스길르앗

돌라
(판관기 10:1~2)

서 부
므 나 쎄

사밀

에발 산
940 m
그리심 산
881 m 3,084 ft
2,890 ft ▲

숙꼿(다이르알라)

입단
(판관기 10:6~12:7)

암돈
(판관기 12:13~15)

브누엘

마하나임

비라돈

세겜 (나블루스)

아벡

타푸아

가 드

욥바

딤나세라

실로
(키르바트 사일룬)

에훗
(판관기 3:12~30)

에 브 라 임

로드

드보라
(판관기 4:1~5:31)

벧엘

랍바
(암만)

게셀

기브온
(알 지브)

아나돗

예리고

아슈도드
(텔 아슈도드)

소라

단

베 냐 민

벳호글라

헤스본
(히스반)

예루살렘

삼손
(판관기 13:1~16:31)

벳세메스

베들레헴

느보 산
802 m
2,631 ft ▲

메드바
(마다바)

아슈켈론
(텔 아슈켈론)

라기시(텔 라기시)

유 다

입산
(판관기 12:8~10)

벳술

르 우 벤

가자

헤브론

사 해

디본(디반)

엔게디

그랄(텔 그랄)

드빌

아로엘(아라이르)

에스드모아
(아소 사무)

옷니엘
(판관기 3:7~11)

아랏

모 압

샤루헨

베에르셰바
(베에르셰바)

시 므 온

시므온에게 배정된 땅은
유다 부족에게도 주어졌다.

네 게 브

다말

에 돔

여

학자들은 유다 부족이 차지한 땅의
서쪽 경계가 어디였는지에 대해
논쟁을 벌이고 있다. 〈여호수아서〉 15장에
등장하는 '이집트 개울'은 어디였을까?
시나이 북동쪽의 와디 엘 아리쉬일 수도 있고
나일강 지류인 펠루시악(Pelusiac)일 수도 있다.

0   20   40 킬로미터
0   20   40 마일

현재의 배수로, 해안선과 국경선을 기준으로 표시하였다.
괄호 안은 현재의 지명이다.

1900년대 초 게셀(텔 게제르)에서 발견된 석회암 석판인 '게셀 달력' B.C.E. 10세기 말의 것으로 추정되며 히브리어가 적힌 가장 오래된 유물이다.

난 B.C.E. 1100년이 되면 고대 히브리어로 볼 수 있는 언어가 가나안에 등장한다. 이 언어는 페니키아, 우가리트, 모압 및 에돔 방언과 함께 북서쪽 셈어를 뿌리로 하여 발전했다.

고대 히브리어는 유대인들의 가나안 이주 후, 부족 공동체 간 소통의 필요성이 늘어나면서 본격적으로 체계화된 것이라 여겨지지만 이를 뒷받침하는 증거는 없다. 그보다 앞선 시대, 아마도 사막이나 이집트를 유랑하던 시대부터 고대 히브리어가 등장했다고 믿는 학자들도 있다.

성경에서 가장 오래된 기록은 〈창세기〉 〈출애굽기〉 그리고 〈판관기〉의 운문 구절이라고 한다. 현재 상황에서는 이스라엘인들의 가나안 정착이 히브리어 발전을 촉진했다고 보는 편이 안전할 것 같다.

히브리 글자를 도입할 때 이스라엘 정착민들은 설형문자도, 이집트의 상형문자

> 야훼께서는 판관들을 일으키시어
> 약탈자들의 손에서 그들을 건져내시곤 하셨다.
> 그러나 그들은 여전히 판관들 말을 듣지 않고
> 다른 신들에게 몸을 팔아 그 신들을 예배하였다. | 판관기 2:16~17 |

나 신관문자도 선택하지 않았다. 알파벳 순서로 배열된 초기의 그림문자는 B.C.E. 1150년부터 등장했다. 이를 원형 가나안 문자라고 부른다. B.C.E. 1050년이 되면 비블로스의 왕조 기념비에 페니키아 알파벳이 사용되는 모습을 볼 수 있다. 페니키아 방언은 북서쪽의 인도 셈어 방언과 흡사한데 히브리어와 아람어의 근간이 되는 것이 바로 이 인도 셈어이다. 따라서 이스라엘 정착민들이 문서를 기록하기 시작했을 때 페니키아 문자를 선택한 것은 자연스러운 일이었다.

히브리 문어가 등장하는 가장 오래된 유물은 게셀(Gezer)에서 나온 B.C.E. 925년경의 작은 석판이다. 이 석판에는 농경 달력이 새겨져 있다.

어느 문자 체계에서든 핵심이 되는 것은 해당 언어의 음소를 정확히 반영하는 데 있다. 라틴어(그리고 오늘날의 영어)는 모음을 사용해 어휘의 차이, 예를 들어 'cat'과 'cot'의 차이를 나타낸다. 고대 히브리어나 페니키아어 같은 셈 문자는 이와 달리 모음을 기록하지 않고 자음의 서로 다른 발음을 강조하는 전략을 택했다. 예를 들어 B.C.E. 11세기의 청동 화살촉을 보면 그 주인이 "b' l"의 아들 "d"라고 새겨져 있다. 이는 "Bala"의 아들 "Ada"라는 의미이다.

이후 B.C.E. 800년경이 되면 그리스인들도 페니키아 알파벳을 도입한다. 하지만 그리스인들은 모음을 중시했으므로 a, e, i, o, u와 같은 모음 글자를 덧붙였고 이것이 오늘날까지 이어져 쓰이게 되었다. 고대 히브리어는 페니키아 알파벳의 한 줄기로 발전을 거듭했고 B.C.E. 7세기, 그러니까 모세 5경이 현재의 모습으로 처음 기록될 무렵에는 독자적인 문자 체계로 자리잡는다.

이스라엘인들의 주택

이스라엘의 또 다른 고유한 문화로 꼽히는 것은 건축이다. 가나안 기후는 유랑 시절에 익숙해졌던 사막 기후와는 전혀 달랐다. 농부로 정착한 상황이었으므로 천막 가옥은 적합하지 않았다. 작은 마당 양쪽에 방 하나씩을 만든 단순한 형태의 가나안 가옥은 짓기는 쉽다 해도 유대 정착민들이 원하는 다목적 농가 형태가 아니었다.

초기 철기시대에 가옥의 모습이 완전히 달라진 것은 농경 때문이었다는 게 대다수 고고학자들의 견해이다. 더욱이 고원에 흔한 구멍투성이 부드러운 석회암을 재료로 하여 싸고 빠르게 집을 지어야 할 필요성도 컸다.

네 칸짜리 기둥집이라는 새로운 가옥은 B.C.E. 1200년 이후 가나안 중부 고지대 전역에서 나타나기 시작한다. 기둥으로 지붕 들보를 받치면서 집안을 네 구역으로 나누고 중간에 환기와 채광을 위한 작은 마당을 두는 단순한 형태였다. 기둥 사이에 낮게 담을 쳐서 가축우리, 저장 창고, 주거 공간, 침실을 구분하였다.

네 칸 기둥 집에 꼭 필요한 것이 물탱크였다. 고원에 자리잡은 이스라엘인들은 가나안 땅의 우물이나 하천에 접근할 수 없었다. 그리하여 석회암 바위를 쪼아내 귀중한 빗물을 받아 보관하는 방법을 고안했다. 방수를 위해 겉면에는 회반죽을 발랐다. 후기

이스라엘 정착지의 흔적

고고학 발굴지에서 가장 많이 나오는 유물이 도기이다. 도기는 가나안 정착기의 초기 이스라엘 문화를 특징짓는 역할도 한다. 주둥이 테두리가 인상적인 키 큰 항아리가 많이 나오는데 물, 기름, 포도주 등을 56리터나 담을 수 있는 크기이다. 초기 철기시대에 이스라엘인들이 정착한 고원 지대를 발굴한 결과 30퍼센트 정도의 지역에서 이런 항아리가 나왔다. 대부분 요르단강 계곡 주변, 동쪽의 강과 지류 근처 지역들이다. 이를 바탕으로 고고학자들은 이스라엘 이주민들이 북쪽에서부터 가나안에 들어와 요르단강 계곡 근처에 머물다가 남쪽 고원과 그 너머의 평원으로 퍼져나갔다고 생각한다.

로 가면 여러 물탱크를 연결하는 방법도 사용되었는데 이는 저장 용량을 늘릴 뿐 아니라 침전물을 가라앉혀 물을 깨끗이 하는 기능도 있었다.

물탱크와 관련된 이스라엘의 또 다른 독특한 도구는 피토이(pithoi)라 불리는 높이 1.2미터의 커다란 도기 항아리이다. 주둥이의 테두리가 특징적인 이 항아리는 아마도 물탱크에서 물을 퍼내거나 기름과 포도주 같은 귀한 식료품을 담아 보관하는 용도였으리라.

네 칸 집이나 주둥이 테두리 항아리가 이스라엘 고유의 문화였다는 데 반박하는 주장도 있다. 이스라엘 영토 바깥에서도 이런 유물이 발견되었다는 것이다. 이 유물의 추정 연대는 이스라엘 정착 초기와 일치한다. 아무튼 당시에 농경, 축산, 수공업이 결합된 다목적 주거 형태가 강조되었다는 점만

청동기에서 철기로

가나안에서 이스라엘 정착지가 발전하던 시기는 서아시아에서 철기가 널리 사용되던 시기와 일치한다. 철기는 북쪽의 히타이트(현재의 터키)에서 제작되어 페니키아 상인들을 통해 전해졌다. 이전에도 이집트 등지에서 철기가 사용된 적은 있지만 극히 드문 일이었다. 바야흐로 시장에 철기라는 신상품이 넘쳐나기 시작한 이 시기를 학자들은 청동기 말기 및 철기 초기로 분류한다.

은 확실해 보인다. 이들 혁신 덕분에 이스라엘인들은 확고히 자리를 잡고 주거지를 발전시켰으며 이후 문화의 주류로 성장할 수 있었다.

판관들의 시대

새로운 이스라엘 공동체들이 발전하면서 가나안인들과의 갈등도 커졌다. 여러 지역에서 적대적인 분위기가 조성되었다.

성서에서는 이스라엘 백성이 야훼를 저버리고 다른 신들을 숭배한 결과 벌을 받은 것이라며 이러한 충돌을 설명한다(판관기 2:11~13).

유대인 정착지가 공격을 받으면 이웃 부족들은 지체 없이 도우러 달려갔다. 가나안인들이 대공세를 펼칠 때에는 여러 부족이 임시 지도자, 즉 판관을 선출해 대항하기도 하였다. 성경에는 이러한 판관 열두 명(열두 부족에서 나온 숫자로 보인다)이 등장하며 각각 일시적으로 통제권을 발휘했다. 판관이라고 부르기는 하지만 오늘날의 법관과 같은 존재는 아니다. 시시비비의 판단은 인간이 할 수 있는 일이 아니며 전적으로 야훼에게 맡겨졌기 때문이다(판관기 11:27). 판관은 군사적, 전략적 능력 덕분에 선출된 권위 있는 인물로 때로는 '구원자'라 불리기도 하였다.

판관들이 당면한 가장 큰 문제는 정교한 무기가 없다는 점이었다. 전쟁 장비의 불균형 문제가 군인 머릿수로 보완될 수 있기까지는 한 세기가 더 흘러야 했다. 이즈르엘 계곡에서 하솔 왕 야빈을 상대로 벌인 전투가 그 예이다. 이스라엘 부족들은 그 지역 세력자인 야빈에게 오랫동안 공물을 바쳤다(판관기 4:1~3). 여기 항거하도록 이스라엘인들을 격려한 이가 드보라라고 하는 여자 판관이었다.

드보라는 비옥한 이즈르엘 계곡에서 이스라엘의 힘을 보여주겠다고 작정했다. 그러기 위해서는 그 지역 부족뿐 아니라 이스라엘의 전 부족에서 군대를 모아야 했다. 드보라는 대단히 어려운 이 일을 해냈다. 군사 지원 요청을 거부하는 부족이 있으면 "어찌하여 양 떼 틈에 끼어 피리 부는 소리나 들으며 양 우리에서 서성거리는가?"라며 용기 없음을 지탄했던 것이

초기 철기시대(B.C.E. 1200~1000년)에 가나안 중심부 고원 지대에 등장했던 네 칸 기둥 집을 재현한 그림.

다(판관기 5:16). 단호하게 일을 추진한 끝에 드보라는 마침내 원하던 만큼의 군대를 모았다.

드보라와 사령관 바락은 이즈르엘 계곡을 굽어보는 타볼(Tabor) 산 위에 이스라엘 군사들을 집합시켰다. 가나안인들은 코웃음을 쳤다. 시스라(Sisera) 장군이 이끄는 강력한 전차 부대를 믿었던 것이다. 하지만 시스라는 야훼의 힘을 고려하지 못했다. 신이 폭우를 퍼부어 기손 강이 넘치게 하자 이즈르엘 계곡은 진창으로 바뀌었다(판관기 5:20~21).

과거 홍해에서 파라오의 전차가 그랬듯

가나안의 무거운 전차들도 진창에 처박혔다. 예기치 못한 상황에 빠진 가나안 군은 망연자실했다.

그 틈을 타서 바락은 진격 명령을 내렸고 마침내 이즈르엘 계곡은 이스라엘 손에 들어왔다. 가나안을 상대로 벌인 싸움의 큰 전환점이었다.

전투가 끝난 후 드보라는 승리의 노래를 불렀다. 아직 어리고 약하지만 전능한 신의 보호를 받는 나라의 자유를 위한 노래, 향후 수 세기 동안 이스라엘인을 격려하게 될 노래였다.

너희 왕들아, 들어라!
너희 왕족들아, 귀를 기울여라!
나는 야훼를 노래하리라.
이스라엘의 하느님 야훼께
영광을 돌리리라.
| 판관기 5:3 |

아다의 화살촉

히브리어는 인도 셈어에서 발전하였다. 인도 셈어는 페니키아, 모압, 에돔에서도 사용하던 언어이다. 이스라엘인들이 가나안에 정착하면서 초기 히브리어는 독자적인 언어 줄기로 크게 발전했다.

바빌로니아 설형문자와 이집트 상형문자를 사용하던 가나안은 독자적인 문자 발전 속도가 더뎠다. 이스라엘인들은 페니키아가 개발한 알파벳을 도입했다. 그리스를 포함한 지중해 유역에서 교역로를 따라 널리 사용되던 알파벳이었다.

이 알파벳 B.C.E. 11세기부터 존재했음을 보여주는 유물이 'Bala의 아들 Ada의 화살촉'이라 새겨진 화살촉이다. 여기서 '화살촉'이라는 단어는 'hs'라는 히브리 단어로 적혀 있다. 이 단어는 〈이사야서〉와 〈예레미아서〉에도 등장한다.

비슷한 글이 새겨진 다른 화살촉도 발견되었다. 1950년대 중반 크로스(Frank Cross)와 아베 밀릭(Abbe J. T. Milik)은 각각 청동제 화살촉 두 개와 창날을 발견했

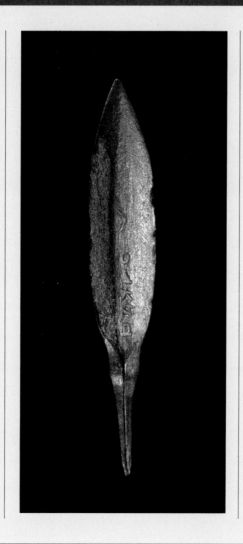

다. 화살촉 두 개는 베들레헴 서쪽 5킬로미터 거리의 알 키드르 근처에서 발견되었는데 그 각각에 페니키아 알파벳으로 'hs'라는 단어와 주인 이름이 새겨져 있었다. 이름 중 하나는 'bdlb't(압둘라빗)' 즉 '암사자의 종'이라는 의미였다. 밀릭이 레바논에서 찾아낸 창날에는 자쿠르 빈 비나나(Zakkur bin Bin'ana)라는 이름이 적혀 있었다.

화살촉에 새겨진 이름들은 우가리트 궁사 명부에 등장하는 이름과 일치한다. 이를 바탕으로 일부 학자들은 B.C.E. 11세기의 가나안에 전문적인 '궁사 계급'이 있었다는 가능성을 제기하기도 한다.

페니키아 알파벳으로 '아다의 화살촉'이라고 새겨진 이 투사체는 B.C.E. 11세기 것이다.

바다 사람들

1841년에 발견된 고대 미케네의 사자 문. B.C.E. 1250년경 제작되었으리라 추정되는 이 문은 성채 담장의 일부로 도시를 지키는 사자 두 마리를 표현하고 있다.

가나안에서 서쪽으로 1,300킬로미터쯤 가면 지중해를 건너 펠로폰네소스 반도가 나온다. 그리스에 붙은 땅이다. 힉소스가 나일강 삼각주를 통치하던 B.C.E. 1600년 무렵, 그리스에서는 미케네가 지배적인 세력으로 부상한다. 1876년에 슐리만(Heinrich Schliemann)이 발굴한 고대 미케네 유적은 현대인이 보기에도 대단할 정도이다. 수도를 둘러싼 거대한 돌벽 한가운데에는 12톤의 돌이 가로지른 위로 사자 두 마리가 새겨진 사자 문이 있다. 사자들 사이에 놓인 미노아 양식의 기둥은 신성한 그리스 땅을 상징한다.

미케네 통치자 중에는 호메로스의 《일리아드》에 등장하는 전설적인 왕 아가멤논도 있었다. 그는 트로이와 오랜 전쟁을 벌였는데 이는 두 도시 간의 경제적 경쟁 관계 때문이었다. B.C.E. 1500년경, 에게 해 테라(Thera) 섬의 화산 폭발로 미노아 여러 도시가 파괴되자 미케네는 지중해 유역에서 지배적인 존재로 떠오른다. B.C.E. 14세기에는 미케네의 도기가 이집트와 메소포타미아 전역에서 발견되는데 이는 당시 왕성하게 교역되던 주석(구리를 철로 만들 때 필요한 자

B.C.E. 1150년경
블레셋인들이 가나안에서
입지를 공고히 함

B.C.E. 1100년경
히타이트와 아람인들이 시리아, 메소포타미아
북부, 아나톨리아에 도시국가들을 건설함

B.C.E. 1075년경
이집트 신왕국이 끝나고
제3중간기가 시작됨

B.C.E. 1025년경
사울이 이스라엘 왕이 됨

이스라엘 백성이 야훼의 눈에 거슬리는 일을 하였다.
그래서 다시 야훼께서는 그들을 사십 년 동안
블레셋 사람들의 손에 부치셨다. | 판관기 13:1 |

원이다), 밀, 양모, 포도주 등을 담는 용기였으리라 추정된다. 미케네의 번영은 이집트와 히타이트 사이에 갈등이 고조된 덕분이기도 했다. 미케네는 두 나라 모두와 교역할 수 있는 '중립적 존재'로서의 이점을 톡톡히 누렸던 것이다.

하지만 B.C.E. 12세기가 되면 미케네 돌벽의 위용은 폐허로 남고 만다. 일찍이 상상조차 못했던 엄청난 부를 창출했던 해상 교역이 사라졌기 때문이다. 어두운 그림자가 지중해 유역을 덮쳤고 모든 것을 파괴했다. 그 파장은 아나톨리아까지 미쳐 시리아와 가나안을 위협하던 히타이트 제국을 멸망시켰다. 이집트의 람세스 2세조차 꺾지 못했던 히타이트 제국이 이렇게 무너진 것이다. 우가리트 왕 암무라피(Ammurapi)가 키프로스 왕에게 보낸 석판 문서의 내용은 절박하기 짝이 없다. '적들의 배가 도착했습니다. 적이 우리 도시를 불태우고 철저히 파괴했습니다.'

이러한 사태의 주범은 바다 사람들이라 통칭되는 약탈 부족 무리였다. 우가리트 문서에서는 이들을 시칼라야(Shiqalaya), 즉 배에 사는 사람들이라 부르고 있다. 체계화된 군대가 아닌, 냉혹한 약탈꾼 무리였던 이들의 출신에 대해서는 아나톨리아의 티르세노이(Tyrsenoi)족이라는 둥, 사르디니아의 셰르덴(Sherden)족이라는 둥, 시실리에서 온 셰켈레시(Shekelesh) 족이라는 둥 여러 주장이 무성하다. 크레타 섬에 뿌리를 둔 블레셋인들도 무리에 포함되었던 것 같다.

고대 서아시아를 휩쓴 바다 사람들의 약

탈과 파괴가 왜 일어났는지도 확실하지 않다. 다만 B.C.E. 13세기에 아나톨리아 북쪽에 대기근이 일어났다는 기록이 있을 뿐이다. 이 때의 기근이 어찌나 심했는지 국제적인 원조가 이루어져 이집트에서도 곡물 배가 떠났다고 한다. 어쩌면 이 기근으로 가진 것 없이 떠돌게 된 이들이 결국 강탈을 일삼게 된 것이었는지도 모른다.

B.C.E. 1175년이 되면 바다 사람들이 오늘날 시리아와 레바논의 해안지대를 거의 차지하고 있었다. 그리고 다음 표적이 된 것이 헤아릴 수 없이 많은 사원과 보물을 지닌 이집트였다. 당시 이집트의 통치자는 유능한 군사 지도자인 람세스 3세였다. 테베 서쪽의 메디네트 하부에 있는 람세스 3세의 장례 신전 부조를 보면 이후에 어떤 일이 일어났는지 알 수 있다. '그들은 화기를 앞세우고 이집트로 쳐들어왔다.'라고 상형문자는 기록한다. 하지만 람세스 3세는 대비가 된 상태였다. 족장들, 군 지휘관들, 귀족들에게 명령을 내려 전투선이고 화물 운반선이고 할 것 없이 다 나와 항구에 늘어서게 한 것이다. 배들의 벽이 만들어지자마자 수평선에 바다 사람들이 나타났다. 늘 그렇듯 바다 사람들은 보병이 육지를 공격하고 해병은 해안을 따라 수륙 양면의 일격을 가하는 작전을 썼다. 터키, 시리아, 가나안 해안의 도시들이 바로 이 전략에 속수무책으로 당했던 것이다. 하지만 이번에는 달랐다.

메디네트 하부의 람세스 3세(B.C.E. 1187~1156년) 장례 신전에 새겨진 블레셋 포로. 머리 장식이 특징적이다.

B.C.E. 1010년경
히브리 알파벳이 발전함

B.C.E. 1000년경
철기 2기가 시작됨

B.C.E. 1000년경
페니키아인들이
지중해 전역에 식민지를 건설함

B.C.E. 1000년경
그리스인들이 에게해를 건너
터키 지역 일부를 식민지로 삼음

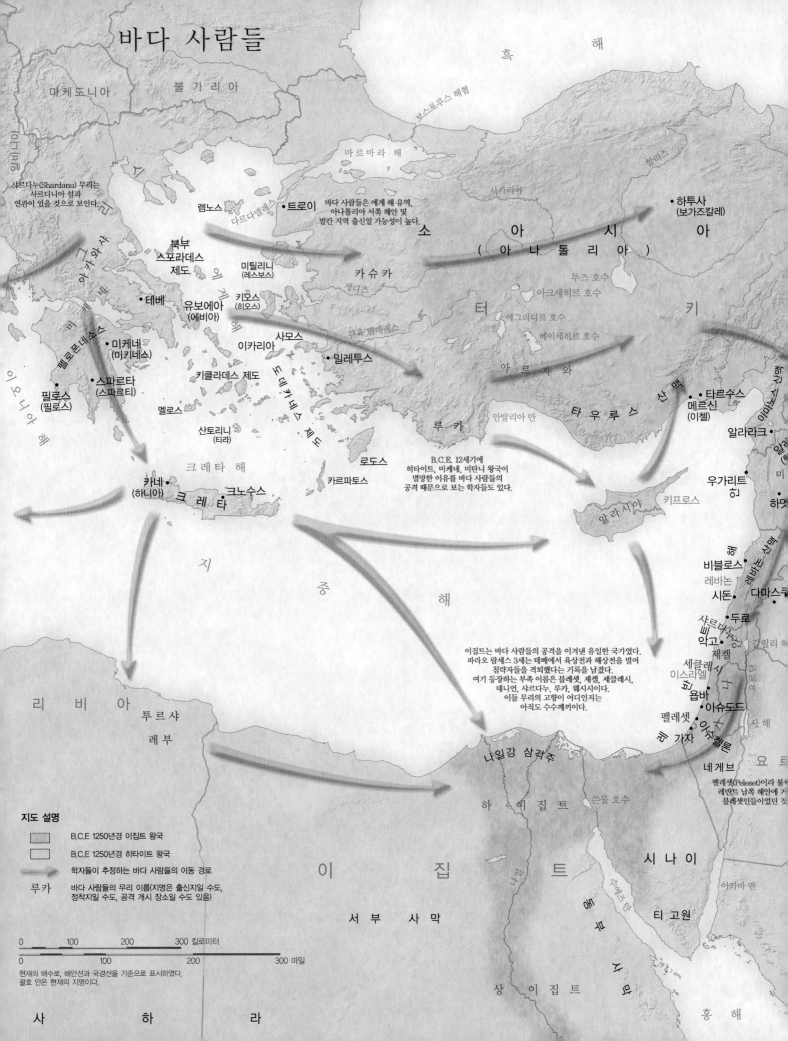

바다 사람들

마케도니아

불가리아

흑 해

브스포루스 해협

마르마라 해

알바니아

샤르다누(Shardanu) 무리는
사르디니아 섬과
연관이 있을 것으로 보인다.

렘노스

트로이

바다 사람들은 에게 해 유역,
아나톨리아 서쪽 해안 및
발칸 지역 출신일 가능성이 높다.

하투사
(보가즈칼레)

소   아   시   아
(아 나 톨 리 아)

사카리아

북부
스포라데스
제도

미틸리니
(레스보스)

카 슈 카

게디즈

투즈 호수

터

아크세히르 호수

키

테베

유보에아
(에비아)

키오스
(히오스)

부육 멘데레스

에그리디르 호수

베이세히르 호수

타르수스
메르신
(이첼)

미케네
(미키네스)

이카리아

사모스

밀레투스

아 르 자 와

타 우 루 스   산 맥

알라라크

스파르타
(스파르티)

키클라데스 제도

도데카네스 제도

루 카

안탈리아 만

우가리트

필로스
(필로스)

멜로스

산토리니
(티라)

로도스

B.C.E. 12세기에
히타이트, 미케네, 미탄니 왕국이
멸망한 이유를 바다 사람들의
공격 때문으로 보는 학자들도 있다.

키프로스

비블로스

크레타 해

카네
(하니아)

크노수스

카르파토스

알라시야

레바논

시돈

다마스쿠스

크 레 타

샤르다누

두로

악고

제켈

리   비   아

지   중   해

세클레시
이스라엘

투르샤

욥바

아슈도드

레부

이집트는 바다 사람들의 공격을 이겨낸 유일한 국가였다.
파라오 람세스 3세는 테베에서 육상전과 해상전을 벌여
침략자들을 격퇴했다는 기록을 남겼다.
여기 등장하는 부족 이름은 블레셋, 제켈, 세클레시,
데니언, 샤르다누, 루카, 웨시시이다.
이들 무리의 고향이 어디인지는
아직도 수수께끼이다.

펠레셋

가자

아슈켈론

나일강 삼각주

네게브

펠레셋(Peleset)이라 불리
레반트 남쪽 해안에 기
블레셋인들이었던 것

지도 설명

B.C.E 1250년경 이집트 왕국

B.C.E 1250년경 히타이트 왕국

학자들이 추정하는 바다 사람들의 이동 경로

루카   바다 사람들의 무리 이름(지명은 출신지일 수도,
정착지일 수도, 공격 개시 장소일 수도 있음)

이   집   트

시 나 이

서 부 사 막

티 고 원

아카바 만

| 0 | 100 | 200 | 300 킬로미터 |

| 0 | 100 | 200 | 300 마일 |

현재의 배수로, 해안선과 국경선을 기준으로 표시하였다.
괄호 안은 현재의 지명이다.

사   하   라

상 이 집 트

홍 해

사자 머리 모양의 뱃머리가 특징인 이집트 배들이 바다 사람들을 공격하는 장면. 메디네트 하부의 람세스 3세 장례 신전에 새겨져 있다.

메디네트 하부의 그림을 보면 람세스의 군대는 이집트 동쪽 국경에서 블레셋 보병을 맞았다. 큰 키에 피부가 흰 블레셋인들은 뿔이 달린 우스꽝스러운 모자에 짧은 치마 차림이었다. 곧 혈투가 시작되었다. 람세스는 신속하게 부대 사이를 오가며 전열이 흐트러지지 않도록 했다. 이집트가 블레셋 보병을 격퇴하고 나자 전장은 나일강 삼각주로 옮겨졌다. 이집트의 방어력이 가장 취약한 지점이었다. 자국에서 해전을 경험해본 적이 없었던 이집트는 지중해의 변덕스러운 파도를 피해 잔잔한 나일강에서 적을 맞기로 했다.

람세스 3세는 뱃머리부터 꼬리까지 이집트 최정예 병사들을 태웠다. 그 위용은 '산 정상에서 포효하는 호랑이들과 같았다'고 한다. 블레셋 배들이 사정권 안에 들어오자마자 이집트 화살이 비처럼 쏟아졌고 바다 사람들은 퇴각할 수밖에 없었다. 람세스는 재위 내내 이 자랑스러운 승리에 대한 기념비들을 세웠다. 그중 하나는 벳산(Beth Shsn)의 이집트 총독 집 앞에서 있다.

이집트 해안에서 물러난 블레셋인들은 동쪽으로 가서 안전한 항구를 찾다가 가나안 남쪽 해안을 선택했다. 아슈켈론, 에크론(Ekron), 아슈도드(Ashdod), 가드(Gath) 그리고 가자(Gaza) 등 그때까지 이스라엘인들

바다 사람들 등장 이전의 해상 교역

B.C.E. 1300년경, 중간 크기의 화물선이 아나톨리아 연안을 따라 올라가다가 터키 남부 울루부룬(Uluburun) 앞에서 가라앉았다. 10여 톤에 달하는 값진 화물도 지중해 물 밑으로 사라졌다. 이 배는 1982년에 발견되어 1984년에 발굴이 시작됐다. 주석과 구리 덩어리, 향으로 사용된 듯한 테레빈 수지, 가나안의 양손잡이 항아리 150점, 코끼리 상아와 하마 이빨, 귀한 흑단 목재, 유리 덩어리 등 입이 쩍 벌어지게 하는 유물이 쏟아져나왔다. 청동기 후기의 국제 교역이 대단히 활발했음을 보여주는 증거였다. 하지만 두 세기 후 해상 교역로는 바다 사람들로 인해 파괴되었다. 이들은 시리아와 팔레스타인 해안가에 정착할 때까지 지중해를 유린했다.

이 건드리지 못했던 그곳 도시들은 금방 블

레셋인들에게 정복당해 연방국가가 되었다. 이 연방국가의 이름인 블레셋(philistine)에서 이후 가나안 전체를 통칭하는 단어 팔레스타인이 생겨났다. 인물 형상의 뚜껑이 달린 블레셋의 도기 관은 이 지역 곳곳에서 발견된다.

가나안의 동물

고 대 가나안의 동물계는 풍요로웠다. 멧돼지, 사슴, 가젤, 표범, 독수리, 공작, 황새를 비롯해 포유류 100여 종, 조류 200여 종이 살았다. 성경 이야기에는 여러 동물이 등장한다. 그중에는 이후 사라져버린 종들도 많다. 〈이사야서〉에서는 예루살렘 귀환을 기뻐하며 절름발이가 '사슴'처럼 기뻐 뛰었다는 표현이 나온다(35:6). 〈욥기〉 41장에 등장하는 용은 악어에서 착안한 것이 분명해 보인다. 〈잠언〉은 사자를 '동물의 왕'이라 부른다(30:30). 〈호세아서〉에는 표범이 언급되는데(13:7) 표범은 레반트 지역에서 멸종한 것으로 여겨지다가 1974년 엔게디('En Gedi) 근처에서 한 마리가 목격된 바 있다. 고원에서는 야생 곰이 특히 두려운 존재였다(사무엘 하 17:3, 열왕기 하 2:24). 참새는 마흔 번 가량이나 등장하는데 특히 〈마태오 복음〉(10:29)과 〈루카 복음〉(12:6)에서는 예수가 직접 참새를 언급한다. 독사도 종종 등장하여 〈이사야서〉에서는 '독사와 불 뱀이 날뛰는 땅'이라는 표현이 있고(30:6) 신약성서에는 '독사의 족속'이라는 말이 나온다(마태오 복음 3:7, 12:34 등). 유목민족에게 가장 중요한 동물은 양이었다. 〈시편〉에서는 이스라엘 백성에 대한 은유로 양이 등장하고(77:20) 이는 〈요한 복음〉에도 마찬가지이다(21:16). 모세 5경은 포식 동물은 모두 부정하다고 여긴다. 그리하여 발굽이 갈라진 초식 동물만 먹을 수 있었다. 육식을 한다고 여겨지는 새 또한 부정한 존재였다.

송아지가 어미 젖을 먹는 모습을 정교하게 새긴 상아 조각품. 시리아 북부에서 발견되었으며 B.C.E. 850~650년에 만들어진 것으로 보인다.

B.C.E. 12세기 중반이 되면 가나안의 부족한 물과 토지를 둘러싸고 블레셋인과 이스라엘인들의 갈등이 시작된다. 고집 센 블레셋인들과 그에 못지 않게 완고한 이스라엘 정착민 사이의 갈등은 사실 예견된 것이었다. 〈판관기〉의 후반부는 이 싸움에 대해 기술한다. 이즈르엘 계곡 주변의 가나안인들과 싸움을 벌일 때 판관 드보라가, 이후 트랜스요르단에서 미디안인과 아말렉인을 상대할 때 판관 기드온이 활약했다면 블레셋과의 전쟁에서 등장한 영웅은 삼손이었다.

삼손의 이야기

삼손의 탄생 일화는 성경이나 메소포타미아 신화에 자주 등장하는 '미래를 위한 섭리'를 보여준다. 삼손의 부모는 아브라함과 사라의 경우처럼 아이가 없었다. 그러다 삼손 어머니에게 천사가 찾아와 아들을 낳게 된다고 알린다. 그 아들은 신에게 바쳐진 사람으로 '이스라엘을 블레셋 사람들 손에서 건져내리라'는 것이었다(판관기 13:5). '건져낸다'는 표현을 보면 당시 이스라엘 정착민들(특히 단 부족)은 이미 블레셋의 통치 하에 있었던 것 같다.

예루살렘 주변의 유다 고원과 해안 사이 좁은 땅에 정착한 단 부족은 안 그래도 가나안인들에게 시달리고 있었는데 블레셋인들이 해안을 차지하면서 상황이 한층 나빠졌다. 블레셋인들이 쳐들어와 단 부족을 메마른 유다 고원으로 몰아내는 것은 시간문제로 보였다.

삼손은 예루살렘에서 20킬로미터 떨어진 조라(Zorah) 마을에서 태어난다. 이 마을이 위치한 세펠라(Shephelah) 지역은 블레셋 평야와 이스라엘 고원 사이의 경계였다. 조라의 뜻이 '말벌'이라는 점을 감안하면 이 마을 사람들이 널리 환영받는 존재는 아니었던 모양이다.

블레셋인들은 잘 훈련받은 체계적 조직으로, 날카로운 철제 칼을 들고 다녔다. 가장 큰 무기는 일사불란함이었다. 이스라엘 연합군의 느슨한 연대와는 대조적으로 블레셋인들은 대표회의가 내리는 명령에 절대적으로 복종했다.

하지만 삼손에게는 엄청난 괴력이 있었다. 젊은 시절 포도밭에서 사자와 마주친 그는 맨손으로 맹수를 때려잡았다고 한다. 반인반신(半人半神)의 그리스 영웅 헤라클레스가 네메아 사자를 목 졸라 죽였던 것처럼 말

이다. 헤라클레스처럼 삼손에게도 약점이 있었다. 여자, 그중에서도 특히 살결이 흰 블레셋 여자를 좋아한다는 것이었다. 그는 단 부족의 땅이었다가 블레셋에 넘어간 딤나(Timnah) 출신의 젊은 여자와 약혼한다. 딤나는 벳세메스(Beth Shemesh)에서 북서쪽 6킬로미터 거리인 텔 바타쉬(Tel Batash)로 추정된다.

연회에서 손님들이 삼손의 수수께끼를 풀기 위해 신부를 이용한 것을 알게 된 삼손은 아슈켈론에서 온 블레셋인들을 죽이고 아버지 집으로 도망쳤다. 얼마 뒤 신부를 만나러 간 삼손은 신부가 들러리에게

시집가버렸다는 소식을 접한다.

삼손은 복수를 결심하고 여우 300마리를 잡아 꼬리에 불을 붙여 블레셋의 경작지와 포도밭을 망쳐버렸다(판관기 15:4~5). 화가 난 농부들은 신부와 그 아버지를 불태워죽이고 말았다. 삼손은 블레셋 사람들을 덮쳐 마구 잡아 죽이고는 고원으로 숨어들어갔다(판관기 15:8).

뒤늦게 유대인 정착민들이 달려와 삼손을 원망했다. "우리가 블레셋 사람들의 지배를 받고 있는 줄 모르는 건가?"(판관기 15:11). 어쩔 수 없이 삼손은 유대인들 손에 이끌려 밖으로 나왔다. 곧 블레셋인들이

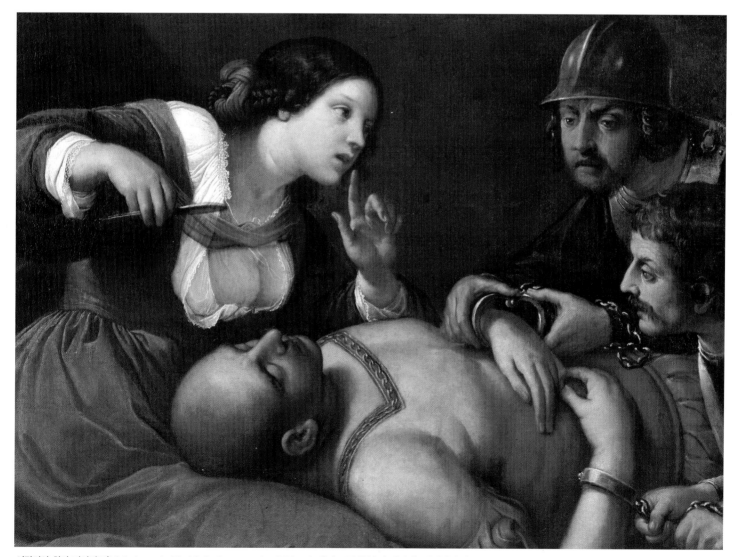

이탈리아 화가 카라바조(Michelangelo Merisi da Caravaggio, 1573~1610)가 그린 〈삼손과 데릴라〉. 데릴라의 배신으로 머리가 깎인 삼손의 모습이 보인다.

나타났다. 하지만 삼손은 '신의 영'을 받았으므로 밧줄로 팔을 묶어도 금방 밧줄이 끊어져나갔다(판관기 15:14). 삼손은 당나귀 턱뼈를 집어들고 휘둘러서 블레셋 사람들을 1,000명이나 죽였다.

얼마 지나지 않아 삼손은 데릴라라는 또 다른 블레셋 아가씨와 사랑에 빠졌다. 데릴라는 '붉은 포도'라는 뜻의 소렉(Sorek) 계곡, 즉 예루살렘 언덕과 해안 지역 사이의 평야 출신이었다. 블레셋 처녀와 이스라엘 남자의 관계에 대한 소문이 퍼져나가자 블레셋인들은 이 기회를 이용해 위험한 이스라엘인을 붙잡기로 계획을 세웠다. 그리고 데릴라에게 삼손의 괴력을 잠재울 방법을 알아내면 엄청난 재물을 주겠다고 설득했다.

데릴라는 온갖 교태를 부리며 삼손의 비밀을 캐물었다. 수수께끼와 게임을 좋아하는 삼손은 세 번이나 데릴라를 속여넘겼다. 데릴라는 작전을 바꿔 "당신은 이러면서 어떻게 나를 사랑한다고 할 수 있나요? 벌써 세 번이나 날 놀리기만 하면서 당신의 그 엄청난 힘이 어디서 나오는지 숨기고 있으니!"라고 앙탈을 부렸다(판관기 16:15). 더이상 버틸 수 없게 된 삼손은 마침내 비밀을 털어놓고 만다. "머리털을 깎으면 난 힘을 잃게 돼."(판관기 16:17)

그 고백으로 삼손의 운명은 결정되었다. 삼손이 잠든 사이에 데릴라는 공범을 불러들여 삼손의 머리를 깎게 했다. 블레셋인들은 삼손을 쓰러뜨리고 두 눈을 뽑은 뒤 가자의 감옥에 넣고 죽는 날까지 짐승처럼 연자매를 돌리게 하였다.

하지만 신은 이스라엘의 영웅을 잊지 않

았다. 감옥에 있는 동안 삼손의 머리는 조금씩 자랐다.

얼마 후 블레셋인들이 다곤(Dagon) 신에게 바친 신전에 모여 대규모 연회를 벌이게 되었다. 한창 연회의 흥이 올랐을 때 삼손이 구경거리로 끌려나왔다. 신전의 기둥 사이에 선 채 삼손은 본래의 힘을 되돌려달라고 신께 기도했다. 다음 순간 과거의 힘이 혈관과 근육에서 용솟음쳤다. 삼손은 기둥을 잡고 "블레셋 놈들과 함께 죽게 해주십

블레셋인들은 사람 형상의 관을 만들었다. 텔 레호브(Tel Rehov)에서 발견된 이 관은 철기 2기(B.C.E. 1000~800년)의 것이다.

시오."라고 외친 후 온 힘을 다해 기둥을 뽑아버렸다. 서서히 기둥이 흔들리는가 싶더니 지붕이 무너져내려 신전에 모였던 사람은 한 명도 남김없이 죽고 말았다(판관기 16:29~30).

1971년, 이스라엘 고고학자 마자르(Amihai Mazar)가 이끄는 발굴단이 텔 아비브-야포

의 북단에 위치한 텔 카실라에서 블레셋 신전 세 곳의 흔적을 찾아냈다. 이전의 신전이 남긴 잔해 위에 B.C.E. 1150~1050년경에 건설한 신전들이었다. 마자르는 14×8미터 크기의 마지막 신전이 B.C.E. 980년경, 다윗 왕이 블레셋인들을 마지막으로 굴복시킨 전쟁 때 불탄 것이라 추정했다. 이 신전의 동서로 뻗은 거대한 대들보가 지붕을 떠받치고 그 아래에는 둥근 석회석 받침 위에 커다란 삼목 기둥 두 개가 선 구조였다.

이 신전이 어느 신에게 바쳐진 것인지는 확실치 않다. 다곤 신이었을 가능성도 물론 있다. 블레셋 다신교의 주요 신 중 하나였던 다곤은 B.C.E. 2000년대에 메소포타미아에서 등장했다. 히브리어와 우가리트어에서 dgn(다곤 혹은 다간)은 '곡물'을 의미하기 때문에 학자들은 다곤이 밀 수확의 신이라 생각한다. 시리아에서 다곤 신은 바알의 아버지로서 최고신 엘 다음 가는 위치이다. 블레셋인들은 시리아 정복 과정에서 다곤 신을 알게 되어 숭배하기 시작했는지도 모른다.

삼손의 전설

〈판관기〉의 다른 이야기들이 그렇듯 삼손의 일화도 이스라엘인들의 정착과 직접 관련되지는 않는 영웅담에 불과할지도 모른다. 하지만 이야기의 정교함이라는 측면에서는 단연 돋보인다.

삼손이란 '태양의 남자'라는 뜻으로 흔치 않은 이름이다. 앞서 언급했듯 그는 벳세메스 근처의 조라 마을 출신이다. 벳세메스는 '세메스의 집'이라는 의미이기 때문에 학자들은 이 마을이 메소포타미아의 태양

신 샤마슈를 숭배하지 않았을까 추측한다. 삼손은 메소포타미아와 그리스 신화를 뒤섞어 만들어낸 영웅이라는 설도 있지만 성경 속 역사에 뿌리를 둔 인물이라는 주장도 만만치 않다.

삼손의 용기와 괴력은 이스라엘인들에게 그리 큰 도움이 되지 못했다. 블레셋인들은 계속 세력을 키워가 이스라엘인들을 괴롭혔다. 화해와 공존을 요청하는 목소리도 나왔으리라. 하지만 블레셋인들이 이스라엘 영토의 심장부인 유대 고원에 대규모 공격을 가해오자 이스라엘 부족들은 절체절명의 위기에 처했다. 전차와 날렵한 철제 칼로 무장한 군대 앞에서 어떻게 대항할 것인가?

B.C.E. 12세기에 만들어진 블레셋 물주전자. 우아한 새와 오리 형상은 에게 문명의 영향을 명백히 드러낸다.

사정이 이렇게 되자 열두 부족의 원로들은 어쩔 수 없이 이스라엘 전군을 최고사령관이 이끌도록 하는 데 동의했다. 베냐민 부족 출신으로 키시(Kish)의 아들이며 아몬인들과의 싸움에서 야베스길르앗을 차지하여 명성을 얻은 이가 최고사령관이 되었다. 그의 이름은 사울이었다.

이집트	메소포타미아	가나안
B.C.E. 1180년경 람세스 3세가 바다 사람들의 침략을 격퇴함.	B.C.E. 1207년경 아시리아가 바빌론을 함락시킴.	B.C.E. 1230년경 이스라엘인들이 하솔을 멸망시킴.
B.C.E. 1075년경 신왕국이 끝나고 제3중간기가 시작됨.	B.C.E. 1200년경 메소포타미아 장인들이 철제 기구를 만들어냄. 서아시아의 철기시대가 시작됨.	B.C.E. 1200년경 네 칸 기둥 집이 가나안 전역에 등장함.
	B.C.E. 1173년경 엘람인들이 바빌론을 정복함.	
	B.C.E. 1143년경 느부갓네살 1세의 통치하에 바빌론이 세력을 되찾고 엘람인들을 격퇴함.	B.C.E. 1175년경 블레셋인들이 가나안 해안 도시들을 점령하고 연방국가를 이룸.
	B.C.E. 1115년경 티글랏-필레셀(Tiglath-Pileser) 1세가 아시리아 왕으로 즉위함.	B.C.E. 1150년경 블레셋인들이 텔 카실(Tell Qasile)에 다곤 신전을 건축함.

학자들은 이스라엘인들의 가나안 정착을 B.C.E. 1200년경으로 추정한다.
이 시기 이후 이스라엘의 인구수가 늘어나고 독특한 문화를 반영한 예술품이 만들어지게 된다.

6장

다윗과 솔로몬 왕국

〈사무엘서〉 두 권은(유대교 성경에서는 한 권이다) 다윗과 솔로몬의 시대를 포함해 이스라엘 왕국의 100년 세월을 다룬다. 사무엘은 마지막 판관이자 이스라엘 왕을 보좌한 최초의 예언자이다. 정치적 통일과 경제적 번영을 누린 이 한 세기는 이스라엘 최고의 전성기였다. 아시리아인들에게 멸망당한 후에는 전설적인 지위까지 얻게 된다. 이후의 책들, 특히 〈열왕기〉 같은 경우에는 이스라엘 백성들이 이교 숭배를 버리고 신의 예언자 말에 귀를 기울이며 율법을 잘 지키면 다시 다윗 시절이 재현될 것이라는 이야기를 반복할 정도이다.

이 시기에 그림자가 없었던 것은 아니다. 부족 간 갈등은 긴장을 낳고 폭동으로 이어지기도 하였다. 또 솔로몬의 야심찬 건설 계획은 강제 노동과 과중한 세금이라는 국민들의 고통을 기반으로 했다. 그럼에도 불구하고 다윗과 솔로몬은 이스라엘 열두 부족을 통합시키고 새 수도 예루살렘에 제1신전을 지어 야훼께 바쳤다는 위업으로 긍정적인 평가를 받고 있다.

한때 솔로몬 신전이 있던 예루살렘 성전 산에 지금은 이슬람의 알 아크사(Al 'Aqsa) 사원(왼쪽)과 바위 돔 사원(오른쪽)이 자리잡았다.

사울의 전투

봄철의 갈릴리 올리브 숲. 갈릴리 땅의 풍요로움이 잘 드러나는 풍경이다.

가나안 정착 이후 두 세기 동안 이스라엘인들은 꾸준히 세력을 키웠다. 가나안과 블레셋 침략자들로부터 삶의 터전을 지키기 위해 단합이 필요하다는 의식도 커졌다. 적대적인 이웃에 둘러싸여 힘든 농경 일을 해내는 정착민들을 위로해준 것이 야훼 숭배의 종교 의식이었다. 바로 이 시기에 〈신명기〉의 율법이 정리되었다고 보는 학자들도 있다. 일례로 성경에 묘사된 식생활 규범만 해도 그렇다. 이는 가나안 고원에서 나는 식품과 종교적 믿음 사이의 균형을 보여준다. 블레셋인들이 차지했던 지역이나 트랜스요르단 지역의 철기시대 거주지에서는 돼지 뼈가 다량으로 발견되지만 이스라엘인들이 살았던 고원에서는 그런 뼈가 하나도 나오지 않았다. 이스라엘 정착지에서는 돼지를 키우지도, 먹지도 않았다는 증거이다. 이는 유대 문화의 커다란 특징을 이루게 된다.

이스라엘의 인구도 많이 불어났다. B.C.E. 12세기 초반에는 이스라엘 영역을 통틀어 거주지가 250개 이하였다. 인구수로 보면 4만 5,000명 이하이다. 다음 200년이 지나면서 이 수는 500개 거주지의 15만 인구로 늘어난다. 동시에 농경 수확량도 급속히 늘었는데 특

B.C.E. 1200년경
우가리트가 파괴됨.
바다 사람들 때문으로 추정됨

B.C.E. 1200~1025년경
판관들이 이스라엘을 통치함

B.C.E. 1187~1156년경
람세스 3세가 이집트를 통치함

B.C.E. 1168년경
엘람인들이 바빌론을 파괴함

사무엘은 사울에게 선언하였다. "야훼께서 그대에게 기름을 부어 당신의 백성 이스라엘의 수령으로
성별해 세우시는 것이오. 그대는 야훼의 백성을 지배하시오.
그대는 사방에 있는 적의 세력으로부터 이 백성을 구해내어야 하오." | 사무엘 상 10:1 |

히 고원의 계단식 밭에서 잘 되는 올리브유와 포도주 생산이 활발했
다. 이 시기 유적에서는 동물 뼈도 많이 발견되어 농가들이 농경과
함께 양, 염소, 소 등의 가축도 함께 키웠다는 점을 보여준다.

하지만 주변의 위협 요인은 여전했다. 포도송이 탐스러운 이스라
엘인들의 과수원이나 가축으로 가득 찬 축사를 호시탐탐 노리는 이
들은 점점 더 많아졌다.

예언자 사무엘
산악 지대인 에브라임의 한 마을에서 사무엘이라는 남자 아이가
태어났다. 그 어머니 한나는 실로의 신전에 순례를 가서 아들을 내
려주면 신에게 바치겠다고 맹세한다(사무엘 상 1:11). 아들이 태어나
자 한나는 '신이 들어주셨다'는 뜻의 사무
엘이라는 이름을 지어주고 젖을 뗀 후에
는 실로 사원으로 보내 사제로 자라나게
하였다.

성경에 따르면 당시 신의 말씀은 드물었
고 그 모습도 널리 퍼지지 않았다고 한다.
하지만 신이 다시 한 번 입을 연 곳이 바로
실로 사원이었다. 신은 사무엘을 선택하여
그를 통해 실로 사원의 고위 사제인 엘리
의 집을 벌하겠다고 경고한다(사무엘 상
3:4~11). 이를 계기로 사무엘은 이스라엘
최초의 주요 예언자가 된다.

블레셋인들이 이스라엘을 공격해 들어
왔을 때에도 사무엘은 실로 사원의 사제
로 있었다. 블레셋인들과 이스라엘인들은
해안 평야에서부터 이어져 이후 교역로까
지 연결되는 길가의 유대 마을 에벤에젤

(Ebenezer) 건너편인 아벡(Aphek)에 진을 쳤다. 아벡은 오늘날의 텔
아비브 동쪽, 야르콘(Yarqon) 강의 텔 라스 엘 아인 근처로 추정된
다. 블레셋의 텔 카실라 유적에서 멀지 않은 곳이다. 블레셋인들은
이 전투에서 4,000명이나 되는 사람을 죽였다(사무엘 상 4:2). 생존자
들이 비틀거리며 에벤에젤 진지로 돌아오는 와중에 이스라엘 원로
들은 왜 신이 이런 패배를 안겨주었는지 논의한 뒤 실로 사원에서
계약궤를 모셔와 보호를 받기로 결정한다(사무엘 상 4:3). 곧 금빛의
계약궤가 진지에 도착한다. 하지만 이것이 전황을 바꾸지는 못했
다. 다시 블레셋인들이 공격했을 때 이스라엘 군은 대패하고 혼란의
와중에 계약궤를 차지한 블레셋인들은 자랑스럽게 이를 아슈도드
로 가져가 다곤 신전에 전시한다. 계약궤를 빼앗겼다는 것을 안 실
로의 고위 사제 엘리는 그 자리에서 죽어
버리고 만다. 블레셋인들은 에브라임과 베
냐민 부족의 영토였던 고원 지대에 요새를
짓는다(사무엘 상 13:3).

하지만 블레셋인들은 곧 신의 '무거운
손'을 느끼기 시작한다. 다곤 상이 땅에 떨
어지고 아슈도드에는 흑사병으로 추정되는
전염병이 창궐한다. 계약궤를 다른 도시로
옮기면 전염병도 따라다녔다. 어찌할 바를
모르던 블레셋인들은 결국 두 마리 젖소가
끄는 수레에 계약궤를 실어 보내버린다. 소
들은 벳세메스의 이스라엘 정착지로 들어간
다(사무엘 상 6:1~12). 그리고 이후 키럇여아
림(Kiriath-jearim)에 보내진다(사무엘 상 7:1).

다윗 왕 치세 초기인 B.C.E. 10세기의 향 받침대 파편.
남자가 동물 다리를 잡고 있는 모습이다.

B.C.E. 1114~1076년경
티글랏-필레셀(Tiglath-Pileser) 1세가
아시리아 왕으로 즉위함

B.C.E. 1050년경
블레셋인들이 실로(Shiloh) 사원을 파괴함

B.C.E. 1050년경
마지막 판관 사무엘이
이스라엘 지도자가 됨

B.C.E. 1025년경
사무엘이 사울을 이스라엘의
새로운 왕으로 추대함

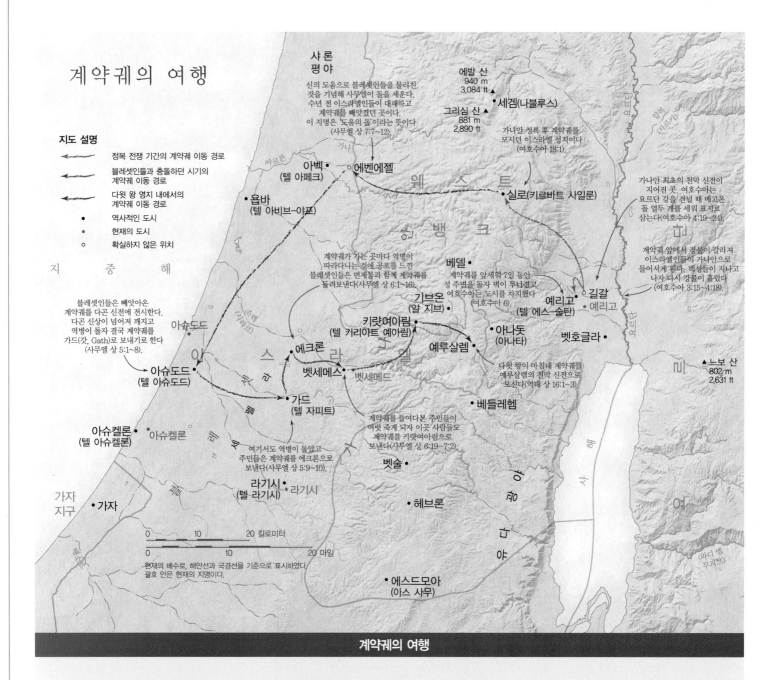

계약궤의 여행

지도 설명

→ 정복 전쟁 기간의 계약궤 이동 경로

→ 블레셋인들과 충돌하던 시기의 계약궤 이동 경로

→ 다윗 왕 영지 내에서의 계약궤 이동 경로

• 역사적인 도시

• 현재의 도시

○ 확실하지 않은 위치

지 중 해

샤론 평야

신의 도움으로 블레셋인들을 물리친 것을 기념해 사무엘이 돌을 세운다. 수년 전 이스라엘인들이 대패하고 계약궤를 빼앗겼던 곳이다. 이 지명은 도움의 돌이라는 뜻이다 (사무엘 상 7:7~12)

에발 산 940 m 3,084 ft ▲

세겜(나블루스)

그리심 산 881 m 2,890 ft ▲

가나안 정복 후 계약궤를 모시던 이스라엘 성지이다 (여호수아 18:1)

가나안 최초의 천막 신전이 지어진 곳. 여호수아는 요르단 강을 건널 때 메고온 돌 열두 개를 세워 표지로 삼는다(여호수아 4:19~24).

아르콘

아벡 (텔 아페크)

에벤에젤

실로(키르바트 사일룬)

욥바 (텔 아비브-야포)

웨 스 트 뱅 크

계약궤가 가는 곳마다 역병이 따라다니는 것에 공포를 느낀 블레셋인들은 번제물과 함께 계약궤를 돌려보낸다(사무엘 상 6:1~16).

계약궤 앞에서 강물이 갈라져 이스라엘인들이 가나안으로 들어서게 된다. 백성들이 지나고 나자 다시 강물이 흘렀다 (여호수아 3:15~4:18).

베델 •

계약궤를 앞세워 7일 동안 성 주변을 돌자 벽이 무너졌고 여호수아는 도시를 차지했다 (여호수아 6).

블레셋인들은 빼앗아온 계약궤를 다곤 신전에 전시한다. 다곤 신상이 넘어져 깨지고 역병이 돌자 결국 계약궤를 가드(갓, Gath)로 보내기로 한다 (사무엘 상 5:1~8).

기브온 (알 지브) •

키럇여아림 (텔 키리아트 예아림)

아나돗 (아나타)

예리고 (텔 에스-술탄)

길갈 예리고

아슈도드 •

아슈도드 (텔 아슈도드)

에크론 •

벳세메스 • 벳세메드

예루살렘 •

벳호글라 •

다윗 왕이 마침내 계약궤를 예루살렘의 천막 신전으로 모신다(역대 상 16:1~3)

가드 (텔 자피트)

계약궤를 들여다본 주민들이 여럿 죽게 되자 이곳 사람들도 계약궤를 키럇여아림으로 보낸다(사무엘 상 6:19~7:2).

베들레헴 •

여기서도 역병이 돌았고 주민들은 계약궤를 에크론으로 보낸다(사무엘 상 5:9~10).

아슈켈론 (텔 아슈켈론)

아슈켈론 •

느보 산 ▲ 802 m 2,631 ft

벳술 •

라기시 (텔 라기시)

라기시 •

가자 지구

가자 •

헤브론 •

0   10   20 킬로미터

0   10   20 마일

현재의 배수로, 해안선과 국경선을 기준으로 표시하였다. 괄호 안은 현재의 지명이다.

에스드모아 (아스 사무) •

계약궤의 여행

성경에 등장하는 계약궤는 아카시아 금박 궤짝으로 모세의 십계명을 새긴 석판이 들어 있다. 계약궤는 신이 지상에 존재하심을 상징한다. 이후 이스라엘인들이 사막을 계속 지나갈 때 사제들은 계약궤를 가지고 앞장섰다. 계약궤를 직접 만지는 일은 금기였으므로 궤 양쪽 고리에 막대기를 끼워넣어 운반했다.

약속의 땅으로 들어서기 위해 요르단강을 건너려는 사제들이 강물에 내려서자마자 위쪽에서 흘러내려오던 물이 멈추고 강바닥이 드러났다(여호수아서 3:15~16). 계약궤는 예리고 함락 때를 포함해 전장에도 나가곤 했다.

이스라엘 군이 에벤에젤에서 블레셋인들에게 패했을 때 군대의 사기를 높이기 위해 실로 사원의 계약궤를 가지고 나왔다가 그만 블레셋 측에 빼앗기고 말았다. 블레셋인들은 이를 아슈도드의 다곤 신전에 가져가 자랑스럽게 전시했다. 신은 이에 대한 보복으로 다곤 상을 쓰러뜨리고 전염병을 퍼뜨렸다. 가드와 에크론 등으로 계약궤를 옮겼을 때에도 재앙이 따라다녔다. 블레셋인들은 어쩔 수 없이 벳세메스 근처에서 계약궤를 돌려보냈다(사무엘 상 6:1~12). 계약궤는 키럇여아림 마을 언덕에 있는 아비나답의 집에 모셔졌다(사무엘 상 7:1). 다윗이 새로 정복한 예루살렘에 천막 신전이 마련되기까지 성궤는 여기 머물렀다.

성경은 블레셋인들의 공격을 이스라엘인들이 다른 신을 숭배하여 받은 벌이라고 해석한다. 이런 믿음은 〈신명기〉에서 반복적으로 등장한다. 이스라엘인들은 계약궤를 모시고 야훼만 찬미하면 번영하지만 다른 종교에 눈을 돌리거나 예언자의 말을 무시하면 곧 가혹한 처벌을 받는 것이다.

왕의 선출

이스라엘 부족들은 정치 구조를 개편해야 한다는 데 합의한다. 넓은 땅에 정착지가 점점이 흩어져 있고 주변에는 적대 국가까지 많은 상황이었기 때문이다. 수십 년이 흐르면서 상황은 더욱 악화되어 이스라엘과 이방인 사이의 경계가 흔들렸고 에벤에젤 싸움과 같은 충돌도 일어났다. 독립성을 중시하는 이스라엘 부족들은 왕의 통치를 받고 싶지 않았지만 군사 문제와 외교 정책에서는 행동을 함께 해야 했다. 왕까지는 아니라 해도 대표 족장의 지위는 필요했다. 〈사무엘서〉 상권에서 사용된 단어 멜렉(melekh)은 이 두 가지 모두를 의미한다.

이스라엘 부족들이 어떻게 이런 결론에 도달했는지에 대해서는 논란이 있다. 〈사무엘서〉 안에서도 왕을 모시기로 결정되는 과정이 여러 가지로 나타난다. 사무엘이 군주체제는 야훼의 뜻이라고 설명하는 내용도 있고(사무엘 상 9:15~16) 부족 원로들이 사무엘의 반대를 무릅쓰고 왕을 선출한다는 내용도 있다(사무엘 상 8:4~6).

물론 가장 결정적인 요인은 가나안 동쪽을 위협하는 호전적인 외세였다. 아몬 왕국은 야베스길르앗(Jabesh-Gilead)에 공격을 가해왔다. 아몬인들은 사해 북동쪽에 살면서 가드 부족 및 르우벤 부족과 물을 둘러싼 다툼을 벌여온 존재였다. 야베스길르앗은 요르단 동쪽, 갈릴리해 남쪽 32킬로미터 거리에 위치한 곳으로 오늘날의 텔 마클룹(Tell Maklub)이나 텔 아부 카라즈(Tell Abu Kharaz) 중 하나로 추정된다. 유대인 영역의 동쪽 끝 도시인 야베스는 트랜스요르단 고원에서 요르단강 계곡을 내려다보는 요충지로 암몬인들에게 무척이나 탐나는 지역이었다.

아몬 왕 나하스(Nahash)는 자신의 뜻에 거스르는 사람의 오른쪽 눈알을 뽑아버리는 사람이었다. 그는 야베스를 포위하여 자신에게 복종하라고 위협한다(사무엘 상 11:1). 하지만 주민들은 용감했다. 나하스는 도시를 함락하기만 하면 남녀노소 할 것 없이 오른쪽 눈알을 뽑을 것이라 하였다.

블레셋 포로를 묘사한 부조. 메디네트 하부의 람세스 3세(B.C.E. 1187~1156년경) 장례 신전에 있다.

절박한 상황에서 야베스 원로들은 인근 부족에 전갈을 보냈다. 야베스에서 남쪽으로 64킬로미터 거리인 기브아(Gibeah)에도 소식이 닿았다. 기브아에는 보통 사람들보다 머리 하나가 더 큰 사울이라는 청년이 살고 있었다(사무엘 상 9:2). 사울은 야베스의 소식을 듣자마자 바로 행동을 개시했다. 황소 두 마리를 잡아 찢어 그 피 묻은 고깃덩이를 이스라엘 온 지역에 보냈다. 부족들의 공동 방위 계약을 상기하라는 이 분명한 메시지를 받은 이스라엘 각 부족은 기브아에 군사를 보냈다(사무엘 상 11:7~9).

사울은 아몬인들의 야베스 포위망 근처에 군사를 배치해 새벽녘 기습 공격을 감행했다. 대담한 공격은 승리로 이어졌다. 이스라엘 군은 '햇볕이 내리쬘 때까지 아몬 군을 무찔렀고 살아남은 자들은 뿔뿔이 흩어져 도망쳤다'고 한다(사무엘 상 11:11). 부족들은 기쁨의 환호성을 질렀다. 오랜 기다림 끝의 승전보였던 것이다.

사울은 이스라엘 군의 임시 사령관이 되었다. 이전에 판관 드보라와 기드온이 그랬던 것처럼 말이다. 하지만 사무엘은 여기서 한 걸음 더 나아갔다. 신이 나타나 "베냐민 지방에서 사람 하나를 너에게 보낼 터이니, 너는 그에게 기름을 부어 성별하여 내 백성 이스라엘의 수령으로 세워라."라고 명령했기 때문이다. 그리고 사무엘이 사울을 만났을 때 신은 다시 "이 사람이 바로 너에게 말해둔 그 사람이다."라고 일러주었다(사무엘 상 9:16~17). 사무엘은 사울을 왕으로 세우며 "그대는 야훼의 백성을 지배하시오. 사방에 있는 적의 세력으로부터 이 백성을 구해내어야 하오."라고 말했다(사무엘 상 10:1).

〈사무엘서〉의 다른 부분에서는 왕권 도입에 대한 저항이 나타나기도 한다. 사무엘은 "왕은 제일 좋은 밭을 빼앗아 자기 신하들에게 줄 것이며, 너희의 남종 여종을 데려다가 일을 시키고 좋은 소와 나귀를 끌어다가 부려먹을 것이다."라고 말하며(사무엘상 8:14~16) 한 사람에게 너무 큰 권력이 주어지는 것을 경계한다.

하지만 사울이 훌륭한 군사 지도자라는 점은 누구나 인정할 수밖에 없었다. 사울은 아들 요나단과 함께 이스라엘 부족을 규합해 총공격을 감행하고 조금씩 조금씩 블레셋인들을 해안으로 밀어냈다. 결정적인 일격이 이루어지지 못한 탓에 전쟁은 교착 상태에 빠졌고 이스라엘인들과 블레셋인들은 장기전을 준비했다.

일부 학자들은 성경에서 사울이 결함 있는 인물로 묘사되는 이유가 블레셋인들을 완전히 몰아내지 못했기 때문이라고 분석한다. 성경 필경사들에게 무능력은 용서받지 못할 죄였다. 진정 신의 영혼으로 채워진 사람이라면 반드시 압승을 거둬야 했다. 압승을 거두지 못한 군사 원정은 사울의 자신감, 더 나아가 정신 건강을 좀먹게 되었고 고향 기브아의 성채로 퇴각해 보내는 시간이 점차 늘어났다.

수수께끼로 남아 있던 기브아의 위치는 1922년, 미국 고고학자 올브라이트와 동방학 연구소의 연합 발굴단이 예루살렘 근처 탈 알 풀(Tall al Ful) 부근에서 성채의 흔적을 찾아내면서 밝혀졌다. 도기 파편으로 추정한 성채 건설 시기는 B.C.E. 1020년경이었다. 넓은 마당을 중심으로 건물들이 둘러서고 두터운 담장이 둘러쳐진 위로 탑이 선형태였다. 마당은 사울의 군대 집합 장소였을 것이다. 호사스러운 장식은 전혀 없는 단순하고 기능적인 구조의 성채이다.

엄격하고 간소한 사울의 삶에서 한 가지 예외라 할 만한 것이 음악이었다. 그는 음악을 매우 좋아했다. 사울 이전까지의 성경에서 이스라엘 음악에 대한 언급은 거의 없다시피 하다. 이집트에서 머무를 때 유대 부족들은 이집트의 노래를 불렀을 것이다. 이집트를 탈출하면서 뒤쫓던 파라오의 병거들이 모두 물에 빠졌을 때 이스라엘인들은 일제히 노래를 불렀다고 나온다(출애굽기 15:1~18). 학자들은 이것이 순수한 이스라엘 노래였다고 믿는다. 또한 일제히 나팔을 불어 예리고 성벽을 흔드는 장면, 판관 드보라가 군대 앞에서 부른 격려의 노래가 이

고대 이스라엘의 음악

가장 오래된 고대의 악기는 이집트 피리이다(B.C.E. 4000년경). 수금과 피리는 메소포타미아의 우르 왕궁에서도 발견되었다(B.C.E. 2100년경). 카인의 후손 유발(Jubal)은 악기 제작에 재능이 있었다고 한다(창세기 4:21). 양뿔 피리(쇼파)는 음계가 제한적이었지만 종교 행사에 사용되었다. 나중에는 목이 긴 트럼펫 종류도 신전에서 사용되었다. 성서에 가장 자주 등장하는 종류는 수금과 같은 현악기, 그리고 탬버린이나 심벌즈 같은 타악기다. 사진은 이집트의 현악기다.

후 여러 해 동안 불렸다는 설명 등이 음악과 관련된 부분이다. 이러한 음악은 모두 국가를 위해, 이스라엘의 왕 야훼를 찬양하기 위한 노래였다. 즐기기 위한 음악과는 전혀 다른 종류인 것이다.

이스라엘 고유의 음악 전통이 어떻게 시작되었는지는 분명치 않다. 이집트인들은 음악을 매우 좋아해 연회 때면 꼭 하인들에게 협주 연주를 시키곤 했다. 이스라엘인들은 이집트의 악기(특히 탬버린과 수금)를 받아들였을 가능성이 크다. 물론 가나안의 음악 전통을 받아들였다고 보는 학자들도 있다. 사울 휘하에는 유다 부족 출신으로 수금 실력이 뛰어난 젊은이가 한 명 있었다. 그의 이름은 다윗이었다.

왕과 양치기

다윗의 출신과 관련해 〈사무엘서〉에는 두 가지 설명이 나온다. 첫째는 사울의 우울한 기분을 음악으로 달래주기 위해 뽑혀온 젊은 군인이라는 설이다. 사울은 다윗의 연주 솜씨에 감탄하며 그를 자기 무기 당번으로 삼았다고 한다(사무엘상 16:16~21). 둘째는 다윗이 양치기 소년이었는데 그 노랫소리에 주변 모두가 위로를 얻었다는 설명이다. 다윗 이야기는 베들레헴이라는 마을이 성경에 처음 언급되는 계기가 되기도 했다.

다윗의 베들레헴은 오늘날의 베들레헴 시와 멀지 않다. 예루살렘 남쪽 10킬로미터, 비옥한 바이트 얄라(Bayt Jala) 지역과 유대 사막 사이에 자리잡은 곳이다. 아마르나 문서 중 하나인 예루살렘 통치자 압디 헤바의 글에서 베들레헴이 최초로 언급되었다고 주장하는 학자들도 있다. '라하무(Lahamu)의 집'이라는 뜻의 'Bit-Lahamu' 혹은 'Beth-Lahamu'가 등장하기 때문이다. 라하무는 가나안의 신으로 여겨진다.

투트모스 4세(B.C.E. 1400~1390년경) 때의 벽화. 연회의 흥을 돋우는 가수, 악사, 무용수가 그려져 있다.

물론 베들레헴이 'beth lehem' 즉 '빵의 집'에서 나온 지명이라는 설도 있다.

나이든 노인이 되어 예언자로 존경받으며 살던 사무엘은 어느 날 '뿔에 기름을 채우고 베들레헴에 사는 이새(Jesse)라는 사람에게 가라'는 신의 명령을 받았다(사무엘 상 16:1). 사무엘이 이새와 그 아들들을 만났을 때 신은 사무엘의 시선을 막내인 다윗에게 보냈다. 사무엘은 다윗에게 기름을 부어 '야훼의 영이 내려와 그날부터 줄곧 그에게 머물러 있도록' 한다(사무엘 상 16:13).

한편 블레셋인들은 다시 싸움을 준비하고 있었다. 이번에는 유대 땅 안쪽인 '소고와 아제카 사이에 있는 에베스담밈(Ephes-dammim)'(사무엘 상 17:1)이 전장으로 선택되었다. 소고(Socoh 혹은 Sokoh)는 오늘날의 키르베트 압바드 근처로 베들레헴에서 서쪽으로 22킬로미터 떨어진 곳이다. 그 발굴지에서는 히브리 문자로 'Imlk-Lamed Mem Lamed Kaf', 즉 '왕에게 속함'이라는 글귀와 날개 넷 달린 풍뎅이 문양 도장이 찍힌 항아리가 여러 개 나왔다. 여기서 왕은 사울이나 다윗이 아니라 히스기야(Hezekiah B.C.E. 727~697년)이다. 항아리는 유대 왕이 먹을 농산물을 담는 데 사용되었을 것이다. 또한 아제카(아세가, Azekah)라는 곳은 이스라엘 고고학자들이 전략 요충지 하엘라(HaEla) 계곡 입구, 제카리아(Zekarya) 인근에서 발굴한 성채로 추정된다. 블레셋인들이 두 도시 사이의 메마른 평야를 싸움터로 고른 이유는 분명하다. 블레셋 영토에서 이스라엘인들의 고원으로 연결되는 가장 빠른 길이었던 것이다.

이 싸움에서 블레셋인들은 무시무시한 거인 골리앗을 동원한다. 갑옷을 입은 거인은 거대한 놋쇠 창을 메고 나타났다(사무엘 상 17:5~7). 이스라엘 진영에서는 아무도 나설 엄두를 내지 못했다. 젊은 다윗만 제외한다면 말이다.

다윗은 갑옷을 마다하고 무릿매만 든 채 거인과 맞섰다. 이마에 돌멩이를 맞은 골리앗은 그대로 쓰러지고 블레셋인들은 뒤돌아

도망친다(사무엘 상 17:41~53). 다윗은 영웅이 되었고 사울은 그를 군 사령관으로 세울 수밖에 없었다(사무엘 상 18:5). 사울의 후계자인 아들 요나단은 다윗과 친한 친구가 되었다.

다윗은 훌륭한 군사 지도자의 자질을 증명해 보였다. 여자들은 전투에서 돌아온 다윗을 둘러싸고 '탬버린을 치며 춤추고 노래했다.' 노래 가사에는 '사울은 수천을 죽였으나 다윗은 수만을 죽였네.'라는 내용이 있었고(사무엘 상 18:5~7) 사울은 질투심을 느꼈다.

겉으로는 다윗의 성과를 칭찬하고 딸 미갈(Michal)을 주겠다는 약속까지 했지만 사울은 다윗의 파멸을 바랐다. 주변 사람들은 점차 눈치를 챘고 요나단조차 아버지가 다윗을 죽이고 싶어한다는 사실을 깨달았다. 다윗은 해안가의 블레셋 땅으로 피신했다.

블레셋 평야에는 다윗과 같은 피난자들이 많았다. '억눌려 지내는 사람, 빚에 허덕이는 사람 등이 주변에 몰려들었고 다윗은 그들의 우두머리가 되었다'(사무엘 상 22:2). 사울은 여러 차례 사람을 보내 다윗을 죽이려 들었지만 그 때마다 다윗은 무

사히 도망쳤다. 그 와중에 사울은 다윗의 아내 미갈을 다른 남자에게 주고 말았다. 사울은 부유한 양치기의 미망인 아비가일과 이즈르엘 출신의 아히노암을 새로운 아내로 맞았다.

블레셋 땅에 피신한 상황에서도 다윗은 미래를 예견한 듯 각 부족과 유대 관계를 맺어두었다.

운명은 다윗의 편이었다. 블레셋 군대가 다시 일어나 침입하자 사울은 이즈르엘 계곡의 길보아 산 근처에서 적을 맞았다. 하지만 이스라엘 군대는 곧 패퇴했다. 요나단을 포함한 사울의 아들들은 블레셋인들의 손에 죽었다. 왕 역시 쏟아지는 화살 아래서 중상을 입었다. 무기 시종에게 자기를 죽여달라고 하다가 뜻대로 되지 않자 사울은 스스로 자기 칼 위로 엎어져 죽었다(사무엘 상 31:1~7).

다음날 블레셋인들이 사울과 아들들의 시체를 발견했다. 이들은 왕의 머리를 베어 벳산 성채에 걸어두었다. 북쪽 요충지인 벳산 성채가 이미 블레셋 손에 넘어갔던 것이다.

과거 사울이 아몬인들에게서 구해냈던 야베스길르앗의 주민들은 소식을 듣고 밤중에 숨어들어 왕의 시신을 수습했다. 그리고 이스라엘의 첫 왕과 그 아들들을 장례지냈다.

◀ 골리앗의 머리를 발 아래 놓고 당당한 모습으로 선 다윗. 르네상스 시대 조각가인 베로키오(Andrea del Verrocchio, 1435~1488)의 작품이다.

▶ 사마리아 언덕에서 506미터 높이로 솟아오른 길보아 산. 사울과 그 아들들이 블레셋인들과 싸우다가 전사한 곳이다.

다윗의 왕국

예루살렘, 다윗의 성 유적 주변의 푸른 언덕. 키드론 계곡에서 바라본 풍경이다.

이스라엘은 심각한 군사적 위기에 봉착했다. 블레셋 군대는 이스라엘 영토 깊숙이 밀고 들어왔는데 부족들을 규합할 인물은 없는 상황이었다. 지도자를 잃은 이스라엘은 최초의 왕이 성채에 매달렸다는 충격에서 벗어나지 못했다. 다윗은 '너 이스라엘의 영광이 산 위에서 죽었구나. 아, 용사들은 쓰러졌구나.'(사무엘 하 1:19~20)라는 구슬픈 노래를 불러 애도했다. 학자들은 '아, 용사들은 쓰러졌구나.'라는 이 구절을 성경에 등장하는 가장 오래된 문학적 표현으로 꼽는다.

반면 블레셋인들은 사기충천했다. 사울의 숙부 아브넬(Abner)이 이끄는 이스라엘 군대는 요르단강을 넘어 멀찍이 후퇴해 므나쎄 부족의 동쪽 영토와 가드 부족 사이에 위치한 트랜스요르단의 마나하임(Manahaim, '두 캠프'라는 뜻이다)에 진을 쳤다고 한다. 얍복 강변의 텔 에드 다합이었으리라는 추측이 있긴 하지만 마나하임의 정확한 위치는 불분명하다. 어떻든 아브넬이 이토록 먼 곳에 진을 쳤다는 것은 고원 영토를 포기했다는 의미로 받아들여졌다.

이스라엘의 통일을 유지하고 사울 왕조를 수호해야 한다는 생각에

B.C.E. 1120~800년경
그리스 문명에서 문학과 문화 발전이 거의
이루어지지 못한 '암흑기'

B.C.E. 1070~712년경
이집트 신왕국이 끝나고 제3중간기가
시작되는 권력 쇠퇴기

B.C.E. 1050년경
시리아에 다마스쿠스가 세워짐

B.C.E. 1000~970년경
다윗 왕이 여부스인들을 물리치고
예루살렘을 수도로 삼음

> 이리하여 다윗 왕은 헤브론으로 찾아온 이스라엘의 모든 장로들을 맞아
> 야훼 앞에서 조약을 맺었고, 그들은 다윗에게 기름을 부어
> 이스라엘 왕으로 삼았다. | 사무엘 하 5:3 |

아브넬은 살아남은 사울의 넷째 아들 이스바알(Ishbaal)을 왕으로 추대했다. 이스바알은 '바알의 사람'이라는 뜻인데 여기서 '바알'은 바알 신과는 관련이 없다. 훗날 성경 필경사들은 이스바알을 '수치스러운 사람'이라는 뜻의 이스보셋(Ishboseth)이라 쓰게 된다. 그 이유는 분명하지 않다. 〈예레미야서〉에서 la-boseth(수치에 가득 찬)이라는 단어가 바알과 관련된다는 언급이 나올 뿐이다. 남쪽의 유다 부족을 제외하고는 모두들 이스바알을 새로운 지도자로 인정하였다.

이런 상황을 기다렸던 다윗은 유다 부족의 중심지이자 자신의 근거지인 헤브론으로 가 원로들의 환대를 받았다. 그리고 곧 '유다 가문의 왕'으로 공식 추대된다(사무엘 하 2:4). 유대의 왕이 둘이 되어 한 사람은 헤브론에, 다른 한 사람은 마나하임에 자리잡은 셈이었다. 이는 결국 다윗 가문과 사울 가문의 싸움으로 이어졌고 부족들의 자원을 고갈시키며 블레셋인들의 입지를 강화하는 결과를 낳았다.

부족 간의 내전은 아브넬이 사울의 후궁 리스바를 범하는 사건이 벌어지면서 끝났다. 아브넬이 리스바와 결혼하면 리스바가 사울과 낳은 자녀들의 후견인이 될 판이었다. 이스바알이 이를 반대하자 아브넬은 다윗에게 사람을 보내 자기와 손을 잡으면 '온 이스라엘이 다윗에게 돌아가게' 해주겠다고 제안한다(사무엘 하 3:12). 다윗은 아

내 미갈을 되찾아달라는 조건을 내걸고 제안을 받아들인다. 미갈을 달라는 것은 물론 애정 차원의 문제가 아니었다. 사울의 딸 미갈과 결혼한다면 북쪽 부족들도 다윗의 통치를 인정할 것이었다. 다윗과 사울 가문의 결합은 국가의 통일성을 회복하는 일이나 다름없었다.

마침내 '이스라엘의 모든 부족'이 헤브론에 모여 '우리는 왕과 한 골육입니다'라는 말로 복종을 맹세하였다(사무엘 하 5:1). 다윗 왕이 통일 이스라엘을 다스리기 시작한 때는 B.C.E. 1010년경이었다.

예루살렘 정복

다윗은 곧 군대를 규합해 블레셋을 칠 것으로 보였다. 하지만 다윗에게는 다른 계획이 있었다. 그는 여부스인들의 도시, 예루살렘을 공략하기로 했다(사무엘 하 5:6). 다윗의 가장 큰 목표는 부족 간 연대를 공고히 하여 한 나라로 만드는 데 있었다. 정치적, 행정적 중심지가 없다는 것은 이스라엘의 큰 문제였다. 새로운 나라가 블레셋인들을 물리치려면 군대를 뽑고 훈련하며 세금을 걷고 경제를 정비해 굶

성경에도 등장하는 가나안 여신 아세라(Asherah)의 점토 조각. 다윗의 도시에서 발견되었으며 B.C.E. 9~8세기 것으로 추정된다.

B.C.E. 1000년경
페니키아인들이
지중해 교역을 독점함

B.C.E. 1000~930년경
이스라엘과 유다의 통일 왕국이
팔레스타인을 지배함

B.C.E. 1010~970년경
이전의 셈 문자를 바탕으로
히브리 문자가 등장함

B.C.E. 978~960년경
이집트 파라오 시아문 재위

는 이를 먹여야 했다. 다시 말해 지역적 이해를 뛰어넘어 나라의 차원에서 백성들을 결집시켜야 했던 것이다. 이스라엘 부족들의 공통점은 단 하나, 야훼에 대한 믿음뿐이었다. 모압인들이 그모스(Chemosh) 신을 섬기고 에돔인들이 카우스(Qaus) 신을 모시듯 이스라엘인들은 아브라함과 이삭, 야곱의 신을 숭배했다. 가나안에서 보낸 200년의 세월 동안 이들을 묶어준 것은 결국 그 믿음이었다. 이제 이스라엘은 국가 신앙의 중심이 될 정부와 교회가 필요했다. 수도가 있어야 했다.

판관들의 시대에는 베델 바로 위쪽 고원지대의 실로에 야훼 신전이 있었다. 계약궤도 한때 여기 모셔졌다. 하지만 B.C.E. 1050년경, 실로는 블레셋인들 손에 파괴되었다(오늘날의 세일룬(Seilun) 근처에서 이루어진 발굴 작업이 이 사실을 증명한다). 더욱이 실로는 북쪽에 치우친 탓에 그 영향력도 북쪽

에 집중되었다. 모든 부족이 인정하는 수도라면 영토 중심부에 위치해야 했다. 아직은 이스라엘인들도 블레셋인들도 차지하지 못한 지역이었다. 다윗은 여부스인들의 중심지인 예루살렘을 선택했다.

〈여호수아서〉에는 여호수아가 예루살렘의 왕을 붙잡는 장면이 등장한다(10:1~15). 하지만 그는 이 도시의 가치를 제대로 파악하지 못했던 것 같다. 물론 다른 의견을 가진 학자들도 있다. 예리고와 해안을 잇는 동서로, 그리고 벳산과 북쪽 계곡을 네게브 및 남쪽 계곡과 연결하는 남북로의 교차점에 위치한 예루살렘은 누구나 한눈에 알아볼 수 있는 요충지라는 것이다. 산등성이에 자리잡은 도시는 난공불락처럼 보였다. 세 측면을 훤히 내려다보는 위치였고 공격을 방어하기에도 좋았던 것이다. 100년이 넘는 전쟁에도 이 도시가 여전히 여부스인들의 수중에 남아 있었던 이유도 바로 이것이

었으리라.

다윗의 눈에 이 도시는 대단히 탐나는 곳이었다. 전통적으로 유다와 북쪽 부족들을 가르는 경계선에 놓여 있는 데다 키드론 계곡의 기혼 샘이라는 수원지도 확보되어 포위망을 견디기 유리했다. 블레셋과 이스라엘이 모두 차지하지 못했던 지역이라는 점도 매력적이었다.

그리하여 다윗의 군대는 예루살렘으로 진격했다. 성벽으로 다가가자 주민들은 '너 같은 것이 이리로 쳐들어오다니, 어림도 없다. 소경이나 절름발이도 너 따위는 쫓아낼 수 있다'며(사무엘 하 5:6) 빈정거렸다. 하지만 다윗에게는 계획이 있었다. 병사들에게 '물을 길어올리는 바위벽'(사무엘 하 5:8)을 타고 올라가게 한 것이다. 이 바위벽은 아마도 기혼 샘과 도시를 연결하는 수로였을 것이다. 이 수로 덕분에 여부스인들은 포위당했을 때도 적의 공격을 받을 걱정

없이 물을 조달할 수 있었다.

1864~1867년의 발굴을 통해 영국 고고
학자 찰스 워렌(Charles Warren)은 예루살렘
지하에서 높이 13미터의 수직 통로를 발견
했다. 주민들은 여기서 물통을 내려 샘물을
퍼올렸던 것이다. 일명 '워렌의 수직통로
(Warren's Shaft)'는 지금도 남아 있어 관광
객들은 고인 샘물을 볼 수 있다. 여기서 물
은 예루살렘 동쪽의 여호사밧(Jehoshaphat)
계곡으로 흘러내려간다. 정말로 이 워렌의
수직통로가 다윗 군의 침입 경로였을까?
1990년대에 이루어진 새로운 발굴을 통해
이 통로는 B.C.E. 800년 이후, 즉 다윗 치
세가 지나고 왕국이 둘로 갈라진 후에 만들
어졌다는 사실이 밝혀졌다. 결국 어떤 통로
를 이용했는지는 확실치 않지만 다윗 군대
는 그리 힘들지 않게 예루살렘을 점령했다.
〈사무엘〉 하권에는 전쟁을 오래 끌었다든
지 대학살이 일어났다든지 하는 기록이 없

예루살렘

예루살렘이라는 이름은 B.C.E. 1000년대의 이집트 문서에서 처음 등장한다. 아마르나 문서라 불리는 B.C.E. 14세기의 외교 서신에서는 예루살렘이 'Uru-Salim', 즉 '살림(살렘)의 토대'라 표기된다. 살림은 가나안인들이 모시던 황혼의 신이다. 〈창세기〉에서도 이곳을 살렘이라 지칭한다(창세기 14:18). 히브리어 'Yerushalayim(예루살렘)'은 '살렘의 전통' 혹은 '평화가 있는 곳'을 뜻한다.

발굴 조사 결과 예루살렘의 성전 산 남쪽 지역에는 B.C.E. 2000년대부터 사람이 살았던 것으로 나타났다. 아마도 가나안인들이었으리라. 이집트에서는 후기 청동기시대, 예루살렘 통치자들이 이집트에 조공을 바쳤다는 기록이 있다. 아마르나 문서에는 예루살렘 총독 압디헤바가 세겜과 전쟁을 벌이다가 이집트에 군사 지원을 요청한다는 내용이 나온다. 성경 〈여호수아서〉는 예루살렘의 여부스 왕이 여호수아에게 패했다고 기록하지만 다윗이 눈독을 들이기 전까지 이 도시는 그 누구의 점령지도 아니었고 주민들은 평화롭게 살고 있었다.

유대교, 그리스도교, 이슬람교 신자 모두가 신성시하는 예루살렘은 오랫동안 '황금 도시'라 불렸다. 랍비 기록을 보면 '황금 도시'란 고대의 값비싼 보석 머리 장식을 뜻하기도 했다.

올리브 산에서 바라본 예루살렘. 구 시가지의 동쪽 담과 그 안쪽, 바위 사원의 돔 지붕이 보인다. ▼

다윗과 밧세바 이야기가 묘사된 15세기 플랑드르 산(産) 벽걸이 융단. 현재는 이탈리아 플로렌스의 다반자티 궁 (Palazzo Davanzati)에 걸려 있다.

다. 여부스인들은 다윗 왕궁 옆에서 평화롭게 살았다. 이후 성경에는 몇몇 여부스인이 등장하기도 한다.

예루살렘 정복 소식은 빠르게 퍼져나갔다. 블레셋인들은 긴장했다. 다윗이 모든 부족을 규합하기 전에 어서 기세를 꺾어버려야 했다. 블레셋인들은 해안 평야지대에서 예루살렘 근처의 레파임(Refa'im) 계곡으로 다가왔다. 하지만 다윗은 대비가 되어 있었다. 다윗의 군대는 연달아 두 번이나 블레셋 군을 크게 무찌르며 해안지대로 쫓아 보냈다.

예루살렘은 통일 이스라엘의 수도로 선포되었다. 이스라엘인들은 기뻐하며 계약 궤를 키럇여아림(Kiriath-Jearim)에서 새 수도로 모셔와 천막 신전 안에 모셨다. 다윗은 이후 '다윗의 도시'라 불리게 될 수도 건설에 매진했다. 그는 두로(Tyre, 오늘날의 레바논)의 왕 히람(Hiram)에게 건축가와 장인들을 보내달라고 부탁했다. 궁전 건축 재료로 사용할 값비싼 삼목도 함께 들여왔다.

이 부분에서 나단(Nathan)이라는 예언자가 등장한다. 그는 야훼의 심부름꾼으로서 이스라엘 왕을 보좌하고 자문하는 후대 이스라엘 예언자의 전형을 확립한다. 물론 모든 왕이 예언자들의 조언에 귀를 기울인 것은 아니지만 말이다. 궁에서 편히 살게 된 다윗 왕은 예언자 나단에게 "나는 이렇게 삼나무로 지은 궁에서 사는데, 하느님의 궤는 아직도 천막 안에 있소."(사무엘 하 7:1~2)라며 안타까워한다. 그날 밤 나단은 야훼의 말씀을 듣고 왕에게 전한다. "신께서 이 왕조를 위대하게 만들어주겠다고 약속하셨습니다. 그리고 신의 집을 지어 바치는 것은 폐하의 아들이 할 일이라 하십니다"(사무엘 하 7:11~13). 야훼의 신전을 완성하는 것은 다윗 후계자의 몫이었던 것이다.

다윗 왕궁의 정확한 위치를 둘러싼 논란은 여전히 치열하다. 하지만 예루살렘이 티로포에온(Tyropoeon) 계곡을 사이에 두고 남북으로 뻗은 두 산줄기를 중심으로 발전했다는 데에는 대부분의 학자들이 동의한다. 예루살렘의 초기 정착지는 아마도 동쪽 줄기의 남쪽, 기혼 샘 근처에서 시작되었을 것이다. 그리고 '다윗의 도시'라 불리게 되는 주거 및 행정의 중심지도 이곳에 있었으리라 추정된다.

1967년의 6일 전쟁 이후 이스라엘 고고학자들은 계단형 평지를 발굴해냈고 이것이 다윗 시절의 주거지 흔적이라 보았다. 다윗 왕은 이곳을 기반으로 도시를 북쪽으로 넓혀 오벨(Ophel) 지역까지 확장했다. 〈사무엘〉 하권에는 치세 말기에 다윗 왕이 신전을 만들기 위해 봉우리 북쪽 끝의 땅을 사들였다는 언급도 나온다. 여부스인들이 곡식 타작 마당으로 사용하던 곳이었다. 수확한 밀을 높이 쌓아두면 바람이 껍질을 날려보내 낟알만 남았다고 한다. 또한 이곳은 집회 장소이기도 했고(열왕기 상 22:10) 때로는 성스러운 의식이 행해지기도 했다. 바로 이곳에 훗날 솔로몬의 성전이 건축되었다고 보는 학자들이 많다.

다윗 군대는 점점이 위치한 블레셋 거주지들을 모두 쓸어버리기 위해 또다시 힘든 전쟁에 나섰다. 다윗의 군 사령관 요압(Joab)은 서서히, 하지만 꾸준히 임무를 수행해 결국 모든 블레셋인들을 좁은 해안지대에 몰아넣었다. 난공불락으로 보였던 이즈르엘 계곡과 세펠라, 갈릴리 지역, 그리고 벳산까지 전부 다윗 왕의 수중에 들어온 것이다. 하지만 왕은 여기에 만족하지 않았다. 훗날의 안전을 위협할지 모르는 주변 왕국들, 즉 북쪽의 아람-다마스쿠스(오늘날의 시리아), 동쪽의 암몬과 모압(오늘날의 트랜스요르단), 남쪽의 에돔(오늘날의 네게브)까지 정복해야 했다.

전쟁의 와중에 다윗은 휘하 장군의 미녀 아내 밧세바(Bathsheba)를 마음에 두게 되었다(사무엘 하 11). 그는 밧세바를 불러 정을 통했고 밧세바는 아이를 가졌다. 세상의 소문이 걱정된 다윗은 요압을 시켜 밧세바의 남편 우리야가 전장에서 죽도록 만들었다. 다윗과 결혼한 밧세바는 곧 아들을 낳았다. 예언자 나단은 다윗의 악행을 비난하며 아들이 얼마 살지 못할 것이라 말했다(사무엘 하 12:1~19). 그 말대로 아들은 곧 죽었지만 밧세바는 두 번째 아들을 낳아주었다. 이 아이가 솔로몬이었다.

다윗 군 사령관 요압은 충실히 임무를 다했다. 이스라엘 주변에는 완충 지대가 마련되었다. 다윗에게 복종하는 이 국가들까지 합친다면 이스라엘 새 왕국은 지중해에서 요르단까지, 다마스쿠스에서 네게브까지 미치는 넓은 나라였다. 에돔 정복은 홍해로 나가는 길을 확보하여 훗날 솔로몬의 바닷길에 토대가 된다는 면에서 특히 중요한 의미를 가진다.

하지만 이 시기에 이스라엘이 그토록 넓은 영토를 가졌다는 고고학적 증거는 나오지 않았다. 다윗은 아람-다마스쿠스, 암몬, 모압, 에돔에 어느 만큼이나 영향력을 행사했던 것일까? 다윗의 군대가 정말로 이들 지역을 순찰하고 공물을 받았을까? 아니면 그저 정치적인 영향을 미치는 데 그쳤을까? 성경에는 다윗이 다마스쿠스에 주둔군을 두어 아람인들을 다스리게 하였다(사무엘 하

다윗의 도시 건설에는 사진에 있는 브샤레(Bcharre) 계곡의 멋진 나무와 같은 레바논 삼나무가 사용되었다고 한다.

8:6)고 나오지만 군대가 나라 전체를 장악했는지 국경 지역에만 머물렀는지는 분명치 않다.

예루살렘의 다윗 왕궁에 대한 설명을 봐도 같은 의문이 남는다. 이스라엘 고고학자 샤일로(Yigal Shiloh)가 5년이나 발굴 작업을 벌였지만 B.C.E. 10세기 초 다윗의 도시를 보여주는 건축물 흔적은 찾지 못했다. 아니, 철기 중기 2기에 사람이 살았던 흔적 자체가 나오지 않았다. 이후 지층들에 휩쓸려 버렸을지도 모르지만 청동기 중기에 거주지가 형성된 증거마저 없다.

어쩌면 다윗의 예루살렘 그리고 다윗 왕국은 성경에 등장하는 것보다 훨씬 적은 규모였고 〈판관기〉〈사무엘서〉〈열왕기〉의 필경사들은 다윗의 정치적 성과를 과장했을지 모른다. 하지만 그렇다 해도 이스라엘 역사에서 다윗이 차지하는 지위가 약화되지는 않는다. 그는 일찍이 없었던 통일 왕국을 건설했다. 걸핏하면 반목하는 부족들을 야훼 신앙 아래 국가로 통합시켰고 군사력을 확충하여 외세의 침입이 없는 태평성대를 이루어냈다. 그는 즉 '기름부음을 받은 자(moshiach)'로서 신성한 권리를 가지

사울, 다윗 그리고 솔로몬의 왕국

터키

터키

알레포
(할라브)•

하맛

하맛•

아르왓•

키프로스

다드
(타드무

이스라엘은 소바를 정복한 후 북쪽의 강국 하맛과도 우호 조약을 체결한다(사무엘 하 8:9~10).

다윗은 소바와 전쟁을 벌여 전리품을 얻고 상대를 무력화한다 (사무엘 하 8:3~11, 역대기 상 18:3~10).

비블로스•

레바논

브에롯•
(베이루트)

다마스쿠스•

소바 왕을 버리고 도망쳤던 불충한 신하 레손이 반란을 일으 다마스쿠스를 통치하며 이스라엘 적대시한다(열왕기 상 11:23~25

다윗 왕에게 반란을 일으킨 세바가 목이 잘려 다윗 군 사령관 요압에게 전달된 곳이다(사무엘 하 20:15~22).

시돈•
(사이다)

두로•
(수르)

아벨 벳마아가•
•단

케데스•

악고•

하솔•

시

'엔도르의 무당'이 사울과 그 아들들이 길보아 전투에서 전사하게 된다고 예언한다(사무엘 상 28:7~8).

지 중 해

다윗의 가축이 샤론 평야에서 풀을 뜯는다 (역대기 상 27:29).

욕느암•
므깃도•

엔도르•

•아스다롯

•에드레이

사

길보아 산 근처 전투에서 사울이 패배한 후 블레셋인들은 사울의 시체를 성벽에 내걸고 사울의 갑옷은 신전에 전시한다 (사무엘 상 31:10).

다아낙•
야베스길르앗•

•벳산

•라못길르앗

이스라엘

에브라임

사울의 출생지이자 이후 왕국의 수도이다 (사무엘 상 15:34).

아벡•

세겜•

숙곳°

다윗에게 반역한 아들 압살롬이 군 사령관 요압 손에 죽는다 (사무엘 하 18).

신이 솔로몬의 꿈에 나타나 지혜, 영광, 부, 장수를 내려준다(열왕기 상 3:5~15).

욥바•

실로•

랍바•
(암만)

요르단

암몬 왕이 죽자 사울 조문 사절단을 보내 하지만 새로운 왕이 모욕하자 다윗은 요 군대를 주어 보낸 암몬은 전쟁에서 패 이스라엘에게 복속 (사무엘 하 10:6~ 역대기 상 19:6~

베델•

아슈도드•

게셀•

기브온• ★기브아

•헤스본

이스라엘인들이 농기구를 벼리기 위해 찾았을 법한 블레셋 용광로가 발견된 곳이다(사무엘 상 13:19~20).

아슈켈론•

가드•

★예루살렘
베들레헴★

•메드바

여부스인들에게서 도시를 빼앗은 다윗은 수도를 옮기고 궁을 지어 왕국의 중심으로 삼는다. 그리고 이곳에서 33년 동안 다스린다(사무엘 하 5:6~14).

가자•

★헤브론

엔게디•

디본•
(디반)

•아로엘

이새의 막내아들인 다윗 왕의 출생지이다 (사무엘 상 16:1~13).

그랄•

샤루헨•

•아랏

베에르셰바•

모 압

다윗의 첫 수도 이곳에서 7년 6개월을 다스린다(사무엘 하 5:5).

다윗이 엘라 골짜기에서 골리앗을 죽인다(사무엘 상 17).

다윗은 잠든 사울을 죽이는 대신 옷자락만 잘라 진심을 보인다 (사무엘 상 24:1~4).

다윗은 모압인들을 정복한다(사무엘 하 8:2).

네 게 브

수에즈 운하

이집트

큰 쓴물 호수

작은 쓴물 호수

카데스바르네아•

소금 골짜기에서 에돔을 물리친 후 다윗 왕국은 이 지역을 복속한다. 아카바 만에 이르기까지 남쪽 전 지역을 통제권에 넣은 것이다 (사무엘 하 8:13~14).

•페트라

사울은 이스라엘 땅을 약탈하던 아말렉인들을 격퇴한다(사무엘 상 14:48).

에시온게벨•

티 고 원
시 나 이

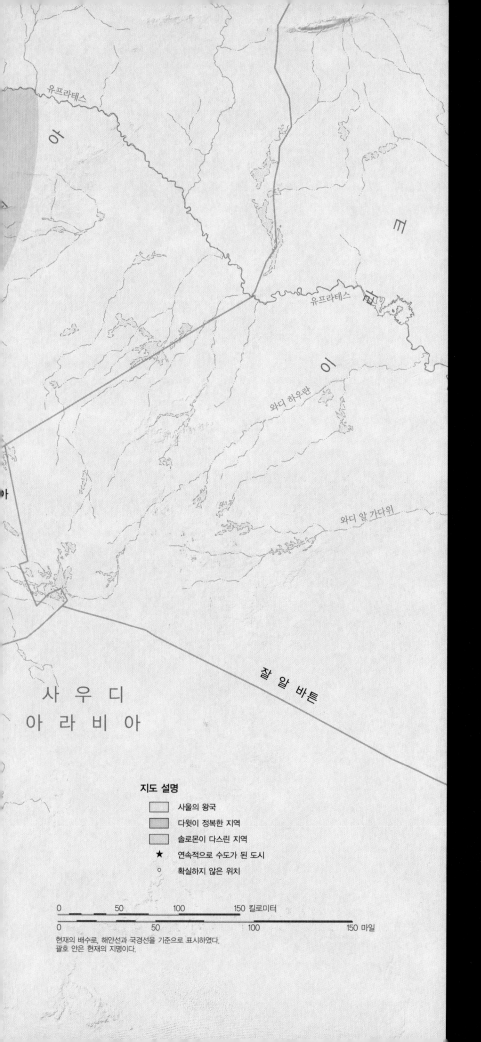

유프라테스

아

아

유프라테스

와디 하우란

와디 알 가다위

사 우 디
아 라 비 아

잘 알 바튼

지도 설명

☐ 사울의 왕국

☐ 다윗이 정복한 지역

☐ 솔로몬이 다스린 지역

★ 연속적으로 수도가 된 도시

○ 확실하지 않은 위치

| 0 | 50 | 100 | 150 킬로미터 |
| 0 | 50 | 100 | 150 마일 |

현재의 배수로, 해안선과 국경선을 기준으로 표시하였다.
괄호 안은 현재의 지명이다.

전략적 요충지인 알레포 성(아랍어 지명은 할라브Halab)는 메
소포타미아와 이집트를 연결하는 두 교역로가 교차하는 지점에
위치하였다.

페니키아 도시 두로(오늘날은 레바논의 수르)는 다윗과 솔로몬
모두와 협력 관계를 유지해 지중해 교역의 출구 역할을 했다.

이스라엘 북부의 중요한 성채인 므깃도는 다마스쿠스에서 시작
된 왕의 대로와 이집트로 이어지는 해안 길 사이의 교역로를
보호했다.

예루살렘 다윗의 도시에 있던 다윗 왕궁의 일부로 추정되는 테
라스 잔해. 솔로몬 치하에서 다윗의 성은 교역 대국의 중심지
였다.

고 나라를 통치했다.

최근 발견된 텔 단(Tell Dan)의 현무암 기둥이 다윗 통치 시대에 대한 증거라는 견해도 있다. 여기 새겨진 'bytdwd'를 BYT DWD, 즉 '다윗의 가문'으로 해석하는 것이다. 물론 반론도 만만치 않다. 앞의 견해가 맞는다면 다윗 가문이 한 세기 이상 이어진 후 다윗 왕조는 곧 이스라엘 왕국과 동의어가 되어버렸던 셈이다.

가족의 갈등

통치자로서 다윗의 위대한 삶은 안타깝게도 사생활에서의 불협화음을 낳았다. 정통성 확보를 위해 다윗은 거의 모든 부족에게서 아내를 얻었다. 과거 바빌로니아의 통치자가 그랬듯 그의 주위에는 수많은 여자들이 있었고 이는 북쪽의 보수적인 부족들에게 반감을 샀다. 다윗의 집에서는 여자들의 시기와 질투가 끊이지 않았다. 유대 부권사회의 근간인 가족 관계가 흔들렸던 것이다.

다윗 가문의 위기 상황을 잘 보여주는 것이 셋째 아들 압살롬(Absalom)의 비극적인 죽음이다. 배다른 형제 암논이 압살롬의 누이 다말을 욕보였다. 다윗은 이 사실을 알고 화를 냈지만 '사랑하는 맏아들이 저지른 일이라 하여' 벌하지 않았다(사무엘 하 13:21). 2년 뒤 압살롬은 양털깎기 축제에서 암논을 죽여 복수했다. 다윗은 슬픔에 잠겼고 압살롬은 도망쳤다. 부자 관계에 영원히 금이 가고 만 셈이었다.

압살롬은 여러 부족 지도자들의 지지를 받아(사무엘 하 15:10) 유다의 옛 수도 헤브론에서 반란을 일으켰다. 다윗의 고문 출신인 아히도벨(Ahithopel)도 압살롬을 도왔다. 반란 세력이 힘을 얻으면서 다윗은 예루살렘을 떠나 요르단강 건너 마나하임으로 피신했다. 아히도벨은 다윗을 뒤쫓아 죽여야 한다고 했지만 압살롬은 차마 결단을 내리지 못하고 망설였다. 마침내 압살롬 군이 강을 건넜을 때에는 다윗이 반격할 태세를 갖춘 후였다. 반란군은 패했고 압살롬은 도망치다가 그만 머리카락이 나무줄기에 걸리고 말았다. 다윗 군 사령관 요압은 압살롬을 발견하자마자 죽여버렸다. 아들을 다치게 하지 말라는 다윗의 명령이 있었는데도 말이

나뭇가지에 머리카락이 엉키는 바람에 죽임을 당한 다윗의 아들 압살롬. 피렌체 화가 페셀리노(Francesco di Stefano Pesellino, 1422~1457)의 작품.

다. 다윗은 압살롬 사망 소식을 듣고 "내 자식 압살롬아, 내 자식아, 내 자식 압살롬아, 차라리 내가 죽을 것을, 이게 웬일이냐? 내 자식 압살롬아, 내 자식아."라고 통곡했다(사무엘 하 19:1).

다윗 왕조를 지지하지 않는 부족들은 여전히 많았다. 곧 베냐민 부족 출신인 셰바(Sheba)가 "다윗에게 붙어봐야 돌아올 몫은 없다."라고 외치며 반란을 일으켰다. 이스라엘 백성은 다윗에게서 등을 돌렸지만 유다 사람들만은 요르단강에서 예루살렘에 이르기까지 변함없이 왕을 따랐다(사무엘 하 20:1~2). 요압이 이끄는 민첩한 군대는 '이스라엘 전 부족을 대표한다는' 반란군 대장이 갈릴리 북쪽에서 왕을 죽이려 했을 때 무사히 막아냈다. 압살롬 반란이 끝나자마자 다시 셰바 반란이 일어난 것은 통일 왕국이라는 겉모습 뒤에서 갈등이 얼마나 심했는지, 특히 유다 부족과 북쪽 부족들 사이에 적의가 얼마나 컸는지 잘 보여준다.

왕궁 내의 갈등도 컸다. 다윗이 나이 들자 후계자 선정을 둘러싸고 세력 다툼이 극심했다. 출생 순위로 보자면 생존 아들 중에서 연장자인 아도니야(Adonijah)가 왕위를 물려받아야 했다. 하지만 아도니야는 분권화된 국가를 원했고 각 부족들에게 권력

다윗이 읊는 시편을 받아쓰고 있는 필경사들. 프랑스의 생드니(St. Denis)성당에서 나온 것으로 로마네스크 풍의 11세기 상아 조각품이다.

을 상당 부분 나눠줄 작정이었다. 이렇게 되면 다윗의 왕국은 무너질 것이 뻔했다.

다윗에게는 사랑하는 아내 밧세바가 낳은 또 다른 아들이 있었다. 똑똑하고 교육을 잘 받은 데다가 중앙집권화된 강한 왕국을 꿈꾸는 솔로몬이었다. 어느 날 저녁, 다윗이 병들어 누워 있고 아도니야가 곧 이루어질

왕위계승 기념 연회에 참석한 사이에 예언자 나단이 밧세바를 설득해 몰래 왕을 찾아가도록 했다(열왕기 상 1:11~27). 밧세바는 아도니야가 왕관을 탈취할 작정이라 고했다. 나단도 맞장구를 쳤다. 또 다른 쿠데타를 걱정한 다윗은 지체 없이 기혼 샘에 솔로몬을 불러오게 하고 사제 사독(Zadok)으로 하여금 솔로몬에게 기름을 부어 왕으로 세우게 하였다(열왕기 상 1:34). 이로써 솔로몬이 왕위에 앉은 것이다(열왕기 상 1:46).

얼마 뒤 다윗이 숨을 거두었다. '야곱의 하느님에게서 기름부음을 받은 왕'(사무엘 하 23:1)이 이렇게 떠난 것이다. 《탈무드》에 따르면 다윗은 사순절 7주 후, 첫 과일과 빵을 기념하는 유대교 축제인 오순절(Shabuoth)에 죽었다고 한다. 그래서 이날 유대 순례자들은 예루살렘 구도시의 시온 문 바깥에 자리잡은 로마네스크 양식 건물로 들어가 다윗의 무덤이라 불리는 기념비 앞에서 기도를 올린다. 하지만 오순절 이야기는 꾸며낸 것으로 보인다. 다윗 왕은 다윗의 도시에 안장되었다(열왕기 상 2:10). 다윗의 무덤은 발견되지 않았지만 유대인들에게 다윗은 'melkj Yisrael chai vekayam', 즉 '영원히 죽지 않는 이스라엘의 왕'으로 남아 있다.

〈시편〉

〈시편〉은 시와 노래의 모음집이다. 그 내용은 이스라엘의 수백 년 역사를 통해 축적되었을 것이다. 〈시편〉은 이후 종교 행사나 축제, 결혼식, 국가 연회, 기타 중요 행사에서 불리는 노래 모음으로 자리 잡았다. 크게 다섯 부분으로 나뉘는데(모세 5경을 연상시키는 특징이다) 가장 두드러진 주제는 구원자인 신의 강력한 힘이

다. 적이 빼앗아간 것을 되돌려달라는 간청, 평화와 번영에 대한 감사, 현재나 미래에 대한 불안이나 탄식 등도 자주 나타난다. 〈시편〉에서 가장 유명한 구절인 '나 비록 음산한 죽음의 골짜기를 지날지라도 내 곁에 주님 계시오니 무서울 것 없어라.'(시편 23:4)를 보면 이러한 기도의 특성이 잘 나타난다. 고대의 사본들을 보면 음보 표

기도 나타나 악기 연주와 함께 불렸다는 것을 알 수 있다.

〈시편〉 150편 가운데 73편이 직접적으로 다윗과 관련된다. 후대 시의 영향을 받은 것들도 있긴 하지만 뛰어난 연주자이자 가수였던 다윗이 여러 편을 직접 지었다는 점은 확실해 보인다.

솔로몬의 치세

B.C.E. 1400~1200년경의 게셀 가나안 신전의 비석들. 성경에는 이집트 파라오가 이곳을 정복하여 사위인 솔로몬에게 선물했다고 한다.

양치기 소년 출신으로 왕위에 오른 아버지 다윗과 달리 솔로몬은 훌륭한 교육을 받은 도인이었다. 다윗이 세속적이며 성질이 급하고 다혈질이라면 솔로몬은 냉정하고 침착한 편이었다. 우아한 겉모습 안에 날카로운 두뇌와 거침없는 결단력이 숨어 있었던 셈이다.

솔로몬 치세의 기록은 고대 이스라엘 역사를 서술한 〈열왕기〉 상권에 들어 있다. 〈열왕기〉가 두 권으로 나뉜 것은 중세 때이다. 그전까지는 〈사무엘서〉 하권이 끝난 후부터의 왕국 역사가 기술된 한 권의 책이었다. 〈열왕기〉는 솔로몬 치세 당시를 너무도 구체적으로 그려내고 있고 이 때문에 학자들은 실제 왕궁 기록을 바탕으로 했으리라 여긴다. 사실 〈열왕기〉에는 솔로몬 법전이나 이스라엘 왕 연대기 등 참고 자료가 언급되기도 한다. 후세에 전해지지 못한 문헌들이다.

〈열왕기〉 상권에 따르면 솔로몬은 곧 권력 강화에 나선다. 솔로몬의 즉위 이후 몇 달 만에 아버지가 사망하면서 남긴 "힘을 내어 사내대장부가 되어라. 야훼 네 하느님의 명령을 지켜라."(열왕기 상 2:2)라는 말을 기억했으리라. 솔로몬의 최우선 과제는 왕위 계승의

B.C.E. 1069년경
제3중간기와 함께
이집트 세력이 계속 약화됨

B.C.E. 1000년경
로마 언덕에 정착지들이 등장함

B.C.E. 970년경
이집트 파라오 시아문이 제21왕조의 수도
타니스를 재건함

B.C.E. 960년경
솔로몬이 다윗의 뒤를
이어 이스라엘 왕이 됨

> 솔로몬은 유프라테스강에서부터 블레셋 영토, 또 이집트의 국경에 이르기까지
> 모든 왕국을 다스렸고, 그 왕국들은 솔로몬이 살아 있는 동안
> 조공을 바치면서 솔로몬을 섬겼다. | 열왕기 상 4:21 |

정당성을 확립하는 것이었다. 가장 위험한 적은 당연히 다윗의 큰 아들 아도니야였다. 나단과 밧세바의 계략으로 왕위를 강탈당한 것이나 마찬가지인 아도니야가 상황을 순순히 받아들일 리 없었던 것이다. 이미 아도니야는 다윗의 사령관이었던 요압, 그리고 고위 사제 아비아달(Abiathar)의 지지를 얻고 있었다. 게다가 과거 부족들의 연방체제로 돌아가고 싶어하던 몇몇 부족도 아도니야를 지지했다.

이 위협 요인을 어떻게 제거해야 할까? 결국에는 아도니야가 빌미를 제공했다. 솔로몬 즉위 얼마 후 아도니야는 밧세바를 통해 다윗의 간호 담당이자 애첩이었던 아비삭과 결혼하게 해달라는 청을 넣었던 것이다. 이 청은 곧바로 의심을 샀다. 그 당시의 왕궁에서 첩은 커다란 권력을 행사하는 존재였다. 설사 선왕이 죽은 후라 해도 선왕의 첩을 넘보는 행동은 곧 왕의 권위에 대한 도전이나 다름없었다. 솔로몬은 아도니야의 청이 자신을 모욕하는 것이라 여기고 어머니 밧세바에게 "아주 나라까지 그에게 주라고 청하시지요!"라며 쏘아붙였다(열왕기 상 2:22). 아도니야는 죽임을 당한다. 아비아달과 요압을 포함해 아도니야를 지지했던 인물들도 죽거나 추방당했다.

피의 숙청은 솔로몬에게 깊은 영향을 미쳤다. 그는 곧 기브온 샘 근처의 신전에 홀로 들어가 제물을 바치고 신의 인도를 간구했다. 야훼는 솔로몬의 꿈에 나타나 무엇을 원하느냐고 묻는다. 젊은 왕은 잠시 생각하다가 "당신의 종이 당신의 백성을 다스리고 흑백을 잘 가려낼 수 있도록 명석한 머리를 주십시오."라

고 청했다(열왕기 상 3:9). 부, 권력, 장수 등을 젖혀두고 지혜를 간구했던 것이다.

그 이전에도 인근 여러 땅에서 왕의 가장 큰 덕목은 지혜였다. 바빌론의 길가메시 왕으로부터 이집트의 재상 프타 호텝(Ptah-Hotep)에 이르기까지 많은 이들이 통치자의 탁월한 지혜와 판단력을 강조한 것만 봐도 이는 분명하다. 함무라비 법전은 아브라함 시절의 공정한 통치자를 위한 것이었고 여러 이집트 파라오들이 자녀를 위해 현명한 통치에 관한 상세한 기록을 남겼다. 지혜를 간구한 솔로몬은 이 오랜 전통을 따른 것이라 할 수 있다.

〈열왕기〉 상권에는 솔로몬의 지혜를 잘 보여주는 사례가 소개된다. 어느 날 두 여자가 궁에 들어왔다. 성경에 따르면 창녀였다고 한다. 모세의 율법은 성매매를 금지했지만 메소포타미아와 이스라엘인들은 창녀가 필요악임을 인정하는 입장이었다. 물론 창녀들은 사회 최하층이었다. 솔로몬이 천한 창녀들의 이야기에 친히 귀를 기울였다는 사실만으로도 백성들에 대한 왕의 관심과 사랑이 드러나는 셈이다.

두 창녀는 최근 각자 아들을 낳았는데 그만 한 아이가 죽고 말았다. 그리고 살아남은 한 아이를 두고 서로 자기 아들이라고 싸우는 중이었다. 솔로몬은 말없이 이야기를 들은 후 "검을 가져오라."고 말했다. 두 창녀는 영문을 모른 채 기다렸다. 검을 가져오자 솔로몬은 "저 살아 있는 아이를 둘로 나누어 반쪽은 이 여자에게 또 반쪽은 저 여자에게 주어라." 하고 명령했다

길들인 낙타는 솔로몬 시대의 경제적 부에 크게 기여했다. B.C.E. 10세기경 길들인 낙타가 사용되면서 국제 교역이 크게 성행했다.

〈잠언〉

고대 서아시아 인근에서 지혜로운 이들은 지혜의 정수를 격언에 담아 남기곤 했다. 예수도 새로운 왕국에 대한 가르침을 '여덟 가지 참 행복(진복팔단, Beatitude)'이라 알려진 일련의 격언에 담았다. 지혜롭기로 유명했던 솔로몬 왕도 격언을 남겼다. 〈열왕기〉 상권에 따르면 그는 3,000개가 넘는 격언을 쓰고 노래도 1,000편 가까이 썼다고 한다(4:32). 이 숫자만으로도 솔로몬의 현명함을 짐작할 수 있다. 솔로몬은 또한 잠언집을 쓰기도 했는데 그 서문에는 '이스라엘의 왕, 다윗의 아들 솔로몬이 남긴 잠언들'이라 되어 있다. 대부분의 학자들은 잠언집이 바빌론 유수(B.C.E. 538년 이후) 후에야 현재의 모습을 갖췄다고 보기 때문에 그 서문은 후대에 붙여졌다고 추정한다. 〈잠언〉의 내용은 북쪽과 남쪽 왕국의 현인, 관리, 지식인들이 수백 년 동안 남긴 말을 모은 것이며 메소포타미아와 이집트 자료의 영향을 받기도 하였다. 잠언 중에는 이집트 아멘호텝의 교훈(B.C.E. 5~6세기경)과 아주 비슷한 것도 있다.

토라를 읽는 솔로몬. 13세기의 히브리 성경과 기도집 삽화.

아멘호텝의 가르침 (B.C.E. 8~6세기경)	잠언 (B.C.E. 7~6세기경)
사람들이 말하는 것을 들으라. 그것을 이해하기 위해 마음을 모으라. (1:9~10)	너는 귀를 기울여 현자들의 말을 듣고 그들의 지식에 마음을 쏟아라. (잠언 22:17)
억압받는 이의 재물을 빼앗지 말고, 어려운 이에게 부담을 지우지 말라. (2:4~5)	힘 없다고 해서 가난한 사람의 재물을 빼앗지 말며 법정에서 어려운 사람을 짓누르지 마라. (잠언 22:22)
부유하며 슬픈 것보다 마음이 행복하며 소박한 편이 좋다. (6:7~8)	재산을 쌓아놓고 다투며 사는 것보다 가난해도 야훼를 경외하며 사는 것이 낫다. (잠언 15:16)
말들이 소용돌이칠 때 그 말들이 네 혀에서 나오도록 하라. (1:15~16)	이것을 마음 깊이 새기고 고스란히 입술에 올리면 네가 즐거우리라. (잠언 22:18)

(열왕기 상 3:25). 한 여자가 울부짖었다. "임금님, 아이를 저 여자에게 주십시오. 제발 아이를 죽이지만 마십시오."(열왕기 상 3:26) 솔로몬이 고개를 끄덕였다. 진짜 어머니라면 자식이 죽는 모습을 보느니 차라리 남에게 양보할 것이라고 생각했던 것이다. "이 여자에게 아이를 주어라." 솔로몬이 판결을 내렸다. 오래지 않아 온 이스라엘이 그 판결을 알게 되었고 왕을 경외했다(열왕기 상 3:27~28).

솔로몬 시대의 영화

솔로몬은 통일 왕국의 경제적 기틀을 닦았다. 그는 지방정부를 효과적으로 통제하고 세금을 더 쉽게 거둘 수 있도록 영토를 열두 지역으로 나누었다. 열두 지역의 절반은 의도적으로 부족 경계와 어긋나도록 했다. 이집트의 분권 체계를 모방하여 각 지역마다 전문 행정관을 두었다. 행정관의 능력은 그가 거둬들이는 공물의 양으로 판가름되었다.

이어 솔로몬은 교역에 관심을 두었다. 100여 년이 흐르면서 지중해 무역은 바다 사람들의 약탈에서 조금씩 벗어나는 중이었다. 블레셋인들도 이제는 평화로운 바다 상인으로서 항해술을 닦는 상황이었다. 철기 중기에 도입된 두 가지 혁신적인 운송 수단은 교역을 한층 더 활성화시키는 역할을 했다. 하나는 지중해 해상 교역의 전문가인 페니키아인들이 개발한 바닥이 편평한 배였다. 뱃머리나 꼬리가 구부러져 있고 돛이나 노로 움직이는 이 배는 가벼운 데다가 짐을 두 배나 많이 실을 수 있었다. 강이나 바다 모두에서 잘 움직이는 덕분에 지중해를 거쳐 온 상품을 내륙 깊숙이 옮겨놓는 데 안성맞춤이었다. 뱃머리에 흔히 말머리 조각을 해두었기 때문에 훗날 이 배는 히포

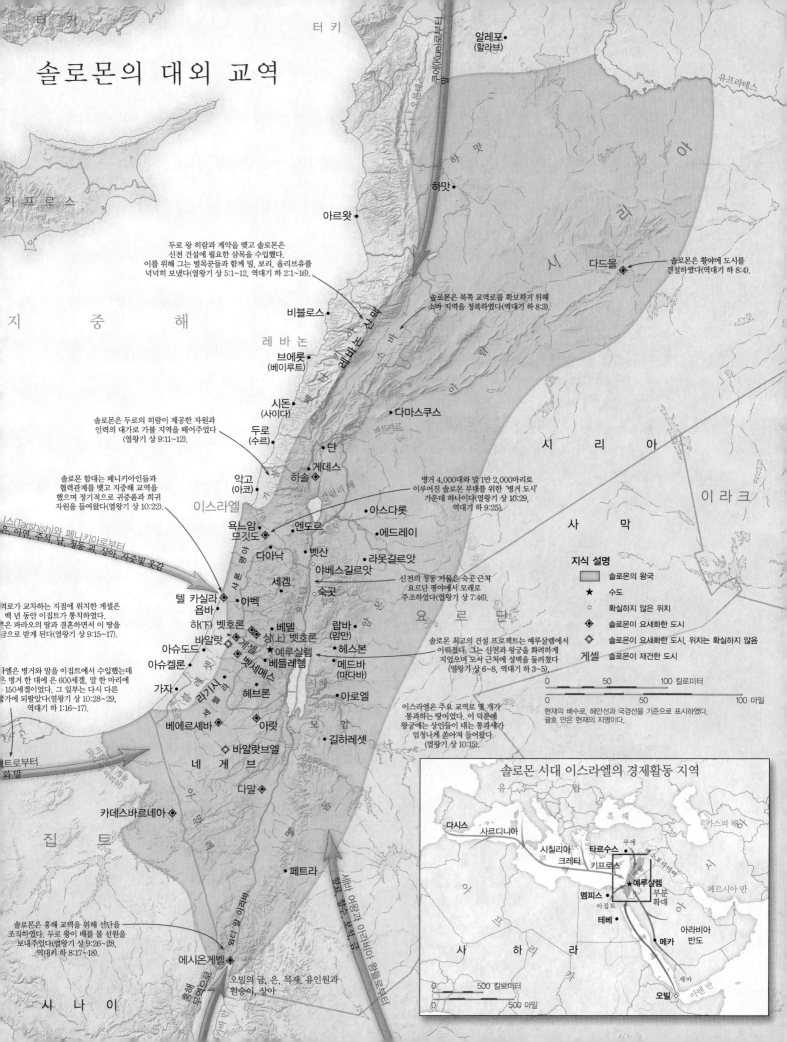

솔로몬의 대외 교역

터키

터키

알레포
(할라브)

하맛

아르왓

두로 왕 히람과 계약을 맺고 솔로몬은
신전 건설에 필요한 삼목을 수입했다.
이를 위해 그는 벌목꾼들과 함께 밀, 보리, 올리브유를
넉넉히 보냈다(열왕기 상 5:1~12, 역대기 하 2:1~16).

비블로스

유프라테스

다드몰 ◈ ← 솔로몬은 황야에 도시를
건설하였다(역대기 하 8:4).

솔로몬은 북쪽 교역로를 확보하기 위해
소바 지역을 정복하였다(역대기 하 8:3).

레바논

브에롯
(베이루트)

키프로스

지 중 해

시돈
(사이다)

다마스쿠스

솔로몬은 두로의 히람이 제공한 자원과
인력의 대가로 가불 지역을 떼어주었다
(열왕기 상 9:11~12).

두로
(수르)

단

게데스

악고
(아코)

하솔

시 리 아

이라크

솔로몬 함대는 페니키아인들과
협력관계를 맺고 지중해 교역을
했으며 정기적으로 귀중품과 희귀
자원을 들여왔다(열왕기 상 10:22).

이스라엘

아스다롯

병거 4,000대와 말 1만 2,000마리로
이루어진 솔로몬 부대를 위한 '병거 도시'
가운데 하나이다(열왕기 상 10:29,
역대기 하 9:25).

사 막

스(Tarshish)와 페니키아로부터
아연, 주석, 납, 청동 괴, 상아, 자주빛 염료

욕느암
므깃도

엔도르

에드레이

다아낙

벳산

라못길르앗

지식 설명

솔로몬의 왕국

세겜

야베스길르앗

★ 수도

숙곳

신전의 청동 기물은 숙곳 근처
요르단 평야에서 모래로
주조하였다(열왕기 상 7:46).

○ 확실하지 않은 위치

격로가 교차하는 지점에 위치한 게셀은
백 년 동안 이집트가 통치하였다.
은 파라오의 딸과 결혼하면서 이 땅을
금으로 받게 된다(열왕기 상 9:15~17).

텔 카실라

아벡

◈ 솔로몬이 요새화한 도시

욥바

요 르 단

엘은 병거와 말을 이집트에서 수입했는데
은 병거 한 대에 은 600세겔, 말 한 마리에
150세겔이었다. 그 일부는 다시 다른
가에 되팔았다(열왕기 상 10:28~29,
역대기 하 1:16~17).

하(下) 벳호론

상(上) 벳호론

벧엘

랍바
(암만)

◇ 솔로몬이 요새화한 도시, 위치는 확실하지 않음

바알랏 ◎ ★ 게셀 예루살렘

게셀 솔로몬이 재건한 도시

아슈도드

아슈켈론

벳세메스

헤스본

베들레헴

메드바
(마다바)

0   50   100 킬로미터

가자

라기스

헤브론

0   50   100 마일

솔로몬 최고의 건설 프로젝트는 예루살렘에서
이루어졌다. 그는 신전과 왕궁을 화려하게
지었으며 도시 근처에 성벽을 둘러쳤다
(열왕기 상 6~8, 역대기 하 3~5).

로부터
말

아롯

아로엘

베에르셰바

이스라엘은 주요 교역로 몇 개가
통과하는 땅이었다. 이 덕분에
왕궁에는 상인들이 내는 통과세가
엄청나게 쏟아져 들어왔다
(열왕기 상 10:15).

현재의 배수로, 해안선과 국경선을 기준으로 표시하였다.
괄호 안은 현재의 지명이다.

바알랏브엘 ◇

길하레셋

네 게 브

다말

집 트

카데스바르네아 ◇

페트라

솔로몬은 홍해 교역을 위해 선단을
조직하였다. 두로 왕이 배를 몰 선원을
보내주었다(열왕기 상 9:26~28,
역대기 하 8:17~18).

에시온게벨 ◇

오빌의 금, 은, 목재, 유인원과
원숭이, 상아

시 나 이

솔로몬 시대 이스라엘의 경제활동 지역

다시스

사르디니아

흑해

카스피 해

시칠리아
크레타

타르수스

쿠에

키프로스

★ 예루살렘 부분
확대

멤피스

이라크

페르시아 만

사 하 라

테베

이집트

아라비아
반도

메카

0   500 킬로미터

0   500 마일

세바

오빌

아덴 만

이(hippoi, 그리스어로 '말'이라는 뜻)라 불리게 된다.

두 번째 혁신은 낙타를 길들여 쓰게 된 것이었다. 아무것도 먹지 않고도 14일까지 걸을 수 있는 이 대단한 동물은 가히 '사막의 배'라 할 만했다. 낙타는 곧 당나귀를 대신해 장거리 화물 운송의 주역으로 떠올랐다. 어느 모로 보나 낙타는 사막 여행을 위해 딱 맞는 존재이다. 두꺼운 털가죽은 햇빛을 가려주고 넓은 발바닥은 모래를 밟기에 적당하다. 넓적한 콧구멍과 긴 속눈썹은 바람과 모래를 막아준다. 낙타를 뜻하는 영어 단어 'camel'은 아랍어 'jamal'이나 히브리어 'gahmal'에서 왔을 것이다.

솔로몬 시대에 이스라엘 왕국은 아시리아, 이집트, 지중해 지역을 연결하는 주요 교역로가 모두 교차하는 곳이었다. 그 이전까지 가나안인들은 그저 대상들로부터 통행료를 받았을 뿐이었다. 하지만 이제 이스라엘은 중개인이자 교역 상대국으로 입지를 확고히 했다. 그리고 그 결과 '솔로몬 왕은 땅 위의 어느 왕도 따를 수 없을 만큼 부유하고 지혜로웠다'(열왕기 상 10:23).

계획을 실현하기 위해 솔로몬은 두로의 히람 왕과 동맹을 맺었다. 아버지 다윗이 궁을 건설하면서 도움을 받았던 바로 그 왕이었다. 동맹의 일환으로 바닥이 편평한 신형 페니키아 배가 솔로몬 왕국의 남쪽 항구 에시온게벨(Ezion-geber), 곧 오늘날의 엘라트(Elat)에서 건조되었다. 곧 이들 배가 선단을 이루어 아카바 만의 푸른 물결을 헤치고 아프리카로 향하게 되었다. 솔로몬 왕이 아프리카 동쪽 해안의 오빌(Ophir) 금광을 찾아냈기 때문이다. 정기 화물선이 오빌과 에시온게벨 사이를 왕복했다(열왕기 상 9:26). 에시온게벨에서 예루살렘의 건설 현장까지는 닷새 거리였다. 이스라엘인들은 항해 경험이 거의 없어 문제를 겪었지만 다행히 '히람이 수하의 노련한 선원들을 보내어 그 선단에서 솔로몬의 선원들과 함께 일하게 하였다'(열왕기 상 9:27).

오빌 광산은 일찍이 인근에서 보지 못했을 정도로 많은 금을 생산했다. 〈열왕기〉 상권을 보면 솔로몬 왕은 한 해에 666달란트나 되는 금을 실어갔다고 한다(10:14). 이는 5만 파운드에 달하는 엄청난 양이다.

재물과 함께 왕궁도 커졌다. 솔로몬 궁에서는 하루에 황소 열 마리, 물소 스무 마리, 양 백 마리를 먹어치웠다고 한다. 빵이나 밀가루는 헤아리지 못할 정도로 많이 소모했을 것이다. 궁정 관리뿐 아니라 첩

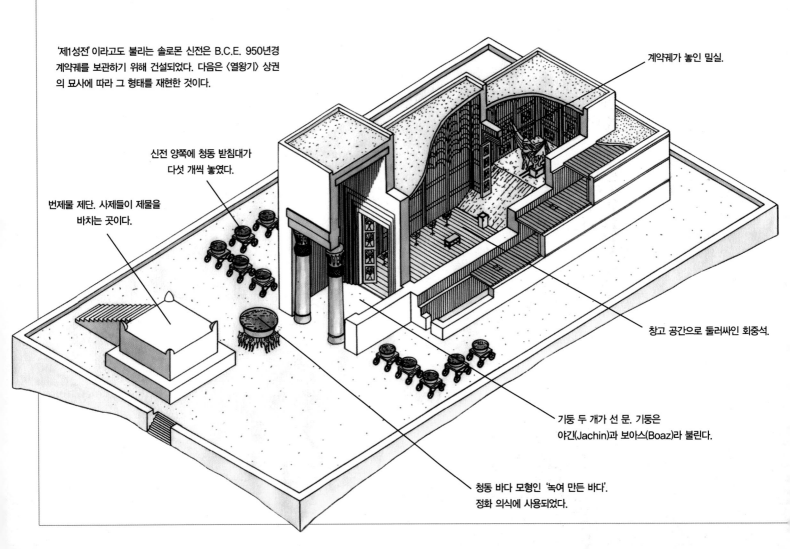

'제1성전'이라고도 불리는 솔로몬 신전은 B.C.E. 950년경 계약궤를 보관하기 위해 건설되었다. 다음은 〈열왕기〉 상권의 묘사에 따라 그 형태를 재현한 것이다.

신전 양쪽에 청동 받침대가 다섯 개씩 놓였다.

번제물 제단. 사제들이 제물을 바치는 곳이다.

계약궤가 놓인 밀실.

창고 공간으로 둘러싸인 회중석.

기둥 두 개가 선 문. 기둥은 야긴(Jachin)과 보아스(Boaz)라 불린다.

청동 바다 모형인 '녹여 만든 바다'. 정화 의식에 사용되었다.

도 많아졌다. 솔로몬은 무려 700명이나 되는 후궁을 거느렸고 그 외에 수청 드는 여자가 900명이나 되었다고 한다(열왕기 상 11:3).

이 숫자가 과장된 것일지는 모르지만 어떻든 솔로몬 왕이 가신 국가들과의 유대를 굳건히 하기 위해 군사력보다는 혼인에 더욱 의존했다는 점은 분명하다. 솔로몬의 하렘을 거닐다 보면 이스라엘 각 부족의 여자들뿐 아니라 모압, 암몬, 에돔, 시돈 등 주변 지역 출신 여자들도 만날 수 있었다. 외국 여자들과 사랑을 나누기 좋아했던 왕은 파라오의 딸과 결혼함으로써 영토의 안전을 보장받는 지혜도 발휘했다. 신부의 아버지는 제21왕조의 파라오 시아문(B.C.E. 978~960)이었다.

시아문은 20년에 달하는 긴 재위 기간으로 유명한데 그의 주된 관심사는 제21왕조(B.C.E. 1075~945년경)의 수도 타니스를 재건하는 일이었다. 테베(카르낙)에서 신관의 세력이 너무 커진 탓에 나일강 삼각주의 타니스로 수도를 이전했던 것이다. 수도 이전은 이집트를 둘로 갈라버린 셈이 되었다. 상이집트는 테베의 아문 신관들 손아귀에 놓였고 왕은 새 수도에서 하이집트를 다스렸다. 타니스는 과거 이스라엘 노예들이 건설했던 아바리스나 비-람세스의 기념비, 조각품, 오벨리스크 등을 사용해 지어졌다. 1929~1939년, 프랑스 고고학자 몽테(Pierre Montet)가 처음으로 타니스를 발굴해 제21왕조 파라오들의 무덤을 찾아냈다. 이때 발굴된 프수센네스(Psusennes) 1세 무덤은 아무 손상 없는 상태로 발견된 유일한 파라오 무덤이다.

파라오 시아문이 딸을 외국 왕과 결혼시켰다는 사실은 의미심장하다. 그 이전까지는 주변국들이 충성의 표시로 바치는 공주를 이집트 파라오가 아내로 맞아들이는 것이 일반적이었기 때문이다. 이는 솔로몬의 권력이 상당한 영향력을 발휘하게 되었고 이에 따라 오히려 이집트 측이 공주를 보내야 하는 입장에 놓였다는 의미이다. 파라오

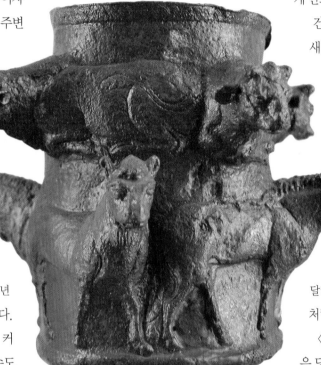

〈열왕기〉 상권에 묘사된 바다 모형과 유사한 청동 용기. 황소가 떠받치는 형태이다. 수사에서 발견되었으며 B.C.E. 1500년경의 것으로 추정된다.

의 딸을 아내로 맞은 것이 솔로몬 왕 혼자만은 아니다. 이보다 조금 앞서 시아문은 다른 딸 하다드를 에돔 왕자에게 시집보냈던 것이다. 당시 왕자는 다윗의 정복 전쟁 때문에 이집트에 피신한 상태였다.

이러한 정략결혼은 가나안의 예전 영토에 대한 이집트의 관심을 드러낸다. 〈열왕기〉 상권을 보면 이집트 왕이 블레셋의 게셀로 쳐들어가 마음껏 유린한 이야기가 나

온다. 그리고 이 도시를 딸과 솔로몬의 결혼 선물로 주었다고 한다(열왕기 상 9:16).

솔로몬의 신전

첩들이 늘어나는 중에도 솔로몬은 건설 사업에 집중했다. 그는 아버지 다윗이 물려준 왕국을 확장하기보다는 일찍이 이스라엘인들이 보지 못했을 정도로 부유하고 아름답게 만드는 데 더 관심이 컸다.

건설 사업의 핵심은 계약궤가 들어갈 새 신전에 있었다. 솔로몬은 다윗이 계약궤를 넣어두었던 천막을 걷어버리고 야훼 신전을 마련하고자 했다. 솔로몬은 정치적 수완을 발휘해 부유한 백성들에게 기부금을 요청했다. 요청은 헛되지 않았다. 솔로몬은 금 5,000달란트, 은 1만 달란트를 모았다(오늘날 가치로 환산하면 1억 달러 정도이다). 목재, 놋쇠, 아연 등도 산처럼 쌓였다.

〈열왕기〉의 설명을 보면 솔로몬 신전은 당대의 건축 관행을 충실히 따른 것 같다. 우선 기둥으로 장엄한 문(ulam)을 만든다. 문에 들어서면 천정이 높은 공간인 회중석(hekal)이 나온다. 지붕 가까이 뚫린 좁은 창으로 채광이 되고 삼면에는 나지막한 사무용 공간(yasia')이 덧붙어 있다. 회중석은 '바닥에서 들보까지 송백나무 널빤지로 지었고'(열왕기 상 6:16) 더 안으로 들어가면 계약궤가 모셔진 밀실(debir)이 있다. 솔로몬은 신전 전체를 금으로 입히고 '온 벽을 돌아가며 거룹(cherubim, 사람의 얼굴 또는 짐승의 얼굴에 날개를 가진 초인적 존재이다)과 종려나무와 핀 꽃모양을 돋을새김으로 새겨 놓았다'(열왕기 6:29).

세바의 여왕

솔로몬의 상선들은 홍해 전역을 돌아다녔다고 하니 예멘 남쪽 해안의 전설적인 땅 세바(시바 혹은 사베)에도 오갔을 것이 분명하다. 솔로몬의 명성을 들은 세바 여왕은 그를 시험하기 위해 어려운 문제를 가지고 찾아갔다고 한다(열왕기 상 10:1).

《코란》에도 이 사건이 언급된다. 《코란》 27장을 보면 여왕의 방문 이야기에 30줄 가까이를 할애하고 있다. 이에 따르면 솔로몬의 신하가 먼저 세바의 소식을 전해주었다고 한다. "세바는 한 여인이 다스리고 있습니다. 모든 것을 가진 여인으로 그 옥좌는 훌륭하기 이를 데 없습니다"(코란 27:22~23).

솔로몬과 세바 여왕 중 어느 쪽의 옥좌가 더 훌륭한지 논란이 일었다. 솔로몬의 옥좌는 상아로 만들어 순금을 입힌 것으로 양 옆으로 계단이 나고 양 팔걸이 옆에는 사자 두 마리가 서 있었다(열왕기 상 10:18~19).

솔로몬은 세바에 편지를 보내 이스라엘에 예를 표하러 찾아오라고 요구한다(코란 27:31). 세바 왕국 대신들은 세바를 무시하는 처사라며 분노한다(코란 27:33). 하지만 세바 여왕은 이스라엘에 선물을 보내 어떤 답이 오는지 알아보기로 한다(코란 27:34~35). 호화로운 선물을 받은 솔로몬은 대신들에게 '여왕의 것보다 훨씬 훌륭한 옥좌를 만들어 여왕이 진실을 깨닫고 올바른 길을 택할지, 아니면 잘못된 길을 갈지 두

고 보자'고 지시한다(코란 27:37~38).

솔로몬의 옥좌는 신의 통치를 은유한다. 신이 기름을 부어 앉힌 옥좌에 대한 도전은 곧 신에 대한 도전이다. 여왕이 솔로몬의 옥좌가 더 훌륭하다고 인정한다면 야훼만이 창조주임을 인정하는 셈이다. 그리고 여왕은 그렇게 했다. "당신을 이스라엘의 왕좌에 앉히신 당신의 하느님 야훼께 찬미를 올립니다."라고 말한 것이다(열왕기 상 10:9). 《코란》에서는 여왕이 "솔로몬 왕이 그렇듯 나도 세상을 다스리는 신에게 나를 바친다."라고 말한 것으로 기록돼 있다(코란 27:44).

솔로몬과 세바 여왕의 만남을 묘사한 20세기 초반의 에티오피아 세밀화.

> 그리하여 하느님께 받은 솔로몬의 지혜로운 생각을 듣고자 세계 각처에서
> 사람들이 솔로몬 왕을 찾아왔다. 찾아오는 자마다 은 집기, 금 집기, 옷, 갑옷, 향료, 말, 노새 등을
> 예물로 가져왔는데 찾는 자가 매년 그치지 않았다. | 열왕기 상 10:24~25 |

신전 주변에는 너른 뜰이 마련되어 번제물을 바치는 제단, 그리고 '녹여 만든 바다(molten sea)'라 불리는 커다란 청동 바다 모형을 놓았다. 이 바다 모형은 직경이 10척, 둘레는 30척이었다. 이 모형 아래에는 동서남북을 바라보는 세 마리씩의 청동 황소가 각각 서 있었다. 이 멋진 작품은 애석하게도 전해지지 않지만 B.C.E. 1500년경에 이와 비슷하게 만든 청동 용기가 수사에서 발견됨으로써 황소가 떠받치는 용기가 레반트 지역에 실제 존재했다는 점을 확인할 수 있었다.

길이 36미터, 너비 16미터인 솔로몬 신전은 테베나 니네베의 신전들에 비하면 그리 큰 것도, 화려한 것도 아니다. 하지만 이스라엘이라는 신생 왕국 입장에서 신을 모시기에는 충분히 거대한 규모였다. 성경에 나타난 설명이 정확한 것이라면 이 예루살렘 제1성전은 이스라엘을 정복하고 야빈 왕이 세웠던 신전과 아주 유사하다. 하다드(Hadad) 신에게 바쳐진 이 신전도 입구, 중앙 홀, 안쪽 성소가 일자형으로 연결되는 구조였던 것이다. 야딘은 이 신전을 발굴한 후 '솔로몬 신전의 원형'이 발견되었다고 주장했다.

예루살렘 신전을 완성하는 데는 7년이 걸렸다고 한다. 이어 솔로몬은 13년에 걸쳐

왕궁과 함께 관청, 귀중품 보관소, 무기고, 저장창고 등을 포함한 공공건물을 지었다. 솔로몬의 신하, 관리, 하인, 하렘을 위한 주거 시설도 있었다. 파라오의 딸은 별도의 궁전을 지어 살게 했다(열왕기 상 7:9). 이들 건물의 구체적인 모습은 전해지지 않는다. 그저 사원 남쪽에 위치했고 삼목 열주로 장

5세기의 석관에 새겨진 정교한 조각으로 철기 2기(B.C.E. 1000~800)에 도입된 페니키아 배의 형태를 보여준다.

식되었다는 점만 알 수 있을 뿐이다. 이 거대 건설 프로젝트가 끝나자 황금빛의 새 수도가 우뚝 섰다. 주변의 돌과 진흙 벽돌 건물들 위로 높이 솟아 멀리서도 위용을 자랑하는 수도였다.

이 황금 도시는 흔적 없이 사라졌다. 돌하나, 대리석 조각 하나 남지 않았다. 그릇, 가구, 삼목 샹들리에까지도 말이다. B.C.E. 586년, 느부갓네살의 예루살렘 파괴와 약

탈은 그렇게 철저했다. 바빌론 유수(B.C.E. 520~515) 이후 신전이 재건되기는 하였지만 솔로몬 신전의 토대는 B.C.E. 1세기, 헤로데의 더욱 거대한 신전 건축을 위한 재료로 사용되고 말았다.

〈열왕기〉에는 솔로몬이 페니키아 출신의 장인 히람에게 의뢰해 만든 청동 받침대 이야기가 나온다. '히람은 청동으로 받침대를 열 개 만들었다. 이 받침대를 둘러싼 틀에는 사자, 소, 거룹들이 그려져 있었다. 각 받침대마다 청동으로 된 바퀴 네 개와 바퀴축이 붙었다'(열왕기 상 7:27~37). 자기 작품이 무척 마음에 든 히람은 똑같은 청동 받침대를 열한 개 만들어 열 개는 예루살렘에 보내고 하나는 자기가 보관했다. 다음 일을 수주할 때 사용하려 했을지도 모른다. 이 청동 받침대를 소장한 대영박물관은 제작 시기를 솔로몬 치세로 추정한다. 바퀴 위쪽에 붙은 정육면체 위에는 〈열왕기〉의 묘사대로 날개 달린 스핑크스, 사자, 황소가 새겨져 있다. 이는 솔로몬 시대의 고대 이스라엘에서부터 전해진 유일한 예술 작품이라 할 수 있다.

건축에 대한 솔로몬의 열정을 보여주는 간접적인 증거는 왕국 주변 도시에서 나타난다. 솔로몬은 파라오 시아문에게서 결혼 선물로 받은 하솔, 므깃도, 게셀 등의 도시

므깃도 성채 근처의 구조물. 솔로몬 시대로부터 한 세기 후인 아합 왕(B.C.E.874~853) 때 지어진 마구간과 돌 여물통으로 여겨진다.

를 재건했다고 하는데 야딘의 발굴 결과 거의 동일하게 설계된 성문들이 나타난 것이다. 좁고 긴 통로 양옆으로 수비군, 무기, 기타 물품을 넣을 수 있는 커다란 방이 세 개씩 마련된 성문이다. 고고학자 마자르는 이들 성문의 마름돌 쌓기 기법이나 돌 깎기 기법을 보면 솔로몬 시대의 새로운 경향이 드러난다고 설명한다.

물론 이 주장에 반대하는 연구도 나왔다. 이들 성문의 특징은 서아시아, 특히 페니키아에서도 B.C.E. 9세기 이후부터 발견된다는 것이다. 솔로몬 시대의 지층에서 발견된 도기 조각 그리고 목재의 탄소 연대 측정을 통해 뒷받침되는 설명이다. 하지만 여전히 야딘의 주장을 지지하는 학자들이 존재한다.

또 다른 논란은 므깃도 궁 인근 지역에 대한 것이다. 야딘은 이 지역에서 솔로몬 시대의 군사 훈련장을 발굴했다고 주장했다. 너른 훈련장 주위로 직사각형의 휴식 공간 혹은 마구간이 둘러서 있다. 속을 움푹하게 파낸 돌은 말 여물통이었을 것이다. 솔로몬은 말 외양간 4만에 마병 1만 2,000명을 두어 병거 4,000대 규모의 부대를 운영했다고 한다(열왕기 상 4:26). 발굴에 참여한 이들은 여물통을 보자마자 이곳이

마구간이라는 결론을 내렸다. 훈련장 옆에 늘어선 여물통들을 보면 수백 마리 말들이 요란한 말발굽 소리와 함께 병거 줄을 당기는 모습을 쉽게 상상할 수 있다. 하지만 후속 연구는 이 시설이 9세기 아합(Ahab) 왕의 훈련장이었다고 설명한다. 시설물은 마구간 역할을 했을 수도 있고 므깃도 주둔군을 위한 저장 창고였을지도 모른다. 아합 시대에 만들어진 유사한 저장 시설이 하솔에서도 발견되었다.

솔로몬의 건축은 그의 치세 절정기에 이루어졌다. 이후 왕권은 내리막길을 걸었다. 정치적 불안의 씨앗은 솔로몬이 사망

하기 훨씬 이전부터 나타났다. 북쪽 부족들은 통일 왕국의 일원이 되기보다는 동맹관계를 맺고 싶어했다. 솔로몬의 화려한 생활이나 아시아 풍의 하렘은 북쪽 족장들에게 혐오감을 샀다. 북쪽 부족들의 입장에서 보면 자신들이 고되게 농사를 지어 남쪽 유다 부족의 통치자를 배불리는 셈이었던 것이다. 가혹하게 세금을 물리고 전국에 사람을 보내 강제로 부역할 사람을 끌어오는 솔로몬의 정책이 북쪽 부족의 반감을 불러 일으켰다는 분석도 있다. 이런 정책은 군주국 이전 이스라엘이 유지했던 평등한 농업사회와 배치되는 것이었다. 군주제에 대한 예언자 사무엘의 우려가 현실로 드러난 셈이었다.

시리아의 두라 유로포스(Dura Europos) 소재 이슬람 회당에 그려진 벽화에 솔로몬 신전이 묘사되어 있다. C.E. 244년경.

성경에 따르면 솔로몬 권력의 쇠락은 율법에 충실하지 못한 탓이었다. 솔로몬의 마음이 아버지 다윗처럼 신 앞에 진실하지 못했다는 설명이다. 〈열왕기〉는 이것을 이교 신을 숭배하는 외국인 왕비들 탓으로 돌렸다. '솔로몬은 늙어 그 여인들의 꾐에 넘어가 다른 신들을 섬기게 되었다' (열왕기 상 11:4).

솔로몬 왕은 여기에 그치지 않고 예루살렘 언덕에 암몬과 모압 신들을 위한 신전까지 지었다. 이는 가장 극심한 신성모독이었다. 왕까지 나서서 이교 신들을 숭배하는 행위는 야훼가 이스라엘인에게 내린 땅을 망칠 수밖에 없었다. 솔로몬의 오만은 곧 신의 처벌을 받게 된다.

이집트	메소포타미아	이스라엘
B.C.E. 1187~1156년경 이집트의 람세스 3세 재위.	B.C.E. 1168년경 엘람인들이 바빌론을 함락시키고 잠시 패권을 잡음.	B.C.E. 1200~1025년경 판관들이 이스라엘을 다스림.
	B.C.E. 1125~1104년경 느부갓네살 1세의 통치 하에 바빌론이 세력을 되찾고 엘람인들을 격퇴함.	B.C.E. 1005~970년경 통일 이스라엘을 다스리던 다윗 왕이 여부스인들을 정복하고 예루살렘을 수도로 삼음.
	B.C.E. 1114~1076년경 티글랏-필레셀 (Tiglath-Pileser) 1세가 아시리아를 통치함.	
	B.C.E. 1050년경 아람인들이 시리아에 다마스쿠스를 건설함.	
B.C.E. 1075~715년경 이집트의 제3중간기.		
B.C.E. 970년경 파라오 시아문이 제21왕조의 수도 타니스를 재건함.	B.C.E. 1000년경 동물과 식물의 폐기물이 거름으로 사용되기 시작함.	B.C.E. 950년경 솔로몬 신전 건축이 시작됨.
B.C.E. 945년경 파라오 쇼셴크 1세가 이집트 제22왕조를 세움.	B.C.E. 930년경 아슈르-단(Ashur-Dan) 2세 치하의 신(新) 아시리아 제국이 팽창함.	B.C.E. 931년경 솔로몬 치세가 끝나고 왕국이 둘로 쪼개짐.

7장

두 왕국의 몰락

솔로몬이 세상을 떠나자마자 왕국은 부족 경계를 따라 쪼개지고 만다. 이렇게 된 원인은 가혹한 과세와 부역 정책, 그리고 유다 부족만 누리는 특혜에 대한 북쪽 부족들의 불만 때문이었으리라 추정된다. 솔로몬 왕국은 북왕국(이스라엘)과 남왕국(유다)으로 나뉘어 서로 야훼 계약궤의 진정한 후손이라 주장한다. 두 왕국은 번성하는 교역로들의 교차점에 자리잡고 있었는데 이는 행운인 동시에 불운이었다. 전략적 요충지라는 점을 활용해 통치자들은 동맹 혹은 정복을 통해 다윗 왕국의 영화를 재현하려는 위험한 정치 게임을 벌였다. 하지만 바알(Baal)이나 아세라(Asherah) 등 이교 우상숭배 경향이 심해지면서 신의 노여움을 사 파멸을 맞게 된다. 〈열왕기〉는 신의 처벌이 동쪽에서 쳐들어온 호전적인 아시리아 제국을 통해 이루어진다고 설명한다.

예루살렘 동쪽의 유대 사막이 사해와 요르단강 계곡을 따라 펼쳐져 있다.

왕국의 분열

하늘에서 내려다본 고대 실로 지역. 계약궤가 예루살렘으로 옮겨지기 전에 머물렀던 곳이다.

솔로몬이 세상을 떠나기 훨씬 이전부터 갈등의 골은 깊었다. 아버지 다윗 왕에게 반기를 든 압살롬의 쿠데타 시도가 성공할 뻔했던 이유도 북쪽 부족 원로들의 지지 덕분이었다. 다윗의 탁월한 군사적 지휘 능력을 인정한다 해도 북쪽 부족들은 마지못해 독립권을 양보한 셈이었고 유다 부족 내에서만 왕권이 세습된다는 점을 결코 받아들이지 못했다.

게다가 북쪽 부족들은 예루살렘이 나라의 중심지로 선택된 것도 못마땅하게 여겼다. 베델과 실로 등 전통적인 북쪽 성지들이 예루살렘의 솔로몬 성전에 밀려난 것이다. 북쪽의 경제 또한 타격을 입었다. 솔로몬이 노동력을 빼앗아 감으로써 농토에서 씨 뿌리고 수확할 일손이 줄어들었다. 예루살렘이 왕국 경제의 중심지가 되자 나머지 지역은 전적으로 거기 의존할 수밖에 없었다.

솔로몬 왕권에 결정적인 타격을 입힌 존재는 에브라임 지역의 부역 관리 총책임자인 여로보암(Jeroboam)이었다. 여로보암은 예언자 아히야(Ahijah)로부터 '솔로몬의 손 안에 있는 나라를 찢어 너에게 열 지파를 주리라. 그러나 한 지파만은 솔로몬에게 주어 내 종 다윗

B.C.E. 1200년경
길들인 낙타가 폭넓게 사용됨

B.C.E. 950년경
시리아에 아람 왕국이 세워짐

B.C.E. 931년경
솔로몬 사망 후 왕국이 둘로 갈라짐

B.C.E. 931년경
유다 왕국은 르호보암이, 이스라엘 왕국은 여로보암이 다스림

야훼께서 솔로몬에게 말씀하셨다. "내가 일러둔 법들을 지키지 않았으니 이 나라를 너에게서
쪼개리라. 그러나 이 나라를 쪼개어 다 내주지는 않고 한 지파만은 네 아들에게 주어,
내 종 다윗의 뒤를 이어 내가 지정한 예루살렘에서 다스리게 하리라." | 열왕기 상 11:11~13 |

의 뒤를 이어 이스라엘 모든 지파 가운데 내가 지정한 성읍인 예루살렘에서 다스리게 하리라'는 신의 말씀을 전해듣는다. 신이 이런 결정을 내린 이유는 '솔로몬이 시돈인들의 여신 아스도렛(Astarte)과 모압의 신 그모스, 암몬 사람의 신 밀곰(Milcom)을 예배하였기 때문'이라는 것이었다(열왕기 상 11:31~33). 여로보암은 반역 계획을 세우다가 발각되어 사형언도를 받지만 이집트로 탈출한다. 이집트 왕 시삭(Shishak)은 그를 정치 망명자로 받아들인다. 시삭은 리비아 왕들의 제22왕조(B.C.E. 945~715년경) 창시자인 쇼셴크(Shoshenq) 1세(B.C.E. 945~925년경)로 추측된다.

솔로몬의 후계자들이 힘과 결단력을 가졌다면 왕국은 유지되었을지 모른다. 하지만 상황은 정반대였다.

솔로몬의 아들 르호보암(Rehoboam, B.C.E. 931~913년)은 주관이 뚜렷하지 못하고 우왕좌왕하는 인물이었다. 왕위에 오른 후 르호보암은 북쪽 부족들과의 통일 조약을 갱신하기 위해 세겜으로 갔다. 세겜에 모인 부족 대표들 중에는 솔로몬의 죽음을 틈타 고향에 돌아온 여로보암도 있었다.

르호보암을 얕본 부족 대표들은 솔로몬 왕이 지웠던 무거운 멍에를 언급하면서 "그 무거운 멍에를 가볍게 해주시고 심한 일을 덜어주십시오. 그래야만 우리는 임금님을 받들어 섬기겠습니다."라고 했다(열왕기 상 12:4). 부역과 세금 부담을 덜고 지방정부가 더 많은 자율권을 누리도록 하고 싶었던 것이다. 르호보암은 사흘 동안 생각해보겠다며 말미를 달라고 했다. 부족 대표들은 동의했다.

왕의 신하들은 요청을 받아들이라고 했

으나 젊은 왕은 이를 묵살했다. 그리고 사흘째에 대답을 내놓았다. "선왕께서 너희에게 무거운 멍에를 메웠다. 그렇지만 나는 그보다 더 무거운 멍에를 메우리라. 선왕께서는 너희를 가죽 채찍으로 치셨으나 나는 쇠 채찍으로 다스리리라"(열왕기 상 12:14).

백성들은 왕의 오만방자함에 충격을 받았다. 원성이 자자했다.

우리가 다윗에게서 받을 몫이 어디 있느냐?
이새의 아들에게서 받을 것이 없구나.
이스라엘아, 모두 자기 집으로 돌아가자.
다윗이여, 이제 네 집안이나 돌보아라.
| 열왕기 상 12:16 |

그리하여 북쪽 부족들은 예루살렘과의 통일 조약을 파기하고 여로보암(B.C.E. 931~910년)을 북왕국의 왕으로 세웠다. 북왕국은 이스라엘이라는 이름을 사용했다. 르호보암은 도망치듯 예루살렘으로 돌아왔다. 이제 왕국은 유다와 베냐민 부족의 영토 정도로 줄어든 상태였다. 이후 이는 유다 왕국이라 불리게 된다.

북왕국은 200년밖에 존속하지 못했다. 열아홉 왕 중 무려 일곱 명이 암살당하는 불안한 상황이었다. 남쪽의 유다 왕국은 다윗 가문에서 왕을 배출하며 350년 동안 이어졌지만 그 후에는 혼란에 빠지고 만다.

1904년에 발견된 므깃도 인장. '여로보암의 종'이라 새겨져 있다. 여로보암 2세(B.C.E. 786~746)의 신하가 사용했던 것으로 추정된다.

B.C.E. 928년경
이집트 파라오 쇼셴크 1세가 유다와 이스라엘 왕국을 공격함. 이집트 카르낙 신전의 부조에 이 전쟁이 기록됨

B.C.E. 925년경
쇼셴크 1세가 사망하고 이집트의 세력이 축소됨

B.C.E. 890~884년경
투쿨티 니누르타(Tukulti-Ninurta) 2세가 이끄는 아시리아인들이 메소포타미아에서 세력을 키움

B.C.E. 850년경
아테네와 같은 그리스의 도시국가들이 형성됨

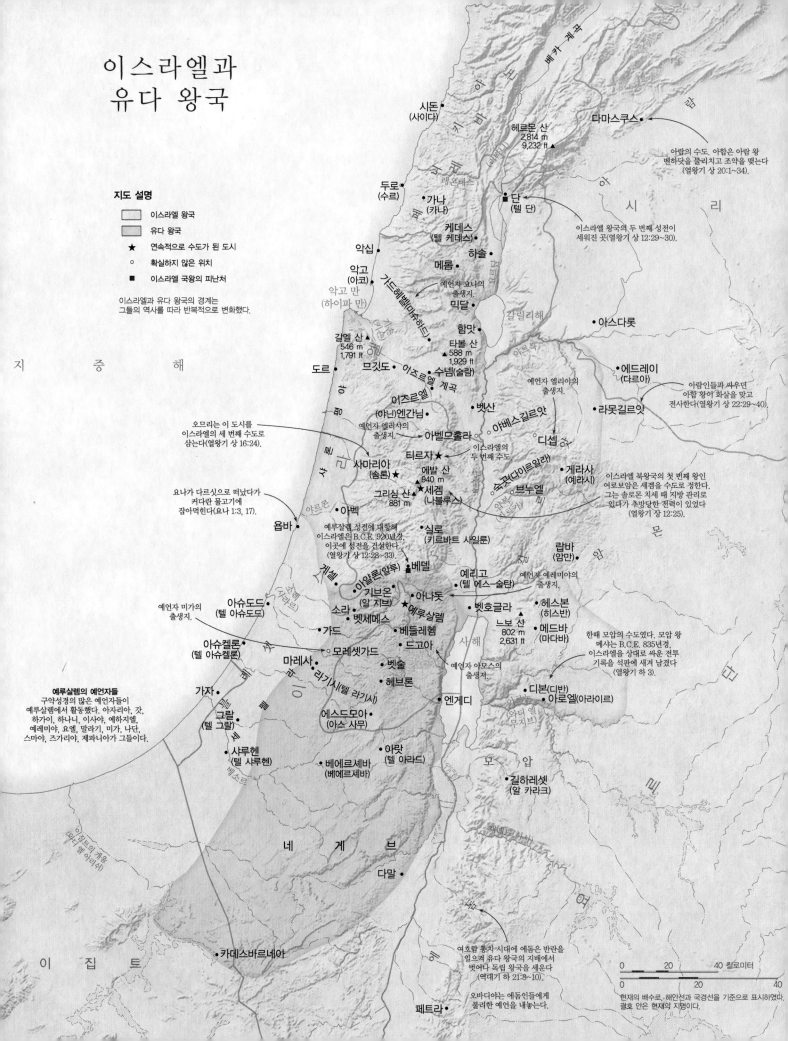

이스라엘과 유다 왕국

지도 설명

- ▢ 이스라엘 왕국
- ▢ 유다 왕국
- ★ 연속적으로 수도가 된 도시
- ○ 확실하지 않은 위치
- ■ 이스라엘 국왕의 피난처

이스라엘과 유다 왕국의 경계는
그들의 역사를 따라 반복적으로 변화했다.

지 중 해

예루살렘의 예언자들
구약성경의 많은 예언자들이
예루살렘에서 활동했다. 아자리아, 갓,
하가이, 하나니, 이사야, 여하지엘,
예레미야, 요엘, 말라기, 미가, 나단,
스마야, 즈가리야, 제파니아가 그들이다.

시돈
(사이다)

헤르몬 산
2,814 m
9,232 ft

다마스쿠스 ←

베카 계곡

아람의 수도. 아합은 아람 왕
벤하닷을 풀어주고 조약을 맺는다
(열왕기 상 20:1~34).

두로
(수르)

가나
(카나)

단
(텔 단) ←

시리아

케데스
(텔 케데스)

하솔

이스라엘 왕국의 두 번째 성전이
세워진 곳(열왕기 상 12:29~30).

악십

메롬

악고
(아코)

기드헤벨(마르하드)

믹달

예언자 요나의 출생지.

아스다롯 ●

악고 만
(하이파 만)

함맛

타볼 산
588 m
1,929 ft

수넴(술람)

에드레이
(다르아) ●

갈릴리해

갈멜 산
546 m
1,791 ft

도르

므깃도

아즈르엘 계곡

벳산 ●

예언자 엘리야의 출생지.

라못길르앗 ●

아람인들과 싸우던
아합 왕이 화살을 맞고
전사한다(열왕기 상 22:29~40).

이즈르엘
(아닌)엔간님 ●

야베스길르앗 ●

오므리는 이 도시를
이스라엘의 세 번째 수도로
삼는다(열왕기 상 16:24).

예언자 엘리샤의
출생지.

아벨므홀라 ●

디셉 ●

이스라엘의
두 번째 수도.

사마리아
(숌론) ★

티르자 ★

에발 산
940 m

수꼿(데이르알라) ●

브누엘 ●

게라사
(예라시) ●

이스라엘 북왕국의 첫 번째 왕인
여로보암은 세겜을 수도로 정한다.
그는 솔로몬 치세 때 지방 관리로
있다가 추방당한 전력이 있었다
(열왕기 상 12:25).

요나가 다르싯으로 떠났다가
커다란 물고기에
잡아먹힌다(요나 1:3, 17).

그리심 산
881 m

세겜
(나블루스)

아벡 ●

욥바 ●

예루살렘 성전에 대항해
이스라엘은 B.C.E. 920년경,
이곳에 성전을 건설한다.
(열왕기 상 12:28~33).

실로
(키르바트 사일룬) ●

랍바
(암만)

몬

게셀

이알론(알루)

베델 ■

예리고
(텔 에스-술탄) ●

예언자 예레미야의
출생지.

아슈도드
(텔 아슈도드) ●

기브온
(알 지브) ●

아나돗 ★

헤스본
(히스반) ●

예언자 미가의
출생지.

소라 ●

예루살렘 ★

벳호글라 ●

느보 산
802 m
2,631 ft

메드바
(마다바) ●

벳세메스 ●

베들레헴 ●

가드 ●

드고아 ●

한때 모압의 수도였다. 모압 왕
메샤는 B.C.E. 835년경,
이스라엘을 상대로 싸운 전투
기록을 석판에 새겨 남겼다
(열왕기 하 3).

아슈켈론
(텔 아슈켈론) ●

모레셋가드 ●

벳술 ●

예언자 아모스의
출생지.

마레사 ●

헤브론 ●

가자 ●

라기시(텔 라기시) ●

엔게디 ●

디본(디반) ●

아로엘(아라이르) ●

그랄
(텔 그랄) ●

에스드모아
(아스 사무) ●

사루헨
(텔 사루헨) ●

아랏
(텔 아라드) ●

베에르셰바
(베에르셰바) ●

모 압

길하레셋
(알 카라크) ●

네 게 브

다말 ●

이 집 트

카데스바르네아 ●

여호람 통치 시대에 에돔은 반란을
일으켜 유다 왕국의 지배에서
벗어나 독립 왕국을 세운다
(역대기 하 21:8~10).

오바디야는 에돔인들에게
불리한 예언을 내놓는다.

페트라 ●

| 0 | | 20 | | 40 킬로미터 |
| 0 | 20 | | 40 |

현재의 배수로, 해안선과 국경선을 기준으로 표시하였다.
괄호 안은 현재의 지명이다.

텔 단의 계단 구조물. 북왕국의 여로보암 1세(B.C.E. 931~910년)가 지었다고 성경에 전해지는 언덕 신전이 이것이었을지 모른다.

북왕국의 성지

통치의 정당성을 확보하기 위해 여로보암은 제일 먼저 야훼 성전을 짓기로 한다. 그러면 백성들이 번제물을 드리기 위해 예루살렘까지 갈 필요도 없을 것이었다. 세겜에서 동쪽으로 11킬로미터 떨어진 새 수도 티르자(Tirzah)에는 성전이 없었으므로 남쪽의 베델과 북쪽의 단에 있던 성지를 재건하기로 했다. 여로보암은 사제들을 임명하고 남쪽의 종교 축제에 상응하는 축제도 만들었다. 그리고 계약궤 대신 황금 송아지 두 마리를 베델과 단 성전에 놓았다.

〈여호수아서〉〈판관기〉〈사무엘서〉〈열왕기〉를 기록한 필경사들은 이를 가장 극단적인 우상숭배로 보고 있다. 하지만 성서학자들은 여로보암의 의도가 무엇이었는지를 두고 논쟁하는 중이다. 그는 아브라함의 엘 숭배로 되돌아가려 했는지도 모른다. 가나안의 엘은 힘과 다산의 상징인 황소로 형상화되곤 했던 것이다. 송아지는 신의 모습이라기보다는 수행자, 수호자에 가깝다. 계약궤가 날개 달린 황금 천사의 수호를 받듯 말이다. 우가리트 그림에서도 황소 머리 위에 천사가 서 있는 모습이 종종 등장한다. 이스라엘인들은 가나안의 전통 신들이 송아지와 연결되어온 것에 착안해 야훼 숭배에도 송아지를 도입했는지 모른다.

성경에는 여로보암의 성전을 못마땅하게 여긴 '하느님의 사람'이 유다 왕국으로부터 찾아와 여로보암을 비난하는 내용이 나온다. 그는 베델의 새 성전 제단에서 분향하려 하는 여로보암을 가리키며 말했다. "오, 제단아, 제단아, 야훼가 말한다. 다윗의 가문에서 요시야란 한 아들이 태어나리니, 두고 보아라, 그가 네 위에 분향하는 산당의 사제들을 죽여 그 뼈를 네 위에서 태우리라."(열왕기 상 13:2) 필경사들은 요시야 왕 치세 중에, 혹은 치세 직후에 성경을 기록했으니 요시야 왕이 B.C.E. 620년, 배교한 베델 사제들을 죽이고 제단 위에서 그 뼈를 태워 성전을 모독한 사건을 잘 알고 있었으리라.

베델 성전은 오늘날의 베이틴(Baytin) 시 아래 묻혀 있다. 아브라함이 제단을 쌓은 곳이자(창세기 12:8) 신이 야곱의 꿈에서 계

이런 일이 있은 후에도 여로보암은 악한 길에서 돌아서지 아니하였다.
여로보암 왕가는 이런 일로 죄를 얻어 결국 지상에서 자취도 없이 사라지게 된 것이다.

| 열왕기 상 13:33~34 |

약을 확인해준 곳(창세기 28:13~19)으로 '신의 집'이라는 의미를 가진 베델은 유서 깊은 종교 중심지였다. 북쪽 끝의 헤르몬 산기슭에 자리잡은 단은 조금 더 작은 성지로 베델까지 먼 길을 갈 수 없는 주민들을 위한 장소였다. 1992년, 텔 단(Tell Dan)의 발굴 현장에서 59미터×44미터 크기의 포장 지대가 우연히 발견되었다. 한가운데 부분은 돌로 높여놓은 상태였다. 바로 이곳이 여로보암이 만든 황금 송아지 숭배의 중심지, 언덕 신전(열왕기 상 12:31)일지도 모른다. 큰 제단의 뿔 모양 귀퉁이 일부 그리고 손상 없이 보존된 작은 제단도 함께 나왔다.

여로보암 1세가 우상을 숭배하는 장면. 로코코 시대의 프랑스 화가 프라고나르(Jean Honore Fragonard, 1732~1806)의 1752년 작품이다.

이집트의 개입

바깥 세상은 솔로몬 왕국의 분열을 무심히 보아 넘기지 않았다. 이집트 군 총사령관을 지냈던 제22왕조의 파라오 쇼센크(Shoshenq) 1세(B.C.E. 945~925년경)는 이집트의 영광을 되살리기로 작정했다. 군사력으로 타니스와 테베를 제압해 이집트의 두 왕국을 다시 통일시킨 상황이었고 이제는 과거 이집트가 차지했던 가나안에 세력을 뻗칠 차례였다.

카르낙의 아문 신전에 새겨진 상형문자 기록에 따르면 쇼센크는 유다 왕국의 남쪽 국경을 공격하기로 결정했다. 전력은 이집트가 절대적으로 우세했다. 병거 1,200대에 기병 6만, 거기에다가 이루 헤아릴 수 없이 많은 병사들이 있었던 것이다(역대 하 12:3). 이집트 군은 르호보암의 국경 수비군을 가볍게 물리치고 예루살렘을 포위했다. 어쩔 수 없이 조약을 맺은 르호보암은 '야훼 성전과 왕궁의 모든 보물을 샅샅이 뒤져 가져가는'(열왕기 상 14:25) 이집트 군을 속수무책 바라볼 수밖에 없었다.

북왕국의 여로보암은 파라오가 과거 자신이 망명했을 때 친절을 베풀었던 만큼 그 정도에서 공격을 끝내지 않을까 기대했지만 쇼센크 1세는 계속 진격해 북쪽 도시들까지 파괴했다. 여로보암 왕국의 가장 튼튼한 성채인 므깃도마저 폐허로 변했다.

3,000년 가량이 지났을 때 므깃도를 발굴하던 고고학자들은 쇼센크의 승리를 찬양하는 기념비 조각을 발견했다. 대승을 거둔 파라오는 이집트로 돌아가 카르낙 아문 신전에 부바스티스 문(Bubastite Portal)을 세우도록 했다. 람세스 3세의 장례 신전에 있는 승전 기념 조각과 가능한 똑같이 만들라는 명령이 떨어졌다.

이집트의 반격

제3중간기(B.C.E. 1075~715년경)의 혼란 속에서 이집트 파라오들은 가나안에 관심을 기울이지 못했고 그 틈에 다윗과 솔로몬의 군대는 힘을 키웠다. 하지만 다윗 왕국이 갈라지자 때를 놓치지 않고 쇼센크 1세가 나섰다. 전쟁의 직접적인 빌미가 된 것은 네게브에 있는 솔로몬 성채였다. 카르낙 아문 신전의 부바스티스 문에 새겨진 상형문자 기록을 보면 쇼센크 1세는 이 성채를 '이집트 국경 지대에 대한 아시아의 공격'으로 여겼다고 한다.

이집트 군은 게셀(Gezer)을 공격할 작정으로 블레셋의 길을 따라 시나이를 지났다. 하지만 쇼센크 1세는 여기서 동쪽으로 방향을 틀어 사울 시대에 블레셋이 공격했던 길, 아얄론(Aijalon), 기브온, 예루살렘으로 이어지는 길을 잡았다. 르호보암에게서 가혹하게 조공을 뜯어낸 이집트 군은 북쪽으로 계속 진군하며 약탈을 했다.

부바스티스 문의 기록은 당시 이집트 군에 항복한 이스라엘 도시들을 자랑스럽게 열거하고 있다. 라비스, 타나크, 수넴, 벳산, 르홉, 하프라임, 아둘람, 마하나임, 기브온, 벳호론, 게데모스, 아얄론, 므깃도 등등. 하지만 고고학 발굴이 이루어진 결과 이집트 군의 공격은 그리 치밀하지 못했던 것으로 나타났다. 성채들이 곧 복구되었던 것이다.

파라오 쇼센크 1세가 이스라엘인들에게 승리를 거둔 모습이 새겨진 카르낙 아문 신전의 부바스티스 문.

북왕국의 몰락

B.C.E. 9세기, 오므리 왕과 그 아들 야합 왕이 북왕국의 수도 사마리아를 세웠던 세멜(Shemer) 언덕이 멀리 보인다.

쇼센크의 침략에 이어 두 이스라엘 왕국은 서아시아의 세력 이동에 휩쓸렸다. B.C.E. 924년에 쇼센크 1세가 사망하면서 이집트의 세력은 기울었다. 이 틈을 타 새로운 제국이 일어났다. 아나톨리아, 페르시아, 시리아, 가나안, 이집트를 가리지 않고 가능한 넓은 땅을 차지하려는 야심에 찬 나라였다.

이들 거대 세력 사이에 낀 약소국 이스라엘과 유다 왕국은 위험한 권력 게임을 해야 했다. 영토 확장으로 다윗 왕국의 영광을 재현하고자 공격적인 동맹을 시도한 유대의 왕들도 많았다. 이와 함께 교역이 늘어나면서 거기서 얻는 이익이 커졌다. 부유한 도시 지역 엘리트와 시골 농민 사이의 격차도 커졌다.

외국의 종교, 특히 바알 숭배를 받아들인 것도 긴장을 높였다. 이스라엘과 유다 왕국에서 재상을 지낸 예언자들의 관심은 이러한 위기에 맞춰졌다. 성경은 유대 왕들과 예언자 사이에 정치적, 종교적 논쟁이 점차 심해졌다고 기술한다. 야훼의 말씀에 귀 기울이라는 예언자들의 충고는 무시당했고 유대 왕국들은 자멸의 길로 들어선다.

B.C.E. 885~874년경
오므리가 이스라엘 왕이 됨.
북왕국이 번성기를 누리기 시작함

B.C.E. 883~859년경
아시리아의 아슈르나시르팔(Ashurnasirpal)
2세가 영토를 확장함. 아시리아 수도가
아슈르에서 칼루(Kalhu)로 옮겨짐

B.C.E. 883~859년경
아슈르나시르팔 2세가 사상 최초로
보병의 이동을 위장하기 위해
기병 부대를 동원하는 전술을 사용함

B.C.E. 853년경
이스라엘이 두로 및 다마스쿠스와 연합해
카르카르(Qarqar) 전투에서
아시리아를 물리침

> (아히야가 말했다.) "야훼께서 이스라엘을 치실 때는 마치 급류에 휩쓸린 갈대처럼
> 흔들리게 하실 것입니다. 그들 선조들에게 주신 이 좋은 땅에서 송두리째 뽑아 내쫓으실 것이고,
> 유프라테스강 저편으로 흩어버리실 것입니다." | 열왕기 상 14:15 |

오므리 왕조

이 시기(철기 IIB, B.C.E. 900~800년) 정착지에 대한 고고학 발굴 조사를 보면 유다 왕국과 갈라진 후 북왕국은 이 지역의 지배적인 세력으로 부상했던 것 같다. 북왕국은 유다 왕국에 비해 인구가 훨씬 많았고 영토도 넓었다.

북쪽 부족들은 이즈르엘 계곡을 포함해서 가장 좋은 농토를 소유했다. 남쪽으로 부역을 보낼 필요가 없어졌으므로 농사 지을 인력도 충분했다. 올리브유, 포도주, 무화과, 대추야자, 곡물이 풍성하게 수확되었다. 잉여 농산물은 물물교환을 통해 외국의 물품과 바꾸었다. 이렇게 부유해지면서 좀더 복잡하고 중앙집권화된 통치 구조가 나타났고 B.C.E. 9세기 중반 무렵이면 진정한 의미에서의 '나라'가 출현한다.

중앙집권화된 새로운 국가의 건설자가 바로 오므리(Omri) 왕(B.C.E. 885~874)이었다. 그는 블레셋인들을 상대로 한 역사적인 군사 원정 때 북왕국 군을 이끈 장수였다. 오므리는 엘라(Elah) 왕을 권좌에서 쫓아내고 지므리 다음으로 왕이 되었다. 이 권력 투쟁이 과거 다윗과 솔로몬 시대의 가신국가였던 아람-다마스쿠스를 자극해 아람-다마스쿠스 군이 이스라엘 북동쪽 국경까지 접근하는 일도 벌어졌다. 왕의 대로 그리고 블레셋의 길이라는 두 주요 교역로 교차 지점에 위치한 오아시스의 도시 다마스쿠스는 교역망 장악을 두고 이스라엘과 경쟁하는 입장이었다.

양쪽에서 위협받는 상황을 피하기 위해 오므리 왕은 우선 유다 왕국과 평화 조약을 맺었다. 그리고 페니키아 해안 시돈의 에드바알(Ittobal, Ethbaal)과도 조약을 맺어 동쪽 국경의 안전을 확보한다. 이 동맹은 오므리의 아들 아합이 에드바알의 딸 이세벨(Jezebel)과 결혼함으로써 확인되었다.

공격 태세로 전환한 오므리는 아람-다마스쿠스의 측면을 장악할 작정으로 모압 땅을 공격한다. 사해 동쪽의 모압은 과거 다윗 왕국의 일부였다. 이어 오므리는 아람-다마스쿠스를 쳐서 승리함으로써 과거 솔로몬이 차지했던 트랜스요르단 지역을 되찾는다.

새로운 수도

이제 왕은 남쪽의 예루살렘에 뒤지지 않는 수도를 건설하기로 결심한다. 오므리는 세겜 북서쪽 언덕 위, 에브라임의 한 지점을 선택했고 '본래 소유자인 세멜의 이름을 따서 성의 이름을 사마리아라고 불렀다(열왕기 상 16:24).'

사마리아는 트랜스요르단 및 왕의 대로를 지중해 연안 교역로와 연결하는 중요한 길을 굽어보는 위치였다. 나블루스(Nablus)에서 북쪽으로 12킬로미터 떨어진 세바스티야 마을 외곽에는 지금까지도 사마리아의 흔적이 남아 있다. 경사면이 끝나면 바로 나무가 우거지

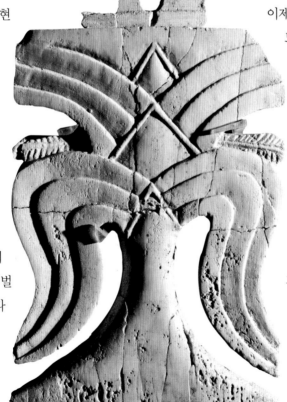

야자수를 조각한 상아 판. B.C.E. 9~8세기의 것으로 페니키아 양식을 보여준다. 사마리아 왕궁 터에서 발굴되었다.

B.C.E. 830~715년경	B.C.E. 823년경	B.C.E. 745~727년경	B.C.E. 721년경
이집트 제23왕조 시대에 도시마다 서로 다른 왕이 등장하면서 왕권이 무너짐	아시리아 천문학자들이 첫 번째 개기일식을 기록함	아시리아의 티글랏-필레셀(Tiglath-Pileser) 3세가 사마리아를 제외한 북왕국을 합병함	이스라엘 수도 사마리아가 사르곤 2세의 아시리아 군에게 함락됨

고 경작지가 펼쳐지는 가운데 멀리 지평선에서는 에발 산이 위용을 자랑하는 멋진 풍경이다.

이스라엘과 페니키아의 우호 관계는 여기서 그치지 않았다. 오므리는 페니키아 장인들에게 상아를 비롯한 동방의 귀한 재료를 써서 자기 왕궁을 장식하도록 했다. 하지만 왕은 궁의 완공을 보지 못하고 B.C.E. 871년에 눈을 감았다.

아합 왕

오므리의 뒤를 이은 것은 그 아들 아합(B.C.E. 874~853)이었다. 아합은 왕궁 건설을 계속했다. 두께가 5~8미터에 이르는 성벽에 거대한 테라스까지 갖춘 이 성채의 흔적은 아직도 남아 있다. 마름돌을 쌓은 솜씨나 기둥을 보면 페니키아 건축가와 조각가들의 숙련도를 짐작할 수 있다.

이들 장인들은 건축술 외에 문화도 전해 주었을 것이다. 페니키아인들은 아세라(Asherah)나 바알 멜카르트(Baal Melkart) 같은 메소포타미아 신을 모셨다. 이들 신은 사마리아에서도 곧 숭배받기 시작했다. 이교 신이 들어오는 상황에 대해 아합 왕은 별다른 조치를 취하지 않았다. 아마도 페니키아 출신 왕비 이세벨의 심기를 건드리지 않기 위해서였으리라. 심지어 왕이 직접 사마리아에 바알 신전을 짓고 그 안에 바알 제단을 세우기까지 했다고 한다(열왕기 상 16:32). 학자들은 성경의 이 부분에 등장하는 바알 신이 페니키아의 바알 멜카르트인지, 아니면 가나안의 바알 하다드인지를 두고 논쟁을 벌이고 있다. 바알 하다드는 농경의 핵심 요소인 폭풍, 비, 이슬의 신이었다.

가나안의 바알 신 숭배는 시골 지역을 중심으로 계속 유지되던 상태였다. 하지만 아

합은 바알을 왕국의 공식적인 신으로 높인다는 전례 없는 결정을 내린다.

성경은 이를 두고 '선대의 어느 이스라엘 왕들보다도 이스라엘의 하느님 야훼의 속을 더욱 불편하게 만들었다'라고 표현한다

예언자 엘리야가 갈멜 산에서 야훼에게 기도하는 장면. 시리아의 두라 유로포스(Dura Europos) 이슬람 회당에 그려진 벽화이다. B.C.E. 244년.

오므리 왕조 시대의 이스라엘

지도 설명
- 이스라엘 왕국
- 유다 왕국
- 아합 왕 이후 잃어버린 영토
- ★ 연속적으로 수도가 된 도시
- ○ 확실하지 않은 위치

지중해

헤르몬 산 2,814 m 9,232 ft ▲

다마스쿠스 •

사렙다 (사라판다) •

두로 (수르) •

단 (텔 단) •

시 리 아

악십 (텔 아크지브) •

케데스 •

하솔 •

악고 (아코) •

악고 만 (하이파 만)

갈멜 산 546 m 1,791 ft ▲

가드헤벨(마슈하드)

타볼 산 588 m ▲ 1,929 ft

아벡 •

아합은 아람의 벤하닷 왕과 싸워 이긴 후 조약을 맺어 이스라엘의 도시들을 되찾는다 (열왕기 상 20:23~34).

예언자 엘리야와 바알 사제들과의 대결이 벌어지고 신은 엘리야의 기도에 응답해 장작에 불을 붙인다 (열왕기 상 18:17~40).

도르 •

므깃도 •

이즈르엘 계곡

수넴 •

에드레이 •

오므리는 사마리아로 옮기기 전 이스라엘의 두 번째 도시 티르차에서 6년 동안 나라를 다스린다 (열왕기 상 16:23).

이즈르엘 •

벳산 •

야베스길르앗 ○

라못길르앗 •

아합은 유다 왕 여호사밧과 함께 아람에 맞서 싸우다 전사한다(열왕기 상 22:29~40).

아합이 이즈르엘에 궁전을 둔다 (열왕기 상 21:1).

(탈루자)티르차 ★

세겜 (나블루스) ★

숙곳(다이르알라) ○

브누엘 •

오므리는 이곳을 새 수도로 삼고 본래 소유주 세멜의 이름을 따 사마리아라 부른다 (열왕기 상 16:24).

사마리아 ★ (솝론)

이스라엘의 첫 수도

실로 (키르바트 사일룬) •

욥바 (텔 아비브-야포) •

아벡 (텔 아페크) •

랍바 (암만) •

아합 통치 시절에 도시가 재건된다. 엘리야도 이곳에서 회오리바람에 휩싸여 하늘로 올라간다(열왕기 상 16:34, 열왕기 하 2:11).

게셀 (텔 게제르) •

아얄론(알룬) •

벧엘 •

예리고 (텔 에스-술탄) •

헤스본 (히스반) •

아슈도드 (텔 아슈도드) •

기브온 (알 지브) •

예루살렘 ★

메드바 (마다바) •

가드 (텔 자파트) •

베들레헴 •

아슈켈론 (텔 아슈켈론) •

라기시 (텔 라기시) •

헤브론 •

사해

디본 (디반) •

아로엘(아라이르) •

가자 •

에스드모아 (아스 사무) •

아랏 (텔 아라드) •

압

베에르셰바 • (베에르셰바)

오므리와 아합이 모압을 지배하지만 아합의 아들 여호람 시대에 '모압인들은 반란을 일으킨다 (열왕기 하 3).

길하레셋 (알 카라크) •

에 돔

0   20   40 킬로미터
0   20   40 마일

현재의 배수로, 해안선과 국경선을 기준으로 표시하였으며 괄호 안은 현재의 지명이다.

(열왕기 상 16:33).

하지만 아합이 야훼 숭배를 관두려는 뜻은 없었으며 야훼뿐 아니라 바알에게도 번제물을 드리고 싶어하는 농민이나 페니키아 출신들의 편의를 도모했을 따름이라는 설명도 있다. 반면 성경 필경사들에게 이런 고려는 없었다. 그래서인지 성경의 다음 부분은 야훼 숭배자들과 바알 숭배자들이 어느 신이 국가의 공식 신이 되어야 하는지를 두고 벌인 싸움에 초점을 맞추게 된다.

예언자 엘리야

이 싸움에서 중요한 역할을 한 것이 예언자 엘리야(Elijah, '야훼는 나의 신'이라는 뜻이다)이다. 그는 왕국 분열 시대에 재상을 맡은 최초의 예언자였다. 요르단강 동쪽 고원지대인 길르앗 출신이라는 점 외에 그의 배경에 대해서는 알려진 바가 별로 없다.

엘리야는 이교의 우상숭배가 다시 성행하는 데 격분했다. 그는 "내가 다시 입을 열기 전에는 앞으로 몇 해 동안 비는 물론 이슬 한 방울도 이 땅에 내리지 않을 것이오."라며 긴 가뭄을 예언했다. 신은 엘리야에게 이스라엘 경계 바깥인 요르단 동쪽의 마른 강바닥(wadi)에 피신하도록 하였다. 물과 음식은 까마귀들이 날라다주었다(열왕기 상 17:3~6).

이후 엘리야는 신의 명령에 따라 사렙다(사르밧, Zarephath) 지역의 어느 과부 집으로 갔다. 그리고 밀가루 한 줌과 기름 몇 방울로 몇 달 동안 함께 먹고 살았다(열왕기 상 17:8~16). 사렙다는 시돈과 두로 사이에 있는 페니키아의 도시(오늘날 레바논의 사라판드)였던 것으로 추정된다. 과부의 아들이 병들어 죽자 엘리야가 야훼의 도움을 받아 살려내기도 한다(열왕기 상 17:17~24).

가뭄이 3년째 접어들었을 때에야 엘리야는 다시 아합 왕에게 돌아가 이교 우상숭배와 맞섰다. 왕실 권력은 '이세벨 왕비에게서 녹을 받는 바알의 예언자 450명과 아세라의 예언자 400명'이 장악한 상황이었다(열왕기 상 18:19).

엘리야는 야훼와 바알 중에서 누가 진정

오므리의 석판

1868년, 클라인(F.A.Klein)이라는 목사가 요르단의 디반(Dhiban) 인근에서 검은 화강암 석판을 발견했다. 오므리 왕의 모압 정복을 입증하는 내용이 새겨진 석판이었다. '나는 그모스(Chemosh) 신의 아들이자 모압의 왕인 메샤이다. 이스라엘의 오므리 왕이 오랫동안 모압을 괴롭혔고 그 아들도 그러하였다.'라는 언급이 나온다. 결국 메샤가 오므리 왕을 물리쳤다는 내용도 등장하지만 이는 아직 확인되지 않은 사실이다. 이 석판에는 '메샤가 야훼의 그릇을 빼앗아 그모스 신 앞에 바쳤다'라고 기록되어 성경 외에 야훼의 이름이 최초로 등장한 사례가 되었다.

한 신인지 가려보자고 했다. 양쪽에서 각기 소를 잡아 토막내어 장작 위에 올려놓고 기도를 올린 뒤 어느 신이 먼저 번갯불을 내려 장작에 불을 붙이는지 보자는 것이었다. 고대 사회에서 번갯불은 신의 힘을 상징했다. 폭풍의 신 바알은 불꽃 쇠스랑을 든 모습으로 묘사되곤 했다. 그가 하늘의 불꽃으로 집을 짓는다는 신화도 있다. 한편 불은 야훼의 상징이기도 했다. 모세 앞에 처음 모습을 드러낸 신은 불타는 덤불의 모습을 취하지 않았는가.

이 대결은 이스라엘과 페니키아 국경에 위치한 갈멜 산 정상에서 벌어졌다. 지중해가 내려다보이는 곳이었다. 바알 사제들이 먼저 기도를 시작했다. 하루 종일 노래하고 춤추었지만 바알의 번갯불은 나타나지 않았다. 엘리야는 "더 크게 불러보아라. 깊은 사색에 빠져 계신지도 모르지. 외출 중인지 아니면 여행 중인지 혹은 잠이 드셨는지도 모르니 어서 깨워보아라."라고 조롱했다(열왕기 상 18:27). 바알 사제들은 기도를 계속했으나 응답은 없었다.

저녁이 되어 엘리야 차례가 돌아왔다. 그는 제단을 쌓고 모든 것을 물에 적셨다. 아무리 좋은 장작이라도 불타기 어렵게 만든 것이다. 준비를 끝내기 무섭게 하늘에서 불비가 내려 제단을 불덩이로 만들었다. 백성들은 두려워하며 땅에 엎드려 "야훼가 진정한 신이시다."라고 외쳤다. 때를 놓치지 않고 엘리야는 바알의 모든 사제를 죽였다(열왕기 상 18:38~40). 이어 큰비가 내려 가뭄이 끝났다. 엘리야는 아합에게 "이젠 돌아가셔서 음식을 드십시오. 내 귀에 비오는 소리가 들립니다."라고 말했다(열왕기 상 18:41).

분노한 이세벨 왕비는 엘리야를 죽이기로 작정한다. 엘리야는 다시 도망친다. 얼마 후 엘리야는 최후의 그리고 가장 무서운 예언을 한다. 야훼에 대한 믿음을 저버리지 않았던, 그리하여 '바알에게 무릎을 꿇지도, 입 맞추지도 않았던'(열왕기 상 19:18) 7,000명을 제외하고는 이스라엘과 유다가 모두 멸망한다는 예언이었다. 이후 예언자는 아합 왕이 포도밭을 탐낸 끝에 그 소유주 나봇(Naboth)을 죽였다는 사실을 알고 아합 왕조에 대해서도 저주를 내린다. "당신은 목숨을 내던져가며 야훼의 눈에 거슬리는 일을 하려고 하니 재앙을 당할 것입니다." (열왕기 상 21:20~21)

이스라엘의 오랜 적수인 아람-다마스쿠스와의 싸움에서 아합 왕이 전사함으로써 엘리야의 예언은 실현되었다. 화살을 맞아 전장 밖으로 옮겨진 아합은 병거에서 내리

지 않고 전투 장면을 지켜보다가 저녁 무렵에 사망하였다(열왕기 상 22:35).

아합의 아들 아하지야(Ahaziah, B.C.E. 853~852)가 그 뒤를 이었다. 그 역시 엘리야의 저주를 받은 끝에 창문에서 떨어져 사망하였다. 이세벨 왕비는 창문에서 내던져져 죽었는데 사람들이 묻어주려 하니 해골과 손발만이 남아 있었다고 한다(열왕기 하 9:34~35). 아합의 둘째 아들 여호람(요람, Jehoram)은 군 사령관 예후(Jehu)에게 왕위를 빼앗겼다.

당시 나이가 많았던 엘리야는 야훼의 지

아시리아의 아슈르나시르팔 2세(B.C.E. 883~858) 석상. 훗날 수도가 되는 님루드(Nimrud)의 이슈타르 신전에서 발견되었다.

예언자들의 황금시대

성경에서 예언자들은 신이 자기 뜻을 전하기 위해 이스라엘인들에게 보낸 존재이다. 사무엘과 같은 초기 예언자들은 특정 성전을 근거지로 삼아 활동하기도 하였다. 왕국 시대의 예언자들은 왕에게 조언을 하고 계약궤를 모시는 중책을 맡았다.

히브리 성경의 예언서는 흔히 전기 예언서(여호수아, 판관기, 사무엘, 열왕기)와 후기 예언서, 즉 왕국의 분열기에 활동했던 예언자들에 대한 책으로 나뉜다. 이사야, 예레미야, 에제키엘과 소(小)선지자 12인으로 이루어진 후기 예언자들이 활동한 400년 가량을 예언자의 황금시대라 부른다.

소선지자들을 시기에 따라 살펴보면 다음과 같다. B.C.E. 8세기 중반 북왕국에서는 호세아가, 유다 왕국에서는 아모스가 살았다. 요나도 같은 시기에 활동했으리라 짐작된다. 미가는 B.C.E. 8세기 후반

이탈리아 화가 지오토(Giotto, 1226~1336)가 이탈리아 파두아의 스크로베니(Scrovegni) 성당 천장에 그린 예언자 말라기의 모습.

예루살렘 인근에 살았는데 이는 이사야의 초기 활동시기와 겹친다. B.C.E. 7세기의 예언자로는 아시리아 제국의 멸망에 환호했던 나훔, 요시야 치세 당시 유다 왕국에서 활동했던 스바니야, 여호야킴 치세 때 바빌로니아의 운명을 예언했던 하바꾹이 있다.

바빌로니아 유수 이후 B.C.E. 6세기로 넘어오면 예루살렘 함락 이후에도 유다 왕국에 살았다는 오바디야, 예루살렘의 재중흥을 위해 성전 건축을 주장했던 하깨와 즈가리야가 활동했다. 유다 왕국을 메뚜기 떼가 뒤덮는 '신의 날'이 올 것이라 내다보았던 요엘, 계약궤를 충실히 모셔야 한다고 강조했던 말라기는 B.C.E. 5세기의 예언자들이다.

예후가 이즈르엘에 이르렀을 때,

이세벨은 소식을 듣고 눈 화장을 하고 머리를 손질한 다음 창가에 서서 내려다보았다.

예후는 창을 올려다보며 "그 계집을 떨어뜨려라."라고 소리쳤다.

그리하여 내시들이 그 여자를 떨어뜨렸다. | 열왕기 하 9:30~33 |

시에 따라 엘리사(Elisha)라는 젊은이를 골라 후계자로 키웠다. 예리고의 예언자 공동체에 살면서 엘리사는 여러 기적을 행했는데 그중에는 보리떡 스무 개로 수백 명을 먹인 기적도 있다(열왕기 하 4:42~44). 스승 엘리야가 그랬듯 엘리사도 죽은 아이를 되살려내기도 했다(열왕기 하 4:34).

엘리사의 신비로운 힘은 죽은 후에도 남아, 우연히 그의 무덤에 던져진 시체가 되살아나는 일도 벌어졌다(열왕기 하 13:21). 엘리야와 엘리사는 구약성경 시대에 기적을 행한 몇 안 되는 예언자들이다. 하지만 아합의 후계자들은 예언자의 말을 듣지 않고 계속해서 '야훼의 눈에 거슬리는 일'을 저지르게 된다(열왕기 하 3:2).

아시리아의 융성

북왕국의 운명은 〈열왕기〉 하권에서 설명된다. 아합의 아들 아하지야 통치 시대로부터 아시리아 침략으로 수도 사마리아가 파괴되기까지의 이야기가 펼쳐지는 것이다. 이와 함께 여호사밧 통치기(B.C.E. 870~848)에서 예루살렘 파괴 직후인 B.C.E. 586년까지의 유다 왕국 역사도 개관된다. 〈열왕기〉 상·하권 모두에서 아시리아의 위협은 중요한 요소로 등장한다.

아시리아는 아브라함 시대까지만 해도 고대 바빌로니아 제국의 예속 국가에 불과했다. 하지만 B.C.E. 15세기가 되자 유프라테스와 티그리스강을 경계로 하여 서쪽으로는 갈그미스(카르케미시, Carchemish), 동쪽으로는 아슈르, 남쪽으로는 힛(Hit)에 이르는 거대한 독립 국가로 발전하였다. 인구가 날로 팽창하면서 아시리아 왕들은 영토 확장을 꾀했다. B.C.E. 9세기, 솔로몬 왕국이 둘로 갈라진 이후에는 아시리아가 메소포타미아의 북쪽을 거의 다 차지한 상태였다. 오늘날의 바그다드로부터 터키 남부의 하란, 즉 아브라함의 아버지 데라가 정착했던 곳이자 야곱이 아내를 찾으러 갔던 곳까지

이스라엘의 예후 왕이 아시리아의 살만에셀 3세 앞에 엎드려 있는 장면. 님루드의 검은 석판(B.C.E. 841년경)에 새겨진 모습이다.

가 다 아시리아의 영토였던 것이다. 그 땅을 거쳐 지중해 북쪽 해안으로 이어지는 교역로도 아시리아의 수중에 있었지만 그 다음은 시리아와 이스라엘 북왕국이 막아선 형국이었다.

B.C.E. 883년, 아시리아의 새로운 왕이 된 아슈르나시르팔 2세(B.C.E. 883~858)는 야심이 큰 인물이었다. 정복 전쟁의 공식적인 동기는 선교였다. 이민족들이 아시리아의 아슈르 신을 알고 믿도록 만든다는 것이다. 개종이라는 영광을 누리려면 당연히 많은 조공도 바쳐야 했다. 그리하여 아시리아의 왕들은 수호신 아슈르의 보호를 받는 모습으로 묘사되곤 한다.

영토 확장의 야심을 위해 아슈르나시르팔 2세는 우선 바빌로니아 전역을 정복한 뒤 남쪽 국경을 페르시아 만까지 확장했다. 이어 시리아를 거쳐 남서쪽으로 진군해 B.C.E. 877년에는 레바논 산과 지중해 지역까지 이르렀다. 엄청난 조공이 쏟아져 들어왔다. 아슈르나시르팔 2세는 그 막대한 재물로 고대 바빌로니아 신전과 지구라트를 재건했다. 또한 훗날 그의 수도가 되는 님루드(Nimrud, 칼루(Kalhu)라고도 한다)에 거대한 궁전을 지었다.

강제 이주 정책

아 시리아 왕들은 강제 이주 정책을 전략적으로 활용한 최초의 통치자들이었다. 사마리아(B.C.E. 721)나 유다(B.C.E. 587) 주민만 이런 운명에 처한 것은 아니었다. 우라르투(Urartu, 아르메니아), 페르시아, 메대(Medes)족과 아랍인들도 고향을 떠나야 했다.

이러한 정책은 정복 지역의 사회적 인프라를 무너뜨릴 뿐 아니라 반란을 억제했고 상대적으로 인구가 희박한 지역에 사람들을 이주시킴으로써 국토를 고루 개발하는 효과까지 있었다. 이즈르엘 계곡과 같은 비옥한 지역에는 메소포타미아 출신의 숙련된 농업 인력을 배치해 수확량을 높였다.

대부분의 이주 명령에는 원칙이 있었다. 이스라엘인들은 이란이나 바빌론으로, 아랍인과 페르시아인들은 시리아-가나안으로, 칼데아인들은 아르메니아로 보내는 식이었다.

하지만 가족이나 씨족을 갈라놓지는 않았고 목적지에 도착한 이주민들은 자유롭게 공동체를 이루어 땅을 갈고 이전의 종교를 유지할 수 있었다. 숙련된 장인, 필경사, 학자 등 유대인 전문가들은 바빌론의 다언어, 다민족 사회에서 높은 지위를 차지하게 되었다. 이는 훗날 키로스(고레스, Cyrus) 2세가 유대인들에게 살던 곳을 떠날 수 있도록 이주를 허가했을 때 일부만 이주를 결정했던 이유 중 하나이다.

아이 둘을 포함한 이주민 가족을 묘사한 석회암 부조. B.C.E. 7세기, 니네베의 아슈르바니팔 궁전에 새겨진 것이다.

아슈르나르시팔의 궁전은 1845년, 영국 탐험가 레이어드(Austen Henry Layard)가 처음으로 발견했다. 모래와 먼지를 제거하고 나자 천장부터 바닥까지 수많은 부조와 그림으로 왕의 영광스러운 승리를 표현한 거대한 벽이 나타나 눈앞이 아찔할 정도였다고 한다. 이러한 기념 장식은 아슈르나르시팔의 후계자들도 다투어 모방했다.

아슈르나시르팔 2세는 B.C.E. 858년에 사망했고 그 아들 살만에셀(Shalmaneser) 3세(B.C.E. 858~824)가 계속 제국의 영토를 확장했다. 아람-다마스쿠스, 페니키아, 북왕국, 유다, 이집트가 희생양이 되었다. 살만에셀 3세는 시리아 북부의 카르케미시 전투와 남쪽의 알레포 전투에서 큰 승리를 거두었지만 이후 저항에 부딪힌다. 아시리아의 공격에 긴장한 페니키아, 시리아, 이집트, 아랍의 베두인족이 오랜 반목을 뒤로 한 채 이 지역 역사상 최초의 전체 동맹을 이룬 것이다.

이스라엘 북왕국도 원수였던 아람-다마스쿠스와 함께 가나안-시리아-이집트 동맹에 합류했다. 동맹군은 B.C.E. 853년, 다마스쿠스에서 북쪽으로 240킬로미터,

아시리아의 군사 무기

아시리아가 신속한 정복전쟁을 벌일 수 있었던 데는 새로운 무기와 전술도 한몫 했다. 일부 학자들은 아슈르나시르팔 2세가 기병대를 공격의 선두에 내세워 보병과 병거를 보호하는 전술을 처음으로 사용했다고 주장한다.

아슈르나시르팔 2세는 공성전 무기도 개발했다. 커다란 나무틀에 바퀴를 달고 육중한 해머를 사슬에 매단 형태로 적의 성벽이나 성문을 해머로 때려 부수는 역할을 했다. 필요할 때면 노예들을 동원해 흙을 돋워 경사로를 만들고 공성전 무기를 공격하기 좋은 위치로 옮겼다. 이 무기를 개량한 건 로마인들이다. 로마 제10군단이 사해의 마사다 성채를 공격하기 위해 쌓은 흙 경사로는 아직까지도 남아 있다.

하맛에서 동쪽으로 40킬로미터 떨어진 카르카르(Qarqar) 인근에서 아시리아 군과 만난다.

성경에는 이 전투가 나오지 않지만 1861년에 터키 남동쪽 쿠르크(Kurkh) 시에서 발견된 거대한 석판에 다행히 상세한 기록이 새겨져 있다. 아슈르, 이슈타르, 아누 등 신들의 상징에 둘러싸인 살만에셀 3세의 옆얼굴이 새겨진 이 석판을 보면 아시리아가 상대한 적의 규모가 나온다. 다마스쿠스는 병거 1,200대, 기병 1,200명, 보병 2만 명을, 하맛은 병거 700대, 기병 800명, 보병 1만 명을, 그리고 이스라엘은 병거 2,000대, 말 1만 마리를 동원했다고 한다. 이스라엘 군은 '아하부'라는 인물이 이끌었다고 나오는데 이는 아합 왕이 틀림없다. 이러한 동맹군의 병력 규모는 당시 관행에 비추어 보면 과장된 것이 분명하다. 살만에셀 왕의 승리를 한층 위대하게 만들기 위해서 말이다. 하지만 학자들은 석판 내용과 달리 이 전투가 무승부로 끝났을 가능성이 높다고 본다. 이후 10여 년 동안 아시리아 군은 시리아와 가나안에 발을 들이지 못했기 때문이다.

즉 오므리의 아들 예후가 바치는 조공을 받는 장면이 있다. 다른 아시리아 기록을 보면 북왕국이 'bit humri' 즉 오므리 왕조라고 나온다. 초기 왕의 전설이 오래 지속되면서 그 이름이 왕조 자체와 동일시되었던 셈이다.

살만에셀 3세는 B.C.E. 824년에 세상을 떠나 아슈르 신전에 매장된다. 후대 왕들은

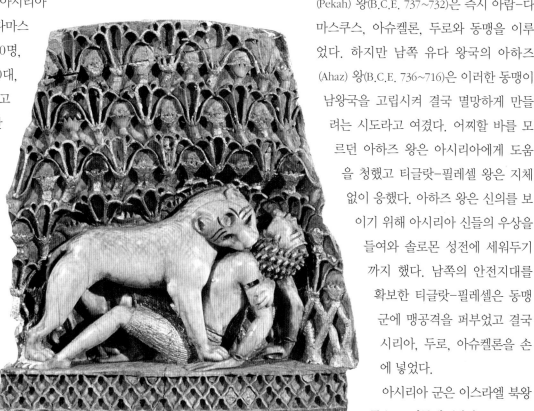

암사자가 누비아 양치기를 공격하는 모습을 담은 페니키아의 황금과 상아 세공품. B.C.E. 8세기 후반 님루드에서 만들어졌다.

아시리아의 침략

하지만 아시리아는 다시 힘을 비축해 공격해왔다. 예후 왕(B.C.E. 841~814) 통치기의 몇 년 동안 아시리아는 북왕국에게서 조공을 받았다. 1846년에 레이어드가 님루드 시 근처에서 발견한 거대한 검은 오벨리스크를 보면 살만에셀 3세가 날개 달린 신 아슈르와 함께 'ia-ú-a mar hu-um-ri-i'

머나먼 가신 국가보다는 국내 정치에 더욱 신경을 썼고 북왕국에 대한 통제도 느슨해졌다. 하지만 50년쯤 흐른 후 등장한 티글랏-필레셀(Tiglath-Pileser) 3세(B.C.E. 745~727)는 단순히 조공을 받는 데 그쳐서는 안 된다고 생각했던 인물이었다.

그는 주변국들을 다 흡수해 티그리스강에서 나일강에 이르는 광대한 제국으로 거

듭날 작정이었다. 티글랏-필레셀 3세는 왕위에 오른 지 10년이 지났을 때 야심을 실현하기 시작했다. 아시리아 군이 지중해 연안까지 내려와 가자에 이르는 항구들을 점령하고 이집트 국경에 접근했다. 각국은 긴장했다. 그리고 다시 한 번 지역 내 분쟁을 젖혀두고 강한 동맹을 이루기로 했다.

당시 북왕국을 다스리고 있던 베가(Pekah) 왕(B.C.E. 737~732)은 즉시 아람-다마스쿠스, 아슈켈론, 두로와 동맹을 이루었다. 하지만 남쪽 유다 왕국의 아하즈(Ahaz) 왕(B.C.E. 736~716)은 이러한 동맹이 남왕국을 고립시켜 결국 멸망하게 만들려는 시도라고 여겼다. 어찌할 바를 모르던 아하즈 왕은 아시리아에게 도움을 청했고 티글랏-필레셀 왕은 지체 없이 응했다. 아하즈 왕은 신의를 보이기 위해 아시리아 신들의 우상을 들여와 솔로몬 성전에 세워두기까지 했다. 남쪽의 안전지대를 확보한 티글랏-필레셀은 동맹군에 맹공격을 퍼부었고 결국 시리아, 두로, 아슈켈론을 손에 넣었다.

아시리아 군은 이스라엘 북왕국으로 이동해 '케데스(Kedesh), 하솔, 길르앗, 갈릴리와 납달리 전 지역을 장악한 뒤 백성들을 사로잡아 아시리아로 끌고 갔다'(열왕기 하 15:29). 케데스는 갈릴리 동쪽의 도시였고 납달리는 요르단강 남서쪽으로 뻗은 땅이었다. 다시 말해 티글랏-필레셀은 이스라엘의 주요 농경 지대와 트랜스요르단 중심지역을 다 차지한 셈이었다. 북왕국의 베가 왕은 호세아(Hoshea, B.C.E. 732~724)에게 왕위를 빼앗기고 죽임을 당했는데 이 반란에는 아시리아인들의 지원이

칼 다루는 사람과 활 쏘는 사람이 2인 1조를 이루어 적을 물리
치는 아시리아 기병을 묘사한 B.C.E. 860년경 님루드의 부조.

아시리아의 공성전 무기가 성벽을 파괴하는 가운데 궁사들이 불
화살을 쏘는 장면이 담긴 B.C.E. 860년경의 석판 조각.

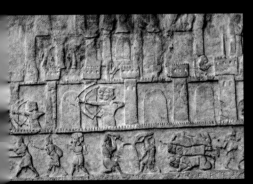

티글랏-필레셀 3세가 이끄는 아시리아 군이 마을을 점령하고
신상을 꺼내는 장면이 새겨진 B.C.E. 730년경의 부조.

세나케리브(Sennacherib) 왕 앞에 늘어서 처분을 기다리는
포로들과 죽은 적군의 머리들. B.C.E. 695년경의 석판이다.

아 나 톨 리 아

에베르 호수

투즈 호수

할리스

아크셰히르 호수

쿨테페

에그리디스 호수

베이세히르 호수

B.C.E. 1900년경, 이 지역의
은광에 관심을 가진 아시리아
상인들이 이주해간다.

부르두르 호수

타 우 루 스

산

타르수스

로도스

살만에셀 3세는 이곳에서
B.C.E. 853년, 열두 명의
아람 왕들과 싸워 승리한다.
이스라엘의 아합 왕은 병거
2,000대와 보병 1만 명을
이끌고 나가 아시리아에 맞선다

구리를 의미하는 영어 단어
copper의 어원이 된 지역이다.
이곳의 풍부한 구리광산은
고대 지중해 세계를 지탱한
한 축이었다.

키프로스

아르와

지 중 해

비블로스

레바논

브에롯

시돈

두로

티글랏-필레셀의 아들 살만에셀에게
3년에 걸친 포위 공격을 당한 끝에
마침내 B.C.E. 722년, 이스라엘의
수도가 함락된다. 대다수 시민들은
제국 곳곳으로 강제 이주당한다
(열왕기 하 17:1~6).

악고

므깃도

아스돗

이스라엘

사마리아

734 B.C.E.

욥바

아벡

게셀

예루살

아람인들은 B.C.E. 671년,
아시리아의 에사르하돈
(Esarhaddon) 왕이 이집트를
정복할 수 있도록 낙타를 제공했다.

아슈도드

아슈켈론

블레셋

가자

라피아

734 B.C.E.

라기시

유 다

베에르세바

나 일 강 삼 각 주

타니스

아바리스

네 게 브

하

이

집

트

카데스바르네아

온, 헬리오폴리스

멤피스

이

집

트

페트

유다
아시리아의 가신국이긴 했지만
유다 왕국의 영토가 정복되어
아시리아의 한 지역으로
복속되지는 않았다.

에시온게벨

서 부

사 막

시 나 이

아카바 만

상

집

트

아슈르바니팔(Ashurbanipal) 왕은
B.C.E. 663년, 테베를 점령해
제국 영토를 상(上)이집트까지 확장했다.

테베

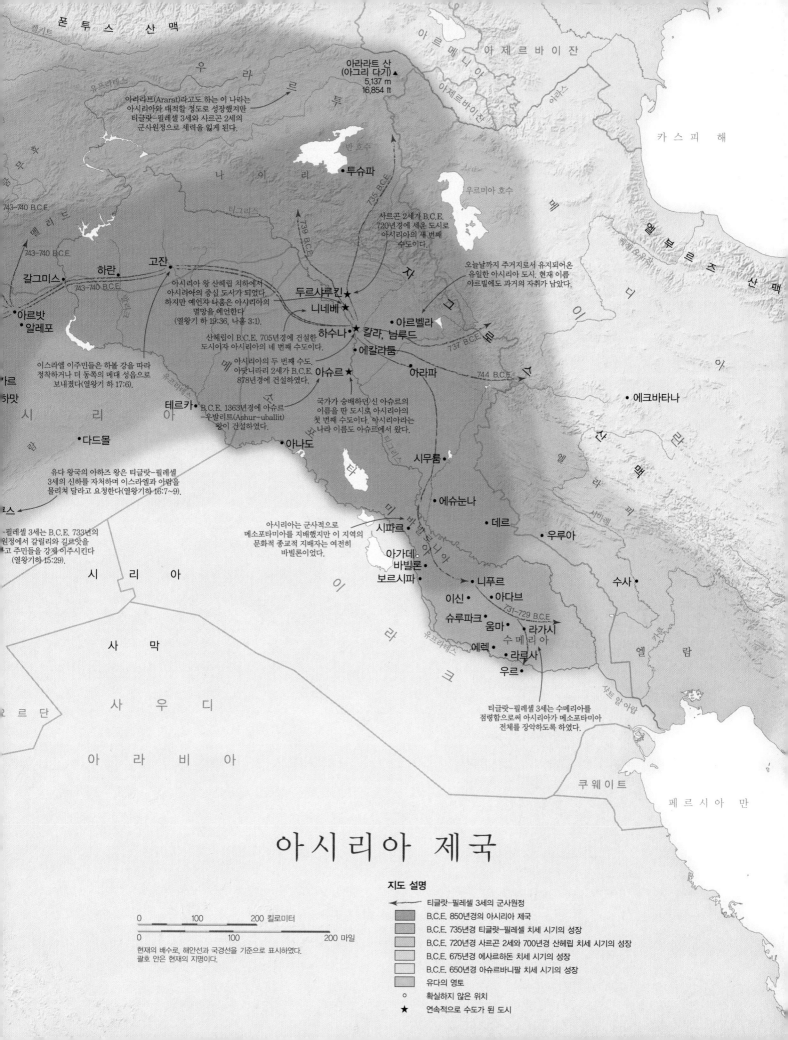

폰투스 산맥

우라르투

아라라트 산
(아그리 다기)
5,137 m
16,854 ft

아르메니아 아제르바이잔

아라라트(Ararat)라고도 하는 이 나라는
아시리아와 대적할 정도로 성장했지만
티글랏–필레셀 3세와 사르곤 2세의
군사원정으로 세력을 잃게 된다.

카스피 해

반 호수

투슈파

우르미아 호수

743–740 B.C.E.

743–740 B.C.E.

갈그미스

하란

고잔

두르샤루킨 ★

니네베 ★

아르벨라

칼라, 님루드 ★

에칼라툼

아슈르 ★

아라파

744 B.C.E.

에크바타나

아르밧

알레포

아시리아 왕 산헤립 치하에서
아시리아의 중심 도시가 되었다.
하지만 예언자 나훔은 아시리아의
멸망을 예언한다
(열왕기 하 19:36, 나훔 3:1).

산헤립이 B.C.E. 705년경에 건설한
도시이자 아시리아의 네 번째 수도이다.

오늘날까지 주거지로서 유지되어온
유일한 아시리아 도시. 현재 이름
아르빌에도 과거의 자취가 남았다.

사르곤 2세가 B.C.E.
720년경에 세운 도시로
아시리아의 세 번째 수도이다.

739 B.C.E.

735 B.C.E.

737 B.C.E.

이스라엘 이주민들은 하볼 강을 따라
정착하거나 더 동쪽의 메대 성읍으로
보내졌다(열왕기 하 17:6).

하맛

다드몰

테르카

B.C.E. 1363년경에 아슈르
–우발리트(Ashur–uballit)
왕이 건설하였다.

아나도

아시리아의 두 번째 수도.
아닷니라리 2세가 B.C.E.
878년경에 건설하였다.

국가가 숭배하던 신 아슈르의
이름을 딴 도시로 아시리아의
첫 번째 수도이다. 아시리아라는
나라 이름도 아슈르에서 왔다.

엘부르즈 산맥

시무룸

유다 왕국의 아하즈 왕은 티글랏–필레셀
3세의 신하를 자처하며 이스라엘과 아람을
물리쳐 달라고 요청한다(열왕기하 16:7~9).

에슈눈나

데르

우루아

수사

–필레셀 3세는 B.C.E. 733년의
원정에서 갈릴리와 길르앗을
고 주민들을 강제 이주시킨다
(열왕기하 15:29).

아시리아는 군사적으로
메소포타미아를 지배했지만 이 지역의
문화적 종교적 지배자는 여전히
바빌론이었다.

시파르

아가데
바빌론

보르시파

니푸르

이신

아다브

731–729 B.C.E.

슈루파크

움마

라가시

에렉

라르사

우르

수메리아

엘람

시리아

사막

사우디

요르단

아라비아

티글랏–필레셀 3세는 수메리아를
점령함으로써 아시리아가 메소포타미아
전체를 장악하도록 하였다.

쿠웨이트

페르시아 만

아시리아 제국

0   100   200 킬로미터
0   100   200 마일

현재의 배수로, 해안선과 국경선을 기준으로 표시하였다.
괄호 안은 현재의 지명이다.

전설의 왕 길가메시로 추정되는 영웅이 사자를 길들이고 있다. B.C.E. 8세기에 만들어졌으리라 추정되는 이 인물상은 코르사바드(Khorsabad)의 사르곤 2세 궁전에서 발견되었다.

있었을 것이다.

첫 번째 이주

이렇게 하여 영화롭던 이스라엘 북왕국은 사라졌다. 아시리아는 북왕국을 도르(Dor), 므깃도, 길르앗, 카르나임(Karnaim)이라는 네 지역으로 나누었다. 함락되지 않은 땅은 수도 사마리아뿐이었다. 하지만 그마저도 아시리아의 꼭두각시 왕인 호세아가 통치하게 되었다.

티글랏-필레셀은 관행대로 대대적인 주민 이주 명령을 내렸다. 마을 전체가 통째로 아시리아로 옮겨가는 판이었다. B.C.E. 8세기의 것으로 추정되는 님루드 궁의 부조를 보면 추방당한 이들의 비극적인 운명이 잘 묘사되어 있다. 티글랏-필레셀은 왕국으로 돌아가 때마침 바빌로니아에서 일어난 B.C.E. 729년의 반란을 진압했다.

티글랏-필레셀은 이제 메소포타미아와 레반트 전체의 통치자였다. 사상 최대 규모의 제국을 호령하게 된 것이다. 하지만 그는 불과 몇 년 후인 B.C.E. 727년에 사망하여 그 영화를 오래 누리지 못했다.

아버지 티글랏-필레셀과 달리 살만에셀 5세(B.C.E. 726~722)는 해외 정벌이나 영토 확장에 그다지 관심이 없었다. 아슈르의 궁전에서 자라난 그는 국내 정치에 주로 매달렸다. 사마리아의 통치자 호세아는 이런 변화를 곧 눈치챘다.

아시리아가 사마리아를 점령하고 난 후 주민들은 고향을 떠나야 했고 그 자리는 바빌로니아인들이 채웠다. 대부분은 구다(Cuthah) 출신이었다. 바빌로니아 새 주민들은 사마리아에 남아 있던 일부 원주민들과 결혼해 야훼 숭배를 비롯한 유대 관습을 받아들였다. 사마리탄이라 불리던 이들 혼혈 이스라엘인들은 유대인들에게 배척당했다. C.E. 1세기 후반의 유대 역사가 요세푸스가 이들을 경멸조로 구다인이라 기록하고 있다(유대인 고대사, VI:2). 사마리탄에 대한 이러한 부정적인 태도는 예수 시대에도 이어져 복음서에도 등장하게 된다.

호세아는 겉으로는 계속 새로운 아시리아 왕에게 충성을 다하며 조공을 바쳤지만(열왕기 하 17:3) 뒤로는 반역을 꿈꾸기 시작했다. 북왕국을 회복할 기회였다. 이집트와 동맹을 맺기 위해 그는 '소(So) 왕에게 사신을 보내'(열왕기 하 17:4) 반역을 모의했다. 파라오 소가 누구인지는 확실치 않지만 이집트가 여러 왕국으로 갈라진 후 삼각주 지역을 통치하던 오소르콘(Osorkon) 4세(B.C.E. 775~750년경)일 가능성이 높다. 이어 호세아는 아시리아에 조공을 보내지 않기로 결정하지만 이로 인해 곧 보복 공격을 당하게 된다(열왕기 하 17:4~5).

아시리아 군대는 사마리아 성을 포위하고 무려 3년에 걸친 기나긴 봉쇄가 시작된다. 그동안 살만에셀 5세가 사망하고 사르곤 2세(B.C.E. 721~705)라는 강력한 왕이 뒤를 잇는다.

사르곤 2세는 즉시 사마리아 성에 추가 병력을 보낸다. 그리하여 '아시리아 왕은 사마리아를 함락하고 이스라엘 백성들을 사로잡아 아시리아로 데려다가 할라 지방과 고잔의 하볼 강 연안과 메대의 성읍들에 이주시켰다'(열왕기 하 17:6). 할라는 니네베(니느웨, Nineveh) 북동쪽이고 하볼은 유프라테스의 지류로 오늘날에는 카불이라 불린다. 메대 성읍들은 아시리아 중심부의 동쪽에 위치한다.

재위 기간 동안 사르곤 왕은 2만 7,000명이 넘는 이스라엘인들을 이주시켰다. 그리고 바빌로니아인들, 아람-다마스쿠스인들을 사마리아로 데려와 정착시켰다. 이들 정착민들은 바빌론 출신, 구다(Cuthah, 바빌론 북동쪽의 텔 이브라힘을 말하는 듯하다) 출신, 바빌로니아 동부의 아와 출신, 오론테스 강가의 시리아 교역 도시인 하맛 출신, 스발와임 출신 등이었다(열왕기 하 17:24).

〈열왕기〉 하권은 북왕국이 멸망한 원인을 다음과 같이 설명한다.

이스라엘이 이렇게 된 것은
저희 하느님 야훼께 죄를 지었기 때문이었다.
그들은 다른 신들을 섬기며,
다른 민족들의 풍습에 따라 살았다.
그들은 이러한 못된 짓을 하여
야훼의 속을 썩였다.

| 열왕기 하 17:7~11 |

신은 예언자나 상징을 통해 경고했지만 '그들은 그 말씀을 듣지 않았다. 저희 하느님 야훼를 믿지 않았던 조상 못지 않게 그들도 고집이 세었다'(열왕기 하 17:14).

일부 학자들은 성경의 이러한 해석이 유다 왕국에 편향된 정치적 관점을 반영한다고 설명한다. 성경 필경사들이 대부분 유다 왕국에 살면서 작업했기 때문이다. 북왕국 또한 유다 왕국과 마찬가지로 야훼의 나라였지만 계약을 따르지 않아 처벌을 받았던 것이다. 북왕국에 대한 이러한 서술은 유다 사람들에게 계약을 충실히 따르지 않는다면 같은 운명에 처할 것임을 경고하기 위해서였으리라.

북왕국의 수도 사마리아 성채 주변을 언덕이 둘러싸고 있다. 이 도시는 B.C.E. 721년, 아시리아의 사르곤 2세에게 함락당한다.

남왕국의 운명

틀로 찍어낸 벽돌 위에 유리로 황소와 용의 모습을 붙인 이슈타르의 문. 복원된 모습이다. 한때 이 문은 마르둑(Marduk) 신전으로 이어지는 바빌론의 행렬로(Processional Way)에 세워져 있었다.

앞서 언급했듯 유다 왕국은 북왕국에 비해 규모가 훨씬 작았다. 유다 부족과 유다 부족에 흡수된 베냐민 부족으로 이루어져 있었고 예루살렘 서쪽의 세펠라 계곡이라는 한정된 농지, 남쪽 고원지대의 과수원과 건조농법 경작지에서 얻는 수확량도 많지 않았다. 하지만 우찌야(Uzziah) 왕(B.C.E. 783~742)이 동쪽의 엘람으로부터 홍해의 주요 항구 엘랏(Elath)을 빼앗았다. 이어 블레셋 땅도 차지해 '가스 성과 야브네 성과 아슈도드 성을 허물고는'(역대기 하 26:6) 왕국을 서쪽으로 확장하였다. 우찌야는 예루살렘과 황야 지대에 망대를 세워 방비하였다. 또한 '야산 지대나 평야에 많은 짐승을 놓아 먹였다. 사람들을 시켜 산악 지대나 기름진 땅에 농사를 짓고 과수도 가꾸게 하였다'(역대기 하 26:10).

성경은 드고아(Tekoa, 베들레헴에서 남쪽으로 10킬로미터 떨어진 마을이다)의 양치기 출신 예언자 아모스(Amos)가 남왕국과 여로보암 2세(B.C.E. 786~746) 치하의 북왕국 모두에서 활동했다고 기술한다. 아모스는 힘센 대지주들이 가족 단위의 소지주 구조를 파괴한다고 비난하였다. 사회정의와 진정한 신앙을 저버린 이스라엘인들은 계약궤

B.C.E. 765년경
예언자 이사야 출생

B.C.E. 640~609년경
유다 왕국의 요시야 치세 동안
율법서가 발견됨

B.C.E. 732~627년경
유다 왕국이 아시리아의
가신국으로 존재함

B.C.E. 612년경
메대와 바빌로니아 동맹군이
아시리아의 수도 니네베를 파괴함

이사야가 히즈키야에게 말하였다. "야훼께서 말씀하십니다. '네 왕궁에 있는 모든 것, 네 선조들이 오늘날까지 고이 간직하였던 모든 것이 바빌론으로 옮겨지고 하나도 남지 않게 될 그 날이 다가오고 있다.'" | 열왕기 하 20:16~17 |

를 위반하는 셈이며 곧 신의 분노를 살 것이라고 말이다. 유다 왕국은 재앙을 맞을 것이라고도 예언한다. "유다가 지은 죄, 야훼의 법을 거부한 죄 때문에 나는 유다를 벌하고야 말리라. 예루살렘의 궁궐들을 불살라 버리리라."(아모스 2:4~5).

이스라엘과 유다 왕국의 사회적 불의에 대한 아모스의 비판은 예언자 미가(Micah, '야훼와 같은 자 누구인가?' 라는 뜻이다)에게서도 그대로 이어진다. 〈미가서〉를 보면 미가는 '유다 왕 요담과 아하즈와 히즈키야의 시대' (미가 1:1)에 활동한 것으로 나온다. 연대로 따지면 B.C.E. 742~687년이다. 하지만 학자들은 미가가 B.C.E. 8세기 후반에 활동했을 가능성이 높다고 본다. 미가는 세펠라의 모레셋-가드(Moresheth-Gath) 사람으로 예루살렘 관리, 사제, 판관들에게 빈민의 비참한 삶을 알리면서 평생을 보냈다. 아모스와 마찬가지로 미가 또한 왕국의 불의가 모세 율법의 가르침에 어긋난다고 믿었다. 모레셋-가드는 국경 도시였고 미가는 아시리아 침략의 위협을 예견할 수 있었다. '정의를 역겨워하고 곧은 것을 구부러뜨리는 이스라엘 가문의 지도자들' 을 향해 미가는 '시온이 갈아엎은 밭이 되고 예루살렘이 돌무더기가 되리라'고 경고한다(미가 3:9, 12). 그 파괴의 도구가 바로 강력한 아시리아였다.

아하즈 치세부터 유다 왕국은 아시리아의 가신국가였다. 아하즈가 이교 우상숭배를 허용한 것도 아시리아의 영향 때문이었으리라. 아하즈 왕은 '짐승을 잡아 산마루에서 번제를 드리고 향을 피웠다' (열왕기 하 16:4)고 하는데 이는 야외 신전에서 다양한 이교 풍속이 행해졌다는 뜻으로 보인다. 아시리아의 위협이 커지는 상황

에서 아하즈의 뒤를 이어 히즈키야(Hezekiah B.C.E. 716~687)가 왕좌에 올랐다. 그는 곧 개혁을 실시해 이교 숭배를 폐지하고 성전을 깨끗이 하였다. 이어 히즈키야는 티글랏-필레셀의 북쪽 정벌로 손상을 입은 유다 경제를 재건하는 일에 착수하였다. 아시리아의 확장으로 유다 왕국은 북쪽으로는 미스바(Mizpah, 오늘날의 라말라 근처), 남쪽으로는 베에르셰바 정도로 축소된 상태였다. 지중해로 가는 길이 막히고 홍해의 엘랏 항도 잃어버려 육지의 섬이나 다름없었다.

히즈키야는 우선 이러한 고립 상태를 벗어나 이집트와 아시리아를 연결하는 무역로로서의 역할을 되찾기로 하였다. B.C.E. 705년에 사르곤 왕이 사망한 직후, 역시 아시리아의 가신국가 신세인 바빌론의 므로닥발라단(Merodach-baladan) 왕이 히즈키야를 찾아왔다. 반역을 모의하기 위해서였다. 히즈키야는 사절단을 환대하며 '자기 보물 창고 안에 있는 금, 은, 향료, 향유, 병기, 기타 모든 귀중품을 보여주었다' (열왕기 하 20:13).

예언자 이사야(Isaiah, '야훼가 구해주시리라' 라는 뜻이다)는 이 만남에 주목한다. 미가와 동시대인인 이사야는 25세에 야훼의 부름을 받는다. 우찌야 통치 말년 무렵이었다. 그때부터 그는 예언자로서, 외교관으로서, 시인으로서 세 왕을 모시며 조언을 했고 유다 왕국의 종교적 양심 역할을 했다. 유다 왕실과 무척 가까웠다는 점 때문에 학자들은 이사야 자신이 왕실 출신이었으리라 추정한다.

산헤립의 육각 점토 기둥은 아시리아의 가나안 군사 원정을 상세히 설명하며 유다의 히즈키야를 적장으로 언급하고 있다.

B.C.E. 609년경
파라오 느고 2세가 이집트 군을 이끌고 유다 왕국에 맞섬. 요시야 왕은 므깃도에서 사망함

B.C.E. 609~605년경
이집트가 요시야의 왕국을 지배함

B.C.E. 601년경
느부갓네살 왕이 이끄는 바빌로니아인들이 팔레스타인에서 이집트에 맞섬

B.C.E. 586년경
바빌로니아인들이 예루살렘을 파괴하고 유다 왕국을 멸망시킴

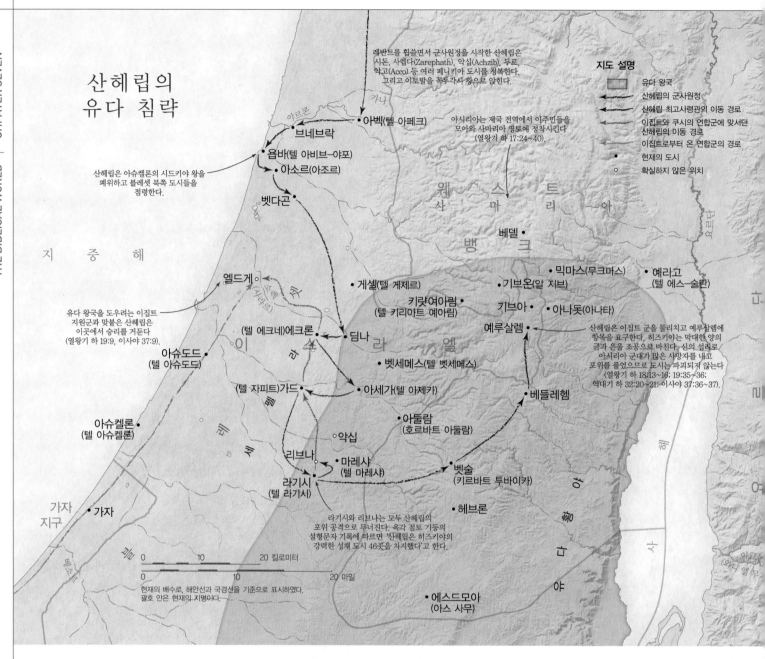

산헤립의 유다 침략

레반트를 휩쓸면서 군사원정을 시작한 산헤립은 시돈, 사렙다(Zarephath), 악십(Achzib), 두로, 악고(Acco) 등 여러 페니키아 도시를 정복한다. 그리고 이토발을 꼭두각시 왕으로 앉힌다.

아시리아는 제국 전역에서 이주민들을 모아 사마리아 영토에 정착시킨다 (열왕기 하 17:24~40).

지도 설명

유다 왕국
산헤립의 군사원정
산헤립 최고사령관의 이동 경로
이집트와 쿠시의 연합군에 맞섰던 산헤립의 이동 경로
이집트로부터 온 연합군의 경로
현재의 도시
확실하지 않은 위치

아벡(텔 아페크)
브네브락
산헤립은 아슈켈론의 시드키야 왕을 폐위하고 블레셋 북쪽 도시들을 점령한다.
욥바(텔 아비브-야포)
아소르(아조르)
벳다곤

지중해

엘드게
유다 왕국을 도우려는 이집트 지원군과 맞붙은 산헤립은 이곳에서 승리를 거둔다 (열왕기 하 19:9, 이사야 37:9)
게셀(텔 게제르)
(텔 에크네)에크론
딤나
키럇여아림 (텔 키리아트 예아림)
아슈도드 (텔 아슈도드)
벳세메스(텔 벳세메스)
베델
믹마스(무크마스)
예리고 (텔 에스-술탄)
기브온(알 지브)
기브아
아나돗(아나타)
예루살렘
산헤립은 이집트 군을 물리치고 예루살렘에 항복을 요구한다. 히즈키야는 막대한 양의 금과 은을 조공으로 바친다. 신의 섭리로 아시리아 군대가 많은 사망자를 내고 포위를 풀었으므로 도시는 파괴되지 않는다 (열왕기 하 18:13~16; 19:35~36; 역대기 하 32:20~21; 이사야 37:36~37).
(텔 자피트)가드
아세가(텔 아제카)
아둘람 (호르바트 아둘람)
베들레헴
아슈켈론 (텔 아슈켈론)
악십
리브나
마레샤 (텔 마레샤)
라기시 (텔 라기시)
벳술 (키르바트 투바이카)
헤브론
가자 지구
가자
라기시와 리브나는 모두 산헤립의 포위 공격으로 무너진다. 육각 점토 기둥의 설형문자 기록에 따르면 '산헤립은 히즈키야의 강력한 성채 도시 46곳을 차지했다'고 한다.

0 10 20 킬로미터
0 10 20 마일
현재의 배수로, 해안선과 국경선을 기준으로 표시하였다. 괄호 안은 현재의 지명이다.

에스드모아 (아스 사무)

이사야는 다윗 왕이야말로 신이 선택한 통치자이고 시온, 즉 예루살렘이야말로 신이 선택한 땅이라고 굳게 믿었다. 그리하여 유다 왕국이 복잡한 국제 정세에 휘말려 잘못되지 않을까 노심초사했다. 그런 위험한 상황의 한 예로 북왕국의 베가 왕과 아람-다마스쿠스의 레짐(Rezim) 왕이 유다 공격 계획을 세웠던 것을 들 수 있다.

당시 신은 아하즈 왕에게 예언자 이사야를 보내 "진정하여라. 안심하여라. 겁내지 마라."라고 전한 후(이사야 7:4) 신이 보호한

다는 징표로서 "여기 아이를 데리고 있는 젊은 여인이 아들을 낳게 될 것이며 그 이름은 임마누엘이라 할 것이다. 그 아이가 젖을 떼기 전에 네가 원수로 여겨 두려워하는 저 두 왕의 땅은 황무지가 되리라."라고 덧붙이도록 하였다(이사야 7:14, 16).

그로부터 10여 년이 흐른 시점에서 찾아온 바빌로니아 사절단은 이사야를 불안하게 했다. 그는 히즈키야의 궁으로 찾아가 '왕궁에 있는 모든 것, 네 선조들이 오늘날까지 고이 간직하였던 모든 것이 바빌론으로 옮

겨지고 하나도 남지 않게 될 그날이 다가오고 있다'고 경고한다(열왕기 하 20:17). 하지만 미래의 영광에 눈이 어두운 히즈키야는 예언자의 말을 듣지 않았다. 그는 바빌로니아인들과 함께 아시리아에 대항할 계획을 짰다. 바빌로니아는 북쪽에서, 유다는 남쪽에서 공격한다는 작전이었다.

사르곤의 뒤를 이어 아시리아의 왕이 된 산헤립(Sennacherib, B.C.E. 704~681)은 바빌로니아 사절단이 미처 고국에 돌아가기도 전에 이미 히즈키야의 반역 계획을 눈치챘

다. 그는 군대를 움직여 먼저 바빌로니아를 격퇴하고 서쪽의 유다 왕국으로 향했다. 상대의 막강한 힘을 아는 히즈키야는 긴 포위전에 대비해 기혼 샘물이 곧바로 실로암으로 들어오도록 새로운 수로를 파게 했다. 1830년 니네베에서 발견된 육각 점토 기둥에 새겨진 이 전쟁 관련 기록은 〈열왕기〉 하권의 내용과 대부분 일치한다. 산헤립은 서쪽으로 가서 우선 페니키아인들과 맞섰고(페니키아 역시 반역에 가담했던 것이다) 두로와 시돈에서 승리를 거두었다. 이어 남쪽에서는 허겁지겁 공물을 가지고 달려온 암몬, 모압, 에돔 왕들에게서 충성을 맹세받았다.

이제 유다 왕국은 철저히 고립된 상황이었다. 산헤립은 천천히 예루살렘을 압박해 들어갔다. 예루살렘 주변을 둘러싼 성채들이 차례로 함락당했다. 유다 왕국의 요새화된 성읍들이 모두 점령된 것이다(열왕기 하 18:13). 산헤립의 육각 점토 기둥 기록에도 '히즈키야가 내게 복종하지 않았으므로 그의 강력한 도시, 성채, 마을 46곳을 포위하였고 흙 경사로와 성벽 파괴용 해머를 이용한 후 보병으로 공격해 정복하였다.' 라는 설명이 등장한다.

히즈키야의 '강력한 도시' 가운데 하나가 예루살렘 남서쪽 48킬로미터에 위치한 라기시였다. 치열하고 끔찍한 전투가 이곳에서 벌어졌다. 산헤립은 니네베의 장인들에게 명령해 불운한 도시의 최후를 담은 부조를 제작하도록 했다.

예루살렘 포위전

히즈키야는 라기시가 끝내 함락되지 않고 버텨내리라 믿었는지도 모른다. 고고학자들은 당시 군사 통신에 사용된 도기 조각을 몇 점 발견했다. 한 점에는 히브리어로 '야

히즈키야 수로의 비밀

성경에는 히즈키야가 기혼 샘물이 곧바로 실로암으로 들어오도록 새로운 수로를 파라고 명령한 이야기가 등장한다(열왕기 하 20:20). 한 번에 물통 하나씩 내려 물을 긷게 했던 '워렌의 수직통로(Warren's Shaft)'에 비해 훨씬 진보된 방식이었다.

1880년, 고고학자들은 히즈키야 왕이 수로 공사 일꾼들을 두 무리로 나누어 서로 반대편에서 파내려가 가운데 부분에서 만나게 함으로써 공사 시간을 절반으로 단축했다고 설명하는 고대 기록을 찾아냈다. 이 기록은 현재 이스탄불에 보관되어 있다. 하지만 발굴 결과 533미터 길이의 수로는 구불구불 이어지는 무계획적인 형태였다. 지질 조사 장비가 전혀 없었던 B.C.E. 8세기의 공사 현장에서 양쪽에서 땅을 파 들어가 가운데서 만날 수 있는 방법은 무엇이었을까?

고고학자 실로의 1978년 발굴 작업에 참여했던 지질 전문가 길(Dan Gill)은 예루살렘의 지형 덕분에 그런 작업이 가능했다고 설명한다. 예루살렘 지하의 석회암 층에는 지하수 압력 때문에 자연적으로 생긴 공동과 통로가 본래 많았다는 것이다.

이를 알고 있던 히즈키야의 기술자들은 이 공동과 통로를 연결시킴으로써 성벽 안까지 물을 끌어들일 수 있었다.

워렌의 수직통로, 그리고 기혼 샘물을 실로암과 연결시킨 히즈키야 수로로 이어지는 예루살렘 지하 계단.

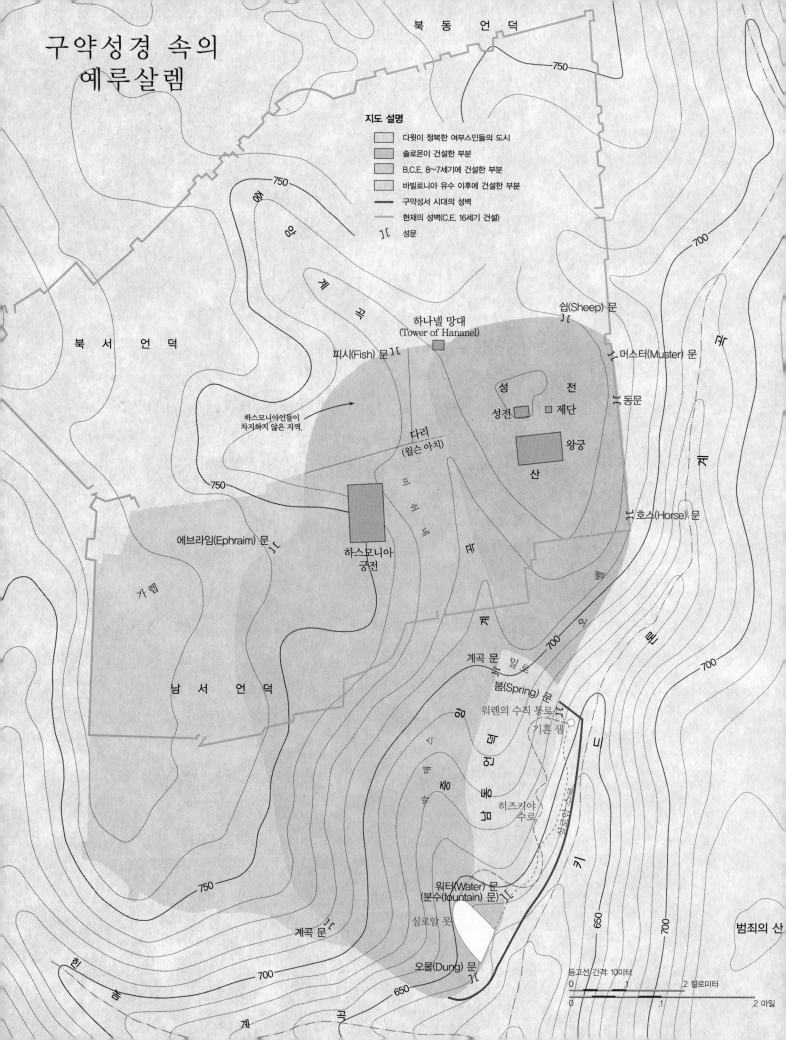

구약성경 속의
예루살렘

지도 설명

다윗이 정복한 여부스인들의 도시
솔로몬이 건설한 부분
B.C.E. 8~7세기에 건설한 부분
바빌로니아 유수 이후에 건설한 부분
구약성서 시대의 성벽
현재의 성벽(C.E. 16세기 건설)
성문

북 동 언 덕

북서 언덕

750

750

750

하스모니아인들이
차지하지 않은 지역.

쉽(Sheep) 문

머스터(Muster) 문

동문

성   전

성전   □제단

왕궁

산

하나넬 망대
(Tower of Hananel)

피시(Fish) 문

다리
(윌슨 아치)

므   소   리

에브라임(Ephraim) 문

하스모니아
궁전

호스(Horse) 문

가 렙

남 서 언 덕

700

700

계곡 문 밀   로

봄(Spring) 문

워렌의 수직 통로

기혼 샘

히즈키야
수로

700

워터(Water) 문
(분수(fountain) 문)

실로암 못

계곡 문

650

700

범죄의 산

750

700

650

오물(Dung) 문

계   곡

등고선 간격: 10미터

0   .1   .2 킬로미터

0   .1   .2 마일

히즈키야는 신에게 기도하였다. "야훼여, 아시리아의 역대 왕들이 이웃의 여러 나라들과
그 영토를 짓밟았고 그 나라들의 신들을 불에 던졌음은 사실입니다.
그러니 야훼, 우리의 하느님이여, 그의 손아귀로부터 우리를 구원하여 주십시오." | 열왕기 하 19:15~19 |

라기시 방어군이 아시리아 군과 치열한 싸움을 벌이고
있다.

B.C.E. 701년경의 라기시 점령 장면을 보여주는 니네베
의 산헤립 궁 부조들이다.

아시리아 군인들이 적군 포로를 긴 장대에 꿰고 있다.

포로가 된 유대인 일가가 감시를 받으며 떠나고 있다.

훼께서 지금, 지금이라도 평화의 소식을 왕에게 전하셨으면.'이라는 희망적인 메시지가 담겨 있다. 하지만 결국 히즈키야는 라기시의 운명을 알게 되었고 결국 전쟁에서 패배하리라는 두려움에 휩싸였다. 믿을 만한 성채가 모두 사라지고 난 상황에서 남은 것은 정면대결뿐이었다. 히즈키야는 먼저 굴복하기로 결정한 뒤 라기시에 진을 치고 있던 산헤립에게 '제가 잘못했습니다. 돌아가 주시기만 한다면 어떤 처벌을 내리시든지 달게 받겠습니다.' (열왕기 하 18:14)라는 내용의 편지를 보냈다.

산헤립은 은 300달란트와 금 30달란트를 요구하였다. 솔로몬 시대였다면 감당할 수 있는 벌금이었다. 하지만 가난한 히즈키야 왕국에게 이는 상상조차 어려운 액수였다.

히즈키야는 왕궁, 심지어 성전의 보물까지 다 긁어모았다. 산헤립은 여기서 그치지 않았다. 이미 20만 명이 넘는 유대인을 포로로 잡은 상태였지만 포위가 계속되었다. 아시리아 군인들은 예루살렘 방어군에게 "무엇을 믿고 반역하느냐? 너희가 믿는 이집트는 부러진 갈대에 불과하다."라며 비아냥거렸다(열왕기 하 18:20~21).

히즈키야는 이사야에게 조언을 청했다. 유다 왕국은 어떻게 해야 할 것인가? 항복할 것인가, 싸울 것인가? 이사야는 "그는 제가 온 길로 되돌아갈 것이며 이 성에는 결코 발을 들여놓지 못하리라."며(열왕기 하 19:33) 그저 가만히 기다리라고 했다. 그리고 이사야의 말대로 되었다. '야훼의 천사가 내려와' 산헤립 군사 18만 5,000명을 쳤던 것이다. 아마 전염병이 돌았던 것으로 추측된다. 어떻든 예루살렘 포위는 풀렸다. 산헤립의 점토 기록에는 그 이후에 대한 언

급이 없지만 금, 은, 보석, 가구 등을 히즈키야의 궁과 성전에서 싹쓸이하다시피 거둬갔다는 내용은 확인해준다. 승리를 떠들썩하게 강조하지도, 예루살렘 주민들을 이주시키지도 않았다는 점은 특기할 만하다. 공물을 받고 군대는 물러났다.

이렇게 하여 예루살렘이 위기를 벗어난 셈이었지만 히즈키야는 커다란 대가를 치렀다. 자랑스러운 도시들은 폐허로 변했고 유대 고원과 바닷가 사이의 세펠라 지역, 그리고 네게브 지역은 블레셋인들의 차지가 되었다.

히즈키야의 뒤를 이은 므나쎄(B.C.E. 687~642)는 예언자의 경고를 무시하고 우상 숭배를 부활시켰다. 산마루에서 지역 신에게 제물을 바치기도 하였다. 힌놈(Hinnom) 계곡에서는 어린아이를 번제물로 바치는 일까지 벌어졌다. 〈열왕기〉 하권의 필경사들은 '혐오스러운 관행'이 이어진 이 세월

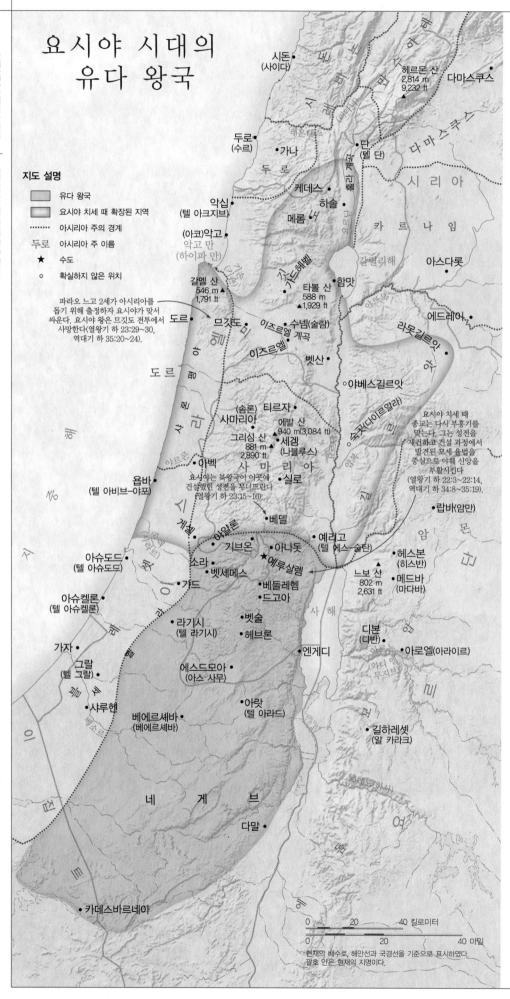

요시야 시대의 유다 왕국

지도 설명

유다 왕국

요시야 치세 때 확장된 지역

아시리아 주의 경계

두로 아시리아 주 이름

★ 수도

○ 확실하지 않은 위치

시돈 (사이다)

헤르몬 산 2,814 m 9,232 ft 다마스쿠스

두로 (수르)

가나

케데스

단 (텔 단)

두로

악십 (텔 아크지브)

메롬

하솔

시리아

(아코)악고

악고 만 (하이파 만)

카르나임

갈멜 산 546 m 1,791 ft

기드헤벨

타볼 산 588 m 1,929 ft

함맛

아스다롯

파라오 느고 2세가 아시리아를 돕기 위해 출정하자 요시야가 맞서 싸운다. 요시야 왕은 므깃도 전투에서 사망한다(열왕기 하 23:29~30, 역대기 하 35:20~24).

도르

므깃도

이즈르엘 계곡

수넴(술람)

이즈르엘

벳산

에드레이

라못길르앗

도르

야베스길르앗

요시야 치세 때 종교는 다시 부흥기를 맞는다. 그는 성전을 재건하고 건설 과정에서 발견된 모세 율법을 중심으로 야훼 신앙을 부활시킨다 (열왕기 하 22:3~22:14, 역대기 하 34:8~35:19).

(솜론) 티르자

사마리아

에발 산 940 m (3,084 ft)

그리심 산 881 m 2,890 ft

세겜 (나블루스)

숙곳(다이르알라)

아벡

요시야는 북왕국이 이곳에 건설했던 성전을 무너뜨린다 (열왕기 하 23:15~16).

사마리아

실로

욥바 (텔 아비브-야포)

랍바(암만)

벧엘

아얄론

아나돗

예리고 (텔 에스-술탄)

기브온

★ 예루살렘

암 몬

아슈도드 (텔 아슈도드)

소라

헤스본 (히스반)

느보 산 802 m 2,631 ft

메드바 (마다바)

벳세메스

가드

베들레헴

드고아

아슈켈론 (텔 아슈켈론)

라기시 (텔 라기시)

벳술

디본 (디반)

가자

헤브론

아로엘(아라이르)

그랄 (텔 그랄)

에스드모아 (아스 사무)

엔게디

아랏 (텔 아라드)

사 해

네 게 브

베에르셰바 (베에르셰바)

샤루헨

길하레셋 (알 카라크)

다말

카데스바르네아

0 20 40 킬로미터
0 20 40 마일

현재의 배수로, 해안선과 국경선을 기준으로 표시하였다.
괄호 안은 현재의 지명이다.

이 결국은 유다 왕국과 예루살렘에 어둠을 드리우게 되었다고 쓰고 있다.

요시야의 개혁

하지만 재앙이 닥쳐오기 전에 요시야 왕 (B.C.E. 640~609)이 야훼 숭배만을 허용하는 개혁을 단행하였다. 이 개혁 시기는 아시리아의 아슈르바니팔 왕이 사망한 B.C.E. 627년과 겹친다. 아시리아의 가신국가들은 반란을 꿈꾸기 시작했고 요시야 역시 영토 확장과 다윗과 솔로몬 왕국 재현을 위해 반란에 가담했다. 쇠약해진 아시리아 제국은 반란을 제압하지 못했다. 요시야의 군대는 과거 북왕국의 영토였던 북쪽 땅을 정복해 유다 왕국 영역을 넓혔다.

B.C.E. 622년, 대사제 힐키야(Hilkiah)가 야훼의 성전에서 율법이 적힌 고대 두루마리를 찾았다고 요시야 왕에게 알린다(열왕기 하 22:8). 학자들은 이 두루마리가 오늘날 성경의 출처 가운데 하나라고 생각하고 있다. 요시야와 사제들은 모세 율법의 구체성과 체계성에 놀라면서 자신들이 선조의 믿음에서 얼마나 멀어졌는지 깨달았다. 그리하여 왕은 유대 역사와 계약궤의 내용을 다시 정리하기로 결정한다. 구전되거나 기록된 역사의 단편들을 다 모아 몇 권의 책, 즉 성경으로 편집하는 작업이 최초로 시도된 셈

고대의 운하

이집트 제26왕조의 파라오 느고 2세(B.C.E. 610~595)는 유다를 비롯한 가신국가에서 거둬들인 공물로 여러 건설 사업을 벌였다. 그 중에는 나일강의 지류인 펠루시악(Pelusiac) 강과 와디 엘 투밀라트(국경도시인 펠루시움 근처), 쓴물 호수 그리고 홍해까지 이어지는 수로 공사도 있었다. 오늘날 수에즈 운하의 선조라 할 만하다. 이 수로를 지키고 관리하기 위해 페르테무제쿠(Per-Temu-Tjeku)라는 도시가 건설되기도 하였다.

이다.

여기에는 모세 5경의 초기 수정판이 포함되었을 것이다. 이 초기 수정판의 출처는 세 가지이다. 첫 번째는 다윗이나 솔로몬 시대인 B.C.E. 10세기에 만들어진 것으로 신을 야훼라 부르는 J 텍스트이다. 두 번째는 왕국 분열기에 작성되었으리라 추정되며 신을 엘로힘이라 부르는 E 텍스트이다. 마지막 세 번째는 대사제 힐키야가 발견한 것으로 추측되는 D 텍스트이다. 뒤이어 신과 인간의 중재자로서 사제의 역할을 강조하는 P 텍스트까지 합쳐지면서 모세 5경은 바빌론 유수 이후 시대까지로 범위가 확장된다.

학자들은 요시야의 필경사들이 모세 5경의 역사관에 맞춰 〈여호수아서〉 〈판관기〉 〈사무엘서〉 〈열왕기〉 등 예언서도 수정 보완했으리라 생각한다. 왕국의 평안은 율법을 얼마나 잘 지키는지에 달려 있고 이를 기준으로 모든 이스라엘의 왕들이 평가받아야 한다는 관점 말이다. 위대한 다윗 왕국을 재현하겠다는 요시야의 야심 또한 이러한 역사관에서 영향을 받았을 것이다.

요시야는 다신교 숭배의 터전이었던 아하즈 왕의 산마루 제단들을 완전히 쓸어버렸다. 사마리아의 베델 신전에서 그리고 '게바에서부터 브엘세바에 이르기까지' (열왕기 하 23:8) 모든 이교 중심지를 없앤 것이다. 이후 왕국이 마침내 깨끗해졌음을 선포하며 예루살렘에서 성대한 과월절 축제를 열었다. '판관들이 이스라엘을 다스리던 시대나 왕들이 이스라엘과 유다를 다스리던 어느 시대에도 없었을 정도로' 대단한 축제였다(열왕기 하 23:22).

더 나아가 요시야는 이스라엘 전체가 율법을 충실히 따라 할례, 정화, 희생, 숭배를 행해야 한다고 명령하였다.

아시리아의 천문학

아시리아의 천문학자들이 남긴 일식(日蝕) 기록은 제국의 연대 추정을 가능하게 한다. 아시리아 중심부, 그러니까 수도였던 아슈르와 니네베 인근에서 관찰된 일식은 모두 세 번이었다. 살만에셀 3세 치세였던 B.C.E. 832년, 아슈르단 3세 치세였던 B.C.E. 763년 그리고 느부갓네살 왕이 예루살렘을 정복한 직후인 B.C.E. 585년이 그것이다.

아시리아에서 일식은 중요한 사건의 전조로 여겨졌다. 학문에 관심이 많았던 아슈르바니팔 왕의 도서관에는 왕의 건강이나 나라의 미래를 점치기 위해 사용한 별과 행성 관찰 기록이 다수 포함되었다.

바빌로니아 천문학자들은 달을 관찰하여 월력을 만들었고 이는 서아시아 대부분 문명에서 사용되었다. 혜성, 일식 등 여러 천문 현상에 대한 아시리아 기록은 이후 그리스 로마 학자들의 연구 대상이었고 중세까지 영향을 미쳤다.

사르곤 2세(B.C.E. 722~705)가 니네베 북동쪽의 두르샤루킨(Dur Sharrukin)에 새 왕궁을 지을 때 옥상에서 천문관측을 할 수 있도록 나선형 계단을 지으라고 명령했다는 일화도 있다. 그 정도로 아시리아에서는 천문학과 점성술이 널리 퍼져 있었다.

바빌론에서 공부했던 그리스 과학자 피타고라스가 지구 구체설을 주장했던 것으로 미뤄볼 때 아시리아 천문학자들 역시 지구가 구체라고 생각했을지 모른다.

바빌론의 천문학자들은 행성, 일식, 월식 등 다양한 천문 현상을 관찰하고 기록하였다. 사진은 월식 장면이다.

요시야 치세는 예언자 예레미야(Jeremiah) 등장 시기와 일치한다. 예레미야는 예루살렘에서 5킬로미터 거리인 아나돗(Anathoth)의 어느 사제 집안에서 태어났다. 선대의 예언자들처럼 예레미야도 신의 계시를 전하곤 했다. 그는 우상숭배를 철폐하려는 요시야의 노력을 지지했지만 정치적 야심은 경계했다. 왕국이 점차 부유해지자 예레미야는 과거에 미가나 이사야가 그랬듯 다른 사람을 희생하여 재물을 쌓는 행위를 비난했다. "부정으로 축재하는 사람은 반생도 못 살아 재산을 털어먹고 결국은 미련한 자로서 생을 마치리라."(예레미야 17:10~11) 예언자가 시나 격언으로 남긴 말은 충실한 제자 바루크(Baruch)가 꼼꼼히 기록하여 후대에 전했다. 그중에는 '이 야훼만은 그 마음을 꿰뚫어보고 뱃속까지 환히 들여다본다. 그래서 누구나 그 행실을 따라 그 소행대로 갚아 주리라.'라는 구절도 있다.

신바빌로니아의 부흥

B.C.E. 612년, 아시리아의 가신국가였던 메대 왕국과 바빌로니아가 아시리아의 수도인 니네베를 함락시킨다. '물이 빠지고 있는 웅덩이처럼'(나훔 2:7) 되리라는 예언자 나훔의 말이 실현된 셈이었다. 이후 빚어진 일대 혼란에 불안을 느낀 이집트 파라오 프삼테크(Psamtek) 1세(B.C.E. 664~610)가 위기에 처한 아시리아 군을 도우러 나섰다. 이집트의 생명줄이나 다름없는 해안 교역로, 즉 나일강 삼각주에서 블레셋을 거쳐 두로, 하맛, 갈그미스까지 이어지는 길을 유지하고 싶은 마음 때문이었다.

요시야 왕은 메대-바빌로니아 연합에 가세해 전쟁에 뛰어든다는 운명적인 결정을 내린다. 그리고 므깃도 성채 근처에서 이집트 군을 공격한다. 하지만 이집트 군의 병거나 궁사들은 요시야 왕의 예상보다 훨씬 강했다. 화살이 비처럼 쏟아지는 가운데 왕 자신도 치명적인 상처를 입고 말았다. 그는 병거에 실려 예루살렘으로 돌아오자마자

요르단의 광활한 사막 지역인 와디 룸(Wadi Rum). 성경 시대에는 모압의 일부였다.

> 요시야가 이렇게 성전을 바로잡은 다음이었다.
> 이집트 왕 느고가 유프라테스 강가 갈그미스 전투에 참가하려고 출병하였다.
> 그를 막으려고 요시야도 출동하였다. | 역대기 하 35:20 |

숨을 거두었다(열왕기 하 23:29~30).

요시야의 섣부른 참전으로 유다 왕국은 이집트의 가신국가로 전락하고 말았다. 아시리아가 이집트로 바뀌었을 뿐 계속 이민족의 지배를 받는 신세였다. 요시야의 아들 여호아하즈가 유다 왕국의 새로운 왕좌에 올랐을 때 이집트 파라오 느고(네코, Necho) 2세(B.C.E. 610~595)는 이를 인정하지 않고 요시야의 다른 아들 여호야킴(Jehoiakim, B.C.E. 609~598)을 꼭두각시 왕으로 세웠다.

B.C.E. 605년, 메대-바빌로니아 연합은 갈그미스에서 아시리아와 이집트 군을 물리쳤다. 고대 중동의 역사에서 큰 분수령이 되는 전쟁이었다. 이 지역의 세력 중심이 아슈르에서 바빌론으로 옮겨진 것이다. 바빌로니아의 느부갓네살(B.C.E. 604~562)은 과거 아시리아가 통치하던 땅에서 신(新)바빌로니아 제국이 탄생하게 될 것이라 선언하였다. 그리고 요시야의 후계자 여호야킴을 포함해 각국 왕을 모두 불러모은 후 무거운 조공을 부과하였다.

여호야킴은 바빌로니아의 압제에 순순히 굴복하지 않았다. 모압, 두로, 시돈, 에돔 등 이웃 국가에 사절을 보내 은밀히 반(反)바빌로니아 연대를 추진했다. 예언자 예레미야는 이러한 행동이 대단히 위험하다고 여겨 왕을 말렸다. 또한 여호야킴이 바알과 몰록(Moloch) 신에게 번제물을 바치는 등의 이교 숭배를 허용하자 분노했다. 이교 숭배가 어찌나 널리 퍼졌는지 무덤에도 우상을 함께 묻을 정도였다. 여호야킴의 시대로 추

님루드의 왕궁 아래 한 무덤에서 발견된 황금 관. 꽃잎 장식으로 꾸며져 있다.

정되는 베들레헴 근처 무덤을 발굴했을 때 향수통, 팔찌, 발찌 등과 함께 다산을 상징하는 여신상이 나왔던 것이다.

예레미야는 과거 이사야가 그랬듯 신의 보복이 얼마나 무서운 것인지 경고했다. 이번에는 바빌로니아라는 무서운 존재를 이용하실 것이고 따라서 유다 왕국은 어서 정신을 차리고 야훼만을 모시는 전통으로 돌아가야 한다고 말이다. 예레미야는 "나는 야훼의 말씀을 받아 23년을 하루같이 전하고 있는데 어째서 너희는 듣지 않느냐!"라고 호소했다(예레미야 25:3). "유다 왕국이 변하지 않으면 신은 바빌론 왕 느부갓네살을 시켜 북녘의 모든 족속들을 거느리고 쳐들어와 이 땅에 사는 사람들과 주위에 있는 모든 민족을 전멸시키고 이 땅을 영원히 쑥대밭으로 만들게 하리라. 이 일대는 끔찍한 폐허가 되고 여기에 살던 민족들은 모두 70년 동안 바빌론 왕의 종노릇을 할 것이다."라고도 하였다(예레미야 25:9~11).

예레미야의 무서운 예언은 여호야킴의 뒤를 이은 여호야긴(Jehoiachin)이 왕좌에

오른 후인 B.C.E. 598년에 실현되었다. 느부갓네살 왕이 보복성 군사 작전을 시작한 것이다. 바빌론 왕궁 근처에서 발견된 점토판 기록을 보면 '키슬리무(Kislimu)의 달 일곱 번째 날(B.C.E. 598년 겨울)에 아카드 왕(느부갓네살)이 군대를 움직여 하티랜드(시리아-가나안)로 가 유다의 도시(예루살렘) 앞에 진을 쳤다.'라고 되어 있다.

여호야긴은 도시 앞에 포진한 바빌로니아 병거와 공성 탑, 궁사들을 보고 기겁했다. 그리고 상황이 더 악화되기 전에 항복했다. 여호야긴은 예루살렘의 귀족들과 함께 체포되어 바빌론으로 끌려갔다. 유다 왕국은 또다시 막대한 조공을 바쳐야 했다. 여호야긴의 숙부인 시드키야(Zedekiah)가 왕좌에 올라 느부갓네살의 지시대로 왕국을 다스렸다.

하지만 느부갓네살이 떠나자마자 예루살렘은 다시 반란을 꿈꾸었다. 예레미야는 이를 말리며 신의 뜻을 거슬러 싸울 수는 없다고 주장했다. 바빌로니아가 부과한 의무를 묵묵히 따라야 한다는 것이었다.

B.C.E. 589년, 바빌로니아 군의 포위를 겪은 지 겨우 아홉 해가 지났을 때 시드키야는 반란을 일으키기로 했다. 이집트 파라오 아프리에스(Apries B.C.E. 589~570)가 선동한 대로 시드키야는 공개적으로 바빌로니아로부터의 독립을 선포했다. 곧 느부갓네살이 행동에 나섰다. 불과 몇 달 후 성문 앞에는 다시 바빌로니아 군이 진을 쳤다. 파라오 아프리에스가 바빌로니아의 국

바빌론의 공중정원

바 빌론 궁전의 공중정원만큼 대중의 호기심을 자극한 고대 건축물은 달리 없을 것이다. 이 멋진 정원은 신(新) 바빌로니아의 느부갓네살 2세가 선대 왕들이 아슈르와 니네베에 남긴 전설적인 궁전을 뛰어넘을 작정으로 건축한 것이라고 한다.

거대한 궁전은 다섯 개 뜰을 거쳐야 하렘, 왕의 거주 공간, 공식 알현실로 들어갈 수 있는 구조였다. 옥좌가 놓인 공식 알현실은 삼목 들보, 번쩍거리는 벽돌 벽, 금은 장식으로 화려하기 이를 데 없었다. 그 근처에는 비옥한 초승달 지역의 가신 국가에서 모아들인 귀중품이 전시된 '왕실 박물관' 이 자리잡았다.

테라스에 흙을 덮고 바빌로니아 제국 전역의 나무와 식물을 심어 공중정원을 꾸몄는데 정교한 펌프 장치, 댐, 관개 파이프가 정원의 나무와 꽃에 끊임없이 유프라테스 강물을 뿌려주었다고 한다.

느부갓네살은 가장 총애하던 아내 아미티스를 위해 그 정원을 만들었다고 전해진다. 메대의 공주 출신인 아미티스가 고향 이란의 우거진 숲을 늘 그리워했기 때문이다. 고대의 기록들은 공중정원의 구조에 대해 서로 다른 기술을 남기고 있다.

그리스 역사학자 디오도로스를 포함한 일부는 이 정원이 지구라트 위에 만들어졌다고 하였지만 로마 작가 퀸투스(Quintus)는 148평방미터의 커다란 단 위에 꾸민 것이라 하였다.

그 구체적 형태가 어떻든 그리스 역사가 헤로도토스는 이 궁전이 '지상에 세워진 건축물 중 가장 웅장하고 아름다운 곳' 이라 칭송하였다.

독일 화가 크납(Ferdinand Knab, 1834~1902)이 1886년에 그린 작품 〈바빌론의 공중정원〉.

경 초소를 공격했으므로 이를 막기 위해 느부갓네살의 군대는 남쪽 국경으로 잠시 물러났다(예레미야 37:5). 시드키야는 의기양양했고 항복을 권하던 예레미야를 감옥에 가두었다. 하지만 그 상황은 오래 가지 않았다.

바빌로니아 군대가 이집트를 물리치고 돌아온 것이다. 성경은 '유다 왕 시드키야 제9년 10월에 바빌론 왕 느부갓네살이 군대를 거느리고 쳐들어와 예루살렘을 포위하였는데 시드키야 제11년 4월 9일, 성벽은 마침내 뚫리고 말았다.'고 기록하였다(예레미야 39:1~2).

이번에는 가차 없는 처벌이 뒤따랐다. 예

미켈란젤로(1475~1564)가 그린 시스틴 성당 천장 그림 속의 예언자 예레미야는 깊은 생각에 잠긴 모습이다.

루살렘과 사원은 모두 파괴되었다. 주민들은 남김없이 죽거나 포로로 붙잡혔다. 시드키야는 도망쳤지만 바빌로니아 군에 붙잡혀 처형당했다.

하지만 예레미야는 살아남았다. 느부갓네살의 첩자가 시드키야의 반역을 막기 위한 예언자의 꾸준한 노력을 보고한 덕분이었다. 느부갓네살은 예레미야를 자유롭게 풀어주라고 명령했다. 유대인 포로들은 바빌론의 강들을 향해 먼 길을 떠났다.

이집트	메소포타미아	이스라엘-유다
B.C.E. 928년경 이집트의 쇼센크 1세가 팔레스타인을 공격함. 이집트 카르낙에 그 장면을 담은 부조가 새겨짐.	B.C.E. 950년경 시리아에 아람인들의 왕국이 출현함.	
	B.C.E. 883~859년경 할아버지와 아버지의 뒤를 이어 아슈르나시르팔 2세가 아시리아 제국 영토를 확장함. 아시리아의 수도가 아슈르에서 칼루로 옮겨짐.	
B.C.E. 830~715년경 제23왕조 동안 여러 도시에서 서로 다른 왕조가 등장함.		B.C.E. 853년경 이스라엘이 두로 및 다마스쿠스와 연합하여 카르카르 전투에서 살만에셀 3세의 아시리아 군을 물리침.
		B.C.E. 721년경 이스라엘의 수도 사마리아가 아시리아의 사르곤 2세에게 함락당함.
B.C.E. 609년경 파라오 느고 2세가 이끄는 이집트 군이 유다 왕국과 맞섬.		B.C.E. 640~609년경 유다 왕국의 요시야 치세 때 율법서가 발견됨.
B.C.E. 609~605년경 이집트가 시리아-팔레스타인 지역을 지배함.	B.C.E. 823년경 아시리아 천문학자들이 세 차례의 일식 중 첫 번째 현상을 기록함.	B.C.E. 586년경 바빌로니아인들이 예루살렘을 파괴하고 유다 왕국을 멸망시킴.
	B.C.E. 612년경 메대와 바빌로니아 연합이 아시리아 수도 니네베를 파괴함.	

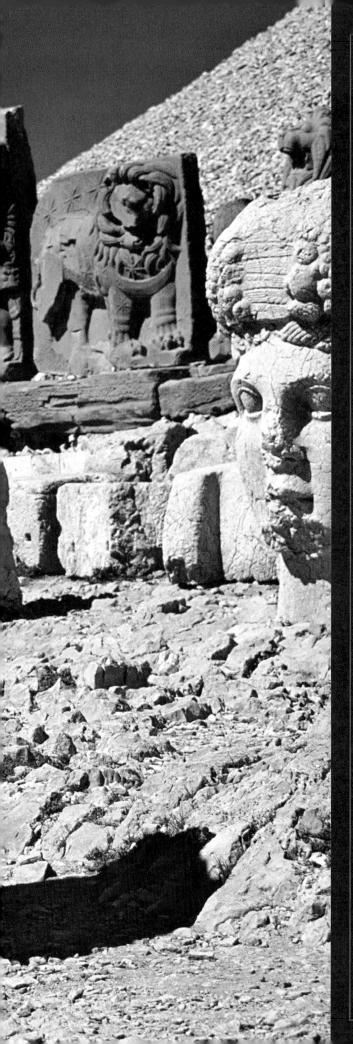

8장

추방에서 복귀까지

B.C.E. 6세기가 되었을 때 이스라엘인들은 딱한 처지였다. 유다 왕국 국민들 다수가 바빌론에 강제 이주를 당해 예루살렘은 방치되었다. 성벽이 갈라지고 솔로몬 성전은 무너져내렸다. 하지만 에제키엘이나 두 번째 이사야 같은 예언자들은 언젠가 이스라엘 민족이 다시 살아날 것이라는 희망을 심어주었다. 한편 바빌로니아 포로 생활은 히브리 성경(훗날 구약성경이라 불리게 되는 책) 기록 작업을 독려하는 한 계기가 되기도 했다. 이 작업은 C.E. 1세기 혹은 2세기가 되어서야 끝났다.

B.C.E. 553년, 막강했던 바빌로니아 제국은 페르시아의 키로스(Cyrus) 대제 앞에 무릎을 꿇는다. 메소포타미아, 시리아, 유다, 이집트 모두를 손에 넣은 키로스 대제는 유대인들이 고향에 돌아갈 수 있도록 허용했다. 에즈라와 느헤미야를 포함한 고위 관료들은 유대 사회 재건을 위해 애쓰게 된다. 200년 가량이 흘렀을 때 그리스 본토 마케도니아 가문 출신의 젊은 왕자가 아시아로 건너오면서 동서 간의 치열한 전쟁이 시작된다. 이 전쟁에서 알렉산더 대제가 승리함으로써 세상은 완전히 바뀐다. 유다 왕국은 헬레니즘이라는 고대 그리스 문명의 영향권 아래 놓인다.

콤마게네(Commagene) 왕국 안티오쿠스 1세의 장례 신전에 있는 거대한 제우스 두상. 터키 넴루트 다기(Nemrut Dagi) 소재.

추방 생활의 끝

터키에서 시리아를 거쳐 유프라테스강으로 흘러드는 카불(Khabur) 강. 성경에서 이스라엘인들이 이주해 살았던 그발(Chebar) 지역이 이 강 근처라는 주장도 있다.

부갓네살 왕의 영향권 아래에서 유다 왕국은 채 20년이 안 되는 기간 동안 네 번이나 강제 이주를 당했다. B.C.E. 598년 여호야킴 시대, 597년의 여호야긴 시대, 586년의 히즈키야 시대 그리고 582년의 마지막 이주가 그것이다. 이주당하지 않고 남은 사람들(농부와 양치기, 살아남은 군인들이었다)은 예루살렘 북쪽 미스파(Mizpah)에 자리잡은 특별 행정기관의 지배를 받았다.

바빌로니아인들은 사반(Shaphan) 가문 출신의 게달리아(Gedailah)를 유다 총독으로 임명하였다(열왕기 하 25:22). 숨어 있던 유다 군 패잔병들이 나오자 게달리아는 반역을 도모하지 말고 평화롭게 살라고 조언한다. "바빌론 관리들을 두려워하지 마시오. 이 땅에 정착하여 바빌론 왕을 섬기시오. 그렇게 하면 모든 것이 여러분에게 유리할 것이오"(열왕기 하 25:24). 그의 충고는 효과를 발휘하지 못했다. 게달리아의 융화 정책에 반감을 품은 장교들이 겨우 일곱 달 만에 그를 죽이고 이집트로 도망쳤던 것이다. 예언자 예레미야도 여기 동행했던 것 같다. 이 사태로 네 번째 체포와 강제 이주가 이루어졌다. 느부갓네살의 친위대장 느부사라단(Nebuzaradan)은 주민 745명을

B.C.E. 753년경
로마가 건국됨

B.C.E. 687~642년경
므나쎄 왕이 유다의 유대인들에게
우상숭배를 허용함

B.C.E. 650년경
그리스가 폭군들의 지배를 받음

B.C.E. 553년경
키로스 대제(B.C.E. 599~529) 치하에서
페르시아의 아케메네스 왕조가 메대인들을
물리치고 광대한 제국을 통치함

나는 신이다.

나는 고레스에 대해서는 "너는 내가 세운 목자다. 나의 뜻을 모두 네가 이룰 것이다"라고 말한다.

예루살렘에 대해서는 "도시가 재건될 것이다"라고,

성전에 대해서는 "그 기초가 놓일 것이다"라고 말한다. | 이사야 44:24~28 |

쫓아냈다(예레미야 52:30).

〈열왕기〉 하권은 여기서 끝난다. 〈여호수아서〉에서부터 〈판관기〉 〈다니엘서〉를 거치면서 이어진 역사 기록도 함께 끝난다. 북왕국과 마찬가지로 유다 왕국도 외세의 손에 파괴당했다. 이러한 상황의 원인은 야훼 앞에 의무를 다하지 못한 탓이었다. 므나쎄 왕(B.C.E. 698~643)은 우상숭배를 부활시켜 야훼의 노여움을 샀다. 신은 "접시를 뒤집어 닦듯이 예루살렘 안팎을 말끔히 씻어버리리라. 내가 남아 있는 나의 백성을 버려 원수들의 손에 넘겨주면 모든 원수들이 달려들어 모조리 털어갈 것이다."라고 경고했다(열왕기 하 21:7, 21:13~14). 이 무서운 처벌이 실현된 결과 예루살렘은 폐허로 남겨졌다. 예루살렘의 운명을 애도하는 〈애가〉에서 표현되었듯 '붐비던 도성은 쓸쓸해졌고 마치 과부 신세처럼 되고 말았다'(애가 1:1~2).

에제키엘의 환상

바빌로니아에 도착한 유대인 이주민들 가운데 많은 수가 그발(Chebar) 강가에 정착했다. 그중에는 B.C.E. 598년의 첫 번째 이주 대상이었던 예언자 에제키엘도 있었다(에제키엘 1:1). 그발 강은 카바(Kabar) 운하라는 설도 있고 느부갓네살이 유프라테스와 티그리스강 사이에 파도록 한 나르 말카(Nahr Malcha) 수로라는 설도 있고 터키에서부터 시리아를 거쳐 남쪽으로 흐르다가 오늘날의 부사이라(Busayrah)에서, 유프라테스 강과 합쳐지는 카불(Khabur) 강이라는 설도 있다. 어떻든 그 새로운 땅에서 에제키엘

은 슬픔에 잠긴 이주민들을 구하고 인도하는 역할을 했다.

예언자 에제키엘은 수수께끼의 인물이다. 그는 사제이자 예언자였고 의례의 순수성을 지키려는 성전 조직의 일원이자 신과 인간의 내적 의사소통에 관심을 보이는 현자였다. '이스라엘 족속의 파수꾼'(에제키엘 3:17)으로서 에제키엘은 유다에 대한 신의 처벌을 경고했다(에제키엘 5:7~10). 하지만 예루살렘이 무너진 후에는 희망의 메시지를 전달하기 시작한다. 환상 속에서 그는 야훼의 나라가 힘을 잃고 무너지는 장면을 본다. 이스라엘과 유다 사람들이 독자적인 민족으로 살아남으려면 종교적 전통이 유지되어야 했다. 에제키엘은 계곡 가득 흩어진 말라붙은 뼈들이 야훼의 지시에 따라 되살아난다고 예언함으로써 언젠가 이스라엘 공동체가 재건되리라는 희망을 불러일으켰다(에제키엘 37:7~10).

이름이 알려지지 않은 또 다른 예언자도 이와 비슷한 희망의 메시지를 전했다. 그는 이미 여러 해 전에 사망한 이사야라는 이름을 썼으므로 학자들은 그를 두 번째 이사야, 혹은 제2의 이사야라 부른다. 떠나온 집과 고향을 그리워하는 사람들에게 그는 "위로하여라. 나의 백성을 위로하여라."는 신의 말씀을 전했다. 또한 "주 야훼께서 목자처럼 당신의 양 떼에게 풀을 뜯기시고 새끼 양들을 두 팔로 안아 가슴에 품으시며 젖먹이 딸린 어미 양을 곱게 몰고 오신다."고 덧붙였다(이사야 40:6~11).

바빌로니아 설형문자가 적힌 키로스 진흙 원통 문서. B.C.E. 6세기 것으로 키로스 대제의 바빌로니아 정복을 기록하고 있다.

B.C.E. 539년경
바빌론이 아케메네스 왕조에 항복함

B.C.E. 525~404년경
페르시아 왕이 제27왕조로서 이집트를 지배함

B.C.E. 515년경
유대인들이 예루살렘에 새 성전을 지어 제2성전 시대가 시작됨

B.C.E. 508~507년경
그리스인들이 새로운 민주 국가를 수립함

이주민들에게 야훼 숭배는 공동의 정체성을 유지하는 방법이었다. 고향에서 멀리 떨어지게 되자 유대 종교를 기록하고 퍼뜨릴 필요가 커졌다. 수년 전 요시야 왕 치세 때 시작된 작업, 즉 유대 역사, 법률, 관습, 식생활 등을 엮어내는 작업을 마무리해야 한다는 의식도 강해졌다. 유대 민족의 지침서가 될 책, 바로 성경 편찬 작업이었다. 성경은 여기저기 흩어져버린 이스라엘인들이 동일한 방식으로 신앙을 유지하도록 할 것이었다. 학자들은 이 시기부터의 이스라엘인들을 유대인(Jews 혹은 Yehudim, 유대 언덕에서 파생된 말로 추정된다)이라고 불렀다. 또한 정치적으로나 지리적으로는 한 단위가 되지 못하지만 종교적으로는 구별되었던

이탈리아 르네상스 시대의 화가 라파엘(1483~1520)이 죽기 2년 전에 그린 작품 〈예언자 에제키엘의 환상〉.

공동체를 유대교라 칭했다.

키로스 대제

에제키엘과 두 번째 이사야의 시대에 새로운 제국이 발전하기 시작했다. 메디아(메대, 현재의 이란과 거의 비슷한 영토를 가진 나라였다)의 키야사레스(Cyaxares) 왕(B.C.E. 625~585)이 바빌로니아 북쪽을 공격하여 오늘날의 터키 남동쪽 지역을 차지한 것이다. 그리고 리디아와도 전쟁을 벌여 터키 북서쪽으로 진출하였다. 하지만 메디아는 안샨(Anshan) 왕국, 혹은 파르스(Pars)나 페르시

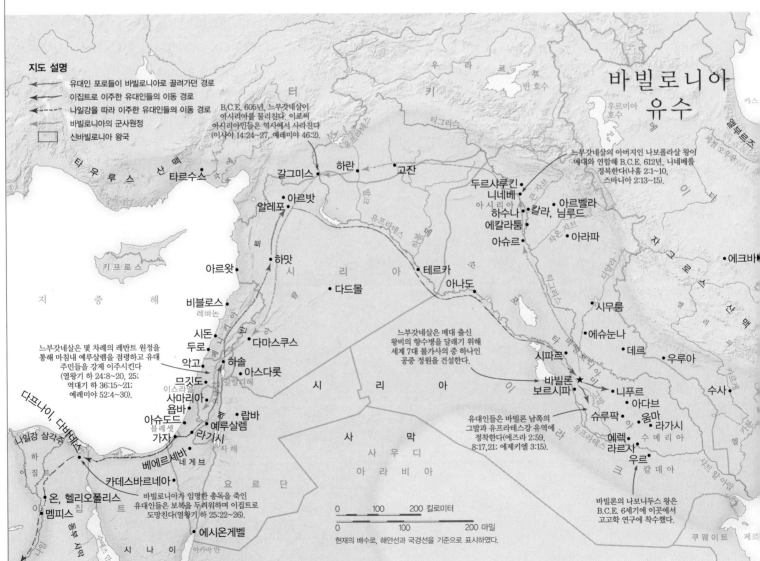

지도 설명

→ 유대인 포로들이 바빌로니아로 끌려가던 경로
→ 이집트로 이주한 유대인들의 이동 경로
→ 나일강을 따라 이주한 유대인들의 이동 경로
→ 바빌로니아의 군사원정
▭ 신바빌로니아 왕국

바빌로니아 유수

B.C.E. 605년, 느부갓네살이 아시리아를 물리친다. 이로써 아시리아는 역사에서 사라진다(이사야 14:24~27, 예레미야 46:2).

느부갓네살의 아버지인 나보폴라살 왕이 메대와 연합해 B.C.E. 612년, 니네베를 정복한다(나훔 2:1~10, 스바니아 2:13~15).

느부갓네살은 몇 차례의 레반트 원정을 통해 마침내 예루살렘을 점령하고 유대 주민들을 강제 이주시킨다(열왕기 하 24:8~20, 25; 역대기 하 36:15~21; 예레미야 52:4~30).

느부갓네살은 메대 출신 왕비의 향수병을 달래기 위해 세계 7대 불가사의 중 하나인 공중 정원을 건설한다.

유대인들은 바빌론 남쪽의 그발과 유프라테스강 유역에 정착한다(에즈라 2:59, 8:17,21; 에제키엘 3:15).

바빌로니아가 임명한 총독을 죽인 유대인들은 보복을 두려워하며 이집트로 도망친다(열왕기 하 25:22~26).

바빌론의 나보니두스 왕은 B.C.E. 6세기에 이곳에서 고고학 연구에 착수했다.

0 100 200 킬로미터
0 100 200 마일
현재의 배수로, 해안선과 국경선을 기준으로 표시하였다.

터키 · 우라르투 · 반 호수 · 우르미아 호수 · 엘부르즈 · 카스 · 타우루스 산맥 · 타르수스 · 갈그미스 · 하란 · 고잔 · 두르샤루킨 · 니네베 · 아시리아 · 하수나 · 칼라, 님루드 · 아르벨라 · 에칼라툼 · 아슈르 · 아라파 · 에크바 · 알레포 · 아르밧 · 키프로스 · 아르왓 · 하맛 · 시리아 · 테르카 · 아나도 · 시무룸 · 지중해 · 비블로스 · 레바논 · 다드몰 · 에슈눈나 · 데르 · 우루아 · 시돈 · 두로 · 다마스쿠스 · 시파르 · 악고 · 하솔 · 아스다롯 · 바빌론 · 보르시파 · 니푸르 · 수사 · 므깃도 · 이스라엘 · 갈릴래해 · 사마리아 · 아다브 · 슈루팍 · 움마 · 라가시 · 아슈도드 · 요바 · 랍바 · 블레셋 · 예루살렘 · 라기시 · 에렉 · 수메리아 · 라르사 · 가자 · 우르 · 칼데아 · 다프나이, 다바네스 · 나일강 삼각주 · 이집트 · 사마리아 · 베에르세바 · 네게브 · 요르단 · 사우디 아라비아 · 카데스바르네아 · 온, 헬리오폴리스 · 멤피스 · 에시온게벨 · 시나이 · 아카바 만 · 쿠웨이트 · 페르

'자라투스트라는 이렇게 말했다'

유대교는 메소포타미아 전통 종교와는 많이 다른 모습이었지만 메대 왕국에서 새로이 등장한 종교와는 공통점이 많았다.

이를 전파한 전설적인 사제 자라투스트라(Zarathustra)는 하늘과 빛을 관장하는 유일신 아후라 마즈다(Ahura Mazda)가 모든 존재를 통치하며 지상의 삶은 선악의 갈등이라고 설교했다.

아후라 마즈다를 기쁘게 하려면 정직하고 도덕적으로 살며 동정심을 가져야 했다. 이런 덕목을 지키지 않으면 악의 신 아리만(Ahriman)에게 붙잡히고 만다. 자라투스트라는 또한 시간이 끝나면 사오샨스(Saoshyans)라는 구세주가 나타나 죽은 자를 일으켜 세워 최후의 심판을 받게 하고 영생을 부여한다고 하였다.

자라투스트라라는 인물 자체에 대해서는 알려진 바가 거의 없다. 추종자들은 그가 반인반신의 존재로서 신이 내린 빛이

어느 시골 처녀의 태중에 들어가 탄생했다고 믿었다. 설교하며 지상의 생을 마친 후 그는 다시 한줄기 빛을 타고 하늘나라로 돌아갔다고 한다.

자라투스트라의 가르침을 모아 《아베스타Avesta》라는 경전도 만들어졌다. 한때 1,200쪽에 달했다는 이 경전 중에서 벤디다드(Vendidad)라는 한 부분만이 온전히 전해진다.

조로아스터교는 새로운 페르시아 제국에 커다란 영향을 미쳤다. 선한 일을 행하면 상받고 악한 사람은 벌받는다는 조로아스터교의 내세관은 이후 유대교와 그리스도교의 영생 개념에 토대를 이루게 되었다.

'아케메네스의 왕, 키로스'라고 새겨진 날개 달린 천사 조각. 이란 파사르가대(Pasargadae)의 키루스 왕궁 터에서 발견되었다.

아라 불리던 야심 찬 가신국으로 인해 내부에서부터 무너지고 만다.

B.C.E. 700년 무렵부터 안샨 왕국의 통치자들은 전설적인 인물 아케메네스(Achaemenes)의 후손을 자처했다. 그리하여 훗날 이 왕조는 아케메네스라 불리게 된다. B.C.E. 553년, 키로스 대제라고도 불리는 키로스(Cyrus) 2세(B.C.E. 559~529)는 메디아에 대항해 전쟁을 일으켜 승리하였다. 키로스는 페르시아 만에서 흑해에 이르는 드넓은 메디아 왕국 전체를 손에 넣게 된다.

영토가 넓었던 탓에 문화적 충돌은 불가피했다. 아스티아게스(Astyages) 치세의 메디아는 새로운 유일신 종교인 조로아스터의 중심지가 되었지만 리디아의 크로이소스(Croesus) 왕실은 헬레니즘 경향이 뚜렷했다. 다른 메소포타미아 통치자와 달리 키로스 왕은 종교의 자유를 허용했다. 종교가 사회 안정을 유지해주는 유용한 도구라고 여겼던 것이다.

키로스의 다음 상대는 바빌로니아 제국이었다. 당시 바빌로니아를 다스리던 나보니두스(Nabonidus) 왕(B.C.E. 556~539)은 정치보다 골동품에 훨씬 관심이 많았다. 재위 몇 년 만에 그는 아들 벨 샤르 우수르(Bel-shar-usur, B.C.E. 553~540)를 공동 통치자로 세웠다. 벨 샤르 우수르가 바로 〈다니엘서〉에 등장하는 벨사살(Belshazzar)이라는 주장도 있다. 바빌론의 궁전에서 유대 이주민 출신 예언자의 예언을 듣고 두려워했던 인물 말

이다. 이 예언은 몇 백 년 후 이스라엘인들이 겪을 위기를 드러내 보이는 것이었고, 이 때문에 〈다니엘서〉를 계시록으로 보기도 한다. 〈다니엘서〉는 B.C.E. 6세기부터 작성되기 시작했지만 안티오쿠스 에피파네스(Antiochus Epiphanes B.C.E. 175~164)까지 등장하는 것으로 보아 완성된 시기는 B.C.E. 2세기로 여겨진다.

〈다니엘서〉의 내용을 보면 벨사살은 성대한 연회를 열면서 느부갓네살이 예루살렘의 솔로몬 성전에서 가져온 그릇을 술잔으로 사용했다고 한다. 한창 연회가 무르익었을 때 '갑자기 사람의 손가락 하나가 나타나더니' 연회장 벽에 '므네, 므네, 드켈, 브라신(mene, mene, tekel, parsin)'이라

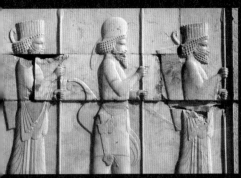

페르세폴리스 왕궁 부조의 일부. 왕실 근위병 중 페르시아인들은 원통형 모자를, 가운데 메대인은 둥근 모자를 쓴 것이 이채롭다.

페르세폴리스 왕궁 부조의 일부. 메대에서 온 관리들이 조공을 바치기 위해 계단을 오르고 있다.

페르세폴리스 왕궁 다리우스 홀의 부조. 뾰족한 모자를 쓴 바빌로니아인들이 혹 달린 제부(Zebu) 소를 번제물로 끌고 가고 있다.

페르세폴리스 왕궁 부조의 일부. 리디아인들이 옷감 등 조공을 바치러 가고 있다. 아케메네스 시대의 조각으로 추정된다.

아나톨리아 정복
리디아 왕국 국경까지 진군한 키로스는 B.C.E. 547년, 프테리아(Pteria)에서 격렬한 전투를 벌인다. 리디아인들은 수도인 사르디스까지 퇴각한다. 이듬해 겨울 키로스는 사르디스를 기습 포위하여 대승을 거둔다.

리디아인들과 연합한 아나톨리아의 그리스 도시들을 공격하던 키로스는 에크바타나로 돌아가 바빌로니아 원정을 준비한다.

유대 이주민으로 페르시아 아르다싸 왕의 시종을 지낸 느헤미야는 유다 총독으로 임명된다. 그는 예루살렘 성전과 성벽을 재건한다(느헤미야 5:14).

키로스는 강제 이주당했던 유대인들이 고향에 돌아가 성전을 다시 짓도록 허락한다. B.C.E. 587년부터의 바빌론유수가 끝난 것이다(에즈라 1:2~4).

키로스는 이집트를 공격하지 않았다. 이집트를 페르시아 영토로 합병하는 것은 그 아들 캄비세스(Cambyses) 2세의 몫이었다.

지도 설명

○ 왕의 거처
◉ 속국의 수도
• 역사적인 도시
⚙ 포위 작전
✕ 대규모 전투
── 왕의 대로
── 그밖의 중요한 길
━ 아나톨리아를 지나는 키로스의 군사원정 경로
━ 바빌로니아를 지나는 키로스의 군사원정 경로
━ 에즈라와 느헤미야가 인도한 유대 민족의 귀향 경로
━ 세스바살과 즈루빠벨이 인도한 유대 민족의 귀향 경로
▨ B.C.E. 530년 키로스 대제 사망 시점의 제국 영토

카 자 흐 스 탄

스키타이

키로스는 마사게테와의 전쟁에서 죽음을
맞는다. 마사게테의 여왕 토미리스는
키로스에게 아들 스파르가비세스를 잃은 뒤
설욕전을 펼친다. 수많은 사상자를 내며
고전하던 페르시아 군은 힘겹게 승리를
거두고 키로스 왕의 시신을 수습한다.

자작사르테스 마사게테
(시르 다리야)

스키타이

러시아

아랄 해

키르기스스탄

돈

콜키스

쿠타이시

그루지야

사르마티아

우스티우르트
고원

코라스미아

키질
쿰

우즈베키스탄

키로폴리스
(후잔트)

카프카스 산맥

아베리아

바그쿠
(바키)

카스피 해

가라
쿰

소그디아나

마라칸다
(사마르칸트)

자라프숀 산맥

타지키스탄

파미르

에레부니
(예레반)
아르메니아

마제르바이잔

부하라

코리에네
(다신베)

아라라트 산
5,137 m
16,854 ft

투르크메니스탄

마르기아네

타르미타
(테르미즈)

드라프사카
(쿤두즈)

투스파(반)

가자카
(타브리즈)

아르타빌
(아르다빌)

코페트다그 산맥

나사, 파르타우니사

마르구, 메르브
(베이라말리)

박트리아

자리아스파
(발호)

아오르노스
(콜름)

한
두
쿠
시

푸시칼라바티
(차르사다)

우라르투

우르미아 호수

히르카니아

기베르 고개

가브레

카이카스타

(타크트에 솔레이만)

(고르곤)자드라카르타

담간

아카이아

아레이오파미수스 산맥

오르토스파나
(카불)

탁실라

니네베

아르벨라
(아르빌)

시카야우바티
(지위예)

해카톰필로스

메대를 차지한 키로스는
동쪽으로 관심을 돌렸고
파르티아와 히르카니아가
복속된다.

아르타코아나
(구리안)

아레이아
(헤라트)

아프가니스탄

아슈르

산드라케

메디아

아사다바드
고개

에크바타나
(하마단)

가장 오래된 페르시아의 도시.
이곳에 있는 페르시아 왕들의
여름 궁전에서 유대인들에게
예루살렘 성전 재건을 허락한다는
칙령이 발견되었다.

파르티아

메대 왕 아스티아게스(Astyages)는
안산을 정복하려 하지만 키로스의 역습에
B.C.E. 550년, 패배한다. 에크바타나까지
빼앗긴 후 메대는 페르시아에 복속된다.

마리

547년 봄

알반드 산
3,571 m(11,716 ft)

바가스타나
(비소툰, 베히스툰)

시알크
(카샨)

이란

드란기아나

문디각

크낙사

메르투르나

오피스

캄판다

데르

테르

수사

아스판다나
(에스판)

이자티스
(야즈드)

사가르티아

아라코시아

시파르

바빌론

나푸르

티그리스

엘람

아르데리카
(마스제드 솔리만)

프라다

리게스탄

볼란 고개

파키스탄

우르

에렉

수메리아

람

페르시안 문

안샨

파사르가대

파르사의 왕으로 즉위한 키로스는
파사르가대를 수도로 삼는다. 그의
무덤도 이곳에 만들어졌다.
파사르가대는 다리우스 1세가
페르세폴리스를 건설할 때까지
페르시아의 수도였다.

카르마니아

사타기디아

신도마나

나보니두스와 벨사살의
패배는 홀연히 나타난
손가락이 벽에 쓴 예언이
실현된 것이었다(다니엘 5).

페르세폴리스
(시라즈)티라지스

파르사
(페르시아)

타오케
(보라즈잔)

파르가

게드로시아

쿠르마누

중앙 마크란

밤푸르

파탈라

바빌로니아 정복

B.C.E. 539년, 키로스는
에크바타나(Ecbatana)를 떠나
바빌로니아로 진군한다. 그리고
오피스(Opis)에서 바빌로니아의
나보니두스 군과 격전을 벌인다.
키로스가 승리를 거둠으로써 과거
바빌로니아가 통치하던 영토가
페르시아로 들어간다.

타라바
(타롬)

하르모지아

쿠웨이트

페르시아 만

이라크

바레인

바레인

카타르

사우디 아라비아

아랍에미리트

아라비아 해

오만

제국의 통치

키로스 대제는 정복 지역을 새로운 방식으로
다스렸다. 각 지역 고유의 문화와 종교를 유지할 수
있도록 관용을 베풀었고 페르시아의 지배를
받아들이기만 한다면 지역 통치자의 지위도
보장했다. 하지만 반역하는 경우에는 가차 없이
응징해 본을 보였다.

키로스 대제의
제국

사우디 아라비아

예 멘

0 100 200 300 400 500 킬로미터

0 100 200 300 400 500 마일

현재의 배수로, 해안선과 국경선을 기준으로 표시하였다.
괄호 안은 현재의 지명이다.

는 글귀를 썼다(다니엘 5:5, 5:25). 아무도 그 의미를 해석하지 못하자 바빌로니아 왕궁에서 교육받은 다니엘을 불러왔다. 다니엘은 '므네'는 신이 당신 나라의 날수를 세어보고 멸망시켰다는 뜻, '드켈'은 당신을 저울에 달아보니 무게가 모자랐다는 뜻, '브라신'은 당신의 나라를 메대와 페르시아에게 갈라준다는 뜻이라고 설명한다(다니엘 5:26). 이 글은 아람어로 적혔으니 me, 'tql, prs라는 형태였을 것이다. 다니엘의 예언은 적중했고 벨사살은 그날 밤 살해당했다고 한다(다니엘 5:30). 하지만 페르시아 기록에는 벨 샤르 우수르가 키로스의 바빌론 공격 때까지 살아남은 것으로 나온다.

B.C.E. 540년, 키로스가 이끄는 대규모 페르시아 군대가 국경으로 밀려들었을 때 나보니두스는 후퇴했다. 바빌로니아의 새해 축제조차 취소되었으므로 사제들은 분노했다. B.C.E. 539년 키로스 군은 바빌론까지 도달했다.

1924년에 발견된 바빌로니아의 점토판 기록에 의하면 바빌론 주민들이 페르시아 정복자에게 순순히 성문을 열어주었다고 한다. 바빌로니아 특유의 진흙 원통에 남은 키로스 측 기록에는 마르둑(Marduk) 신이 승리를 안겨주었다고 되어 있다. 키로스가 신의 가호로 정복 전쟁을 정당화했음을 보여주는 대목이다.

성경에도 유대 이주민들이 키로스를 '야훼의 종'(이사야 44:21)으로 인정했다는 언급이 나온다. 바빌론에서 키로스가 마르둑 신이 '선택한 자'로 추앙받은 것이나 키로스의 손자 다리우스가 이집트에서 '라(Ra)의 아들'로 환영받은 것이 모두 같은 맥락이다. 〈에즈라서〉를 보면 키로스는 바빌로니아에서 마르둑 신을 인정했듯 야훼에게 공

> 나는 티그리스강 반대편의
> 성스러운 도시로
> 돌아가 오랫동안
> 폐허로 방치되었던 신전을
> 다시금 세워주었다.
>
> | 키로스 대제의 원통형 점토 문서 |

을 돌리며 "하늘을 내신 하느님 야훼께서는 세상 모든 나라를 나에게 맡기셨다."(에즈라 1:2)라고 말했다고 한다.

유대인들의 귀향

키로스는 피지배 민족들이 전통 신앙을 지키고 싶어한다는 것, 또한 이를 위해 종교 지도자와 종교 중심지가 필요하다는 것을 이해한 듯하다. 유다 왕국 출신 종교 지도

무게 단위

예루살렘 성전 재건을 위해 사제들은 '페르시아 키로스 왕이 정한 돈'을 사용했다(에즈라 3:7). 페르시아인들은 사상 최초로 제국 공용의 화폐를 도입하였던 것이다. 성전 재건 자금으로 사제들은 '금 6만 1,000 다릭(daric), 은 5,000미나(mina)'를 모았다고 한다. 처음에는 바빌로니아 세겔(shekel)이라 불렸던 다릭은 금 8.4그램에 해당한다.
사진의 사자 모양 저울추는 B.C.E. 8세기의 것으로 2미나, 즉 1.47킬로그램이다. 벨사살의 연회장 벽에 손가락이 나타나 쓴 단어 'mene, tekel, parsin'은 미나, 세겔, 2분의 1 미나를 뜻하는 단위들이기도 하다.

자들은 바빌론의 강가에 모여 살고 있었다. 게다가 필경사, 사제, 학자들이 이스라엘 역사서와 모세 5경 기록 작업을 마무리하는 데 매달리는 상황이었다. 따라서 키로스 왕이 거주지 관련 규제를 완화하고 바빌론 성전 재건축을 허용한 것은(에즈라 1:2) 그 결과로 입을 타격이 크지 않다는 점을 미리 계산한 뒤 이루어진 정치적 조치라고 여겨진다. 키로스 원통 기록에는 '수메르와 아카드의 신들'도 복권되고 '성전 재건을 위한 비용'이 지원되었다고 나온다.

이제 이주민들은 자유롭게 고향에 돌아갈 수 있었다. 첫 번째 귀향 무리가 출발했지만 바빌론에 계속 남아 있으려는 유대인들이 많았다. C.E. 1세기의 유대 역사가 요세푸스에 따르면 '재산을 버리고 떠날 생각이 없었기 때문'이라고 한다. 잔류 이주민들은 율법을 충실히 따르며 야훼 숭배를 지켜나갔고 이후 몇백 년이 흐르면서 바빌론은 유대 율법 연구의 중심지로 발전하게 된다.

귀향을 택한 이주민들이 어떤 길로 이동했는지는 성경에 나오지 않는다. 우선 생각해볼 수 있는 길은 타드모르(다드몰, Tadmor)와 다마스쿠스를 지나 시리아 사막을 통과하는 965킬로미터의 직선로이다. 하지만 위험이 크기 때문에 유프라테스강을 따라 알레포로 갔다가 남쪽으로 꺾어 카트나, 리블라, 다마스쿠스를 지나 예루살렘에 닿는 1,600킬로미터 길을 택했을 가능성이 높다.

귀향 무리와 동행한 것으로 〈에즈라서〉에 등장하는 '유다 왕자' 세스바살(Sheshbazzar)이 여호야긴의 후손, 즉 다윗 왕족이라는 분석도 있다. 페르시아인들은 다섯 번째 태수령 아바르 나하라(Abar nahara, '(유프라테스) 강 너머'라는 뜻이다)의 일부인 유다를 세스바살에게 다스리도록 했다. 미즈파(Mizpah)에 자리잡은 세스바살은

돌아오는 이주민들을 정착시키고 느부갓네살이 성전에서 빼앗은 은제 성물들을 되돌려주었다(에즈라 5:13~16). 예루살렘에 새 성전도 짓기 시작했다. 하지만 세스바살이 다스린 지역은 과거 유다 왕국과는 비교하기 어려울 정도로 작았다. 예후드(Yehud)라 불린 이 지역은 북으로는 베델 바로 위, 동으로는 요르단강(예리고를 포함하여), 남쪽으로는 고대 도시 헤브론에 한참 못 미치는 정도였다.

〈에즈라서〉는 세스바살의 뒤를 이어 여호야긴의 손자로 추정되는 즈루빠벨(Zerubbabel)이 예후드를 다스렸다고 서술한다(세스바살과 즈루빠벨 두 사람이 동일인이라고 보는 학자들도 있다). 제2성전 건축에 배제된 사마리아인들과의 갈등, 공사 지연 등의 상황에서도 즈루빠벨은 새로운 페르시아 왕 다리우스 1세

B.C.E. 6세기의 점토 인장. 바빌론의 제1신인 마르둑 그리고 지혜와 글의 신 나부 상징물 앞에서 사제가 기도하는 모습이다.

(B.C.E. 522~486)의 재정 지원을 받으며 공사를 계속한다. 하지만 첫 귀향 무리가 돌아온 지 20년이 지나도록 성전은 여전히 미완성 상태였고 다리우스 치세 초기에 씌어진 〈하깨서*Haggai*〉를 보면 흉작과 가뭄을 신의 분노로 해석하는 예언자가 "너희는 어찌하여 성전이 무너졌는데도 아랑곳없이 벽을 널빤지로 꾸민 집에서 사느냐?"라고 묻고 있다(하깨 1:4). 같은 시기에 작성된 것으로 여겨지는 〈즈가리야서〉도 성전 건축을 재촉한다. 커다란 혼란 그리고 영광스러운 유대인 왕국의 부활을 계시하며 "내가 시온으로 돌아가 예루살렘 안에서 살리라. 그리되면 예루살렘은 미쁜 도읍이라 불리리라."라는 말을 전하는 즈가리야의 모습은 예언자 다니엘을 연상시킨다(즈가리야 8:3). 예언자들의 독려 속에서 마침내 성전이 완성된다. 예후드 주

수사의 다리우스 궁 벽돌 벽에 묘사된 궁사들. B.C.E. 510년경.

아케메네스 왕조의 보물

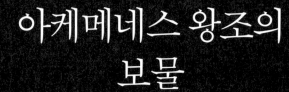

날개달린 아이벡스
양 모습을 한 그릇
손잡이

메대 복장의 사제가
그려진 금판.

페르시아의 아케메네스 왕조는 파사르가대, 페르세폴리스, 수사에 왕궁을 건설했다. 위용을 자랑하는 이 왕궁들에서 온갖 보물이 출토되었다. 솜씨 좋은 장인들은 금과 은을 비롯한 귀금속을 자유자재로 다루었다. 동물 모양의 컵이 특히 많은데 왕조의 상징이었던 날개 달린 사자가 자주 사용되었다. 여기 소개한 유물은 B.C.E. 5~4세기의 것으로 런던 대영박물관에 소장되어 있다.

사자 모양의
금제 뿔잔.

금을 상감한 은 그릇.
궁사들이 새겨져 있다.

금과 청금석으로 사자 머리를 표현한
지팡이 손잡이.

사자머리 손잡이가 달린
금 주전자.

신화 속 동물 그리핀이
장식된 황금 팔찌

페르시아의 통치는 B.C.E. 333년, 알렉산더 대제가 다리우스 3세를 무찌를 때까지 이어졌다. 폼페이 '파우노의 집(The House of the Faun)'에서 나온 모자이크화에 다리우스 3세의 모습이 묘사되어 있다.

민들은 B.C.E. 515년 혹은 516년에 새 성전을 봉헌하고 유대교 제2성전 시대가 열린다(B.C.E. 515~C.E. 70).

에즈라와 느헤미야

유다 왕국에서 유대교를 회복하는 일이 순조롭지는 않았다. 유대인들이 강제로 이주당해 떠나 있는 동안 빈 땅은 아시리아인들이나 이주를 모면한 사람들 차지였다. 이들 입장에서 보면 유대인 귀향민들이 도리어 침입자인 셈이었다.

이 시기에 율법 회복을 위해 애썼던 두 예언자가 에즈라와 느헤미야이다. 이들의 활동 연대는 아직 논란거리이다. 성경에서는 에즈라가 먼저 활동했다고 하지만 학자

들은 느헤미야가 앞섰던 것으로 본다.

성경에 따르면 교육받은 학자이자 사제였던 에즈라(활동시기는 B.C.E. 458~428년경)는 본래 종교 사절로서 바빌론에 머물렀다고 한다. 그는 예후드 주민들이 성전에서 번제는 드리면서도 정작 모세 율법을 따르는 경우는 거의 없다는 점에 충격을 받았다고 한다. 바빌로니아에서 돌아온 주민들은 기존 정착민들과 통혼했는데 여기에는 유대인이 아닌 사람도 끼어 있었다. 다민족이 섞여 사는 예후드에서 유대인의 전통은 서서히 사라질 위험에 처했다.

페르시아의 아르닥사싸(아닥사스다, 아르타크세르크세스, Artaxerxes B.C.E. 465~425)는 에즈라가 예루살렘에 가도록 허락하며 바빌로

니아인들이 빼앗았던 성전 보물들도 챙겨가도록 배려했다. 여기에는 B.C.E. 488년과 461년에 이집트에서 일어난 반란으로 예후드의 안정성 확보가 전략적으로 훨씬 중요해졌다는 점이 작용했을 것이다. "왕 중의 왕 아르닥사싸는 에즈라 사제에게 칙령을 내리노라. 그대는 유다와 예루살렘으로 가서 모든 일이 그대가 가지고 있는 하느님의 법대로 돌아가는지 살피도록 하라."(에즈라 7:11~14) B.C.E. 458년경 예루살렘에 도착한 에즈라는 유대인 남자들에게 '뭇 족속들과 손을 끊고 외국 여인들과 관계를 끊으라.'고 명령한다(에즈라 10:11). 그리고 모세의 율법을 엄격히 지키고 사제를 존경하라고 강조했다.

아르닥사싸 왕의 술 따르는 시종 출신이라는 느헤미야(활동 시기는 B.C.E. 445~420년경)도 예후드에 가서 사제의 규범과 율법을 강화하라는 왕의 명령을 받는다. 그는 특히 동정심의 중요성을 강조하여 빈민들이 기근에 시달리며 땅을 저당잡혀 노예나 다름없는 처지로 전락하자 귀족과 관리들을 설득해 '이자를 포기하고 그날로 저당잡았던 밭이나 포도원을 돌려주도록' 하였다(느헤미야 5:10~11). 그는 성벽 재건 공사를 감독하기도 하였는데 이는 예루살렘의 부활을 반기지 않던 사마리아나 암몬 등 주변 국가들로부터의 방어를 위한 것이었다.

이제 예후드는 사제들을 중심으로 한 종교 엘리트에 의해 다스려지게 되었다. 새로 건설한 성전을 중심으로 한 이러한 신정(神政)의 권위는 다윗 왕조 재현이라는 열망을

아람어의 부상

유대에 살던 비유대인들은 예루살렘 성전 재건에 반대해 크세르크세스 1세(아하스에로스, B.C.E. 486~465)에게 편지를 썼다. 이 편지는 아람어로 작성되었으므로 크세르크세스가 읽을 수 있도록 번역하는 게 가능했다(에즈라 4:7). 아람어는 메소포타미아에서 생겨난 것으로 히브리어를 비롯한 셈어와 뿌리를 함께 한다. B.C.E. 8세기의 아시리아 제국에서도 쓰였던 아람어는 서서히 고대 아카드어를 대체하였다. B.C.E. 6세기에 바빌로니아를 정복한 아케메네스인들은 공용어로 아람어를 선택했고 유대 지역에서도 아람어가 히브리어를 밀어내기 시작했다.

대체했다. 제2성전 시기의 핵심은 유대인들의 정치적 정체성 욕구를 종교 체제로 흡수, 대체하는 것이었다. 에즈라와 느헤미야는 예루살렘에서 유대교를 보전하고 야훼

성경의 편집

바빌론 유수 시기에 필경사들은 율법 및 이스라엘 역사에 관련된 자료를 모아 편집하여 묶어내는 작업을 했다. 그 결과 유대교 성경, 다시 말해 그리스도교 구약성경이 탄생했다. 〈창세기〉〈출애굽기〉〈레위기〉〈민수기〉〈신명기〉라는 모세 5경이 구전되다가 기록된 자료들이 여러 가지로 전해지는 상황이었고 〈판관기〉〈사무엘서〉〈열왕기〉〈잠언〉 등은 B.C.E. 6세기의 상황이 반영되어 있어 조정이 필요했다.

19~20세기에 이루어진 다각적 연구 결과 학자들은 모세 5경의 출처를 몇 갈래로 구분해냈다. 가장 오래된 출처는 J 텍스트이다. 야훼라는 단어의 독일어 표기 Jahveh에서 머릿글자를 딴 이름이다. J 텍스트는 이스라엘의 운명은 야훼가 결정한다는 점 그리고 이스라엘은 다윗 시대의 메시아 전통으로 돌아가야 한다는 점을 강조한다.

두번째로 오래된 출처는 E 텍스트이다. 왕국 분열기의 텍스트로 추정되며 신을 엘 혹은 엘로힘이라 표현한 까닭에 E 텍스트라는 이름이 붙었다. E 텍스트는 주로 북왕국에서 만들어진 듯 다윗 왕국에 대한 언급이 없다. 대신 모세를 비롯한 예언자들 그리고 계약궤의 힘을 강조한다.

요시야 시대에 대사제 힐키야가 발견한 것으로 추정되는 D 텍스트는 〈신명기〉를 중심으로 한다. D 텍스트의 저자는 예루살렘 성전의 숭배와 번제 의식을 상세히 기록하는 데 중점을 두었던 것 같다.

숭배를 되살리는 데 성공했다. 하지만 새로운 위협이 다가오고 있었다.

이후 신과 인간 사이를 중재하는 사제의 역할을 강조하는 P 텍스트까지 합쳐지면서 모세 5경은 더욱 보강되었다. P 텍스트는 모세 율법을 일상생활에 적용하는 실제적 문제를 다룬다. 또한 P 텍스트의 저자는 문체와 극적 효과에도 관심이 많았던 것 같다.

학자들은 요시야의 필경사들이 모세 5경의 역사관에 맞춰 〈여호수아서〉〈판관기〉〈사무엘서〉〈열왕기〉 등 전기 예언서를 수정 편집하였을 것으로 생각한다. 왕국의 평안은 율법을 얼마나 잘 지키는지에 달려 있고 이를 기준으로 모든 이스라엘의 왕들이 평가받아야 한다는 관점 말이다.

케테프 힌놈(Ketef Hinnom)에서 발견된 B.C.E. 7세기의 은 두루마리. 가장 오래된 성경 텍스트 조각이다.

알렉산더의 유산

그리스 아테네 아크로폴리스의 상징물인 파르테논 신전. B.C.E. 5세기에 지어진 이 신전은 팔라스 아테나(Pallas Athena) 여신에게 바쳐진 것이다.

수백 년 동안 그리스와 페르시아는 에게 해를 사이에 두고 경계의 눈길을 주고받았다. 그리스의 도시국가들은 서로 자주 싸움을 벌였지만 페르시아의 다리우스 1세가 에게 해안에 나타났을 때에는 협력하여 맞섰다. B.C.E. 490년의 마라톤 전투가 그리스의 승리로 끝난 후에도 두 문화권의 충돌은 그치지 않았다.

다리우스의 아들인 크세르크세스(Xerxes) 왕은 B.C.E. 480년에 다시 한 번 공격을 감행해 아테네를 점령했지만 곧 한 수 위인 그리스 해군에 밀려났다. 이후 페르시아의 아르닥사싸 1세는 이집트의 발

흥을 경계하며 B.C.E. 449년에 페르시아-그리스 평화 조약을 맺었다. 칼리아스(Callias)의 강화조약이라 불리는 이 조약으로 적대감은 누그러들었지만 불신은 여전했다. 그리스와 페르시아 모두 지중해 동쪽 지역, 당시 급격히 발전하는 소아시아 지역에 대한 통치권을 노리는 입장이었기 때문이다.

그 상황에서도 건축, 연극, 문학, 철학, 민주주의와 같은 정치 이념 등 그리스 문화가 페르시아로 전해졌다. 이는 군사력으로 막을 수 있는 흐름이 아니었다. 유다 왕국도 예외가 아니었다. 지중해 연

B.C.E. 490년경
그리스인들이 마라톤 전투에서 페르시아
침입자들을 격퇴함

B.C.E. 480년경
2차 페르시아 전쟁 중에
크세르크세스(Xerxes) 왕이 테르모필레에서
그리스인들을 물리치고 아테네를 파괴함

B.C.E. 338년경
마케도니아의 필립 1세와
그 아들 알렉산더가
그리스 세계를 제패함

B.C.E. 333년경
알렉산더가 이수스 전투에서
페르시아의 다리우스 3세를 물리침.
2년 후 페르시아 제국이 멸망함

> 마케도니아 사람으로 필립보의 아들인 알렉산더는 페르시아와 메대의 왕 다리우스를 쳐부수고
> 그 왕권을 차지한 후 수없이 전쟁을 하여 숱한 성을 점령하고
> 땅 끝까지 진격하여 여러 나라에서 많은 재물을 약탈하였다. | 마카베오 상 1:1~3 |

안과 갈릴리 지역까지 문화적 경제적 영향력을 행사하던 페니키아를 통해 헬레니즘 문화를 전해받은 것이다. 그리스 풍으로 장식된 도기가 퍼져나가기 시작했다. 반라 혹은 전라의 신들이 운동을 하거나 주연을 즐기는 그림은 독실한 유대교도에게 충격을 주었을 것이 분명하다. 우상숭배를 금하는 모세 율법의 입장에서 신을 인간의 모습으로 묘사하는 일은 금기였기 때문이다.

그리하여 유대교와 그리스 신앙의 충돌 가능성은 알렉산더라는 젊은 전사가 등장하기 전부터 이미 존재했다. 그리스 사고방식과 문화를 만든 것이 아테네라면 이를 중동 전역에 소개하게 될 인물은 바로 알렉산더였다.

알렉산더 대제

알렉산더의 아버지인 마케도니아의 필립(필립보, B.C.E. 382~336)은 통일 그리스 군의 도움을 받아 페르시아를 물리치려 했다. 그리고 B.C.E. 338년에 그리스의 분열된 도시국가들을 정복함으로써 목표의 절반을 달성했다. 그로부터 2년 후 암살자의 칼날에 목숨을 잃지 않았다면 나머지 절반의 목표도 달성되었으리라. B.C.E. 336년에 필립이 사망하자 스무 살 된 아들 알렉산더가 마케도니아의 통치자로 올라섰다.

젊은 알렉산더(B.C.E. 336~323)가 군사 정복과 명예에 그토록 매달린 이유가 무엇이었는지는 확실치 않다. C.E. 1세기의 그리스 역사가 플루타르크는 이를 신성한 혈통 때문으로 설명한다. 알렉산더의 아버지는 필립 왕이 아니라 그리스의 최고 신 제우스였다는 것이다. 마케도니아 동쪽, 에게 해 북서 해안에 위치한 에피루스(Epirus) 출신이었던 어머니 올림피아스가 아들의 야망을 키웠다고 보는 학자들도 있다.

페르시아에 전쟁을 선포한 알렉산더는 B.C.E. 334년에 4만 군대를 이끌고 헬레스폰트(Hellespont) 해협을 건넜다. 날듯이 빠른 기병대와 중무장 보병 부대를 중심으로 한 알렉산더 군은 B.C.E. 333년의 이수스(Issus) 전투에서 다리우스 3세를 격파했다. 이어 알렉산더는 페르시아 깊숙이 진격하였다.

시리아, 페니키아, 유다, 이집트 등이 차례로 젊은 마케도니아 전사의 영토에 합쳐졌다. 두로, 가자 그리고 사마리아는 격렬히 저항했지만 오래지 않아 제국의 일부로 전락했다. 여기서 알렉산더의 군대는 동쪽으로 돌아 바빌론, 수사, 페르세폴리스 같은 위대한 메소포타미아 도시들을 함락시키고 상(上) 인더스강 계곡에 도달했다. 그리스의 식민 도시들은 알렉산더를 해방자로 여겨 환영했다. 고향에서 수천 킬로미터 떨어진 곳까지 진군하던 알렉산더는 지역 주민들의 충성심을 얻어야 한다는 사실을 깨달았다. 그리고 각 지역 신전에서 예배를 드려 주민들을 자기 편으로 만들었다.

헬레니즘의 옹호자였던 알렉산더는 그리스식의 도시들을 여럿 건설했다. 그중 으뜸이라 할 만한 것이 B.C.E. 331년, 지중해변의 이집트에 세운 알렉산드리아이다. 이 도시는 이후 수 세기 동안 국제적인 학문 중심지로 번성했다. 그리스인 수천 명이 몰려와 상인과 관리로 정착했고 그중 일부가 주변의 새

헤라클레스 등 그리스 신화 속 영웅들이 그려진 B.C.E. 460년경의 그리스 그릇.

B.C.E. 323년경	B.C.E. 302년경	B.C.E. 301년경	B.C.E. 285~246년경
알렉산더 사망 후 후계자 싸움이 벌어짐. 헬레니즘 시대가 시작됨	미트라다트 1세(Mithradate)가 폰투스(Pontus) 왕국을 건립함	프톨레마이오스(Ptolemy) 1세가 안티고누스를 물리치고 이집트와 팔레스타인에 프톨레마이오스 왕조를 세움	프톨레마이오스 2세 치세 때 히브리 성경이 그리스어로 번역됨

THE BIBLICAL WORLD | CHPATER EIGHT

제국의 화폐

공식 화폐 체계를 도입해 주화를 찍어낸다는 발상은 B.C.E. 7세기의 리디아에서 시작되었지만 실제로 주화가 활발히 사용된 곳은 그리스였다.

고대 시기(archaic period, B.C.E. 600~480년경)의 그리스 주화는 작은 은 덩어리 위에 발행지의 상징이 찍힌 형태였다. 서서히 기술이 발전하면서 밀도와 크기가 일정한 작은 원반형 주화가 만들어졌다. 주화에는 각 지역의 상징이 찍혔지만 아테네의 세력이 커지자 아테네의 상징 올빼미 주화가 일반화되었다.

그리스 화폐의 단위는 드라크마(drachma)였는데 하루 일당만큼의 가치를 가졌던 것으로 추정된다. 4드라크마 주화, 10드라크마 주화도 만들어졌다. 그리스 문화와 교역이 퍼져나가면서 드라크마는 국제적으로 통용되었다. 이오니아 해안가 도시들은 나름의 드라크마 주화를 만들기도 하였다.

3세기 이후부터 주화는 도시 상징이 아니라 통치자의 두상을 담기 시작했다. 특히 이집트의 프톨레마이오스 왕조와 셀레우코스 제국에서 이런 경향이 두드러졌다. 그 덕분에 고고학자들은 출토된 주화를 기준으로 해당 층위의 시대를 추정할 수 있다. 통치자의 두상을 동전에 넣는 관행은 오늘날까지도 이어지고 있다.

B.C.E. 4세기 아테네의 4드라크마 은화. 아테네의 상징이자 지혜의 여신을 나타내는 올빼미가 새겨졌다.

도시로 퍼져나가면서 지중해 지역 전체와 서아시아에 헬레니즘의 사고 및 문화가 전파되었다.

알렉산더는 제국의 영광을 오래 누리지 못했다. 이수스 전투로부터 10년 후인 B.C.E. 323년 6월, 그는 열병으로 사망했다. 열병의 원인은 밝혀지지 않았다. 서른두 살의 알렉산더가 세상을 뜨자 제국은 혼란에 휩싸였다. 마케도니아 제국과 정복지에 대한 통제권을 둘러싸고 장군들 사이에 권력 싸움이 벌어졌다. 카산더(Cassander) 장군은 그리스와 마케도니아 통제권을 노렸고 알렉산더 휘하의 가장 유능한 장군 중 한 명이었던 프톨레마이오스(Ptolemy)는 이집트를 원했다. 안티고누스(Antigonus)는 소아시아, 셀레우코스(Seleucus)는 바빌론을 가졌다. 하지만 이 분배에 만족하는 사람은 없었고 결국 내전이 벌어졌다. B.C.E. 315~312년 동안 유다 땅은 전장으로 변했다. 안티고누스와 셀레우코스가 연합하여 프톨레마이오스에 맞서 싸운 것이다.

B.C.E. 301년, 안티고누스는 입수스(Ipsus) 전투에서 패배했다. 프톨레마이오스 소테르(Ptolemy Soter, B.C.E. 301~285)가 세운 프톨레마이오스 왕조의 영토는 이집트에서 페니키아와 시리아까지 펼쳐졌고 유다 왕국도 완충지대로서 여기 포함되었다. 프톨레마이오스는 새로운 이집트 제국의 수도를 멤피스에서 알렉산드리아로 옮겼다. 왕국 유지에 교역이 얼마나 중요한지 깨달았던 것이다.

정치적으로 보면 알렉산더 제국은 조각조각 갈라진 셈이었다. 하지만 문화적으로는 여전히 한 단위였다. 아람어가 계속 쓰이기는 했지만 국제 교역, 외교, 예술 분야의 공용어는 그리스어(코이네(Koine) 방언)였다.

그리스 모델을 따르는 새로운 도시들은 히포다무스(Hippodamus of Miletus)가 창안한 격자형 도로망에 헬레니즘 양식으로 지은 극장, 도서관, 신전, 체육관 등을 갖추었다. 그리스 문학, 연극, 철학이 지중해 전역에서 연구되었다. 문맹률이 낮아졌고 생활 수준이 높아졌다.

화폐 체계도 도입되었다. 올빼미가 그려진 동전이 공통적으로 사용되면서 국제 교역이 원활해졌다. 교역이 급증하면서 해상로가 확대되었고 기존 도로의 보수와 확장, 새로운 도로의 건설이 이어졌다.

이 모든 상황은 유다에 영향을 미쳤다. 이제 헬레니즘은 선택의 대상이 아니었다. 다음 300여 년 동안 유대인들은 이 문화 제국주의에 대항해 싸웠다. 하지만 이후에는 더욱 폭력적인 로마제국의 통치가 기다리고 있었다.

유대인의 분산 이주

많은 유대인들이 알렉산드리아 경제 공동체가 안겨준 평화와 번영을 환영했다. 프톨레마이오스 왕조는 이 지역이 과거처럼 많은 농산물을 생산하도록 장려했다. 이집트와 유다는 이제 한 나라였고 왕래도 늘어났다. 새로운 지역 발전에 참여하려는 유대인들은 알렉산드리아로 가 정착하기도 했다. 이집트에 이미 건너가 있는 유대인들도 적지 않았는데 대부분은 B.C.E. 586년의 예루살렘 파괴 이후 이주한 것이었다. 이집트 파피루스 기록을 보면 남쪽 아스완에도 유대인 정착지가 있었다고 한다.

프톨레마이오스 왕조 통치자들은 새 수도 알렉산드리아에 투자를 아끼지 않았고 덕분에 알렉산드리아는 제국 전역에서 이

B.C.E. 2~1세기에 알렉산드리아에서 만들어진 알렉산더 대제의 두상. 알렉산더 대제는 죽은 후에도 이 젊고 아름다운 모습으로 널리 알려졌다.

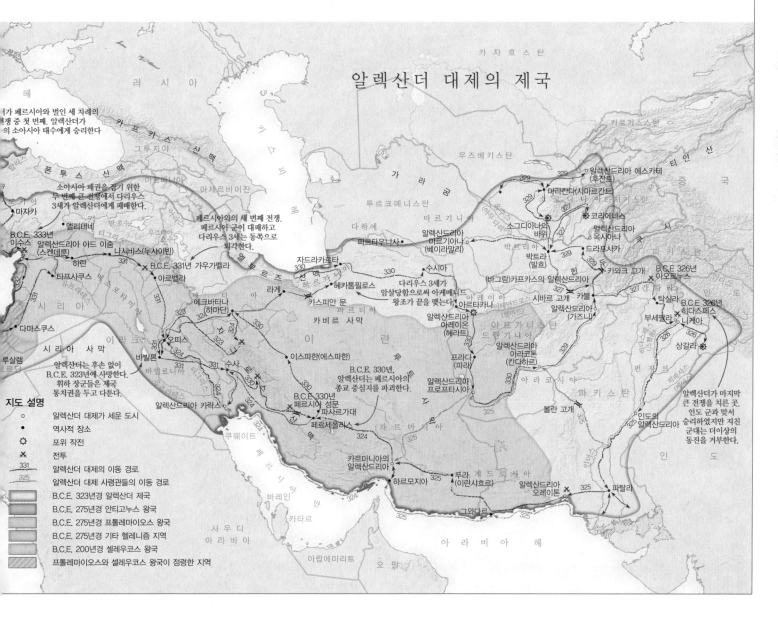

알 렉 산 더 대 제 의 제 국

주민들이 들어와 유대인 상인, 관리, 학자들이 북적대는 중심지가 되었다. 다음 100년 동안 알렉산드리아는 중동의 문화 중심지 역할을 충실히 수행했다. 이곳에는 대학교, 천문 관측소, 동물원, 식물원 그리고 무려 40만권의 장서를 보유한 도서관이 자리잡았다.

농부나 장인 같은 유대인들도 유다 시골 마을을 떠나 그리스 서부 이오니아 해안가 도시들로 진출할 기회를 노렸다. 유대인들의 국제적 분산, 즉 디아스포라가 시작된 것이다. 이는 전쟁 때문이 아니라 경제적 동기에서 이루어진 자발적 이주였다.

이러한 분산 이주에는 적지 않은 문제가 뒤따랐다. 어디로 가든 유대 이주민들은 헬레니즘 문명과 마주쳤고 갈등을 겪었다. 하지만 그 결과는 율법을 한층 더 열심히 지키는 것으로 나타났다. 이주민들은 할례와 식생활 규범을 지켰고 공동체 모임 때에는 모세 5경을 읽으며 야훼를 경배했다.

B.C.E. 100년경에 제작된 두 여인의 조각상은 헬레니즘의 자연주의 경향을 잘 보여준다.

유대 이주민들은 회당이라 불리는 작은 공동체 공간을 짓기 시작했다. B.C.E. 3세기의 회당 건설에 대해 기록한 이집트 파피루스 문서가 발견되었지만 실제 회당은 그보다 훨씬 이른 시기부터 존재했던 것으로 보인다. 회당은 직사각형으로 긴 벽에 의자를 놓고 짧은 벽 하나는 예루살렘을 향하게 한 뒤 모세 5경 두루마리를 보관하는 구멍을 파둔 형태였다.

현존하는 가장 오래된 회당이자, 제2성전 시대의 유일한 회당은 헤로데 산 마사다 요새 성벽의 북서쪽 포대에서 발견되었다. B.C.E. 31년경에 지어진 이 회당은 250명

정도가 들어갈 수 있는 크기이다. 벽을 세워 공간을 둘로 갈라놓았고 돌기둥 두 개가 천장을 떠받치고 있다. 유대 전쟁(C.E. 66~74) 때 마사다 요새를 점령한 유대교 열심당원들은 회당 삼면에 돌 의자를 네 줄로 배치하여 모세 5경 두루마리 보관 구멍을 바라보도록 만들었다. 구멍 뒤쪽으로 작은 부속실도 붙였는데 발굴 당시 이곳에서 〈에제키엘서〉와 〈신명기〉 두루마리 조각이 나왔다. 사제의 단지(me'aser kohen)라 적힌 질그릇 조각도 발견되어 이곳에 사제가 있었음을 알려주었다. 회당은 번제가 치러지지 않는다는 점에서 성전과는 다르며 주로 모세 5경을 함께 읽고 설명하는 장소, 혹은 다른 공동체 행사가 열리는 장소로 사용되었다.

모세 5경 독경에서 언어 장벽은 점차 큰 문제로 대두되었다. 성경 두루마리는 히브리어로 씌어 있었다. 바빌로니아 유수 때와 그 이후에 히브리 성경은 다시 바빌론과 유다에서 통용되었던 아람어로 번역되어 퍼졌다. 프톨레마이오스 왕조 시대에는 그리스어가 일반적이었다. B.C.E. 3세기가 되자 회당에서 읽는 고대 텍스트를 이해

알렉산더는 12년 동안 통치하고 죽은 것이다.
이후 알렉산더의 장군들은 제각기 자기 영토를 다스리며 모두 왕위에 올랐다.
그리고 그들의 자손들도 뒤를 이어 오랜 세월을 두고 집권하였다.
그들이 집권하는 동안 온 세상은 그들의 학정에 몹시 시달렸다. | 마카베오 상 1:7~9 |

할 수 있는 유대인은 거의 없는 실정이었다. 다민족 사회에서 살아가긴 하지만 알렉산드리아의 유대인들이 대부분 율법과 신앙에 충실했다는 점을 고려하면 이러한 언어적 괴리는 큰 문제였다.

70인 역(譯)의 기원

해결책은 히브리 성경을 그리스어로 번역하는 것이었다. 방대하고 비용도 많이 드는 작업이었다. B.C.E. 2세기 중반 무렵 아리스테아(Aristea)라는 사람이 쓴 편지에 따르면 데메트리우스(Demetrius of Phalerum)라는 도서관 사서가 프톨레마이오스 2세 필라델푸스(Ptolemy II Philadelphus B.C.E. 285~246) 왕에게 성경의 그리스어 번역을 제안했다고 한다. 데메트리우스는 왕실 예산을 따오는 데 재주가 있는 사람이었고 '유대 율법이 번역하여 도서관에 소장할 가치가 있다'는 점을 왕에게 납득시켰다.

프톨레마이오스 2세 필라델푸스는 앞선 시대의 군사 원정 때 포로가 된 유대인 수백 명이 여전히 갇혀 있다는 점을 기억해냈다. 그리고는 예루살렘의 대사제 엘르아살(Eleazar)에게 히브리 성경 번역을 완성할 학자 72명을 보내주면 포로를 석방하겠다는 제안을 한다. 합의가 이뤄졌고 곧 번역자들은 히브리 성경을 그리스어로 번

지중해 바닥에 가라앉은 이 거대한 두상은 프톨레마이오스 시대의 고대 알렉산드리아 왕궁에 있던 것이다.

역하는 작업에 매달렸다. 그 결과물이 바로 70인 역 성경이다.

멋진 이야기지만 그 역사적 정확성은 아직 확신하기 어렵다. 우선 70인 역에는 알렉산드리아 방언이 상당히 많이 포함되어 있다. 그래서 현대 역사학자들은 알렉산드리아의 필경사들이 대부분의 번역 작업을

했고 예루살렘 학자들로 하여금 이를 확인하게 함으로써 종교적 권위를 부여한 것이라 본다. 본래 70인 역은 모세 5경을 그리스어로 번역한 것이었지만 이후 세월이 흐르면서 다른 책들도 덧붙여졌고 결국 유대교 성경 전체를 포함하게 되었다.

프톨레마이오스 왕조의 유대 통치가 이어지면서 외세의 위협이 시작되었다. B.C.E. 200년경 프톨레마이오스 5세 에피파네스(Ptolemy V Epiphanes)는 셀레우코스 제국과의 전쟁에 휘말렸다. 셀레우코스 제국은 과거 알렉산더의 장군이었던 셀레우코스 1세의 후손들이 다스리는 나라였다. B.C.E. 200년, 파네이온(Paneion) 전투에서 프톨레마이오스 5세는 참패했다. 승리자는 안티오쿠스(Antiochus) 3세(B.C.E. 223~187)였다. 이제 팔레스타인 지역은 모두 셀레우코스 제국에 편입되었다.

셀레우코스(Seleucid)

로마 황제 아우구스투스가 소아시아에서 가장 로마화된 도시였던 피시디아(Pisidia)의 안티오크에 지은 신전. 어머니 여신인 키벨레(Cybele)에게 바쳐진 것이다.

셀레우코스 시대는 유대 역사에서 가장 극심한 격동기였다. 왕좌를 둘러싼 끊임없는 권력 싸움은 유대의 셀레우코스 통치를 지지하는 측과 반대하는 측 사이의 다툼에 그대로 반영되었다. 그리스 양식의 도시가 건설되는 등 유대의 헬레니즘화도 계속되었고 이는 동질적이었던 유대 사회를 그리스 문화 옹호 측과 반대 측으로 갈라놓았다. 셀레우코스 왕조의 착취적 경제 체계로 유대 사회의 빈부 격차도 커졌다. 이는 로마의 유대 정복 이후 한층 더 심해졌다. 토비아드(Tobiad)라는 유대 가문은 트랜스요르단 지역의 세금

징수권을 기반으로 막대한 부를 축적해 예루살렘의 정치에 영향력을 행사할 정도였다고 한다. 예루살렘에서는 대사제직을 둘러싼 싸움이 치열했고 돈으로 지위를 사는 경향도 만연했다. 이런 상황에서 유대 민족은 사분오열되었고 훗날 바리새파, 에세네파, 젤로트파(열심당) 등 반체제 무리가 형성된다. 이들 반체제 무리는 신약성서 시대까지 영향을 미쳤다.

셀레우코스 제국의 격동은 안티오쿠스 3세가 그리스 그리고 새로운 세력 로마를 침략하여 패배한 탓이었다. 안티오쿠스 3세는 로

B.C.E. 200년경
안티오쿠스 3세가 프톨레마이오스 5세에
승리함으로써 팔레스타인은 셀레우코스 제국의
일부가 됨

B.C.E. 225년경
현재까지 확인된 최초의 유대 회당이
이집트 알렉산드리아에 세워짐

B.C.E. 218~202년경
제2차 포에니 전쟁에서 카르타고의
한니발이 로마를 공격하지만
B.C.E. 146년에 패배함

B.C.E. 190년경
로마가 안티오쿠스 3세를 물리치고
소아시아를 로마 지배 하에 둠

> 그는 분풀이로 거룩한 계약을 때려 부술 것이다.
> 군대를 보내어 성소와 요새를 짓밟을 것이다.
> 하지만 하느님께 충성을 바치는 사람들은 용감하게 나설 것이다. | 다니엘 11:30~32 |

마에 막대한 배상금을 물어주어야 했고 그 아들 셀레우코스 4세(B.C.E. 187~175)가 즉위할 무렵, 제국은 파산 상태나 다름없었다. 셀레우코스 4세의 형제로 왕위에 오른 안티오쿠스 4세 에피파네스(B.C.E. 175~164)는 성전의 보물을 압수해 재정난을 타개하고자 했다. 이를 위해 제국의 고위 관리 헬리오도루스(Heliodorus)가 예루살렘의 야훼 성전에 파견되었다. 그가 성전의 금고에 손을 대려 했을 때 기이한 현상이 일어났다. '휘황찬란하게 성장한 말이 보기에도 무시무시한 기사를 태우고 그들 눈앞에 나타나더니 앞발을 쳐든 말이 헬리오도루스에게 맹렬하게 돌진했던 것'이다(마카베오 하 3:24~25). 이 사건으로 성전의 보물은 빼앗기지 않았지만 예루살렘과 안티오크의 관계는 악화되었다.

예수(Yeshua 혹은 Jesus)라는 이름의 대사제 지망자는 '이아손'이라는 헬레니즘 이름으로 개명하고 왕실에 막대한 뇌물을 바쳤다. 또한 예루살렘을 그리스 도시로 바꿔놓겠다고 하며 왕실의 환심을 샀다. 여기에는 신심 깊은 유대인들이 혐오스러워 하는 그리스식 체육관 건설 계획도 들어 있었다. 헬레니즘화만이 제국을 통합시켜주리라 믿었던 안티오쿠스는 이아손을 대사제로 임명하였다.

몇 년 후 역시 헬레니즘식 이름을 가진 또 다른 후보자 메넬라오스(Menelaus)가 나타나 안티오쿠스 4세에게 더 많은 뇌물을 바쳐 고위 사제 자리를 따냈다. 그는 사독(Zadok) 가문 출신이 아니었으므로 대사제 지위가 갖는 권위를 크게 손상시켰다. 유대인들은 솔로몬의 대사제였던 사독의 후손만이 고위 사제에 오를 수 있다고 여겼던 것이다. 메넬라오스가 대사제에 임명되자 이아손은 트랜스요르단으로 도망쳐 부유한 토비아드 가문에 도움을 청했다. 이렇게 하여 세력 싸움은 계속 이어졌다.

때마침 안티오쿠스 4세는 로마의 지원을 받은 이집트 군과의 싸움에서 패해 이 지역에 머무르고 있었다. 실추된 권위를 회복하려는 마음에 그는 내분을 끝낸다는 명분으로 예루살렘으로 진군했다. 친그리스계는 그를 열렬히 환영했지만 왕은 반체제 인사들을 체포하는 것으로 분을 풀었다.

C.E. 1세기의 유대 역사가 요세푸스에 따르면 안티오쿠스 4세는 이때부터 그리스식이 아닌 종교 관행은 모두 죽음으로 처벌하겠다는 칙령을 내렸다고 한다. 유대를 그리스의 문화, 언어, 종교로 묶기 위한 조치였다. 이는 유대 신에 대한 반감 때문이 아니라 단일 국교로 안정을 이루려는 의도였다고 해석된다. 그 결과 야훼 숭배는 금지되었다. 대신 술의 신 디오니소스를 비롯한 그리스 신들에 대한 숭배가 확립되었다. 요세푸스는 '이를 어긴 사람은 매질을 당하고 온몸이 갈기갈기 찢기며 산 채로 십자가형을 받았다'고 기록하였다.

예루살렘에서 서쪽으로 32킬로미터 떨어진 모데인(Modein)이란 마을의 사제 마타시아스(Mattathias)는 폭압적 조치에 항거하기로 하였다. 셀레우코스 관리가 이교 번제를 강요

유대 지역을 헬레니즘화하다가 B.C.E. 166년 마카비 반란을 맞은 셀레우코스의 안티오쿠스 4세 에피파네스(B.C.E. 175~164) 초상이 새겨진 고대 주화.

B.C.E. 175~164년경
안티오쿠스 에피파네스가 셀레우코스 제국 내에서 그리스 종교만을 인정함. 예루살렘에 그리스식 체육관이 세워짐

B.C.E. 167년경
로마가 마케도니아를 정복함

B.C.E. 166~160년경
셀레우코스 통치에 항거해 반란을 일으킨 유다 마카비(Judas Maccabeus)가 예루살렘을 점령함

B.C.E. 139년경
유대 종교 의식이 로마 사회를 '오염' 시킨다는 이유로 유대인들이 로마에서 쫓겨남

하러 나타나자 그는 단호히 거절했고 이교 숭배에 앞장선 배교자들을 죽였다. 이어 셀레우코스 관리마저 죽여버렸다. 그가 유대 고원으로 도망친 후 그 영웅적 행동이 알려지면서 셀레우코스 지배에 반대하는 유대인들의 폭동이 여기저기서 일어났다. 마타시아스와 그의 세 아들, 유다, 요나단, 시몬이 폭동을 이끌었고 결국 하스모니아(Hasmonia) 왕조가 세워졌다. 왕조 명칭은 마타시아스의 증조 할아버지 아사모나이오스의 이름을 딴 것이었다. 마타시아스가 사망하자 그 아들 유다 마카비(Judas Maccabeus, B.C.E. 166~160)가 뒤를 이었다. 유대인들은 그를 열렬히 지지했다.

이 저항의 시기에 작성한 것으로 간주되는 〈다니엘서〉는 유대주의 정신을 강조하고 있다. 전반부 여섯 장은 바빌로니아 유수의 고난을 설명하며 유대 민족은 오로지 율법과 야훼 신앙을 통해서만 생존할 수 있다고 강조한다. 후반부 여섯 장은 안티오쿠스 4세의 악행을 다니엘 예언 속의 상징적인 단어로 묘사하며 셀레우코스 제국의 몰

락을 예고한다. 이 책의 핵심 메시지는 유대인들이 믿음을 지키면 결국 신의 왕국이 승리한다는 것이다. 〈다니엘서〉의 저자는 책에 등장하는 '현인' 자신이라 추측되는데 박해받는 상황에서 종교적 신심의 모범을 세우려 한 독실한 신자였던 것 같다.

반란은 예상 외로 성공을 거두었다.

B.C.E. 164년, 유다 마카비는 예루살렘을 점령해 성전을 정결히 하고 다시 유대 신앙의 본산으로 삼았다. 이를 기념하는 것이 바로 하누카 축일이다. 안티오쿠스 4세와의 전쟁은 계속 이어졌다. B.C.E. 161년에 유다는 시리아 장군 니카노르(Nicanor)를 상대로 대승을 거두었다. B.C.E. 160년, 유다가 엘라사(Elasa) 전투에서 전사하자 그 형제인 요나단(B.C.E. 160~142)이 뒤이어 반란을 이끌었다. 요나단은 셀레우코스 군을 여러 차례 격파했고 결국 데메트리우스(Demetrius) 1세(B.C.E. 162~150)의 강화 제의를 이끌어냈다.

B.C.E. 152년의 평화조약으로 요나단은 셀레우코스에서 독립적 지위를 얻은 유대 지역 통치자가 되었다. 유대인들은 환호했다. 자유가 찾아온 것이다. 그로부터 2년 후에는 데메트리우스 1세를 몰아내고 셀레우코스 왕좌에 오른 알렉산드르 발라스

(Alexander Balas)가 요나단을 대사제로 임명한다.

하지만 이는 신심 깊은 유대인들에게 반갑지 않은 조치였다. 유다 마카비 반란의 목적은 율법을 충실히 따르기 위한 것이었다. 그런데 사독 가문 출신, 즉 솔로몬의 고위 사제 후손이 아닌 요나단이 고위 사제가 된다는 것은 율법에 어긋난 일이었다. 이런 이유로 많은 유대인들이 요나단에 대한 지지를 철회했다.

그해 말, 셀레우코스 왕국과 이집트 프톨레마이오스 왕조의 갈등이 고조되자 요나단은 기회를 놓치지 않고 사마리아와 갈릴리 일부 지역과 함께 아슈도드, 욥바, 가자를 차지하였다. 알렉산드르 발라스는 때마침 왕좌를 둘러싼 세력 다툼에 휘말리게 된 상황이어서 요나단을 견제하지 못했다.

요나단은 B.C.E. 143년, 정적이었던 트

반인반수의 사티로스가 그리스 술의 신 디오니소스를 찬미하는 여성과 춤추는 장면. 폼페이에서 출토된 대리석 모자이크이다.

하스모니아 왕조

지도 설명

- 마카비 반란 이전의 유대
- 요나단이 정복한 지역(B.C.E. 160~142년)
- 시몬이 정복한 지역(B.C.E. 142~134년)
- 히르카누스 1세가 정복한 지역(B.C.E. 134~104년)
- 아리스토불루스 1세가 정복한 지역(B.C.E. 104~103년)
- 알렉산더 얀네우스가 정복한 지역(B.C.E. 103~76년)

[므깃도] 도시나 소읍의 옛 이름

B.C.E. 167년경에 일어난 마카비 반란은 안티오쿠스 4세에 대항해 종교를 지키려는 유대인들의 지지를 받는다.

유대인들의 하누카 명절은 마카비 반란으로 성전을 되찾아 정결하게 만든 것을 기념한다. 하누카는 '헌당하다'라는 뜻이다.

시돈

두로 • 가나

헤르몬 산 2,814 m 9,232 ft

• 파니아스

레온테스 강

카다사 [케데스]

• 아소르[하솔]

메롬

• 겐네사렛

• 벳새다

프톨레마이스 [악고]
악고 만 (하이파 만)

요타파타 • 아르벨라 • 갈릴리해

시카미니움

• 히포스

필로테리아[벳예라]

갈멜 산 546 m 1,791 ft

• 세포리스

타볼 산 588 m 1,929 ft

• 가다라 • 아벨라

도라 [도르]

레지오 [므깃도]

이즈르엘 계곡 (에스드렐론 평원)

• 스키도폴리스 [벳산]

스트라토의 광대

• 펠라

• 나르바타

예발 산 940 m(3,084 ft)

• 게라사

아폴로니아

그리심 산 881 m(2,890 ft)

• 네아폴리스 [세겜]

아크라베타 [아루마]

욥바

파게 [아벡]

르보나

• 알렉산드리움 • 가다라

• 필라델피아 [랍바]

• 리다

• 고프나

• 모데인

암니아

가자라 [게셀]

• 베델

• 예리고

느보 산 802 m 2,631 ft

• 에스부스 [헤스본]

키드론

엠마우스

• 미스바

• 미그마스

• 메드바

아조투스 [아슈도드]

에크론

벳세메스

• 벳세메스

• 예루살렘

아스칼론 [아슈켈론]

• 아둘람

• 베들레헴

• 드고아

마케루스

• 벳술

안테돈 • 가자

• 마리사 [마레사]

• 헤브론

라기시

에스드모아

• 엔게디

오르다 • 그랄

• 아랏

라피아

베에르셰바

• 말라타

• 키르모압 [길하레셋]

• 소알

• 리노코루라

네 게 브

이 집 트

지 중 해

사 마 리 아

0 20 40 킬로미터

0 20 40 마일

현재의 배수로, 해안선과 국경선을 기준으로 표시하였다. 괄호 안은 현재의 지명이다.

사해 두루마리는 1947년, 사해 근처 쿰란의 고대 마을 외곽에 있는 이런 동굴에서 발견되었다.

리폰(Tryphon)에게 암살당했고 트리폰은 일년 후 셀레우코스의 왕좌마저 차지했다. 요나단의 형제이자 후계자인 시몬(B.C.E. 142~134)은 트리폰의 적수인 데메트리우스 2세(B.C.E. 145~140, 129~125)를 도우려 나섰다. 동맹을 강화하기 위해 데메트리우스 2세는 유대 지역을 독립 왕국으로 공식 인정하게 된다.

B.C.E. 142년, 마침내 영광의 순간이 찾아왔다. 느부갓네살이 예루살렘을 파괴한 지 445년 만에 유대인들은 자유롭게 신을 숭배하고 번제물을 드리며 모세가 전한 율법에 따라 살 수 있게 되었다. 다윗과 솔로몬 왕국이 부활한 셈이었다.

하지만 환희의 이면에는 대사제의 지위

유대인들의 명절

유대인들은 유다 마카비가 B.C.E. 164년에 예루살렘 성전을 정화하여 헌당한 것을 기념, 매년 하누카 (Hanukkah) 때 초를 밝힌다. 바빌론 유수가 끝난 후 다시 기념하기 시작해 오늘날까지 이어지는 명절로는 로시 하샤나(Rosh Hashana, 새해), 욤 키푸르 (Yom Kippur, 대속죄일), 숙곳(Succoth, 초막절), 과월절(Passover, 누룩 없는 빵을 먹는 무교절과 부활절을 합쳐서 기념한다), 십계명 받은 것을 기리는 오순절(Shavuot)이 있다.

를 손상시킨 하스모니아 왕조에 대한 반감도 있었다. 유대인들은 곧 환상에서 깨어났다. 요나단과 시몬이 유대 땅을 네게브에서 갈릴리까지, 트랜스요르단에서 지중해까지 확장하여 다윗 시대의 영토를 거의 회복하는 위업을 세우기는 했지만 그 위대한 승리는 오만에 바탕한 것이었고 결국 파멸할 수밖에 없는 운명이었다.

이 시기의 유대 작가들이 썼지만 이런 저런 이유로 히브리 성경 최종본에는 포함되지 못한 글을 보면 당시 분위기가 드러난다. 격언, 시, 기도문, 역사 등으로 이루어진 이 글들, 즉 외경(外經)은 히브리 성경의 그리스어 번역인 70인 역과 그리스도교 구약성경에는 포함되었다.

외경에는 다른 문화, 특히 헬레니즘과 경쟁하는 상황에서 유대교의 교리와 신앙이 다양화되는 모습이 그려진다. 예를 들어 〈마카베오〉 상권을 보면 하스모니아 왕조의 업적이 연대기적으로 서술되지만 마카베오 하권에서는 동일한 역사가 예루살렘 성전의 정화를 중심으로 서술된다. B.C.E. 1세기 사람으로 추정되는 〈솔로몬의 지혜서〉의 저자는 헬레니즘을 비판하면서 '값비싼 포도주와 향료를 마음껏 즐기고 봄철의 꽃한 송이도 놓치지 말자' (지혜서 2:7)는 쾌락적 이교도들에 대해 호통을 치고 있다. 하지만 다른 한편 '올바른 삶은 영원히 이어지며 신에게 상을 받는다.' (지혜서 3:15)고 하여 영혼은 불멸이라는 그리스의 개념을 받아들이고 '말씀' 혹은 '논리'를 뜻하는 로고스의 창조적인 힘을 인정하는 모습도 나타난다.

이들 개념은 신약성경에도 반영된다. 〈마카베오〉 하권에서 처음 언급된 죽은 자의 부활이 그리스도교의 핵심 교리가 되는 것이다.

대사제 임명을 둘러싼 불만 때문에 도시를 떠나 황야에서 고독하게 사는 '에세네(Essene)'라는 무리가 나타났다. 이들은 율법, 특히 순수 의례와 관련된 규범을 엄격히 지키며 금욕적으로 살아가는 공동체를 이루었다. 소박한 옷차림에 규칙적으로 기도를 올리고 오랜 시간을 들여 거친 땅을 일구는 삶이었다. 육체적 정화와 영적 정화는 동일한 것으로 여겨졌다. 이들은 저수지를 파 빗물을 받고 근처 샘에서 수로를 연결해 매일 침례 의식을 행했다. 사독 가문 출신인 '진리의 스승' 아래 이렇게 살아가는 목적은 신에게 가까이 다가가기 위함이었다.

에세네 공동체는 각 구성원이 아무 방해받지 않고 히브리 성경을 열심히 공부하는 데 중점을 두었다. 공동체 규칙을 보면 하루 일과가 끝난 저녁마다 모여서 '책을 읽고 율법을 공부하고 함께 기도한다.'고 되어 있다.

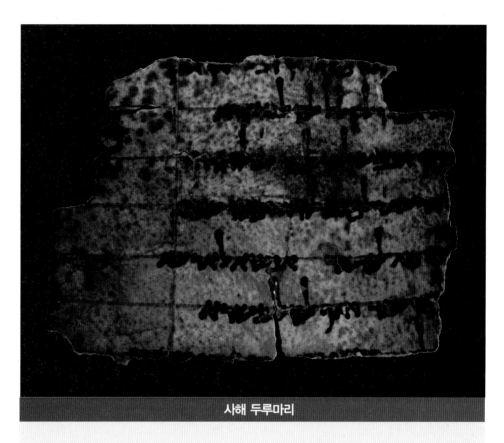

사해 두루마리

쿰란에서 살았던 공동체에는 필경사들이 있었고 이들은 히브리 성경을 거의 모두 두루마리에 필사했다. 두루마리들은 커다란 진흙 항아리에 넣어 보관했다.

C.E. 68년 유대인 반란을 진압하기 위해 로마 군이 접근하자 단지는 근처 동굴로 옮겨졌고, 1947년 베두인 양치기 소년이 잃어버린 양을 찾으러 거기 들어갈 때까지 고스란히 보존되었다.

사해 두루마리라 불리게 된 이 필사본을 분석한 학자들은 흥분을 감추지 못했다. 당시까지 전해진 가장 오래된 성경 텍스트보다 무려 1,000여 년이나 앞선 자료였기 때문이다.

800개의 필사본 가운데 100개가 히브리 성경이었다. 〈에스더서〉를 비롯해 구약성경 전체가 포함되었고 쿰란 공동체들의 수행 규범을 정리한 문서도 있었다. 이 두루마리를 통해 1,000여 년 동안 성경 텍스트가 놀랄 정도로 충실하게 전해졌다는 점, 그리고 당시까지 정전이 완성되지 않았다는 점이 확인되었다.

일부 학자들은 에세네파가 이 두루마리와 관련이 있다고 추측한다. 키르바트 쿰란 인근에서 수도원 잔해가 발견되기도 하였다. 그 공동체가 에세네파의 것이었는지의 여부는 여전히 뜨거운 논쟁거리이다.

B.C.E. 2세기 초의 사해 두루마리 일부. 외전(外典) 텍스트에서는 노아와 아브라함 이야기가 윤색되어 있다.

로마의 정복

오늘날의 이스라엘 지중해변 가이사래(카이사리아, Caesarea)에 있는 로마 수도교(水道橋). B.C.E. 22~10년 헤로데가 건설한 것이다.

하스모니아 왕조는 거의 100년 동안 이어졌다. B.C.E. 76년, 알렉산더 얀네우스(Alexander Jannaeus, B.C.E. 104/3~76)가 사망한 후 왕비 살로메 알렉산드라(B.C.E. 76~67)가 맏아들 히르카누스(Hyrcanus) 2세를 즉위시키는 대신 직접 권좌에 올랐다. 얀네우스는 죽기 전에 아내에게 바리새(Pharisee) 파를 중용하라고 권했다. 하스모니아 왕조의 취약한 정통성 때문에 당파 갈등이 커지는 상황이었기 때문이다.

예루살렘에서 권력은 사제 집단 즉 고위 사제들, 종교 관련 관리들, 성전의 번제 의식을 감독하는 레위 부족이 갖는 것이 전통이었다. 하스모니아 왕조에서 사제들은 사두개(Sadducee) 파를 이루었다. 다윗 시절의 대사제 사독의 후손을 자처하는, 부유하고 원칙주의적인 귀족 계층인 사두개파는 훗날 로마의 지배를 환영하게 된다.

이와 대조적으로 바리새파는 신심 깊은 평민들이었다. 이들 역시 율법을 엄격히 지켰지만 종교 의식의 순수성을 보는 관점에서 사두개파와 달랐다. 사두개파는 번제 의식이 신을 기쁘게 할 유일한 방

B.C.E. 73년경
헤로데가 출생함

B.C.E. 58~51년경
율리우스 카이사르가 갈리아와 영국에
군사원정을 함

B.C.E. 44년경
율리우스 카이사르 암살과 함께
로마 공화정이 막을 내림

B.C.E. 40년경
로마 상원이 헤로데를 유다 왕으로 선포함.
헤로데 치세는 평화와 번영을 누림

> 폼페이는 유대인들을 코엘레-시리아(Coele-Syria)에서 내쫓고
> 특별히 임명된 총독의 다스림을 받도록 하였다.
>
> | 요세푸스, 《유대 전쟁사》 1권 |

법이라 주장했지만 바리새파는 일상의 모든 측면에서 의식의 순수성을 강조했다.

B.C.E. 67년에 살로메 알렉산드라가 사망하면서 히르카누스와 그 동생 아리스토불루스(Aristobulus) 2세(B.C.E. 67~63) 사이에 권력 투쟁이 벌어졌다. 군대를 장악하지 못해 열세였던 히르카누스는 에돔에 도움을 청했다. 바빌로니아 유수 시대 이후 에돔은 나바테아(Nabataean)라는 아랍 민족이 점령한 상태였다. 에돔 왕 아레타스(Aretas, B.C.E. 87~62)는 히르카누스의 부탁을 받아 B.C.E. 66년에 예루살렘을 포위한다.

폼페이의 유대 침략

이 권력 투쟁은 로마 상원이 동쪽, 특히 취약해진 셀레우코스 제국의 영토로 영향력을 확대하기로 결정한 때에 일어났다. 로마 원로원은 이 과업을 위해 그나이우스 폼페이우스(Gnaeus Pompeius) 장군, 훗날의 폼페이(B.C.E. 106~48)를 선택한다. 이 군사 원정은 폰투스(Pontus, 오늘날의 터키 북쪽 해안지역에 해당한다)의 기회주의적인 왕 미트라다트(Mithradate) 4세가 벌인 전쟁이 촉발한 것이기도 했다. 폼페이는 곧 로마의 적을 물리치고 B.C.E. 63년, 다마스쿠스에 들어섰다. 그리고 로마의 지지를 요청하는 예루살렘 사절들의 방문을 받았다. 아리스토불루스와 히르카누스, 그리고 바리새파가 각기 사절을 파견했던 것이다. 바리새파 사절단은 하스모니아 왕조를 무너뜨리라는 요청도 함께 전해왔다.

예루살렘이 권력 싸움에 휘말려 취약한 상태라는

사실을 간파한 폼페이는 이집트 국경까지 로마의 통치권을 확대하기로 한다. 그리고 같은 해 예루살렘을 점령함으로써 100년 가량 깜박이던 자유의 불꽃을 꺼뜨려 버린다. 히르카누스는 대사제의 지위를 되찾았지만 이를 위해 조국을 로마의 가신국가로 전락시킨 셈이었다.

폼페이와 히르카누스의 거래를 관심 있게 지켜본 젊은이가 한 명 있었다. 유대 남쪽의 이두메아(Idumaea) 출신이었다. 나바테아족의 지배 아래 에돔인들이 모여 살던 지역이다. 헤로데의 아버지 안티파터(Antipater)는 부유한 이두메아 족장으로 나바테아 귀족의 딸과 결혼한 인물이었다.

긴 시간 하스모니아의 왕 요한 히르카누스(John Hyrcanus, B.C.E. 135~104년)가 다스리는 동안 이두메아는 유대에 합병되었고 주민들은 유대교로 개종하든지 아니면 이주해 떠나가야 했다. 그 결과 헤로데는 아랍 피를 물려받았지만 유대교 가정에서 성장했다. 또한 하스모니아 주민들과 마찬가지로 헤로데는 헬레니즘 문화를 열렬히 받아들였다.

헤로데의 아버지 안티파터는 융성하는 로마 세력과 좋은 관계를 맺어두기로 결심한다. 그리하여 폼페이가 유대에 도착하자 서둘러 찾아가 지지를 약속했다. 가문의 야망을 실현하려는 바람은 이루어진다. 오래지 않아 안티파터와 그 아들 헤로데는 폼페이와 공동 집정관을 지낸 율리우스 카이사르라는 인물과 친분을 맺은 것이다.

이 시점부터 헤로데는 카이사르의 막강한

로마 군인이 쓰던 B.C.E. 2세기의 갈리아 투구. 유대에서 발견되었다.

헤로데는 옥타비아누스에게 안토니우스와의 우정에 대해 솔직히 털어놓았다.
그리고 자신이 그의 군대에 합류했던 건 그저 싸움이 좋았기 때문은 아니라고 설명했다.
옥타비아누스는 헤로데의 왕관을 회복시켜주었다. | 요세푸스, 《유대인 고대사》 1권 |

후원자 안토니우스와 평생토록 이어질 우정을 맺는다. 로마의 내분이 계속되는 가운데 율리우스 카이사르는 폼페이를 뒤쫓아 이집트로 갔고 폼페이는 그곳에서 삶을 마감하게 된다. 그러자 안티파터는 카이사르와 손을 잡았다. 이 재빠른 행동은 B.C.E. 47년 유대 행정관으로 임명되면서 보상을 받는다. 그는 로마 시민이 되는 특별한 영광도 누렸다.

가족 전체의 지위를 확고히 하고 싶었던 안티파터는 아들 파사엘(Phasael)을 유대와 페레아(Perea)의 통치자로, 그리고 또 다른 아들 헤로데를 갈릴리 통치자로 임명했다. 한동안 안티파터 가족의 전성기가 이어졌지만 7년 후 페르시아를 통치하던 파르티아인들이 아리스토불루스 2세의 아들 안티고누스를 지지하며 유대를 습격함으로써 혼란이 찾아왔다.

파르티아인들은 예루살렘을 점령했고 안티고누스는 히르카누스의 귀를 잘라버렸다. 불구가 되면 대사제의 지위를 유지할 수 없었기 때문이다. 헤로데 가족은 지위를 박탈당했고 파사엘은 자살한다. 헤로데는 마사다라는 사해 남쪽 고원의 성채에 가족을 피신시키고 로마로 떠났다.

헤로데는 파르티아인들이 동방에서 로마의 세력을 위협하는 존재라며 로마인들을 설득했다. 상원에 직접 나설 기회를 얻었을 때에는 어찌나 유려하고 설득력 있는 연설을 했는지 감탄한 의원들이 그를 유대 왕으로 추대할 정도였다. 물론 유대가 파르티아인들 수중에 있는 상황이었으므로 이는 말

예루살렘 남쪽 11킬로미터 거리에 위치한 헤로디움은 헤로데가 B.C.E. 24~15년에 궁전 겸 묘지로 건설한 것이다.

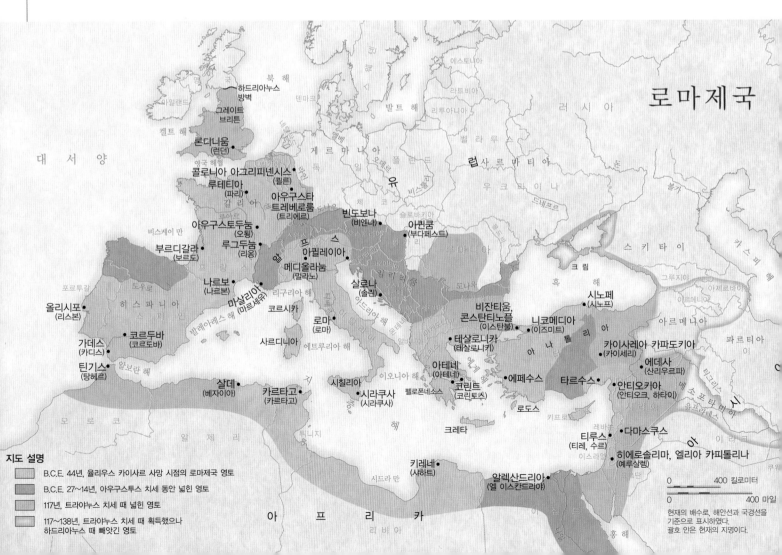

로마제국

지도 설명
B.C.E. 44년, 율리우스 카이사르 사망 시점의 로마제국 영토
B.C.E. 27~14년, 아우구스투스 치세 동안 넓힌 영토
117년, 트라야누스 치세 때 넓힌 영토
117~138년, 트라야누스 치세 때 획득했으나 하드리아누스 때 빼앗긴 영토

현재의 배수로, 해안선과 국경선을 기준으로 표시하였다.
괄호 안은 현재의 지명이다.

0   400 킬로미터
0   400 마일

뿐인 왕위였다.

상원은 헤로데에게 군대를 주어 영토를 되찾도록 도왔다. B.C.E. 39년 로마 군을 이끌고 욥바에 도착한 헤로데는 예루살렘으로 진격했고, B.C.E. 37년 왕국을 회복했다.

헤로데의 통치

이렇게 하여 평화와 번영의 헤로데 치세(B.C.E. 37~4)가 시작되었다. 그는 유대 주민들과 로마 관리들 사이를 잘 중재하여 팔레스타인의 모습을 완전히 바꾸어놓았다. 유대인 태생이 아니었던 그는 주민들을 다루는 데 매우 용의주도했다. 우상에 대한 유대인들의 반감을 고려해 당시 유대에 통용되던 동전에 왕의 얼굴을 넣지 않은 것이 좋은 예이다.

헤로데는 이미 결혼한 사람이었지만 통치의 정당성을 세우는 데도 치밀하여 B.C.E. 38년, 하스모니아 아리스토불루스의 손녀인 마리암네(Marianne) 공주와 결혼했다. 마리암네 공주를 두 번째 부인으로 취할 수도 있었지만 일부일처제인 유대인들의 반감을 사지는 않을까 우려했던 것이다. 이 결혼은 또한 마리암네의 오빠로 하스모니아 왕조의 정통 후계자인 아리스토불루스 3세의 야심을 차단하는 역할도 했다.

새 부인의 요청에 따라 헤로데는 당시 17세에 불과했던 아리스토불루스 3세를 대사제로 임명했다. 한 해 뒤, 아리스토불루스는 축제 중 물에 빠져 죽었다. 석연치 않은 죽음이었다. 헤로데의 계략이라는 증거는 없었지만 이로써 헤로데의 가장 강력한 적수가 사라진 셈이었다. 그렇지만 헤로데는 안심하지 못했고 시간이 갈수록 측근들을 의심하고 경계하게 되었다.

B.C.E. 31년, 율리우스 카이사르의 후계자이자 조카 손자인 옥타비아누스가 헤로데의 동지 안토니우스를 악티움 전투에서 물리치면서 헤로데의 왕위가 위협받게 되었다. 그는 곧장 옥타비아누스의 로도스(Rhodes) 야전 사령부로 달려가 지지를 맹세했다. 자기 발밑에 왕관을 놓고 고개를 조아

사두개파와 바리새파

사두개파는 유대 사회의 최상층으로 매우 보수적이었다. 이들은 제2성전에서 번제 의식을 주관하고 성전 유지를 위한 십일조를 거두는 한편 세속 권력에도 관여했다. 하스모니아 왕조 시대에 사두개파는 대공회를 통해 종교와 기타 민사 문제를 심판하였다.

로마 지배 시기에도 성전의 번제 의식과 대공회는 여전히 사두개파가 통제했다. 일부 가문은 대단한 권력을 잡아 영향력을 발휘하였다.

사두개파는 내세를 믿지 않았다. 내세 개념이 유대교, 특히 바리새파에서 계속 확산되었던 것과 대조적이다. 〈루카 복음〉을 보면 사두개가 예수를 비웃기 위해 일부러 내세 문제를 거론하는 장면이 등장한다(20:28~38).

바리새파는 신심 깊은 평민들이었다. 이들은 율법을 지키지만 상황이 바뀌면 융통성을 발휘할 수 있다고 여겼고 토론

과 학습을 통해 '구전 율법'을 만들어냈다. 하스모니아 왕조 시대에 바리새파 또한 예루살렘에서 세력을 키웠으며 정치적인 지위를 얻기 위해 노력했다.

바리새파는 안식일 그리고 의례의 순수성과 관련된 율법을 엄격히 지켰다. 정화와 관련해 '깨끗함'과 '종교적 정결함'의 차이가 무엇인지를 두고 논쟁을 벌이기도 했다. 학자들은 바리새파 운동이 물을 마음껏 쓸 수 있는 도시 엘리트에 한정되었으리라 추측하기도 한다.

신약성서에서 바리새파는 정화와 안식일 관련 율법을 두고 예수를 공격한다. 하지만 예수는 바리새파 사람들의 집에 기꺼이 방문했고 함께 식사도 했다(루카 복음 7:36).

이탈리아 라벤나의 성아폴리나레 누오보 성당에 걸린 이 C.E. 6세기 모자이크는 바리새파와 세금징수인의 우화를 묘사한 것이다.

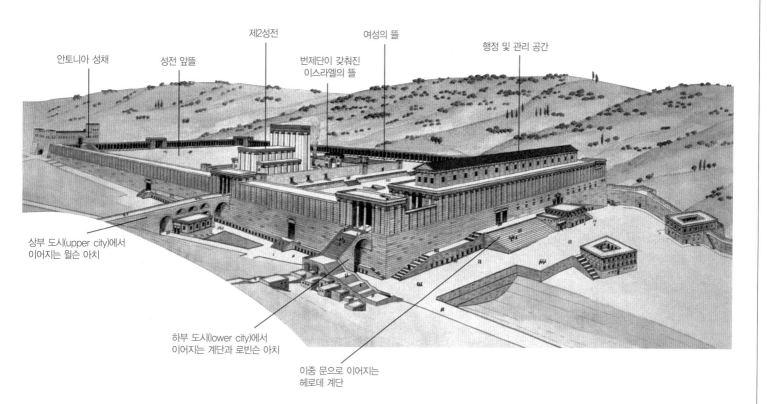

안토니아 성채

성전 앞뜰

제2성전

번제단이 갖춰진
이스라엘의 뜰

여성의 뜰

행정 및 관리 공간

상부 도시(upper city)에서
이어지는 윌슨 아치

하부 도시(lower city)에서
이어지는 계단과 로빈슨 아치

이중 문으로 이어지는
헤로데 계단

B.C.E. 20~C.E. 62년에 헤로데가 제2성전 주변에 건설한 플랫폼. 남서쪽에서 바라본 모습이다.

리는 헤로데의 모습에 만족한 옥타비아누스는 그를 유대의 왕으로 인정했다.

이후 옥타비아누스가 안토니우스를 뒤쫓아 이집트로 향하고, B.C.E. 30년 이집트에서 안토니우스가 연인인 프톨레마이오스 왕조의 여왕 클레오파트라와 함께 자살하는 상황이 벌어지자 헤로데는 현명하게도 방관하는 입장을 취했다.

이전의 그 어느 때보다도 확고한 권력을 얻었지만 여전히 헤로데는 반역이나 배신을 걱정했다. B.C.E. 30년에는 여든이 다 된 히르카누스 2세를 처형하라고 명령하기도 했다. 다음 해에는 사랑하는 아내이자 다섯 자식의 어머니인 마리암네를 의심하기 시작해 결국 처형했다. B.C.E. 28년에는 마리암네의 어머니 알렉산드라가, 이후에는 처남인 코스토바르가 희생양이 되었다. 가족들의 수난은 계속 이어졌다.

헤로데의 치적

헤로데는 건축가로서, 또한 행정가로서 뛰어난 인물이었다. B.C.E. 25년의 대기근 때에는 이집트에서 수입한 곡물로 조직적인 구호 활동을 폈다. 과거 북왕국의 수도이자, 11년 전 마리암네와 결혼한 장소였던 사마리아에· 헤로데는 그리스-로마 양식의 거대한 성채를 건설했다. 과거 오므리와 아합의 왕궁이 있던 자리였으므로 이는 유대 역사나 사마리아 현지 주민들을 고려하지 않은 처사라 할 수 있다. 사마리아는 B.C.E. 27년부터 카이사르 아우구스투스(그리스어로 세바스토스)라 불렸던 옥타비아누스를 기리는 의미에서 세바스트(Sebaste)로 이름이 바뀌었다. 새로 건설된 신전 역시 로마의 첫 황제인 옥타비아누스에게 바치는 것이었다.

경제적인 측면에서 헤로데는 유대 지역이 로마 및 주변 왕국을 잇는 해상 교역로에서 부를 축적하지 못한 이유가 제대로 된 항구가 없기 때문이라는 점을 깨달았다.

B.C.E. 22년, 그는 항구 도시 건설에 착수했다. 고도의 기술을 요하는 야심찬 사업이었다. 지중해 해안에 자리잡은 이 도시는 카이사르 아우구스투스를 기려 가이사랴(카이사리아)로 명명되었다.

헤로데의 혁신적 도시 설계에서 핵심은 거대한 방파제였다. 역사가 요세푸스는 '육지를 향해 반원형으로 건설된 방파제 덕분에 큰 배들도 안전하게 정박할 수 있었다'라고 기록하였다. '길이 1.5미터, 너비 5.5미터, 폭 2.7미터의 거대한 돌덩이를 두 길 깊이(약 36미터)의 물 속에 빠뜨려' 방파제를 만들었다. 마침내 완성된 항구 세바스토스는 지중해 전 지역이 부러워할 만한 수준이었다. 헤로데의 방파제는 오늘날까지도 지중해 푸른 물 바로 아래에 자취가 남아 있다.

헤로데는 군사용 성채 건설에도 열심이었다. 방어용 성채들이 원형으로 영토를 둘러싸도록 배치했는데 유대 사막의 헤로디움(Herodium), 사해를 내려다보는 마사다

(Masada) 등은 지금도 남아 있다.

군사 훈련 시설도 재건했다. 예루살렘 제 2성전 북서쪽에 안토니아 성채라고 하여 연 병장과 막사를 설치한 것이다. 혹시라도 정 변이 발발하면 이곳의 로마 군대가 순식간 에 성전을 둘러쌀 수 있었다.

하지만 헤로데의 가장 큰 업적은 제2성 전의 확장이라 할 것이다. 그는 헬레니즘 건축 양식에 따라 웅장한 유대 성전을 만들 어냈다. B.C.E. 20년에 시작된 성전 공사는

C.E. 62년 무렵까지 이어졌다.

바빌로니아 유수 이후 재건되었던 성전 앞쪽으로 '여성의 뜰(Court of the Women)' 이라는 너른 공간이 들어섰다. 그 주변으로 는 도시 면적의 6분의 1을 차지하는 너른 산책로가 깔렸는데 아치가 떠받치는 '공중' 층계 두 곳을 통해 이 길로 들어갈 수 있었 다. 이 아치의 일부는 지금도 남아 '로빈슨 아치'라 불린다. 남쪽의 이중 문(Double gate)으로 연결되는 층계도 남아 있다.

성전이 파괴된 C.E. 70년 이전에 이곳을 방문한 요세푸스는 '성전이 25척 길이나 되 는 흰 돌을 섬세하게 다듬어 지은 것'이며 '거대한 아치 아래 놓인 기둥의 머리는 코 린트식으로 장식되어 장엄함을 뽐낸다'고 기록하였다.

이 성전 아래쪽 받침대는 이전의 모든 건 축물을 난쟁이처럼 보이게 만들었다고 한 다. 이 받침대는 서쪽 일부만이 남아 오늘 날까지 전해진다.

헤로데가 남긴 걸작 건축물 가운데 하나인 가이사랴 항구의 흔적.

서력 기원후(C.E.) 시대가 오기 10년 전, 헤로데는 눈부시게 바뀐 영토를 내려다 보았다. 먼지투성이 유대 마을은 사라지고 번쩍이는 대리석 도시가 서 있었다. 로마 군인이 규칙적으로 순찰을 돌아 안전한 길이 사방으로 뻗어나갔다. 갤리선이 바다 위를 미끄러지듯 항해하며 가이사랴 항구에 드나들었다.

하지만 헬레니즘의 영화를 한 꺼풀만 벗기면 갈등과 불안이 감돌았다. 헤로데 시대의 경제 번영으로 헬레니즘을 추종하는 최상위 유대 계층이 생겨난 것이다. 이들은 로마의 통치를 환영했다. 헤로데의 새 성전으로 부와 권력이 열 배나 늘어난 사제들도 로마 편이었다.

하지만 대부분의 유대인들, 헤로데의 건

이중문(Double gate)으로, 또한 헤로데의 성전으로 이어지는 C.E. 1세기의 계단.

축 사업에 동원되어 국가의 부를 일구는 데 기여한 일반 주민들은 아무런 혜택도 보지 못했다.

헤로데는 여러 해 동안 병으로 고통받다가 B.C.E. 4년에 죽는다. 엄청난 돈을 들여

건설한 헤로데 왕국은 세 아들이 쪼개어 차지했다. 장남인 아르켈라우스(Archelaus)는 유대, 이두메아, 사마리아의 통치자 지위를 얻었다. 필립은 골란을, 헤로데 안티파스는 갈릴리와 트랜스요르단을 다스리게 되었다.

그해에 나자렛의 어느 여인에게서 태어난 아기는 막 걸음마를 시작하고 있었다.

유대	그리스/마케도니아	로마
B.C.E. 687~642년경 므나쎄 왕이 유다의 유대인들에게 우상숭배를 허용함.	B.C.E. 490년경 그리스인들이 마라톤 전투에서 페르시아 침략군을 물리침.	B.C.E. 753년경 로마가 건국됨.(추정 연대)
B.C.E. 515년경 유대인들이 예루살렘에 새 성전을 짓고 제2성전 시대가 시작됨.	B.C.E. 480년경 제2차 페르시아 전쟁에서 크세르크세스가 테르모필레에서 그리스를 격파하고 아테네를 멸망시킴.	
B.C.E. 166~160년경 유다 마카비가 셀레우코스에 대항해 반란을 일으키고 예루살렘을 점령함.		B.C.E. 218~202년경 카르타고 장군 한니발이 제2차 포에니 전쟁에서 이탈리아로 진격해 로마를 위협함. B.C.E. 146년, 로마가 카르타고를 물리침.

B.C.E. 22년경 헤로데가 아우구스투스에게 바치는 항구 도시 카이사리아 건설에 착수함.	B.C.E. 333년경 알렉산더 대제가 이수스 전투에서 페르시아의 다리우스 3세를 물리침. 2년 후 페르시아 제국은 알렉산더 수중에 들어감.	B.C.E. 31년경 율리우스 카이사르의 후계자 옥타비아누스(훗날의 카이사르 아우구스투스)가 악티움 해전에서 안토니우스에 승리함. 4년 뒤인 B.C.E. 27년, 옥타비아누스는 로마 최초의 황제가 됨.

9장

예수의 세계

헤로데의 통치 말엽에 미리암 혹은 마리아라는 젊은 여인이 아들을 낳는다. 그 지역 아람어로 eshua bar Yosef, 즉 요셉의 아들 예수라 불린 아이는 나자렛이라는 갈릴리 마을에서 자라난다. 30~33세가 되었을 때 그는 갈릴리를 떠나 세례자 요한이라는 지도자가 이끄는 반체제 무리에 합류한다. 요한은 정치적 종교적 활동으로 체포되어 갈릴리 통치자 헤로데 안티파스(Herod Antipas)에게 처형된다.

예수는 이후 교사 혹은 랍비로서 독자적인 활동을 시작한다. 그는 요르단 황야를 떠나 갈릴리 남쪽의 도시와 마을에서 활동하다가 체포되어 소란 죄로 십자가 처형을 받는다. 죽은 직후 예수의 무덤이 텅 빈 것이 목격되고 부활한 예수를 보았다는 증언이 줄을 잇는다.

이상이 복음서에 소개된 예수의 일생이다. 하지만 갈릴리에서 그가 활동한 2년 동안 일어났던 일들은 여전히 뜨거운 논쟁거리이다. 확실한 것은 단 한 가지, 나자렛의 예수가 한 말과 행동이 십자가 처형 이후에도 살아남아 로마제국을 휩쓰는 종교로 성장했다는 것이다.

C.E. 3세기에 지어진 가버나움(가파르나움, Capernaum)의 회당.
안식일에 대해 예수가 설교했던 바로 그 옛 회당 자리에 지어진 것일지도 모른다.

갈릴리의 아들

갈릴리해 남쪽으로 티베리아스의 황금 벌판이 펼쳐져 있다. 건너편은 골란 고원이다.

갈릴리는 오늘날 이스라엘의 최북단 지역이다. C.E. 1세기의 유대 역사가 요세푸스는 갈릴리가 서쪽으로는 아코(Akko 혹은 Acre)와 갈멜 산, 동쪽으로는 요르단강, 남쪽으로는 이즈르엘 계곡과 사마리아, 북쪽으로는 베카(Beca, 오늘날의 Bezet)에 둘러싸인 곳이라 기록하였다. 그때나 지금이나 이 지역의 가장 중요한 수원(水原)은 갈릴리해이다. 갈릴리해의 북쪽과 북서쪽은 겐네사렛(Gennesaret) 평원, 서쪽은 갈릴리 구릉 지대, 동쪽은 골란 고원이다. 갈릴리해 인근은 이스라엘에서 가장 강수량이 많고 비옥한 땅이다.

요세푸스는 이곳의 흙이 사방 한결같이 비옥하여 노는 땅 없이 농사를 지을 수 있다고 묘사하였다.

풍요로운 자연환경 덕분에 갈릴리의 역사는 남쪽의 유다 왕국과는 동떨어져 전개되었다. 납달리, 즈불룬, 이싸갈, 아셀 그리고 나중에는 단 부족 소유였던 이 땅은 B.C.E. 931년에 솔로몬 통일 왕국에서 떨어져나와 북왕국을 형성하였다. 갈릴리인들은 솔로몬 왕이 두로 왕 히람에게 삼목과 건축 자재를 공급받은 대가로 갈릴리의 도시 스무 개를 떼어준 것(열왕기 상 9:11)에 분노했다. 갈릴리는

B.C.E. 73~71년경
스파르타쿠스가 이끄는 노예 군이 로마를 상대로 싸웠지만 패배함

B.C.E. 64~63년경
로마의 폼페이 장군이 시리아와 팔레스타인을 정복함

B.C.E. 57년경
갈릴리가 로마의 영토가 됨

B.C.E. 47년경
알렉산드리아 왕립 도서관이 화재로 사라짐

> 그 흙은 사방이 비옥하고 온갖 나무가 들어차 있으므로
> 가장 게으른 사람이라 해도 농사짓고 싶어질 정도이다.
>
> | 요세푸스, 《유대 전쟁사》 |

여로보암 1세에서 베카에 이르는 북왕국 통치자들의 지배를 받다가 B.C.E. 733년에 아시리아 침공을 받는다. 아시리아 므깃도 지역으로 포함된 후에는 B.C.E. 142년에 하스모니아 왕조가 들어설 때까지 외세의 영향권 아래 놓여 있었다. 로마의 폼페이 장군이 하스모니아 왕국을 점령하자 지역 수도 세포리스의 관할로 들어갔다가 이후 헤로데 통치 지역에 포함된다. 로마인들은 이 지역을 팔레스티나라 불렀는데 이는 블레셋의 그리스어 번역에서 기인한 명칭이었다.

갈릴리 농부들은 대부분 B.C.E. 8세기의 아시리아 강제 이주를 면했다. 이 지역의 농작물 생산량이 줄어들 것을 염려한 때문이었으리라. 뒤이은 600여 년의 세월 동안 아시리아, 페니키아, 아람, 그리스, 페르시아 등 여러 곳에서 이주민이 흘러 들어왔고 유대 농민들과 통혼했다. 세월이 흐르면서 갈릴리는 유대 문화와 종교를 고스란히 유지한 유다 지역과 점점 큰 차이를 보이게 되었다. 말의 억양도 달라져 하는 말만 들어도 북쪽 사람인지 구별할 수 있을 정도였다(마태오 26:73).

서력 기원후(C.E.) 시대가 열릴 무렵, 갈릴리 농촌 마을들은 헬레니즘 세계에 둘러싸인 채 친밀한 유대 공동체를 이루고 있었다. 북동쪽으로는 가이사랴 빌립보(Caesarea Philippi)가, 북쪽으로는 헬레니즘에 융화된 지중해변의 도시 프톨레마이스와 두로와 시돈이, 동쪽으로는 데카폴리스(Decapolis)라는 그리스 공동체가 자리잡았던 것이다.

유대 마을에는 소박한 회당이 있었다. 보통 가옥과 마찬가지로 회반죽을 바른 벽에 나뭇가지와 진흙으로 지붕을 올린 회당 건물은 세월의 무게를 이겨내기에 역부족이었다. 요세푸스가 언급한 갈릴리 도시와 마을 204개 중에서 고고학자들이 C.E. 1세기의 회당 흔적을 찾아낸 경우는 겨우 세 개뿐이다.

한마디로 갈릴리는 한가로운 시골이었다. 한 사도가 친구 나타나엘에게 나자렛 출신 메시아를 만났다고 했다가 "나자렛에서 무슨 신통한 게 나올 수 있겠소?"라는 빈정거림을 받았다는 〈요한복음〉 일화(1:46)를 보더라도 이는 분명하다. 하지만 그 자신도 갈릴리 출신이었던 요세푸스는 소박한 생활에도 불구하고 갈릴리인들은 '전시에는 늘 항전할 태세가 되어 있는' 자부심 강한 존재라고 기록했다.

역사 속의 예수

갈릴리 중심부의 작은 마을 나자렛에 예수라는 소년이 살았다. 신약성서 복음서들의 내용이 자주 상충되는 탓에 정확한 생몰 연대는 알 수 없다. 예수의 존재를 보여주는 당시의 기록 또한 아직 발견되지 않았다. 설형문자 점토판, 파피루스 두루마리, 원통형이나 육각 점토 기둥, 도기 조각 등 그 무엇에서도 예수의 이름은 등장하지 않는다. 당시 갈릴리에 글을 깨친 사람이 거의 없었기 때문이리라. 사도(사도를 뜻하는 영어 단어 apostles는 '앞으로 보내진 사람'이라는 의미의 그리스

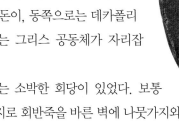

이스라엘에서 발견된 돌 인장. 농부가 낫으로 곡식을 수확하는 모습이다. B.C.E. 6세기의 것으로 추정된다.

B.C.E. 37년경
헤로데가 파르티아인들과 경쟁자 안티고누스로부터 유대 통제권을 빼앗고 40년 집권을 시작함

B.C.E. 30년경
이집트가 로마에 복속되어 무거운 세금에 시달림

B.C.E. 21년경
헤로데의 아들 헤로데 안티파스가 출생함

B.C.E. 6년경
유대가 로마의 영토가 됨

팔레스타인의 농경

C.E. 1세기 유대 역사가 요세푸스의 기록을 보면 팔레스타인 땅, 특히 갈릴리 땅은 농지였음을 알 수 있다.

가을비가 내리고 나면 농부들이 나무 쟁기를 사용해 땅을 갈고 씨 뿌릴 준비를 하였다. 쟁기를 끄는 노새나 당나귀는 집에서 키우기도 했고 이웃에게서 빌리기도 했다. 갈릴리 농토에서 씨뿌리기는 쉽지 않은 작업이었다.

예수는 이를 두고 '밀알 하나가 땅에 떨어져 죽지 않으면 한 알 그대로 남아 있고 죽으면 많은 열매를 맺는다.'라고 표현했다(요한 복음 12:24).

수확기에는 철제 낫으로 밀을 베어 타작마당으로 가져가 치거나 가축이 밟게 하여 까부른다. 이어 쇠스랑으로 쓸어올리면 그 서슬에 껍질이 벗겨진다. 오늘날까지도 중동 농부들이 여전히 사용하는 방법이다.

세례자 요한이 사람의 아들을 묘사할 때에도 비슷한 모습이 언급된다. '그분은 손에 키를 들고 타작마당의 곡식을 깨끗이 가려 알곡은 모아 곳간에 들이고 쭉정이는 꺼지지 않는 불에 태우실 것이다.' (루카 복음 3:17)

밀이 자라고 있는 현재의 갈릴리 언덕. 성경에는 농경과 관련된 예수 이야기가 많이 등장한다.

어 apostolos에서 왔다)라 불리는 예수의 제자들 또한 배운 것 없는 천한 사람이었던 만큼(사도행전 4:13) 글을 읽었을 가능성은 낮다. 예수 자신은 글을 읽을 줄 알았을 것으로 흔히 믿어지지만 증거는 없다. 당시 성경 지식은 암기로 익히는 것이 일반적이었다. 예수는 고위 관리도, 왕도 아니었다. 바루크라는 제자를 비서로 삼았던 예레미야 같은 예언자도 못 되었다. 그는 그저 갈릴리 시골 마을의 랍비에 불과했고 유대의 학문 중심지에서 한참 먼 곳에서 살았다.

신약성경 연구자들은 예수가 랍비로 일한 기간이 2년 미만으로 아주 짧았다고 본다. 20~40년 동안 활동하며 행적이나 말씀을 기록으로 남긴 에즈라, 느헤미야, 예레미야 같은 예언자들과는 퍽 대조적이다. 예수는 본격적인 활동을 시작하자마자 십자가 처형을 당한 셈이다.

예수의 존재를 뒷받침하는 기록은 후대 로마의 저술에서 발견된다. 로마 역사가 수에토니우스(Suetonius, C.E. 75~130)는 C.E. 119년에 로마 황제 클라우디우스의 삶에 대해 쓰면서 '유대인들이 크레스투스(Chrestus)의 선동으로 계속 분란을 일으켜 로마에서 쫓아보냈다.'라고 썼다. 이 칙령이 C.E. 49년에 내려졌다는 점을 감안하면 C.E. 29~33년경에 이루어진 십자가 처형 이후 20여 년이 흐른 시점에 그리스도교 공동체가 번성한 상태였음을 알 수 있다. 신약성경의 〈사도행전〉에 등장하는 '본도 출신인 유다 사람 아퀼라는 모든 유다인은 로마에서 나가라는 글라우디오 황제의 칙령 때문에 얼마 전 자기 아내 브리스킬라를 데리고 이탈리아를 떠나온 사람이었다.'라는 구절(18:2) 또한 이를 뒷받침한다. 수에토니우스의 책에는 네로 황제 시절에 그리스도 교도들이 처형당한 사실도 언급돼 있다.

'네로는 그리스도교도들, 즉 새로이 퍼진 유해한 미신에 빠진 이들을 처형하였다.'

또 다른 로마 역사가 타키투스(Tacitus, C.E. 56~117)는 C.E. 117년에 쓴 《연대기Annals》에서 네로의 행동을 설명하고 있다. C.E. 64년에 로마를 덮친 화재 사건의 책임을 뒤집어쓸 희생양이 필요한 상황이었으므로 그리스도교도라는 못마땅한 존재를 선택해 가장 끔찍한 형벌을 내렸다는 것이다. 그리스도교 무리의 창시자는 그리스도(Christus)라는 인물로 티베리우스 치세 때 본디오 빌라도(폰티우스 필라투스, Pontius Pilatus)에게

처형당했다고도 썼다(연대기, 15, 44). 여기서 'Christus'란 단어는 예수가 처형된 이후 얻은 메시아라는 명칭을 그리스어로 번역한 것이다.

예수의 존재를 증명하는 1세기의 가장 흥미로운 비(非)그리스도교 기록은 아마도 유대 역사가 요세푸스의 저술일 것이다. 그가 쓴 《유대인 고대사Antiquities of the Jews》는 중세 내내 수도사들이 베껴 써 전하였다. 그 과정에서 수도사들은 나름의 내용을 덧붙여 넣기도 하였다. 이렇게 덧붙은 내용을 분리해내려는 연구도 있지만 이런 시도

는 늘 논란에 휘말리곤 한다. 요세푸스의 기록이라는 가정 하에 소개하면, 그는 '이 때에 예수라는 현인이 있어 놀라운 일을 해 보였고 많은 유대인과 이방인들이 그를 따랐다.'라고 썼다. 또 '빌라도가 관리들의 조언에 따라 그를 십자가로 처형한 후에도 그를 따르는 사람들은 여전했다.'라고도 하였다.

복음서의 탄생

오늘날 많은 그리스도교도들은 신약성경에 포함된 복음서와 바오로의 편지가 예수의

오늘날의 나자렛 전경. 가운데 보이는 것이 대천사 가브리엘이 마리아를 찾아간 곳에 세운 수태고지 교회이다.

예수는 어떻게 생겼을까?

4세기의 로마 프레스코 화

6세기의 비잔틴 모자이크

6세기 성 캐더린 수도원의 성상화

16세기 르네상스 회화

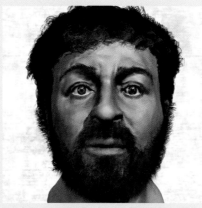

1세기 유대인 두개골을 바탕으로 한 법의학적 재현

토리노 수의를 사용한 재현, 21세기

예수의 초상은 그려진 시대를 반영한다. 초기 그리스도교도들이 숨어 살았던 로마 지하묘지에서 그려진 예수는 아폴로 신의 모습이다. 수염도 없다. 그리스도교의 중심지가 소아시아 쪽으로 옮겨진 후에는 그리스 철학자와 비슷한 모습으로 바뀌었다.

비잔틴 예술에서는 모자이크의 2차원 효과를 통해 초월적 분위기가 강조되었다. 이 비잔틴 시대부터 동방정교회는 엄격해 보이는 외모에 턱수염이 나고 축복을 주기 위해 손을 올린 형상의 '전능자 그리스도(Pantocrator)' 이미지를 유지하게 된다.

북유럽에서는 십자가에 못 박힌 수난의 예수 이미지가 널리 퍼져 있었다. 이탈리아 르네상스는 긴 머리에 흰 피부, 슬픈 눈망울을 한 다정한 청년이라는 새로운 이미지를 만들었다. 이는 오늘날까지 널리 받아들여지는 예수의 모습으로 남았다.

하지만 위에 언급한 그 어느 초상도 당시 예수의 모습과 가깝지 않다. 예수는 갈릴리 농부들의 평균 신장인 153센티미터 가량의 키에 다부진 근육질 체격이었을 것이다. 짙은 갈색 눈, 구릿빛 피부, 거칠어진 손…… 신심 깊은 유대인들이 그렇듯 턱수염도 길렀으리라.

2002년, 영국의 니브(Richard Neeve)가 C.E. 1세기 예루살렘 주민의 두개골을 바탕으로 예수의 얼굴을 재현해냈다. 언론은 '예수의 새 얼굴'이라 대서특필했다. 하지만 예루살렘에 여러 민족이 섞여 살았다는 점을 감안하면 이런 식의 재현은 그리 설득력이 없다. 갈릴리인의 두개골을 바탕으로 하는 편이 보다 타당할 것이다.

2004년 성탄절에 이탈리아 언론은 12세 때의 예수 얼굴을 찾았다고 보도했다. 예수를 십자가에서 내렸을 때 그 몸을 감쌌다는 토리노 수의에 찍힌 이미지를 컴퓨터 분석하여 이탈리아 경찰 법의학 팀이 만든 얼굴이었다. 흰 피부에 금발머리, 천사같이 부드러운 표정은 과거 이탈리아 화가들이 수없이 그렸던 모습과 다르지 않았다.

일생을 드러내는 가장 권위 있는 출처라고 믿는다. 복음서라는 영어 단어 'gospel'은 그리스어 'euangelion'에서 유래했다. 이 그리스어는 '믿을 만한 메시지'를 뜻하다 가 이후에는 '좋은 소식'까지 의미하게 되었다. 하지만 성경 복음서는 전기(傳記)가 아니라 믿음에 바탕을 둔 종교적 진술이라는 점을 기억해야 한다. 고대 저술가들에게 역사는 시간 순서대로 사실을 나열하는 객관적인 작업이 아니라 교육을 위한 도구였다. 철학적 도덕적 교훈이 없는 역사 서술은 불필요한 일이었다. 마찬가지로 복음서도 예수의 전기적 사실을 시간 순대로 기록하는 데 목적을 두지 않았다. 신학적 관점이 서술 방향을 결정했던 것이다. 초기 교회 지도자인 히에라폴리스(오늘날의 터키 지역이다)의 파피아스(Papias of Hierapolis)도 C.E. 1세기 초, '마르코는 그가 기억하는 예수의 말씀과 행적을 정확히 기록했지만 시간 순서에 따르지는 않았다.'라고 기록함으로써 이를 확인해준다.

복음서의 내용은 역사적인 예수의 모습에서 얼마나 멀리 떨어져 있을까? 대부분의 성서학자들은 복음서 작가들이 직접 목격하지 못한 사건을 기록했다고 여긴다. 신약성경의 가장 오래된 복음서인 〈마르코 복음〉조차 십자가 처형 이후 40여 년이 지났을 때 작성된 것으로 추정된다. 따라서 예수에 대해 구전으로 혹은 기록으로 전해진 여러 바탕 자료를 신학적 관점으로 걸러 복음서를 집필했을 것이다. 바탕 자료 중에는 열두 사도가 직접 남긴 것도 포함되었을 테지만 말이다. 학자들은 본래 자료가 말씀, 우

화, 기적 이야기, 일화 등을 포함한 방대한 양이었을 것으로 추측한다. 복음서 작가들은 이를 바탕으로 일관된 신학적 진술을 뽑아낸 것이다. 예수의 일생에 대한 언급이 복음서들 사이에 모순되는 이유는 저술 과정에서 서로 다른 자료를 중심으로 삼았기 때문이라 여겨진다.

네 복음서의 저술 연대에 대해서는 합의가 이루어지지 않은 상황이지만 C.E. 66년의 유대 반란과 C.E. 70년의 제2성전 파괴 이후 빚어진 유대와 로마 간의 적대감에서

복음서를 쓴 성 마태오의 모습. C.E. 9세기 프랑스 랭(Reims)의 에보(Ebbo) 대주교가 소장했던 복음서에서 나온 그림이다.

시작되었을 것으로 보는 학자들이 많다. 복음서는 예수를 추종하며 갓 생겨난 그리스도 공동체가 대 로마 전쟁을 촉발한 젤로트(열심당) 무리와 거리를 두는 방편이었는지도 모른다. 이 주장이 맞다면 마르코는 C.E.

70년까지 이어진 유대 전쟁 중에, 혹은 그 이후에 복음서를 썼을 것이다.

이러한 상황 설명은 〈루카 복음〉과 〈마태오 복음〉의 저술 연대를 추정하는 데도 도움을 준다. 이 두 복음서는 〈마르코 복음〉에서 많은 부분을 가져왔다고 알려져 있기 때문이다. 그렇다면 두 복음서 작가들은 〈마르코 복음〉이 널리 전파된 이후, 즉 C.E. 70~90년에 활동한 셈이다. 전통적인 그리스도교 시각으로는 루카가 사도행전도 저술했다고 여겨진다.

〈마태오 복음〉이 정말로 C.E. 80~90년에 작성된 것이라면 예수를 직접 만난 세리 마태오(마태오 10:2~4)가 저자일 수는 없다. 유대 작가들은 책에 권위와 신뢰성을 부여하기 위해 성경 속 인물을 도입하는 경우가 적지 않았다. 그렇다면 〈마태오 복음〉 저자는 사도 마태오가 남긴 저술이나 회고록을 바탕으로 복음서를 썼는지도 모른다.

〈마르코 복음〉〈루카 복음〉〈마태오 복음〉은 유사한 부분이 많아 한꺼번에 공관(共觀)복음서(synoptic Gospel)라 불린다. 이 세 권은 마지막 네 번째 책인 〈요한 복음〉과 퍽 다르다. 〈요한 복음〉은 발전된 신학적 틀 안에서 예수를 조명하며 대화가 아닌 독백체가 많다. 학자들은 〈요한 복음〉이 C.E. 1세기 말엽에 씌었다고 본다. 공관복음서에 나오지 않는 내용이 많은 것은 다른 저자들이 구하지 못한 자료를 사용한 덕분이라 추측된다.

예수의 탄생과 어린시절

천사들이 양치기 앞에 나타나 예수 탄생을 알렸다는 베들레헴 근처 양 방목 벌판.

〈마태오 복음〉과 〈루카 복음〉은 예수 탄생에 대해 달리 설명한다. 먼저 〈루카 복음〉을 보자. 갈릴리 나자렛 마을 출신의 젊은 여인 마리아가 요셉이라는 남자와 약혼한다. 요셉은 '다윗 가문의 후손'이라고 설명됨으로써(루카 1:26~27) 예수의 메시아 혈통을 확인시킨다. 반면 〈요한 복음〉에서는 요셉 역시 나자렛 출신이라고 기록하였다(요한 1:45).

마리아는 대천사 가브리엘의 방문을 받고 "이제 아기를 가져 아들을 낳을 터이니 이름을 예수라 하여라."라는 말을 듣는다(루카 1:31).

이는 아브라함의 아내 사라나 예언자 사무엘의 어머니 한나가 받았던 아들 출산 계시를 연상시킨다. 예수(Jesu 혹은 아람 어로 Yeshua)는 '야훼는 구세주'를 뜻하는 Yehoshuah의 줄임말이다.

마리아는 자기가 아직 처녀라고 항변하지만 대천사 가브리엘은 '성령이 내리고 지극히 높으신 분의 힘이 감싸주실 것'이라고 하면서 마리아의 친척 엘리사벳이 늙은 나이에도 잉태했음을 상기시킨다(이 아이가 바로 세례자 요한이다). '하느님께서 하시는 일은 안 되는 것이 없다'고 강조하는 것이다. 이 말은 〈창세기〉에서 사라와 아브

B.C.E. 7~4년경
예수가 탄생함

B.C.E. 5년경
중국 천문학자들이 별의
폭발을 관찰함

B.C.E. 4년경
헤로데가 사망하고 세 아들
아켈라오(Archelaus), 안티파스(Antipas),
빌립보(Philip)가 왕국을 쪼개 가짐

B.C.E. 4년경
아켈라오가 보낸 로마 군이 예루살렘에서
유대인을 3,000명 이상 학살함

> 천사들이 목자들을 떠나 하늘로 돌아간 뒤에 목자들은 서로 "어서 베들레헴으로 가서 주님께서 우리에게 알려주신 그 사실을 보자." 하였다. 달려가 보았더니 마리아와 요셉이 있었고 과연 그 아기는 구유에 누워 있었다. | 루카 복음 2:15~16 |

라함에게 이삭의 탄생을 예고하면서 천사가 한 말 "이 야훼가 무슨 일인들 못 하겠느냐?"(창세기 18:14)와 연결된다.

반면 〈마태오 복음〉을 보면 천사가 요셉의 꿈속에 나타난다. 약혼녀 마리아가 잉태한 것을 알고 남모르게 파혼할 작정을 한 때였다(마태오 1:18~20). 천사는 "두려워하지 말고 마리아를 아내로 맞아들여라. 그 태중에 있는 아기는 성령으로 말미암은 것이다."라고 말해준다. 〈마태오 복음〉은 예수와 구약성경을 연결시키는 데 중점을 두는데 이 부분에서도 '처녀가 잉태하여 아들을 낳고 그 이름을 임마누엘이라 하였다'라는 〈이사야서〉의 예언(7:14)이 실현되었다는 점을 강조하고 있다(마태오 1:23).

예수 탄생 장소

그리스도교에서는 예수가 서력 기원후 1년에 출생했다고 본다. 하지만 복음서를 상세히 뜯어보면 다른 분석이 나온다. 〈마태오 복음〉과 〈루카 복음〉 모두 예수는 헤로데 치세 때 태어났다고 기술한다. 헤로데는 B.C.E. 4년에 사망했으므로 예수는 그 이전에 출생한 셈이다. 〈루카 복음〉에는 '이 무렵에 로마 황제 아우구스토가 온 천하에 호구조사령을 내렸다. 이 첫 번째 호구조사를 하던 때 시리아에는 퀴리노라는 사람이 총독으로 있었다.'라는 언급도 나온다(2:1~2). 이 관리는 시리아를 통치했던 퀴리니우스(Publius Sulpicius Quirinius)로 보인다. 그런데 그는 헤로데의 죽음 이후인 C.E. 6~12년에 재직했던 인물이다. 더욱이 그가 인구조사를 명령했다는 기록도 없다.

〈마태오 복음〉에서는 예수가 태어났을 때 밝은 별이 떠올랐다는 언급이 나온다(2:2). 일부는 이것이 B.C.E. 5년 중국 천문학자들이 관측한 신성(新星), 즉 별의 폭발 현상이라고 본다. 혹은 그해에 세 번이나 나타나던 목성과 토성의 합(合) 현상이라는 주장도 있다. 1603년에 같은 현상을 관측한 요하네스 케플러는 같은 일이 B.C.E. 7년에 일어났을 것으로 계산하였다. 이 계산이 맞다면 서력 기원후 1년에 예수는 네 살에서 여섯 살 가량의 소년이었으리라.

〈마르코 복음〉과 〈요한 복음〉은 예수가 이미 어른이 된 시점에서 이야기를 시작한다. 예수의 출생이나 어린시절에 대해서는 전혀 언급이 없다. 〈마르코 복음〉은 광야에 나타난 세례자 요한이 "회개하고 세례를 받아라. 그러면 죄를 용서받을 것이다."라고 선포하는 것(1:4)으로 시작된다. 예수는 1장 9절에서야 등장해 갈릴리 나자렛에서 요르단강으로 요한을 찾아와 세례를 받게 된다.

정말로 나자렛이 예수의 탄생 장소였을까? 가장 오래된 〈마르코 복음〉에도, 혹은 〈요한 복음〉에도 예수 출생지에 대한 설명은 나오지 않는다. 당시에는 출생지에서 평생을 사는 것이 일반적이었다.

하지만 〈마태오 복음〉은 요셉과 마리아가 베들레헴에 살았고 이집트에 피난했다 돌아온 후에야 나자렛에 정착한 것으로 기록한다.

〈루카 복음〉은 요셉과 마리아가 퀴리니우스의 인구조사에 응하기 위해 나자렛에서 베들레헴으로 여행했다고 설명한다(2:3~4). 요셉은 베들레헴이 본향인 다윗 가문 출신

아기 예수를 묘사한 6세기 비잔틴의 부조. 〈루카 복음〉에 나온 예수 탄생 장면을 재현한 예술품으로는 가장 오래된 것 중 하나이다.

B.C.E. 4년경
아우구스투스 황제가 후계자 티베리우스를 입양함. 티베리우스는 C.E. 14년 제위에 오름

C.E. 1년경
로마인들이 유프라테스강을 파르티아 국경으로 공식 인정함

C.E. 6~12년경
퀴리니우스(구레뇨, Publius Sulpicius Quirinius)가 로마제국의 시리아 총독을 지냄

C.E. 6년경
퀴리니우스의 인구 조사 이후 〈루카 복음〉에 언급된 세금 저항 반란이 일어남

수태고지

이었다는 것이다. 하지만 이 설명은 의문을 불러일으킨다. 로마 인구조사는 과세 대상을 파악하기 위한 것이었고 따라서 갈릴리 사람들은 출생지나 부족 본향이 아닌, 세금 징수관이 찾아갈 수 있는 주소지에서 등록을 해야 했기 때문이다.

예수가 베들레헴에서 태어났다고 한 〈루카 복음〉의 내용은 어쩌면 '이스라엘을 다스릴 자'가 베들레헴에서 난다는 미가의 예언(미가 5:2) 때문이었는지도 모른다. 신약성서학자인 칠턴(Bruce Chilton)은 〈루카 복음〉에 등장하는 베들레헴이 나자렛에서 11킬로미터 떨어진 갈릴리의 작은 마을일 것이라 추정하기도 하였다.

예수의 나자렛 어린시절

출생지는 명확히 밝혀지지 않았지만 예수가 나자렛에서 자라났다는 점은 분명하다. 예수의 아버지 요셉은 목수였다고 하는데

어린 처녀 마리아

갈릴리의 다른 처녀들과 마찬가지로 마리아도 소박한 옷차림을 했을 것이다. 면 속옷 위에 소매 없는 긴 옷을 입고 가슴 아래와 허리에 각각 끈을 묶었으리라. 어머니나 여자 친척을 따라 외출할 때는 직사각형 망토를 두르고 머리에는 베일을 썼다. 망토의 어깨 부분과 단 부분에는 단순한 기하학 무늬가 들어가기도 했다. 엔 게디('En Gedi)에서 발견된 머리카락을 보면 당시 처녀들이 머리를 땋았으며 마사다 성채에서 발견된 것과 같은 빗(사진)을 사용했다는 점을 알 수 있다.

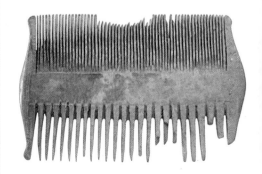

처녀 마리아가 수태고지를 받아 예수를 낳았다는 이야기는 〈루카 복음〉과 〈마태오 복음〉에만 등장한다. 수태고지는 구약성경에도 여러 차례 등장하지만, 이 이야기는 처녀의 몸에서 나온다는 점에서 독특하다. 이슬람 《코란》에도 이 점이 언급된다(코란 3:47).

예수의 활동이 구약성경에서 예견되어 있었음을 강조하는 〈마태오 복음〉은 처녀의 출산을 〈이사야서〉와 연결시킨다. '처녀가 잉태하여 아들을 낳고 그 이름을 임마누엘이라 하리라'(이사야 7:14). 학자들은 마태오가 이 구절을 70인 역에서 가져왔다고 보는데 여기서 그리스 단어 'parthenos'는 '처녀'뿐 아니라 '혼기 찬 젊은 여인'이라는 의미도 있다.

반면 〈루카 복음〉에서는 처녀 출산에 대해 신학적 설명을 하지 않는다. 요셉이 아니라 성령을 통해 예수가 잉태되었다고 한다면 예수가 다윗의 후손임을 강조하는 마태오의 족보 분석(마태오 1:1~17)은 아무 의미 없는 작업이 되어버린다.

수태고지는 르네상스 화가들이 애용하는 소재였다. 1490년경 보티첼리(Sandro Botticelli, 1444~1510)가 그린 작품.

이것이 사실이라면 맏아들 예수도 목수 훈련을 받았을 것이다.

하지만 복음서의 내용을 보면 의아한 생각이 든다. 예수가 사용하는 우화나 상징에서 갈릴리 농토의 작물이 자주 등장하는 것이다. 〈마르코 복음〉에 등장하는 씨뿌리기 비유도 그렇다.

씨 뿌리는 사람이 씨를 뿌리러 나갔다.
씨를 뿌리는데 어떤 것은 길바닥에 떨어져 새들이 와서 쪼아먹고
어떤 것은 흙이 많지 않은 돌밭에 떨어졌다.
흙이 깊지 않아서 싹은 곧 나왔지만
해가 뜨자 뿌리도 내리지 못한 채 말라버렸다.

| 마르코 복음 4:3~6 |

3년 동안 열매를 맺지 못한 무화과나무와 관련해 주인에게 조언하는 장면에서도 숙련된 농부의 시각이 드러난다. "이 나무를 금년 한 해만 더 그냥 두십시오. 그 동안에 제가 그 둘레를 파고 거름을 주겠습니다. 그렇게 하면 다음 철에 열매를 맺을지도 모릅니다. 만일 그때 가서도 열매를 맺지 못하면 베어버리십시오."(루카 13:8~9) 선한 마음에서 선한 것이 나온다는 점을 강조할 때에는 '가시나무에서 무화과를 딸 수 없고 가시덤불에서 포도를 딸 수 없다.'라고 설명했다(루카 6:44).

이런 말씀으로 보면 예수 그리고 아마도 예수의 아버지 요셉까지도 갈릴리 농부였을 가능성이 높다. 망치와 톱보다는 경작과 수확이 더 어울리는 존재인 것이다. 역사가

〈마태오 복음〉에 따르면 '동방에서 온 현자들'은 별을 보고 예수를 찾아갔다(마태오 2:1~2).

주인이 말했다. "추수 때까지 둘 다 함께 자라도록 내버려두어라.
추수 때에 내가 추수꾼에게 일러서 가라지를 먼저 뽑아서 단으로 묶어
불에 태워버리게 하고 밀은 내 곳간에 거두어들이게 하겠다." | 마태오 복음 13:30 |

요세푸스는 갈릴리 주민은 어떤 식으로든 농경과 관련이 있다고 언급하기도 하였다.

나자렛이라는 작은 마을도 여기서 예외는 아니었으리라. 프란체스코 수도회 소속으로 1955년부터 나자렛의 수태고지 교회, 즉 마리아가 대천사 가브리엘에게서 수태 소식을 들었다고 하는 곳을 수차례 발굴해온 바가티(Bellarmino Bagatti)는 켜켜이 쌓인 여러 층을 찾아냈는데 제일 오래된 층은 C.E. 3세기 유대 그리스도교도들이 지은 회당으로 추정되었다. 이 회당 아래에는 곡물 창고, 올리브 압착기, 우물 등 C.E. 1, 2세기의 농가 마을 자취도 남아 있었다.

갈릴리의 반란

그렇다면 왜 신약성경은 요셉을 목수로 그려낸 것일까? 헤로데 사망 이후 격변기를 맞이한 갈릴리의 역사에서 그 답을 찾을 수 있을지 모른다. 갈릴리 농부들은 헤로데의 과도한 세금에 불만이 많았다. B.C.E. 4년 과월절 기간 동안 몇몇 반체제 유대인들이 건축 중인 신전 앞에 모였다. 로마 보병대는 돌을 던져 무리를 해산시키려 했다. 헤로데의 아들 아켈라오는 반란 움직임에 분노하여 기병을 포함한 대부대를 보내 무려 3,000명 가량의 유대인을 학살하였다. 희생자 대부분은 무고한 시민이었다. 이 사건은 큰 충격을 남겼다.

아우구스투스 황제에게서 통치권을 인정받기 위해 아켈라오가 로마에 가 있는 사이에 유다라는 남자가 갈릴리에서 반란을 일으켜 지역 수도인 세포리스를 점령하고 그곳의 군수 창고를 약탈하였다. 로마인들은 세포리스를 공격해 주민들을 노예로 삼고 모든 것을 불태웠다고 한다. 요세푸스의 기록을 보면 로마 총독 바루스가 '반란 가담

결혼과 출산

1세기 팔레스타인에 살았던 처녀들은 사춘기가 되자마자 약혼을 했을 것이다. 13~14세 정도에 말이다. 유대 여자는 가족을 위해 옷을 지어야 했으므로 어렸을 때부터 실 잣고 옷감 짜는 법을 익혔다. 작은 나무 추가 달린 베틀을 사용하기도 했는데 엔게디('En-Gedi)에서 그러한 베틀이 발견되었다.

자녀 출산은 전적으로 여성의 영역이었다. 1세기 팔레스타인에는 마을마다 최소 한 명씩은 경험 많은 산파가 있었다. 에페소스의 소라노스(Soranus of Ephesus)라는 의사는 예수 시대의 출산 관행을 기록으로 남겼다. 산파는 임산부 배에 올리브 유와 은매화(銀梅花)를 문지르고 목욕으로 피부를 이완시킨다. 산도가 열리면 허브와 기름을 발라준 뒤 '출산 의자'에 앉힌

다. 등받이와 손잡이가 달린 이 특별한 의자는 출산을 위해 구멍이 뚫린 형태이다. 양옆에서 임산부를 잡고 산파는 앞에 앉아 아이를 받는다. 아이가 태어나면 가루 소금으로 닦은 후 따뜻한 물로 코, 입, 귀, 항문을 씻긴다. 그리고 모직 천에 싸

서 베개 혹은 움푹한 홈이 있어 굴러떨어질 염려가 없는 요에 눕힌다. 소라노스는 완만하게 경사져 아이 머리를 받칠 수 있는 '구유'를 사용하면 좋다고 권유하고 있다. 〈루카 복음〉에 등장하는 예수의 구유는 이러한 현실을 반영한 것인지도 모른다.

〈레위기〉의 모세 율법에 따르면 출산 후 7일 동안 산부는 '부정한' 취급을 받았다. 남자 아이가 태어났다면 8일째에 할례를 받게 된다. 산모는 25일 동안 가사일을 하지 않는데 이는 회복을 돕고 아이와 함께 있도록 하기 위해서였다(레위기 12:1~8).

이집트 구(舊) 카이로에서 발견된 C.E. 19세기의 출산 의자. 로마 제국 시대의 부조에 묘사된 의자와 유사하다.

자를 찾기 위해 곳곳에 군인들을 보냈다' 고 한다. 반란은 진압되었지만 주민들의 분노는 가라앉지 않았다. 그리고 10년 후 그 분노는 다시 터져나왔다.

C.E. 6년, 예수가 열두 살쯤 되었을 무렵 가말라(Gamala) 출신의 유다라는 사람이 두 번째로 세금 저항 반란을 일으킨 것이다. 훗날 이 사람은 젤로트(열심당)라는 유대의 준(準) 군대 조직을 만들게 된다. 로마의 두 개 군단이 반란 진압을 위해 시리아에서 파견되었다.

갈릴리 벌판은 불탔고 우물은 마실 수 없게 되었으며 온 마을이 파괴되었다. 유대인 2,000명이 처형당했고 갈릴리의 젊은이 6,000명이 노예가 되어 고향을 떠났다. 갈릴리의 농업은 초토화되었다. 여러 세기 동안 땅을 일구고 살았던 농부들은 모든 것을 잃어버렸다. 〈마태오 복음〉에서 '이스라엘 백성 중의 길 잃은 양들을 찾아가라.' 는 예수의 말은(10:6) 이들 피해자를 염두에 둔 것인지도 모른다. 요세푸스가 갈릴리인들은 '날 때부터 전쟁으로 단련되었다' 고 쓴 이유도 아마 이 때문이었으리라.

반란 진압이 끝난 후 농토도 농작물도 모두 잃어버린 농부들은 어디서든 일자리를 찾아야 하는 절박한 처지가 되었다. 마침 나자렛 마을에서 한 나절이면 걸어갈 거리에 대규모 공사가 시작되었다. 헤로데 안티파스가 근거지로 삼게 될 세포리스의 재건 공사였다. 헤로데 안티파스는 첫 번째 세금 저항 반란으로 파괴된 세포리스를 아버지가 좋아하던 그리스 풍으로 다시 짓기로 했던 것이다.

세포리스

세포리스는 1980년대, 미국의 듀크 대학과 사우스 플로리다 대학 그리고 예루살렘의

헤로데 대제 왕국의 분할

지도 설명

― 헤로데 대제 왕국의 경계
...... 지역 경계
□ 헤로데 안티파스에게 주어진 지역
□ 헤로데 아켈라우스에게 주어진 지역
□ (아켈라우스 감독 하에) 살로메에게 주어진 지역
□ 아켈라우스를 물러나게 하고 살로메에게 주어졌던 지역
□ 헤로데 필립보에게 주어진 지역
□ 시리아 지역의 로마제국 영토
□ 나바테아 왕국
●/○ 데카폴리스 도시/위치가 불확실한 데카폴리스 도시
○ 불확실한 위치
◉ 헤로데의 요새
[사마리아] 도시나 소읍의 옛 이름

헤브루 대학이 발굴 작업을 하고 난 후에야 그 본모습이 밝혀졌다. 카르도(cardo)라는 남북 축 그리고 이와 직각으로 교차하는 데쿠마누스(decumanus)라는 동서 축을 기준으로 바둑판 형의 거리가 이어지는 전형적인 그리스 로마 양식의 도시가 발견된 것이다. 상가와 사무실이 들어찬 대로는 도시의 상업적 종교적 중심지인 광장 포룸(forum)으로 연결되었다.

돌로 포장된 도로 아래에는 하수 처리 체계도 잘 갖춰져 있었다. 헤로데 안티파스는 아버지가 예루살렘에 지은 원형 극장과 유사한 호화로운 로마식 극장도 건설했다. 요세푸스는 세포리스를 '갈릴리의 보석'이라 불렀다.

세포리스 건설에는 오랜 세월이 걸렸다. 인력, 물자, 식량 등이 집중된 이 건설 사업은 갈릴리 경제의 중심이 되었을 것이다. 그리고 이 시기는 예수의 어린시절과 겹친다. 세포리스가 나자렛에서 불과 8킬로미터 떨어진 곳이었다는 점을 감안하면 예수 가족도 당연히 그 영향을 받았다고 보아야 한다. 농토도, 농기구도, 밭 갈 가축도, 씨앗도 없는 상황에 처한 농부에게 건설 공사는 가족을 먹여살릴 절호의 기회였다.

게다가 요셉의 가족은 계속 늘어나는 중이었다. 〈마르코 복음〉과 〈마태오 복음〉을 보면 예수는 밑으로 네 남동생을 두었고 몇 명인지는 분명치 않지만 여동생들도 있었다(마르코 6:3, 마태오 13:55). 그래서 일부 학자들은 맏아들이었던 예수가 아버지 요셉과 함께 세포리스 건설 현장에서 일하면서 청소년기를 보냈으리라 추정한다. 〈마르코 복음〉 6장 3절에 등장하는 'tekton'이라는 그리스어는 성경에서 '목수'로 번역되었지만 원뜻은 '노동자'에 더 가깝다.

〈루카 복음〉에 따르면 예수가 처음으로

세포리스에 있는 3세기 로마 주택에서 발견된 바닥 모자이크. '갈릴리의 모나리자'라 불린다.

대중 앞에 나선 것은 나자렛의 회당에서 〈이사야서〉를 읽을 때였다(루카 4:16~20). 당시 군중은 '그의 입에서 나오는 은총의 말씀에 탄복하였다'(루카 4:22). 그런데 여기서 의문이 생긴다. 예수가 세포리스 건축 현장에서 청소년기 대부분을 보냈다면 어떻게 글을 깨우쳤을까? 어떻게 교육을 받고 성경을 접했을까?

갈릴리 사람 중에서 히브리어를 읽거나 말하는 사람은 거의 없었다. 따라서 나자렛 회당에서도 히브리 성경의 아람어 번역(이를 탈굼(Targum)이라 부른다)을 보았을 것이다. 예수는 어디서 아람어 성경 읽는 법을 배우고 이후 랍비로 활약할 만큼의 성경 지식을 얻었을까?

C.E. 1세기 경 바리새파는 회당에서 학교를 운영해 글과 모세 5경을 가르쳤다고 한다. 그렇지만 나자렛처럼 작은 마을에 그런 학교가 있었다고 보기는 어렵다. 어떻든 어린시절부터 예수는 아주 똑똑했던 모양이다. 이를 바탕으로 훗날 수백 명이 감동할 만한 설교와 말씀을 했던 것이다. 〈요한 복음〉에는 '유대인들은 "저 사람은 배우지도 않았는데 어떻게 저렇듯 아는 것이 많을까?" 하고 기이하게 여겼다.'라는 구절도 나온다(7:15). 확실한 증거는 아직 없지만 예수는 나자렛 외의 지역에서 어느 정도 교육을 받았던 것으로 보인다.

헤로데 안티파스가 건설한 세포리스의 로마 극장. 3~4세기에 확장 공사까지 이루어져 4,000명을 수용하는 규모가 되었다.

예수의 목회

갈릴리해에서 시작된 요르단강은 남쪽으로 흘러 해수면보다 396미터 낮은 사해로 들어간다.

세례자 요한이 요르단강에서 예수에게 세례를 주는 장면은 모든 복음서에 등장한다. 〈마르코 복음〉과 〈요한 복음〉은 이 장면에서부터 이야기를 시작하고 〈루카 복음〉은 이 세례가 '티베리우스 시저 통치 15년(C.E. 28/29)'에 이루어졌다고 연도를 명기한 후 당시 예수가 '서른 살 가량' 이었다고 설명한다(루카 3:1, 3:23). 이런 기록을 보면 세례는 예수의 삶에서 대단히 중요한 사건이었던 것 같다. 이때부터 예수는 평범한 일상을 버리고 신을 찾는 데 전념했다.

세례자 요한의 가르침

예수가 요한을 찾아가기로 작정한 이유는 무엇일까? 낙타 털로 지은 옷을 입고 메뚜기를 먹고 사는 은둔자(마르코 1:6)를 찾아 요르단 사막을 여행한 이유는 무엇일까? 아마도 요한이 당대 최고로 영향력 있는 설교자였기 때문일 것이다. C.E. 1세기의 역사가 요세푸스도 《유대 고대사》에서 '요한은 유대인들에게 서로의 관계에서 공정하고 신 앞에서는 경건한, 덕 있는 삶을 살도록 한 인물이었다.' 라고 기록했다.

C.E. 6년경
헤로데 안티파스가 파괴된 세포리스를 재건하기 시작함

C.E. 9~12년경
마커스 암비불루스가 유대의 통치자로 임명됨

C.E. 12~26년경
암비불루스의 뒤를 이어 안니우스 루푸스와 발레리우스 그라투스가 유대 통치자가 됨

C.E. 14~37년경
로마의 티베리우스 치세

요한이 잡힌 뒤에 예수께서 갈릴리에 오셔서 하느님의 복음을 전파하시며
"때가 다 되어 하느님의 나라가 다가왔다. 회개하고 이 복음을 믿어라."라고 하셨다.

| 마르코 1:14~15 |

요한에 대한 대중의 반응은 폭발적이었다. 무수히 많은 이들이 몰려가 '그의 말씀에 감동을 받았다.' 여기에는 팔레스타인의 당시 분위기도 작용했을 것이다. 유대인들은 신에게 선택된 민족이라는 자부심에 상처를 입은 상태였다. 토지를 빼앗겼고 과도한 공물과 세금에 시달렸다. 종교적 정체성의 중심인 성전은 번제 의식을 유지하고 십일조를 걷는 데만 혈안이 되어 로마에 협력하는 사제들의 터전으로 전락했다. 야훼가 준 신성한 땅 역시 그리스 로마의 상징물로 오염되었다. 아합과 므나쎄 시절에 이교 우상들이 야훼의 분노를 샀듯 또 다른 처벌이 내려질 것만 같았다. 신심 깊은 유대인들은 제2의 티글랏-필레셀 왕이나 느부갓네살 왕이 나타나 이스라엘을 단죄할 것이라 생각하며 두려워했다.

요한은 신의 분노가 이전 어느 때보다도 클 것이라고 주장하여 이러한 두려움을 한층 키웠다. 메시아가 나타날 것인데 '그 손에 키를 들고 타작마당의 곡식을 깨끗이 가려 알곡은 모아 곳간에 들이고 쭉정이는 꺼지지 않는 불에 태우신다.'고 설명한 것이다(루카 3:17). 무시무시한 미래 앞에서 세례자 요한의 추종자들이 할 수 있는 일은 단 하나, 온 몸을 물에 담그는 세례 의식으로 과거의 죄를 끊고 참회하는 것이었다. 이렇게 하여 정화된 사람만이 신의 알곡이 되어 곳간으로 들어갈 수 있었다.

요한의 가르침이 쿰란의 에세네파와 비슷하다고 보는 학자들도 많다. 사막에서 금욕적 은둔 생활을 하던 에세네파 또한 신의 처벌이 임박했다고 주장했던 것이다. 세례 의식으로 상징되는 완전한 재탄생을 통해서만 유대 민족은 파멸에서 구원받을 수 있었다.

하지만 에세네파는 철저한 금욕과 자기 부정, 순수를 지향하는 폐쇄적 공동체였다. 안식일에는 생리 현상까지도 자제

해야 할 정도의 극단적 생활이었으므로 공동체의 규칙을 따를 의지와 능력이 있는 사람만 거기 들어갈 수 있었다. 반면 요한은 설교를 듣고 회개하고 싶은 사람이라면 누구나 받아주었다. 신의 심판이 임박했다는 위기감 속에 추종자가 크게 늘어날 수밖에 없었다.

세례자 요한에 대한 복음서 기록은 대부분의 학자들이 사실로 인정하는 분위기다. 요한의 존재는 이후 예수의 등장에 중요한 전조가 되었다. 요세푸스의 《유대 고대사》를 보면 예수는 겨우 한 단락으로 소개되는 반면 요한은 한 쪽 전체를 차지한다. 세례자 요한은 당대 최고의 찬사를 받는 예언자였고, 예수는 바로 이 때문에 요한을 찾아갔던 것이다.

요한, 체포되어 처형당하다

예수가 세례자 공동체에 합류한 지 얼마 지나지 않아 헤로데 안티파스는 요한을 체포했다. 〈마르코 복음〉과 〈마태오 복음〉을 보면 요한이 체포된 이유는 헤로데와 헤로디아의 결혼을 문제 삼았기 때문이라고 한다. 헤로디아는 헤로데의 이복 형제 헤로데 보에투스의 아내였다. 복음서들은 헤로데 보에투스를 헤로데의 친동생 필립보와 혼동하여 기술하고 있다(마태오 14:3~4, 마르코 6:17~18, 루카 3:19~20). 헤로데 안티파스에게 두 번째였던 이 결혼에는 정치적인 동기가 깔려 있었다. 헤로디아는 헤로데의 아내 마리암네, 즉 하스모니아 공주의 손녀로서 헤로데 안티파스의 통치에 정당성을 부여해줄 인물이었던 것이다.

헤로디아에게는 첫 결혼에서 낳은 살로메라는 딸이 있었다. 어느 날 살로메는 계

사해 근처 유대 사막의 마사다 성채에서 발견된 1세기의 가죽 샌들.

C.E. 18~36년경
예루살렘 신전에서 요셉 벤 카이아파스가
제사장을 지냄

C.E. 26~36년경
폰티우스 필라테가 유대를 다스림

C.E. 26~36년경
필라테가 성전 내에서 군사 훈련을 허용해
주민들을 자극함

C.E. 26~28년경
예수가 요르단강 계곡에서
세례자 요한 무리에 합류함

시몬 베드로의 집

시몬 베드로의 집으로 알려진 1세기 집터에 남은 교회의 흔적.

예수가 갈릴리 호숫가의 가버나움을 목회 근거지로 삼은 한 가지 이유는 사도 시몬 베드로의 집이 거기 있다는 점 때문이었다.

현대 고고학자들이 시몬 베드로의 집터로 알려진 곳을 발굴하자 여러 층위가 나타났고 가장 오래된 것은 B.C.E. 1세기까지 거슬러 올라갔다. 회반죽을 칠한 어느 집 벽에는 시몬 베드로와 그리스도의 이름이 새겨져 있었고 '물고기'를 뜻하는 그리스어 단어 'ichtys'도 여러 개 발견되었다. 초기 그리스도교도들에게 널리 알려진 이 단어는 예수가 사도들을 '사람

낚는 어부'라 부른 것(마르코 1:17)과도 관련되고 '구세주의 아들 예수 그리스도'의 약자이기도 하다.

이런 글귀가 새겨졌다는 것은 예수 사망 후 몇십 년이 흐른 후부터 이미 순례자들이 드나들었다는 뜻이다. 작은 낚시 바늘도 여러 개 발견되어 실제로 어부가 살던 집이라는 점을 알 수 있었다. 어쩌면 그곳에 살던 어부들이 예수의 제자가 되었는지도 모른다(마태오 4:21~22).

부의 연회에서 멋진 춤을 선보였고, 헤로데 안티파스는 그녀에게 상으로 무엇이든 소원을 하나 들어주겠다고 약속한다. 이를 알게 된 헤로디아는 그 기회에 자기 결혼을 비난한 세례자 요한을 죽이기로 작정했다. 살로메는 어머니가 시키는 대로 예언자의 머리를 달라고 청했다. 안티파스는 마음이 불편했지만 그 청을 들어주는 것 외에 방법이 없었다(마르코 6:21~27). 헤로데는 요한이 갇힌 감옥에 사람을 보냈고 결국 요한의 목은 쟁반에 담겨 살로메에게 전달되었다.

하지만 요세푸스는 요한의 죽음에 다른 의도도 숨어 있다고 설명한다. 헤로데 안티파스는 요한의 영향력이 워낙 큰 만큼 혹시라도 반란을 선동할지 모른다는 두려움을 가졌다는 것이다. 실제로 요한은 "좋은 열매를 맺지 않는 나무는 다 찍혀 불 속에 던져질 것이다"(루카 3:9)라는 등의 위험한 발언을 한 상태였다. 헤로데 안티파스로서는 뒤늦게 후회하기보다는 애초에 싹을 자르고 싶었으리라.

성경에 따르면 세례자 요한이 처형당한 장소는 오늘날의 요르단에 위치한 마케루스(Machaerus) 성채였다고 한다. 사해에서 동쪽으로 8킬로미터 떨어진 곳이다.

헤로데는 요한을 처형하면서도 유대 사제들의 회의체인 대공회(Sanhedrin)의 자문을 구하지 않았다. 대공회가 동의했다면 처형 결정에 정당성이 부여되었을 텐데 말이다. 요한의 죽음 자체가 헤로데 안티파스가 두려워한 반란이나 봉기의 도화선이 될 수 있었음을 고려하면 이는 잘 이해가 가지 않는 결정이다.

요한의 죽음 이후 제자들은 '시체를 거두어다 장사를 지냈다'(마르코 6:29). 헤로데의 군사들이 언제 들이닥칠지 몰라 모두들 충격 속에 전전긍긍했다. 많은 학자들은 이런

상황 속에서 요한의 제자들이 예수를 요한의 후계자로 인정하며 따르게 된 것이라고 본다.

목회의 시작

예수는 우선 위험에서 벗어나기로 했다. 그리하여 추종자들과 함께 헤로데 안티파스의 통치 권역인 요르단강 서안을 떠나 북쪽의 벳새다(벳사이다, Bethsaida)로 올라갔다. 헤로데 안티파스의 동생 필립보가 통치하는 지역이었다. 이후 무리는 갈릴리 호숫가의 가버나움(가파르나움, Capernaum)으로 이동하였다.

무리를 이끄는 지도자의 책무에 부담을 느낀 예수는 사막으로 은둔했다. 이는 40일

갈릴리해에서 그물을 걷는 어부 뒤로 하루의 첫 햇살이 내리쬐고 있다.

동안 계속되었다고 하지만(마르코 1:13) 성경에 등장하는 숫자는 사실 그대로라기보다는 상징적인 경우가 많다. 여기서 40은 영혼이 정화되는 기간, 다음 단계로 옮겨가기 위한 준비 기간을 뜻한다. 시나이 산에서 이스라엘인들이 40년을 보냈던 것처럼 말이다.

다시 돌아온 '예수는 갈릴리 전역을 두루 다니며 회당에서 가르치고 하늘나라의 복음을 선포하는가 하면 백성 가운데 병자와 허약한 사람들을 모두 고쳐주었다'(마태오 4:23). 예수는 사막의 고독한 삶이 아닌, 죄인과 세리, 로마 협력자들이 우글거리는 도시와 마을로 걸음을 내디딘 것이다. 그는 마치 의사처럼 병자가 있을 만한 곳을 찾아

서쪽의 사마리아 고원과 동쪽의 요르단강 계곡 사이로 유대 사막이 언덕과 계곡을 이루며 펼쳐진다.

나자렛 언덕 마을 주변의 푸르른 땅. 예수는 이곳에서 어린시절을 보내며 '지혜롭고 튼튼하게 자랐다' (루카 2:40).

가나에서 제작된 도기 항아리들. 가나는 예수가 물을 포도주로 바꾼 첫 번째 기적을 행한 장소이다.

가버나움에서 서쪽으로 5킬로미터 떨어진 타브가(Tabgha)의 비잔틴 모자이크, 빵과 물고기 양을 늘린 예수의 기적을 표현하고 있다.

갈릴리해 가운데 위치한 고대도시 가버나움은 예수 활동의 중심이였다. 호수를 내려다보고 선 그리스 정교회의 모습.

예수의 갈릴리 목회

지도 설명

→ 가버나움으로 목회지 이동
→ 하(下) 갈릴리에서의 목회
→ 두로와 시돈으로의 여정
→ 두로를 경유하는 데카폴리스 여행
→ 가이사라 빌립보로의 목회 여정

• 역사적인 도시
• 현재의 도시
○ 확실하지 않은 위치
• 데카폴리스 도시

지 중 해

에크디파 (텔 아크지브) 146 m / 496 ft

203 m / 666 ft

나하리야

가튼 아세라트

23 m / 75 ft

악삽 (카프르 야시프)

21 m / 69 ft

프톨레마이스 (아코)

악고 만 (하이파 만)

카불 (카

52 m / 171 ft

아벡 (텔 아페크)

키리아트 얌

키리아트 비알리크

키리아트 모츠킨

시카미니움 (텔 시크모나)

하이파

게도라 (호르바트 게도라)

키리아트 아타

셰파르

6 m / 20 ft

가나로 가면 길 죽음이 임박했 고관의 아들을 (요한 4:43

티라트 카르멜

13 m / 43 ft

546 m / 1,791 ft

342 m / 1,122 ft

하르 쇼케프 497 m / 1,631 ft

후시파 (이스피야)

예수의 고 이곳 사람들은 예 가르침을 모두 (마태오 2:19 루카 4:16~

벳셰아림 (호르바트 베트 셰아림

벳셰

하르 메할렐 458 m / 1,503 ft

무흐라카 482 m / 1,581 ft

믹달

욕느암 (텔 요크네암)

210 m / 689 ft

도라 (도르)

208 m / 682 ft

레지오 (텔 메기도)

지크론 야아코브

321 m / 1,053 ft

다이 (타이

비냐미나

43 m / 141 ft

가이사랴 (호르바트 케사리)

480 1,57

카르쿠르-파르데스 한나

샤 론 웨 스

나르바타 (텔 나르베타)

평 야 사 바 리

바논
바
카다사•
(텔 케데시)
하르 아비탈
1,204 m
▲3,950 ft
두로
두로와 시돈으로

가이사랴 빌립보로
갔다가 가버나움으로
돌아오는 길

홀라
호수

가이사랴 빌립보로부터

540 m
▲1,772 ft

82 m
269 ft

504 m
▲1,654 ft

하르 요시폰
981 m
3,219 ft

하르 아디르
1,006 m
▲3,301 ft

885 m
▲2,904 ft

160 m
525 ft

372 m
▲1,221 ft

가 울 란 티 스

기샬라•
(지시)

하르 벤 짐라

아소르•
(텔 하초르)

가버나움
예수는 이 도시에 근거지를 두고
목회하며 여러 기적을 행한다.
안티파스와 빌립보의 통치 지역
사이에 낀 이 도시는 중요한
교역로에 자리 잡은 덕분에
전 지역으로 예수의 말씀을
퍼뜨릴 수 있었다(마태오 9:1).

예수가 왕국의 복음을 전하면서
수많은 병자를 치유하자 근방
지역에서 수많은 사람들이 몰려든다
(마태오 4:23~25).

하르 메롬
1,208 m
3,963 ft

메롬•

하르 힐렐
1,071 m
3,514 ft

제파트

기적을 가장 많이 행한
동네에서 사람들이 회개하지
않자 예수는 꾸짖는다.
벳새다와 가버나움은 심판
받게 될 것이라고도 말한다
(마태오 11:20~24).

435 m
▲1,427 ft

하르 페레스
929 m
3,048 ft

하르 하아리
1,047 m
3,435 ft

예수는 부활한 뒤 갈릴리에서
제자들을 만나 그들에게 "모든 민족을
제자로 삼으라고 명령한다
(마태오 28:16~20).

(호르바트 베에르세바)

베르사베•

하르 케나안
486 m
1,595 ft

빵과 생선을 불려 수많은
군중을 먹인 기적이 일어난
장소로 추정된다(마태오
14:13~21, 15:32~39).

비크아트 베트 케렘

하나니아•
(조메트
하나니아)

하르 캄몬
598 m ▲
1,962 ft

수많은 군중을 먹인 기적이
일어난 장소(마태오 14:13~21,
15:32~39). 예수는 사도들과
함께 이곳을 찾았을 때 여러
환자를 치유시킨다(마르코
6:53~56).

코라진•
(코라짐)

벳새다•
(조메트 베트 자이다)

가밀라•
(가믈라)

하르 하존
584 m
1,916 ft

벳새다
사도 베드로, 안드레아,
빌립보의 고향이다
(루카 1:44).

예수는 이곳에서 물을
포도주로 바꾸는
첫 번째 기적을 행한다
(요한 2:1~11).

이곳의 산에서
설교가 이루어졌다.

헵투페곤•
(엔세바)

가버나움•
(케파르 나훔)

예수는 소경의 눈에
침을 뱉고 손을 얹어
치유한다(마르코
8:22~26).

487 m
▲1,598 ft

하르 네토파
526 m
1,726 ft

막달라 마리아의 고향. 치유
받고 정화된 후 예수와 사도들을
도운 몇몇 여인 중 한 명이다
(루카 8:2~3).

겐네사렛•
(긴노사르)

사도들의 배를 먼저
보낸 후 예수는 밤중에
물 위를 걸어간다
(마태오 14:22~33).

가나•
(호르바트 카나)

151 m
495 ft

막달라/다리케
(믹달)

게르게사•
(쿠르시)

베트 네토파

하르 티르안 ▲548 m
▲1,798 ft

하틴의 뿔
(카르네 히팀)
326 m ▲
1,070 ft

아르벨라•
(호르바트 야르벨)

갈릴리해

261 m
▲856 ft

예수가 마귀를 내쫓아 돼지
몸속에 들어가게 했던 곳으로
추정된다(루카 8:26~39).

아벡•
(아피크)

세포리스•
(지포리)

가리스•
(케프르 칸나)

이 지역 마을에서 목회하던
예수는 나병환자를 고치고
그 명성이 널리 퍼진다
(마르코 1:38~45).

티베리아스•
(테베리아)

벳마우스•
(호르바트 베트 마온)

함맛•

히포스•
(호르바트 수시타)

가드헤벨•
(마슈하드)

하르 요나

532 m
▲1,745 ft

급작스러운 폭풍으로
사도들이 공포에 떨지만
예수는 잠에서 깬 바람과
파도를 꾸짖으며 폭풍을
가라앉힌다(마태오 8:23~27).

예수의 변모 현상이 일어났다고
여겨지는 곳. 예수는 간질 환자
소년을 치유하기도 한다
(마태오 17:1~13, 17:14~22).

나자렛•
(제라트)

397 m
▲1,302 ft

예수 시대에 갈릴리와 페레아를
다스린 헤로데 안티파스의 수도
예수는 헤로데를 '여우'라 부른다
(루카 13:32).

368 m
▲1,207 ft

엑살롯(익살)•

비코아트 케술롯

타볼 산 ▲558 m
1,929 ft

368 m
▲1,207 ft

센나브리스•

필로테리아•
(텔 베트 예라)

아빌라•

엔도르•
(엔도르)

565 m
▲1,854 ft

나인•(네인)

335 m ▲
1,099 ft

가마라•
(움 카이스)

기브아트 하모레
▲515 m
1,690 ft

수넴•
(술람)

라모트 이사카르

147 m
▲482 ft

가몬•
(캄)

에마타•

이즈르엘, 에스드라엘라(이즈르엘)

예수는 과부의 죽은
아들을 되살린다
(루카 7:11~17).

예수는 이곳에서
귀머거리와 벙어리를 치유한다
(마르코 7:31~37).

아르벨라•
(이르비드)

계곡

497 m
▲1,632 ft

377 m
▲1,237 ft

하레 길보아

스키도폴리스•
(베트 셰안)

에브론•
(앗 타이바)

데카폴리스는 상당한 자율성을
보장받은 도시들의 상업 동맹이다.

0   4   8 킬로미터
0   4   8 마일

현재의 배수로, 해안선과 국경선을 기준으로 표시하였다.
괄호 안은 현재의 지명이다.

기베•
(야닌)

하르 말키슈아 ▲
473 m
1,552 ft

펠라•
(타바카트 파흘)

다녔다.

예수가 첫 번째로 찾아간 마을은 가버나움이었다. 예수 목회의 중심지가 된 이곳에는 예수의 가장 열성적인 추종자 시몬 베드로가 살고 있었다. 가버나움은 갈릴리해 한 가운데에 위치해 동쪽의 데카폴리스(Decapolis), 즉 그리스 풍의 도시 열 개와 서쪽의 갈릴리 내륙 지방을 연결하는 수로 교통의 중심이었다. 예수의 목회가 중점적으로 이루어진 삼각형 지대인 벳새다-코라진(고라신, Chorazin)-가버나움의 중간 지점이기도 하다.

1905년에 이루어진 최초의 가버나움 발굴에서 독일 고고학자인 콜(H. Kohl)과 밧징거(C. Watzinger)는 바실리카 양식의 아름다운 회당을 발견했다. 대리석 건물 안의 중앙 홀을 가로지르는 통로 두 개에 코린트식 조각 기둥들이 서 있는 구조이다. 이 회당이 '안식일'에 예수가 설교하거나 병자를 치료한 곳(루카 4:31~37)이었을까? 발굴작업은 1960년대까지 이어졌고 그 결과 이 회당은 C.E. 3~4세기에 지어졌다는 사실이 밝혀졌다. 하지만 그 아래쪽을 파내려가자 더 오래된, 그런데 구조는 거의 비슷한 다른 회당이 나타났다. 예수 시대로 거슬러올라가는 회당이었다.

이 회당의 정교한 앞면 장식을 보면 가버나움이 현무암, 올리브유, 포도주 교역으로 부유한 도시였다는 점이 분명히 드러난다. 그 풍요로운 교역의 증거는 무수히 많다. 회당의 계단에는 포도나무와 포도송이가

조각되어 있다. 근처에는 포도와 무화과 그리고 계약궤를 묘사한 벽면 조각이 있다. 세례자 요한에게는 이러한 풍요가 눈에 거슬렸을지 모르지만 예수의 눈에 가버나움

1986년, 갈릴리해에서 발견된 C.E. 1세기의 배. 예수가 목회하면서 타고 다녔던 배의 모습을 짐작하게 한다.

은 유대 전통과 그리스 로마의 부가 위태롭게 공존하는 갈릴리의 상징처럼 보였다.

예수는 어부 출신 제자들과 배를 타고 자주 갈릴리해를 오갔다. 어선은 신속하게 호수를 건너갈 수 있는 방법이었다. 세례자

요한과 달리 예수는 사람들이 찾아오기를 기다리지 않고 가능한 여러 곳을 돌아다니며 사람들을 만났다. 배는 가장 빠르고 경제적인 이동 수단이었다.

복음서에는 예수가 배를 탔다는 언급이 스무 번쯤 나온다. 〈마태오 복음〉을 보면 '예수께서 배에 오르시자 제자들도 따라 올랐다'는 구절이 나온다(8:23). 배는 열 명, 혹은 예수와 열두 제자까지 포함해 열세 명이 탈 수 있을 만큼 컸던 것 같다.

배에 대한 상세한 묘사가 없는 탓에 그 모습은 알수 없었다. 그런데 가뭄으로 갈릴리해 수위가 유난히 낮아졌던 1986년, 완벽히 보존된 고대의 배가 모습을 드러냈다. 가버나움에서 채 8킬로미터도 떨어지지 않은 거리였다. 전문 복원가들은 탄소 연대 측정을 통해 이 배가 B.C.E. 50~C.E. 50년에 만들어졌다는 결론을 내렸다. 예수 목회기와 일치하는 시기이다.

갈릴리해에서 발견된 이 배는 고대의 배 건조 기술을 보여준다. 길이 8미터에 폭 2.2미터인 배는 짐과 그물을 싣고도 열 명을 태울 정도로 컸다. 판자를 겹쳐 쐐기못으로 고정하는 전형적인 지중해 방식이었다.

갈릴리해 인근을 오가던 중 예수는 타비가(Tabigha) 인근 언덕에서 수많은 군중을 대상으로 설교할 기회가 있었다. 완만한 언덕을 공명판으로 삼아 예수는 다음과 같이 말했다.

마음이 가난한 사람은 행복하다. 하늘나라가 그들의 것이다.

슬퍼하는 사람은 행복하다. 그들은 위로를 받을 것이다.

온유한 사람은 행복하다. 그들은 땅을 차지할 것이다.

옳은 일에 주리고 목마른 사람은 행복하다. 그들은 만족할 것이다.

자비를 베푸는 사람은 행복하다. 그들은 자비를 입을 것이다.

마음이 깨끗한 사람은 행복하다. 그들은 하느님을 뵙게 될 것이다.

평화를 위하여 일하는 사람은 행복하다.

그들은 하느님의 아들이 될 것이다.

| 마태오 5:3~9 |

학자들은 이중에서 특히 첫 번째와 두 번째, 그리고 네 번째가 예수의 말을 직접 인용한 가장 오래된 사례라고 본다. 금언은 고대부터 철학자들이 선호해온 가르침 방식이었다. 유대 성경, 특히 〈시편〉은 행복의 비밀을 가르쳐주는 금언들로 가득하다. 참 행복이라는 개념은 이집트나 그리스에서도 자주 등장한 것이지만 예수는 이 익숙한 개념에 동방 특유의 역설적 요소를 집어넣어 새로운 의미를 덧붙였다.

예수의 산상수훈을 기념해 1937년에 지어진 프란시스코 교회. 교회 아래 언덕을 '지복(至福) 산'이라 부른다.

'주리고 목마른 사람은 행복하다'라는 구절은 예수의 청중들에게 특히 효과적인 역설이었다. 갈릴리의 가난한 주민들은 배고픔이 행복과는 거리가 멀다는 점을 너무도 잘 알았기 때문이다. 하지만 예수는 오늘의 고통이 내일 하늘나라에서의 행복임을 강조했다(마태오 5:3~10). 가난한 사람이 행복하다든지 슬퍼하는 사람이 행복하다는 말은 예수의 가르침이 갈릴리 사회에서도 소외된 이들을 겨냥했음을 드러낸다.

'신의 왕국' 이란 개념은 예수의 가르침에서 핵심이 되었다. "때가 다 되어 하느님의 나라가 다가왔다. 회개하고 이 복음을 믿어라."라는 마태오의 말(1:14~15)은 이 개념을 분명히 하고 있다. 예수는 제자들에게 신의 왕국을 설명하려 애썼고 때로는 비유도 사용하였다. '하늘 나라는 겨자 씨에 비길 수 있다. 어떤 사람이 밭에 겨자 씨를 뿌렸다. 겨자 씨는 모든 씨앗 중에서 가장 작은 것이지만 싹이 트고 자라나면 어느 푸성귀보다도 커져서 공중의 새들이 날아와 그 가지에 깃들일 만큼 큰 나무가 된다.' (마태오 13:31~32)거나 '하느님 나라는 이렇게 비유할 수 있다. 어떤 사람이 땅에 씨앗을 뿌려놓았다. 하루하루 잠들고 일어나고 하는 사이에 씨앗은 싹이 트고 자라나지만 그 사람은 그것이 어떻게 자라는지 모른다. 땅이 저절로 열매를 맺게 하는 것인데 처음에는 싹이 돋고 그 다음에는 이삭이 패고 마침내 이삭에 알찬 낟알이 맺힌다. 곡식이 익으면 그 사람은 추수 때가 된 줄을 알고 곧 낫을 댄다.' (마르코 4:26~29), 또는 '어떤 여자가 누룩을 밀가루 서 말 속에 집어넣었더니 온통 부풀어 올랐다. 하늘나라는 이런 누룩에 비길 수 있다.' (마태오 13:33)라는 비유가 그것이다.

하지만 오늘날까지도 학자들은 왕국 개념의 진정한 의미에 합의하지 못하고 있다. 이는 시간의 끝이 찾아온 후 죽은 사람이 다시 일어서고 신이 인류를 다스리게 되는 종말론적 세계관이라는 주장이 있는가 하면 다윗 왕좌의 정당한 후계자인 메시아가

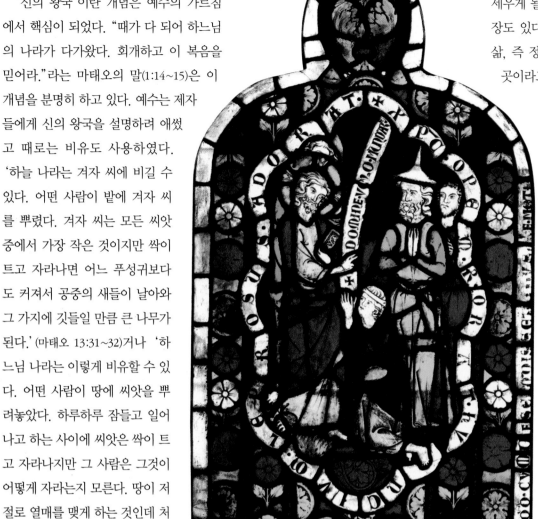
예수가 나병환자를 고쳐주는 모습을 묘사한 오스트리아 클로스터노이부르크 (Klosterneuburg) 대성당의 채색 유리 창문.

그런 뒤 예수께서는 두로 지방을 떠나 시돈에 들르셨다가 데카폴리스 지방을 거쳐 갈릴리 호수로 돌아오셨다. 그때에 사람들이 귀먹은 반벙어리를 예수께 데리고 와서 그에게 손을 얹어주시기를 청하였다.

| 마르코 7:31~32 |

세우게 될 신정(神政) 국가를 의미한다는 주장도 있다. 또한 신의 왕국은 죽음 이후의 삶, 즉 정의로운 사람이 은혜를 받게 되는 곳이라고도 한다.

추종자들에게는 이 왕국이 도래할 시기와 방법을 예수가 어떻게 생각하는지가 몹시 중요한 문제였다. 새 왕국이 곧 시작될 것이라는 믿음을 드러내는 글귀는 여러 곳에서 찾을 수 있다. 예수의 메시지를 방방곡곡 퍼뜨리는 데 열성이었던 바오로는 자기 생전에 새 왕국이 도래할 것이라 보았다(고린토 전 15:51). 데살로니카인들이 새 왕국이 올 때를 어떻게 아느냐고 묻자 바오로는 "교우 여러분, 그 때와 시기에 대해서는 여러분이 더 잘 알고 있습니다. 주님의 날은 마치 밤중의 도둑 같이 올 것입니다"라고 답하였다(데살로니카 전 5:1~2).

하지만 이 문제에 대해 가장 멋지게 기록한 사람은 루카인 것 같다. 예수가 바리새파 사람들에게 "하느님 나라가 오는 것을 눈으로 볼 수는 없다. 또 '보아라, 여기 있다' 혹은 '저기 있다' 고 말할 수도 없다. 하느님 나라는 바로 너희 가운데 있다."라고 답했다는 부분에서 말이다(루카 17:20~21). 신의 왕국은 정치적인 실체도, 죽음 이후에 주어지는 보상도 아니다. 그저 정의와 공감, 신에 대한 복종에 기반을 둔 인간 사회인 것이다.

예수의 여정

공관 복음서들에 따르면 예수는 가버나움, 코라진 같은 갈릴리해 북서쪽 도시들, 북쪽

호숫가의 벳새다, 나자렛 남쪽의 나인(Nain) 등지에서 집중적으로 목회활동을 하였다. 길릴리해 동쪽의 게르게사(거라사, Gergesa)로 가기도 했고 두로와 시돈 지역에서는 시로-페니키아 출신 여인의 딸을 치료해주기도 했다(마르코 7:24~30). 사람들을 찾아가지 않을 때에는 헤르몬 산기슭 바냐스 강을 따라 펼쳐진 목초지에서 휴식하고 기도하였다(마르코 6:45~46). 예수가 가이사랴 빌립보 근처를 찾아갔을 때 베드로는 예수를 메시아라고 찬양하였다(마태오 16:16). 〈요한 복음〉은 사마리아, 유대, 특히 예루살렘에서의 예수 행적을 많이 다룬다. 예를 들어 베데스다(벳자타, 베짜타, Bethesda) 못에서 병자를 치료하는 장면은 〈요한 복음〉에만 등장한다(5:2~9).

예수의 가장 중요한 여성 추종자로 마리아 막달라라는 사람이 있다. 이 여성은 아마도 막달라 출신이었던 것 같다. 막달라는 갈릴리해 서쪽 호숫가에 자리잡은 어업 중심지였다. 요르단강을 원천으로 하여 페레아 산이 동쪽 경계를 이루는 갈릴리해는 남북 20킬로미터, 동서 11킬로미터의 거대한 호수이다. 깊이는 최대 46미터에 불과하다. 호숫가를 발굴한 결과 15개 이상의 항구가 발견되었다.

C.E. 1세기 초 몇 십년 동안 농토가 없는 농부들이 대거 어부로 변신했던 것으로 추측된다. 그 결과 지나친 어획으로 갈릴리해의 어류 자원이 고갈되는 상황까지 벌어졌다. 시몬 베드로가 예수에게 '밤새 그물을 쳤지만 아무 것도 잡지 못했다'고 하소연할 정도로 말이다(루카 5:5). 예수는 마지막으로 한 번만 더 그물을 던지라고 한다. 그대로 하였더니 그물이 터질 만큼 고기가 올라왔다. 근처에 있던 다른 배가 달려와 그물 올리는 작업을 돕고 몫을 챙겨갈 정도였다.

이스라엘 과학자들은 지금과 마찬가지로 당시의 갈릴리해에는 20~30종의 물고기가

〈요한 복음〉에는 예수가 베데스다 못에서 마비 환자를 치유해주었다고 나온다. 베데스다는 고고학적 발굴로 그 존재가 확인된 몇 안 되는 곳 가운데 하나이다.

있었으리라 추정한다. 사도들은 그중에서 사람이 먹을 수 있는 세 종류를 잡으려 애썼을 것이다. 첫 번째는 작은 은빛 정어리이다. 빵과 물고기로 수많은 군중을 먹인 기적(루카 9:13)에 등장하는 '물고기 두 마리'도 아마 정어리였을 것이다. 정어리와 빵은 로마 시대 갈릴리인들의 주된 양식이었다. 갈릴리해에서 나는 두 번째 식용 물고기는 길쭉한 돌잉어이다. 세 번째는 갈릴리 틸라피아라는 물고기인데 가장 흔하고 또 '성 베드로의 물고기'라는 별칭으로도 유명하다. 빗 모양의 등지느러미가 특징인 이 긴 물고기는 45센티미터까지 자란다. 해초를 먹고 사는 틸라피아는 호수의 생태계와 화학적 균형을 유지하는 데 아주 중요한 역할을 담당한다고 한다.

갈릴리해의 어업이 안전하기만 한 일은 아니었다. 사도들이 고깃배를 타고 있을 때 갑자기 폭풍이 시작되는 장면도 있다(마르코 4:37, 마태오 8:24, 루카 8:23). 보통은 잔잔한 호수지만 급작스러운 돌풍도 나타났던 것이다. 1992년 3월에도 높이가 무려 3미터나 되는 파도가 티베리아스를 덮쳐 큰 피해를 낸 일이 있었다. 이후의 조사 결과 이러한 돌풍은 갈릴리 동서 언덕 지대의 지형적 특징 때문인 것으로 밝혀졌다. 언덕이 깔때기 역할을 해 북쪽에서 내려오는 바람과 동쪽 골란 고원의 바람을 한층 빠르고 강하게 만든다는 것이다. 호수 위로 소용돌이치게 된 바람은 고깃배를 위협하는 돌풍을 만들어 낸다.

예수가 행한 기적

예수는 나병 환자를 고치고 맹인의 눈을 뜨게 하고 죽은 사람을 되살리는 등의 기적을 행했다. 심지어 자연 현상을 통제하기까지 했다. 이러한 기적은 교사로서, 신의 예언

자로서 예수가 더 많은 신뢰를 받도록 했다. C.E. 1세기의 역사가 요세푸스는 예수가 '현자이자 기적을 행하는 사람'이었다고 기록하였다. 복음서에는 모두 서른 개가 넘는 기적이 등장한다. 빵의 양을 늘린다든지 어린 아이의 멈춘 심장을 다시 뛰게 만든다든지 하는 기적은 앞서 예언자 엘리야와 엘리사가 행한 것과 아주 유사하다. 이

가나의 결혼식에서 물을 포도주로 바꾼 예수의 기적을 묘사한 6세기 상아 부조. 이탈리아 라벤나(Ravenna)의 막시미안 성당에 있다.

때문에 일부 학자들은 그 모든 기적을 전설로 치부하기도 한다.

하지만 문헌 고고학의 꼼꼼한 분석을 통해 치유의 기적들은 예수에 대한 가장 오래된 구전 이야기에도 이미 포함되어 있었다는 사실이 드러났다. 치유의 기적 이야기는

두 가지 면에서 여타 기적과 다른 특징을 보인다. 첫째, 예수는 병자에게 "안심하여라. 네가 죄를 용서받았다."라고 분명히 말해준다. 1세기의 유대인들에게 질병은 죄에 대한 신의 처벌로 여겨졌다. 아이가 장님이나 귀머거리로 태어났다면 부모가 무언가 죄를 지었다는 뜻이었다. 따라서 만성 질병에 시달리는 사람은 마을에서 쫓겨나 걸인으로 살아가야 했다. 질병은 신체의 고통 못지않게 큰 감정적인 상처를 유발했다. 이런 상황에서 병자에게 거리낌 없이 다가가 당신은 죄를 용서받았다고 말해주는 예수는 그 존재만으로도 병자의 자연 치유력을 대폭 향상시켰을 것이다.

두 번째 특징은 예수가 병자를 직접 만지며 치유했다는 것이다. 여러 해, 심지어는 평생 동안 다른 사람과 신체 접촉을 하지 못했던 병자에게 이는 대단히 충격적인 경험이었으리라. 동양 의학에서는 마음가짐이 치유에 크나큰 영향을 미친다고 강조하지 않는가.

학자들은 예수의 기적이 상징적인 의미를 갖는다고 강조한다. 빵과 생선뿐인 소박한 식사를 축복하고 그 양을 늘리는 기적을 행한 건 가난한 이들로 하여금 믿음을 가지면 신의 왕국에서 열 배로 보상받으리라는 점을 보여주기 위해서였다. 이렇게 해석한다면 예수의 기적에서 자주 등장하는 빵은 신학적 차원을 넘어 사회 정의로까지 확장된다. '일하는 사람은 자기 먹을 것을 얻을 자격이 있다.'라는 예수의 말(마태오 10:10)은 갈릴리 농부들의 존엄성 그리고 가족을 먹여살릴 권리를 확인해주는 것이다.

열두 사도

예수는 제자 가운데 열두 명을 뽑아 '사도'라 불렀다(루카 6:13). 12라는 숫자는 이스라엘 열두 부족을 상징하는 것으로 보인다. 사도를 뜻하는 영어 단어 'apostles'는 '앞으로 보내진 사람'이라는 의미의 그리스어 'apostolos'에서 왔다.

예수는 사도들을 앞세워 보내 자기가 환영받을 것인지 알아보도록 하곤 했다. 그리고 비유대인의 거주지는 피하고 '이스라엘의 길 잃은 양'인 유대 마을에 주로 갈 것, 돈이나 옷가지를 가지고 다니지 말고 사람들에게 얻을 것을 강조했다(마태오 10:9~14).

사도 중 일부는 세례자 요한을 따르던 이들이었다. 그리고 사도들 대부분은 물고기 잡는 일을 생업으로 삼았다. 제베대오의 아들 야고보와 요한 형제는 가버나움 출신이었다. 빌립보, 시몬 베드로 그리고 시몬 베드로의 형제 안드레아는 벳새다 출신이었다. 그 외에 바르톨로메오, 세리였던 마태오, 토마, 알패오의 아들 야고보, 가나안 사람 시몬, 가리옷 사람 유다가 있었다(마태오 10:2~4, 루카 6:13~16).

복음서의 묘사를 보면 사도들은 성실하고 진지하지만 무지한 탓에 예수의 가르침을 이해하는 데 어려움을 겪는다. 그러면서도 예수에 대한 충성심은 절대적이다. 십자가 처형 이후 성경에 언급되는 제자는 예루살렘에 초기 교회를 만든 베드로 그리고 이를 이어받은 야고보뿐이다.

로마 주교 클레멘트가 C.E. 96년에 고린토의 그리스도 공동체에 보낸 것을 비롯해 몇몇 편지 내용을 살펴보면 베드로는 목회를 위해 예루살렘을 떠난 것으로 나온다. 이후 그는 로마에 갔다가 네로 황제에게 체포된다. 십자가 처형을 당한 그는 바티칸이라는 언덕 근처 쓰레기장에 묻혔다고 한다. 그는 예수와 같은 방식으로 처형될 자격이 없다는 생각에 십자가에 거꾸로 매달아달라고 요청해 그렇게 죽었다.

레오나르도 다빈치(1452~1519)가 프레스코 벽화 〈최후의 만찬〉을 그리기 위해 습작한 사도들의 모습.

예루살렘으로 가는 길

올리브 산의 겟세마네 정원에서 한때 제2성전이 있었던 성전 산을 바라본 풍경.

예수 삶의 마지막 몇 주를 되살려보는 것은 쉽지 않은 일이다. 네 복음서의 진술이 곳곳에서 엇갈리기 때문이다. 하지만 갈릴리에서 목회 활동을 했다는 것은 분명하다. 예수의 말씀을 듣고 기적을 목격하기 위해 사람들이 몰려들었다. 하지만 정작 예수가 가르친 대로 삶의 방식을 바꾼 사람은 거의 없었다. 군중의 이런 태도 때문에 예수는 "코라진아, 너는 화를 입으리라. 벳새다야, 너도 화를 입으리라!"라고 외치며 목회의 중심 도시들에 등을 돌리고 만다(루카 10:13). 두로나 시돈 같은 곳에서 목회를 했다면 그곳 사람들은

벌써 오래 전에 회개했을 것이라고 하면서 말이다.

예수는 목회의 방향을 바꿔야겠다고 생각했던 것 같다. 때마침 온 예루살렘이 성전 순례자들로 넘쳐나게 될 과월절이 코앞이었다. 예수는 신의 부름을 받고 성전에 가서 '전 유대 민족'에게 다음과 같이 호소한 예언자 예레미아를 떠올렸을 수도 있다.

너희의 생활 태도를 깨끗이 고쳐라.
너희 사이에 억울한 일이 없도록 하여라.

C.E. 28년경
본디오 빌라도가 예루살렘 성전 근처의 평화 시위를 잔혹하게 진압함

C.E. 30~33년경
빌라도의 명령으로 예수가 골고다 언덕에서 십자가형에 처해짐

C.E. 36년경
티베리우스 황제의 명령으로 총독이 빌라도에서 마르켈루스(Marcellus)로 바뀜

C.E. 36년경
가야바(카이아파스)의 대사제 직위를 요나단 벤 아나누스가 승계함

예수께서 예루살렘에 들어가시자 온 시민이 들떠서 "이분이 누구냐?" 하고 물었다.
사람들은 "이분은 갈릴리 나자렛에서 오신 예언자 예수요." 하고 대답하였다.

| 마태오 21: 10~11 |

유랑인과 고아와 과부를 억누르지 마라.
이곳에서 죄 없는 사람을 죽여 피 흘리지 마라.
다른 신을 따라가 재앙을 불러들이지 마라.
그래야 옛날에 너희 조상에게 오래토록 살라고 준 이 땅에서
나는 너희를 살게 하리라.

| 예레미야 7:1~7 |

예수는 제자들에게 "우리는 지금 예루살렘으로 올라가고 있다. 거기에서 사람의 아들에 대하여 예언자들이 기록한 모든 일이 이루어질 것이다."라고 말한다(루카 18:31).

이때 예수는 에둘러 돌아가는 길을 택했는데 이는 아마 바리새파 사람들이 헤로데 안티파스가 그를 죽이려 한다고 알려주었기 때문이었던 것 같다(루카 13:31). 헤로데 안티파스가 예수를 잡으려는 이유는 나와 있지 않지만 총독 입장에서는 예수를 추종하는 무리가 너무 크고 강해지기 전에 골칫거리를 없애버리려는 마음이 다분했을 것이다. 빌립보의 통제 영역인 가울라니티스(Gaulanitis)에서 하루를 잔 뒤 예수는 야르묵 강을 따라 남쪽으로 내려와 유명한 로마의 온천 지대인 함맛 가데르(하마트 가데르, Hammat Gader)를 지나 요르단강에 이르렀을 것이다. 안티파스 통제 영역인 페레아를 피해 벳산 근처에서 강을 건넌 일행은 당시 로마 식민 통치의 중심지인 예리고에 도달했던 것 같다. 그곳 예리고에서 예수는 눈먼 거지를 만나기도 하고(루카 18:35~43) 세리의 집에 묵으면서 죄를 회개하도록 하기도 한다(루카 19:1~9).

예리고에서부터는 유대 고원의 구불구불 가파른 경사로를 따라 예루살렘까지 갔다. 이는 유대력 3790년 니산(Nisan) 월이었다(C.E. 30년 4월 초로 보면 된다). 예루살렘의 여관과 민박은 순례자들로 넘쳐났다. 그래서 예수는 베다니아(Bethany)의 라자루스 집에서 머물렀다. 마리아와 마르타라는 누이들도 함께 사는 집이었다(마르코 11:11, 루카 10:38, 마태오 21:17, 요한 11). 베다니아에서 두 시간만 걸어가면 예루살렘 성벽이 나왔다.

다음날 일행은 예루살렘으로 갔다. 성 입구에서 갈릴리 순례자들과 유대인들이 예수를 알아보고 노래와 찬사로 맞이했다. 물론 복음서의 이런 설명은 '수도 예루살렘아, 환성을 올려라. 보아라, 네 임금이 너를 찾아오신다. 정의를 세워 너를 찾아오신다. 그는 겸비하여 나귀, 어린 새끼 나귀를 타고 오신다.' 라는 구약의 구절(즈가리야 9:9)을 의도적으로 연결하려는 시도인지도 모른다.

이런 식의 등장은 관의 주목을 끌지 않을 수 없었다. 당시 로마의 유대 총독은 군사를 이끌고 도시로 오는 중이었다. 당시 유대는 자치지역인 갈릴리와 달리 로마의 행정 구역에 속해 있었다. 총독을 수행한 군대는 항구도시 가이사랴 마리티마에 상설 주둔하던 제10군단에서 파견되었을 것이다. 로마의 무사 가문으로 야심은 크지만 그리 유명하지는 못한 폰티(Pontii) 가(家) 출신의 빌라도(필라투스, Pilatus 혹은 Pilate, C.E. 26~36)라는 인물이 당시 총독으로 4년째 재직하는 중이었다. 그는 유대를 법과

번제용 그릇이 새겨진 유대의 은화. 유대 반란(C.E. 66~70) 네 번째 해의 것으로 추정된다.

C.E. 37년경
티베리우스 황제가 사망하고 칼리굴라라고 알려진 가이우스가 황제로 즉위함. 칼리굴라의 후계자는 클라디우스임

C.E. 37~44년경
헤로데 아그리파 1세가 총독으로 유대를 다스림

C.E. 49년경
클라디우스 황제가 그리스도교도를 로마에서 추방함

C.E. 62년경
대사제 아나누스가 예수 추종 운동을 탄압함

예수의 여정

지도 설명

- 헤로데 안티파스가 다스린 지역
- 헤로데 필립보가 다스린 지역
- 유대 지역의 로마제국 영토
- 시리아 지역의 로마제국 영토
- 황제의 사유지
- 나바테아 왕국
- ……… 지역 경계
- → 헤로데 대제 치세 동안 요셉, 마리아, 예수가 이동한 경로
- → 이집트에서 귀환한 경로
- → 예루살렘으로 가는 일반적인 경로(추정)
- → 예루살렘으로 가는 예수의 마지막 여정
- • /○ 데카폴리스 도시/위치가 불확실한 데카폴리스 도시
- [파니아스] 도시나 소읍의 옛 이름

예수가 사람들이 자기를 누구로 생각하는지 묻자 시몬 베드로는 '살아계신 신의 아들이자 메시아로 믿는다고 고백한다 (마태오 16:13~20).

두로와 시돈 근처에서 예수는 비 유대인 여자의 딸을 치유해준다(마태오 15:21~28).

헤로데가 죽은 후 요셉은 이집트에서 돌아와 갈릴리 나자렛 마을에 정착한다 (마태오 2:19~23).

요셉은 로마의 인구 조사에 응하기 위해 베들레헴으로 간다. 그는 다윗의 후손이었기 때문이다 (루카 2:1~5).

예수가 야곱의 샘에서 사마리아 여자를 만나 '영원히 살게 해주는' 물에 대해 말해준다 (요한 4:1~42).

예루살렘에 가면 길에 예수는 울부짖는 나병 환자 열 명을 치유한다 (루카 17:11~19).

세리 자캐오가 회개한다(루카 19:1~10).

요셉과 마리아는 모세 율법에 따라 아기 예수를 성전에 바친다(루카 2:22~24).

바리새 파의 질문에 답하며 예수가 결혼의 신성함을 가르친다 (마태오 19:1~12).

예수가 들어서자 사람들은 '호산나'를 외친다. 이는 히브리어로 '우리를 구하소서,'라는 뜻이다. 훗날 십자가 처형을 당한 예수가 부활하는 곳도 예루살렘이다 (마태오 21:9).

예수는 죽은 지 4일이 지난 나사로를 무덤에서 일어나게 했다고(요한 11:1~44).

꿈에서 경고한 대로, 요셉은 헤로데의 복수를 피해 가족들을 데리고 이집트로 피신한다 (마태오 2:13~14).

지도상 지명: 시돈, 다마스쿠스, 두로, 헤르몬 산 2,814 m 9,232 ft, 가이사랴 빌립보 [파니아스], 라파나, 카나, 에크티파 [악십], 카다사, 아소르, 메롬, 가버나움, 벳새다, 프톨레마이스, 악고 만 (파이파 만), 요타파타, 아르벨라, 히포스, 시카미눔, 갈멜 산 546 m 1,791 ft, 세포리스, 티베리아스, 나자렛, 필로테리아, 아빌라, 타볼 산 588 m 1,929 ft, 가다라, 도라, 레지오, 스키도폴리스, 펠라, 디온, 가이사라, 나르바타, 기네, 에발 산 940 m 3,084 ft, 게라사, 세바스테, 네아폴리스, 시카르, 아마투스, 그리짐 산 881 m 2,890 ft, 안티파트리스, 아폴로니아, 르보나, 파사엘리스, 욥바, 아르켈라이스, 가다라 필라델피아, 리다, 벧엘, 얌니아, 가자라, 예리고, 에스부스, 예루살렘, 베다니, 느보 산 802 m 2,631 ft, 메드바, 베들레헴, 헤로디움, 아조투스, 아스칼론, 마리사, 벳술, 마케루스, 안테돈, 라기시, 헤브론, 가자, 에스드모아, 엔게디, 베에르셰바, 마사다, 말라타, 라피아, 키르모압

지중해, 이두메, 유다, 네게브, 나바테아(추정)

0   20   40 킬로미터
0   20   40 마일

현재의 배수로, 해안선과 국경선을 기준으로 표시하였다. 괄호 안은 현재의 지명이다.

질서의 모범으로 만들고자 했다. 유대인들이 황제상 앞에 절하거나 희생제물을 바치는 의식을 하지 않는다는 사실을 알고 충격을 받은 총독은 C.E. 26년에 부임하자마자 보병대를 시내에 주둔시키고 막사마다 로마 군기와 티베리우스 황제 초상화를 붙여 예루살렘 주민들을 자극했다. 얼마 후에는 (정확한 시기에 대해서는 의견이 엇갈리지만 C.E. 28년으로 추정된다) 사제와 부유층이 사는 위쪽 도시(Upper City) 지역에 물을 공급하기 위해 새로운 수도교를 건설하였는데 그 비용을 성전 보물로 충당하였다. 거센 반발을 살 만한 행동이었다. 소문이 돌자 유대 민중들은 성전 근처에서 시위를 벌였지만 총독은 이를 냉혹하게 진압했다. 요세푸스의 기록에 따르면 '망토를 입은 병사들이 시위대와 행인을 가리지 않고 공격해 엄청난 수의 사람들이 죽었다' 고 한다.

C.E. 30년, 예루살렘에 모인 유대인 순례자들에게는 그 대학살의 기억이 여전히 생생했을 것이다. 폭동을 염려한 총독은 수비대에게 경계 태세를 갖추도록 하고 특별 감시 체제에 들어갔다. 〈마르코 복음〉 〈루카 복음〉 〈요한 복음〉을 보면 빌라도 총독이 예수의 무죄 가능성을 인정하는 동정적인 인물로 그려진다. 하지만 〈마르코 복음〉은 로마인들을 위해 씌어진 탓에 유대의 로마 통치자를 긍정적으로 조명했을 가능성이 높다. 역사적으로 드러난 빌라도의 실제 모습은 이와 전혀 다르다. 요세푸스의 기록을 봐도 그렇지만 유대 철학자 필로(Philo) 또한 빌라도가 '공정성과는 거리가 멀고 끊임없이 잔혹성을 드러내는 인물' 이라고 설명한 것이다.

예수는 예루살렘에 들어가 성전 앞뜰에서 가르치고 혹은 기도하면서 시간을 보냈다. 과월절 전날이었다(마르코 14:12). 이스

라엘이 노예 상태에서 벗어난 것을 기념하는 이 축제를 준비하며 남자들은 희생제물로 바칠 양 한 마리씩을 들고 성전을 찾았다. 그 고기는 밤중에 가족과 먹게 될 것이었다. 과월절 희생양은 생후 8일 이상 한 살 이하의 흠 없는 동물이어야 했는데, 이 까다로운 기준을 맞추기 위해 성전 앞뜰에서 사제가 확인을 마친 양을 팔고 사는 경우가 많았다.

그리고 이를 위해서는 순례자들이 로마 화폐를 성전에서 통용되는 세겔로 바꿔야 했다. 로마 화폐와 달리 성전 세겔에는 그 어떤 인물 초상도 담겨 있지 않았다. 환전하고 양을 사들이는(가난한 사람들은 비둘기를 사기도 했다) 사람들로 성전 앞뜰은 시끌벅적한 장터로 변했다. 예수는 그 광경에 충격을 받고 '성전 안으로 들어가 거기에서 팔고 사는 사람들을 다 쫓아내고 환전상들의 탁자와 비둘기 장수들의 의자를 둘러엎었다'(마태오 21:12). 탁자 사이를 오가면서 환전상들을 쫓아내던 예수는 "내 집은 기도하는 집이라고 불려야 하는데 너희가 이곳을 강도 소굴로 만들었다."라고 탄식했다. 이는 예언자 예레미야가 과거에 했던 말과 일치한다(예레미야 7:11). 몇몇 학자들은 여기서 예수의 분노는 환전상뿐 아니라 사제들을 겨냥한 것이라고 본다. 이 해석에 따르자면 예수가 성전을 '정화'한 행동에는 새롭고 순수한 신의 왕국을 견지하는 그의 관점을 보여준다는 상징적 의미가 있다.

그날 오후에 제자들은 아래쪽 도시(Lower City)의 어느 방을 잡아 과월절 만찬을 준비했다(마르코 14:12~15, 루카 22:9~11). 이 방

예수가 사도들과 마지막 식사를 나눈 장소로 추정되는 시온 산 위의 방.

은 회당 위층에 있었다고 전해진다. 오늘날 예루살렘을 찾는 순례자들은 시온 문 바로 바깥쪽에 자리한 이 방, '최후의 만찬 장소'를 방문할 수 있다. 14세기에 프란시스코회 수도사들이 재건한 이 방은 16세기에는 오토만(Ottoman) 치세에서 모스크로 변모하기도 했다. 1948년의 전쟁 때에는 요르단이 쏜 포탄으로 벽이 일부 무너지면서 1세기, 헤로데 시대 양식의 돌벽 일부가 발견되었다. 학자들은 잘 다듬어 깎은 돌을 쌓은 것으로 보아 이는 기념 건물, 아마도 유대 회당이었을 가능성이 높다고 결론지었다.

예수와 제자들은 과월절 만찬을 나누었다. '최후의 만찬'이라고 알려진 이 자리가 이후 그리스도교 성체 성사의 기원이

가이사랴의 로마 극장에서 나온 돌조각. '유대 총독 본디오 빌라도가 신께 티베리움을 바친다'라고 새겨져 있다.

된다. 식사를 함께 하는 행동은 예수 목회와 유대교 역사 모두에서 아주 중요한 의미를 가진다. 유대인들은 빵을 나누는 행동을 통해 상대를 축복하는 관습이 있었다. 아브라함은 자신을 찾아온 세 천사에게 정성 어린 식사를 대접했다. 동맹 협약이나 평화조약은 축하 식사로 마무리되곤 했다. 예를 들어 이삭과 아비멜렉의 평화조약을 보아도 그렇다(창세기 26:30). 하지만 예수가 제자들과 나눈 마지막 만찬은 신전의 희생 의식을 영적인 것으로 대체하는 의미였다. 이는 에세네파의 주장과 통하는 것이기도 했다.

그리스도교의 성체 성사 때 나오는 '창조주 하느님, 찬미합니다. 주의 은혜로 얻은 포도로 술을 빚어 이렇게 바칩니다.'라는

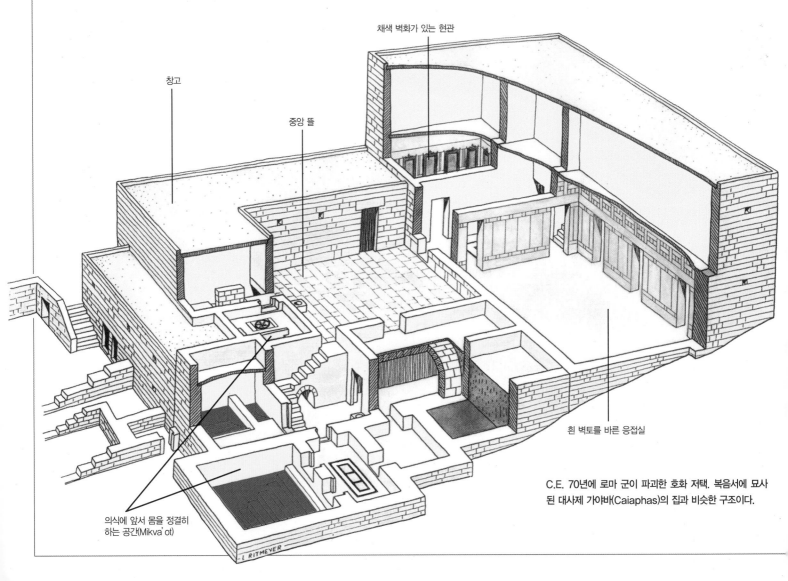

채색 벽화가 있는 헌관

창고

중앙 뜰

흰 벽토를 바른 응접실

의식에 앞서 몸을 정결히 하는 공간(Mikva'ot)

L RITMEYER

C.E. 70년에 로마 군이 파괴한 호화 저택. 복음서에 묘사된 대사제 가야바(Caiaphas)의 집과 비슷한 구조이다.

말은 유대인들의 축복 기도문인 기두쉬 (Kiddush)의 구절 '오, 우리 하느님, 포도를 만드신 우주의 왕이여, 찬미합니다.'에서 나왔다. 하지만 복음서에서 예수는 "이 빵과 이 포도주는 너희를 위해 주는 내 몸과 피다."라는 말을 덧붙임으로써 신과 인간 사이의 새 계약이라는 완전히 새로운 의미를 부여한다(마르코 14:22~24, 마태오 26:26~28, 루카 22:17~20).

레오나르도 다 빈치의 〈최후의 만찬〉을 포함해 이 장면을 담은 그림들을 보면 예수가 커다란 빵 덩어리를 든 모습이 그려져 있다. 하지만 그날은 누룩 없는 빵을 먹는 날이었으므로 실제로는 무교병이라는 얇은 빵을 나누었을 것이다. 포도주는 그때나 지금이나 중요한 과월절 음식이다. 유대 구전 율법인 《미슈나Mishna》에 따르면 이스라엘의 해방을 기뻐하는 이날에는 누구나 포도주를 '최소한 넉 잔 이상' 마셔야 한다고 나와 있다. 가난해서 술값이 부족하다면 옷을 저당잡히거나 날품을 팔아서라도 포도주를 마셔야 했다.

그날 밤 늦게 예수와 사도들은 올리브 산으로 갔다. 올리브 산은 도시의 성벽을 나가자마자 키드론 계곡 건너편에 있었다. 예수 체포령이 내려졌다는 사실을 아무도 알지 못한 상태였다. 〈마르코 복음〉(11:18)에 따르면 이 체포령은 성전에서의 소란 사태 때문이었다. 올리브 산으로 가는 길 중간쯤에 기름 짜는 동굴이 있었다. '기름 짜다'는 의미의 히브리어 'gat shemanim'이 후에 겟세마네라는 지명으로 굳어진다. 기름 짜는 철이 아니어서 비어 있는 동굴은 밤을 보내기에 안성맞춤이었다.

일행이 잠든 동안 예수는 근처 정원에서 기도를 했다(마르코 14:32~42, 마태오 26:36~46). 하지만 유다 이스가리옷(Judas Iscariot)

예수의 재판

크게 보면 복음서에 기술된 재판은 로마 방식을 따르고 있다. 로마 법관 출신인 빌라도는 법에 해박했을 것이다. 로마제국에는 로마인을 위한 법(inus civile)과 이민족을 위한 법(inus gentium)이 나뉘어 있었다.

바울이 가이사랴나 예루살렘 법정에 서지 않고 로마에 간 것은 그가 다소(Tarsus) 출신의 로마인이었기 때문이다. 로마 통치령에 거주하는 이민족에 대한 재판은 중대 사건을 포함해 모두 외국인인 로마 재판관이 담당했다. 재판관이 없는 곳이라면 통치자가 그 일을 맡았다. 예수가 기소되었을 때는 빌라도가 재판을 맡아야 할 상황이었다.

이민족을 위한 법에서 재판은 크게 세 단계로 이루어졌다.

우선 기소인이 사건을 설명한다. 예수의 사건에서는 사제가 그 역할을 맡았다.

그리고 증인을 불러 기소 내용을 확인한다. 두 번째로 피고인이 자신을 변호한다. 마지막으로 재판관이 형을 결정한다.

하지만 예수는 빌라도의 질문에 대해 답변을 거부함으로써 이 과정을 엉망으로 만들었다. 피기소인의 자기 변호 없이 내려진 판결은 무효가 될 수 있었으므로 이는 심각한 일이었다. 〈요한 복음〉에서는 예수가 빌라도의 질문에 엉뚱하게 대답하는 장면이 나온다(요한 18:33~38). 〈마태오 복음〉에는 아무런 대답도 하지 않았다고 적혀 있다(마태오 27:14).

시온의 자매들 교회(Church of the Sisters of Zion) 아래쪽의 안토니아 성채. 예수가 본디오 빌라도의 심문을 받았을 가능성이 큰 장소이다.

이라는 제자가 배신하고 사제들에게 장소를 폭로하고 만다. 유다는 제자 중 유일한 유대인이었다. 유다는 왜 이런 행동을 했을까? 유다의 성(姓)인 이스가리옷이 젤로트(열심당)의 검객을 의미한다고 주장하는 학자들도 있다. 다른 학자들은 그 성은 그저 유다가 유대 남쪽의 마을 그리옷(Kerioth) 출신임을 보여줄 뿐이라고 반박한다.

서구 그리스도 문명에서 '유다'라는 이름은 배신의 대명사가 되어 버렸다. 하지만 최근에는 전혀 다른 주장도 나오고 있다. 유대인으로서 유다는 신전에서의 소란 사태를 사과하고 일행이 무사히 갈릴리로 돌아갈 수 있도록 협상하려 했을 뿐이라는 것이다. 지금은 전해지지 않는 C.E. 2세기의 그리스 문헌을 C.E. 3~4세기에 콥트어로 번역한 〈유다 복음서〉를 보면 예수가 성경에 예언된 대로 죽기 위해 일부러 유다에게 배신 행위를 요청했다는 내용이 나오기도 한다(이 복음서는 2006년 4월에 내셔널 지오그래픽에서 번역 출간한 바 있다).

복음서들은 유다가 직접 신전 경비병들을 이끌고 올리브 산의 예수와 제자들을 체포하러 왔다고 기술한다(루카 22:47~48, 요한 18:2~12). 무장 군인을 본 제자 하나가 칼로 한 군인의 귀를 베며 반항하기도 했지만 예수는 이를 준엄하게 꾸짖었다(루카 22:51).

심리와 재판

예수는 대사제 가야바(Caiaphas)의 관저로 끌려갔다. 성전에서 소동이 일어났으므로 사제들이 심판하게 되었던 것이다. 〈마르코 복음〉(15:53)은 대공회(大公會, Sanhedrin)가 열려 예수를 재판했다고 기록했지만 실제로 그랬을 가능성은 높지 않다. 대공회는 바리새파와 사두개파 총 71명으로 구성되어야 하는데 그렇게 신속하게 소집할 수는 없었을 것이다. 더욱이 대공회의 정식 회의였다면 '다듬은 돌의 방(Lishkat La-Gazit)'이라는 지정된 장소를 사용했을 것이다. 하지만 〈마르코 복음〉에는 예수가 대사제 관저에서 재판받았다고 분명히 기록돼 있다(14:66). 관저가 대공회 인원을 모두 수용할 만큼 넓었다고 보기는 어렵다. 이스라엘 고고학자 아

플랑드르의 르네상스 화가 바이덴(Rogier van der Weyden)의 1435년 작 〈십자가에서 내려옴〉. 군중들이 예수의 시신을 내리면서 슬퍼하고 있다.

이 말을 듣고 대사제가 자기 옷을 찢으며
"이 사람이 이렇게 하느님을 모독했으니 이 이상 무슨 증거가 필요하겠소?
여러분은 방금 하느님을 모독하는 말을 듣지 않았소? 자, 어떻게 했으면 좋겠소?" 하고 묻자
사람들은 모두 "사형에 처해야 합니다." 하고 아우성쳤다. | 마태오 26:65~66 |

비가드(Nahman Avigad)가 발굴해낸 1세기 위쪽 도시의 호화 주택에서도 연회실은 서른 명 이상을 수용하지 못하는 규모였다.

따라서 아마도 예수를 심문한 것은 가야바와 몇몇 사두개파 사제와 필경사들이었을 것이다. 주된 죄목은 '허위사실 유포'였다. 예수가 자신을 메시아라고 떠들고 다녔다는 것이다. 예수가 질문에 모호한 답변만 내놓자(마태오 26:64, 루카 22:67~68) 가야바는 이 사건을 로마의 통치자, 그러니까 본디오 빌라도에게 넘기기로 한다. 빌라도가 맡기에 적합하도록 죄목은 '유대의 왕이라 주장한 것'으로 바뀌었다. 이로써 종교적인 문제가 정치적인 것으로 확대되었다. 빌라도가 예루살렘에서 맡은 임무는 단 하나, 소요 사태를 막는 것이었으므로 이는 매우 심각한 죄목이었다.

이후 계속된 심문에서 대사제는 반역을 추궁하며 검사 역할을 맡는다. 빌라도가 사형을 언도하기만을 기다리면서 말이다. 이 심문이 어디서 진행됐는지는 분명하지 않다. 도시 서쪽에 위치한 과거 헤로데의 궁이었을 수도, 빌라도의 군대가 주둔한 안토니아 성채였을 수도 있다. 복음서들은 이 심문이 공개된 장소에서 이루어졌고 군중의 압력 때문에 빌라도가 사형 판결을 내릴 수밖에 없었다고 설명한다.

일부 학자들은 여기에 이의를 제기하며, 과월절 축제 기간이라 빌라도가 예수와 강도 살해범 바라바 중 한 명을 살려주는 특

예루살렘 북쪽 공동묘지에서 발견된 십자가 처형 시신의 발 부분. 아직까지도 못이 관통된 상태이다.

별 은사 조치를 제안했다는 내용에도 반박한다. 로마 관리들은 민주주의에 관심이 없었고 심각한 선동 행위의 판결에 군중이 참여하도록 하는 경우는 더더욱 없었다는 주장이다. 안 그래도 가장 소란스러운 축제일에 죄인을 풀어준다는 발상은 빌라도 같은 인물의 특성과 전혀 맞지 않는다. 따라서 예수의 처형을 요구하는 유대 민중들의 모습이란 마태오나 요한 등 복음서 저자들의 창작품이라는 것이다. 유대인들이 예수 죽음에 대한 집단적 책임감을 갖도록 하기 위해서 말이다. "그 사람의 피에 대한 책임은 우리와 우리 자손들이 지겠습니다."라는 당시 군중의 외침은(마태오 27:25) 이후 유럽과 중동 전역에서 유대인 학살과 박해를 정당화시켰고 오늘날까지도 반유대주의 정서를 뒷받침하고 있다.

마침내 예수는 십자가형을 언도받는다. 키케로가 '가장 극악한 형벌'이라 묘사했던 십자가형은 국가 전복을 기도한 노예나 외국인에게 가하는 벌이었다. 모세율법은 종교적인 죄에 대해 돌팔매로 처벌하도록 되어 있는데(사도행전 6~7장에 나오는 스테파노의 사례가 그 예이다) 로마 관리는 사형에 처하기로 결정한 것이다. 마치 이전에 세례자 요한이 처형당했던 것처럼 말이다. 빌라도의 이 결정은 잔혹한 성품에서 나왔거나 과월절 축제를 빌미로 소란을 피우는 수천 명 군중에게 본보기를 보이기 위해서였을 것이다.

십자가형은 몇 단계를 거쳐 이루어졌다. 우선 죄인을 채찍으로 때려 피를 많이 흘리게 했다. 건강한 남자라면 십자가에 매달려서도 이틀은 살아 있었다. 하지만 유대 율법에는 해지기 전에는 처형당한 사람을 내리도록 되어 있었으므로(신명기 21:22~23) 미리 피를 흘리게 해 죽는 시간을 앞당기는 것이 중요했다. 예수는 플래그럼(flagrum, 가죽끈 너덧 가닥을 엮고 끝에 납 조각이나 뼈 조각을 매단 형태이다)이라는 특수 채찍으로 맞았을 것이다. 이어 로마 병사들은 누가 예수의 옷을 가져갈 것인지 정하기 위해 주사위를 던졌다. 당시 로마인들이 사용하던 주사위는 세포리스 발굴 때 발견되었다. 병사들은 땅에 금을 그어 게임판을 만드는 바실린다(basilinda) 놀이를 했을지도 모른다. 시온의 자매들 교회 바닥에는 바실린다 놀이를 위해 써놓은 글자 B(basileus, 즉 왕을 뜻한다)

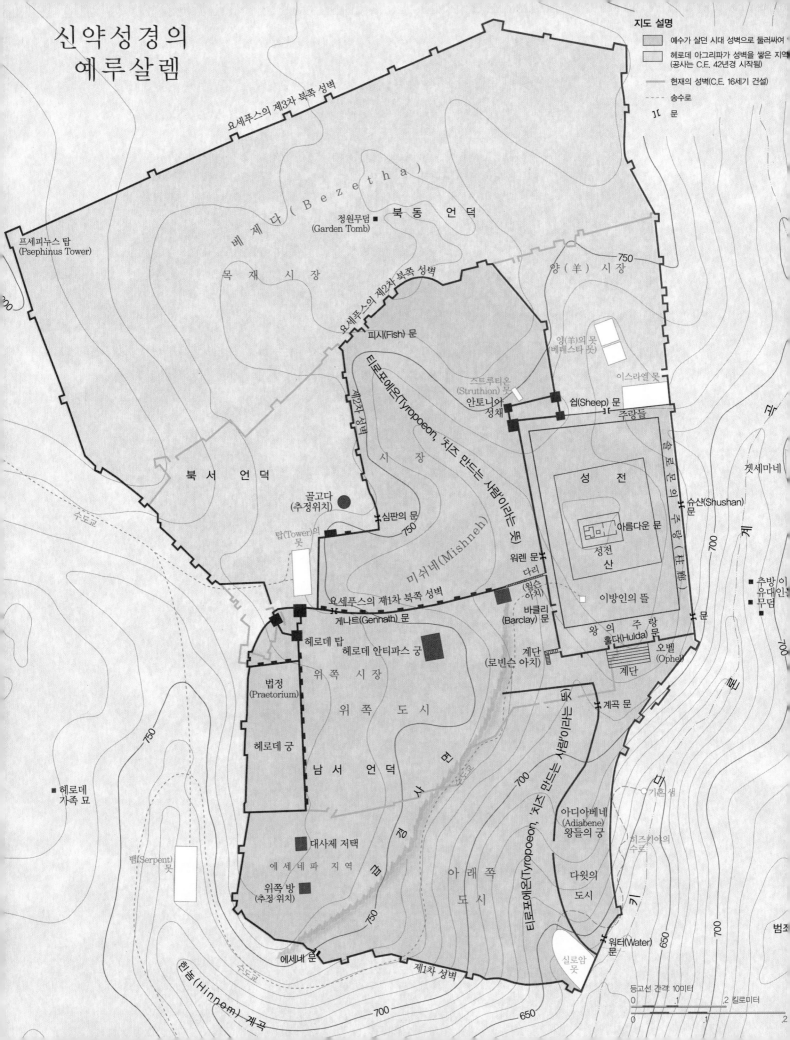

신약성경의 예루살렘

요세푸스의 제3차 북쪽 성벽

프세피누스 탑
(Psephinus Tower)

베제다 (B e z e t h a)

정원무덤
(Garden Tomb)

북 동 언 덕

목 재 시 장

양(羊) 시 장

750

요세푸스의 제2차 북쪽 성벽

피시(Fish) 문

양(羊)의 못
(베데스타 못)

이스라엘 못

스트루티온
(Struthion) 못

쉽(Sheep) 문

주랑들

안토니아
정채

티로포에온(Tyropoeon, '치즈 만드는 사람'이라는 뜻)

제2차 성벽

시 장

성 전

700

북 서 언 덕

시 장

골고다
(추정위치)

심판의 문

750

미쉬네(Mishneh)

아름다운 문

성전
산

정전

게세마네

탑(Tower)의
못

워렌 문
다리
(윌슨 아치)

이방인의 뜰

슈산(Shushan)
문

추방이
유대인
무덤

요세푸스의 제1차 북쪽 성벽

게나트(Gennath) 문

바클리
(Barclay) 문

계단
(로빈슨 아치)

홀단(Hulda)
문

문

헤로데 탑

헤로데 안티파스 궁

왕의 주랑

오벨
(Ophel)

법정
(Praetorium)

위 쪽 시 장

계단

위 쪽 도 시

계곡 문

헤로데 궁

남 서 언 덕

700

티로포에온(Tyropoeon, '치즈 만드는 사람'이라는 뜻)

기혼 샘

헤로데
가족 묘

대사제 저택

에세네파 지역

아디아베네
(Adiabene)
왕들의 궁

히즈키야의
수로

750

위쪽 방
(추정 위치)

아 래 쪽
도 시

다윗의
도시

뱀(Serpent)
못

700

650

워터(Water)
문

에세네 문

제1차 성벽

실로암
못

힌놈(Hinnom) 계곡

수도교

700

650

등고선 간격: 10미터

0   1   2 킬로미터

0   1   2

유대의 관

사람이 죽으면 24시간 안에 매장하는 것이 유대 전통이었다(신명기 21:22~23). 유대인이라면 사랑하는 가족이나 친구의 장례를 도와야 했다. 사체를 매장하지 않고 놓아두는 것은 치욕적인 일이었다. 사체는 깨끗이 씻어 흰 천에 싼 뒤 눕혔다. 가난한 사람은 땅에 묻혔지만 부유한 사람들은 동굴이나 바위 구멍에 장례를 지냈다.

처음에는 매장 동굴에 장식이 없었지만 3세기에 헬레니즘 예술이 영향을 미치면서 조각, 벽화, 기둥 등이 나타나게 되었다. 바리새파 유대인들이 최후 심판의 장소로 믿었던 키드론 계곡의 바위 절벽에 있는 동굴 무덤들이 좋은 예이다. 이곳의 가족 무덤들은 사체의 살이 썩어 없어지면 뼈만 모아 유골함에 넣고 빈 무덤을 다시 사용하는 방식이었다.

1990년, 예루살렘 남쪽에서 1세기의 유골함이 여러 개 들어 있는 작은 가족 무덤이 발견되었다. 매우 정교하게 만들어진 함에는 아람어로 '요셉 가야바' 라 씌어 있었다. 그 유골의 주인은 예수를 심문했던 대사제 가야바일지도 모른다.

요셉 가야바의 유골이 담긴 유골함. 복음서에 등장하는 바로 그 대사제일지도 모른다.

가 아직까지도 남아 있다. 최근 연구에서는 이 바닥 글자가 C.E. 2세기의 것이라는 주장이 나왔다.

예수와 다른 두 죄인은 각기 십자가를 메고 처형장까지 직접 옮겼다고 한다. 하지만 십자가 전체를 옮기지는 않았을 것 같다. 예루살렘에서는 목재가 아주 귀했으므로 아마도 골고다(아람어로 '해골' 을 뜻한다) 언덕이라는 곳에 수직 기둥을 세워두고 사용했을 가능성이 크기 때문이다. 그렇다면 예수는 기둥에 가로질러 붙일 횡대(Patibulum)만 메었을 것이다. 그 무게는 36킬로그램 정도였으리라.

오늘날 예루살렘을 찾는 순례자들은 안토니아 성채가 있던 곳에서 골고다 언덕에 이르는 '십자가의 길(Via Dolorosa)' 을 걷곤 한다. 예수가 지난 길은 지금보다 훨씬 가팔랐을 것이다. 현재의 도시는 C.E. 135년의 제2차 유대인 반란 이후 로마 군에게 완전히 파괴되었던 것을 재건한 모습이니 말이다. 골고다 언덕이 어디인지에 대해서는 아직도 논란이 이어지는 중이다. 예수의 시대에 예루살렘을 둘러싼 성벽이 어디 있었는지가 분명치 않기 때문이다. 3세기에는 성묘교회(Church of the Holy Sepulchre)가 바로 골고다 언덕 자리라고 여겨졌지만 최근 이것이 1세기의 예루살렘 성벽 안쪽이라는 주장이 나오면서 의문이 증폭되었다. 성 안쪽에서 십자가 처형이 이루어졌을 것 같지는 않기 때문이다. 물론 이 주장을 반박하는 학자들도 있다.

처형장에 도착한 후 예수는 벌거벗겨진 채 횡대에 양팔을 대고 누웠을 것이다. 먼저 팔을 묶은 후 손바닥 바로 위 손목 부분에 못을 관통시켜 박아넣음으로써 중앙신경에 엄청난 고통을 안겨주었으리라. 오른쪽 팔도 똑같이 고정시킨 후 병사들은 횡대를 들어올려 수직 기둥 꼭대기의 홈에 끼워놓았을 것이다. 다음으로는 양발을 U자 모양의 작은 나무토막에 우겨넣었다. 이런 모습으로 십자가에 매달리면 몸이 아래로 처지면서 흉곽이 압박을 받아 제대로 숨쉬기가 어렵다. 숨을 쉬려면 몸을 위로 밀어 올려야 하는데 그러면 못 박힌 팔의 고통이 극심해진다. 십자가형의 핵심은 바로 이렇게 고통이 이중 삼중으로 가해진다는 데 있었다. 복음서들은 예수의 십자가 위에

몰약과 침향(알로에)

〈요한 복음〉을 보면 예수의 장례를 위해 니고데모가 몰약과 침향 섞은 것을 가져왔다고 나온다(19:39). 방향 물질인 몰약(아래 그림)은 일종의 접착제 역할을 한다. 4세기에 요한 크리소스톰이라는 사람은 '수의가 사체에서 쉽게 벗겨지지 않도록 접착시키는 것이 몰약' 이라고 기록했다.

침향의 역할은 다소 불분명하다. 가루 상태의 침향은 대개 올리브유와 섞어 몸에 발랐다. 아리스토텔레스는 침향이 소염 효과를 가진다고 하였고 이집트의 문서에는 지혈 기능이 있다고 나온다. 침향의 치료 성분을 근거로 예수가 실제로는 죽지 않았던 것이라 보는 학자들도 있지만 침향이 사체 부패 냄새를 막기 위한 방향제 역할을 했을 뿐이라는 견해도 많다.

토리노 수의

신약성경 시대에는 사람이 죽으면 시체를 씻고 기름을 바른 뒤 천으로 감쌌다. 대개 면이나 마직 천을 길게 잘라 사용했는데 3~7개로 나눠 사체를 부분별로 쌀 수도 있고 온몸 전체를 크게 쌀 수도 있었다. 성경을 보면 〈마르코 복음〉에는 천을 통째로 사용했다고 나오지만(15:46) 〈요한 복음〉에는 여러 장으로 감쌌다고 나와(20:6) 어느 쪽인지 분명하지 않다.

2000년, 영국 고고학자인 깁슨(Shimon Gibson)이 힌놈 계곡에서 1세기의 무덤을 찾아냈다. 60센티미터도 채 안 되는 틈 안에 로마 시대의 전형적 바위 무덤이 자리잡고 있었다. 세월이 흐르면서 검게 변한 천에 싸인 시신에는 머리털도 붙은 상태였다. 탄소연대 측정 결과 천은 1세기 초반의 것으로 밝혀졌다. 예수 시대에 실제로 천이 사용되었다는 점이 밝혀진 셈이었고 토리노 수의의 진위에 대한 논란이 다시 불거졌다. 토리노 수의는 십자가 처

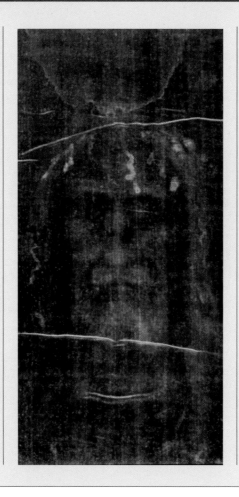

형당한 남자의 얼굴이 뚜렷한 음영으로 찍힌 천 조각인데 많은 사람들은 그 얼굴이 바로 예수라고 믿었다.

20세기 말 세 실험실에서 다시 토리노 수의의 탄소 연대를 검사하자 1260~1390년이라는 결과가 나왔다. 그러자 본래의 수의를 중세 때 부분적으로 복원했기 때문이라는 주장이 제기되었다. 하지만 어떻게 그토록 선명하게 얼굴 음영이 찍힐 수 있었는지 하는 의문은 해결되지 않았다.

최근의 수의 성분 분석에서는 드문 종류의 방해석 결정이 발견되었는데 이는 예루살렘 다마스쿠스 문 근처가 산지라고 한다. 꽃가루도 48종 나왔는데 7종은 팔레스타인 원산 식물의 것이었다.

토리노 수의의 진위에 대한 논란과 치열한 과학적 논쟁은 아직 진행 중이다.

'나자렛의 예수, 유대의 왕(라틴어로 Iesus Nazarenus Rex Iudaeorum이며 I*N*R*I라고 줄여 쓰기도 한다)'이라는 표식이 붙었다고 기록한다(마르코 15:26, 루카 23:38).

예수는 몇 시간 동안 고통을 견디다가 갑자기 "엘로이, 엘로이, 레마 사박타니(Eloi, Eloi, lema sabachthani)?"라는 〈시편〉 22장의 첫 구절을 외쳤다. 이는 '나의 하느님, 나의 하느님, 어찌하여 나를 버리셨나이까?'라는 뜻이다(마르코 15:34). 복음서들이 아람어를 그대로 표기한 것은 예수의 외침을 더 실감나게 전하기 위해서였으리라. 곧이어 예수는 사망했다. 쇼크와 출혈, 질식이 원인이었을 것이다. 몇 시간 후 유대 언덕 너머로 해가 지자 병사들은 아직 숨이 끊어지

지 않은 다른 죄인들의 다리를 부러뜨렸다(요한 19:32). 이렇게 하면 다리와 발에 힘을 주어 흉곽을 확보하는 일이 불가능하게 된다. 죄인들은 곧 질식하여 죽었다.

1968년, 예루살렘 근처의 기브앗 하 미브타르(Giv'at ha-Mivtar) 공동묘지에서 시신 한 구가 발견되면서 십자가 처형의 끔찍한 면면이 확인되었다. 인골만 모아 담은 석관들 중에서 '예호하난'이라는 C.E. 1세기 유대 남자의 인골을 정밀 조사한 결과 십자가 처형을 당한 것으로 나타난 것이다. 그의 양 발목뼈에는 20센티미터 길이의 대못이 관통된 상태였다. 팔의 상처를 통해 십자가형에 대한 기존의 묘사와 달리 손바닥이 아닌, 손목에 못을 박았다는 점이 드러났다.

가장 충격적이었던 것은 두 다리의 상태였다. 좌우의 종아리뼈가 모두 부러져 있었다. 의사인 니쿠 하스(Nicu Haas)는 '부러진 정도가 비슷한 것으로 보아 강한 일격을 당한 것 같다.'는 소견을 내놓았다. 법의학적 증거를 통해 죄인의 다리를 부러뜨렸다는 복음서 기록이 신빙성을 얻은 것이다.

예수는 십자가에서 숨을 거두었으므로 다리 부러뜨리는 과정이 생략되었다. 병사들이 죄수의 죽음을 공표하고 나자 사람들은 예수의 시신을 끌어내려 씻고 천에 싸서 아리마대(Arimathea) 사람 요셉이 내놓은 묘에 넣었다. 대공회 71명 중 한 사람이었던 요셉은 부유한 인물이었다(마르코 15:43). 유대인의 장례 관습은 예루살렘 근처 산의 바

위를 파서 묘를 쓰는 것이었다. 돌판에 시신을 얹고 유골함이 들어갈 공간도 만든 이 묘는 작은 동굴에 가까웠다. 입구는 둥글거나 네모진 돌로 막았다.

〈요한 복음〉은 역시 대공회의 일원인 니코데무스(니고데모)라는 바리새파 사람이 예수를 장사지내는 요셉을 도왔다고 기록한다(요한 19:39~40). 바리새파였던 요셉과 니코데무스는 해가 떠서 안식일이 되기 전에 일을 마무리지으려 서둘렀을 것이다. 빌라도에게서 시신을 거두어도 좋다는 허락을 받아낸 후(마르코 15:43) 골고다로 다시 돌아가 시신을 수습했던 상황이었음을 감안하면 제대로 씻고 기름을 바르기는 어려웠으리라 보인다.

그리고 이 때문에 마리아 막달라를 포함

한 몇몇 여인들이 안식일 이후인 일요일에 다시 시신 처리를 하러 갔을 것이다. 새벽같이 출발한 이들은 그 이른 시간에 입구 돌 치워줄 남자를 찾을 수 있을지 걱정했지만 막상 도착해보니 무덤 입구는 이미 열린 상태였다. 들어가보니 젊은 남자가 길고 흰

더이상은 예수의 매장 장소로 거론되지 않지만 예루살렘 외곽의 정원무덤은 제2성전 시대의 유대 장례 관습을 보여주는 예이다.

옷을 입고 앉아 있었다. 그는 "겁내지 마라. 너희는 십자가에 달리셨던 나자렛 사람 예수를 찾고 있지만 예수는 다시 살아나셨고 여기에는 계시지 않다."라고 말했다(마르코 16:6). 여자들은 겁에 질려 덜덜 떨면서 무덤 밖으로 나와 도망쳤다. 그리고 베드로와 제자들에게 갈릴리에서 다시 예수를 만나게 될 것이라는 남자의 말도 제대로 전하지 못했다. 너무도 무서웠기 때문이다(마르코 16:8). 〈마르코 복음〉은 여기서 끝난다. 하지만 예수 그리스도의 이야기는 여기서 시작된다.

팔레스타인	로마	시리아
B.C.E. 6~4년경 예수가 탄생함. C.E. 6년경 퀴리니우스의 인구조사 이후 조세 저항 반란이 일어남. C.E. 6년경 로마군이 파괴한 갈릴리의 세포리스를 헤로데 안티파스가 재건하기 시작함.  C.E. 26~36년경 본디오 빌라도가 총독이 되어 유대를 통치함. C.E. 28년 혹은 30년경 예수가 골고다에서 십자가 처형당함.	C.E. 4년경 아우구스투스 황제가 티베리우스를 입양함. 티베리우스는 C.E. 14년에 황제에 오름. C.E. 6년경 아우구스투스 황제가 아켈라오(Archelaus)를 행정장관으로 강등시킴. 유대는 총독이 다스리는 로마 땅이 됨. C.E. 37년경 티베리우스가 사망하여 가이우스(칼리굴라)가 권좌를 계승함. 다음 황제는 클라우디우스임.  C.E. 49년경 클라우디우스 황제가 그리스도교도들을 로마에서 추방함.	C.E. 1년경 로마가 유프라테스강을 파르티아 경계로 공식 인정함. C.E. 6~12년경 퀴리니우스가 시리아의 로마 총독을 지냄. C.E. 10~38년경 아르타바누스(Artabanus) 2세가 시리아의 왕이 됨. C.E. 37년경 시리아 안티오크에 지진이 발생함. C.E. 37~49년경 로마와 파르티아의 짧은 평화기가 찾아옴. C.E. 58년경 오로데스(Orodes)가 파르티아의 왕좌에 오름.

10장

초기 그리스도교와 랍비 유대교

십자가 처형 이후 10여 년이 흐르는 동안 예수의 가르침은 지중해 동쪽 전역으로 퍼져나갔다. 베드로와 바울은 예루살렘 바깥에서, 심지어는 팔레스타인 바깥에서 그리스도교 공동체를 만들었다. 특히 바울은 시리아, 소아시아, 그리스에서 유대교 및 그리스도교 예배당을 만드는 데 기여했다. 같은 시기 동안 유대교의 제2성전도 번성했다. C.E. 62년, 헤로데의 거대한 새 성전이 마침내 완성되었다. 로마의 유대 통치는 점차 쇠락하는 상황이었지만 말이다. 그리고 전환점이 찾아왔다. 64년에 로마에서 대화재가 발생하자 네로 황제는 그리스도교 공동체를 범인으로 지목하여 첫 번째 박해가 일어난다. 2년 후 로마의 폭압을 못 견딘 유대인들이 폭동을 일으키지만 로마 장군 베스파시안과 그 아들 티투스는 이를 잔혹하게 진압한다. 70년에는 로마 군이 예루살렘에 진군해 제2성전을 파괴한다.

전쟁과 성전 파괴는 초기 그리스도교에 위기를 가져왔다. 유대교도 제2성전 시기를 끝내게 된다. 하지만 가혹한 박해와 억압에도 불구하고 그리스도교와 유대교는 모두 살아남아 번성했다. 로마제국과 로마의 신들이 사라지는 모습을 지켜보면서 말이다.

로마의 콜로세움. C.E. 72년에 베스파시안 황제가 완공한 것으로 본래는 플라비아노(Flavian) 원형극장이라 불렸다.

바울의 가르침

〈사도행전〉 9장에는 예수가 다마스쿠스로 가던 사울(바울)의 눈을 잠시 멀게 만드는 이야기가 나온다. 시리아의 다마스쿠스로 이어지는 이 길은 로마 시대에 포장된 상태 그대로이다.

〈요한 복음〉을 보면 예수가 십자가에 처형당한 후 추종자들이 얼마나 큰 두려움과 상실감에 시달렸는지 잘 드러난다. 제자들은 함께 모일 때면 문을 닫아걸었다(요한 20:19). 갈릴리로 도망친 사람도 있었다. 한 추종자는 엠마오(Emmaus, 엠마우스)로 가던 길에 "우리는 그분이야말로 이스라엘을 구원해주실 분이라고 희망을 걸고 있었습니다."라며 슬픔을 털어놓기도 한다(루카 24:21).

마리아 막달라를 포함한 여자들이 예수가 다시 일어났다고 말해 주었을 때 제자들은 '부질없는 헛소리'라고만 여겼다(루카 24:11). 무덤이 비었다는 소식을 여자들이 전했다는 기록은 사실에 의거한 것 같다. 1세기의 누군가가 꾸며낸 이야기라면 이런 중요한 사건의 목격자는 남성으로 처리했을 가능성이 높기 때문이다. 다시 살아난 예수의 모습에 대한 복음서들의 기록은 다양하다. 예수는 피와 살을 지닌 산 사람으로 나타나 빵을 나눠먹는가 하면(루카 24:30) 도무지 믿지 못하는 도마에게 상처를 확인하도록 하기도 한다(요한 20:19). 문을 통하지 않고도 방 안과 밖을 오가거나(요한 20:19) 자신이 아직 아버지에게 올라가지 않았으므로 붙잡지 말라고 마리아 막달라에

C.E. 10년경
바울(사울)이 출생함

C.E. 30년경
유대인 작가 필로가
이집트 알렉산드리아에서 활동함

C.E. 37년경
유대 역사가 요세푸스가 출생함

C.E. 38년경
알렉산드리아에서
유대인 대량 학살이 일어남

> 바울은 유대인들에게 예수가 그리스도라는 것을 증언하면서 오로지 전도에만 힘썼다.
> 그러나 유대인들이 대들며 욕설을 퍼붓자 그는 옷의 먼지를 털면서 "잘못의 책임은 당신들이 지시오.
> 나에게는 잘못이 없소. 이제 나는 이방인들에게로 갑니다." 라고 말했다. | 사도행전 18:5~6 |

게 말하면서(요한 20:17) 초월적 모습을 드러내기도 한다. 〈루카 복음〉에서는 예수가 예루살렘과 유대에 나타나지만(24:13~49) 〈마태오 복음〉과 〈마르코 복음〉에서는 갈릴리에 나타난다(마태오 28:10, 28:16~17, 마르코 16:7). 〈요한 복음〉에서는 갈릴리 호숫가라는 장소도 덧붙여진다(21:1~14).

그리스도교도에게 부활은 믿음의 중요한 토대이다. 하지만 엄격한 역사적 관점을 도입할 경우 추종자들이 예수의 부활을 믿었다는 것 외에 확실한 점은 하나도 없다. 〈사도행전〉은 과월절 후 50일째를 기념하는 오순절 때 성령이 혀 모양의 불꽃으로 예수 추종자들에게 내려왔다고 기록한다(2:2~4). 당시 예루살렘은 명절을 기념하는 순례자들로 가득했다.

새로 용기를 낸 제자들은 숨었던 곳에서 뛰쳐나와 설교하기 시작했다. 파르티아, 메디아, 엘람, 메소포타미아, 카파도키아, 리비아, 크레타, 이집트 등 여러 나라에서 온 유대 순례자들에게 말이다. 이들 순례자는 설교를 잘 듣고 고향으로 돌아가 미래 그리스도 공동체의 씨앗을 뿌렸다(사도행전 2:9~10).

바오로와 여러 제자들이 체포되어 대공회 앞에서 재판받았다는 언급(사도행전 4:1~6)을 본다면 사제들과 사두개파도 이런 움직임을 알고 있었다고 보아야 한다. 여기서부터 예수의 가르침 전파에 대한 공식적인 반발이 시작되었다. 훗날 이는 팔레스타인 전역에서 그리스도교를 뿌리 뽑으려는 움직임으로까지 이어진다. 대공회 구성원 중에서 베드로를 옹호한 사람도 한 명 있었다. 바리새파의 가말리엘(Gamaliel)이었다(사도행전 5:34~40). 그 덕분에 사도들은 매질만 당하고 풀려

났다. 하지만 이후 몇 년 간 그리스도교 개종에 대한 금지 조치가 강화되었다. 〈사도행전〉은 스테파노라는 제자가 돌에 맞아죽은 사건을 기록하였다(7:54~60). 그런데 이를 계기로 오히려 그리스도교는 유대 지역을 넘어서게 된다. 사도 빌립보는 사마리아와 블레셋 도시들에서 설교했고 베드로는 리디아, 욥바, 심지어는 다신교를 믿은 가이사랴 등의 해안 도시들로 갔기 때문이다.

사울의 개종

이 고난의 시기에 사울이라는 남자가 등장한다. 그는 시실리아 지방의 다소(Tarsus) 출신이었다. 훗날 바울이라 불리게 되는 이 유대인은 교육을 많이 받은 인물로 초기 그리스도교 발전에 결정적인 역할을 하게 된다. 소아시아의 그리스도 공동체에 보내는 그의 편지는 가장 오래된 그리스도교 저작물로 인정받는다.

오늘날 터키의 메르신(Mersin) 지방으로 키드누스(Cydnus) 강을 끼고 있는 다소는 C.E. 64년에 로마 통치령으로 들어갔다. 연간 조공 조건을 어찌나 기꺼이 받아들였는지 아우구스투스 황제는 다소에 '자유 로마 도시' 라는 예외적인 지위를 부여하고 일부 주민들에게 로마 시민권을 부여했을 정도라고 한다. 제국 안에서 다소는 그리스 로마 철학자들이 유대 학자들과 거리낌 없이 소통하는 학문의 중심지로 부상했다.

사울은 C.E. 10년경 신실한 유대 가정에서 태어났던 것 같다. 회당 학교에서 랍비가 되기 위한 교육을 받다가 18세가 된 후 예

바울이 체포되는 장면을 상세히 묘사한 3세기의 대리석 관. 프랑스 마르세유의 성 빅터 교회에 있다.

C.E. 41년경
클라디우스 황제가
유대인들의 종교적 권리를 인정함

C.E. 50년경
유대 외의 민족을 그리스도교로 개종시키기
위해 바울이 로마제국 동쪽을
여행하기 시작함

C.E. 64년경
네로 황제가 로마 시를 휩쓴 대화재의
범인으로 그리스도교도들을 지목함

C.E. 64년경
로마에서 베드로와 바울이 사망함

루살렘의 가말리엘 밑으로 가서 바리새파 교리를 배웠다고 한다. 이 가말리엘이 사도들 편을 들어주었던 바로 그 가말리엘일 가능성이 높다. 가말리엘은 토라의 유연한 해석을 옹호했던 위대한 랍비 힐렐(Hillel, B.C.E. 30~10년경)의 제자였다(손자였다는 주장도 있다).

베드로 사건에서 볼 수 있듯 자신과 다른 견해를 용인했던 가말리엘과 달리 사울은 예수를 추종하는 유대인의 처형에 적극 지지를 보냈고 예수가 메시아라는 주장을 단호히 반박했다. 〈사도행전〉을 보면 스테파노가 돌에 맞아죽는 현장에 사울이 있었고 그가 주동자일 가능성도 나타난다. 돌 던지는 무리가 '사울이라는 젊은이에게 겉옷을 맡겼다'고 나오기 때문이다. 그리고 '사울은 스테파노를 죽이는 것을 용인했다'는 구절도 있다(사도행전 7:56, 8:1).

이 사건을 계기로 '예루살렘 교회에 대한 가혹한 박해'가 시작된다. 대공회의 암묵적 승인 하에 폭력이 자행되었다. 사울도 이런 무리 하나를 이끌면서 유대를 넘어서 다마스쿠스 같은 도시들에서도 박해를 허용해달라고 대사제에게 청하였다(사도행전 9:1~2). 사울은 C.E. 32~35년경, 다마스쿠스로 가도 좋다는 허락을 얻는다.

하지만 그는 다마스쿠스로 가는 길에 극적인 변화를 겪게 된다. 갑자기 하늘에서 빛이 번쩍였고 사울은 눈 먼 채 쓰러져 "사울아, 네가 왜 나를 박해하느냐?"라는 목소리를 듣는다. 사울은 사람들 손에 이끌려 다마스쿠스로 들어간다(사도행전 9:4~8).

이상하게도 사울은 이후에 쓴 편지에서 이 사건을 언급하지 않았다. 다만 갈라디아인들에게 보낸 편지에서(1:14) 자신이 '동년배 중 누구보다도' 그리스도교 박해의 필요

그들은 마치 베드로가 할례 받은 사람들에게 복음을 전하는 일을 위임받았듯이 내가 할례 받지 않은 사람들에게 복음을 전하는 일을 위임받았다는 사실을 인정하기에 이르렀습니다. 기둥과 같은 존재로 여겨지던 야고보와 게파와 요한도 하느님께서 나에게 주신 이 은총을 인정하고, 나와 바르나바에게 오른손을 내밀어 친교의 악수를 청하였습니다. 그리하여 우리는 이방인들에게 전도하기로 합의하였습니다.

| 갈라디아 2:7~9 |

돛대 두 개 달린 배가 새겨진 대리석. C.E. 200년경 카르타고에서 만들어진 것이다.

성을 확신했다고 고백했을 뿐이다. 그 마음이 바뀌게 된 계기는 '신이 자기 아들을 드러내 보여주었기 때문'이라고 나온다. 이후 사울은 자신이 그리스어에 능통하고 그리스로마 문화에 익숙하며 로마 시민으로서 지중해 전역을 여행할 수 있기 때문에 성령의 선택을 받아 예수의 메시지를 전하게 되

었다고 확신하였다.

사울은 다마스쿠스에서 시력을 되찾은 후 사도들과 함께 며칠을 지냈다(사도행전 9:19). 그리고 그곳 유대교 회당에서 예수가 메시아임을 설교하기 시작했다(사도행전 9:22). 지식인이었던 그는 이 새로운 종교 운동에 여러 가지 한계가 있음을 간파했으리라. 일관된 교리도, 정해진 전례도, 심지어 예수가 메시아임을 언급하는 문서도 없는 상황이었으니 말이다.

사울은 베드로나 야고보(예수의 형제) 같은 기존의 예수 추종운동 지도자들에 합류하는 대신 독자적인 길을 걸었다. '나는 먼저 사도가 된 사람들을 만나려고 예루살렘으로 가는 대신 곧바로 아라비아로 갔습니다.'(갈라디아 1:16~17) 예수가 그랬듯 사울도 황야에서 마음을 닦았다. 바리새파 랍비로 익힌 자질을 바탕으로 새로운 업무를 완수할 방법을 모색했을 것이다.

바울의 신념

황야에서 돌아온 사울은 신념을 전파할 준비가 되어 있었다. 그는 예수의 십자가 처형과 죽음은 우연이 아니라 신이 이미 결정한 일이었다고 설파했다. 예수의 부활은 신이 아브라함과 맺은 계약의 궁극적 이행이었다. 예수의 희생은 인류의 모든 죄를 대신 갚는 것이니 말이다. 이러한 주장은 '신의 왕국과 예수 그리스도(그리스도는 '기름부음 받은 자' 혹은 '메시아'를 뜻하는 그리스어이다(사도행전 8:12))의 이름에 대한 좋은 소식'을 전하는 데 치중한 사도들의 가르침과는 매우 달랐다. 후기의 편지에서도 사울은 예수의 삶이나 새 왕국에 대한 예수의 가르침은 거의 언급하지 않는다. 그에게 가장 중요한 메시지는 예수의 죽음과 부활이었기 때문이다.

예루살렘의 사도들과 거리를 두면서 그는 유대인과 비유대인에게 계속 이념을 전파했다. 그러다가 다마스쿠스를 포함한 나바태아의 왕에게서 미움을 사는 바람에 광주리를 타고 성벽을 넘어 도망쳐야 하는 일도 있었다고 한다(고린토후서 11:32~33).

사울은 예수를 받아들인 지 3년이 지난 후에야 예루살렘으로 가서 베드로와 야고보를 만났다. 처음에 사도들은 '그의 개종을 믿지 못하고 두려워하며' 멀리했다(사도행전 9:26). 사울은 잠시 베드로와 야고보와 시간을 보낸 후(갈라디아 1:18~19) 고향인 갈리시아로 갔다. 그리고 14년 동안 예루살렘을 찾지 않았다.

사울(이때부터 성경에는 로마 이름인 바울로 등장한다)은 그리스 로마 세계에 예수의 복음을 전파하기 위한 여행을 시작한다. 예루살렘에서 만났던 바르나바라는 사도가 시리아의 오론테스 강변 도시 안티오크로 바울을 불렀다. 그 지역 사람들이 예수에 대해 관심이 많았던 것이다. 새로운 개종자 중에는 유대인도 있었지만 대다수는 비유대인이었다. 〈사도행전〉에 따르면 안티오크 사람들이 최초로 그리스도교도라는 말을 사용했다고 한다. 본래 예수를 따르는 비유대인 신자를 뜻했던 이 말은 안티오크 사람들에게 영예로운 명칭으로 받아들여졌다(사도행전 11:26).

비유대인들이 예수의 가르침을 받아들인 이유는 무엇이었을까? 가장 단순한 대답은

아마도 그리스도 교리가 민중과 평등을 강조했기 때문이라는 것이리라. 예수에 의하면 사회 계층이나 인종에 상관없이 누구나 구원받을 수 있었다. 유대교의 일신론을 받아들였던 사람이라면 유일신이 강조되면서도 식생활이나 할례 등 복잡한 계약 율법을 요구하지 않는 그리스도교에 마음이 끌렸을 것이다. 더욱이 예수의 치유 기적과 마

이탈리아 화가 카라바조(Michelangelo Merisi da Caravaggio, 1573~1610)가 1600년에 그린 〈바울의 개종〉. 다마스쿠스로 향하던 바울의 눈이 갑자기 머는 장면이다.

귀 퇴치 이야기는 마술과 수수께끼가 일상적 요소이던 당시 사람들에게 매력적이었을 게 분명하다.

비유대인에 대한 바울의 선교가 성공을 거두면서 유대인에게 관심을 집중했던 사도들은 혼란에 빠졌다. 예수는 "내가 율법

이나 예언서의 말씀을 없애러 온 줄로 생각하지 마라. 없애러 온 것이 아니라 오히려 완성하러 왔다."라고 하면서(마태오 5:17) 유대교 내부의 개혁을 강조하지 않았던가? 갈릴리 곳곳으로 목회를 다니면서도 예수는 티베리아스나 세포리스 같은 비유대인들의 도시는 들르지 않았다.

하지만 바울은 예수 추종 운동의 규모를 한층 더 크게 할 가능성을 보았던 것이다. 비유대인 신자들이 할례를 받지 않는다든지, 유대 성경을 모른다든지, 율법을 지키지 않는다는 것 따위는 중요한 문제가 아니었다. 그는 예수 그리스도의 이름으로 이루어지는 침례 의식이라면 할례와 다름없는 영적 가치를 가진다고 설파하였다. 그리스도를 통한 구원을 믿는 사람이라면 모세 율법을 지키든 지키지 않든 신의 은총을 받는다고도 했다.

바울과 바르나바는 C.E. 45~48년 사이에 예루살렘으로 간다. 기근에 시달리던 유대에 절실하게 필요했던 지원 자금을 안티오크의 그리스도 공동체에서 모아 가져간 것이다(사도행전 11:26~29). 그리고 이때 예루살렘의 지도자들은 율법을 지키지 않는 비유대인을 개종시킨 바울의 행동에 대해 비판했으나 바울의 입장은 확고했다. "그들이 과거에 어떤 사람들이었든 나에게는 아무 상관도 없습니다. 하느님께서는 사람을 겉모양으로 판단하지 않으십니다. 소위 지도자라는 사람들이 내 생각을 바꿔놓은 것은 전혀

고린토의 아폴로 신전 유적. 고린토는 51~52년에 바울이 방문했던 첫 그리스 도시이다. 당시 통치자는 갈리오였다.

사이프러스의 초기 그리스도 교회 앞에 선 성 바울 기둥. 파포스 총독이 개종하기 전 바울에게 회초리 형을 내렸던 장소이다.

54년경 바울은 터키의 해안 도시 에페수스를 찾는다. 에페수스에는 사진의 '헤라클레스 문'을 비롯해 여러 유적이 남아 있다.

바울은 로마로 향하던 배가 풍랑을 맞았을 때 몰타의 바위투성이 해변으로 밀려갔을 것이다.

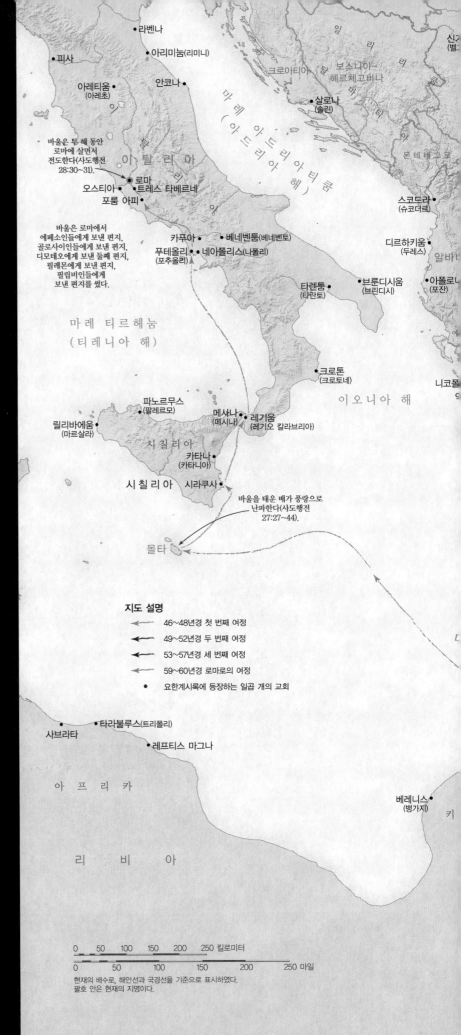

라벤나

피사

아리미눔(리미니)

아레티움
(아레초)

안코나

크로아티아

보스니아-
헤르체고비나

살로나
(솔린)

마
레
아
드
리
아
티
쿰

(아
드
리
아
해)

몬테네그로

바울은 두 해 동안
로마에 살면서
전도한다(사도행전
28:30~31).

로마

오스티아

트레스 타베르네

포룸 아피

스코드라
(슈코더르)

디르하키움
(두레스)

알바

이
탈
리
아

바울은 로마에서
에페소인들에게 보낸 편지,
골로사이인들에게 보낸 편지,
디모테오에게 보낸 둘째 편지,
필레몬에게 보낸 편지,
필립비인들에게
보낸 편지를 썼다.

카푸아

베네벤툼(베네벤토)

푸테올리
(포추올리)

네아폴리스(나폴리)

타렌툼
(타란토)

브룬디시움
(브린디시)

아폴로니
(포잔)

마 레 티 르 헤 눔
(티 레 니 아 해)

크로톤
(크로토네)

니코폴

이 오 니 아 해

파노르무스
(팔레르모)

릴리바에움
(마르살라)

메샤나
(메시나)

레기움
(레기오 칼라브리아)

시 칠 리 아

카타나
(카타니아)

시 칠 리 아

시라쿠사

바울을 태운 배가 풍랑으로
난파한다(사도행전
27:27~44).

몰타

지도 설명

46~48년경 첫 번째 여정

49~52년경 두 번째 여정

53~57년경 세 번째 여정

59~60년경 로마로의 여정

요한계시록에 등장하는 일곱 개의 교회

사브라타

타라불루스(트리폴리)

레프티스 마그나

아 프 리 카

베레니스
(뱅가지)

키

리 비 아

0   50   100   150   200   250 킬로미터

0   50   100   150   200   250 마일

현재의 배수로, 해안선과 국경선을 기준으로 표시하였다.
괄호 안은 현재의 지명이다.

바울의 선교 여행

다키움
(타키룸)
루 마 니 아

다뉴비우스(도나우)

나이수스
(니스)
모 에 시 아

두로스토룸
(실리스트라)

노바이
(스비슈토프)

니코폴리스 아드
이스트룸
(니키우프)

토미스(콘스탄타)

키비타스 트로파이시움
(아담클리시)

오데수스
(바르나)

흑 해

세르디카 불 가 리 아
(소피아)

필리포폴리스
(플로브디프)

바울이 회당에서 설교하자
(람들이 폭동을 일으킨다.
울은 베레아로 떠난다
(사도행전 17:1~9).

바울은 귀신 들린 노예 여자에게서
귀신을 쫓아주었다가 돈벌이를
못하게 된 주인들이 고소해 감옥에
갇힌다. 그리고 지진이 일어나
풀려난다(사도행전 16:16~40).

시노페

아마스트리스
(아마스라)

아미수스
(삼순)

폰 투 스 산 맥

트 라 키 아

보스포루스

헤라클레아 폰티카
(에레글리)

아마세이아
(아마시아)

폰 투 스

할리스

암피폴리스
(암피폴리)

빌립보
네아폴리스(카발라)

페린투스

비잔티움
(이스탄불)

칼케돈
(카디코이)

니코메디아
(코카엘리)

앙키라
(앙카라)

삼가라우스

카 파 도 키 아

멜리테네
(말라티아)

아볼로니아

아브데라

타소스

사모트라케

임브로스

람프사쿠스
(랍세키)

키지쿠스

마케도니아 사람의 도움을
청하는 꿈을 꾼 후 바울은 곧
그곳으로 떠난다
(사도행전 16:9~10).

고르디움
(고르디온)

아 나 톨 리 아
(소 아 시 아)

카이사레아 카파도키아
(카이세리)

데살로니카
(데살로니키)

렘노스

헬레스폰트
(다르다넬스)

아소스

아드라미티움
(에드레미트)

알렉산드리아 트로아스

아 시 아
아르테미스 대신전이
있는 곳이다. 바울이
우상 숭배를 금하라고
설교하자 사람들이
들고 일어난다(사도행전
19:23~41).

피시디안 안티오크
(얄바츠)

아르켈라이스
(아크사라이)

티아나

사모사타
(삼사트)

제우그마
(산리우르파)

에데사
(산리우르파)

이곳에서
(들에게 보낸
(게 보낸
(를 쓴다.

페르가문
(베르가마)

티아티라
(아크히사르)

사르디스
스미르나
(이즈미르)

레스보스
(미틸리니)미틸레네

바울은 고린토인들에게
보낸 첫째 편지와 디도에게
보낸 편지를 에페수스에서
썼을 가능성이 크다.

키오스
(히오스)

에페수스

필라델피아
(알라셰히르)

아파메아
(디나르)

이코니움
(코니아)

리스트라
데르베

포르테 킬리키에
(실리시안 문)

콤 마 게 네

델피

트라이
(트라)

아테네

안드로스

사모스

라오디케아
(데니즐리)

골로사이
(호나즈)

타 우 루 스 산 맥

타르수스

이수스

알렉산드리아 아드 이숨
(이스켄데룬)

알레포

에우보에아

코린트
(코린토스)

케크레아이

밀레투스
유대 어머니와 그리스 아버지 사이에서
태어난 디모테오가 바울의 두 번째
선교 여행에 동행한다
(사도행전 16:1~3).

할리카르나수스
(보드룸)

페르가

리 키 아

아탈레이아
(안탈리아)

시데

셀레우키아
트라케오티스
(실리프케)

안티오키아
(안티오크)

철학자들과 논쟁한
끝에 바울은 일부
철학자를 개종시킨다
(사도행전 17:20~34).

키클라데소

낙소스

코스

크니두스

사울의 고향이다. 그는
개종하기 전까지 교회를
박해하던 바리새 파였다(사도행전
9:11, 빌립비 3:5~6).

셀레우키아
피에리아
(사만다그)

스파르타
(스파르티)

로도스

파타라

미라(칼레)

초기 그리스도교의 보루였던
안티오크는 세 차례에 걸친
바울의 선교 여행을 지원한다
(사도행전 13:3, 15:40,
18:22~23).

울은 이곳에서
(들에게 보낸 편지,
(살로니카인들에게
(와 둘째 편지를 쓴다.

마레 크레티쿰
(크레타 해)

로도스

시 리 아

팔미라
(타드무르)

크레타

페니케, 포에닉스
(피닉스)

미항(Fair Havens)
카우다
(가브도스)

크레타
고르틴
라세아

크노수스(크노소스)

카페 살모네
(아크로티오 플라카)

키프로스 키 프 로 스

살라미스

예수 그리스도의
추종자들이 처음으로
'그리스도교도'라 불리게
된다(사도행전 11:26).

트리폴리스

비블로스

레바논

인 테 르 눔

(지 중 해)

바울이 바르예수라는 거짓
예언자를 꾸짖어 장님으로 만들자
이를 본 총독이 개종한다
(사도행전 13:6~12).

파포스
(쿠클리아)

시돈

(수르)두로

다마스쿠스

그리스도교도들을
잡으러 가던 사울은
기적을 경험한 후
개종한다(사도행전
9:1~19).

베드로, 바울, 바르나바는 다른
그리스도교 지도자들과 만나
비유대인 개종자들의 유대 율법
준수 문제를 의논한다. 그리고
예수에 대한 신앙만으로 충분히
구원받을 수 있다는 데 합의한다
(사도행전 15:1~21).

프톨레마이스

가이사랴
이스라엘

안티파트리스

예루살렘

갈릴리해

보스트라

네아폴리스
(나블루스)

폴로니아(수사)

다르니스(다르나)

가자

유 대

바 요 르 단

파라에토니움
(마트루흐)

알렉산드리아
(엘 이스칸드리야)

펠루시움

다프나이

테레누티스

아 에 깁 투 스

헬리오폴리스

세 번째 선교여행을 마치고
예루살렘으로 돌아온 바울은
소란 죄로 고소된다. 그는 로마
시민으로서 황제에게 상소할 권리를
주장한다 (사도행전 21:26).

페트라

멤피스

이 집 트

시 나 이

사 우 디
아 라 비 아

서 부
사 막

아엘라나
(알 아카바)

없습니다." (갈라디아 2:6)

바울의 여정

이후 14년 동안 바울은 오론테스의 안티오크를 근거지로 삼아 비유대인 선교에 전념했다. 그는 막 시작된 공동체를 격려하기 위해, 또한 초기 그리스도교도들 사이에 생겨난 긴장을 중재하기 위해 수많은 편지를 썼다. 직접 쓴 편지도 있지만 주변 사람들이 대신 써준 편지도 있었다. 바울의 권위를 사칭한 사람들이 편지를 쓰기도 했다.

바르나바와 사도 요한, 마르코를 동반한 첫 여행에서 키프로스를 찾은 바울은 살라미스에서 수도 파포스까지 유대 회당을 돌며 설교했다. 수도에서는 로마 총독 세루기오 바울로(Sergius Paulus)를 전도하기도 하였다(사도행전 13:12). 바울과 바르나바는 소아시아의 페르가(Perga)로 갔다가 피시디아의 안티오크로 향했다. 비유대인의 땅인 소아시아에 이렇게 깊숙이 들어갈 수 있었던 데에는 세루기오 바울로의 도움이 컸을 것이다. 총독 가문은 피시디아 지방에 대규모 토지를 소유했고 영향력도 컸기 때문이다. 하지만 유대인들은 이러한 행보에 크게 반발했고 바울과 바르나바에게 길을 돌려 로마 리카오니아(Lycaonia)의 이코니움(Iconium)으로 가도록 했다. 살해 계획이 세워졌다는 소문까지 돌면서 두 사람은 리스트라와 아탈리아(Attalia)를 거쳐 시리아 오론테스의 안티오크로 돌아갔다.

그 과정에서 바울은 신앙을 재정비했다. 예수와 성령의 인도를 받아서 말이다. 이후에 그는 '우리는 그리스도의 생각을 알고 있습니다.' 라고 썼다(고린토전서 2:16). 유대교 신앙에 대해 전혀 모르는 사람을 상대로 '메시아'의 구원과 같은 개념을 설명해야 하는 문제에 당면한 바울은 비유대인 신자들을 위한 그리스도 교리를 개발해냈다. 예수가 '신의 아들' 이라고 처음 설명한 것도 바울이다(사도행전 9:20). 생물학적 계보 관계를 제시하는 이 방법은 정통 유대교도에게는 받아들이기 어려웠지만 로마 다신교 세상에서 성장한 비유대인들에게는 즉각 수용되었다.

몇몇 학자들은 복음서에서 예수가 스스로 신의 아들이라고 단언한 적이 없다고 주장한다. 예수가 가장 많이 쓴 표현은 '사람의 아들' 이었는데 이는 〈다니엘서〉에 처음 등장한다. 물론 '사람의 아들' 이란 '유한한 생명체' 나 '민중의 아들' 을 뜻하며 연설에서 겸손의 의미를 담아 사용하는 말이라는 해석도 있다. 예수는 신을 '내 아버지' 라 부르기도 했는데 이것이 문자 그대로의 뜻인지에 대해서는 논쟁이 계속되는 중이다.

로마인들에게 보낸 편지

바울은 새로 생겨난 그리스도 공동체에 계속 편지를 보내 어떻게 그리스도를 뒤따라 살아야 하는지 설명했다. 바울 자신이 쓴 것으로 보이는 일곱 편지 중 로마인들에게 보낸 편지는 가장 훌륭하다는 평가를 받는다. 로마의 그리스도교도들은 예루살렘 본부의 입장을 따라야 한다고 생각해 처음에는 바울을 차갑게 대했다. 바울은 조심스럽게 자기 신념을 펼쳐 보였다. 그리스도 세례가 유대 율법보다 앞선다는 것, 신에 대한 믿음 그 자체로 족하다는 것, '그리스도께서 아버지의 영광스러운 능력으로 죽은 자들 가운데서 다시 살아나신 것처럼 우리도 새 생명을 얻어 살아가리라는 것' (로마서 6:4) 등을 말이다. 이 편지는 신실한 유대인과 이방인 그리스도교도 사이의 긴장 관계를 잘 드러내 보여준다.

예수가 제자들에게 가르친 기도는 '하늘에 계신 우리 아버지' 라고 시작된다. 예수는 신도들을 '하늘에 계신 너희 아버지의 자식들' 이라고 부르기도 한다(마태오 5:45). 〈출애굽기〉에도 '야훼께서 이렇게 말씀하신다. 이스라엘은 나의 맏아들이다.' 라는 구절이 등장한다(4:22).

바울은 그리스 로마 세계에서 '신의 아들' 이라는 표현이 전혀 다른 의미로 받아들여지리라는 점을 분명히 알았을 것이다. 신화적 인물은 신과 인간의 결합에서 탄생하는 법이었다. 비유대인들은 일신교의 도덕적 순수성에 끌리면서도 야훼가 눈에 보이지 않는 추상적 존재라는 것은 쉽게 납득하지 못했다. 우상에 혐오감을 느끼는 유대인과 달리 그리스 로마 종교는 시각적 이미지에 바탕을 두었기 때문이다. 그리스인들에게 신체적 아름다움은 신의 사랑을 받는다는 표시였다. 따라서 예수라는 성스러운 존재도 시각적인 이미지로 제시되어야 했다. 심지어 바울과 바르나바도 한때 신으로 추앙받았다. 바울이 리스트라에서 절름발이를 치료해주자 군중들이 "신들이 인간의 모습으로 내려오셨다!" 라고 외쳤던 장면이 그 예이다(사도행전 14:10~11).

안티오크 교회와 공동체들은 바울의 가르침에 힘입어 빠르게 성장했다. 바울은 그리스 문화의 중심부인 아테네와 고린토로 한층 야심 찬 선교 여행을 떠났다. 그 정확한 시기는 규명되지 않았지만 C.E. 48~51년 사이라는 것이 중론이다. 바울은 안티오크에서 아나톨리아 중심으로 갔다가 트로아스(Troas, 현재의 이스탄불 근처이다)에서 배를 타고 에게해를 건넜다. 아마도 빌립보에서 내려 로마가 건설한 군사용 도로인 에그나티아 가도(Via Egnatia)를 따라갔으리라. 그리스 본토를 여행하면서 그는 빌립보와 데살로니카에 그리스도 공동체를 만들었다. 데살로니카에서는 폭도의 공격을 받아 베레아(Beroea)로 피신하기도 했다(사도행전 17:5~10). 이어 그는 아테네로 가서 에피쿠로스 및 스토아 학파 철학자들과 논쟁을 벌였다.

고린토 사람들은 바울을 따뜻하게 맞이했다. 그는 그곳에서 18개월을 머물렀는데 유대인 무리가 '율법에 어긋나는 방법으로 신을 섬기라고 선동한다'는 죄목을 씌우는 바람에 법정에 서는 일도 있었다. 재판장을 맡은 아카이아 총독 갈리오(L. Iunius Gallio)는 '말과 명칭과 당신들의 율법에 관련된 문제'이니만큼 로마의 법에 해당되지 않고 따라서 알아서 처리하라며 재판을 기각한

다(사도행전 18:12~17). 그리스 델피에서 발견된 C.E. 52년의 비석을 보면 로마 황제 클라우디우스(C.E. 41~54)의 칙령 중에 총독 갈리오의 이름이 등장한다. 이 비석은 바울이 언제 고린토에 체류했는지를 확인하는 데 결정적인 단서를 제공했다. 바울은 다시 소아시아로 돌아가 에페수스에 도착했다. 그리고 부활한 메시아, 예수의 말씀을 전하며 유대인과 비유대인을 개종시키는 일을 계속했다.

C.E. 52년경부터 바울은 아나톨리아의 이오니아 해안에서 가장 큰 도시 에페수스를 중심으로 전도하기 시작했다. 바울은 이곳에 2년 이상 머문 것 같다. 그리고 다시 고린토에 가서 C.E. 56년까지 지낸다. 로마

인들에게 보낸 편지에서 바울은 '재정관 에라스도(Erastus)'의 인사를 전하게 되는데, 1929년 고린토에서 발굴된 1세기의 석회암 비석에 적힌 구절 '관리직을 맡게 된 에라스도가 이 비를 세운다'의 에라스도가 바울과 알고 지낸 바로 그 인물일 가능성도 있다.

바울이 체포되다

마침내 바울은 예루살렘으로 돌아갔다. 비유대인에 대한 전도와 목회 소식은 그보다 앞서 도착했다. 예루살렘 성전에 들어서자마자 그는 비유대인들을 성전 안으로 들인 죄로 체포당한다(사도행전 21:26~30). 대공회의 심문을 받은 후 바울은 안토니아 성채에 갇혔고 그를 죽이기 위한 모의가 진행되었

131년, 아퀼라(Tiberius Julius Aquila)가 아버지를 기리기 위해 에페수스에 지은 셀수스(Celsus) 도서관. 이곳에 묘소를 만들 수 없다는 규정을 교묘히 피해간 것이었다.

콜로세움 순교

로마 역사가 타키투스는 네로 황제가 '자기 정원과 원형극장에서' 대중 연희를 위해 그리스도교도 수백 명을 잔혹하게 죽였다고 기술했다. 여기서 정원은 에스퀼린(Esquline) 영지를 의미했을 것이다. 후에 호사스러운 '황금의 집'을 지었던 장소이다. 64년의 대화재 이전까지 이곳은 네로가 주최하는 대규모 연회나 행사가 열리는 공간이었다.

원형극장의 위치는 상대적으로 불분명하다. 오늘날 로마 콜로세움 안내인들은 그리스도교도들이 사자밥으로 던져진 장소를 손가락으로 가리키곤 한다. 하지만 콜로세움(정확히 말하면 플라비아노 원형극장)은 대화재 8년 후, 베스파시안 황제가 건설한 것이다. 따라서 타키투스가 말한 원형극장은 막시무스 원형극장일 가능성이 높다. 500미터나 되는 전차 경주로로 유명했던 곳이다. 당시에 가장 많은 관중을 수용할 수 있는 규모였다는 점도 중요하다. 화재 이후 네로가 경주로를 100미터 가까이 늘렸다는 기록도 있다.

막시무스 원형극장의 잔해는 팔라틴 언덕의 도미티아누스 궁 폐허 근처에 남아 있다.

해안 푸테올리(Puteoli)에 내리게 된다. 가까스로 로마에 도착한 그는 2년 동안 가택 연금 상태에서 교우들에게 편지를 쓰고 방문객들을 만났다. 바울의 생애에 대해 알려진 것은 여기까지이다. 이후의 삶은 수수께끼로 남아 있다.

로마 대화재

C.E. 64년, 원인을 알 수 없는 불이 로마를 휩쓸었다. 네로 황제(C.E. 54~68년경)가 새로운 도시 건설을 위해 일부러 불을 놓았다는 주장도 있다. 역사가 타키투스(C.E. 56~117년경)는 희생양이 필요해진 네로가 로마의 그리스도 공동체를 점찍었다고 기록했다. 그리스도교도들은 체포되어 가혹한 심문을 당한 뒤 처형되었다. 1세기 후반 로마 주교 클레멘트 1세의 서신과 2세기 〈베드로 행전〉이라는 문서를 보면 사도 베드로도 이때 붙잡혔다고 한다. 베드로가 어떻게 유대에서 로마까지 갔는지는 분명치 않다. 바울이 53년경에 안티오크에서 베드로를 만났다는 기록이 있을 뿐이다(갈라디아 2:11). 〈베드로 행전〉에 따르면 그는 다른 신자들과 함께 로마 원형극장에서 십자가 처형을 당했다고 한다. 예수와 같은 모습으로 죽을 자격이 없다며 십자가를 거꾸로 세워달라고 요구했다는 이야기도 전해진다.

베드로는 티베르 강 오른쪽의 외진 땅 '아제르 바티카누스(Ager Vaticanus)'에 묻혔다. 그리스도 신학자인 터툴리안(Tertullian, 155~220년경)은 바울 또한 네로의 박해 때 사망했다고 기록했다. 훗날 오리겐(Origen 185~254년경)이라는 신학자도 같은 이야기를 남겼다. 정말 그랬다면 로마 시민이었던 바울은 십자가형 대신 교수형을 당했을 것이다.

다. 바울은 로마 시민이라는 지위를 근거로 항의하고 안토니아 성채 지휘관은 그를 유대 수도인 가이사랴로 보냈다. 바울이 가이사랴에서 2년 간 갇혀 지내는 동안 유대 대사제들은 그가 예루살렘으로 돌아와 재판받아야 한다고 주장했고 바울은 황제에게 상소할 수 있는 로마 시민의 권리를 요구했다(사도행전 25:10).

C.E. 60년경, 바울과 다른 죄인들은 배를 타고 로마로 향했다. 하지만 그들은 거센 풍랑에 가까스로 살아남아 몰타 해안에 상륙한 뒤, 이집트 곡물 선박을 타고 나폴리

> 베어 없애면 없앨수록, 우리의 숫자는 점점 늘어날 뿐이다.
> 순교자의 피는 교회의 씨앗이다. | 카르타고의 터툴리안, 《변론Apologia》 |

유대 반란

2년 후 유대에서 반란이 일어나고 로마는 팔레스타인의 유대인들과 무력으로 맞서게 된다. C.E. 37년 '칼리굴라' 라 불렸던 가이우스 카이사르 황제(Gaius caesar, C.E. 37~41)가 헤로데 대제의 손자인 헤로데 아그리파 1세(C.E. 37~44)에게 과거 빌립보가 통치하던 지역을 하사했다. 39년에 헤로데 안티파스가 실각하자 아그리파는 갈릴리와 페레아 지방도 차지한다. 얼마 지나지 않아 칼리굴라는 스스로를 신이라 칭하며 예루살렘을 포함해 관할 영역 내 모든 신전에서 자신을 숭배하라고 명령한다. 유대인들은 이를 거부하고 전쟁을 준비했다. 하지만 41년에 칼리굴라가 암살된 후 후계자인 클라우디우스는 유대, 사마리아, 이두메아까지도 아그리파에게 넘겨주었다. 순식간에 아그리파는 할아버지의 왕국과 거의 같은 규모의 영토를 통치하게 되었다. 유대인들이 회복하고 싶어하는 바로 그 영토였다.

C.E. 44년, 아그리파는 가이사랴에서 갑

네로 황제(54~68)의 두상. 150년경에 만들어진 것으로 피렌체의 우피치(Uffizi) 미술관에 있다.

자기 사망했다. 후계자는 겨우 17세에 불과했으므로 클라우디우스는 경험 많은 로마 총독 펠릭스에게 유대 지역을 맡겼다. 하지만 다른 지역은 마르쿠스 율리우스 아그리파 2세(C.E. 48~70)가 차지했다. 〈사도행전〉에서 바울을 심문한 사람도 바로 이 아그리파 2세이다. 유대가 다시금 로마 영토로 들어간 것이다. 16년 동안 무능력한 총독 다섯 명이 유대를 통치했다.

C.E. 62년, 펠릭스의 후계자인 프로시우스 페르투스가 급사하면서 예기치 않은 권력 공백이 생겨났다. 1세기 유대 역사가 요세푸스는 대사제 아나누스가 대공회의 지원을 받아 '예수의 형제 야고보와 다른 몇몇을 율법 위반 죄목으로 기소했다' 고 기록했다. 이때 야고보는 성전 난간에서 던져진 후 몽둥이로 맞아죽었다. 야고보와 베드로가 둘 다 죽고 나자 팔레스타인의 그리스도 운동은 구심점을 잃었고 이후 10여 년 동안 근근히 명맥만 유지하였다.

그 사이에 에세네파, 바리새파 그리고 가장 호전적인 갈릴리의 젤로트(열심당) 등의 주도로 로마 압제에 대한 봉기 움직임이 무르익었다. 1세기 초의 세금 반란에서 출발한 열심당은 '단검 부대' 까지 거느린 전투 집단으로 성장한 상태였다. 요세푸스가 총독이라기보다는 사형집행인에 가까웠다고 표현한 게시우스 플로루스(C.E. 64~66) 치세인 66년에 드디어 반란이 일어나게 된다.

고린토의 석회암 돌판에 '에라스투스' 라는 도시 공식 명칭이 새겨져 있다. 바울이 로마인들에게 보낸 편지에 언급되는 에라스투스가 이곳일 가능성이 높다.

랍비 유대교의 탄생

갈릴리해 남서쪽 호숫가에 있는 고대 티베리아스 폐허. 2차 유대 반란 이후 랍비들의 중심지였던 곳이다.

C.E. 66년에 일어난 유대 반란에 대해 로마는 신속하게 반응하지 못했다. 네로의 제멋대로 통치 때문이었다. 유능한 장군인 베스파시안이 반란 진압을 위해 북부 팔레스타인에 진군한 때는 67년 봄이었다. 갈릴리의 역사가 요세푸스가 이끄는 열심당(젤로트) 군대는 맥없이 무너졌다. 69년 6월, 로마가 내전에 휩싸인 틈에 진압군은 베스파시안(C.E. 69~79)을 황제로 추대했다. 젤로트파와의 전쟁 수행은 그 아들인 티투스가 맡게 된다.

C.E. 70년에 티투스는 68년부터 이어진 예루살렘 포위 작전의 수위를 한층 높였다. 티투스 군은 참호를 파고 성벽 둘레에 흙벽을 쌓은 후 탈출하려는 유대인을 잡아 모두가 보는 앞에서 십자가형에 처했다. 70년 여름에 티투스는 마침내 예루살렘 성벽을 넘어 성전에 남은 마지막 젤로트파를 공격한다. 8월 29일(혹은 30일)에 학살과 파괴가 자행되었다. 성전은 폐허로 변했다. 다윗 왕 이래 유대교의 중심지였던 곳이 사라진 것이다. 사제들도 죽임을 당했다. 사두개파는 도망쳤고 조직으로서의 면모를 잃어버렸다.

티투스는 3년 동안이나 로마 군을 귀찮게 한 유대 주민들을 가혹

C.E. 66년경
팔레스타인에서 로마 통치에 대한
첫 번째 대규모 반란이 일어남

C.E. 66~70년경
신약성경의 공관 복음서 중
가장 오래된 〈마르코 복음〉이 씌어짐

C.E. 67년경
베스파시안 장군이 갈릴리에 도착해
반란을 진압함

C.E. 70년경
티투스가 예루살렘을 함락시키고
제2성전을 파괴함

네 집이 현자들의 모임 장소가 되도록 하라. 그 발의 먼지를 환영하고 그 말씀을 즐겁게 받아들여라. 네 집 문을 활짝 열고 식탁에 가난한 이를 앉혀라.

| 요세 벤 요제르(Yose ben Yoezer)와 요세 벤 요하난(Yose ben Yohanan), 《미슈나》 |

하게 처벌하였다. 남녀노소 가릴 것 없이 칼로 베었고 도시를 휩쓴 불길 속에서 죽게 만들었다. 이스라엘 고고학자 아비가드(Nahman Avigad)는 1929년, 이 참혹한 학살의 증거를 발굴해냈다. 숯이 되어버린 1세기 가옥의 돌조각을 조심스레 들추자 계단 아래 웅크린 채 죽은 젊은 여자의 유골이 나온 것이다. '불타버린 집'이라 불리는 이 고대 가옥은 현재 박물관이 되었다. 당시 포위 진압에 희생된 유대인은 10만 명 이상으로 추정되며 노예로 로마에 끌려간 사람도 그만큼 되었을 것으로 보인다.

유대는 이제 시리아의 로마 총독이 아니라 로마 황제와 직접 연결된 특별 통치자가 다스리는 지역이 되었다. 많은 농토가 제국 소유로 넘어갔다. 유대인들은 예루살렘에서 추방되었고 귀향을 금지당했다. 이 규정이 얼마나 오래, 엄격히 적용되었는지는 불확실하지만 말이다. 유대 그리스도교도들 또한 도시를 떠나야 했는데 특히 요르단강 너머 벳산 동쪽의 데카폴리스 지역 펠라(Pella)로 간 사람이 많았다.

유대 반란 이전 몇 년 동안 번성했던 유대교의 각 분파도 산산조각이 났다. 바리새파가 일부 살아남았을 뿐이다. 힐렐의 제자로 예루살렘 랍비 학교 지도자였던 요하난 벤 자카이(Yohanan ben Zakkai)는 로마와의 화평을 주장하며 호전적인 젤로트파가 결국 '도시를 파괴하고 성전을 불태울 것'이라 비판했다. 로마 군의 포위 작전이 본격화되자 요하난은 관에 숨어 예루살렘을 빠져나왔다. 그리고 야브네(Jabneh)에 새로운 종파를 만들게 해달라고 청원해 로마의 허락을 받았다. 야브네는 오늘날의 텔 아비브 남

쪽 19킬로미터의 지중해 해안 마을이다. 세월이 흐르면서 학자, 랍비, 랍비가 되려는 학생들이 야브네에 모여 들어 바리새 전통을 계승했다. 이들은 성경에 대해 토론하고 율법에 주석을 달았다. 요하난은 벳딘(Beth Din, '판결의 집'이라는 뜻)이라는 유대 전통 법정을 되살려내기도 하였다. 여기서는 과거 대공회가 그랬듯 종교적인 사건과 세속적인 사건을 모두 심판하였다.

요하난 학파는 성전 파괴 이후 유대인들의 정신적 토대가 되었다. 그 지도자의 가르침이 성경에 인용되어 있다. "내가 반기는 것은 제물이 아니라 사랑이다. 제물을 바치기 전에 이 하느님의 마음을 먼저 알아다오."(호세아 6:6) 성전을 잃어버린 추종자들을 위로하는 말이라 하겠다. 랍비 학자들이 사제를 대신하면서 성경 해석과 기도가 유대교의 중심을 이루게 되었다.

모세 5경 연구는 새로운 성전, 영적 성전을 세우는 방법이었다. 새로운 예루살렘은 폐허로 남은 성전 산이 아니었다. 유대인들이 모여 율법을 공부하는 곳이라면 그곳이 바로 신이 계신 장소였다. 제2성전 시대의 유대교는 사라졌다. 대신 랍비 유대교가 시작되었던 것이다.

유대 대주교 체제

성전 파괴는 충격적인 일이었지만 그렇다고 유대교가 사라지지는 않았다. 소아시아, 그리스, 이탈리아 반도, 이집트, 카르타고, 스페인 등지에서 계속 성장한 이주 유대인 공동체에서는 회당이 기도와 성경 연구의 중심지 역할을

마사다에서 발견된 도기 조각. 예후나(왼쪽), 요하난(위쪽), 시몬(오른쪽)이라는 이름이 새겨져 있다.

C.E. 98~117년경
로마 10군단이 마사다를 포위하자 유대 젤로트파가 집단 자살함

C.E. 132~135년경
제2차 유대 반란인 바르 코흐바 반란이 일어나지만 로마 군이 진압함

C.E. 135년경
하드리아누스 황제가 예루살렘을 완전히 파괴하고 그 자리에 엘리아 카피톨리나라는 새 도시를 건설하기로 결정함

C.E. 135~140년경
시므온 벤 가말리엘이 야브네 학파를 갈릴리로 옮기고 새로운 대공회를 세움

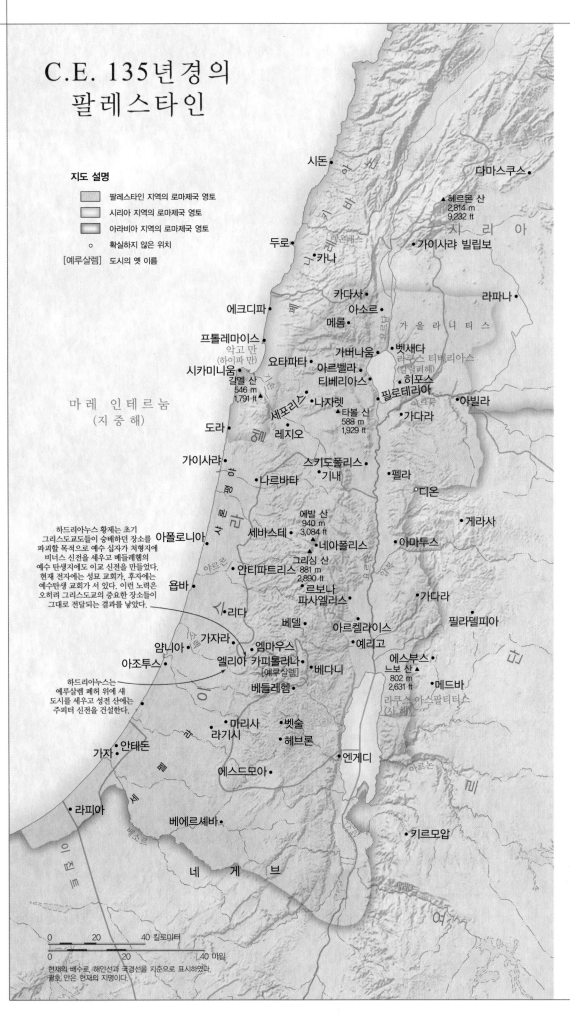

C.E. 135년경의 팔레스타인

지도 설명

▨ 팔레스타인 지역의 로마제국 영토
▨ 시리아 지역의 로마제국 영토
▨ 아라비아 지역의 로마제국 영토
○ 확실하지 않은 위치
[예루살렘] 도시의 옛 이름

하드리아누스 황제는 초기 그리스도교도들이 숭배하던 장소를 파괴할 목적으로 예수 십자가 처형지에 비너스 신전을 세우고 베들레헴의 예수 탄생지에도 이교 신전을 만들었다. 현재 전자에는 성묘 교회가, 후자에는 예수탄생 교회가 서 있다. 이런 노력은 오히려 그리스도교의 중요한 장소들이 그대로 전달되는 결과를 낳았다.

하드리아누스는 예루살렘 폐허 위에 새 도시를 세우고 성전 산에는 주피터 신전을 건설한다.

시돈
다마스쿠스
▲헤르몬 산 2,814 m 9,232 ft
시리아
두로
레온테스
가이사랴 빌립보
카나
에크디파
카다사
라파나
아소르
메롬
가울라니티스
프톨레마이스
악고 만 (하이파 만)
가버나움
벳새다
라쿠스 티베리아스 (갈릴레해)
시카미니움
요타파타
아르벨라
갈멜 산 546 m 1,791 ft
티베리아스
히포스
세포리스
나자렛
필로테리아
아빌라
도라
레지오
타볼 산 588 m 1,929 ft
가다라
가이사랴
스키도폴리스
나르바타
기내
펠라
에발 산 940 m 3,084 ft
디온
아폴로니아
세바스테
네아폴리스
게라사
아마투스
그리심 산 881 m 2,890 ft
안티파트리스
욥바
르보나
파사엘리스
가다라
리다
베델
필라델피아
아르켈라이스
얌니아
가자라
엠마우스
예리고
에스부스
아조투스
엘리아 카피톨리나 [예루살렘]
베다니
느보 산 802 m 2,631 ft
메드바
베들레헴
라쿠스 아스팔티티스 (사 해)
마리사
벳술
라기시
헤브론
가자
안테돈
엔게디
에스드모아
라피아
베에르셰바
키르모압
네게브
이집트
마레 인테르눔 (지중해)

0   20   40 킬로미터
0   20   40 마일

현재의 배수로, 해안선과 국경선을 지준으로 표시하였다.
괄호 안은 현재의 지명이다.

했다. 이들에게 예루살렘 성전은 더이상 종교의 핵심이 아니었다. 핵심은 율법, 기도 그리고 랍비들의 연구였다.

유대 반란을 가혹하게 진압하기는 했지만 로마 황제들은 이주 유대인들이 국가에 별 위협이 되지 않는다고 판단했다. 베스파시안 황제는 합법적 종교라는 유대교의 지위를 철회한 적이 없다. 하지만 바르 코흐바(Bar Kochba, '별의 아들'이라는 뜻. 지도자의 이름을 딴 것이다.) 반란(135~135)이 다시 일어나자 유대 공동체에 대한 차별도 심해졌다. 바르 코흐바 반란이 일어난 건 예루살렘 자리에 엘리아 카피톨리나(Aelia Capitolina)라는 로마 도시를 건설한다는 하드리아누스 황제(117~138)의 계획 때문이었다. 이전 몇십 년 동안 로마 당국이 유대 토지를 압수한 것도 원인 중 하나였으리라. 하지만 바르 코흐바 반란 후 겨우 3년 만인 138년, 안토니누스 피우스(Antoninus Pius) 황제(138~161)는 유대교 종교 활동을 허용한다는 칙령을 내렸다.

바르 코흐바 반란 이후 랍비 유대교의 중심지 벳딘은 야브네에서 갈릴리로 옮겨졌다. 처음에는 벳셰아림(Bet She'arim)으로 갔다가 과거의 수도였던 세포리스를 거쳐 최종적으로는 갈릴리 호숫가의 티베리아스에 자리를 잡는다. 이후 로마 당국은 랍비들이 지역을 안정적으로 통치하는 데 유용한 존재이며 정치적인 위협

부담도 거의 없다는 것을 깨닫고 상당한 자치권을 인정했다. 그 덕분에 주민들은 로마의 지나친 통제를 피할 수 있었다.

시므온 벤 가말리엘(Simeon Ben Gamaliel, 135~150)이라는 인물은 로마를 설득해 140년에 새로운 대공회를 만들기까지 했다. 대공회의 대표인 대주교는 다윗 후손에게만 세습되는 직위로 제2성전 시대에 대사제가 누렸던 것과 비슷한 권위를 인정받았다. 이렇게 하여 유대 대주교 시대가 시작된다.

페르시아의 유대 공동체에서도 비슷한 상황이 펼쳐졌다. 페르시아 북동쪽, 오늘날의 이란 땅에 살던 파르티아인들이 B.C.E. 2세기 말에 페르시아의 통치권을 빼앗았는데 이들 역시 유대의 종교 관행이나 계율을 잘 아는 종교 지도자에게 권력을 떼어주었던 것이다. 이른바 '포로의 지

로마 병사들이 제2성전에서 가져온 유대교 장식촛대를 들고 행진하는 장면이 새겨진 티투스 개선문(Arch of Titus).

도자(exilarch)' 제도가 생겨난 셈이었다. 갈릴리 공동체와 마찬가지로 페르시아에서 뽑은 '포로의 지도자' 도 다윗의 후손이었고 상당한 사법권도 행사했다.

3세기 후반 유다 벤 에제키엘(Judah ben Ezekiel)이 품베디타(Pumbeditha)에 세운 학

유대인의 이산(離散)

이산이라는 영어 단어 'diaspora' 는 '씨앗 뿌리기'를 뜻하는 그리스어에서 나왔다. 본래는 70년 제2성전 파괴 후 유대 바깥으로 쫓겨난 유대인들을 부르는 말이었다. 히브리 성경을 그리스어로 번역한 70인 역의 〈신명기〉 28장 25절을 보면 '지상 모든 나라에 이주하도록 하라' 는 말이 나온다. 사실 유대 이산은 그전 몇백 년 동안에도 꾸준히 일어났던 일이다. 페르시아와 로마제국에 유대가 통합되지 못했던 때, 유대 공동체는 소아시아, 그리스, 로마, 이집트, 카르타고, 스페인 등지에서 활발히 발전했기 때문이다.

교는 곧 랍비 교육의 중심지로 부상했다. 네하르데아(Nehardea)와 수라(Sura)의 학교에도 바빌로니아 전역에서 학생들이 모여들었다.

팔레스타인 대주교 체제의 핵심은 율법의 일상 적용에 대해 논의를 계속함으로써 유대인의 신앙 생활을 돕는 데 있었다. 랍

역사가가 된 포로

예수의 삶에 대한 고고학적 증거가 거의 없는 상황에서 당시 팔레스타인의 사회적 정치적 상황을 상세히 다룬 유대 역사가 요세푸스의 책은 대단히 귀중한 자료이다.

요세푸스는 사제 계급의 후손으로 66~67년의 유대 반란에서 어쩔 수 없이 젤로트파에 가담하였던 인물이다. 그가 이끌던 갈릴리 부대는 67년에 진군해온 베스파시안 군에 패배하였다.

요세푸스는 항복하여 심문을 당하다가 당시 장군이던 베스파시안이 장차 황제가 될 것이라는 대담한 예언을 내놓아 목숨을 건졌다.

베스파시안은 그 예언을 믿지 않았지만 18개월 동안 세 황제가 난립하는 혼란

기가 닥치면서 69년, 황제로 추대된다. 석방된 요세푸스는 로마로 가서 유대 반란에 대한 책을 썼고 이후 《유대인 고대사》라는 책도 집필한다.

《유대인 고대사》는 겨우 한 단락에 불과한 예수 관련 내용 덕분에 중세를 거쳐 오늘날까지 전해졌다. 하지만 최근에는 예수 관련 단락이 후대에 덧붙여진 것이라는 주장이 나오고 있다.

66~70년의 유대 반란을 상세하게 기록한 요세푸스의 모습을 새긴 17세기 판화.

부족, 거짓 예언자, 대사제에 대한 심판은 오로지 71인 재판정에서만 할 수 있다.
공격 전쟁에 대한 처벌 역시 71인 재판정의 권위로만 가능하다. |《미슈나》|

비들은 이러한 구전 율법이 늘 모세 5경의 일부가 되어왔으며 여러 세대의 학자들이 축적한 토론 기록이 율법에 포함되어 있다고 생각했다. 구전 율법은 B.C.E. 3세기에 처음으로 《미슈나Mishnah》로 성문화되었는데 아마도 유다 하 나지(Yuda ha-Nasi)가 한 작업이었으리라. 대부분 히브리어로 적힌 《미슈나》는 모세 5경을 바탕으로 율법을 체계적으로 설명하고 있다. 씨앗(농경), 축제(유대 명절), 여성(결혼), 손해(민법), 성물(번제), 정결(정화 의식)의 여섯 영역으로 구성되며 이는 다시 63부 531장으로 나뉜다. 각 주제마다 실제 사례를 들어 랍비의 설명을 제시하면서 율법을 알려주는 구조이다.

《미슈나》는 지속적인 연구와 토론을 낳고 이는 다시 《게마라Gemara》라는 주석서로 정리되어 《탈무드》에 포함되었다.

《탈무드》는 《미슈나》의 율법을 제시하고 이에 대한 랍비의 설명을 붙인 책이다.

113년에 로마에 세워진 트라야누스 기둥. 33미터 높이의 기둥에 다키아(현재 루마니아) 원정을 묘사한 부조가 나선형으로 새겨져 있다.

팔레스타인 지역에서는 C.E. 400년경, 《팔레스타인 탈무드Talmud Yerushalmi》(예루살렘 탈무드라고도 한다)가 만들어졌다. 바빌로니아의 유대 공동체에서도 구전 율법과 《미슈나》에 대한 연구가 이루어져 《바빌로니아 탈무드Talmud Bavli》가 나왔다. 《바빌로니아 탈무드》는 《팔레스타인 탈무드》에 비해 다루는 범위가 더욱 넓고 더 권위를 인정받는다. 이러한 저작들은 C.E. 313년, 로마제국의 공식 인정을 받은 그리스도교의 세력이 점점 커가는 데 대한 랍비들의 대응 노력을 보여준다.

《탈무드》는 유대 이주민들에게 꼭 필요한 생활 지침서로 자리잡았다. 출신지나 거주지가 어디든 관계없이 유대 율법을 지키며 살 수 있게 된 것이다. 또한 《탈무드》 덕분에 팔레스타인과 바빌로니아 랍비들이 일상의 어떤 문제에서든 공정한 판결을 내릴 수 있었다. 지역 통치자가 이 같은 점을 인정함으로써 유대 공동체가 어느 정도의 자율성을 확보하게 되는 효과도 나타났다.

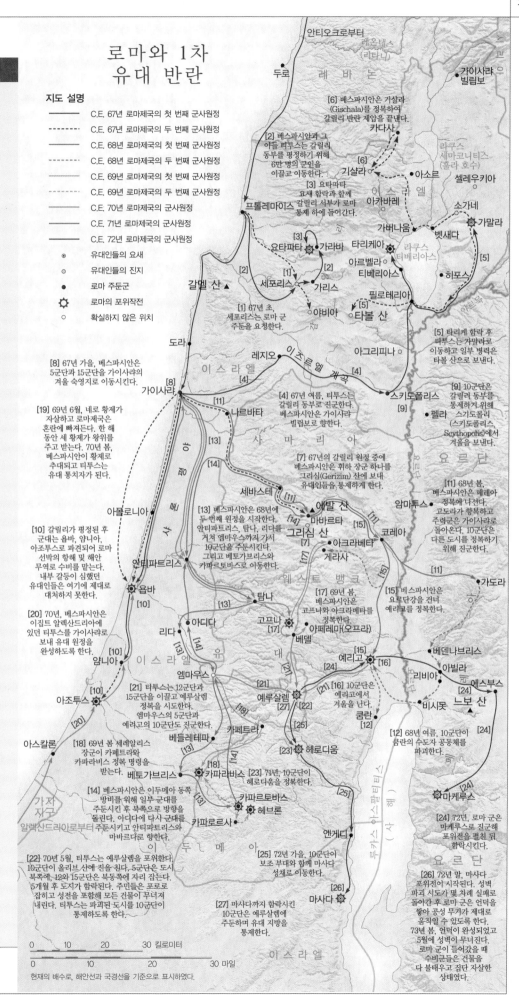

제10군단

로마의 제10군단은 1세기 팔레스타인에서 중요한 역할을 했다. 유대가 속한 로마의 시리아 지역에는 3군단(갈리사), 6군단(페라타), 10군단(프레텐시스), 12군단(풀미나타)이 배치되어 있었다. 그런데 갈릴리 세금 저항 반란 이후 10군단의 일부가 팔레스타인에 주둔하게 되었다고 한다.

이 주장이 맞는다면 예수의 십자가 처형에도 10군단이 관여했을 것이다. 유대 반란 중에 10군단은 예루살렘을 포위하였고 이후 젤로트파를 뒤쫓아 남쪽의 사막으로 갔다. 가는 길에 쿰란의 수도자 공동체를 파괴하기도 하였다. 그리고 마사다 성채에 숨은 젤로트파를 상대로 포위전을 치렀다. 이후 10군단은 예루살렘에 주둔하며 3세기까지도 유지되었던 것 같다.

10군단의 보병은 현지에서 충원되었는데 상대적으로 안정된 시리아 출신이 많았다. 보병은 쇠사슬 갑옷에 망토를 입고 투구를 썼으며 단검, 창, 방패로 무장한 모습이었다.

10군단의 상징은 돌고래, 갤리선, 황소였는데 마지막의 황소 상징은 율리우스 카이사르 가문이 군단을 이끈다는 의미였다. 병사의 한해 봉급은 225디나리(환산하면 3,500달러 정도이다)였는데 식비, 의복비를 제하고 매월 지급되는 돈은 10디나리가량으로 겨우 포도주 한 항아리를 살 수 있는 수준이었다. 25년 동안 복무한 후에는 10년치 봉급에 해당하는 퇴직금을 받았다고 한다.

로마와 1차 유대 반란

지도 설명

- ——— C.E. 67년 로마제국의 첫 번째 군사원정
- - - - - C.E. 67년 로마제국의 두 번째 군사원정
- ——— C.E. 68년 로마제국의 첫 번째 군사원정
- - - - - C.E. 68년 로마제국의 두 번째 군사원정
- ——— C.E. 69년 로마제국의 첫 번째 군사원정
- ——— C.E. 69년 로마제국의 두 번째 군사원정
- ——— C.E. 70년 로마제국의 군사원정
- ——— C.E. 71년 로마제국의 군사원정
- ——— C.E. 72년 로마제국의 군사원정

- ⊛ 유대인들의 요새
- ◎ 유대인들의 진지
- ● 로마 주둔군
- ✦ 로마의 포위작전
- 확실하지 않은 위치

[1] 67년 초, 세포리스는 로마 군 주둔을 요청한다.

[2] 베스파시안과 그 아들 티투스는 갈릴리 동부를 평정하기 위해 6만 병의 군인을 이끌고 이동한다.

[3] 요타파타 요새 함락과 함께 갈릴리 서부가 로마 통제 하에 들어간다.

[4] 67년 여름, 티투스는 갈릴리 동부로 진군한다. 베스파시안은 가이사랴 빌립보로 향한다.

[5] 타리케 함락 후 티투스는 가말라로 이동하고 일부 병력을 타볼 산으로 보낸다.

[6] 베스파시안은 기살라(Gischala)를 정복하여 갈릴리 반란 제압을 끝낸다.

[7] 67년의 갈릴리 원정 중에 베스파시안은 휘하 장군 하나를 그리심(Gerizim) 산에 보내 유대인들을 통제하게 한다.

[8] 67년 가을, 베스파시안은 5군단과 15군단을 가이사랴의 겨울 숙영지로 이동시킨다.

[9] 10군단은 갈릴리 동부를 통제하기 위해 스키토폴리스(스키토폴리스, Scythopolis)에서 겨울을 보낸다.

[10] 갈릴리가 평정된 후 군대는 욥바, 얌니아, 아조투스로 파견되어 로마 선박의 항해 및 해안 무역의 수비를 맡는다. 내부 갈등이 심했던 유대인들은 여기에 제대로 대처하지 못한다.

[11] 68년 봄, 베스파시안은 페레아 정복에 나선다. 고도라가 항복하고 주력군은 가이사랴로 돌아온다. 10군단은 다른 도시를 정복하기 위해 진군한다.

[12] 68년 여름, 10군단이 쿰란의 수도자 공동체를 파괴한다.

[13] 베스파시안은 68년에 두 번째 원정을 시작한다. 안티파트리스, 탐나, 리다를 거쳐 엠마우스까지 가서 10군단을 주둔시킨다. 그리고 베토가브리스와 카파르토바스로 이동한다.

[14] 베스파시안은 이두메아 동쪽 방비를 위해 일부 군대를 주둔시킨 후 군대의 방향을 돌린다. 아디다에 다시 군대를 주둔시키고 안티파트리스와 마바르타로 보낸다.

[15] 베스파시안은 요르단강을 건너 예리코를 정복한다.

[16] 10군단은 예리코에서 겨울을 난다.

[17] 69년 봄, 베스파시안은 고프나와 아크라베타를 정복한다.

[18] 69년 봄 세레알리스 장군이 카페트라와 카파라비스 정복 명령을 받는다.

[19] 69년 6월, 네로 황제가 자살하고 로마제국은 혼란에 빠져든다. 한 해 동안 세 황제가 왕위를 주고 받는다. 70년 봄, 베스파시안이 황제로 추대되고 티투스는 유대 통치자가 된다.

[20] 70년, 베스파시안은 이집트 알렉산드리아에 있던 티투스를 가이사랴로 보내 유대 원정을 완성하도록 한다.

[21] 티투스는 12군단과 15군단을 이끌고 예루살렘 정복을 시도한다. 엠마우스의 5군단과 예리고의 10군단도 진군한다.

[22] 70년 5월, 티투스는 예루살렘을 포위한다. 10군단이 올리브 산에 진을 친다. 5군단은 도시 북쪽에, 12군과 15군단은 북동쪽에 자리 잡는다. 5개월 후 도시가 함락된다. 주민들은 포로로 잡히고 성전을 포함해 모든 건물이 무너져 내린다. 티투스는 파괴된 도시를 10군단이 통제하도록 한다.

[23] 71년, 10군단이 헤로디움을 정복한다.

[24] 72년, 로마 군은 마케루스로 진군해 포위전을 펼친 뒤 함락시킨다.

[25] 72년 가을, 10군단이 보조 부대와 함께 마사다 성채로 이동한다.

[26] 72년 말, 마사다 포위전이 시작된다. 성벽 파괴 시도가 몇 차례 실패로 돌아간 후 로마 군은 언덕을 쌓아 공성 무기가 제대로 움직일 수 있도록 한다. 73년 봄, 언덕이 완성되고 5월에 성벽이 무너진다. 로마 군이 들어갔을 때 수비군은 건물을 다 불태우고 집단 자살한 상태였다.

[27] 마사다까지 함락시킨 10군단은 예루살렘에 주둔하며 유대 지방을 통제한다.

안티오크로부터

레온테스 (리타니)

두로

레바논

가이사랴 빌립보

카다사

기살라

아소르

라쿠스 세마코니티스 (훌라 호수)

셀레우키아

소가네

가말라

가버나움

빗새다

프톨레마이스

요타파타

가라바

타리케아

아르벨라

라쿠스 티베리아스

히포스

이스라엘

아카바레

티베리아스

필로테리아

세포리스

가리스

야비아

타볼 산

갈멜 산

도라

레지오

이즈르엘 계곡

아그리피나

이스라엘

가이사랴

나르바타

스키도폴리스

펠라

사마리아

아폴로니아

세바스테

에발 산

마바르타

그리심 산

암마투스

코레아

아크라베타

게라사

웨스트 뱅크

안티파트리스

욥바

탐나

아디다

고프나

아페레마(오프라)

가도라

베델

리다

예리고

베덴나브리스

아빌라

얌니아

이스라엘

리비아

느보 산

엠마우스

에스부스

예루살렘

비시못

아조투스

카페트라

아스칼론

베들레테바

쿰란

베토가브리스

카파라비스

헤로디움

가자 자구

알렉산드리아로부터

카파르토바스

헤브론

카파로르사

마케루스

이 두 메 아

엔게디

요르단

해 염 스 소( )

이 스 라 엘

마사다

| 0 | 10 | 20 | 30 킬로미터 |

| 0 | 10 | 20 | 30 마일 |

현재의 배수로, 해안선과 국경선을 기준으로 표시하였다.

그리스도교의 성장

로마 비아 라티나(Via Latina)에 있는 4세기의 초기 그리스도교 지하 묘지 내부 모습.

네로 황제의 박해와 뒤이은 유대 반란은 그리스도교에도 큰 타격을 입혔다. 불과 5년 사이에 야고보, 베드로, 바울 등 교회 지도자들이 세상을 떠났다. 예수의 외삼촌인 시몬 클레오파스(Simeon the son of Cleopas)가 예루살렘을 맡긴 했지만 팔레스타인에 새로운 그리스도교 중심지를 만드는 일은 불가능하게 되었다. 유대 그리스도교도들은 유대교도만큼이나 성전 파괴를 슬퍼했지만 소아시아의 비유대인 그리스도교도들은 이를 하느님의 처벌이라 보았다. 예수를 메시아로 받아들이지 않은 예루살렘이 벌을 받았다는 것

이다.

유대 반란은 유대인 그리스도교도와 비유대인 그리스도교도를 갈라놓는 역할을 했다. 유대인 교도와 차별화되기 위해 비유대인 교도들은 고유의 경전을 만들어야 했다. 이는 유대 전통과는 무관해야 했고 바울의 주장을 바탕으로 예수의 가르침과 행적을 다룬 것이어야 했다. 바울의 이론에 반대하는 분파가 세력을 키우면서 신생 종교의 안정성이 흔들리는 상황이었다. 이런 바탕에서 마르코, 루카, 마태오 복음서가 나왔다. 유대 반란 후 30년 가량이 흘렀을 때 복음

C.E. 146~170년경
알렉산드리아의 학자 프톨레마이오스가
아이슬란드에서 스리랑카까지를
'알려진 세계'로 구분함

C.E. 185년경
프랑스 리옹의 이레나이우스(Irenaeus)가
신약성경을 정전(正典)으로
만들기 위해 앞장섬

C.E. 193~211년경
셉티미우스 세베루스 황제가 로마 군의
그리스도교도 박해를 허용함

C.E. 249~251년경
데시우스 황제 치세. 그리스도교도에 대한
'데시우스 박해'가 일어남

제자들이 물었다. "신의 왕국은 언제 옵니까?" 예수께서 답하였다.
"왕국은 기다린다고 오는 것이 아니다. '여기 있다' 거나 '저기 있다' 고 말할 수 있는 것도 아니다.
아버지의 왕국은 지상에 열려 있지만 사람이 보지 못할 뿐이다." | 도마 복음 113 |

서들이 한꺼번에 만들어진 것이다.

이즈음 그리스도교는 베드로나 바울의 활동 반경을 훨씬 넘어서까지 퍼져나간 상태였다. 1세기 말이 되면 유대인과 비유대인의 그리스도교 공동체는 로마 전역에서 번성했다. 소아시아의 신자만 해도 30만 명이 넘었다는 주장이 나올 정도이다. 로마인들은 그리스도교도의 봉사활동에 감동을 받았다. 그리스도교도들은 병든 사람과 가난한 사람, 감옥에 갇힌 사람을 보살폈고 장례를 도왔다.

하지만 그리스도교의 성장이 체계적이라고는 할 수 없었다. 공식 교회 조직이 없었으므로 2세기 초기의 그리스도교란 예수 그리스도라는 인물을 따르는 각 지역 무리들의 통칭에 가까웠다. 예루살렘 교회에 애착을 가진 사람은 유대교 뿌리를 강조했고 비유대인 교도들은 바울의 이론을 신봉하는 등 제각각이었던 것이다. 내적인 변화와 깨달음을 통해 그리스도를 알고자 하는 그노시스파(Gnosticism, '비밀스러운 지식' 을 뜻하는 그리스어 'gnosis' 에서 유래한 이름이다)가 등장하기도 했다. 그노시스파는 영적인 추구에 완전히 몰입하면 스스로 깨달음을 얻을 수 있다고 주장하였다. 인간은 각자 자기 안에 신성(神性)의 불꽃을 지녔다는 고대 그리스 사상에서 영향을 받았으며 불교와도 통하는 면이 있는 주장이다. 그노시스파의 해석에 따르면 예수가 우화를 사용한 이유는 신의 진리는 너무도 귀중하고 또한 스스로 준비된 사람만 접근하도록 해야 할 위험한 비밀이기 때문이라고 한다.

1945년, 이집트의 나그 함마디(Nag Hammadi) 인근에서 파피루스로 만든 책 열세 권이 발견되면서 그노시스파의 실체가 새로이 드러났다. 그전까지는 이집트 북부의 옥시린쿠스(Oxyrhynchus) 등지에서 나온 파피루스 조각이 전부였던 것이다. 나그 함마디 문서에는 〈도마 복음〉〈베드로 복음〉〈바울 복음〉 등이 포함되어 있다. 그노시스파는 남녀를 차별하지 않고 받아들였으며 심지어는 마리아 막달라를 시조로 삼는 분파도 있을 정도였다. 이 분파는 1986년, 카이로에서 발견된 〈마리아 복음서〉를 믿음의 기준으로 삼았다.

그노시스파 그리스도교도들은 개인의 깨달음, 즉 스스로 사도가 될 것을 강조했다. 이는 초기 교회가 건설하고자 하는 위계 구조를 위협하는 교리였다. 그노시스파가 이단으로 박해받은 이유도 바로 여기에 있었다.

시노페 출신의 마르시온(Marcion of Sinope)이 이끄는 이른바 마르시온 파는 그리스도교를 유대 전통에서 분리시키는 데 주력했다. 유대 율법을 신앙과 분리했던 바울에서 한 걸음 더 나아가 히브리 성경까지 거부한 것이다. 타티안(Tatian)이라는 사람은 〈마르코 복음〉〈마태오 복음〉〈루카 복음〉〈요한 복음〉을 합쳐 《디아테사론Diatessaron》이라는 성경을 내놓기도 하였다. 반면 비잔티움의 부유한 가죽 가공업자 테오도투스(Theodotus)가 이끄는 무리는 예수가 동정녀 마리아에게서 태어났으며 성

그리스도를 뜻하는 그리스 단어 'Christos'의 첫 두 글자를 배경으로 예수를 표현한 4세기의 모자이크. 영국의 힌튼 세인트 매리(Hinton St. Mary) 마을 소재.

C.E. 260~340년경
가이사랴의 에우세비우스 주교가
신약성경의 첫 번째 기준본을 만듦

C.E. 261년경
갈리에누스 황제가 그리스도교를
최초로 인정함

C.E. 284년경
디오클레티아누스 황제가
외세의 위협에 효과적으로 대처하기 위해
통치 구조를 재편함

C.E. 325년경
로마제국이 고트족과 페르시아인들의
공격에 시달림

령은 곧 인간이고 죽음 후 부활을 통해 신성해진다고 믿었다. 교황 빅토르 1세는 2세기 말, 테오도투스 일파와 기타 그노시스 분파를 파문했지만 서로 다른 교리를 내세우는 무리들은 4세기, 그리고 이후 비잔틴 시대까지도 끊이지 않고 나타났다.

다양한 그리스도교 분파가 확산되면서 초기 교회가 체계화되어야 필요성은 더욱 절실해졌다. 그리고 그 교회 안에서 바울이 전파한 가톨릭 교리가 강화되었다. 1세기부터 그리스도 공동체를 이끄는 장로들은 그리스도와 직접 접한 경험이 있느냐 없느냐에 따라서가 아니라, 행정적 능력과 성령에 대한 믿음을 기준으로 정해졌기 때문이다. 이들 장로는 정식 사제는 아니었고 결혼한 사람도 많았다. C.E. 96년경에는 장로들이 사도로서의 공식적 권위를 부여받고자 하면서 주교라는 지위가 생겨났다. 장로들이 이끄는 비공식적 조직은 C.E. 2세기 중반에서 말엽까지 바울 신학을 유지 강화하는 역할을 하였다.

로마의 박해

유대교와 달리 그리스도교는 로마제국이 인정하는 종교가 아니었다. 이 때문에 C.E. 2세기 동안 고난을 겪어야 했다. 늘 적극적인 형태의 억압이 있었던 것은 아니다. 도미티아누스(81~96)와 트라야누스(98~117)라는 두 황제는 모두 반그리스도 정책을 폈지만 비티니아(Bithynia)의 젊은 총독 플리니우스가 '도시뿐 아니라 시골에도 널리 퍼져 있는' 그리스도교의 실태를 보고하며 모두 뿌리 뽑겠다고 하자 트라야누스 황제는 관용을 지시하였다. 하지만 플리니우스 총독은 황제의 만류에도 아랑곳없이 안티오크의 이그나티우스 주교를 비롯해 고위 성직자들을 처형했다.

하드리아누스(117~138) 황제는 바르 코흐바 반란이 일어났을 때 군단을 보내 진압했지만 극심한 차별 정책을 펴지는 않았다. 135년에 유대가 평온을 되찾자 황제는 그 자리에 엘리아 카피톨리나라는 새 도시를 건설하기로 한다. 예수가 남긴 흔적이 깨끗이 지워진 것이다. 제2성전이 있던 곳 근처에는 주피터 신전이 세워졌다.

그리스도교도에 대한 폭압은 지방에서 종종 일어났다. 그러나 공식적인 박해 명령을 내린 황제는 셉티미우스 세베루스(193~211)뿐이었다. 이때 박해의 대상이 된 것은 알렉산드리아와 아프리카 북부의 그리스도 공동체였다.

콰드라투스(Quadratus, 125년경 활동)나 사마리아의 유스틴(Justin, 100~165), 터툴리안 등 그리스도교 저술가들은 로마를 논리적으로 설득하려 했다. 이들은 《변론Apologia》 《믿음의 옹호》 등의 저술을 통해 로마 정치 체계와 그리스도 신학 사이에는 모순이 없

그노시스 복음서

〈베드로 복음〉〈빌립보 복음〉〈마리아 막달라 복음〉 등을 포함한 그노시스 경전들이 1945년에 한꺼번에 발굴되었다. 이중 특히 유명한 것이 〈도마 복음〉이다. 수난에 대한 언급은 전혀 없이 예수의 말씀을 모은 이 복음서에서 예수는 신의 왕국이 새로운 정치 체제라 생각하는 이들을 꾸짖는다.

"왕국이 하늘에 있다고 말하는 사람은 하늘의 새보다도 못하다. 왕국은 너희 마음 속에, 그리고 너희 바깥에 있다. 자기를 알게 되면 자기가 바로 살아계신 아버지의 자녀임을 깨달을 것이다."(도마 3)

최근 학자들은 2세기에 그리스어로 씌어져 3~4세기에 콥틱어로 번역된 〈유다 복음〉을 복원해냈다. 1983년에 출판된 〈유다 복음〉에서는 예수가 죽임을 당해 정해진 운명을 실현할 수 있도록 유다에게 배신을 부탁했다는 내용이 담겨 있다.

1945년, 이집트의 나그 함마디에서 발견된 책들. 콥틱어로 적힌 그노시스 경전이 대부분이었다. 그중 많은 수는 그리스어에서 번역된 것으로 추측된다.

음을 역설했다. 하지만 로마의 박해는 3세기까지 이어졌다. 3세기에 외세의 위협이 커지자 로마에서는 종교의 의미가 한층 강조되었고 이런 상황에서 그리스도교도의 군복무 회피와 같은 행동은 국가에 대한 반역으로 간주되었다. 데시우스 황제(249~251)는 병역 기피자를 엄단하기 위해 박해를 재개했다. 황제에게 번제를 드리지 않는 주교와 성직자들은 죽음을 면할 수 없었다.

갈리에누스(253~268)와 그 아버지 발레리안(200~261)이 공동 통치하던 260년에 전환점이 찾아왔다. 기묘한 공동 통치(253~

마리아 막달라는 그리스도교 주류에서뿐 아니라 그노시스파에게도 중요한 인물이다. 페티(Domenico Fetti)가 1617~1621년에 그린 마리아 막달라 초상.

260)가 이루어진 건 한 명의 황제가 야만인의 침입으로부터 로마를 지켜낼 수 없던 당시의 상황 때문이었다. 260년에 발레리안이 전쟁에 패해 페르시아 샤푸르 1세의 포로로 잡히자 갈리에누스가 홀로 통치를 시작했다. 당시 로마제국은 오늘날의 이탈리아와 발칸 반도 정도로 영토가 줄어든 상태였다.

외세의 압력 속에서 갈리에누스는 로마 예술, 시, 철학, 문학을 부흥해 로마 문화를

하드리아누스(117~138)는 예루살렘 자리에 세운 엘리아 카피톨리나를 비롯해 여러 도시를 건설했다. 사진은 터키에 위치한 아프로디테 신전이다.

그리스도교교도에 대한 박해는 19세기 낭만주의 화가들이 즐겨 사용한 소재였다. 장 레옹 제롬(Jean-Leon Gerome)이 1883년에 그린 〈그리스도 순교자들의 마지막 기도〉.

지키고 사회 균열도 막으려 했다. 황제 자신이 지식인 모임에 들어가기도 했는데 이 모임에는 가톨릭과 그노시스파를 포함해 다양한 종교에 관심이 많은 철학자 플로티누스(205~270)도 참여하고 있었다. 그 영향으로 황제도 종교에 관심을 가지게 된 것인지는 확실치 않지만, 261년 갈리에누스는 그리스도교를 공식 종교로 인정한다고 선포했다. 예수의 죽음 이후 처음으로 그리스도교도들이 공개적으로 종교 활동을 할 수 있게 된 것이다.

교회는 이 기회를 잘 활용했다. 다음 40년 동안 그리스도교도들은 교회를 짓고 활발히 종교를 전파했으며 주교 숫자를 대폭 늘렸다. 3세기 말엽이 되었을 때 소아시아의 주민 가운데 10분의 1이 그리스도교도일 정도였다.

디오클레티아누스의 마지막 박해

284년, 이민족의 압력이 더욱 거세지면서 로마제국은 큰 변화를 겪었다. 4두 체제가 만들어진 것이다. 황제의 권력이 둘로 나뉘었고 이 두 통치자를 다시 한 급 아래의 부통치자가 지원하는 구조였다. 네 사람은 로마 상원의 간섭 없이 군사 행동을 할 수 있었다. 베네치아 산마르코의 남서쪽에 있는 붉은 반암 조각을 보면 네 통치자의 모습이 나타난다. 로마 미술의 전형적인 자세를 취한 네 인물은 서로에게 도와달라는 듯 손을 내밀고 있다.

디오클레티아누스(284~305)의 초상이 들어간 로마 주화.

상위 통치자 디오클레니아누스(284~305)는 제국을 네 개 군사 관할권으로 나누었다. 변방과 가까이 있기 위해 두 황제는 밀라노와 니코메디아에 근거지를 두기로 했다. 니코메디아는 비잔티움이라는 도시에서 불과 몇 킬로미터 거리였다.

몇 년이 흐르면서 외세의 침입으로 교역로가 끊어졌고 시장이 사라지거나 야만족의 수중에 넘어가기도 했다. 로마 경제는 서서히 붕괴했다.

희생양이 필요한 상황에서 다시금 그리스도교도가 지목됐다. 303년에 그리스 로마 철학자 포르피리우스(232~304)가 《그리스도교도를 반대함》이라는 책까지 쓴 것을 보면 반 그리스도 정서가 얼마나 심했는지 드러난다. 이 책은 '유대 성경의 비천함'을 폭로하면서 '그리스도는 가장 경건했으나 그리스도교도들은 사악하고 혼란스러운 무리에 불과하다'고 주장했다.

디오클레티아누스는 그리스도교도 박해 명령을 내렸고 왕궁이 불타는 사건까지 일어나면서 박해는 신속히 진행되었다. 교회는 몰수되거나 파괴당했다. 그리스도교의 종교 활동은 불법으로 간주되었다. 수많은 교회 지도자들이 체포되었고 고문을 당한 후 처형됐다.

하드리아누스 이후 가장 유능한 황제였던 디오클레티아누스는 제국을 살려냈다는 칭송을 받지만 그로 인해 그리스도교는 멸절 직전 상황에까지 몰렸다.

그리스도 미술의 탄생

초기 그리스도교도들에게 장례는 아주 중요한 의식이었다. 죽음은 영생을 얻는 과정이었기 때문이다. 그리스도교가 금지되었던 로마에서 공개적인 그리스도교식 장례는 꿈도 꿀 수 없었으므로 대부분의 신자들은 카타콤이라는 지하 묘지에 구멍을 파고 시체를 안치했다. 그리고 거기 모여 기도를 하고 성체 성사를 진행했다.

지금까지 발굴된 로마의 카타콤은 40곳 가량이다. 단순하지만 감동적인 그림이 그려진 경우도 많다. 1955년에 발견된 비아 라티나(Via Latina) 카타콤에서는 군중 앞에서 설교하는 예수의 모습을 담은 채색 프레스코화가 나왔다. 서둘러 그린 듯 붓질 자국이 선명하지만 훌륭한 솜씨였다. 초기 그리스도 미술에 대해, 그리고 1세기 로마 화가들의 실력에 대해 알려주는 증거인 셈이다.

그리스도교가 자유를 얻은 후에는 부자들이 유능한 조각가들에게 관 조각을 의뢰했다. 그리스도교는 화장을 금했으므로 대리석 조각관이 최고의 장례 준비였던 것이다. 이런 관 중에 가장 오래된 것이 로마의 빌라 펠리스(Villa Felice)에서 발견되었다. 예수가 당나귀를 타고 예루살렘에 들어서는 장면을 새긴 관인데 312년에 만들어진 것으로 추정된다. 로마 조각 기술이 쇠퇴하던 시점이라는 견해를 비웃기라도 하듯 금속으로 갈아 만든 옷자락, 턱수염, 머리카락이 생생하다. 풀 뜯는 말의 모습, 아버지 옷에 매달린 꼬마, 나무 위에 올라간 구경꾼 등 세부적으로도 로마 예술가들의 날카로운 관찰력이 돋보인다.

312년경에 만들어진 그리스도교 관 조각의 일부. 예수가 예루살렘에 들어서는 모습이다.

콘스탄티누스의 세계

유럽과 아시아를 갈라놓는 좁은 해협 보스포루스. 뒤쪽으로 콘스탄티노플의 하기아 소피아가 보인다.

3 05년 디오클레티아누스 황제가 건강 악화로 퇴위했고, 공동 통치자였던 막시미안(286~305)도 물러났다. 두 사람 밑에 있던 부통치자 갈레리우스(305~311)와 콘스탄티우스 클로루스(305~306)가 공동 황제 자리를 계승하고 곧 자신들을 보좌할 부통치자를 임명하였다. 이때부터 권력을 둘러싼 20년 동안의 싸움이 시작된다. 콘스탄티우스가 306년에 요크에서 갑자기 사망하자 휘하 군대는 그 아들 콘스탄티누스를 황제로 선포했다. 하지만 로마에 있던 황실 근위대는 막시미안의 아들 막센티우스를 추대했다. 결국 312년 콘스탄티누스는 로마 근교 티베르 강에 놓인 밀비안(Milvian) 다리에서 막센티우스와 맞선다.

그리스도 신학자이자 저술가였던 락탄티우스(Lactantius, 240~320)는 이 싸움이 벌어지기 전날 콘스탄티누스가 꿈속에서 병사들 방패에 '신의 표지'를 그리라는 계시를 받았다고 기록했다. 그 표지는 '그리스도'를 뜻하는 그리스 단어의 첫 두 글자였다. 337년에 콘스탄티누스가 사망한 후 씌어진 에우세비우스(Eusebius)의 책에서는 콘스탄티누스가 하늘에서 번쩍이는 십자가와 함께 '이것으로 승리하

C.E. 306년경
아버지 콘스탄티우스 1세가 사망한 후
콘스탄티누스가 황제로 추대됨

C.E. 312년경
콘스탄티누스가 막센티우스와 싸우기 전날 밤
꿈에서 계시를 받음

C.E. 313년경
콘스탄티누스의 밀라노 칙령으로
그리스도교도들이 신앙의 자유를 얻음

C.E. 325년경
니케아 총회가 삼위일체 개념을
제기함

우리와 우리 통치 하에 있는 모든 이에게 자비로운 신이기만 하다면
그리스도교도를 포함해 모두에게 원하는 종교를 믿을 권리를 부여한다.

| 콘스탄티누스 황제, 밀라노 칙령 |

리라' 라는 그리스어를 보았다고 되어 있다. 어느 쪽이 정확한 이야기인지는 모르지만 콘스탄티누스는 막센티우스를 물리쳤고 그 승리를 그리스도 하느님에게 돌렸다. 다음 해인 313년, 황제는 밀라노 칙령을 내려 앞서 갈리에누스가 선포한 종교 인정을 재확인하고 그리스도교도에게 무제한의 종교 자유를 부여했다. 그리고 여기서 더 나아가 국가가 몰수했던 그리스도교도의 재산을 반환한다고 약속했다. 추방당했던 이들도 돌아올 수 있었다.

324년에 콘스탄티누스가 마지막 경쟁자인 리키니우스를 소아시아 크리소폴리스에서 물리침으로써 그리스도교는 로마제국 전역에서 안전을 보장받았다. 그리고 '배교자' 라 불린 율리아누스의 짧은 통치기(361~363)만 제외하고 이 평화는 이슬람 진군 때까지 이어졌다.

성 베드로 교회

콘스탄티누스는 베드로의 무덤이라 여겨지는 곳에 거대한 그리스도 교회를 짓기로 했다. 오늘날의 바티칸 시가 위치한 아제르 바티카누스(Ager Vaticanus)라는 곳이었다. 하지만 건축가들은 그리스도 성전을 어떻게 만들어야 할지 고민에 빠졌다. 그때까지 그리스도교 성전은 일정한 양식 없이 소규모로 지어졌기 때문이다. 폭발적으로 늘어난 신자를 감안하면 크게 지어야 했다.

이교 신전은 좁은 복도를 걸어 들어가면 안쪽에 방이 나오고 조각상이 서 있는 형태였는데, 예배를 드리기에 적

합하지 않았다. 결국 건축가들이 선택한 형태는 로마의 공회당이었다. 제국 곳곳의 유대 회당은 이미 이런 구조로 만들어진 상태였다. 커다란 직사각형 홀을 갖춘 로마 공회당은 재판과 같은 행사를 위한 곳이었다. 세속적 용도였으므로 종교적 분위기는 없었다. 홀 양쪽 끝에 커다란 반원형 공간을 두어 황제상이나 신상을 두곤 했는데 그리스도 교회에서는 이 공간을 하나만 만들어 제단을 놓기로 했다.

성 베드로 교회를 짓는 데 25년이 걸렸다. 이 교회는 천년 이상 자리를 지켰다. 800년, 샤를마뉴 대제가 신성 로마제국 황제의 관을 쓴 것도 바로 이 교회였다. 하지만 르네상스가 시작되면서 건물은 세월의 무게를 드러내다가 마침내 1506년에 붕괴되었다. 그 자리에 들어선 현재의 성 베드로 대성당은 120년 간의 공사를 거친 건물이다.

종교 분파들의 대립

자유를 얻기는 했지만 그리스도교는 예수의 신성에 대한 논쟁으로 만신창이가 되었다. 4세기 초의 신학자 아리우스(Arius)는 그리스도가 '아버지에게서 나왔으므로' 아버지와 똑같은 신성을 지니지는 못한다고 주장했다. 가톨릭 주교들의 노력에도 불구하고 아리우스 파는 무서운 기세로 늘어났다. 결

조각상에서 떨어져나온 콘스탄티누스 1세(306~337)의 거대한 두상. 로마의 카피톨리네(Capitoline) 박물관에 보관돼 있다.

C.E. 330년경
콘스탄티누스가 수도를
비잔티움으로 옮김

C.E. 337~361년경
콘스탄티우스 2세가 유대 남자와 그리스도교도
여자의 결혼을 금지하고 회당 건설을 막는 등
억압 정책을 폄

C.E. 361~363년경
율리아누스 치세에서
그리스 로마 다신교가 잠시 되살아남

C.E. 392년경
테오도시우스 황제가 그리스 로마 다신교
숭배를 범죄 행위로 규정함

국 콘스탄티누스가 개입하게 되었다.

325년, 황제는 300명 가까운 주교들을 니케아 총회에 소집했다. 니케아는 오늘날의 터키 이즈닉(Iznik) 근처이다. 콘스탄티누스는 직접 회의를 주재하면서 합의를 이끌어내고자 했다. 핵심은 아버지 하느님에 대해 그리스도가 종속적인 위치냐, 아니면 동등하냐 하는 것이었다. 최종 투표 결과 알렉산드리아 주교 아타나시우스(Athanasius)가 제시한 동등론이 이겼다. '우리는 하나이신 아버지 하느님, 그리고 아버지와 하나인 그 아들 예수 그리스도를 믿는다.' 라는 니케아 신조(Nicea Creed)는 오늘날까지 유지되고 있다. 니케아 총회에서는 성령에 대해서도 논의했지만 삼위일체 개념은 55년 후에야 콘스탄티노플 공회에서 받아들여졌다.

아리우스를 포함한 주교 두 명은 니케아 신조를 거부해 회의에서 축출되고 추방당했다. 아리우스 신학에 동조했던 가이사랴의 에우세비우스는 의혹 어린 시선을 받았고, 그 덕분에 예루살렘의 마카리오스 주교는 한층 높은 권위를 누리게 되었다. 니케아 신조에는 아리우스의 책을 가진 사람을 사형에 처한다는 내용까지 포함되어 있었다. 하지만 이에 아랑곳없이 신앙과 이성 간의 갈등은 중세까지 이어졌다. 이는 영원히 해결되지 못할 대립이라고 보는 사람들도 있다.

콘스탄티누스는 로마제국의 수도를 비잔티움으로 옮겼다. 오늘날에는 콘스탄티노플, 즉 콘스탄티누스의 도시라 불리는 곳이다. 동과 서를 연결하는 다리에 해당하는 이 지역을 선택한 것은 로마의 운명이 아시아에 달려 있다는 인식 때문이었다. 서쪽 제국은 이민족의 침입에 시달려 수많은 농장과 마을이 버려지는 상황이었지만 소아시아의 인구는 계속 늘어났다. 새로운 수도 이름을 따라 로마제국은 비잔틴제국이라 불렸다.

하지만 로마인들은 다신교 신앙을 이어갔다. 콘스탄티누스도 이교 신들을 옹호했으며 죽음이 임박하기 전까지 세례를 받지 않았다.

이런 분위기는 배교자 율리아누스의 통치 이후 복수라도 하듯 그리스도교를 옹호한 테오도시우스 1세(379~395)에 이르러 확 바뀌었다. 380년에는 '우리의 자비를 원하는 자는 사도 베드로가 로마인들에게 전한 신앙을 고백해야 한다.' 는 칙령까지 내려졌다. 이제 그리스도교는 로마제국의 국교가 된 것이다.

호전적인 주교 암브로세의 조언에 따라 테오도시우스는 아리우스 파에 동조한 주

성 베드로의 뼈

324년에 콘스탄티누스가 지은 성 베드로 교회는 계단 아래 지하에 성 베드로의 무덤을 두어 순례자들에게 공개했다는 이야기가 전해진다.

2차 세계대전이 치열하던 1942년, 교황 피우스 12세는 고고학자들에게 성 베드로 성당 제단 아래를 발굴하라고 지시했다. 혹시라도 무덤이 발견되지 않을 것을 우려해 작업은 극비리에 이루어졌다.

몇 년의 작업이 이어진 후 붉은 벽을 배경으로 한 흰 대리석 묘소가 발견되었다. 그 소박한 모습은 2세기에 가이우스라는 성직자가 편지에 쓴 것과 일치했다. 묘소 위쪽의 대리석 틀은 콘스탄티누스 대제 시대의 것으로 추정되었다.

묘소는 비어 있었지만 벽 안에서 60세 가량의 남자 유골이 나왔다.

1950년, 피우스 12세는 라디오 방송을 통해 '분명히 증명할 수는 없는 일이지만' 베드로 사도의 것일 가능성이 높은 유골이 발견되었다고 발표했다.

그 진위 여부에 대해서는 아직도 논란이 이어지고 있다.

1940년대에 성 베드로 교회 아래에서 발견된 묘소. 2세기에 만들어진 사도 베드로의 묘로 추정된다.

교들을 파면하고 아리우스 파 교회들을 가톨릭 사제 관할 아래 넣었다. 그리고 로마 귀족들의 거센 항의에도 불구하고 고대 로마 다신교 숭배를 모두 이단으로 규정했다. 우선 이교 신에 대한 번제 의식이 금지되었고 뒤이어 392년에는 모든 형태의 이교 신 숭배를 범죄 행위로 규정한 칙령이 나왔다. 암브로세의 격려를 받으며 전국의 사제들이 신전에 밀고 들어가 신상을 부수고 금은 봉헌물을 빼앗았다. 알렉산드리아의 대주교 테오필루스는 미트라(Mithras) 신전 습격을 직접 지휘하였고, 약탈물을 알렉산드리아 도서관에 기증하기도 하였다. 이렇게 하여 고대 로마의 문화는 단기간 내에 종말을 맞았다.

유대교와 비잔틴제국

콘스탄티누스의 밀라노 칙령은 유대인과 로마제국의 관계에도 크나큰 영향을 미쳤다. 처음에는 유대 이주민들의 평화가 깨지지 않았고 회당도 습격당하지 않았다. 하지만 유프라테스 강가의 도시 칼리니쿰(Callinicum)에서 유대교 회당이 파괴되면서 상황이 바뀌었다. 지역 주교에게 회당의 복구 비용을 지원하라고 명령했던 테오도시우스 황제는 암브로세 주교의 반대에 부딪혀 명령을 철회했다.

팔레스타인의 유대인들은 더욱 큰 변화를 겪었다. 갑자기 팔레스타인이 그리스도교 성지로서 중요한 의미를 갖게 된 것이다. 예루살렘의 마카리오스 주교는 골고다와 그리스도 묘지로 추정되는 곳을 발굴하기 시작했다. 하드리아누스 황제가 세운 아프로디테 신전 아래였다.

콘스탄티누스의 어머니인 헬레나 황후는 예수와 관련된 장소에 교회를 세우는 운동을 일으켰고 순례자와 사제들 수천 명이 여

새 시대의 상징

콘스탄티누스 치세 초기에 로마 상원은 황제에게 개선문을 바치기로 결정했다. 개선문 건설은 313~315년에 이루어졌다. 기간이 너무 짧았으므로 건축가들은 이전의 세 기념비에서 조각 장식을 떼다 붙일 수밖에 없었다. 아무도 이를 알아채지 못하도록 트라야누스, 하드리아누스, 아우렐리우스의 얼굴은 콘스탄티누스와 비슷하게 손질되었다.

콘스탄티누스의 개선문은 그리스도교 시대의 첫 로마 예술품이자 가장 잘 보존된 기념비이다. 이 개선문은 콜로세움 옆, 산 그레고리오 거리 끝부분에 지금도 서 있다.

마차가 통과할 수 있는 중앙의 큰 아치와 보행자를 위한 양쪽의 작은 아치로 이루어진 콘스탄티누스 개선문은 적절한 비례로 르네상스 시대에 찬사를 받았고 무수한 모방작을 낳았다.

개선문 전면 작은 아치들 위로는 사냥과 번제 의식 장면을 담은 빼어난 조각이 원 안에 들어 있다. 하드리아누스 기념비에서 가져온 것이다. 또 아치 양 측면은 트라야누스 시대의 벽면 조각에서 떼어온 실감나는 전쟁 장면으로 장식되었다. 실물 크기의 인물들이 맞부딪히는 모습이 완벽하게 재현되어 있다. 로마 예술의 전성기를 보여주는 작품이다.

콘스탄티누스의 장인들이 조각한 것은 하드리아누스 시대의 원형 조각 아래쪽에 있는 길쭉한 네모 부분뿐이다. 콘스탄티누스가 연단에 올라 연설하는 장면을 묘사했는데 머리 크기가 지나치게 크고 옷자락 표현이 없다시피 한 조악한 상태이다. 인물들의 자세도 경직되고 어색하다. 기존의 기념비에서 떼어온 조각과는 천지차이이다. 원 안에 3차원 인물을 새겨 넣는 탁월한 조각술이 쇠퇴해버렸던 것이다. 이런 상황은 피렌체 르네상스가 시작될 때까지 지속되었다.

로마의 콘스탄티누스 개선문. 312년의 밀비안 다리 전투를 기념하여 313~315년에 세워졌다.

기 참여했다.

갑자기 불어닥친 그리스도교 열풍을 바라보며 팔레스타인 유대인들은 충격을 받았다. 랍비들은 예루살렘의 변모를 불안한 눈으로 지켜보았다.

20여 년 후의 콘스탄티우스 2세(337~361)는 본격적인 반유대교 정책을 폈다. 유대 남자와 그리스도교 여자의 결혼이 금지되었고 유대인의 노예 소유권을 박탈했다. 많은 유대인들이 노예 매매업에 종사하는 상황이었던 만큼 이 조치의 경제적 파장은 매우 컸다.

테오도시우스 2세는 그리스도교를 로마

제국이 인정하는 유일한 종교로 선포하면서 유대인은 관직에 오를 수 없도록 하여 비잔틴 사회에서 유대인의 입지를 한층 좁혔다. 새로운 회당 건설도 금지되었다.

티베리아스에 있던 랍비 재판정인 대공회의 권한도 대폭 축소되었다. 대신 예루살렘의 주교가 대주교로 격상되었다. 이후의 황제들도 유대 공동체에 가혹한 세금을 부과해 많은 가구가 빈곤층으로 전락했다. 견디다 못한 유대인과 사마리아인들은 352년에 조세 저항 반란을 일으켰다. 콘스탄티우스 2세는 아들인 카이사르 갈루스(Caesar Gallus, 351~354)를 보내 이를 진압

하게 한다.

반란의 진원지는 2세기에 대공회가 있던 곳이자 랍비 유대교의 중심지인 세포리스였다. 4세기까지 세포리스(당시 이름은 디오카이사레아Diocaesarea였다)는 로마인과 유대인이 조화롭게 살아가는 모범적인 지역이었다. 하지만 갈루스는 어린 아이까지 포함해 수천 명을 죽이고 도시를 완전히 파괴해버렸다.

이후 유대인들은 로마-비잔틴제국의 영향권 밖으로 이주했다. 《탈무드》 연구의 중심지인 바빌론으로 가기도 했고 홍해 해안을 따라 내려가 에티오피아나 심지어 예멘

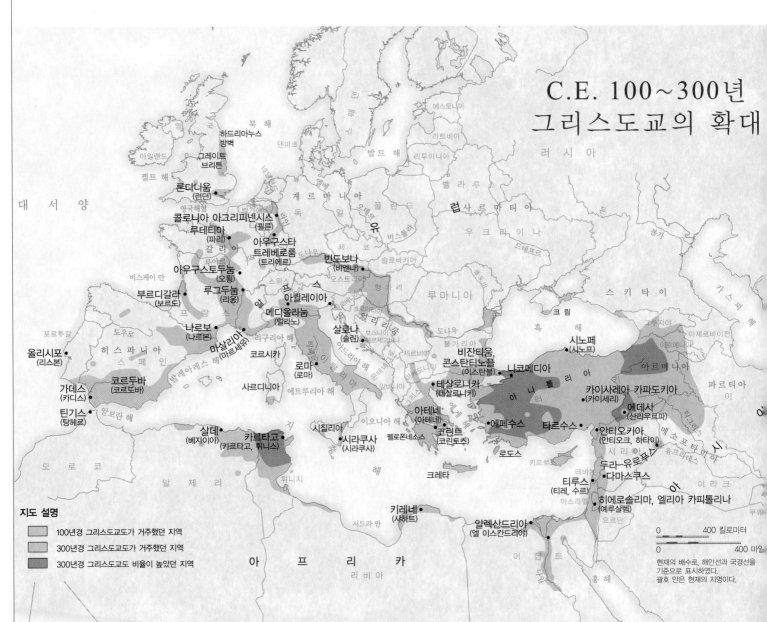

C.E. 100~300년
그리스도교의 확대

지도 설명

100년경 그리스도교도가 거주했던 지역
300년경 그리스도교도가 거주했던 지역
300년경 그리스도교도 비율이 높았던 지역

0   400 킬로미터
0   400 마일

현재의 배수로, 해안선과 국경선을 기준으로 표시하였다.
괄호 안은 현재의 지명이다.

그리스도 성지의 건설

콘스탄티누스의 건축열은 로마에 그치지 않았다. 그는 예루살렘 마카리오스 주교에게 하드리아누스가 지은 아프로디테 신전을 부수고 예수의 무덤과 골고다 언덕을 발굴하라고 지시했다. 그리고 예수의 무덤으로 추정되는 장소에 성묘교회를 세웠다.

콘스탄티누스의 어머니 헬레나 황후 역시 팔레스타인의 교회 건설에 관심을 쏟았다. 황후가 예루살렘 건설 현장을 방문했을 때 예수가 처형당한 십자가를 찾아냈다는 이야기도 전해진다.

황후는 베들레헴의 하드리아누스 신전도 파괴하도록 명령했다. 그 자리에 새로 지어지기 시작한 교회는 신학자 제롬(Jerome, 347~420)이 성경을 라틴어로 번역하기 위해 베들레헴을 찾았을 무렵에 완성되었다.

베들레헴 교회는 529년 사마리아 반란 때 붕괴되었지만 유스티니아누스 황제의 명령으로 원형대로 재건되었다. 2002년의 총격전으로 윗부분이 일부 손상된 이 교회는 지금도 여전히 자리를 지키고 있다.

성묘교회는 콘스탄티누스 황제 치세 때 처음 지어졌다가 529년에 붕괴되었다. 현재 형태로 재건된 것은 12세기이다.

하늘 아래 신의 교회에서 논란의 여지가 없는 복음서는 네 권뿐이고
그중 제일 처음에 씌어진 것은 〈마태오 복음〉이다.
마태오는 세리였다가 예수 그리스도의 사도가 된 인물이다. | 에우세비우스, 《교회사》 |

으로도 옮겨갔다. 이렇게 넓게 퍼진 유대인 정착지들은 나름의 교역망으로 연결되었다.

이로 인해 6세기 초, 지중해 해상 교역의 상당 부분은 유대인들이 장악한 상태였다.

물론 비잔틴 시대에도 적지 않은 팔레스타인의 유대인 공동체가 번성했다. 이즈르엘 계곡 동쪽 길보아 산기슭에 자리잡은 베트 알파(Bet Alfa) 회당의 바닥 모자이크가 대표적인 증거이다. 12궁도와 이삭 번제 사건이 그려진 이 아름다운 모자이크는 유스티니아누스 1세 시대, 그러니까 비잔틴이 최대 전성기를 누리던 때 만들어진 것으로 추정된다.

이후 비잔틴제국의 유대교와 그리스도교는 커다란 도전을 맞을 운명이었다.

그리스도교 성경의 라틴어 번역본을 처음 만들었다고 하는 성 제롬의 모습. 14세기 프라하에서 합판에 그린 그림이다.

성경의 탄생

그리스도교가 괄목할 발전을 이루는 동안에도 예수의 사도들을 사칭한 작가들이 쓴 복음서, 행전, 묵시록 등 검증되지 않은 경전들이 여전히 사용되었다. 넘쳐나는 문헌 속에서 교회 지도자들은 무엇을 정전으로 삼아 신자들을 이끌 것인지 고민했다. 히브리 성경처럼 그리스도교 성경도 공식 정전을 시급히 정리해야 했다.

C.E. 180년경 리옹의 이레나이우스 주교는 여러 복음서들 가운데 〈마르코 복음〉〈마태오 복음〉〈루카 복음〉〈요한 복음〉만이 권위 있는 자료이며 그리스도 교회의 네 기둥이라 주장하고 나섰다. 그는 바울의 서한도 성령이 충만한 글이라며 정전에 포함시켰다.

신학자 터툴리안은 이레나이우스의 주장에 동조하며 여기에 '신약성경'이라는 이름을 붙였다. 예수는 신과 인류의 계약을 보여주는 산 증거였고 그러므로 이제 그리스도 성경이 히브리 구약성경을 대체하거나 보완해야 한다는 것이 그의 주장이었다.

이로부터 한 세기 가량 지난 후 가이사랴의 에우세비우스 주교가 공식적으로 권위를 인정받은 최초의 신약성경을 만들어냈다. 이는 공관 복음서 네 편, 〈사도행전〉〈바울 서간〉〈베드로 서간〉〈요한 계시록〉으로 이루어져 있었다. 〈도마 복음〉이나 〈베드로 복음〉과 같은 그노시스 문서는 이단이라 하여 제외되었다. 〈바울 행전〉〈베드로 계시록〉〈바르나바 서간〉〈디다케 Didache〉('사도들의 가르침'이라고도 한다)는 권위가 의심되는 책으로 분류되었다.

신약성경의 구성에 대해서는 중세 때까지 논쟁이 이어졌다. 그 핵심은 야고보 서한과 묵시록이었다. 에우세비우스가 엮은 성경을 인정한 트렌트 종교회의(Council of Trent, 1545~1563)에 가서야 논쟁이 일단락되었다.

하지만 4세기 말엽이면 그리스도교와 유대교가 각각 나름의 경전을 갖게 되었고 이로써 오늘날 우리가 아는 성경이 등장했다고 말할 수 있다.

유대	로마	이집트
C.E. 10년경 사울(바울)이 탄생함.	C.E. 64년경 네로 황제가 로마 대화재의 범인으로 그리스도교도를 지목함.	C.E. 30년경 유대 작가 필로가 이집트에서 활동함.

유대

C.E. 37년경 유대 역사가 요세푸스가 탄생함.

C.E. 50년경 바울이 동로마제국 전역을 돌며 비유대인들을 그리스도교도로 개종시킴.

C.E. 66~70년경 신약성경의 공관 복음서 중 가장 오래된 〈마르코 복음〉이 씌어짐.

C.E. 70년경 베스파시안 황제가 1차 유대 반란을 진압하고 티투스가 예루살렘 성전을 파괴함.

C.E. 132~135년경 2차 유대 반란인 바르 코흐바 반란이 일어나 하드리아누스 황제가 진압함.

C.E. 135년경 하드리아누스가 예루살렘을 파괴하고 그 자리에 엘리아 카피톨리나라는 새 도시를 짓기로 함.

로마

C.E. 64년경 베드로와 바울이 로마에서 사망함.

C.E. 79년경 베수비오 화산 폭발로 폼페이와 헤르쿨라네움이 파괴됨.

C.E. 117~138년경 하드리아누스가 로마를 통치함.

C.E. 185년경 프랑스 리옹의 이레나이우스 주교가 신약성경을 정전(正典)으로 만들기 위해 앞장 섬.

C.E. 193~211 셉티미우스 세베루스 황제가 로마 군에게 그리스도교도 박해를 허용함.

C.E. 330년경 콘스탄티누스 황제가 비잔티움으로 수도를 옮김.

이집트

C.E. 38년경 알렉산드리아에서 유대인 학살이 일어남.

C.E. 62년경 수학자이자 발명가인 알렉산드리아의 헤론이 증기기관, 물시계, 분수, 주행기록계를 고안함.

C.E. 146~170년경 알렉산드리아의 학자 프톨레마이오스가 지리학과 천문학 책을 저술하면서 아이슬란드에서 스리랑카까지를 '알려진 세계'로 기록함.

C.E. 200년경 콥트어로 된 〈유다 복음서〉가 만들어짐.

C.E. 286년경 이집트의 그리스도교도 안토니우스가 20년의 사막 고립 생활을 시작함. 이는 수도생활의 시초로 여겨짐.

C.E. 296~297년경 로마 통치에 반대하는 이집트인들의 반란이 일어남. 디오클레티아누스 황제가 알렉산드리아로 가서 반란을 진압함.

팔레스타인의 세 종교

그리스도교가 입지를 강화해나갈 무렵 로마제국은 약화되기 시작한다. 티그리스강의 페르시아 군대에서 도나우강의 서(西) 고트인들에 이르기까지 사방에서 외적의 침입이 이어졌다. 국경 지역을 한꺼번에 방어할 수 없다는 것을 깨달은 발렌티니아누스(364~375) 황제는 제국을 둘로 나누었다. 하나는 로마를 중심으로 하는 서부, 다른 하나는 비잔티움을 중심으로 하는 동부였다. 두 황제가 각각 서부와 동부를 다스렸지만 서부는 곧 외세의 침략 앞에 무너졌다. 476년에 로마가 서고트인들에게 함락된 것이다. 동쪽의 비잔틴제국은 페르시아와 싸우면서 서쪽의 제국을 회복하려 했지만 성공하지 못했다.

이런 전쟁의 와중에 아라비아 반도에서는 이슬람이라는 일신교 신앙이 성장했다. 이슬람은 아라비아의 다양한 민족을 강력한 군대와 정치 체계로 통합했고 결국 이들이 이후 열두 세기 동안 성지 팔레스타인을 차지하게 된다. 물론 성지를 탈환하기 위한 시도도 계속되었다.

우마야드 왕조의 칼리프 아브드 알 말리크(Abd al-Malik)가 예루살렘에 세운 바위의 돔. 이슬람 예술의 걸작으로 평가 받는다.

로마 이후의 세계

유스티니아누스 1세가 6세기에 지은 이스탄불의 하기아 소피아는 본래 교회였다가 이슬람 사원으로 바뀌었다. 현재는 박물관이다.

콘스탄티누스가 보스포루스를 그리스도 로마제국의 중심으로 삼은 것은 탁월한 선택이었다. 삼면이 바다로 둘러싸인 비잔티움은 소아시아에서 유럽으로 가는 육로뿐 아니라 지중해에서 흑해로 이어지는 해로까지 장악할 수 있는 지역이었기 때문이다. 서로마제국이 476년에 멸망한 후에도 동로마제국은 천년을 더 이어졌다.

6세기에 소아시아 경제는 다시 부흥했다. 콘스탄티노플의 부유한 귀족들이 찾는 비단과 향료를 구하기 위해 대상들이 동쪽으로 떠났다. 향료 무역이 재개되면서 동방 무역로 통제권을 둘러싸고 비잔틴과 페르시아 사이에는 긴장이 고조될 수밖에 없었다.

당시 로마 황제였던 유스티니아누스 1세(527~565)는 문화적으로나 군사적으로 로마의 영광을 재현하고자 애썼다. 여기 막대한 재원이 들어가면서 이후 제국의 재정 상태가 한층 더 악화되었다. 532년, 유스티니아누스는 최고의 건축가들을 모아 기존의 어떤 로마 건물보다도 훌륭한 교회를 지으라고 명령했다. 완성된 하기아 소피아는 타원 형태이고 거대한 돔 지붕을 얹었다는 점, 반원형 예배당 네 개가 붙어 있다는 점에서 매우 독특했다. 완성된 교회에 처음 들어간 황제는 "오, 솔로몬 성전보다도 훌륭하도다!"라고 외쳤다고 전해진다.

유스티니아누스는 서로마제국의 영토를 회복하는 데도 심혈을 기울였다. 처음에는 어느 정도 성공을 거두기도 했지만 전쟁이 계속되면서 군사력이 고갈되었고 결국 페르시아의 코스로우(Khosrow) 1세가 동쪽에서 침략해와 피시디아의 안티오크를 차지하는 사태까지 초래했다. 설상가상으로 역병이 돌아 인구의 40퍼센트 가까이가 사망하였고 557년에는 강진이 콘스탄티노플을 뒤흔들어 하기아 소피아의 돔 지붕이 내려앉았다. 유스티니아누스가 565년에 사망한 후 뒤를 이은 유스티누스 2세(565~578)와 티베리우스 2세(574~582) 치세에 비잔틴의 국고는 텅 빈 것이나 다름없는 상태였다.

페르시아의 팔레스타인 정복

티베리우스 2세는 과거 비잔틴의 영토였다가 페르시아에게 점령당한 아르메니아 접경 지역을 되찾기 위해 전쟁을 일으켰다. 비잔틴의 부와 영광을 되살리기 위한 시도였지만 전쟁은 질질 끌었다. 그러던 중 새로 왕위에 오른 페르시아의 코스로우 2세가 국내 반란을 진압하기 위해 돌연 비잔틴에 도움을 요청했다. 비잔틴의 마우리스(Maurice) 황제(582~602)는 지원 군대를 보내면서 그 대가로 아르메니아를 반환한다는 약속을 받아냈다. 평화는 오래 가지 않았다. 602년 포카스 장군이 마우리스 황제를 몰아내고 왕위에 오르는 사건이 일어나자, 페르시아 왕이 '복수전' 이라는 명목으로 진군한 것이다. 페르시아는 아르메니아, 시리아 그리고 라지카(Lazica)의 코카서스 왕국을 점령했다. 614년에는 페르시아의 샤르바라즈(Shahrbaraz) 장군이 팔레스타인 지역까지 들어가 파괴와 약탈을 자행하며 예루살렘으로 향했다.

그리스도교도들이 300년 동안 장악한 예루살렘은 그 모습이 많이 바뀐 상태였다. 로마 신전은 사라졌고 파괴된 신전의 기둥은 그리스도 교회를 짓는 데 사용되었다. 도시 중심지는 과거 제2성전이 서 있던 성전 산이 아니라 골고다에 세운 성묘교회(Church of the Holy Sepulchre)로 옮겨졌다. 예루살렘 성벽도 위치가 변했다. 유대인 신자들이 북적대던 거리에는 이제 비잔틴제국 곳곳에서 온 순례자와 성직자들이 가득했다.

페르시아 군대는 예루살렘을 포위한 후 제일 먼저 도시 주변의 그리스도교 건축물을 파괴했다. 겟세마네 동산도 여기 포함되었다. 포위 21일 만에 예루살렘이 함락당했다. 당시 장면을 목격한 성직자 안티오쿠스 스트라테고스는 '사악한 무리가 야수처럼, 성난 독사처럼 무서운 기세로 밀어닥쳤다.' 라고 기록하였다. 6만 5,000

명이 넘는 그리스도교도가 학살당했다. 살아남은 사람들은 끌려갔다. 성묘교회를 포함해 그리스도 교회는 철저히 파괴되었다. 헬레나 황후의 진본 십자가(True Cross)도 페르시아 군이 승전 기념품으로 가져가버렸다. 이후 샤르바라즈 장군은 예루살렘 통치권을 유대 족장들에게 넘겨주었으나, 616년 이 자율권은 박탈되었고 팔레스타인은 페르시아의 한 지역으로 편입되었다.

페르시아의 통치는 오래 가지 못했다. 포카스를 몰아내고 비잔틴의 새로운 황제에 오른 헤라클리우스(610~641) 장군이 그리스도교의 영토 회복에 나선 것이다. 헤라클리우스의 군대는 소아시아를 되찾은 뒤, 메소포타미아로 가 627년 코스로우 2세와 니네베 전투에서 격렬한 싸움을 벌였다. 그리고 630년, 마침내 진본 십자가가 예루살렘으로 되돌아왔다. 헤라클리우스 황제는 로마제국의 영토를 다 회복한 듯 보였다. 하지만 이는 착각이었다. 또 다른 무서운 군대가 팔레스타인 너머에서 나타났던 것이다.

새로운 종교의 성장

페르시아와 비잔틴이 영토와 무역로를 둘러싸고 싸우는 동안 아라비아에서는 새로운 종교가 세력을 얻기 시작했다. C.E. 2세기에 로마로 편입된 아라비아 페트레아(Arabia Petraea)는 남북으로는 다마스쿠스에서 시나이까지, 동쪽으로는 하랏 알 우와이리드(Harrat al 'Uwayrid) 산맥까지 펼쳐진 땅이었다. 오늘날의 시나이, 요르단, 사우디 아라비아 북부, 시리아와 레바논 일부가 여기 포함된다. 처음에는 남부의 페트라(Petra), 다음에는 북부의 보스트라(Bostra)가 중심지였던 아라비아는 '문명의 변방' 이라 불렸다. 널리 펼쳐진 사막에 소규모 부족들이 점점이 흩어져 살았다. 이후 알 마디나(메디나)라 불리게 될 야스립(Yathrib)이나 메카 등의 작은 도시로 이루어진 헤자즈(Hejaz) 지역은 로마의 향료 무역로에 연결된 곳이었다. 아라비아인들은 오아시스나 상인들의 숙영지 근처에 정착해 살기도 했고 양, 낙타, 염소를 키우며 유목 생활을 하기도 했다. 정착민과 유

968년, 이슬람 치하의 안달루시아 코르도바에서 조각되어 아브드 알 라맨(Abd al rahman) 3세(912~691)의 아들 알 무기라(Al Mughira)에게 바쳐진 상아 보석함.

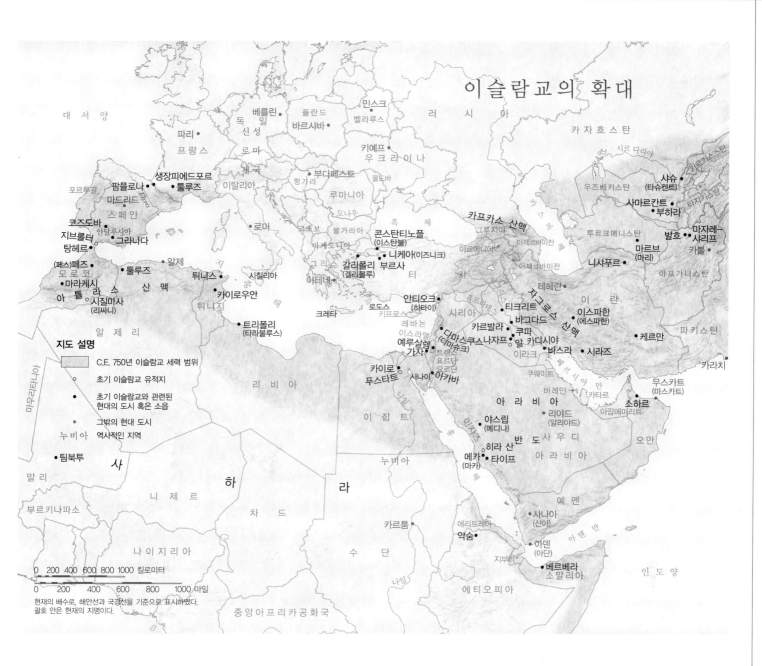

이슬람교의 확대

목민은 적대적인 싸움을 오래 이어오고 있었다.

페르시아가 팔레스타인을 정복하기 직전인 610년, 메카 출신의 무함마드(Muhammad, '마호메트'의 아랍어 이름)라는 사람은 신의 계시를 받았다. 무함마드는 꿈속에서 대천사 가브리엘이 전하는 신의 말씀을 들었다고 한다.

아브라함의 성스러운 바위 주변을 내부의 장식 벽이 둘러 싼 바위의 돔 모습.

메카에서 시작된 신의 계시는 알 마디나까지 25년 동안 이어졌고 이를 모은 것이 경전 《코란》이다. 무함마드는 자신이 받은 계시를 다른 사람들에게 그대로 전해주었다. 곧 그의 가르침을 따르는 신자들이 생겨났다. 아랍 세계를 대표하게 될 종교, 무함마드를 예언자로 인정하는 종교 이슬람교가 등장한 것이다.

하지만 메카 주민들에게는 무함마드의 가르침이 받아들여지지 않았다. 메카는 알라라는 최고 신 휘하의 여러 신을 모시는

전통 다신교의 뿌리가 깊은 곳이었기 때문이다. 메카 자체가 다신교 순례자들이 모여드는 장소였다. 도시 중심부에는 신들에게 바쳐진 고대의 입방체 구조물 '카바'가 자리잡고 있었다.

무함마드와 그 제자들은 위협을 받게 되었고 결국 622년, 야스립으로 거취를 옮겼다. 이곳 야스립(오늘날에는 '예언자의 도시'라는 의미의 '마디나 알 나비' 혹은 '알 마디나'라 불린다)에서 그는 대단한 명성을 떨치게 된다.

이슬람교도의 수는 계속 늘어났고 이와 함께 아랍 고유의 특성이 더해졌다. 한때 예루살렘을 향해 매일 기도를 올렸던 이슬람교도들은 이제 알라 신전 카바가 있는 메카를 향했다. 무함마드가 카바는 아브라함과 이스마엘이 지은 것이라는 계시를 받았기 때문이다. 무함마드는 630년에 메카를 정복하고 카바를 유일신 알라에게 다시 바쳤다.

이슬람교의 확산

632년에 무함마드가 죽은 후에도 이슬람교는 계속 퍼져나갔다. 무함마드의 후계자이자 제1대 칼리프인 아부 바크르(Abu Bakr, 632~634)는 헤자즈와 아라비아 남부 각지의 부족 반란을 진압하고 동쪽으로 진군해 아라비아 반도를 이슬람교 아래 통일했다. 다음 칼리프 우마르(Umar, 634~644)는 아라비아 반도를 넘어서 비잔틴과 페르시아 제국까지 넘보았다.

두 제국은 모두 오랜 전쟁으로 쇠약한 상태였다. 페르시아는 코스로우 2세가 628년에 사망한 후 나약하고 무능력한 통치자들이 왕좌에 앉아 있었고 비잔틴은 재정과 군사력이 한계를 보이면서 팔레스타인과 시리아를 제대로 방어하지 못했다.

634년, 우마르의 군대가 팔레스타인과 시리아를 침략했고 636년, 치열한 야르무크 전투가 벌어졌다. 승자는 이슬람 군이었다. 헤라클리우스 황제는 이슬람 군이 들이닥치기 전에 진본 십자가를 빼냈다고 한다. 이후 수많은 교회들이 그 파편을 가졌다고 주장하고 있지만 진본 십자가 자체는 자취를 감추었다.

이슬람 군은 638년에 예루살렘을 점령했다. 하지만 이전 정복자들과 달리 주민들에 대한 처형이나 박해는 없었다. 이때 맺어진 일명 '우마르 조약'은 그리스도교도들의 인명, 재산, 교회 그리고 신앙을 있는 그대로 보호할 것을 약속하는 내용이었다. 유대교도에게도 종교의 자유가 보장되었다. 이는 곧 이슬람 제국의 정책으로 자리잡았다. 이슬람교의 해석과는 차이가 있다 해도 신의 계시를 함께 믿는 이들에게 존중을 표했던 것이다.

학자들은 이런 용인 정책이 종교적 측면못지않게 정치적 측면에서 필요한 것이었다고 해석했다. 중동 전체에 걸치는, 너무도 넓은 영토를 갖게 된 우마르와 그 후계자들은 각 지역의 기존 통치 체제를 최대한 활용할 수밖에 없었다는 것이다.

바위의 돔

이슬람의 한 역사가는 예루살렘에 입성한 우마르가 도시를 둘러보며 성전 산을 방문했다고 기록했다. 이슬람 전설에 따르면 무함마드가 하늘에서 내려온 곳이 바로 성전 산이었기 때문이다.

하지만 그리스도교도들의 통치 아래에서 성전 산은 쓰레기장으로 변모한 상태였다. 충격을 받은 우마르는 윗옷을 벗어 쓰레기를 주워담기 시작했다. 재촉을 받은 부하들도 힘을 합쳤다. 그렇게 쓰레기를 깨끗이 치운 뒤 우마르는 그 성스러운 장소에 나무로 모스크를 짓도록 명령했다.

이 첫 모스크는 남아 있지 않지만 이를 바탕으로 우마야드 왕조의 칼리프 아브드 알 말리크(Abd al-Malik)가 7세기에 세운 바위의 돔은 이슬람 초기 건축의 최대 걸작으

야생 동물 사냥 장면이 섬세하게 묘사된 이슬람 상아 조각. 11~12세기에 이집트에서 만들어졌다.

코란

《코란》이란 이름은 '다시 말해지다'라는 뜻의 아랍어 동사 qara'a에서 나왔다. 무함마드는 꿈에서 받은 계시를 일일이 기억했다가 추종자들에게 다시 말해주었고 후에 그 내용이 기록되었다. 이러한 《코란》의 구전 전통은 계속 이어져 무함마드의 계승자들은 경전 전체를 암송하곤 했다. 오늘날의 학자 중에도 그런 사람이 드물지 않다.

《코란》은 모두 114장으로 이루어지는데 길이, 형식, 내용이 제각각이다. 각 장마다 예언, 훈계 혹은 가르침을 담고 있다. 현대 학자들은 메카에서 받은 계시와 메디나에서 받은 계시를 구분하기도 한다. 메카 부분은 짧고 명료한 반면 메디나 부분은 상대적으로 길고 규범적이라는 것이다. 시대 순서를 따른 히브리 성경이나

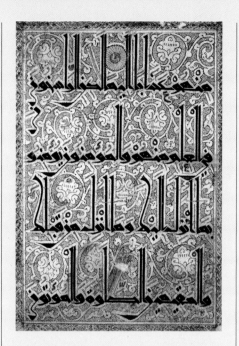

장식문자는 이슬람 예술에서 가장 중요한 영역 중 하나이다. 사진은 C.E. 11세기 초에 만들어진 《코란》의 일부이다.

전기(傳記) 성격이 강한 그리스도 복음서와 달리 《코란》은 예언의 길이 순으로 배열되어 있다. 제일 긴 것부터 시작해 점점 짧아지는 식이다.

《코란》은 신이 아담으로부터 '예언자들의 봉인'(코란 33:41)인 무함마드에 이르는 역사 내내 자신의 뜻을 알려왔다고 본다. 그래서 히브리 성경이나 신약성경 또한 진정한 계시로 받아들이고 유대교도와 그리스도교도를 '책의 사람들(People of the Book)'(코란 4:54)이라 부르며 존중한다. 모세와 예수는 무함마드 다음으로 가장 중요한 예언자들이다. 하지만 《코란》은 유대교와 그리스도교가 계시를 잘못 해석하고 있다는 주장도 펼친다. 이슬람교야말로 아브라함의 소박한 믿음을 계승했다는 것이다(코란 3:66).

로 손꼽히게 되었다. 바위의 돔은 돔을 지탱하는 원형 기둥들 안쪽 부분, 그 아래 생겨난 8각형의 복도, 바깥을 둘러싼 외부 팔각형이라는 세 부분으로 이루어지는데 바깥 부분부터 인간 세상, 지구와 신성의 중간 영역, 영적 완성이 이루어지는 천상을 상징한다.

바위의 돔은 유대교도, 그리스도교도, 이슬람교도 모두가 신성시하는 곳이다. 채색 유리 창문 56개로 둘러싸인 내부에는 성스러운 돌이 그대로 튀어나와 있다. 아브라함이 아들을 번제물로 바치려 하자 신이 그 팔을 붙잡았다는 바위이다. 또한 무함마드가 짧은 여행을 위해 하늘에서 내려온 곳이기도 하다.

바위 위에는 '영혼의 우물(Well of Souls)'이라는 글귀가 새겨져 있다. 이슬람교도들

은 죽은 영혼이 여기 모여 최후의 심판을 기다린다고 믿기 때문이다. 이곳의 제단에서 다윗, 솔로몬, 엘리야, 무함마드가 모두 기도를 올렸다고도 한다.

돔 바깥에는 따로 보존된 장소가 있다. 한때 여부스인들의 타작마당이었다가 다윗의 천막 성전을 거쳐 솔로몬 성전이 세워졌던 곳이다. 신약성경에서는 예수가 체포 전날 그곳에서 설교했다고 나오기도 한다.

세 종교 사이의 관계는 이후 몇백 년이 흐르면서 악화되었다. 관용의 시대가 가고 유대교도와 그리스도교도에 대한 박해의 시대가 찾아왔다. 11세기에는 파티미드 왕조 칼리프들이 그리스도 순례자들을 괴롭히고 성묘교회를 파괴한 것에 분노한 교황 우르반 2세가 성지 탈환을 호소하며 나섰다.

1096년 1차 십자군 기사들이 예루살렘을 정복하고 유대교도와 이슬람교도를 살육하였다. 하지만 1187년이 되면 이집트와 시리아를 다스리던 이슬람 술탄 살라딘이 십자군을 내몰게 된다.

1228년 예루살렘은 나자렛, 베들레헴과 함께 다시 십자군 수중에 들어갔다가 1244년 이집트의 아이유브(Ayyubid) 왕조에 의해 점령된다. 그리고 1차 세계대전 중에 영국군에 함락되기 전까지 이슬람 지역으로 남았다.

예루살렘 지도

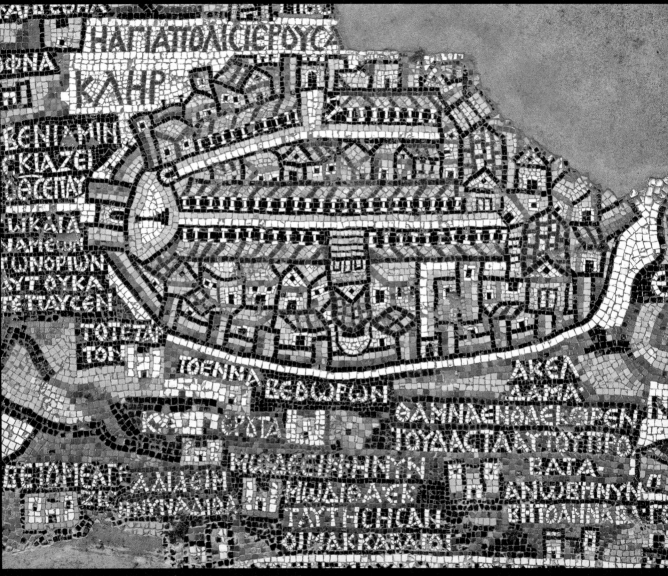

요르단 마다바 비잔틴 교회의 6세기 모자이크에 묘사된 예루살렘.

맘루크 왕조 시대(1261~1516)에 팔레스타인을 찾는 그리스도 순례자의 수는 급감했다. 예루살렘은 전설 속 장소로 여겨졌고 실제 모습보다는 성서 내용과 상상력을 바탕으로 지도가 만들어졌다. 가장 오래된 이스라엘 지도는 돌로 이루어져 있다. 요르단 마다바 비잔틴 교회에 있는 6세기의 모자이크가 그것이다. 비잔틴 예루살렘은 나일 삼각주, 네게브, 트랜스요르단, 팔레스타인으로 둘러싸여 있다. 남북으로 뻗은 길(카르도)이 뚜렷하다. (마다바 지도의 방위는 윗부분이 북쪽이 아니라 동쪽이다.) 이 길의 흔적은 2007년 1월 성전 산 인근 발굴에서 나타났다. 폭이 10미터나 되는 길이었다

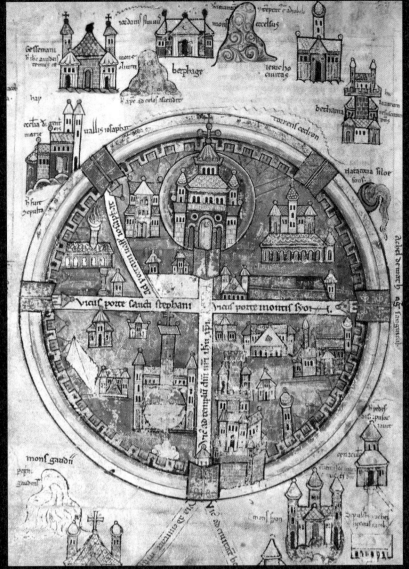

예루살렘 내 중요 건물들을 보여주는 12세기의 십자군 지도. 웁살라 대학 도서관에 소장되어 있다.

1099년의 십자군 정복으로 서구인들이 직접 예루살렘을 볼 수 있게 되었다. 위의 웁살라 지도를 포함해 십자군이 만든 지도는 대개 원형으로 도시 외벽을 표시하고 남북으로 뻗은 길과 동서로 뻗은 길을 교차시킨 형태였다. 외벽에는 다섯 개 문이 있는데 예수가 당나귀를 타고 들어갔다고 하는 '황금 문'은 금색으로 그려졌다. 교회들은 상징적으로 나타나 있을 뿐이다. 위쪽 푸른 원 안에 든 교회가 바위의 돔이다. 십자군 당시 교회로 사용되었다. 그 옆에는 십자군이 솔로몬 신전 자리라 여겼던 알 아크사 모스크와 새로 지은 성모교회가 있다. 도시 외벽 바깥쪽으로는 시온 산, 최후의 만찬 방, 겟세마네 교회, 올리브 산이 표시되었다.

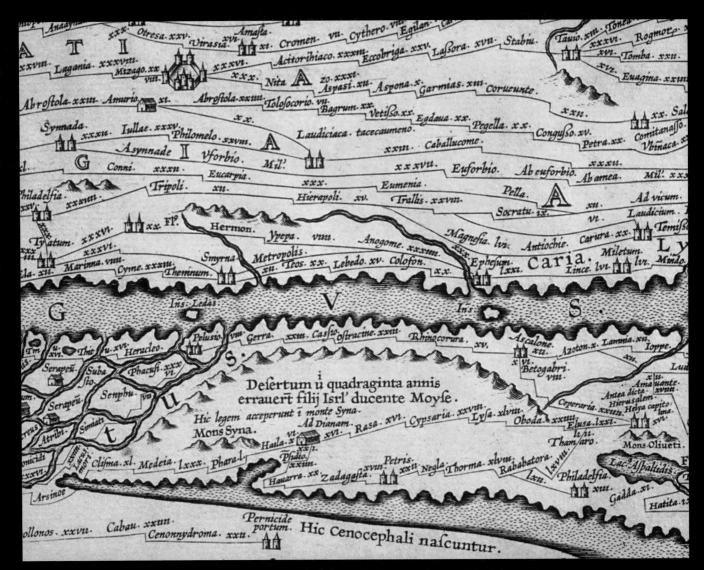

1653년에 암스테르담에서 인쇄, 출판된 포이팅거 지도. 나일강 삼각주, 시나이, 유대 남부가 표시되어 있다.

웁살라 지도가 만들어진 직후 이름이 알려지지 않은 지도 제작자가 대단히 멋진 지도를 만들었다. 4세기의 로마 지도를 복제하여 1200년경에 제작되었는데 지명 3,500개와 도시들을 연결하는 로마 도로를 표시해 여행자에게 유용하다. 1506년에 콘라드 포이팅거(Konard Peutinger)가 발견해 '포이팅거 지도'라 불리고 있다. 이 지도는 남북축을 압축해 가능한 한 많은 위치 정보를 담으려 한 것이 특징이다. 이 때문에 큰 강도 가늘게 표현되었다. 사진으로 제시된 부분을 보면 팔레스타인의 주요 도시와 도로가 로마 명칭과 함께 잘 표시되어 있다. 이 지도는 위쪽 부분 방위가 동쪽이므로 팔레스타인 북부가 오른쪽에 그려졌다.

프란스 호겐베르크(1535~1590)와 게오르그 브라운(Georg Braun, 1541~1622)은 1575년에 이 지도가 포함된 책 《세계의 도시》를 출판했다.

15세기에 인쇄 기술이 발달하고 삽화가 들어간 성경이 인기를 얻으면서 지도에 대한 관심이 다시 불붙었다. 이러한 지도는 목판에 새겨 찍어낸 후에 일일이 손으로 채색하는 과정을 거쳤으므로 공이 많이 들었다. 프란스 호겐베르크(Frans Hogenberg)의 〈성스러운 도시 예루살렘(Hiersolyma Urbs Sancta)〉도 그중 하나다. 당시의 지도는 직접 팔레스타인을 여행한 사람들의 관찰을 바탕으로 하였다. 16~17세기에는 이런 지도가 세계 각지를 소개하는 책자에 포함되어 출판되곤 했다. 호겐베르크의 지도도 《세계의 도시Civitates Orbis Terrarum》라는 여섯 권짜리 책에 포함되어 1572~1617년에 콜로뉴에서 출판되었다. 서유럽의 지식인들은 이런 도서에 열광했다.

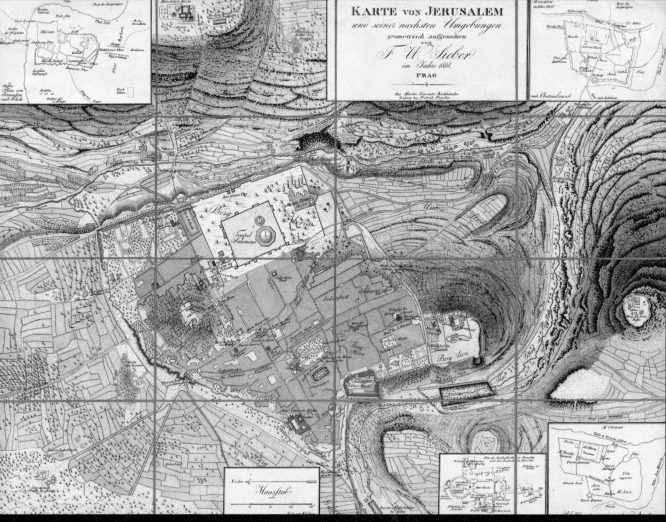

프란츠 빌헬름 지버의 책 《카이로에서 예루살렘까지의 여행》에 수록된 예루사렘 지도. 1823년 라이프치히에서 출판되었다.

18세기의 계몽 운동으로 과학과 이성에 대한 관심이 커지자 지도도 바뀌었다. 예루살렘은 일관된 시점에서 실제적인 척도로 그려졌으며 이전과 같은 환상적인 장식은 사라졌다. 실제 지형을 반영하기 위해 등고선과 음영이 사용되었다. 하지만 정확한 지형조사에 기반한 지도는 19세기에야 만들어졌다. 그중 하나가 프란츠 빌헬름 지버(Franz Wilhelm Sieber, 1789~1844)의 지도이다. 이 지도는 측량과 삼각법 계산을 통해 도시 내 건물들의 위치를 표현하여 근대 세밀 지도의 선구자가 되었다.

데이비드 로버츠(1796~1864)의 〈예루살렘 풍경〉을 석판 인쇄하여 채색한 그림. 1840년대.

1798년에 나폴레옹이 이집트를 정복하자 유럽 예술가들은 중동 지역에 새로운 관심을 갖기 시작했다. 42세의 스코틀랜드 출신 화가 데이비드 로버츠(David Roberts)는 구약 및 신약성서와 관련된 장소를 화폭에 담기 위해 이집트와 팔레스타인으로 떠났다. 1839년에 그가 그린 300점의 그림은 낭만주의 오리엔탈리즘 경향을 보이기는 하지만 19세기 중반의 성지 모습을 확인시켜준다. 로버츠의 그림이 대단한 인기를 누리면서 1865년에는 '팔레스타인 탐사 기금(British Palestine Exploration Fund)'이 마련되어 체계적인 지형 조사와 기록이 시작되었다. 이 탐사의 결과물은 1880년에 26쪽짜리 책으로 출판되었는데, 1917년에 예루살렘을 정복한 영국군의 에드먼드 헨리 앨런비 장군도 여기 수록된 지도를 사용했다고 한다.

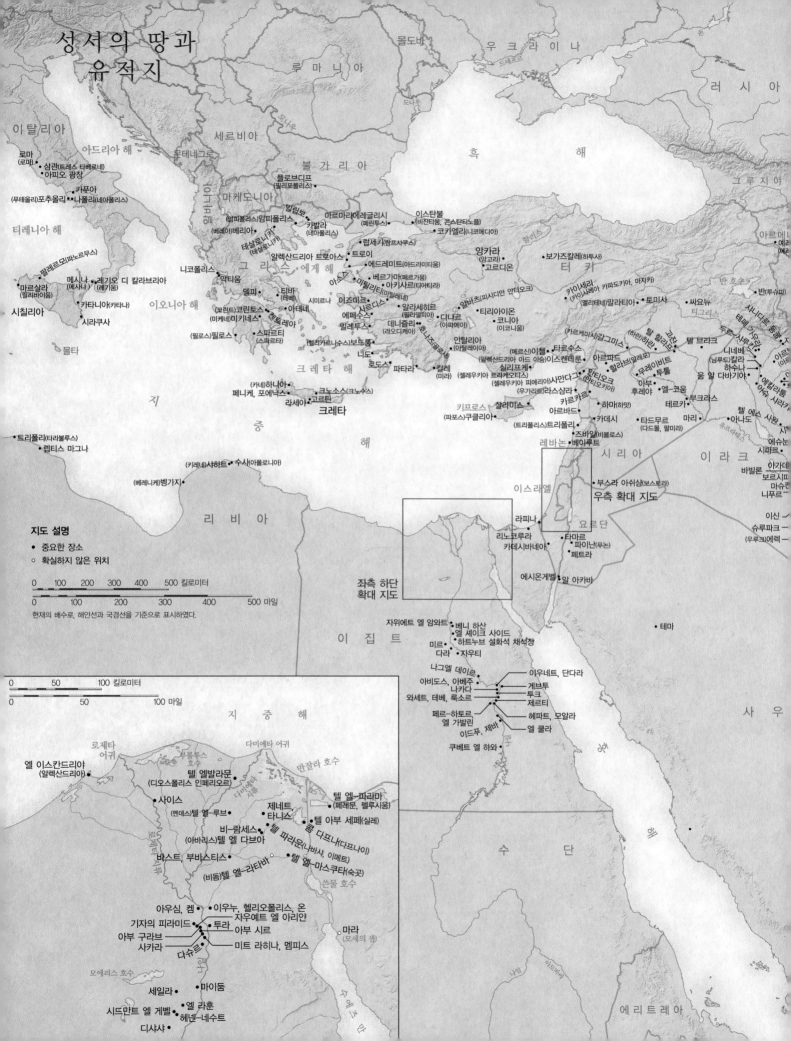

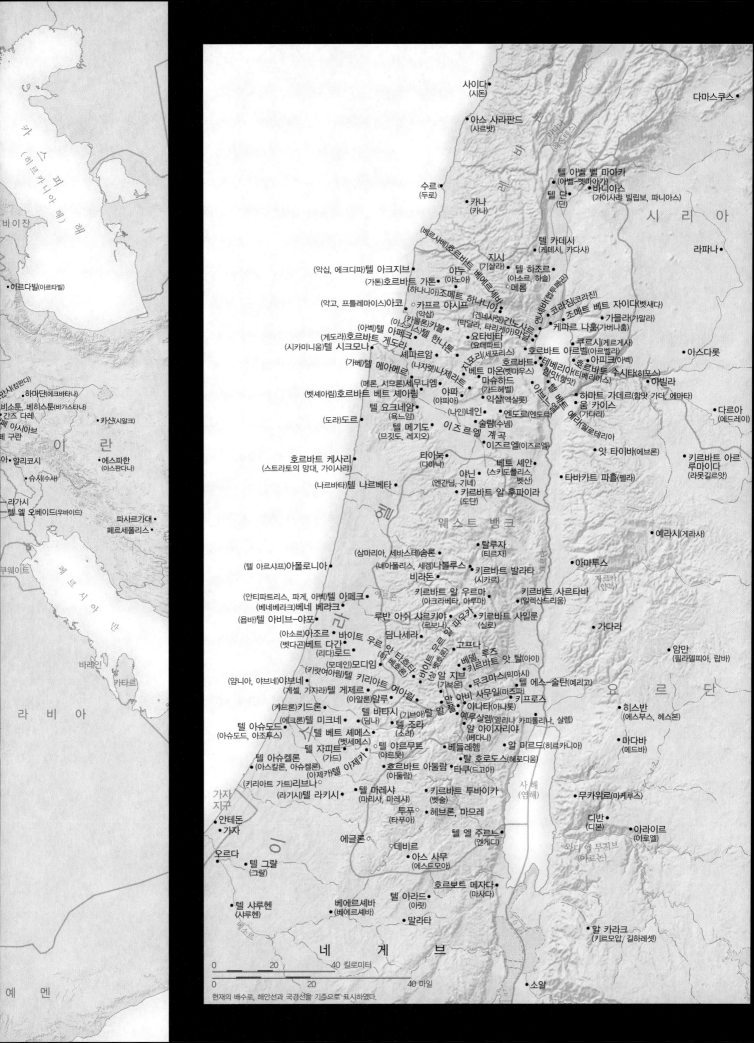

히브리 성경		
율법서(토라)	**예언서(네빔)**	**성문서(케투빔)**
창세기 출애굽기 레위기 민수기 신명기	**전기 예언서: 여호수아서** 판관기 사무엘서 열왕기 **후기 예언서: 이사야서** 예레미아서 에제키엘서 **소(小)예언자: 호세아** 요엘 아모스 오바디야 요나 미가 나훔 하바꾹 스바니야 하깨 즈가리야 말라기	시편 잠언 욥기 솔로몬의 아가 룻기 애가 전도서 에스델서 다니엘서 에즈라-느헤미야 역대기(상, 하)

구약성경		
창세기 출애굽기 레위기 민수기 신명기 여호수아서 판관기 룻기 사무엘서 상 사무엘서 하 열왕기 상 열왕기 하 역대기 상 역대기 하 에즈라서 느헤미야서 에스델서 욥기 시편 잠언 전도서 솔로몬의 아가	이사야서 예레미아서 애가 에제키엘서 다니엘서 호세아 요엘 아모스 오바디야 요나 미가 나훔 하바꾹 스바니야 하깨 즈가리야 말라기	**외전 / 경외경** 토비트 유딧 에스델 집회서 바룩 예레미아의 편지 **아래 내용을 포함한 다니엘서** ● 아자리야의 기도 ● 세 유대인의 노래 ● 수산나 ● 벨과 뱀 마카베오 1 마카베오 2 에스드라 상 므나쎄의 기도 시편 151 마카베오 3 에스드라 하 마카베오 4

신약성경		
복음서	**추정 작가**	**추정 집필 연도**
마태오 복음 마르코 복음 루카 복음 요한 복음	마태오(레위) 베드로의 통역사, 마르코 바울의 수행자, 루카 사도 요한	75~90 66~70 75~90 85~100
행전	**추정 작가**	**추정 집필 연도**
사도행전	바울의 수행자, 루카	80~90
바울의 편지	**추정 작가**	**추정 집필 연도**
로마인들에게 보낸 편지 고린토인들에게 보낸 첫째 편지 고린토인들에게 보낸 둘째 편지 갈라디아인들에게 보낸 편지 에페소인들에게 보낸 편지 필립비인들에게 보낸 편지 골로사이인들에게 보낸 편지 데살로니카인들에게 보낸 첫째 편지 데살로니카인들에게 보낸 둘째 편지 디모테오에게 보낸 첫째 편지 디모테오에게 보낸 둘째 편지 디도에게 보낸 편지 필레몬에게 보낸 편지 히브리인들에게 보낸 편지	바울 바울 바울 바울 바울 (차명 가능성 있음) 바울 바울 바울 바울 바울 (차명 가능성 있음) 바울 (차명 가능성 있음) 바울 (차명 가능성 있음) 바울 바울 (차명 가능성 있음)	56~57 54~55 55~56 50~56 80~95 54~55 57~61 50~51 50~51 90~110 90~110 90~110 54~55 60~95
편지	**추정 작가**	**추정 집필 연도**
야고보의 편지 베드로의 첫째 편지 베드로의 둘째 편지 요한의 첫째 편지 요한의 둘째 편지 요한의 셋째 편지 유다의 편지	예수의 형제, 야고보 베드로 (차명 가능성 있음) 베드로 (차명 가능성 있음) 사도 요한 사도 요한 사도 요한 예수의 형제 유다	50~70 70~90 80~90 100 100 100 45~65
예언서	**추정 작가**	**추정 집필 연도**
계시록	사도 요한	70~100

더 읽어볼 만한 책

1장 아브라함 이전의 세계

Baines, John and Jaromir Malek, *Cultural Atlas of Ancient Egypt*. Abingdon, England: Andromeda Oxford, 2000.

Bertman, Stephen, *Life in Ancient Mesopotamia*. New York: Oxford University Press, 2005.

Collon, Dominique, *Ancient Near Eastern Art*. London: Trustees of the British Museum, 1995.

Murnane, William, *The Penguin Guide to Ancient Egypt*. London: Penguin Books, 1983.

Roaf, Michael, *Cultural Atlas of Mesopotamia and the Ancient Near East*. Abingdon, England: Andromeda Oxford, 2004.

Shanks, Hershel, *Ancient Israel : From Abraham to the Roman Destruction of the Temple*. Washington, D.C.: Biblical Archaeology Society, 1999.

2장 아브라함의 여정

Cline, Eric, *From Eden to Exile: Unraveling Mysteries of the Bible*. Washington, D.C.: National Geographic Society, 2007.

Finkelstein, Israel and Neil Asher Silberman, *The Bible Unearthed: Archaeology's New Vision of Ancient Israel and The Origin of its Sacred Texts*. New York: The Free Press, 2001.

Hallo, William and William Simpson, *The Ancient Near East: A History*. Forth Worth, TX: Harcourt Brace, 1998.

Lewis, Jon E., *Ancient Egypt*. New York: Carroll & Graf Publishers, 2003.

McCurley, Foster R., *Ancient Myths and Biblical Faith: Scriptural Transformations*. Princeton: Princeton University Press, 1969.

Thompson, T. L., *The Historicity of the Patriarchal Narratives: The Quest for the Historical Abraham*. Berlin/New York: De Gruyter, 1974.

3장 이집트의 요셉

Bietak, M., Avaris, *the Capital of the Hyksos: Recent Excavations at Tell el-Daba*. London: British Museum Press, 1996.

Clayton, Peter A., *Chronicle of the Pharaohs*. London: Thames & Hudson, 1994.

Gardner-Wilkinson, J., *The Ancient Egyptians: Their Life and Customs*, Vols I-II. London: Studio Editions, 1994.

Greenberg, M., *The Hab/piru*. New Haven, CT: American Oriental Society, 1955.

Rainey, Anson F., *Egypt, Israel, Sinai: Archaeological and Historical Relationships in the Biblical Period*. Tel Aviv: Tel Aviv University, 1987.

Redford, D. B., *A Study of the Biblical Joseph Story*. Leiden, Netherlands: E. J. Brill, 1970.

Rohl, David M., *Pharaohs and Kings: A Biblical Quest*. New York: Crown Publishers, 1995.

4장 출애굽

Coogan, Michael D., Ed., *The Oxford History of the Biblical World*. New York: Oxford University Press, 2001.

Coote, R. B. and K. W. Whitelam, *The Emergence of Early Israel in Historical Perspective*. Sheffield: Almond Press, 1987.

Davies, W. D. et al., *The Cambridge History of Judaism* (Vols. I~II). Cambridge: Cambridge University Press, 1999.

Frerichs, E. S. and L. H. Lesko, Eds., *Exodus: the Egyptian Evidence*. Winona Lake, IN: Eisenbrauns, 1997.

Gottwald, N. K., *The Tribes of Yahweh*. Maryknoll, NY: Orbis, 1979.

5장 가나안 정착

Fritz, Volkmar et al., *The Origins of the Ancient Israelite States*. Sheffield, England: Sheffield Academic Press, 1996.

King, Philip J. and Lawrence E. Stager, *Life in Biblical Israel*. Louisville, KY: Westminster John Knox Press, 2002.

Levy, T. E., Ed., *The Archaeology of Society in the Holy Land*. London: Leicester University, 1995.

Mitchell, T. C., *The Bible in the British Museum: Interpreting the Evidence*. London: British Museum Press, 1988.

Steinsaltz, Adin, *Biblical Images: Men and Women of the Book*. New York: Basic Books, Inc., 1984.

6장 다윗과 솔로몬 왕국

Finkelstein, Israel and Neil Asher Silberman, *David and Solomon: In Search of the Bible's Sacred Kings and the Roots of the Western Tradition*. New York: The Free Press/Simon & Schuster, 2006.

Handy, L. K., Ed., *The Age of Solomon*. Leiden, Netherlands: E. J. Brill, 1997.

Mare, W. Harold, *The Archaeology of the Jerusalem Area*. Grand Rapids, MI: Baker Book House, 1987.

Silberman, Neil Asher et al., *The Archeology of Israel: Constructing the Past, Interpreting the Present*. Sheffield, England: Sheffield Academic Press, 1997.

Vaughn, Andrew G. and Ann E. Killebrew, eds., *Jerusalem in the Bible and Archaeology: The First Temple Period*. Atlanta: Society of Biblical Literature, 2003.

Yadin, Y., *Hazor: The Discovery of a Great Citadel of the Bible*. London: Weidenfeld and Nicholson, 1975.

7장 두 왕국의 몰락

Ackerman, Susan, *Under Every Green Tree: Popular Religion in 6th-Century Judah*. Atlanta: Scholars Press, 1992.

Becking, B., *The Fall of Samaria: A Historical and Archaeological Study*. Leiden, Netherlands: E. J. Brill, 1992.

Cline, Eric, *The Battles of Armageddon: Megiddo and the Jezreel Valley from the Bronze Age to the Nuclear Age*. Ann Arbor, MI: University of Michigan Press, 2002.

Eynikel, E., *The Reform of King Josiah and the Composition of the Deuteronomistic History*. Leiden, Netherlands: E. J. Brill, 1996.

Vanderhooft, D. S., *The Neo-Babylonian Empire and Babylon in the Latter Prophets*. Atlanta: Scholars Press, 1999.

8장 추방에서 복귀까지

Bosworth, A. B., *Conquest and Empire: The Reign of Alexander the Great*. New York: Cambridge University Press, 1988.

Carter, C. E., *The Emergence of Yehud in the Persian Period*. Sheffield, England: Sheffield Academic Press, 1999.

Harrington, Daniel, *The Maccabean Revolt: Anatomy of a Biblical Revolution*. Collegeville, MN: Michael Glazier, 1991.

Maier, Paul L., Ed., *Josephus: The Essential Works*; Translation; Grand Rapids, MI: Kregel

Publications, 1994.

Schiffman, Lawrence H., *Reclaiming the Dead Sea Scrolls: The History of Judaism, the Background of Christianity, and the Lost Library of Qumran*. New York: Doubleday, 1995.

Stemberger, Gunter, *Jewish Contemporaries of Jesus: Pharisees, Sadducees, Essenes*. Minneapolis: Fortress Press, 1995.

9장 예수의 세계

Borg, Marcus J., *Jesus: Uncovering the Life, Teachings and Relevance of a Religious Revolutionary*. San Francisco: HarperSanFrancisco, 2006.

Charlesworth, James H. et al, *Jesus Jewishness: Exploring the Place of Jesus in Early Judaism*. New York: Crossroad Publishing Company, 1991.

Chilton, Bruce, *Rabbi Jesus*. New York: Doubleday, 2000.

Crossan, John Dominic, *Jesus: A Revolutionary Biography*. New York: HarperCollins, 1994.

Ehrman, Bart, *Jesus: Apocalyptic Prophet of the New Millennium*. New York: Oxford University Press, 1999.

Fredriksen, Paula, *Jesus of Nazareth, King of the Jews*. New York: Alfred A. Knopf, 1999.

Mitchell, Stephen, *The Gospel According to Jesus*. New York: HarperCollins, 1991.

Neusner, Jacob, *Judaism When Christianity Began: A Survey of Belief and Practice*. Louisville, KY: John Knox Press, 2002.

Pagels, Elaine, *Beyond Belief: The Secret Gospel of Thomas*. New York: Random House, 2003.

10장 초기 그리스도교와 랍비 유대교

Berlin, Andrea and Andrew Overman, *The First Jewish Revolt: Archaeology, History, and Ideology*. New York: Routledge, 2004.

Chilton, Bruce, *Rabbi Paul*. New York: Doubleday, 2004.

Ehrman, Bart D., *Lost Christianities: The Battles for Scripture and the Faiths We Never Knew*. Oxford: Oxford University Press, 2003.

Elsner, Jas, *Imperial Rome and Christian Triumph*. New York: Oxford University Press, 1998.

Freke, Timothy and Peter Gandy, *The Jesus Mysteries*. New York: Harmony Books, 1999.

Grant, Robert M., *Augustus to Constantine: The Emergence of Christianity in the Roman World*. New York: HarperSanFrancisco, 1970.

Neusner, Jacob, *Introduction to Rabbinic Literature*. New York: Doubleday, 1999.

Pagels, Elaine, *The Gnostic Gospels*. New York: Random House, 1979.

Peters, Frank, *The Children of Abraham: Judaism, Christianity, Islam*. Princeton: Princeton University Press, 2004.

에필로그 팔레스타인의 세 종교

Armstrong, Karen, *Muhammad: A Biography of the Prophet*. New York: HarperCollins, 1992.

Hitti, Philip K., *History of the Arabs*. New York: Palgrave MacMillan, 2002.

Holt, P. M., Ed., *Cambridge History of Islam*, Vol 2B: Islamic Society and Civilization. Cambridge: Cambridge University Press, 1970.

Kaegi, Walter, *Byzantium and the Early Islamic Conquests*. New York: Cambridge University Press, 1992.

Lings, Martin, *Muhammad: His Life Based on the Earliest Sources*. Vermont: Inner Traditions Society, 1991.

Mehler, Carl, *Atlas of the Middle East*. Washington, D.C.: National Geographic Society, 2003.

Nebenzahl, K. *Maps of the Holy Lands: Images of Terra Sancta Through Two Millennia*. New York: Times Books, 1985.

Peters, Frank E., *Jerusalem: the Holy City in the Eyes of Chroniclers, Visitors, Pilgrims, and Prophets from the Days of Abraham to the Beginnings of Modern Times*. Princeton: Princeton University Press, 1985.

Tishby, Ariel, Ed., *Holy Land in Maps*. New York: Rizzoli Press and The Israel Museum, 2001.

감수 및 자문위원단

배리 J. 베이첼(Barry J. Beitzel)은 일리노이 주 트리니티 복음주의 신학 스쿨(디어필드, 일리노이)의 구약성서 및 셈어 전공 교수이다. 또한 지도제작 및 지도의 역사, 지리학 및 고고학 전문가이기도 하다. 베이첼 교수의 저서로는 《The Moody Atlas of Bible Lands》(Moody, 1985)가 있으며, 가장 최근에는 《Biblica》(Global Publishing, 2006)의 책임 고문을 맡았다. 《Orient and Occident》 (Butzon & Bercker Kevelaer, 1983), 《Major Cities of the Biblical World》(Nelson, 1985), 《The Anchor Bible Dictionary》(Doubleday, 1992), 《Crossing Boundaries and Linking Horizons》(CDL, 1997) 등의 책에 글을 실었다. 베이첼 교수가 제작한 지도는 《Ancient Israel》(Biblical Archaeology Society), 《the Holman Bible Atlas》(Holman), 《the Logos Electronic Atlas of the Bible》(Logos), 《the Ryrie Study Bible》(Moody), 《the NIV Study Bible》(Zondervan), 《the Thompson Chain Reference Bible》(Kirkbride), 《the Life Application Bible》(Tyndale), and 《the New Living Translation》에 실려 있다. 그는 내셔널 지오그래픽에서 《Biblical Archaeologist》 《Biblical Archaeology Review》 《Bible Review》 《Archaeology in the Biblical World》 등을 출간했다.

브루스 칠턴(Bruce Chilton)은 바드 칼리지(Bard College) 종교학 전공 교수(Bernard Iddings Bell Professor) 겸 고급 신학 연구소 상임 이사자, 성 요한 교회(Church of St. John the Evangelist)에서 목사직을 맡고 있다. 저서로 《Rabbi Jesus: An Intimate Biography》 《Pure Kingdom》 《Rabbi Paul: An Intellectual Biography》 《The Isaiah Targum》 《Mary Magdalene: A Biography》 《Trading Places, Jesus' Prayer and Jesus' Eucharist》 《Abraham' Curse》 《Jesus' Baptism and Jesus' Healing》 《The Cambridge Companion to the Bible》 등이 있다.
〈Journal for the Study of New Testament〉 〈the Bulletin for Biblical Research〉지와 논문 시리즈인 《Studying the Historical Jesus》 (E. J. Brill and Eerdman)의 편집을 맡았다.

에릭 H. 클라인(Eric H. Cline)은 조지 워싱턴 대학교 고대 셈어문학과의 학과장이자 인류학 및 역사학과 유대 연구 프로그램의 겸임 교수를 맡고 있다. 이스라엘 므깃도(Megiddo, 메기도)에서 진행 중인 유물 발굴 작업의 협력 이사직을 수행하고 있다. 열정적인 연구자이자 저자인 클라인 교수는 《The Battles of Armageddon: Megiddo and the Jezreel Valley from the Bronze Age to the Nuclear Age》 (Ann Arbor, 2000)로 잘 알려졌다. 이 책은 2001년에 성서 고고학 소사이어티(BAS)에서 수여하는 출판 대상 시상식에서 고고학 분야 서적 중 최고 인기상을 수상했다.

스티븐 펠드먼(Steven Feldman)은 성서 고고학 소사이어티(BAS)의 웹에디터 겸 교육 프로그램의 디렉터를 맡고 있다. 이전에는 BAS가 발행하는 〈Biblical Archaeology Review〉와 〈Bible Review〉지의 편집장이었다. 펠드먼은 시카고 신학 대학교에서 석사학위를 받았다.

제이콥 뉴스너(Jacob Neusner)는 바드 칼리지 역사 및 유대교 신학 전공 교수(Distinguished Service Professor) 겸 고급 신학 연구소 연구 위원이다. 뉴저지 주 프린스턴 고등연구소의 회원이며, 케임브리지 대학교 클레어 홀(Clare hall)의 종신회원이다. 900종이 넘는 책을 출간했으며, 학술적인 글을 기고하거나 강연한 횟수는 헤아릴 수 없을 정도다.
〈Encyclopaedia of Judaism and its Supplements〉의 편집에 참여했으며, 〈The Review of Rabbinic Judaism〉의 감수 의원장, 〈the Brill Reference Library of Judaism〉의 편집장을 역임했다. 현재는 《Studies in Judaism》(Brill), 《the Dictionary of Religion》 (Harper/AAR), 《the Encyclopaedia of Religion》(Britannica/Merriam Webster) 등의 책에 참여하고 있다.

F.E. 피터스(F.E. Peters)는 뉴욕 대학교 중동 및 이슬람학 전공 교수이다. 세인트루이스 대학교에서 고대 언어 및 철학을 공부했으며, 프린스턴 대학교에서 이슬람학으로 박사학위를 받았다. 그의 관심은 유대교와 그리스도교 그리고 이슬람교의 비교 연구 및 스페인의 무슬림 역사로 넓어지고 있다. 최근 저서로 프린스턴 대학교 출판부에서 펴낸 《The Monotheists: Jews, Christians and Muslims in Conflict and Competition》(2 vols.), 《The Voice, the Word, the Books: The Scriptures of the Jews, Christians and Muslims》 《The Creation of the Quran: The Making of the Muslim Scripture》 등이 있다.

도판 출처

아래 목록을 제외한 모든 사진은 (주)판테온 스튜디오(Pantheon Studios, Inc.)에서 촬영했다.

1, Fol.319v The Dream of Nebuchadnezzar, from the 'Bible Mozarabe' (vellum), Spanish School, (10th century)/Church of San Isidoro, Leon, Spain, Giraudon/The Bridgeman Art Library/The Bridgeman Art Library; 2~3, Richard T. Nowitz/NG Image Collection; 4, Eitan Simanor/Alamy Ltd; 8, Jonathan Blair/NG Image Collection; 10, Richard T. Nowitz/NG Image Collection; 16~17, Hanan Isachar/CORBIS; 18, Nik Wheeler/CORBIS; 21 (A), David Keaton/CORBIS; 21 (B), Kenneth Garrett; 21 (C), Richard T. Nowitz/CORBIS; 23, Erich Lessing/Art Resource, NY; 24, Jon Arnold Images/Alamy; 25, Erich Lessing/Art Resource, NY; 27 (UP), Georg Gerster; 28, Erich Lessing/Art Resource, NY; 29, HIP/Art Resource, NY; 30, Nik Wheeler/CORBIS; 31, Scala/Art Resource, NY; 32, HIP/Art Resource, NY; 32~33, Scala/Art Resource, NY; 33, Eye Ubiquitous/CORBIS; 36 (UP LE), Scala/Art Resource, NY; 36 (UP RT), HIP/Art Resource, NY; 36 (LO RT), Scala/Art Resource, NY; 37 (UP LE), Erich Lessing/Art Resource, NY; 38, Christie's Images/CORBIS; 39, Erich Lessing/Art Resource, NY; 40, Tony Craddock/zefa/ CORBIS; 41, Werner Forman/Art Resource, NY; 42, The Art Archive/CORBIS; 43, RF/CORBIS; 45 (UP LE), Werner Forman/Art Resource, NY; 45 (LO LE), RF/CORBIS; 45 (LO CTR), Erich Lessing/Art Resource, NY; 45 (UP RT), Erich Lessing/Art Resource, NY; 48, Boris Kester; 49, Erich Lessing/Art Resource, NY; 50 (LO), Dean Conger/CORBIS; 52, Gianni Dagli Orti/CORBIS; 54, Zev Radovan; 55, Scala/Art Resource, NY; 60 (UP), The Art Archive/CORBIS; 60~61 (LO), Erich Lessing/Art Resource, NY; 62, Richard T. Nowitz/Corbis; 63, Art Resource, NY; 64 (UP), A Royal Palace in Morocco, Constant, (Jean Joseph) Benjamin (1845~1902)/Roy Miles Fine Paintings/The Bridgeman Art Library; 64 (LO), Gianni Dagli Orti/CORBIS; 65, Jonathan Blair/CORBIS; 66, Hosul Kang; 67, Shai Ginott/CORBIS; 70, Erich Lessing/Art Resource, NY; 71, Zev Radovan; 72, Alinari/Art Resource, NY; 75, Giraudon/Art Resource, NY; 76, Art by Marc Burckhardt; Calligraphy by Julian Waters; 77 (UP), Jewish rug depicting the Tomb of the Patriarchs, Machpelah, Hebron, made by the Bezalel workshop in Jerusalem, before 1914 (cotton and wool)/Private Collection/The Bridgeman Art Library; 77 (LO LE), The Art Archive/CORBIS; 77 (CTR), Gianni Dagli Orti/CORBIS; 77 (LO), Erich Lessing/Art Resource, NY; 77 (LO RT), Erich Lessing/Art Resource, NY; 78~79, Richard T. Nowitz/NG Image Collection; 80, REZA; 81, Erich Lessing/Art Resource, NY; 82, Dean Conger/CORBIS; 84 (UP), Erich Lessing/Art Resource, NY; 84 (LO), Erich Lessing/Art Resource, NY; 85, Museum of Fine Arts, Boston; 87, Erich Lessing/Art Resource, NY; 88, Joe Baraban/CORBIS; 89, Philippe Maillard; 90 (A), Nimatallah/Art Resource, NY; 90 (B), Scala/Art Resource, NY; 90 (C), Erich Lessing/Art Resource, NY; 90 (D), Erich Lessing/Art Resource, NY; 92, Erich Lessing/Art Resource, NY; 94, Werner Forman/Art Resource, NY; 95, HIP/Art Resource, NY; 96 (UP), HIP/Art Resource, NY; 96 (LO), Stuart Westmorland/CORBIS; 98, Zev Radovan; 99, Joseph, Overseer of the Pharaohs, Alma-Tadema, Sir Lawrence (1836~1912)/Private Collection/The Bridgeman Art Library; 100, Bernard Annebicque/ CORBIS; 101, Metropolitan Museum of Art/Art Resource, NY; 102 (LE), Bojan Brecelj/CORBIS; 102 (RT), Scala/Art Resource, NY; 104, Erich Lessing/Art Resource, NY; 105 (UP), British Museum; 105 (LO CTR), Philippe Maillard; 105 (LO RT), Zev Radovan; 106~107, Nathan Benn/CORBIS; 108, Jose Fuste Raga/ CORBIS; 110, Richard T. Nowitz; 112 (UP LE), Scala/Art Resource, NY; 112 (LO LE), Erich Lessing/Art Resource, NY; 112 (LO RT), Scala/Art Resource, NY; 113 (UP RT), O. Louis Mazzatenta/NG Image Collection; 113 (LO LE), Richard T. Nowitz/NG Image Collection; 113 (LO RT), Erich Lessing/Art Resource, NY; 114, Jose Fuste Raga/ CORBIS; 116, Nathan Benn/CORBIS; 117, Nebamun hunting in the marshes with his wife an daughter, part of a wall painting from the tomb-chapel of Nebamun, Thebes, New Kingdom, c.1350 BC (painted plaster),

찾아보기

옮긴이 이상원　서울대학교 가정관리학과, 서울대학교 대학원 소비자아동학과, 노어노문학과 및 한국외대 통역번역대학원 한국어-노어과를 졸업했다. 현재 서울대학교 기초교육원에서 강의교수로 일하며 '인문학 글쓰기'와 '말하기' 강좌를 운영하고 있다. 저서《서울대 인문학 글쓰기 강의》를 비롯해《성서 그리고 역사》《프리메이슨》《홍위병》《숲 사람들》《적을 만들지 않는 대화법》《살아갈 날을 위한 공부》등 수십 권의 책을 번역했다.

성서 그리고 역사

첫판 1쇄 펴낸날 2010년 6월 10일
첫판 4쇄 펴낸날 2014년 11월 1일

지은이 | 장-피에르 이즈부츠
옮긴이 | 이상원
펴낸이 | 지평님
본문 조판 | 성인기획 (010)2569-9616
종이 공급 | 화인페이퍼 (02)338-2074
인쇄 | 중앙P&L (031)904-3600
제본 | 다인바인텍 (031)955-3735

펴낸곳 | 황소자리 출판사
출판등록 | 2003년 7월 4일 제2003-123호
주소 | 서울시 영등포구 양평로 21길 26 선유도역 1차 IS비즈타워 706호 (150-105)
대표전화 | (02)720-7542　팩시밀리 | (02)723-5467
E-mail | candide1968@hanmail.net

ⓒ 내셔널지오그래픽, 2010

ISBN 979-89-91508-68-2 03900